国家精品课程配套教材
普通高等教育"十二五"规划教材

分子生物学

（第二版）

杨建雄　主编

科学出版社
北京

内 容 简 介

本书在第一版的基础上修订而成，力求与时俱进，反映分子生物学的基础理论和最新研究趋势与进展。

本书分12章深入地阐述了主要生物大分子的结构、生物合成及其调控机制，介绍了基因组学、PCR、DNA克隆、克隆基因的表达等研究方法的基本原理和应用。每章后附有提要和思考题，概括本章的主要内容，使读者能抓住复习的重点。全书每章以引人入胜的导言为开端，以本章内容的发展史，理论和实践方面的意义为切入点来激发学生的学习兴趣。本书配套的数字教程介绍了70多位科学大师的生平和业绩，以培养学生科学思维的能力和敬业精神。同时在纸质教材的基础上还扩展了大量的知识点，可供延伸阅读，学习。还有习题解析帮助学生学习，有教学课件帮助教师备课。

本书内容充实，条理清楚，重点突出，简明通俗，篇幅适中，可作为各类高等院校生物、农林、医学等专业本科生和研究生的教材，也可作为相关专业教师和科研人员的参考书。

图书在版编目(CIP)数据

分子生物学/杨建雄主编. —2版. —北京：科学出版社，2015.7
国家精品课程配套教材·普通高等教育"十二五"规划教材
ISBN 978-7-03-045212-2

Ⅰ.①分… Ⅱ.①杨… Ⅲ.①分子生物学-高等学校-教材 Ⅳ.①Q7

中国版本图书馆CIP数据核字(2015)第164574号

责任编辑：刘 畅 / 责任校对：郭瑞芝
责任印制：张 伟 / 封面设计：迷底书装

科 学 出 版 社 出版
北京东黄城根北街16号
邮政编码：100717
http://www.sciencep.com
北京凌奇印刷有限责任公司 印刷
科学出版社发行 各地新华书店经销
*
2015年9月第 一 版 开本：787×1092 1/16
2022年1月第八次印刷 印张：21 1/2
字数：550 000

定价：65.00元

（如有印装质量问题，我社负责调换）

《分子生物学》编写人员名单

主　编　杨建雄

编　者　（按姓名汉语拼音排序）

李红民　西北大学

李　森　北京师范大学

骆　静　北京师范大学

王　令　陕西理工学院

杨建雄　陕西师范大学

杨章民　陕西师范大学

叶海燕　陕西师范大学

张　涛　陕西理工学院

前　言

本书编者多年从事本科生和研究生的生物化学和分子生物学教学工作，经多年积累，于2009年编写一本《分子生物学》教科书，其主要特色有：

1. 各章均在力求全面深入讲述有关理论知识的基础上，介绍相关研究技术的基本原理，且力求反映新理论和新技术，使学生能够掌握分子生物学的理论体系和技术原理，熟悉学科的发展动态，具备从事有关科学工作的基本能力。

2. 各章注重概要介绍一些重大科学发现的过程，使学生能够领悟科学思维的方法，和科学工作者不畏劳苦的敬业精神。

3. 力求条理清楚、重点突出、图片精美，篇幅适中。语言表达力求简明通俗，层次分明，使使用本教科书的教师能够教得轻松，学生能够学得容易。

几年来，该教科书被不少学校采用，发行量较大。同时，编者发现，原书仍有较大提升空间，决定在原有基础上重新编写。主要举措有：

1. 在保留原有基本架构的前提下，根据学科发展，对部分内容作了较大调整。

2. 编写制作了“电子教程”，包括4个部分：①“知识扩展”约15万字，介绍纸质教材未能包含的一些专业知识及其应用状况，一些重要的研究方法，和学科的一些新进展。图文并茂，内容充实，文字简明通俗，可供师生阅读，也可供一些学校选择其中的部分内容用于教学，进一步扩大本教材的适用范围。②“科学史话”约12万字，介绍了70多位科学大师的生平和学术成就，用于提高学生科学思维的能力、敬业精神和科学素养。③“习题解析”包括填空、判断、选择、名词解释、解答题、分析和计算题等题型，约10万字，难度适中，可帮助学生提高分析问题和解决问题的能力。④“电子课件”主要依据纸质教材制作，广大师生可以下载，用于教学和复习。

3. 将原教材的部分内容转移到电子教程，并进一步凝练语言表达，使纸质教材条理更清楚，重点更突出，篇幅由约614千字压缩到约550千字。

本书第1章至第8章由陕西师范大学杨建雄编写，第9章由北京师范大学骆静编写，第10章由北京师范大学李森编写，第11章由陕西理工学院张涛和王令编写，第12章由西北大学李红民编写。电子教程的“科学史话”和“习题解析”主要由陕西师范大学杨章民编写制作，“知识扩展”和“电子课件”主要由陕西师范大学叶海燕编写制作。编者希望本书能够成为各类高等院校生物科学专业、生物技术专业、生物工程专业、农学类各专业、医学类各专业本科生的教科书。同时，能够成为上述专业研究生和科学工作者的良好参考书。

编者虽然花费很大的精力，但由于水平所限，不妥之处在所难免，恳请广大读者给予批评指正。本书第一版的第11章和第12章由华东师范大学李晓涛和党永岩编写，为第二版编写提供了很好的基础，谨表示衷心感谢。感谢出版社对本书编辑加工和印制所做的出色工作，感谢使用本书的广大师生和读者。

编　者

2015年8月

目　　录

前言
第一章　绪论 …… 1
1.1　分子生物学的概念…… 1
1.2　分子生物学的内容…… 1
1.3　分子生物与其他学科的关系…… 2
1.4　分子生物的学习方法…… 3
提要 …… 3
思考题 …… 4
第二章　核酸的结构和功能 …… 5
2.1　DNA 是主要的遗传物质 …… 5
2.2　核酸的组成成分…… 6
2.2.1　戊糖 …… 6
2.2.2　含氮碱基 …… 7
2.2.3　核苷 …… 7
2.2.4　核苷酸 …… 8
2.3　核酸的一级结构 …… 11
2.4　DNA 的二级结构…… 12
2.4.1　双螺旋结构的实验依据 …… 12
2.4.2　DNA 双螺旋结构的要点 …… 12
2.4.3　DNA 二级结构的其他类型 …… 14
2.5　DNA 的高级结构…… 18
2.5.1　环状 DNA 的超螺旋结构 …… 18
2.5.2　真核生物染色体的结构 …… 20
2.6　RNA 的结构和功能…… 21
2.6.1　tRNA …… 21
2.6.2　rRNA …… 23
2.6.3　mRNA 和 hnRNA …… 23
2.6.4　snRNA 和 snoRNA …… 24
2.6.5　asRNA 和 RNAi …… 24
2.6.6　非编码 RNA 的多样性…… 24
2.7　核酸的性质 …… 25
2.7.1　一般理化性质 …… 25
2.7.2　紫外吸收性质 …… 26
2.7.3　核酸结构的稳定性 …… 27
2.7.4　核酸的变性…… 27
2.7.5　核酸的复性…… 28
2.8　核酸的研究方法 …… 29
2.8.1　核酸的提取与沉淀 …… 29
2.8.2　核酸的电泳分离 …… 30
2.8.3　核酸的超速离心 …… 31
2.8.4　核酸的分子杂交 …… 31
2.8.5　DNA 芯片技术及应用 …… 32
2.8.6　DNA 的化学合成…… 33
2.9　核酸的序列测定 …… 33
2.9.1　链终止法 …… 33
2.9.2　新一代高通量测序技术 …… 35
提要…… 36
思考题…… 37
第三章　基因和基因组…… 39
3.1　基因的概念 …… 39
3.2　基因的类型 …… 41
3.2.1　基因家族和基因簇 …… 41
3.2.2　假基因 …… 43
3.2.3　重叠基因 …… 43
3.2.4　移动基因 …… 44
3.2.5　断裂基因 …… 44
3.3　基因组 …… 49
3.3.1　基因组的概念 …… 49
3.3.2　病毒的基因组 …… 50
3.3.3　原核生物的基因组 …… 50
3.4　真核生物的基因组 …… 52
3.4.1　真核生物基因组的特点 …… 52
3.4.2　真核生物基因组的重复序列…… 53
3.4.3　线粒体基因组的结构 …… 57
3.4.4　叶绿体基因组的结构 …… 58
3.5　结构基因组学 …… 59
3.5.1　遗传图谱和物理图谱 …… 59
3.5.2　重叠群的建立 …… 60
3.5.3　高分辨率物理图谱的制作 …… 61
3.5.4　序列测定 …… 62

3.5.5 基因定位 …………………… 63
3.6 功能基因组学 …………………… 63
3.6.1 功能基因组学的概念 ………… 63
3.6.2 蛋白质组学…………………… 64
3.6.3 生物信息学…………………… 68
提要…………………………………… 69
思考题………………………………… 70
第四章 DNA的生物合成 ………………… 72
4.1 DNA复制的概况………………… 72
4.1.1 DNA的半保留复制 ………… 72
4.1.2 复制的起点和方向 ………… 73
4.2 原核生物DNA的复制 ………… 74
4.2.1 参与原核生物DNA复制的酶和蛋白质 ………………………… 74
4.2.2 复制的起始…………………… 80
4.2.3 DNA链的延伸 ……………… 81
4.2.4 复制的终止…………………… 84
4.3 真核生物DNA的复制 ………… 84
4.3.1 参与真核生物DNA复制的酶和蛋白质 ………………………… 84
4.3.2 真核生物DNA复制的特点 …… 86
4.3.3 真核生物DNA复制的过程 …… 86
4.4 DNA复制的其他方式………… 90
4.4.1 滚环复制 …………………… 90
4.4.2 取代环复制…………………… 90
4.4.3 线形DNA末端复制的方式 …… 92
4.5 DNA复制的高度忠实性……… 93
4.6 逆转录作用 …………………… 93
4.6.1 逆转录病毒的结构 ………… 94
4.6.2 cDNA的合成 ……………… 96
4.6.3 原病毒DNA的整合 ………… 97
4.6.4 逆转录作用的生物学意义 …… 98
4.7 原核生物DNA复制的调控 … 99
4.8 真核生物DNA复制的调控 … 99
4.8.1 SV40病毒DNA复制的调控 ……………………………… 100
4.8.2 酵母染色体DNA复制的调控 ……………………………… 100
4.9 DNA的体外合成——聚合酶链式反应……………………… 101
4.9.1 PCR的基本原理 ………… 101
4.9.2 PCR反应体系的优化……… 101
4.9.3 PCR技术的扩展 ………… 102
提要 …………………………………… 103
思考题 ………………………………… 105
第五章 DNA的损伤与修复 ………… 107
5.1 DNA损伤的产生 …………… 107
5.1.1 DNA分子的自发性损伤 …… 107
5.1.2 物理因素引起的DNA损伤 … 109
5.1.3 化学因素引起的DNA损伤 … 111
5.1.4 生物因素引起的DNA损伤 … 113
5.1.5 环境诱变剂及其应用……… 114
5.2 基因的突变…………………… 114
5.2.1 突变的类型 ……………… 114
5.2.2 突变的回复和校正………… 116
5.2.3 诱变剂和致癌剂的检测 …… 117
5.3 DNA损伤的修复 …………… 118
5.3.1 直接修复 ………………… 118
5.3.2 碱基切除修复 …………… 120
5.3.3 核苷酸切除修复 ………… 121
5.3.4 错配修复 ………………… 125
5.3.5 双链断裂的修复 ………… 127
5.4 损伤跨越……………………… 129
5.4.1 重组跨越 ………………… 129
5.4.2 跨越合成 ………………… 130
5.5 DNA缺陷修复与癌症的关系 ……………………………… 131
提要 …………………………………… 132
思考题 ………………………………… 133
第六章 DNA重组和克隆 …………… 134
6.1 同源重组……………………… 134
6.1.1 同源重组的分子模型……… 135
6.1.2 细菌的基因转移与重组 …… 137
6.1.3 细菌同源重组的酶学机制 …… 138
6.1.4 真核生物的同源重组 ……… 140
6.2 位点特异性重组……………… 142
6.2.1 位点特异性重组的机制 …… 142
6.2.2 λ噬菌体DNA的整合与切除 ……………………………… 143
6.2.3 细菌的特异位点重组 ……… 144

6.2.4 免疫球蛋白基因的V(D)J重组 …… 144
6.3 转座重组 …… 147
6.3.1 转座子的概念 …… 147
6.3.2 原核生物的转座子 …… 147
6.3.3 真核生物的转座子 …… 150
6.4 逆转座子 …… 153
6.4.1 逆转座子的结构 …… 153
6.4.2 逆转座子的生物学意义 …… 156
6.5 转座的分子机制 …… 156
6.5.1 非复制型转座 …… 157
6.5.2 复制型转座 …… 157
6.6 DNA克隆 …… 159
6.6.1 用于DNA克隆的工具酶 …… 159
6.6.2 目的基因的来源 …… 161
6.6.3 常用的克隆载体 …… 161
6.6.4 DNA分子的体外连接 …… 163
6.6.5 重组子导入受体细胞 …… 165
6.6.6 重组子的筛选 …… 165
6.6.7 基因组文库的构建 …… 167
6.6.8 cDNA文库的构建 …… 168
6.7 克隆基因的表达 …… 168
6.7.1 检测表达产物的方法 …… 169
6.7.2 外源基因在原核细胞中的表达 …… 170
6.7.3 外源基因在真核细胞中的表达 …… 172
6.8 转基因植物和转基因动物 …… 175
6.8.1 转基因植物 …… 175
6.8.2 转基因动物 …… 177
提要 …… 178
思考题 …… 180
第七章　RNA的生物合成 …… 181
7.1 RNA生物合成的概况 …… 181
7.2 原核生物的转录 …… 182
7.2.1 原核生物的RNA聚合酶 …… 182
7.2.2 转录起始位点的结构 …… 184
7.2.3 转录起始的过程 …… 185
7.2.4 RNA链的延伸 …… 186
7.2.5 转录的终止 …… 188
7.3 真核生物的转录 …… 189
7.3.1 真核生物转录的特点 …… 189
7.3.2 真核生物的RNA聚合酶 …… 190
7.3.3 RNA聚合酶Ⅱ催化的转录 …… 191
7.3.4 RNA聚合酶Ⅰ催化的转录 …… 195
7.3.5 RNA聚合酶Ⅲ催化的转录 …… 196
7.4 转录校对 …… 198
7.5 转录过程的选择性抑制 …… 198
7.5.1 碱基类似物 …… 198
7.5.2 DNA模板功能的抑制剂 …… 199
7.5.3 RNA聚合酶的抑制剂 …… 199
7.6 RNA复制 …… 200
7.6.1 RNA复制的特点 …… 200
7.6.2 双链RNA病毒的RNA复制 …… 201
7.6.3 正链RNA病毒的RNA复制 …… 201
7.6.4 负链RNA病毒的RNA复制 …… 202
7.6.5 无模板的RNA合成 …… 203
提要 …… 203
思考题 …… 204
第八章　转录产物的加工 …… 205
8.1 原核生物RNA的转录后加工 …… 205
8.1.1 原核生物tRNA前体的加工 …… 205
8.1.2 原核生物rRNA前体的加工 …… 206
8.1.3 原核生物mRNA前体的加工 …… 207
8.2 真核生物tRNA前体的转录后加工 …… 208
8.2.1 真核生物tRNA前体的结构特点 …… 208
8.2.2 真核生物tRNA前体的加工过程 …… 208
8.3 真核生物rRNA前体的转录后加工 …… 209
8.3.1 rRNA基因的结构 …… 209
8.3.2 rRNA前体的核苷酸修饰 …… 210
8.3.3 rRNA前体的剪切 …… 211

8.4 真核生物 mRNA 前体的加工 …… 211
8.4.1 形成5′端帽子结构 …… 212
8.4.2 形成3′端的多聚腺苷酸 …… 213
8.4.3 断裂基因的拼接 …… 215
8.5 不同类型内含子的比较 …… 219
8.5.1 Ⅰ型内含子 …… 219
8.5.2 Ⅱ型内含子 …… 220
8.5.3 内含子剪接机制的比较 …… 221
8.6 核酶 …… 221
8.6.1 核酶的发现 …… 221
8.6.2 核酶的类型 …… 222
8.6.3 核酶的结构 …… 222
提要 …… 223
思考题 …… 224
第九章 蛋白质的生物合成 …… 226
9.1 蛋白质生物合成的概述 …… 226
9.1.1 mRNA 是蛋白质合成的模板 …… 226
9.1.2 tRNA 是氨基酸的运载体 …… 227
9.1.3 核糖体是蛋白质合成的场所 …… 228
9.1.4 参与蛋白质合成的各种辅因子 …… 229
9.2 遗传密码的破译 …… 230
9.2.1 遗传密码是三联体 …… 230
9.2.2 用人工合成的多聚核苷酸破译遗传密码 …… 231
9.2.3 用人工合成的三核苷酸破译遗传密码 …… 232
9.3 遗传密码的特性 …… 233
9.3.1 遗传密码是连续排列的三联体 …… 233
9.3.2 起始密码与终止密码 …… 233
9.3.3 遗传密码的简并性 …… 233
9.3.4 遗传密码的变偶性 …… 233
9.3.5 遗传密码的通用性 …… 234
9.3.6 遗传密码的防错系统 …… 235
9.3.7 开放阅读框 …… 235
9.4 氨酰-tRNA 的合成 …… 235
9.4.1 合成氨酰-tRNA 的反应 …… 235
9.4.2 氨酰-tRNA 合成酶的特异性 …… 237
9.5 原核生物的蛋白质合成 …… 238
9.5.1 原核生物肽链合成的起始 …… 238
9.5.2 原核生物肽链的延伸 …… 239
9.5.3 原核生物肽链合成的终止 …… 241
9.6 真核生物的蛋白质合成 …… 243
9.6.1 真核生物肽链合成的起始 …… 243
9.6.2 真核生物肽链的延伸 …… 246
9.6.3 真核生物肽链合成的终止 …… 246
9.7 蛋白质生物合成的抑制剂 …… 246
9.7.1 原核生物肽链合成的抑制剂 …… 246
9.7.2 真核生物肽链合成的抑制剂 …… 247
9.7.3 作用于原核生物和真核生物的肽链合成抑制剂 …… 247
提要 …… 248
思考题 …… 249
第十章 肽链的加工和输送 …… 250
10.1 肽链的加工 …… 250
10.1.1 肽链的剪接 …… 250
10.1.2 氨基酸残基的修饰 …… 251
10.1.3 多肽链的折叠 …… 254
10.2 肽链的定向输送 …… 258
10.2.1 共翻译途径 …… 258
10.2.2 翻译后途径 …… 261
提要 …… 266
思考题 …… 267
第十一章 原核生物基因表达的调控 …… 268
11.1 原核生物基因表达调控的概述 …… 268
11.2 DNA 水平的调控 …… 269
11.2.1 细菌 DNA 重排对基因表达的影响 …… 269
11.2.2 σ因子对原核生物转录起始的调控 …… 269
11.3 操纵子对基因表达的调控 …… 271
11.3.1 操纵子的基本结构 …… 271
11.3.2 乳糖操纵子 …… 272
11.3.3 阿拉伯糖操纵子 …… 274
11.3.4 色氨酸操纵子 …… 275

11.4 转录终止阶段的调控 ········· 278
11.5 翻译水平的调控 ················ 279
11.5.1 mRNA 结构对基因表达的调控 ··························· 279
11.5.2 mRNA 稳定性对翻译的调节 ································ 280
11.5.3 反义 RNA 对翻译的调控 ······ 281
11.5.4 蛋白质合成的自体调控 ······ 282
11.5.5 严谨反应与 CRISPR 系统的调控 ························· 284
11.6 核开关和群体感应 ············ 285
11.6.1 核开关 ························ 286
11.6.2 群体感应························ 286
提要 ······································ 287
思考题 ···································· 288
第十二章 真核生物基因表达的调控 ··· 289
12.1 真核生物基因表达调控的特点 ······························ 289
12.2 染色体水平的调控 ············ 290
12.2.1 异染色质化对基因活性的影响 ····························· 290
12.2.2 组蛋白对基因活性的影响······ 290
12.2.3 非组蛋白对基因活性的影响 ································ 294
12.2.4 核基质对基因活性的影响······ 295
12.2.5 基因丢失······················· 296
12.2.6 基因扩增······················· 296
12.3 染色体重排 ···················· 296
12.4 DNA 水平的调控················ 297
12.4.1 DNA 甲基化 ·················· 297
12.4.2 DNA 甲基化对转录活性的影响 ································ 297
12.5 真核生物转录水平的调控 ··· 298
12.5.1 顺式作用元件 ·················· 298
12.5.2 反式作用因子 ·················· 300
12.5.3 转录调控的作用机制 ········· 305
12.5.4 固醇类激素对基因转录的调控 ································ 306
12.6 转录后水平的调控 ············ 308
12.6.1 可变剪接························ 308
12.6.2 反式剪接························ 310
12.6.3 RNA 编辑 ···················· 312
12.6.4 RNA 的转运 ·················· 312
12.7 翻译水平的调控 ·············· 313
12.7.1 mRNA 稳定性对基因活性的影响 ······························ 313
12.7.2 翻译起始阶段的调控 ········· 314
12.7.3 mRNA 的选择性翻译 ········· 316
12.7.4 RNA 干扰导致的基因沉默 ··· 316
12.8 翻译后调控 ···················· 318
12.9 真核生物发育过程中的基因表达调控 ························ 320
12.9.1 母性基因························ 320
12.9.2 分节基因························ 320
12.9.3 同源异型基因 ················· 321
提要 ······································ 322
思考题 ···································· 323
缩略词 ································· 324
参考文献 ······························· 330

1 第一章 绪论

1.1 分子生物学的概念

1938 年 Report of the Rockefeller Foundation 首次使用了 molecular biology 一词，广义的分子生物学被定义为是研究生物大分子结构和功能的学科。按照这样的定义，除了核酸的结构和功能是分子生物学的基本内容外，分子生物学还包括蛋白质的结构和功能，酶的作用机制，膜的结构和功能，细胞的信号传导等内容。换句话说，广义的分子生物学可以包罗现代生物学在微观领域的大部分内容。

由于生命科学在微观领域的进展非常迅速，广义的分子生物学要包罗如此之多的内容比较困难。另一方面，广义分子生物学与生物化学、遗传学和细胞生物学的部分内容是很难区分的。因此，人们通常采用狭义的概念来理解分子生物学，即将分子生物学的范畴局限于核酸(基因)的分子生物学，主要研究基因和基因组的结构与功能，DNA 复制及损伤修复，基因的重组和克隆，RNA 的转录及转录产物的加工，蛋白质的生物合成及肽链合成后的加工，基因表达的调控等内容，其中也涉及与这些过程相关的蛋白质和酶的结构与功能。

狭义的分子生物学与细胞生物学的关系已经不那么密切了，但就其知识范畴而论，与生物化学和分子遗传学的部分内容依然是难以区分的。不过，由于生物化学和分子遗传学均是发展很快、知识容量很大的学科。因此，在生物化学中关于基因组学、基因重组和基因表达调控的内容通常是粗线条的。在分子遗传学中，关于生物大分子的结构及其相互作用的机制，特别是相关的研究方法，一般也是粗线条的。分子生物学则可以在对生物大分子结构及相互作用深入讨论的层面上，详细叙述基因组学、基因表达及其调控的分子机制。

1.2 分子生物学的内容

对基因和基因组的研究一直是分子生物学发展的主线。

自从有人类历史以来，人们自然会思考包括人类在内的生物为什么会有性状的遗传和变异，包括人类在内的生物是如何起源的，如何进化的，个体是如何发育的这样一些重要的问题。对这些问题的思考，可以看做分子生物学的启蒙阶段。由于问题的复杂性，在长达几千年的时间内，人们只能对这些问题进行猜想，产生了不少有趣的传说(见电子教程知识扩展1-1 关于生命起源的传说)。

20 世纪 50 年代以前，主要在细胞水平和染色体水平进行基因的研究，50 年代之后，主要从 DNA 分子水平进行基因的研究，70 年代以后，由于重组 DNA 技术的完善和发展，人们能够直接从克隆目的基因出发,研究基因的功能及其与表型的关系。这种研究途径改变了传统遗传学从表型到基因型的研究方法,而使基因的研究进入了反向生物学阶段,加快了对基因结构和功能的研究进程。

20世纪90年代以后,随着DNA序列测定技术的发展,以某物种全套遗传物质序列测定和基因定位为内容的结构基因组学蓬勃发展,促进了比较基因学、生物信息学的发展。随后在生物芯片技术、蛋白质组学、生物信息学的促进下,以某物种全套基因表达产物的结构和功能研究为内容的功能基因组学得到广泛重视,已经和正在取得越来越多的成就。

分子生物学第二个方面的研究内容是基因传递和表达的机制,包括DNA复制和损伤修复,基因的重组和转座,基因转录和转录产物的加工,蛋白质生物合成及肽链合成后的修饰、折叠和输送。由于基因的复制、转录和翻译均是有多种因子参与的复杂过程,这一方面知识体系已经相当丰富,但依然有不少问题有待进一步深入研究。

分子生物学第三个方面的研究内容是基因表达的调控。原核生物的转录和翻译在同一空间进行,一般在转录尚未完成时即可进行翻译,其基因表达的调控主要发生在转录水平。真核生物有细胞核结构,转录和翻译过程在时间和空间上都是被分隔的,且在转录和翻译后都有复杂的加工过程,其基因表达的调控可以发生在各种不同的水平,但主要的调控步骤是上游调控序列与转录因子的相互作用,以及RNA的剪辑。或者说,最主要的调控阶段依然在转录水平。

分子生物学的研究方法和技术是学科发展的重要推动力。特别是序列测定技术、分子杂交技术、分子重组技术、聚合酶链式反应(PCR)技术、生物芯片技术和生物信息学的进步,强有力地推动了分子生物学的发展。研究方法和技术是分子生物学的重要内容,对其原理的深入讨论和操作过程的介绍,需要专门的实验技术课解决。但在理论课的教学中,也需要对一些重要技术的原理进行概要的介绍,以帮助学生深入理解有关的教学内容。同时,也有利于培养学生科学思维的能力和创新能力。由于不少研究方法和技术是以生物大分子的结构和性质为基础的,本书将在各个章节穿插介绍一些重要研究方法的基本原理和应用范围,如在核酸变性复性一节之后,顺理成章地介绍有关分子杂交和基因芯片的原理和应用。有关方法和技术的详细介绍和操作层面的内容,读者应当阅读或参考实验技术方面的著作。

随着研究技术的不断进步,比较基因组学和功能基因组学会进一步加快发展速度,同时会促进生物信息学的快速发展,加深人们对基因结构和功能的认识。基因组学的发展可促进对蛋白质结构和功能的研究,对蛋白质结构和功能的深入了解,又会反过来促进对基因表达及其调控的研究。这些研究成果逐渐走向应用,可以为农林牧业提供新的优良品种,在解决粮食问题、能源问题、环境问题等方面发挥作用。还可以为疾病的预防和治疗提供新方法,提高人类的生活质量。综上所述,分子生物学有辉煌的发展前途。

1.3 分子生物与其他学科的关系

分子生物学除与生物化学、遗传学和细胞生物学关系密切外,与生命科学的其他领域如发育生物学、神经生物学、生理学等学科也关系密切。分子生物学明显地促进相关学科的深入发展,同时,相关学科也为分子生物学提供了越来越广阔的研究领域。甚至形态分类学和生态学等宏观学科也越来越多地用分子生物学的方法研究一些深层次的问题。由此可见,生命科学各个领域的研究工作者,都需要掌握分子生物学的基本理论和基本技术,分子生物学领域的科学工作者，也需要熟悉相关领域的基本理论和基本技术，以拓展自己的研究领域。对于生命科学领域(包括生物科学、生物技术、生物工程、医学和农学)的学生来说，分子生物学无疑是一门十分重要的课程。同时，为了学好分子生物学，学好相关学科的课程也是重要的。

分子生物学的不少内容是以化学和物理学的基本理论和研究方法为基础的，随着基因组学和生物信息学的发展，数学和计算机科学也越来越重要。分子生物学领域的研究工作者，特别是青年学生，应当掌握尽可能多的数理化知识。

1.4 分子生物的学习方法

(1) 要有良好的精神状态　分子生物学内容复杂而且抽象，学生要克服畏难情绪，积极培养兴趣，以良好的精神状态主动学习，才能有好的学习效果。

(2) 要注意记忆与理解的相互促进　分子生物学内容十分丰富，有不少知识点需要记忆，丰富的记忆材料是良好理解能力的基础，对问题的理解又可以促进记忆，要注意锻炼记忆与理解相互促进的学习方法。

(3) 要有动态观念　生物大分子不断进行着合成和降解，实现其功能伴随着空间结构的变化，如果生物大分子的运动停止，生命就完结了。因此，学习分子生物学一定要有动态观念。

(4) 要关注生物大分子的建成规则　生物大分子均由若干种单体脱水缩合而成，其序列蕴含着结构和功能信息。因此，学习分子生物学一定要注重生物大分子中单体的序列与其功能之间的关系。

(5) 要注重阅读和练习　分子生物学的有些内容比较复杂，还有一些内容需要对实验结果进行分析。不同的书叙述问题的角度不同，如果能读多本书，有助于加强对问题的理解。因此，加强阅读至关重要。

(6) 注重学习科学思维的方法和实验技能　分子生物学是一门实验学科，绝大部分知识是通过实验得到的，了解重要科学发现的思路和主要途径，对于培养学生的创新能力十分重要。要重视阅读实验原理和技能方面的书籍，进行必要的实验技能训练。

(7) 注重与数理化特别是化学知识的联系　用化学理论来探索基因的结构、表达和调控是分子生物学的重要内容，因此，学习分子生物学一定要有很好的化学基础。数学、物理学和信息科学为分子生物学提供研究思路和手段，分子生物学的许多重大突破是由化学家和物理学家完成的，从一个侧面说明了数理化对于分子生物学十分重要。

(8) 注重与生物学功能的联系　分子生物学以生物体为研究对象，因此，从生物学功能的角度理解问题，可以显著提高学习的效率。

提要

广义的分子生物学被定义为研究生物大分子结构和功能的学科，可以包罗现代生物学在微观领域的大部分内容，显得过于庞杂。狭义分子生物学将其范畴局限于基因的结构和功能，主要包括基因和基因组的结构，DNA 复制及损伤修复，基因的重组和克隆，RNA 的转录及转录产物的加工，蛋白质的生物合成及肽链合成后的加工，基因表达的调控等内容，其中也涉及与这些过程相关的蛋白质和酶的结构与功能。分子生物学的发展和应用，可能为农林牧业提供新的优良品种，在解决粮食问题、能源问题、环境问题等方面发挥作用。还可能为疾病的预防和治疗提供新方法，提高人类的生活质量。

分子生物学是随着遗传学、生物化学和细胞生物学等学科的发展兴起的，与发育生物学、神经生物学、生理学等学科也关系密切。化学、数学、物理学和信息科学为分子生物学提供基础及研究思路和手段。

学习分子生物学需要有良好的精神状态，注意记忆与理解的相互促进，要注重阅读和练习，注重学习科学思维的方法和实验技能，注重与数理化特别是化学知识的联系，注重与生物学功能的联系。

思考题

1. 解释广义的分子生物学和狭义的分子生物学。
2. 狭义的分子生物学包含哪些内容？
3. 简述分子生物学与有关学科的关系。
4. 简述分子生物学的学习方法。

2

第二章 核酸的结构和功能

20 世纪 50 年代初，核酸是遗传物质得到公认。1953 年 Watson 和 Crick 提出 DNA 的双螺旋结构模型，从此，核酸的研究成了生命科学中最活跃的领域之一。分子生物学和分子遗传学等新兴学科随之兴起，极大地推动了生命科学的发展进程。

对核酸结构和功能的深入研究，以及一系列工具酶的使用，推动了分子生物学各个领域的快速发展。基因的复制和转录，分子杂交和基因芯片，DNA 序列的测定，基因的克隆和表达，基因表达的调控等均以核酸结构和功能的研究为基础。因此，对生命科学工作者而言，掌握核酸的结构和功能是至关重要的。

2.1 DNA 是主要的遗传物质

1869 年瑞士科学家 Miescher 通过碱抽提和酸化从细胞核中分离得到一种新的富含磷的化合物，称之为核素(nuclein)。1889 年 Altman 制备了不含蛋白质的核酸制品，命名为核酸(nucleic acid)。Miescher 在 1892 年的一封信中指出，核酸由一些彼此相似但不完全相同的小的化学片段重复组成，可以表达非常丰富的遗传信息，正如很多语言的单词都是由 24～30 个字母组成的一样。但遗憾的是，这一推论在约半个世纪的时间内，既未得到实验证据的支持，也未得到学术界的重视。

1885～1901 年德国生物化学家 Kossel 从核酸中分离鉴定了 5 种碱基，因此荣获 1910 年诺贝尔生理学或医学奖。俄裔美籍生物化学家 Levine 发现不同来源的核酸中分别含有核糖和脱氧核糖，将核酸分为**核糖核酸**(ribonucleic acid，RNA)和**脱氧核糖核酸**(deoxyribonucleic acid，DNA)。Levine 还证明核酸是由核苷酸组成的链状分子，但错误地认为核酸是由 4 种核苷酸构成的重复单位连接而成的，难以承担复杂的遗传功能。这一观点当时得到广泛认同，一度阻碍了对核酸的研究工作(见电子教程科学史话 2-1　核酸研究的早期工作)。

20 世纪 50 年代以前，尽管已证明了生物体普遍含有 DNA 和 RNA，但由于四核苷酸假说的影响，核酸的研究未能引起足够重视。1943 年 Chargaff 等证明 DNA 中 4 种碱基的比例并不相等，四核苷酸假说开始受到质疑。1944 年 Avery 重做 1928 年 Griffith 的细菌转化实验，从有致病能力的有荚膜细菌分离蛋白质和 DNA，分别加到无荚膜细菌(无致病能力)的培养液中，发现有荚膜细菌的 DNA，可以使无荚膜细菌转化为有荚膜细菌，而蛋白质没有这种作用，说明 DNA 是遗传物质(见电子教程科学史话 2-2，电子教程知识扩展 2-1　Avery 的细菌转化实验)。

1952 年 Hershey 和 Chase 分别用^{35}S 标记噬菌体 T2 的蛋白质，用^{32}P 标记噬菌体 T2 的 DNA，然后感染大肠杆菌，说明噬菌体的 DNA 进入细菌后，合成了由其编码的噬菌体外壳蛋白质，进一步证明 DNA 是遗传物质(见电子教程科学史话 2-3　Hershey 和 Chase 的噬菌体 T2 实验)。

现已证明，除少数病毒以 RNA 为遗传物质外，多数生物体的遗传物质是 DNA。不同生物体中 DNA 的结构差别(或 RNA 病毒中 RNA 的结构差别)，决定了其所含蛋白质的种类和数量有所差别，因而具有不同的形态结构和代谢类型。

RNA 主要存在于细胞质中，核内 RNA 只占 RNA 总量的约 10%。RNA 的主要作用是从 DNA 转录遗传信息，并指导蛋白质的生物合成。此外，一些小分子 RNA 有重要的调节功能和催化功能。

2.2　核酸的组成成分

核酸经部分水解生成核苷酸，核苷酸部分水解生成核苷和磷酸，核苷可以水解生成戊糖和含氮碱基。

2.2.1　戊糖

RNA 和 DNA 两类核酸是因所含的戊糖不同而分类的，RNA 含 D-核糖，DNA 含 D-2-脱氧核糖。某些 RNA 中含有少量的 D-2-*O*-甲基核糖，即核糖的第 2 个碳原子上的羟基已被甲基化。

在核酸中，戊糖的第一位与碱基形成糖苷键，形成的化合物称核苷。在核苷中，戊糖中的原子编号改为 1′，2′，3′…以便与各碱基的原子编号相区别。核糖和脱氧核糖均为 β-D-型呋喃糖，通常糖环的 4 个原子处于同一平面，另一个原子偏离平面，若突出的原子偏向 C-5′一侧，称内式(endo)，若偏向另一侧则称之为外式(exo)。DNA 中的核糖通常为 C-3′内式，或 C-2′内式，D-核糖和 D-2-脱氧核糖的结构式和立体结构如图 2-1 所示。

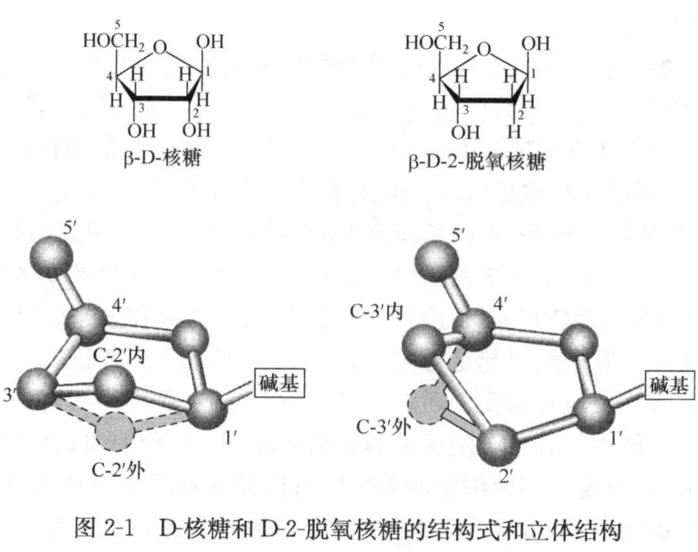

图 2-1　D-核糖和 D-2-脱氧核糖的结构式和立体结构

2.2.2 含氮碱基

如图 2-2 所示，核酸中的碱基有嘌呤和嘧啶两大类，DNA 和 RNA 均含有腺嘌呤和鸟嘌呤，RNA 主要含胞嘧啶和尿嘧啶，DNA 则含胞嘧啶和胸腺嘧啶(5-甲基尿嘧啶)。

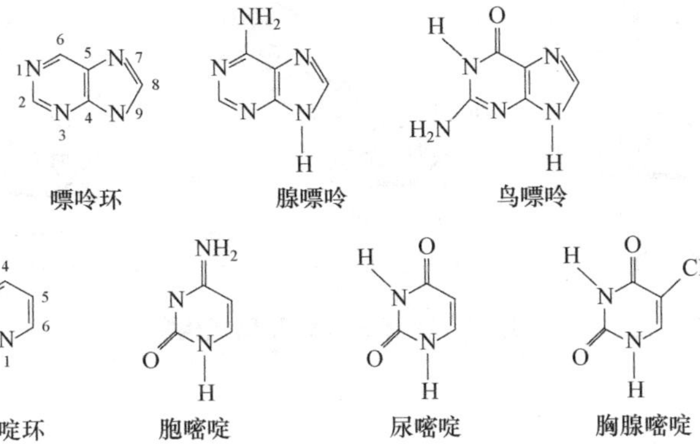

图 2-2　核酸中常见的碱基

多数 RNA 和某些 DNA 含有比较少见的特殊碱基，称稀有碱基。例如，小麦胚 DNA 含有较多的 5-甲基胞嘧啶，某些噬菌体(细菌病毒)含有 5-羟甲基胞嘧啶。稀有碱基是主要碱基经过化学修饰生成的，因此也可称作修饰碱基。在一些核酸中还存在少量的其他修饰碱基，如次黄嘌呤、二氢尿嘧啶、5-甲基尿嘧啶(胸腺嘧啶)、4-硫尿嘧啶等。tRNA 中的修饰碱基种类较多，含量较高，某些 tRNA 中的修饰碱基可达碱基总量的 10%或更多。

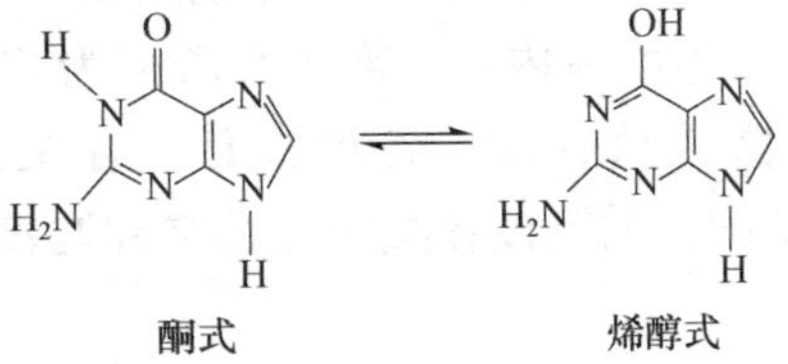

图 2-3　碱基的烯醇式和酮式互变异构体

碱基有烯醇式和酮式两种互变异构体(图 2-3)，在生理 pH 条件下主要以酮式存在。体内核酸大分子中的碱基一般也是以酮式存在的。

早年规定碱基用英文名称前 3 个字母表示，如腺嘌呤(adenine)为 Ade，鸟嘌呤(guanine)为 Gua，胞嘧啶(cytosine)为 Cyt，尿嘧啶(uracil)为 Ura，胸腺嘧啶(thymine)为 Thy，后来多用英文名称的第一个字母表示，分别为 A、G、C、U 和 T。

2.2.3 核苷

核苷(nucleoside)是戊糖和含氮碱生成的糖苷，核糖的 1′碳原子通常与嘌呤碱的第 9 氮原子或嘧啶碱的第 1 氮原子相连。在 tRNA 中有少量尿嘧啶的第 5 位碳原子与核糖的 1′碳原子相连，这是一种碳苷，因为戊糖与碱基的连接方式较特殊，也称为假尿苷。

由嘌呤形成的核苷可以有顺式和反式两种结构类型，嘧啶形成的核苷只有反式构象是稳定的，在顺式结构中，C_2位的取代基与糖残基存在空间位阻(图 2-4)。

核苷常用单字符号(A、G、C、U)表示，脱氧核苷则在单字符号前加一小写的 d(dA、dG、dC、dT)。常见的修饰核苷符号有：次黄苷或肌苷(inosine)为 I，黄嘌呤核苷(xanthosine)为 X，二氢尿嘧啶核苷(dihydrouridine)为 D，假尿嘧啶核苷(pseudouridine)为 ψ(见电子教程知识扩展 2-2　常见修饰核苷的结构式)。取代基团用英文小写字母表示，碱基取代基团的符号写在核苷单字符号的左下角，核糖取代基团的符号写在右下角，取代基团的位置写在取代基团符号的右上角，取代基的数量则写在右下角。例如，5-甲基脱氧胞苷的符号为 m^5dC，而 N^6，N^6-二甲基腺嘌呤的符号为 m_2^6A。

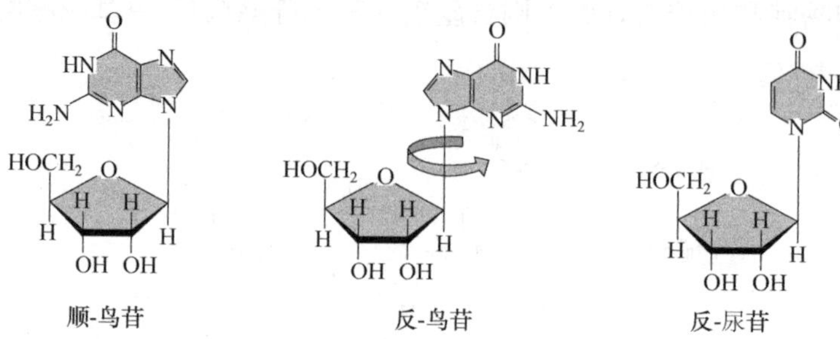

图 2-4　核苷的顺式和反式构象

2.2.4　核苷酸

2.2.4.1　核苷酸的结构和功能

核苷酸(nucleotide)是核苷的磷酸酯。核苷中的核糖有 3 个自由的羟基，均可以被磷酸酯化，分别生成 2′-、3′-和 5′-核苷酸。脱氧核苷酸的五碳糖上只有 2 个自由羟基，只能生成 3′-和 5′-脱氧核苷酸，各种核苷酸的结构已经用有机合成等方法证实。

生物体内的游离核苷酸多为 5′-核苷酸(图 2-5)，所以通常将核苷-5′一磷酸简称为核苷一磷酸或核苷酸。各种核苷酸在文献中通常用英文缩写表示，如腺苷酸为 AMP，鸟苷酸为 GMP。脱氧核苷酸则在英文缩写前加小写 d，如 dAMP、dGMP 等。

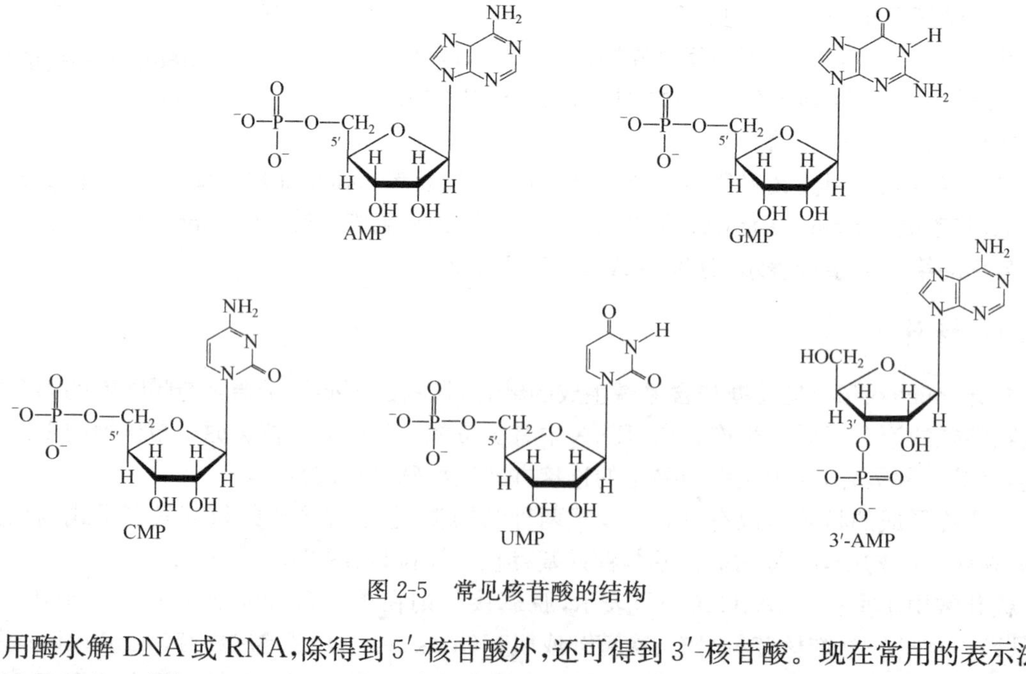

图 2-5　常见核苷酸的结构

用酶水解 DNA 或 RNA，除得到 5′-核苷酸外，还可得到 3′-核苷酸。现在常用的表示法是在核苷符号的左侧加小写字母 p 表示 5′-磷酸酯，右侧加 p 表示 3′-磷酸酯。如 pA 表示 5′-腺苷酸，Cp 表示 3′-胞苷酸。若为 2′-磷酸酯，则需标明，如 $Gp^{2'}$ 表示 2′-鸟苷酸，游离的 2′-核苷酸在生物体内很少见。

生物体内的AMP可与一分子磷酸结合，生成腺苷二磷酸(ADP)，ADP再与一分子磷酸结合，生成**腺苷三磷酸**(adenosine triphosphate，ATP，图2-6)。

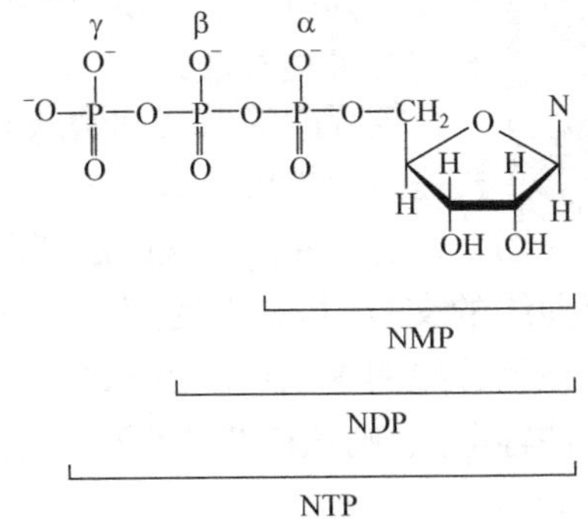

图2-6　核苷三磷酸的结构

其他单核苷酸也可以产生相应的二磷酸或三磷酸化合物。各种核苷三磷酸(ATP、GTP、CTP、UTP)是体内RNA合成的直接原料，各种脱氧核苷三磷酸(dATP、dGTP、dCTP、dTTP)是DNA合成的直接原料。核苷三磷酸化合物在生物体的能量代谢中起着重要的作用，在所有生物的化学能转化和利用中普遍起作用的是ATP。其他核苷三磷酸参与特定的代谢过程，如UTP参加糖的互相转化与合成，CTP参加磷脂的合成，GTP参加蛋白质和嘌呤的合成。

腺苷酸也是一些辅酶的结构成分，如烟酰胺腺嘌呤二核苷酸(辅酶Ⅰ，NAD^+)、烟酰胺腺嘌呤二核苷酸磷酸(辅酶Ⅱ，$ANDP^+$)、黄素腺嘌呤二核苷酸(FAD)等。

哺乳动物细胞中的3′,5′-环腺苷酸(3′,5′-cyclic adenosine monophosphate，cAMP)是一些激素发挥作用的媒介物，被称为是这些激素的第二信使(见电子教程科学史话2-4 cAMP的发现)。许多药物和神经递质也是通过cAMP发挥作用的。cGMP是cAMP的拮抗物，二者共同在细胞的生长发育中起重要的调节作用。某些哺乳动物细胞中还发现了cUMP和cCMP，功能不详。环核苷酸是在细胞内一些因子的作用下，由某种核苷三磷酸(NTP)在相应的环化酶作用下生成的，cAMP和cGMP的结构式如图2-7所示。

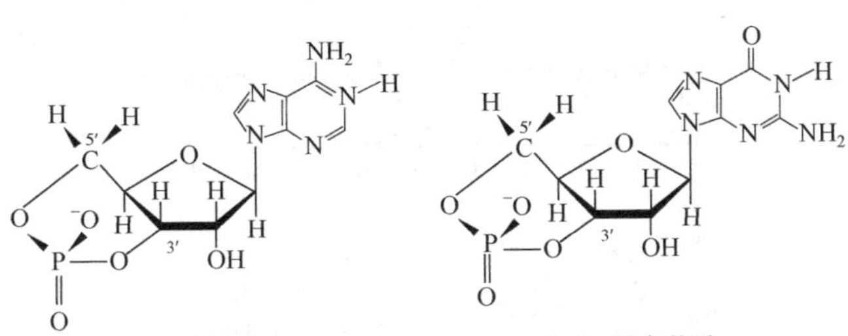

3′,5′－环腺苷酸　　3′,5′－环鸟苷酸

图2-7　cAMP和cGMP的结构

一些核苷多磷酸和寡核苷多磷酸对代谢有重要的调控作用。例如，在细菌的培养基中缺少某种必需氨基酸时，几秒钟内即发生GTP＋ATP→$_{pp}G_{pp}$或$_{ppp}G_{pp}$的反应。在$_{pp}G_{pp}$或$_{ppp}G_{pp}$的作用下，细菌会严格控制代谢活动以减少消耗，加快体内原有蛋白质的水解以获取所缺的氨基酸，并用以合成生命活动必需的蛋白质，从而延续生命。枯草杆菌在营养不利的情况下形成芽孢时，合成$_{pp}A_{pp}$、$_{ppp}A_{pp}$和$_{ppp}A_{ppp}$，使细菌处于休眠状态渡过恶劣时期。很多原核生物(如大肠杆菌)、真核生物(如酵母菌)和哺乳动物都存在$A^{5'}_{pppp}{}^{5'}A$($A_{p4}A$)，在哺乳动物中$A_{p4}A$含量与细胞生长速度有正相关。核苷酸及其衍生物在调控方面的作用，已成为生物体调控机制研究的一个重要领域。

2.2.4.2　核苷酸的性质

核苷酸的碱基具有共轭双键结构，故核苷酸在260nm左右有强吸收峰。由于碱基的紫外吸收光谱受碱基种类和解离状态的影响，故测定核苷酸的紫外吸收时应注意溶液的 pH（见电子教程知识扩展 2-3　常见核苷酸的紫外吸收光谱）。利用碱基紫外吸收的差别，可以鉴定各种核苷酸。

核苷酸的碱基和磷酸基均含有解离基团，常见核苷酸可解离基团的 pK 值见电子教程知识扩展 2-4。

图 2-8 是 4 种核苷酸的解离曲线。可以看出，当 pH 处于磷酸基一级解离曲线和碱基解离曲线的交点时，二者的解离度刚好相等。在此 pH 下，磷酸基尚无二级解离，所以这一 pH 为该核苷酸的等电点。当 pH 小于等电点时，该核苷酸带净正电荷。相反，如果 pH 大于核苷酸的等电点，则该核苷酸带净负电荷。

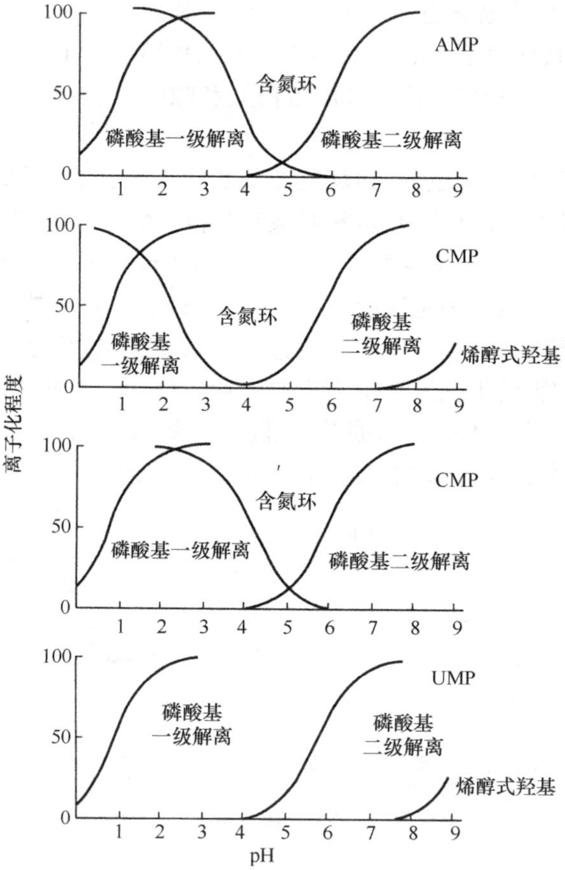

图 2-8　核苷酸的解离曲线

在 pH 3.5 时，各种核苷酸中磷酸基的第一羟基已完全解离，带 1 个单位的负电荷，第二羟基完全未解离。含氮碱基所带的正电荷则有明显的差别，分别为 CMP（＋0.84）＞AMP（＋0.54）＞GMP（＋0.05）＞UMP（0）。这样，所有核苷酸都带净负电荷，且带负电荷的多少各不相同。在 pH 3.5 的缓冲液中进行电泳，它们便以不同的速度向正极移动，其移动速度的顺序是 UMP＞GMP＞AMP＞CMP，因而可用电泳分离核苷酸。

用阳离子交换树脂分离上述 4 种核苷酸时，先在低 pH（如 pH 1.0）下使它们都带上净正电荷（UMP 除外），经离子交换作用结合到树脂上，然后用盐浓度或 pH 递增的缓冲液进行洗脱。UMP 因不带正电荷，首先被洗脱下来，接着是 GMP，因为嘌呤环同离子交换树脂的非极性吸附比嘧啶环大许多倍，抵消了 AMP 和 CMP 之间正电荷的差别，故洗脱顺序是 UMP→GMP→CMP→AMP。

2.3　核酸的一级结构

实验证明 DNA 和 RNA 都是没有分支的多核苷酸长链，链中每个核苷酸的 3′-羟基和相邻核苷酸戊糖上的 5′-磷酸相连，连接键是 3′,5′-磷酸二酯键(3′,5′-phosphodiester bond)。由相间排列的戊糖和磷酸构成核酸大分子的主链，而代表其特性的碱基则可以看成是有次序地连接在其主链上的侧链基团。由于同一条链中所有核苷酸间的磷酸二酯键有相同的走向，每条线形核酸链都有一个 5′端和一个 3′端(图 2-9)。

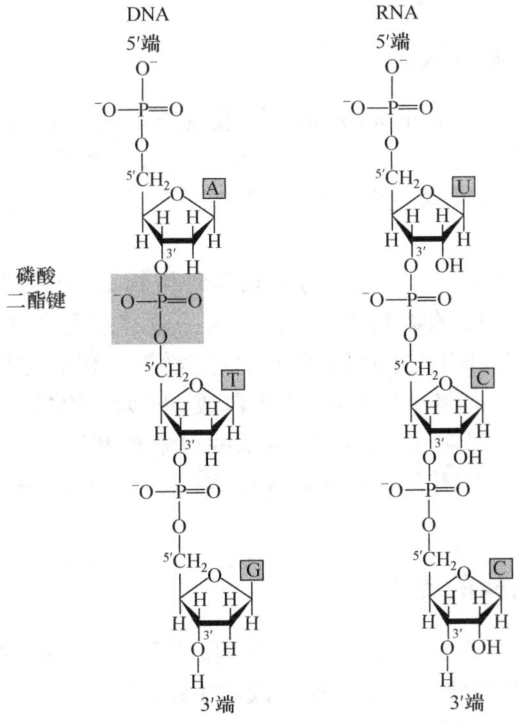

图 2-9　DNA 和 RNA 的一级结构

各核苷酸残基沿多核苷酸链排列的顺序(序列)称核酸的一级结构(primary structure of nucleic acid)。核苷酸的种类虽不多，但可因核苷酸的数目和序列的不同构成多种结构不同的核酸。由于戊糖和磷酸两种成分在核酸主链中不断重复，也可以用碱基序列表示核酸的一级结构。

用简写式表示核酸的一级结构时，用 p 表示磷酸基团，将 p 写在核苷符号的左侧，表示磷酸与糖环的 5′-羟基结合，右侧表示与 3′-羟基结合。在表示核酸酶的水解部位时，常用这种简写式。例如，pApCp↓GpU 表示水解后 C 的 3′-羟基连有磷酸基，G 的 5′-羟基是游离的；而 pApC↓pGpU 则表示水解后 C 的 3′-羟基是游离的，G 的 5′-羟基连有磷酸基。在不需要标明核酸酶的水解部位时，上述简写式中的 p 亦可省去，写成$_p$ACGU。

各种简写式所表示的碱基序列，通常左边是 5′端，右边是 3′端。如欲表示他种结构，应注明；如双链核酸的两条链为反向平行，同时描述两条链的结构时必须注明每条链的走向。

核酸的序列测定比较困难，20 世纪 70 年代中期 Sanger 建立了快速测定 DNA 序列的新方法，1977 年测定了 ΦX174 单链 DNA 5386 nt 的全序列。随后序列测定方法不断改进，逐步走向自动化，由于 DNA 序列测定的原理与 DNA 的双螺旋结构有关，测序的基本原理将在本章最后一节简要介绍。

2.4 DNA 的二级结构

DNA 双链的螺旋形空间结构称 **DNA 的二级结构**(secondary structure of DNA)。1953 年 Watson 和 Crick 提出 DNA 的双螺旋结构(DNA double helix，duplex)，是 20 世纪自然科学最重要的发现之一，对生命科学的发展具有划时代的意义(见电子教程科学史话 2-5 DNA 双螺旋结构的发现)。

2.4.1 双螺旋结构的实验依据

(1) X 射线衍射数据　Wilkins 和 Franklin 发现不同来源的 DNA 纤维具有相似的 X 射线衍射图谱，而且沿长轴有 0.34 nm 和 3.4 nm 两个重要的周期性变化，说明 DNA 可能有共同的空间结构。X 射线衍射数据说明，DNA 含有两条或两条以上具有螺旋结构的多核苷酸链。

(2) 关于碱基成对的证据　Chargaff 等分析多种生物 DNA 的碱基组成，发现 DNA 中 A 和 T 的数目基本相等，C 和 G 的数目基本相等，这一规律被称作 **Chargaff 规则**(Chargaff's rules)。后来又有人证明 A 和 T 之间可以形成 2 个氢键，C 和 G 之间可以形成 3 个氢键。

(3) DNA 的滴定曲线　若将小牛胸腺 DNA 制成 pH 为 7 的溶液，分别用盐酸滴定到 pH 2，用 NaOH 滴定到 pH 12，发现在 pH 4～11，碱基的可解离基团不可滴定，一个合理的解释是 DNA 形成双链，有关基团参与了氢键的形成(见电子教程知识扩展 2-5　DNA 的滴定曲线)。

2.4.2 DNA 双螺旋结构的要点

(1) 反向双链结构　DNA 分子由两条方向相反的多核苷酸链构成，一条链的 5′端与另一条链的 3′端相对，两条链沿共同的螺旋轴扭曲成右手螺旋(图 2-10)。

(2) 碱基配对　两条链上的碱基均在主链内侧，一条链上的 A 一定与另一条链上的 T 配对，G 一定与 C 配对，称碱基配对(base pairing)。根据分子模型计算，一条链上的嘌呤碱必须与另一条链上的嘧啶碱相匹配，其距离才正好与双螺旋的直径相吻合。根据碱基构象研究的结果，A 与 T 配对形成 2 个氢键，G 与 C 配对形成 3 个氢键。由于碱基对的大小基本相同，所以无论碱基序列如何，双螺旋 DNA 分子整个长度的直径相同，螺旋直径为 2 nm(图 2-11)。

根据碱基配对的原则，在一条链的碱基序列被确定后，另一条链必然有相对应的碱基序列。如果 DNA 的两条链分开，任何一条链都能够按碱基配对的规律合成与之互补的另一条链。即由一个亲代 DNA 分子合成两个完全相同的子代分子。事实上，Watson 和 Crick 在提出双螺旋结构模型时，已经考虑到 DNA 复制问题，并很快提出了半保留复制假说。

(3) 碱基堆积力　成对碱基大致处于同一平面，该平面与螺旋轴基本垂直。糖环平面与螺旋轴基本平行，磷酸基连在糖环的外侧。相邻碱基对平面间的距离为 0.34 nm，该距离使碱基平面间的 π 电子云可在一定程度上互相交盖，形成碱基堆积力(base stacking force)。双螺旋每转一周有 10 个碱基对，每转的高度(螺距)为 3.4 nm(图 2-12)。DNA 分子的大小常用碱

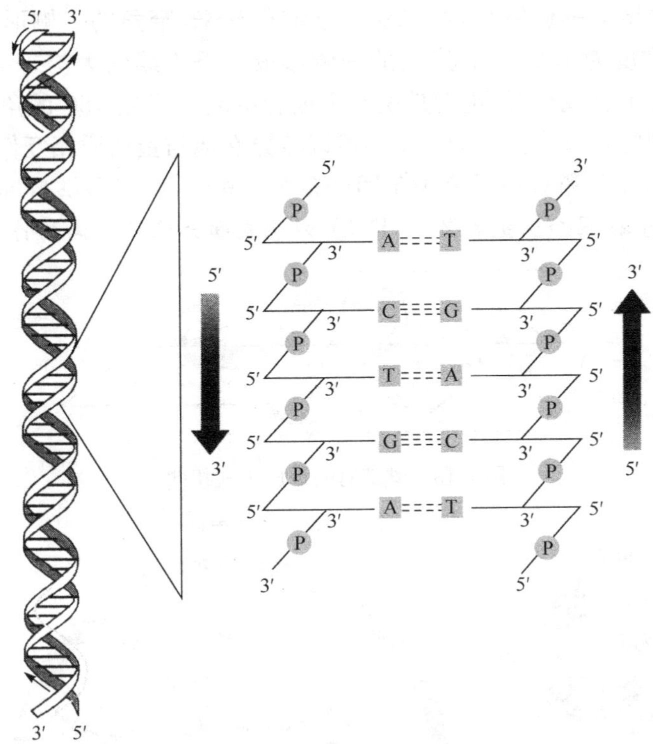

图 2-10 DNA 的双螺旋结构

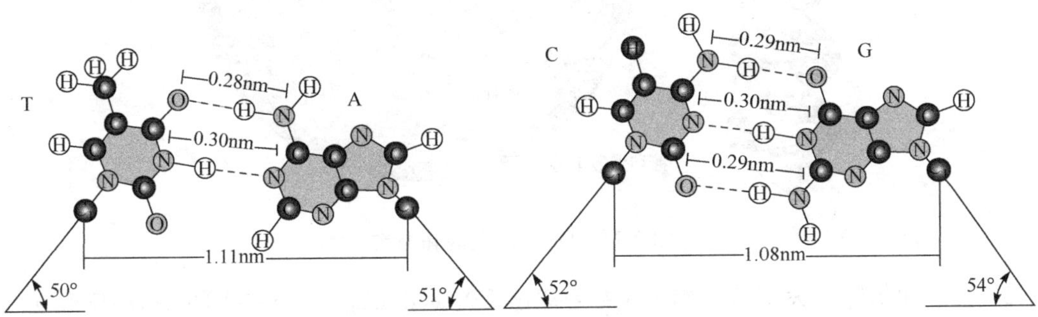

图 2-11 DNA 中的碱基配对

基对数(base pair,bp)表示,而单链分子的大小则常用核苷酸数(nucleotide,nt)来表示。

由于双螺旋每转一周有 10 个碱基对,相邻碱基平面之间会绕着双螺旋的轴旋转 36°,或者说,碱基平面之间有 36°的错位,这不利于形成碱基堆积力。对 DNA 空间结构的进一步研究发现,构成碱基对的两个碱基平面之间有图 2-13 所示的**螺旋桨式的扭曲**(propeller twisting),这种扭曲可以使相邻碱基平面之间的重叠面增加,有利于提高分子的碱基堆积力(见电子教程知识扩展 2-6 螺旋桨式扭曲增加碱基堆积力)。

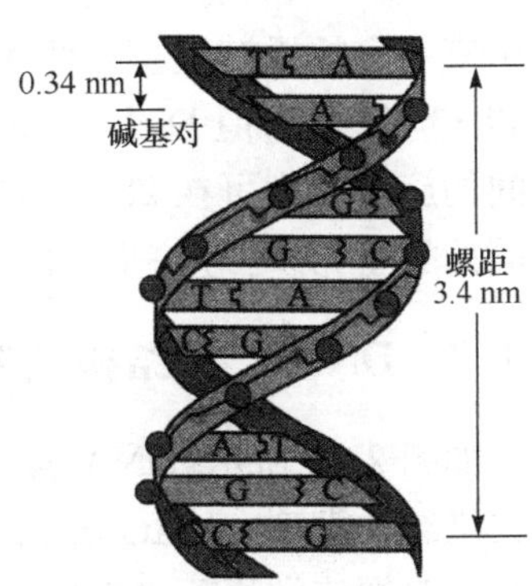

图 2-12 DNA 的碱基平面

(4) 大沟和小沟 如图 2-14 所示,由于碱基对的糖苷键有一定的键角,使两个糖苷键之间的窄角为 120°,广角为 240°。

碱基对因而向两条主链的一侧突出，碱基对上下堆积起来，窄角的一侧形成一条连续的小沟(minor groove)，其宽度为1.2 nm。广角的一侧形成一条连续的大沟(major groove)。如果碱基对的两个糖苷键呈直线相对，也就是说两个糖苷键之间形成180°的角度，DNA分子的表面就会形成大小相同的两条沟。大沟和小沟可以特异性地与蛋白质相互作用。特别是在大沟处，A-T、T-A、G-C和C-G的有关基团分布各不相同，可以提供与蛋白质相互识别的丰富信息(见电子教程知识扩展2-7　DNA分子表面大沟和小沟的作用)。

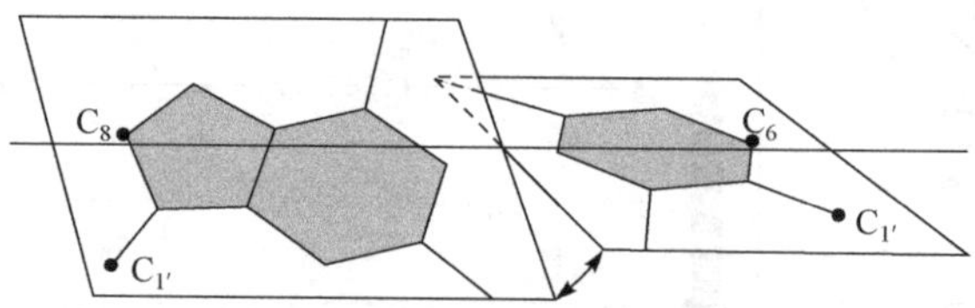

图2-13　碱基对的螺旋桨式扭曲

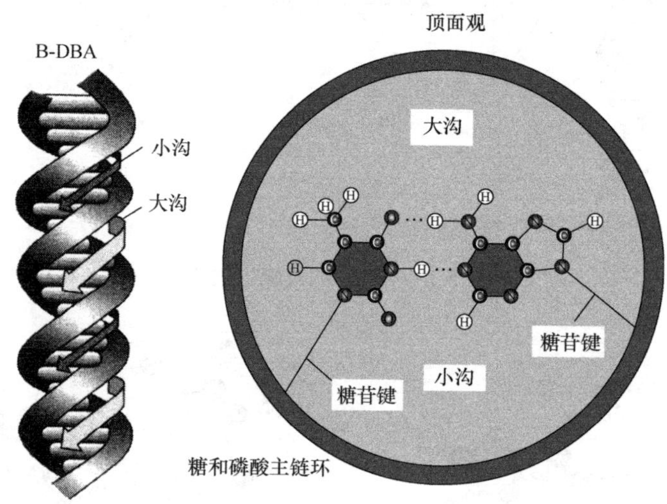

图2-14　DNA的大沟和小沟

(5) 双链和单链　大多数天然DNA为双链DNA(double-stranded DNA，dsDNA)，某些病毒如ΦX174和M13的DNA为单链DNA(single-stranded DNA，ssDNA)。

(6) 刚性与柔性　双链DNA分子主链上的化学键受碱基配对等因素影响旋转受到限制，使DNA分子比较刚硬，呈比较伸展的结构。但一些化学键亦可在一定范围内旋转，使DNA分子有一定的柔韧性。按照Watson和Crick提出的DNA双螺旋结构，相邻碱基平面之间会旋转36°的角度，但Dickerson等研究人工合成的12 bp DNA的空间结构，发现相邻碱基平面之间的旋转角度可在28°～42°之间变动。研究发现，双螺旋结构可以发生一定的变化而形成不同的类型，亦可进一步扭曲成三级结构。

2.4.3　DNA二级结构的其他类型

如图2-15所示，DNA链中有不少单键可以旋转，因此，DNA在一定的条件下会呈现不同的二级结构类型。Watson和Crick依据相对湿度92%的DNA钠盐所得到的X射线衍射图提出的双螺旋结构称**B-DNA**(B form DNA)，细胞内的DNA与B-DNA非常相似。相对湿度为75%的DNA钠盐结构有所不同，称**A-DNA**(A form DNA)，A-DNA的螺距和每一转的碱基对数目变化如表 2-1 所示。A-DNA 与 RNA 分子中的双螺旋区，以及 DNA-RNA 杂合双链分子在溶液中的构象很接近，因此推测基因转录时，DNA 分子发生 B-DNA→A-DNA 的转变。

在 A-DNA 和 B-DNA 中碱基均以反式构象存在，但二者的糖环构象不同，B-DNA 为 C-2′-endo 构象，而 A-DNA 为 C-3′-endo 构象。A-DNA 的碱基平面因此而倾斜了 19°，同时，分子表面的大沟变得狭而深，小沟变得宽而浅。

1979 年底 Rich 等将人工合成的 DNA 片段 d($C_PG_PC_PG_PC_PG_P$)制成晶体，并进行了 X 射线衍射分析(分辨率是 0.09 nm)，证明其大沟平坦，小沟窄深，糖-磷酸主链形成锯齿形(zig-zag)的左手螺旋，命名为 **Z-DNA**(Z form DNA)。Z-DNA 直径约 1.8 nm，螺旋的每转含 12 个碱基对，整个分子比较细长而伸展。Z-DNA 的碱基对偏离中心轴，靠近螺旋外侧。

在 Z-DNA 中，嘌呤核苷酸的糖环为 C-3′-endo 构象，嘧啶核苷酸的糖环为 C-2′-endo 构象，嘌呤核苷酸为顺式构象，嘧啶核苷酸为反式构象。Rich 等用荧光化合物标记 Z-DNA 抗体后，用电子显微镜观察，发现它与果蝇唾液腺染色体的许多部位结合。在鼠类和各种植物的完整细胞核等自然体系中，也找到了含有 Z-DNA 的区域。说明在天然 DNA 中确有一些片段处于左手螺旋状态，而且执行着某种细胞功能。

在活细胞中如果有 m^5C，则无需嘌呤-嘧啶相间排列，在生理盐水中可产生 Z 型结构。在体内，多胺化合物如精胺和亚胺及亚精胺等阳离子，可和磷酸基团结合，使 B-DNA 转变成 Z-DNA。

已知当双螺旋 DNA 处于高度甲基化的状态时，基因表达一般受到抑制，反之则得到加强，说明 B-DNA 与 Z-DNA 的相互转换可能和基因表达的调控有关(见电子教程科学史话 2-6　Z-DNA 的发现和意义)。

A-DNA、B-DNA 和 Z-DNA 的结构如图 2-16 所示，在表 2-1 中列出了 3 类双螺旋 DNA 的结构参数(见电子教程知识扩展 2-8　3 种 DNA 双螺旋结构的彩图)。

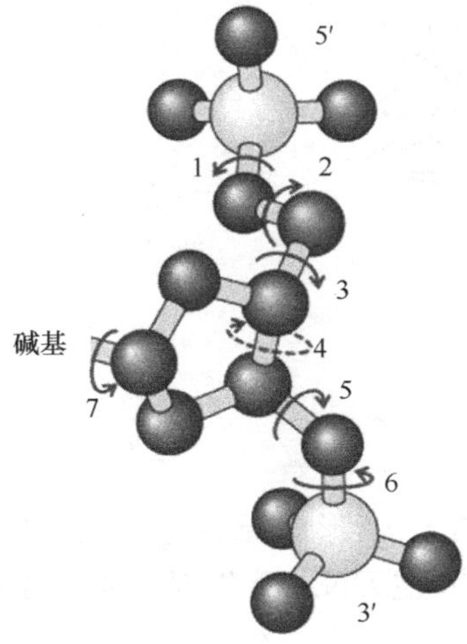

图 2-15　DNA 链中可以旋转的单键

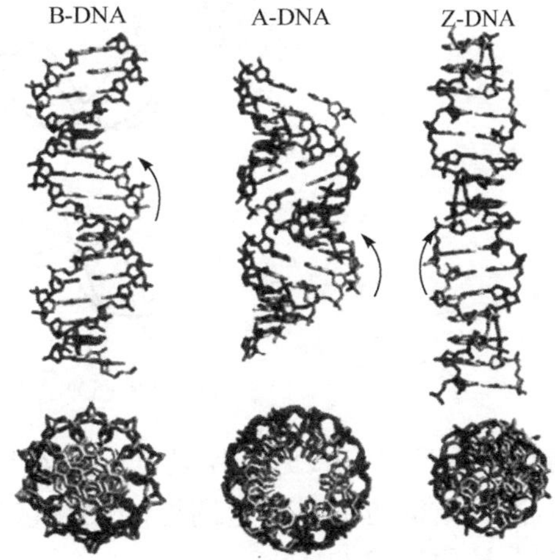

图 2-16　DNA 双螺旋结构的主要类型

表 2-1　双螺旋 DNA 的类型

类型	旋转方向	螺旋直径/nm	螺距/nm	每转碱基对数目	碱基对间垂直距离/nm	碱基对与水平面的倾角
A-DNA	右	2.55	2.47	11	0.23	+19°
B-DNA	右	2.37	3.32	10	0.33 ± 0.02	−1.2°+4.1°
Z-DNA	左	1.84	4.56	12	0.38	−9°

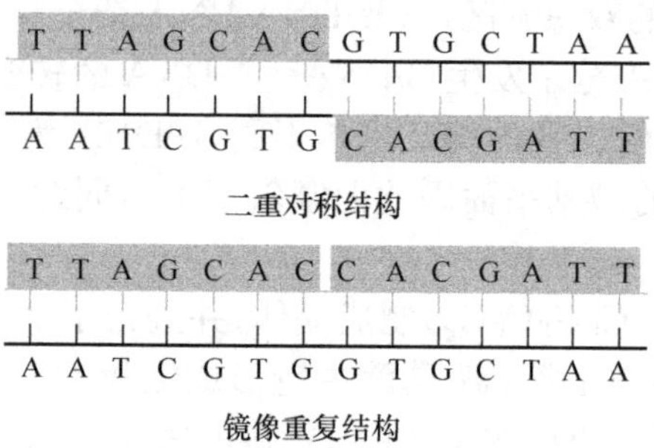

图 2-17　DNA 的二重对称结构和镜像重复结构

DNA 中存在不少如图 2-17 所示的二重对称结构(two fold rotationally symmetry),即一条链碱基序列的正读与另一条链碱基序列的反读相同。这种序列也可称作**反向重复顺序**(invert repeat sequence)或者**回文顺序**(palindrome sequence),这样的序列很容易形成发夹结构或十字架结构。有些回文顺序可以作为限制性内切核酸酶的识别位点,还有些回文顺序形成的发夹结构在转录的终止,或转录活性的调控方面发挥重要作用(见电子教程知识扩展 2-9 DNA 的发夹结构和十字结构)。

DNA 的某些区段存在图 2-17 所示的**镜像重复**(mirror repeat),这种重复序列可能形成**三螺旋 DNA**(triple-helical DNA)的结构(图 2-18)。在三螺旋结构中,存在 T-A∗T,C-G∗C$^+$,T-A∗A 和 C-G∗G 四种三联碱基配对(图 2-19),其中的"-"表示 Watson-Crick 碱基对,"∗"表示 Hoobsteen 碱基配对,这种碱基配对是 Hoobsteen 于 1963 年首先发现的,因此而得名。C$^+$ 表示质子化的 C,由于 DNA 的三螺旋结构中存在多一个 H 的 C$^+$,因此,也可被称作 H-DNA。

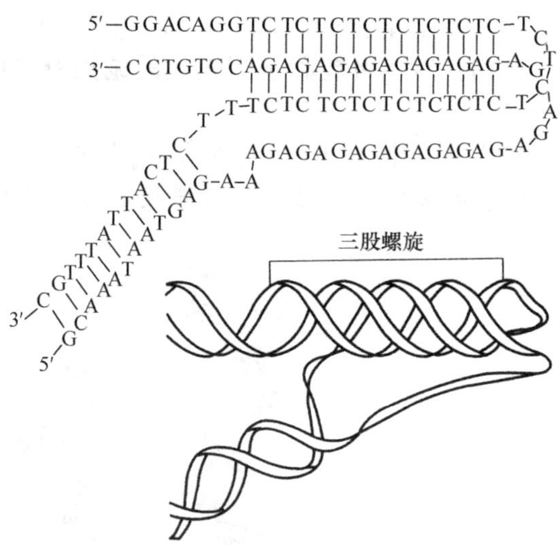

图 2-18　DNA 的三螺旋结构

在一定的条件下,单链 DNA 片段可以插入 DNA 双螺旋的大沟,形成局部的分子间 DNA 三螺旋结构,这种结构与基因表达调控的关系值得注意。此外,在 DNA 重组时也形成 DNA 的三螺旋结构,被称作 R-DNA。

在细胞外,三螺旋结构的形成需要酸性条件。但研究发现,在生理条件下,多胺类(如精胺和亚精胺)可促进三螺旋结构的形成,其可能的原因是,多胺类降低了 3 条链的磷酸骨架之间的静电斥力。利用三螺旋 DNA 的抗体发现,真核生物的染色体中确实存在三螺旋 DNA。研究发现,三螺旋结构可阻止 DNA 的体外合成。一种假设的可能机制是,当 DNA 聚合酶到达镜像重复序列的中央时,模板会回折,与新合成的 DNA 形成稳定的三螺旋结构,使 DNA 聚合酶无法沿模板链移动,从而终止复制过程。细胞内是否存在这样的机制,有待实验证实。

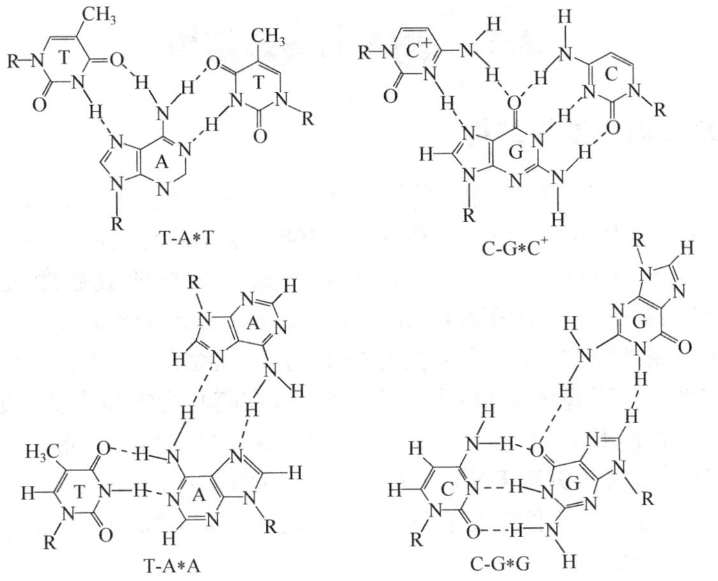

图 2-19　三螺旋 DNA 的碱基配对

此外，DNA 的某些特殊序列还可形成四链结构(tetrasomy structure)，目前发现的四链结构均是由串联重复的鸟苷酸链构成的。对四链结构的 X 射线衍射研究发现，四链结构可以看成是由 G-四联体片层以螺旋方式堆积而成的。如图 2-20 所示，4 个 G 以 Hoobsteen 配对方式形成四联体，中心的 4 个羰基氧原子形成一个负电微区，可以同阳离子结合。G-四联体中的每一个 G 分别来自 4 条多聚鸟苷酸链，G 与戊糖形成的糖苷键为反式构象。每个片层之间的旋转角度为 30°，可使螺旋轴延伸 0.34 nm。环境中的阳离子可影响 DNA 四链结构的空间构象。

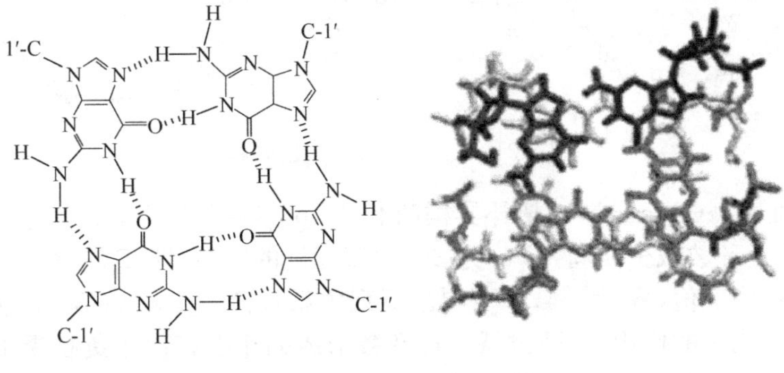

图 2-20　DNA 的四链结构

真核生物染色体的端粒 DNA 中有许多鸟苷酸的串联重复，不少实验证据支持端粒 DNA 中存在四链 DNA 结构。除端粒 DNA 外，免疫球蛋白铰链区所对应的 DNA 片段，成视网膜细胞瘤敏感基因、tRNA 基因和 *Sup F* 基因的一些特殊序列，均存在串联重复的鸟苷酸链，有可能形成四链 DNA 结构。在酵母提取液中，发现了以四链 DNA 为底物的核酸酶，提示生物体内可能有天然存在的四链 DNA 结构。四链 DNA 结构的生物学意义有待深入研究。

2.5 DNA 的高级结构

2.5.1 环状 DNA 的超螺旋结构

真核生物的染色体 DNA 为双链线形分子，但细菌的染色体 DNA，某些病毒的 DNA，细菌质粒、真核生物的线粒体和叶绿体的 DNA，为双链环状 DNA。在生物体内，绝大多数**双链环状 DNA**（double-strand circular DNA，dcDNA）可进一步扭曲成**超螺旋 DNA**（superhelix DNA），这种结构还可被称为**共价闭环 DNA**（covalently closed circular DNA，cccDNA）。超螺旋 DNA 具有更为致密的结构，可以将很长的 DNA 分子压缩在一个较小的体积内，同时，也增加了 DNA 的稳定性。由于超螺旋 DNA 的密度较大，在离心场中和凝胶电泳中的移动速度较线性 DNA 快。若超螺旋 DNA 的一条链断裂，分子将释放扭曲张力，形成**松弛环状 DNA**（relaxed circular DNA），也称为**开环 DNA**（open circular DNA，ocDNA）。开环 DNA 在离心场中和凝胶电泳中的移动速度较线性 DNA 慢。若超螺旋 DNA 的两条链均断裂，就会转化为**线性 DNA**（见电子教程知识扩展 2-10　超螺旋 DNA 的凝胶电泳图）。

为了更好的描述超螺旋 DNA，将 DNA 中一条链绕另一条链的总次数定义为**连环数**（linking number，L），双螺旋的圈数定义为**扭转数**（twisting number，T），超螺旋数定义为**缠绕数**（writhing number，W）。如图 2-21 所示，一段双螺旋圈数为 40 的 B-DNA，在 40 转螺旋均已形成的情况下连接成环形时，双链环不发生进一步扭曲，构成松弛环形 DNA，其 L 和 T 均为 40，W 为 0。

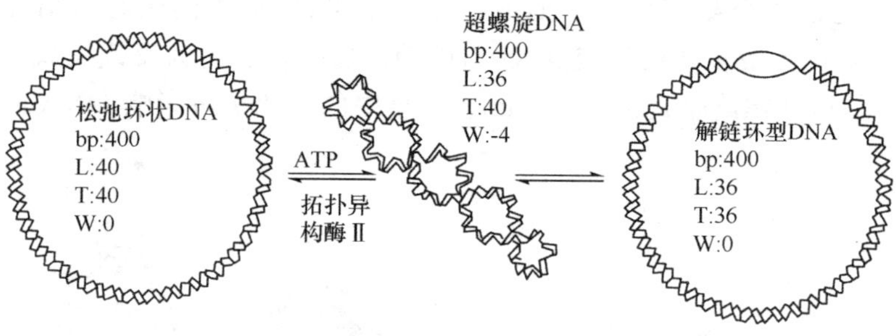

图 2-21　DNA 拓扑结构的转换

若在 DNA 旋转酶（Gyrase），即拓扑异构酶Ⅱ（TopⅡ）的作用下，使上述环形 DNA 形成 4 周右手超螺旋，则连环数减少 4 周，即 L 为 36，而双螺旋的圈数，即 T 依然是 40。将这种状态下的超螺旋数规定为负值，W 为 −4，即可得出下列关系式：$L=T+W$（White 方程）。

这种在拓扑异构酶的作用下，通过减少连环数形成的超螺旋称作**负超螺旋 DNA**（negative supercoiled DNA）。若在两条链均不断开的情况下解开负超螺旋，则双螺旋的部分区域会形成单链区，在图 2-21 的例子中，L 和 T 均为 36，W 为 0。这种形式称解链环形 DNA，依然满足 White 方程。仔细的研究发现，在上述关系式中，T 和 W 可以是整数，也可以是小数，但 L 一定会是整数。

DNA 两条链的关系很像两股扭在一起的蝇子，用具一定弹性的两股绳子（如软电线）可演示图 2-21 所示的各种状态（见电子教程知识扩展 2-11　超螺旋的图解）。

超螺旋的量度可以用超螺旋密度 λ 来表示：$\lambda=(L-T)/T$。

在天然 DNA 中，λ 约为 −0.05，即大约 20 个双螺旋有 1 个超螺旋。

在生物体内，绝大多数环形DNA以负超螺旋的形式存在。也就是说，一旦超螺旋解开，则会形成解链环形DNA，解链形成的单链区有利于DNA复制或转录。在环状DNA的两条链均不断开的情况下，若双螺旋进一步解开，即会形成左手超螺旋，称**正超螺旋DNA**(positive supercoilid DNA)。超螺旋DNA复制或转录时，两条链要不断解开，为防止正超螺旋的形成，可在拓扑异构酶的作用下，消除形成正超螺旋的扭曲张力。

拓扑异构酶II(TopII)可以将DNA的两条链切断，使其中的一段DNA跨越另一段DNA后再连接。在消耗ATP的情况下，每作用一次可引入2个负超螺旋，使L减少2，W取值为－2(图2-22)。若将负超螺旋解开，则双螺旋减少2周。在不消耗ATP的情况，该酶可消除负超螺旋。

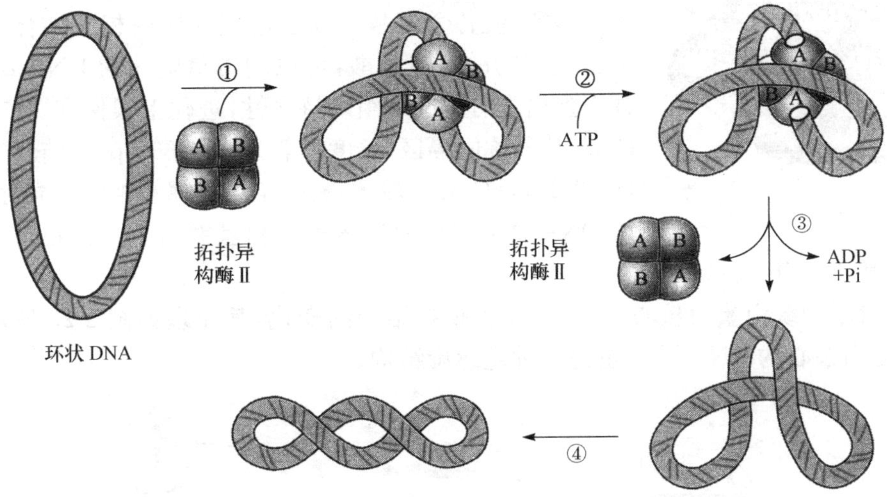

图2-22　拓扑异构酶Ⅱ的作用

拓扑异构酶Ⅰ(TopⅠ)曾被称作ω蛋白，松弛酶等，是M_r为1.1×10^5的一条肽链，由*top*基因编码。其作用机制是切开DNA双链中的一条链，绕另一条链一周后再连接，可以改变DNA的连环数，从而改变超螺旋的圈数。TopⅠ可消除和减少负超螺旋，对正超螺旋不起作用，其作用过程不需要ATP提供能量。其反应过程可分作两步，第一次转酯反应由酶活性中心的Tyr-OH亲核进攻DNA链上的3′,5′-磷酸二酯键，导致DNA链断裂，并形成以磷酸酪氨酸酯键相连的酶与DNA的共价中间物。该共价中间物既可储存被断裂的磷酸二酯键释放的能量，又可防止DNA链出现非正常的永久性切口。在断裂的DNA链进行重新连接之前，DNA的另一条链通过切口，导致其拓扑学结构发生变化。最后，由DNA链断裂处的自由OH亲核进攻酶第一次转酯反应形成的磷酸酪氨酸酯键，重新形成3′,5′-磷酸二酯键，完成第二次转酯反应，酶则恢复到原来的状态(图2-23)。

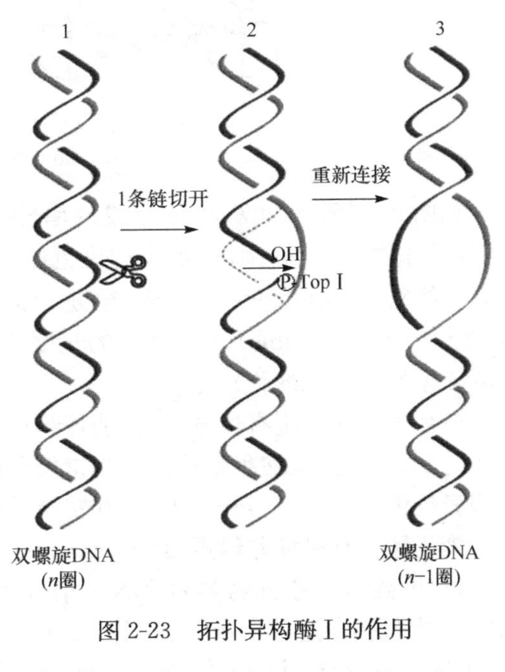

图2-23　拓扑异构酶Ⅰ的作用

2.5.2 真核生物染色体的结构

真核细胞的染色质和一些病毒的DNA是双螺旋线形分子，由于与组蛋白结合，其两端不能自由转动。双螺旋DNA分子先盘绕组蛋白形成**核小体**(nucleosome)，或称核粒，许多核小体由DNA链连在一起构成串珠状结构(见电子教程知识扩展2-12 核小体的结构)。核小体核心是由DNA分子在组蛋白核心外面缠绕约1.75圈(约146 bp)构成的，直径为11 nm。组蛋白(histone)因所含碱性氨基酸的比例不同，可用聚丙烯酰胺凝胶电泳分为H1、H2A、H2B、H3和H4五种(图2-24)。核小体的核心含H2A、H2B、H3和H4各两分子，这4种组蛋白的C端富含疏水氨基酸，使各个亚基可以通过疏水作用相互结合，N端富含带正电荷的碱性氨基酸，可以同带负电荷的DNA结合。这4种组蛋白没有种属和组织特异性，进化上很保守。连接核粒的DNA片段称间隔区，长度一般为20～60 bp，可结合一分子H1(图2-24)，H1分子较大，有一定的种属和组织特异性。组蛋白与DNA之间主要通过离子键和氢键结合，其相互作用是结构性的，不依赖于核苷酸的特异序列。

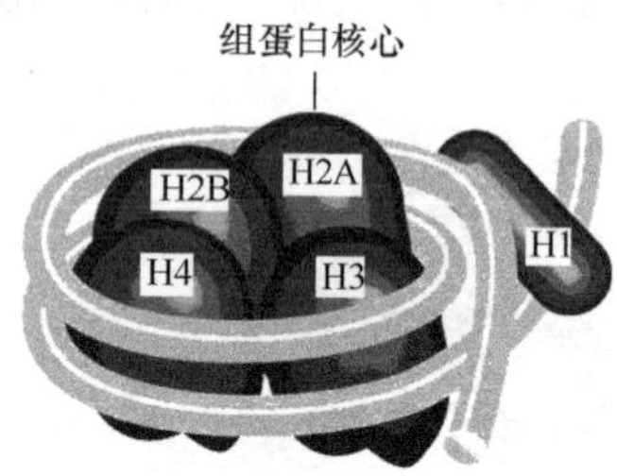

图2-24 核小体的结构

DNA分子缠绕组蛋白核心时，也会发生拓扑结构的变化，其原理如图2-25所示。因此，缠绕在组蛋白核心的DNA分子也是一种超螺旋结构。

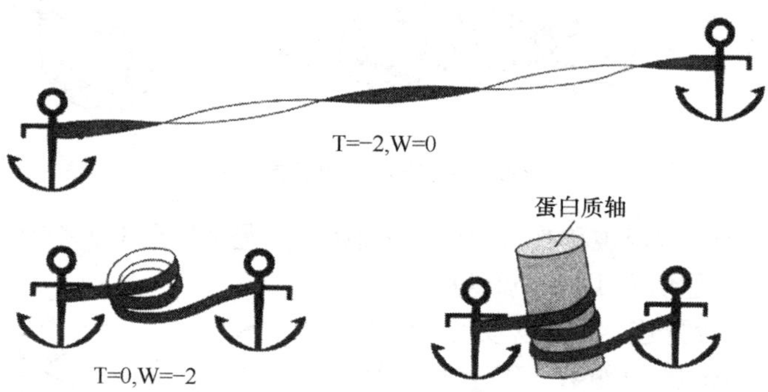

图2-25 核小体DNA的超螺旋

如图2-26所示，由核小体形成的串珠状结构进一步盘绕成直径30 nm的螺线管(solenoid)形，每圈6个核小体。后者与染色体骨架蛋白质结合形成大的突环(loops)结构，或称之为超螺线管(supersolenoid)结构，经进一步折叠形成微带(miniband)结构，最后折叠形成染色体(chromosome)，使DNA的长度压缩约10 000倍(见电子教程知识扩展2-12 核小体的串珠状结构)。

染色体是在细胞有丝分裂时，遗传物质紧密包装形成的特定结构。间期细胞核中的遗传物质有两种结构:压缩程度较低的为**常染色质**(euchromatin)，其转录活性较高;压缩程度较高的为**异染色质**(heterochromatin)，其转录活性较低。

染色体含有多种**非组蛋白**(nonhistone proteins)，由于非组蛋白主要与特异的DNA序列结合，亦可被称作序列特异性DNA结合蛋白(sequence specific DNA binding protein，SD-BP)，其中包括高迁移率蛋白(high mobility group protein，HMG)、转录因子、DNA聚合酶和RNA聚合酶、参与基因表达调控的蛋白质、染色体骨架蛋白等。非组蛋白在不同细胞中的种类和数量不同，代谢周转快，主要参与 DNA 复制和基因表达的调控。

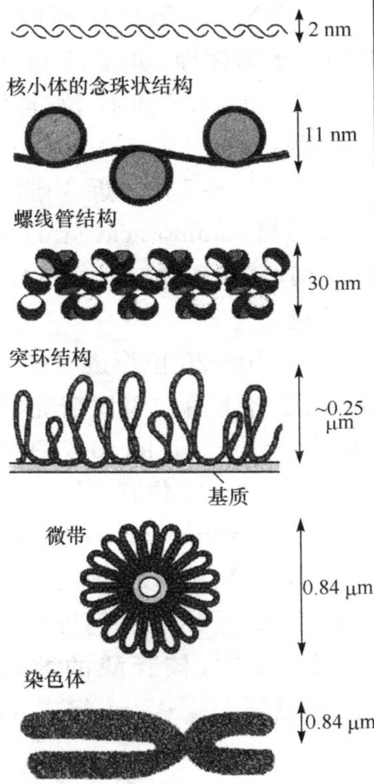

每转/bp	压缩率/倍
10	1
80	6~7
1200	~40
60 000	680
$\sim1.1\times10^6$	1.2×10^4
每个微带18个环	1.2×10^4

图 2-26　真核生物染色体的结构

2.6　RNA 的结构和功能

RNA 的碱基组成不像 DNA 那样有 A=T 和 G=C 的规律，提示 RNA 分子不是像 DNA 那样的双链结构。根据 RNA 的某些理化性质和 X 射线衍射分析研究，证明大多数天然 RNA 是一条单链。由于单链可以发生自身回折，使一些可配对的碱基相遇，在 A 与 U 之间形成 2 个氢键，G 与 C 之间形成 3 个氢键，这样构成的局部双螺旋区域，被称作臂(arm)或茎(stem)，不能配对的碱基则形成单链的环状突起(loop)。有 40%～70%的核苷酸参与了双螺旋的形成，所以 RNA 分子可以形成多环多臂的二级结构(见电子教程知识扩展 2-13　RNA 二级结构的常见类型)。

RNA 可分成多种类型，不同种类的 RNA 结构和功能各不相同。

2.6.1　tRNA

转运 **RNA**(transfer RNA，tRNA)的主要作用是将氨基酸转运到核糖体-mRNA 复合物的相应位置用于蛋白质合成。tRNA 约占细胞 RNA 总量的 15%，由核内形成并迅速加工后进入细胞质，虽然大多数蛋白质仅由 20 种左右的氨基酸组成，但一种氨基酸可有一种以上的 tRNA，细胞内一般有 50 种以上不同的 tRNA。tRNA 分子较小，平均沉降系数为 4S。1965 年 Holley 等测定了酵母丙氨酸 tRNA 的一级结构，并提出 tRNA 的三叶草二级结构模型

(图 2-27,见电子教程科学史话 2-7　tRNA 序列的测定)。三叶草型结构的主要特征如下。

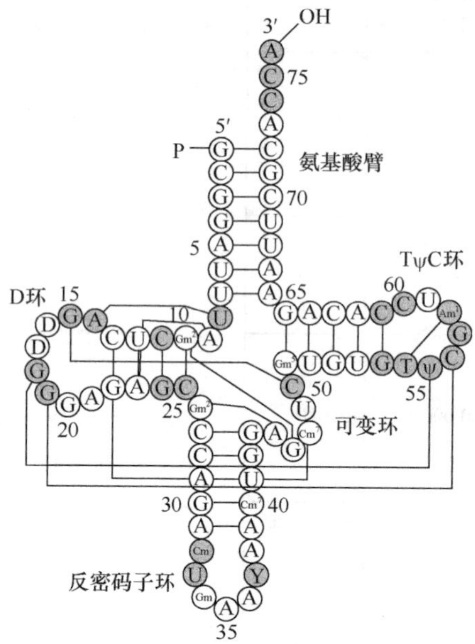

图 2-27　tRNA 的二级结构

1) tRNA 一般由四环四臂组成,以 76 nt 的 tRNA分子为标准,超过 76 nt 的 tRNA 增加的核苷酸位于 17 位,20 位和 47 位,均位于分子的单链环部分,可表示为 17∶1,47∶1,47∶2 等。

2) 5′端 1～7 位与近 3′端的 66～72 位形成7 bp 的氨基酸臂(amino acid arm),3′端有共同的-CCA-OH 结构,其羟基可与该 tRNA 所能携带的氨基酸形成共价键。

3) 第 10～25 位形成 3～4 bp 的臂和 8～14 nt 的环,由于环上有二氢尿嘧啶(D),故称为**二氢尿嘧啶环**(dihydrouracil loop)或 D 环,相应的臂称 D 臂。

4) 第 27～43 位有 5 bp 的反密码子臂和 7 nt 的**反密码子环**(anticodon loop),其中第 34～36 位是与 mRNA 相互作用的反密码子。

5) 第 44～48 位为**可变环**(variable loop),在不同的 tRNA 中,核苷酸的数目多少不等,80％的 tRNA可变环由 4～5 nt 组成,20％的 tRNA 可变环由 13～21 nt 组成。

6) 第 49～65 位为 5 bp 的 TψC 臂,和 7 nt 的 **TψC** 环(TψC loop),因环中有 TψC 序列而得名。

7) tRNA 分子中含有多少不等的修饰碱基,某些位置上的核苷酸在不同的 tRNA 分子中很少变化,称不变核苷酸。

X 射线衍射分析表明,tRNA 的三级结构很像倒写的字母 L,氨基酸臂和 TψC 臂沿同一轴排列,形成 12 bp 的连续双螺旋,在与之垂直的方向,反密码子臂和 D 臂沿同一轴排列,D 环和 TψC 环构成倒 L 的转角,两环之间的氢键和碱基堆积力稳定了转角的构象(图 2-28)。

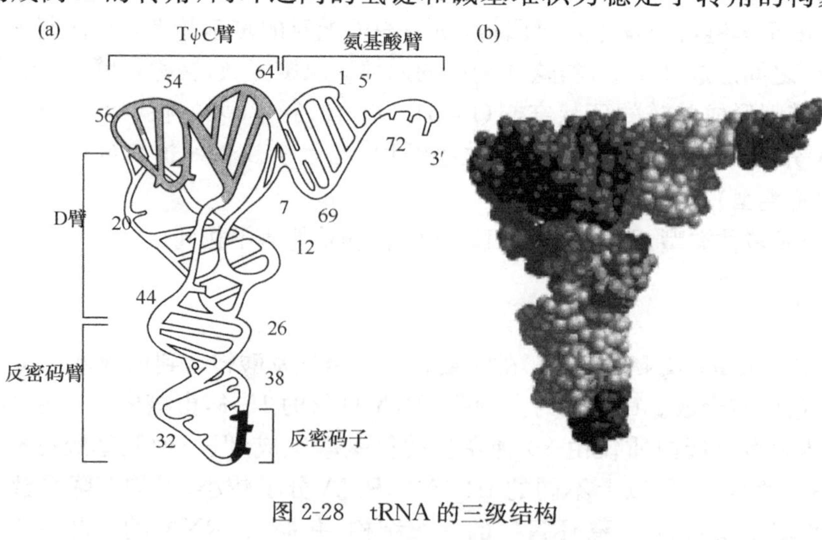

图 2-28　tRNA 的三级结构

tRNA的倒L结构与核糖体上的空穴相符，TψC环中GTψC序列与5S rRNA相应区段的序列有碱基互补关系，L型分子表面化学基团的细微差别，与相应酶或蛋白质对特定tRNA分子的识别有关。

tRNA三级结构的形成和稳定，与D环、TψC环和可变环中的核苷酸残基相互靠近，形成特定的碱基对有关。酵母丙氨酸tRNA三级结构中形成的碱基对，如图2-27中的连线所示，可以看出，在形成三级结构时，形成了6个新的碱基配对，还有3个由碱基对和另一个碱基形成的三元碱基配对（见电子教程知识扩展2-14　tRNA三级结构形成的碱基配对）。

2.6.2　rRNA

核糖体是负责蛋白质合成的细胞器，由约40%的蛋白质和60%的**核糖体rRNA**（ribosomal RNA，rRNA）组成，rRNA占细胞RNA总量的80%。核糖体可分为大小两个亚基，原核生物的小亚基沉降系数为30S，含有1种沉降系数为16S的rRNA，大亚基为50S，含有5S和23S两种rRNA，真核生物的小亚基40S，含有18S的rRNA，大亚基为60S，含5S、5.8S和28S三种rRNA。

随着核酸序列快速测定法和分子克隆技术的发展，多种rRNA的一级结构和二级结构已经确定。大肠杆菌16S rRNA 1542 nt的序列确定后，发现约有一半核苷酸形成链内碱基对，整个分子约有60个螺旋。未配对部分形成突环，一些分子内长距离的互补使相隔很远的序列之间形成碱基配对，构成复杂的多环多臂结构。在有足够量的Mg^{2+}存在下，分离到的16S rRNA处于紧密状态，其空间结构与30S亚基的形状和大小非常相似。已经发现16S rRNA分子中的一些序列，与蛋白质合成时小亚基与mRNA及一些有关因子的结合有关，如16S rRNA 1535～1539的CCUCC与mRNA的相应序列有互补关系。真核生物的18S rRNA除多一些臂和环结构外，空间结构与16S rRNA十分相似（见电子教程知识扩展2-15　rRNA的种类和结构）。

大肠杆菌23S rRNA 2904 nt的序列亦已确定，其中一半以上核苷酸以分子内双链形式存在。紧密状态下的电镜研究表明，23S rRNA的形状与50S亚基相似，再次说明RNA自身折叠形成的构象决定了核糖体亚基的形态。已经证明23S rRNA的特定区域对肽键形成有催化作用。真核生物28S rRNA空间结构与大肠杆菌23S rRNA相似。

5S rRNA 60%以上的碱基形成分子内碱基对，已发现有一特定序列与tRNA分子上的CTψCG互补。

为rRNA编码的基因称rDNA，编码16S rRNA和18S rRNA的rDNA基因具有良好的进化保守性，适宜分析的长度，以及与进化距离相匹配的良好变异性，所以成为分子鉴定的标准标志序列，已经广泛应用于菌种鉴定和系统发生学研究。

2.6.3　mRNA和hnRNA

信使RNA（messenger RNA，mRNA）负责用从DNA转录的遗传信息指导蛋白质的合成，其编码区的核苷酸序列决定相应蛋白质的氨基酸序列。mRNA占细胞总RNA的3%～5%，代谢活跃，寿命较短。由于蛋白质分子大小迥异，mRNA编码区的上游和下游均有长度不等的非编码区，mRNA的分子大小差异很大。

原核生物mRNA的转录和翻译在细胞的同一空间进行，两个过程常紧密偶联同时发生，即mRNA一般不需要剪接和加工，可直接用于蛋白质的合成。大多数真核生物为蛋白质编码的基因都含有不为多肽编码的居间序列，其转录产物在mRNA前体的加工过程中被切除。基因中不编码的居间序列称为内含子(intron)，而编码的片段则称作外显子(exon)。真核生物的基因转录时，包括内含子和外显子的转录产物大小极不均一，称**不均一核内 RNA**(heterogeneous nuclear RNA，hnRNA)。hnRNA需要通过剪接和加工，转化为成熟的mRNA，才能进入细胞质，指导蛋白质合成。真核生物的hnRNA和mRNA 5′端有帽子结构和5′-非编码区，3′端有3′-非编码区和多聚腺苷酸(polyA)尾巴，其详细的结构和功能将分别在第8章、第9章和第12章介绍。

2.6.4 snRNA 和 snoRNA

细胞核小分子 RNA(small nuclear RAN，snRNA)主要存在于细胞核中，少数穿梭于核质之间，或存在于细胞质中。snRNA存在广泛，但含量不高，只占细胞RNA总量的0.1%～1%，分子大小多为58～300 nt。其中5′端有帽子结构，分子内含U较多的称U-RNA，不同结构的U-RNA称为U_1、U_2等。5′端无帽子结构的按沉降系数或电泳迁移率排列，如4.5S RNA、7S RNA等。同一种snRNA的结构差异用阿拉伯数字或英文字母表示，如7S-1、7S-2等。

snRNA均与蛋白质结合在一起，以**核糖核蛋白**(ribonucleoprotein，RNP)的形式存在。U-RNP在hnRNA的剪接和加工过程中有重要作用，其他snRNA在控制细胞分裂和分化、协助细胞内物质运输、构成染色质等方面有重要作用。

核仁小分子 RNA(small nucleolar RAN，snoRNA)广泛分布于核仁区，大小一般为几十到几百个核苷酸，主要参与rRNA前体的加工，部分snRNA及tRNA中某些核苷酸的甲基化修饰也是由snoRNA指导完成的。

2.6.5 asRNA 和 RNAi

1983年在原核生物发现的**反义 RNA**(antisense RNA，asRNA)可通过互补序列与特定的mRNA结合，抑制mRNA的翻译，随后在真核生物亦发现了asRNA，并发现asRNA除主要在翻译水平抑制基因表达外，还可抑制DNA的复制和转录。asRNA已用于抑制导致水果腐烂的酶，延长水果保存期等，并可能为某些疾病的治疗提供新途径。

asRNA的一个明显弱点是稳定性较差，使其应用受到很大的限制。1998年Fire等发现，用RNA抑制基因表达时，若用一段与asRNA核苷酸序列互补的RNA，与asRNA构成双链RNA(double strand RNA，dsRNA)，其稳定性大大增加，对基因表达的抑制作用比单链RNA高2个数量级。这种用双链RNA抑制特定基因表达的技术称**RNA 干扰**(RNA interference，RNAi)。随后发现RNAi现象在各种生物中普遍存在。随着构建dsRNA技术的日益完善，RNAi技术已广泛用于探索基因功能，开展基因治疗和新药开发，研究信号传导通路等领域。因此，RNAi的发现荣获了2006年的诺贝尔生理学或医学奖(见电子教程科学史话12-2 asRNA和RNA干扰的发现)。

2.6.6 非编码 RNA 的多样性

高等真核生物的转录产物超过97%是不编码蛋白质、以RNA形式发挥作用的**非编码 RNA**(non-coding RNA，ncRNA)。ncRNA种类繁多，除前面提到的rRNA、tRNA、snRNA、snoRNA、asRNA和RNAi以外的其他ncRNA，可以从不同的角度对其进行分类。

(1) 按照 ncRNA 的功能分类　①催化 RNA(catalytic RNA，cRNA)，亦称核酶，是有催化功能的 RNA 分子。②类似 mRNA 的 RNA，即 3′端有 polyA，无典型 ORF，不编码蛋白质的 RNA 分子，是一类与细胞的生长和分化、胚胎的发育、肿瘤的形成和抑制密切相关的调节因子。③指导 RNA(guide RNA，gRNA)，是指导 mRNA 编辑的小 RNA 分子，多用来指导在 mRNA 转录产物中加入 U 的过程。④tmRNA，功能上既是 tRNA，又是 mRNA，翻译时既可以转运氨基酸，又可作模板。⑤端粒酶 RNA(telomerase RNA)，是真核染色体端粒复制的模板。⑥信号识别颗粒(signal recognition particle，SRP)RNA，是 SRP 的组成部分，与细胞内蛋白质的转运有关。⑦micro RNA，由基因组 DNA 非编码区转录，长度约 22 nt 的内源性 RNA，在基因表达、细胞周期及个体发育的调控中发挥重要作用。⑧小干扰 RNA(small interfering RNA，siRNA)，是一种与 micro RNA 大小相似的外源性双链 RNA 分子，在 RNA 干扰(RNAi)途径中介导靶 mRNA 的降解。

(2) 根据 ncRNA 在细胞内的分布分类　除细胞核中的 snRNA 和 snoRNA 外，还有细胞质小 RNA(small cytoplasmic RNA，scRNA)，分布在细胞质，主要在蛋白质合成过程中起作用。新近发现的 Cajal 小体(Cajal bodies，CBs)小 RNA，是 CBs 特异性小 RNA，能与 U 族 snRNA 碱基配对，可能对 U1、U2、U4 及 U5 进行位点特异性 2′-*O*-核糖甲基化，并参与假尿嘧啶形成。

(3) 根据 ncRNA 的大小分类　①21～25 nt 的 ncRNA，包括 micro RNA 和 siRNA 家族两种类型。②100～200 nt 的 small RNA(sRNA)，是细菌细胞的翻译调节子。③大于 10 000 nt 的 ncRNA，参与高级真核生物的基因沉默。

由此可见，ncRNA 在细菌、真菌、动物和植物等许多生物体的 DNA 复制、转录、翻译中均有一定的调控作用，还与细胞内或细胞间一些物质的运输和定位有关。对 ncRNA 进行深入研究，可能对揭示基因表达调控的机制，动植物的品种改良和人类疾病防治有重要意义。

由于 RNA 既可以用作遗传物质，又可以实现某些通常由蛋白质完成的使命，RNA 在生命起源和生物进化的探索方面也有重要意义。现在认为，RNA 可能是 DNA 和蛋白质的共同祖先，生物进化的早期阶段可能是一个由 RNA 主导的世界。

2.7　核酸的性质

2.7.1　一般理化性质

核酸和核苷酸既有磷酸基，又有碱性基团，所以都是两性物质，因磷酸的酸性较强，在接近中性 pH 的条件下，通常表现为酸性，电泳时由负极向正极移动。

DNA 纯品为白色纤维状固体，RNA 纯品为白色粉末。二者均微溶于水，不溶于一般有机溶剂，故常用乙醇从溶液中沉淀核酸。

大多数 DNA 为线形分子，分子极不对称，其长度可以达到几个 cm，而分子的直径只有 2 nm。因此 DNA 溶液的黏度极高，RNA 溶液的黏度要小得多。

核酸可被酸、碱或酶水解成为各种组分，其水解程度因水解条件而异，水解产物可用层析、电泳等方法分离。RNA 能被稀碱水解，在水解过程中，随着磷酸二酯键的断裂，先生成 2′，3′-环核苷酸中间物，最后生成 2′-核苷酸和 3′-核苷酸的混合物，DNA 由于不存在 2′-OH，不能被稀碱水解，常利用此性质测定 RNA 的碱基组成或除去溶液中的 RNA 杂质。

在酸性条件下，磷酸酯键比糖苷键更稳定，其中稳定性最差的是嘌呤与脱氧核糖之间的糖苷键。所以，若对核酸进行酸水解，首先生成的是无嘌呤酸(apurinic acid)。因此，在对核酸进行部分水解时，很少采用酸水解。

水解核酸的酶类可按其作用的底物分为**核糖核酸酶**(ribonuclease，RNase)和**脱氧核糖核酸酶**(deoxyribonuclease，DNase)。如果水解部位在核酸链的内部，称**内切核酸酶**(endonuclease)，若水解部位在核酸链的末端，称**外切核酸酶**(exonuclease)。外切核酸酶可按其水解作用的方向分为 3′→5′外切核酸酶和 5′→3′外切核酸酶。

实验室常用的 RNase 有两种：①牛胰核糖核酸酶(pancreatic ribonuclease)，又称 RNase Ⅰ，是一种专一性内切酶，水解产物为 3′-嘧啶核苷酸和以 3′-嘧啶核苷酸结尾的寡核苷酸；②核糖核酸酶 T_1(ribonuclease T_1)，水解产物为 3′-鸟嘌呤核苷酸和以 3′-鸟嘌呤核苷酸结尾的寡核苷酸。

实验室常用的 DNase 有牛胰脱氧核糖核酸酶(pancreatic deoxyribonuclease，DNase Ⅰ)，可以将单链或双链 DNA 水解为平均长度为 4 nt，以 5′-磷酸为末端的寡聚核苷酸。牛脾脱氧核糖核酸酶(spleen deoxyribonuclease，DNase Ⅱ)，可以将单链或双链 DNA 水解为平均长度为 6 nt，以 3′-磷酸为末端的寡聚核苷酸。限制性内切核酸酶可在特定的位点水解 DNA，主要用于 DNA 克隆，将在第 6 章介绍。

既能水解 DNA 又能水解 RNA 的称非特异性核酸酶(nonspecific nuclease)。有些非特异性核酸酶可以作为工具酶用于科学研究，如蛇毒磷酸二酯酶和脾磷酸二酯酶均是可以水解 DNA 和 RNA 的外切核酸酶，前者从 3′端开始，水解生成 5′-单核苷酸，后者从 5′端开始，生成 3′-单核苷酸。

D-核糖与浓盐酸和苔黑酚(甲基间苯二酚)共热产生绿色，D-2-脱氧核糖与酸和二苯胺一同加热产生蓝紫色。可利用这两种糖的特殊颜色反应区别 DNA 和 RNA，或分别测定二者的含量。

2.7.2　紫外吸收性质

核酸中的嘌呤环和嘧啶环的共轭体系强烈吸收 260～290 nm 波段的紫外光，其最高的吸收峰接近 260 nm。由于蛋白质在这一波段仅有较弱的吸收，因此可以利用核酸的这一光学特性，通过紫外光照相来定位测定核酸在细胞和组织中的分布，以及它们在色谱和电泳谱上的位置。在 250～290 nm 的紫外光照射下，滤纸或其他载体发出浅蓝色的荧光，但有核酸存在的区域，由于核酸吸收了入射的紫外光，从而熄灭了该处的荧光，所以可以看到一个暗区。RNA 的紫外吸收光谱与 DNA 的吸收光谱差别不大。检测电泳谱上的核酸位置，常用的另一个方法是在凝胶中加入适量的荧光染料溴化乙啶(ethidium bromide，EB)，EB 能插入核酸分子中的碱基对之间，使 DNA 和 RNA 在紫外灯下显示较强的荧光。

若将核酸水解为核苷酸，紫外吸收值通常增加 30%～40%，这种现象被称作增色效应(heperchromic effect)。这是由于在双螺旋结构中，碱基有规律的紧密堆积降低了其对紫外光的吸收。

用 1 cm 光径的比色杯测定核酸的 $A_{260\ nm}$时，1 μg/mL 的 DNA 溶液吸光度为 0.020，同样浓度的 RNA 吸光度为 0.024，因此，可以用下列公式计算样品中的核酸含量：

DNA 浓度(μg/mL)$=A_{260\ nm}/0.020$，RNA 浓度(μg/mL)$=A_{260\ nm}/0.024$

若样品溶液是通过稀释的，则计算值应乘以稀释倍数。

2.7.3　核酸结构的稳定性

核酸作为遗传物质，其结构是相当稳定的，主要原因可归纳为 3 个方面。

(1) 碱基对间的氢键　在 DNA 双螺旋和 RNA 的双螺旋区，碱基对的大小使其在螺旋内的距离很适合于形成氢键。氢键是一种较弱的非共价键，但许多氢键的集合能量是很大的。如果不能使许多氢键同时打开，局部打开的氢键有恢复原有状态，保持分子构象不变的趋势。RNA 形成三级结构时，单链突环互相靠近形成的环间碱基对，是三级结构稳定的重要因素。

(2) 碱基堆积力　在 DNA 双螺旋和 RNA 的螺旋区，相邻碱基平面间的距离大约为 0.34 nm，嘌呤环和嘧啶环上原子的范德华半径大约为 0.17 nm，因此，嘌呤环和嘧啶环之间存在较强的范德华作用力。两个原子之间的范德华作用力是较弱的，但很多个原子的范德华作用力集合起来，就可以形成相当大的作用力。同时环境中的水可以同双螺旋外围的磷酸和戊糖骨架相互作用，而双螺旋内部的碱基对是高度疏水的，使环境中的水在螺旋外围形成水壳，亦有助于螺旋的稳定。碱基平面间的范德华作用力和疏水作用力统称为碱基堆积力（base stacking force）。RNA 单链区的碱基平面在距离合适时，也能形成碱基堆积力。碱基堆积力对维持核酸的空间结构起主要作用。

(3) 环境中的正离子　DNA 双螺旋和 RNA 的螺旋区外侧磷酸基带负电荷，在不与正离子结合的状态下有静电斥力。环境中带正电荷的 Na^+、K^+、Mg^{2+}、Mn^{2+} 等离子，原核生物细胞内带正电荷的多胺类，真核细胞中带正电荷的组蛋白等，均可与磷酸基团结合，消除静电斥力，对核酸结构的稳定有重要作用。

2.7.4　核酸的变性

2.7.4.1　变性的概念和 T_m

核酸的变性（denaturation of a double-stranded nucleic acid）指双螺旋空间结构破坏，形成单链无规线团状态的过程。变性只涉及次级键的变化，磷酸二酯键的断裂称核酸降解。

核酸变性后，260 nm 的紫外吸收值明显增加，称增色效应。同时黏度下降，浮力密度升高，生物学功能部分或全部丧失。凡可破坏氢键、妨碍碱基堆积作用和增加磷酸基静电斥力的因素均可促进变性。

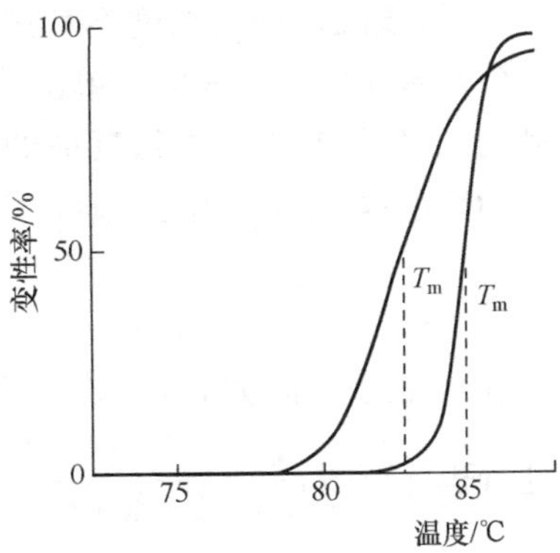

图 2-29　核酸的热变性和 T_m

如图 2-29 所示，加热 DNA 的稀盐溶液，达到一定温度后，260 nm 的吸光度骤然增加，表明两条链开始分开，吸光度增加约 40%后，变化趋于平坦，说明两条链已完全分开。这表明 DNA 的热变性是个突变过程，类似结晶体的熔解，因此将紫外吸收的增加量达最大增量一半时的温度值称熔解温度（melting temperature，T_m）。双链 RNA 比双链 DNA 稳定，序列类似的双链 RNA 比双链 DNA 的 T_m 高大约 20℃。RNA-DNA 杂合双链的 T_m 介于双链 RNA 和双链 DNA 之间。

2.7.4.2　影响 T_m 的因素

1) DNA 序列的复杂性越小（片段小，或由小片段重复多次形成的大片段），T_m 的温度范围越小。

2) G-C 含量越高，T_m 的值越大。如图 2-30 所示，在 0.15mol/L NaCl，0.015mol/L 柠檬酸钠溶液（1×SSC）中，若 G-C 的含量上升 1%，则 T_m 上升 0.41℃。即 G-C 含量和 T_m 的关系符合马默多蒂（Marmur-Doty）公式：

$$T_m = 69.3 + 0.41 \times (G+C)\%,$$

$$或\quad GC\% = (T_m - 69.3) \times 2.44$$

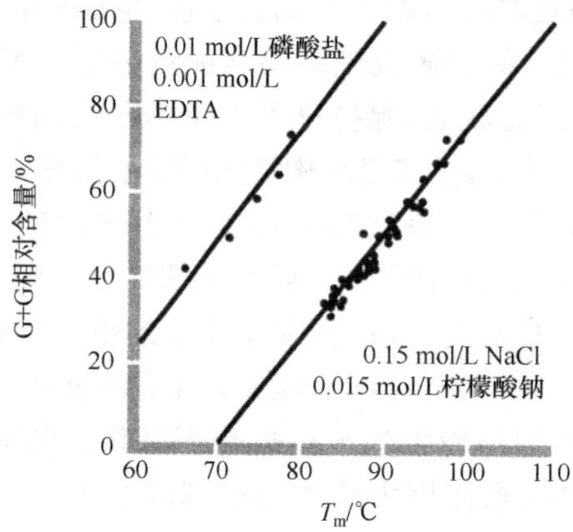

图 2-30　G-C 含量和离子强度对 T_m 的影响

G-C 含量不但与 T_m 成正相关，而且与 DND 的密度正相关（见电子教程知识扩展 2-16　G-C 含量与 DNA 物理性质的关系）。

3) 介质的离子强度较高时，T_m 的值较大（图 2-30）。实验室需核酸变性时，常采用离子强度较低的缓冲溶液。

4) 酸性条件下，核酸容易脱嘌呤，碱性条件下，核酸容易变性，通常加 NaOH 降低 DNA 的 T_m 值。

5) 尿素、甲酰胺等化学试剂可以破坏碱基对之间的氢键，妨碍碱基堆积，降低 T_m 的值，称作变性剂。

2.7.5　核酸的复性

2.7.5.1　复性的概念

变性核酸的互补链在适当条件下重新缔合成双螺旋的过程称**复性**（renaturation）。变性核酸复性时需缓慢冷却，故又称**退火**（annealing）。复性后，核酸的紫外吸收降低，这种现象被称作**减色效应**（hepochromic effect）。此外，核酸溶液的其他性质也恢复为变性前的状态。

2.7.5.2　影响复性速度的因素

(1) 复性的温度　复性时单链以较高的速度随机碰撞，才能形成碱基配对。若只形成局部碱基配对，在较高的温度下，两条链会重新分离，经过多次试探性碰撞，才能形成正确的互补区。所以，核酸复性时温度不宜过低，T_m－25 ℃是较合适的复性温度。

(2) 单链片段的浓度　单链片段浓度越高，随机碰撞的频率越高，复性速度越快。复性是典型的二级反应，符合二级反应的动力学方程，用 t 表示复性的时间；C 表示时间为 t 时，单链片段的浓度；k 为速度常数，则其反应的速度方程式为：

$$\frac{dC}{dt} = -k \cdot C^2$$

以 C_0 表示时间为 t_0 时单链片段的浓度；C 表示时间为 t 时，保留的单链片段的浓度，对上式进行积分可得：$\dfrac{C}{C_0} = \dfrac{1}{1 + \mathrm{k} \cdot C_0 t}$

当 $\dfrac{C}{C_0} = \dfrac{1}{2}$ 时，t 为 $t_{1/2}$，则 $\dfrac{1}{2} = \dfrac{1}{1 + \mathrm{k} \cdot C_0 t_{1/2}}$

可得：$C_0 t_{1/2} = \dfrac{1}{\mathrm{k}}$

可见，$C_0 t_{1/2}$ 为速度常数 k 的倒数，$C_0 t_{1/2}$ 越大，复性的速度越慢。

(3) 单链片段的长度　单链片段越大，扩散速度越慢，链间错配的概率也越高，因而复性速度也越慢。图 2-31 表明，DNA 的核苷酸对数越多，复性的速度越慢。复性达一半时（图中纵坐标的 0.5 处)，在横坐标上所对应的 C_0t 值为 $C_0t_{1/2}$。从图中可以看出，核酸序列的长度(图 2-31 上方的横坐标)越大，其 $C_0t_{1/2}$ 越大，说明其复性的速度越慢。

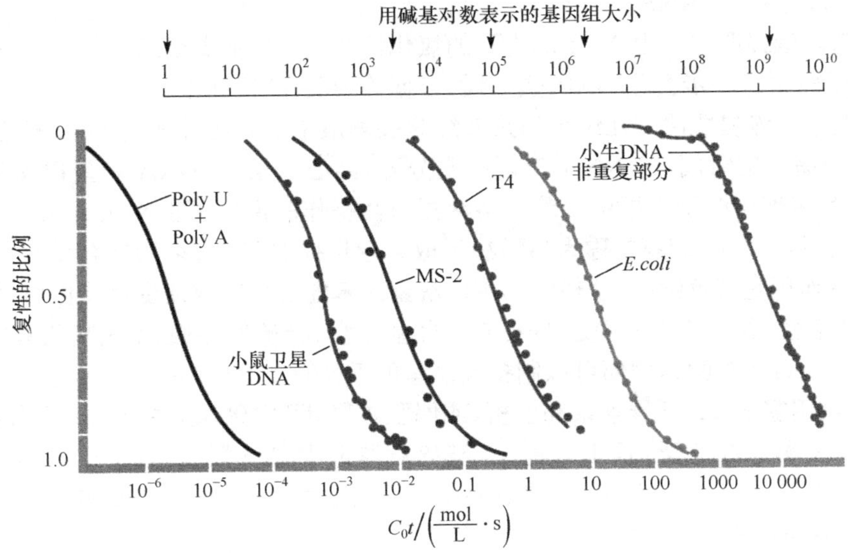

图 2-31　复性速度与核酸序列复杂度的关系

(4) 单链片段的复杂度　在片段大小相似的情况下，片段内重复序列的重复次数越多，或者说复杂度越小，越容易形成互补区，复性的速度就越快。真核生物 DNA 的重复序列就是通过复性动力学的研究发现的。图 2-31 中 polyA＋PolyU，以及小鼠卫星 DNA 的 $C_0t_{1/2}$ 很小，说明其 DNA 的复杂度小，因而复性速度很快。

(5) 溶液的离子强度　维持溶液一定的离子强度，消除磷酸基负电荷造成的斥力，可加快复性速度。

2.8　核酸的研究方法

2.8.1　核酸的提取与沉淀

核酸类化合物都溶于水而不溶于有机溶剂，所以核酸可用水溶液提取，除去杂质后，用有机溶剂沉淀。在细胞内，核糖核酸与蛋白质结合成核糖核蛋白(RNP)，脱氧核糖核酸与蛋白质结合成脱氧核糖核蛋白(DNP)。在 0.14 mol/L 的氯化钠溶液中，RNP 的溶解度相当大，而 DNP 的溶解度仅为在水中溶解度的 1%。当氯化钠的浓度达到 1 mol/L 的时候，RNP 的溶解度小，而 DNP 的溶解度比在水中的溶解度大 2 倍。RNP 在 pH 2.0～2.5 时溶解度最低，DNP 在 pH 4.2 时溶解度最低。所以常选用 0.14 mol/L 的氯化钠溶液提取 RNP，选用 1 mol/L 的氯化钠溶液提取 DNP。

核酸分离纯化一般应维持在 0～4 ℃的低温条件下，以防止核酸的变性和降解。为防止核酸酶引起的水解作用，可加入十二烷基硫酸钠(SDS)、乙二胺四乙酸(EDTA)、8-羟基喹啉、柠檬酸钠等抑制核酸酶的活性。

2.8.1.1　RNA 的提取

tRNA 约占细胞内 RNA 的 15%，分子质量较小，在细胞破碎以后溶解在水溶液中，离心或过滤除去组织或细胞残渣，用酸处理调节到 pH 5，得到的沉淀即为 tRAN 粗品。mRNA 占细胞 RNA 的 5%左右，很不稳定，提取条件要严格控制。rRNA 约占细胞内 RNA 的 80%，一般提取的 RNA 主要是 rRNA。

(1) 稀盐溶液提取法　用 0.14 mol/L 的氯化钠溶液反复抽提组织匀浆或细胞裂解液，得到 RNP 提取液，再进一步去除 DNP、蛋白质、多糖等杂质，获得纯化的 RNA。

(2) 苯酚水溶液提取法　在组织匀浆或细胞裂解液中加入等体积的 90%苯酚水溶液，在一定条件下振荡一定时间，将 RNA 与蛋白质分开，离心分层后，DNA 和蛋白质处于苯酚层中，而 RNA 和多糖溶解于水层中。苯酚溶液提取法操作时温度可控制在 2～5 ℃，称为冷酚法提取；也可控制在 60 ℃左右，称为热酚法提取。近年提取 RNA 多用复合试剂 Trizol，其主要成分苯酚的作用是裂解细胞，使核酸和蛋白解聚。苯酚虽可有效地变性蛋白质，但不能完全抑制 RNA 酶活性，因此 Trizol 中还加入了 8-羟基喹啉、异硫氰酸胍、β-巯基乙醇等来抑制内源和外源 RNase(RNA 酶)，因而可以制备高质量的 RNA。

mRNA 可用寡聚 dT-纤维素亲和层析，或偶联寡聚 dT 的磁珠从总 RNA 中分离。

由于 RNA 酶存在广泛，且十分稳定，破碎细胞时要加入胍盐破坏 RNA 酶，试剂要用 0.1%的 DEPC(焦碳酸二乙酯)配制，器皿要高压灭菌或用 0.1%的 DEPC 处理。

2.8.1.2　DNA 的提取

制备 DNA 一般先以 0.14 mol/L 氯化钠溶液(也可用 0.10 mol/L NaCl 加 0.05 mol/L 柠檬酸)反复洗涤除去细胞匀浆中的 RNP 后，再用 1 mol/L 氯化钠溶液提取 DNP，经水饱和酚和氯仿戊醇(辛醇)反复处理除去蛋白质，用乙醇沉淀得到 DNA。

2.8.1.3　核酸的沉淀

(1) 有机溶剂沉淀法　由于核酸都不溶于有机溶剂，所以可在核酸提取液中加入乙醇或 2-乙氧基乙醇，使 DNA 或 RN A 沉淀下来。

(2) 等电点沉淀法　DNP 的等电点为 pH 4.2，RNP 的等电点为 pH 2.0～2.5，tRNA 的等电点为 pH 5。所以将核酸提取液调节到一定的 pH，就可使不同的核酸或核蛋白分别沉淀而分离。

(3) 钙盐沉淀法　在核酸提取液中加入一定体积比(一般为 1/10)的 10%氯化钙溶液，使 DNA 和 RNA 均成为钙盐形式，再加进 1/5 体积的乙醇，DNA 钙盐即形成沉淀析出。

(4) 选择性溶剂沉淀法　选择适宜的溶剂，使蛋白质等杂质形成沉淀而与核酸分离，这种方法称为选择性溶剂沉淀法。例如：①在对氨基水杨酸等阴离子化合物存在下，用苯酚水溶液提取核酸，DNA 和 RNA 都进入水层，而蛋白质沉淀于苯酚层中被分离除去；②在 DNA 与 RNA 的混合液中，用异丙醇选择性地沉淀 DNA 而与留在溶液中的 RNA 分离。

2.8.2　核酸的电泳分离

琼脂糖凝胶电泳常用于分离鉴定核酸，如 DNA 的鉴定、DNA 限制性内切酶图谱的制作等。常用的缓冲液是 pH 8.0 的 Tris-硼酸-EDTA(TBE)，在这一 pH 下，核酸带负电荷，向正极移动。电泳时可在凝胶中加入荧光染料 EB，以便在电泳过程中用紫外灯观察核酸区带的移动状况，电泳结束后在紫外灯下拍照。

用于分离核酸的琼脂糖凝胶电泳主要是水平型平板电泳，凝胶板的上表面浸泡在电极缓冲液下 1～2 mm，故又称为潜水式电泳。这种方法电泳槽简单，可以根据需要制备不同规格的凝胶板，制胶和加样比较方便，需样品量少，分辨力高，已成为核酸电泳的常用方法。

DNA 片段在凝胶中电泳时，迁移距离(迁移率)与分子大小(碱基对数)的对数成反比，因此可在一个泳道加若干种已知大小的标准物，另一个泳道加待分析的样品，电泳后，标准物按分子大小形成一系列条带，将未知片段的移动距离与标准物的条带进行比较，便可测出未知片段的大小。

不同构象 DNA 的移动速度顺序为：cccDNA＞直线 DNA＞开环的双链环状 DNA。当琼脂糖浓度太高时，环状 DNA（一般为球形）不能进入胶中，相对迁移率为 0，而同等大小的线型双链 DNA（刚性棒状）则可沿长轴方向前进。由此可见，这 3 种构型的相对迁移率大小顺序与凝胶浓度有关，同时，也受到电流强度、缓冲液离子强度和荧光染料浓度等因素的影响。

RNA 可用琼脂糖凝胶电泳或聚丙烯酰胺凝胶电泳分离，一般来说，迁移率与分子大小成反比。

2.8.3　核酸的超速离心

DNA 的密度与其碱基组成有关，G-C 对的比例越高，密度越大。不同密度的 DNA 可用密度梯度离心分离。其方法的要点是，将 DNA 溶于 8.0 mol/L 氯化铯溶液中，装入离心管用 45 000 r/m 长时间离心，氯化铯形成密度梯度，若样品中有多种密度不等的 DNA 分子，离心后会分别处于与其密度相同的区域，从而使不同密度的 DNA 得以分离。根据测出的 DNA 密度，还可估算 G-C 对的比例。

在密度梯度离心的介质中加入 EB，可以在紫外灯下直接观察离心管中核酸形成的区带。这一方法可用来分离 DNA 和 RNA，离心后，RNA 因密度大，处于离心管底，DNA 处于离心管中与其密度相等的区域，若样品中有蛋白质，则会处于离心管的顶部。这一方法还可用来分离不同构象的 DNA，经过离心，超螺旋 DNA 靠近离心管底，开环和线型 DNA 靠近离心管口，闭环 DNA 处于二者之间。

2.8.4　核酸的分子杂交

在退火条件下，不同来源的 DNA 互补区形成双链，或 DNA 单链和 RNA 单链的互补区形成 DNA-RNA 杂合双链的过程称**分子杂交**（molecular hybridization）。

分子杂交广泛用于测定基因拷贝数、基因定位、确定生物的遗传进化关系等。通常对天然或人工合成的 DNA 或 RNA 片段进行放射性同位素或荧光标记，做成探针（probe），经杂交后，检测放射性同位素或荧光物质的位置，寻找与探针有互补关系的 DNA 或 RNA。

直接用探针与菌落或组织细胞中的核酸杂交，因未改变核酸所在的位置，称原位杂交技术。将核酸直接点在膜上，再与探针杂交称点杂交，使用狭缝点样器时，称狭缝印迹杂交。该技术主要用于分析基因拷贝数和转录水平的变化，亦可用于检测病原微生物和生物制品中的核酸污染状况。

杂交技术较广泛的应用是将样品 DNA 切割成大小不等的片段，经凝胶电泳分离后，用杂交技术寻找与探针互补的 DNA 片段。由于凝胶机械强度差，不适合杂交过程中较高温度和较长时间的处理，Southern 提出一种方法，将电泳分离的 DNA 条带从凝胶转移到适当的膜（如硝酸纤维素膜或尼龙膜）上，再进行杂交操作，称 **Southern 印迹法**（Southern blotting）或 **Southern 杂交**（Southern hybridization）技术。

如图 2-32 所示，将 DNA 条带从凝胶转移到膜上的方法主要有两种。早期使用的渗透转移法用干燥的吸水纸吸取渗透上移的缓冲液，DNA 条带随缓冲液从凝胶转移到膜上。这种方法需要随时更换湿的吸水纸，转移所需的时间与环境的温度和湿度有关，条件较难控制。电转移法所需的时间短，条件容易控制，但需要专门的电泳装置（见电子教程科学史话 2-8 Southern 杂交技术和 DNA 芯片技术的建立）。

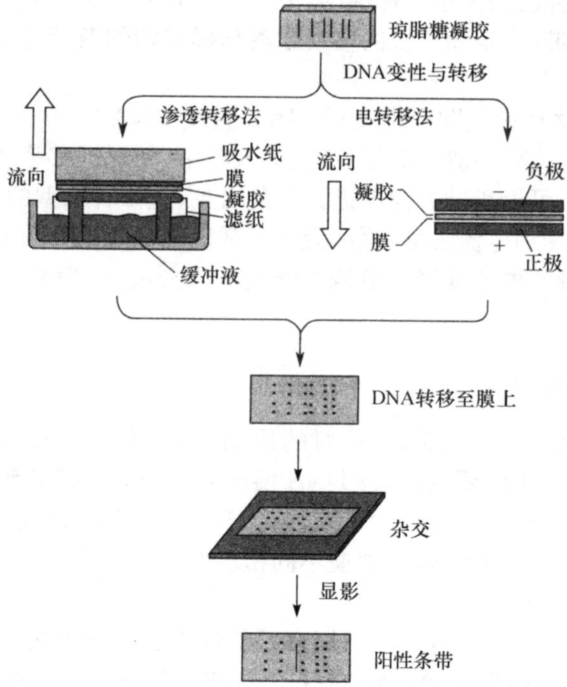

图 2-32 Southern 印迹法

进行杂交操作后，如何检测膜上的阳性条带，取决于探针的类型。若探针是用放射性同位素标记的，需要对膜进行放射自显影处理。这种方法灵敏度较高，但防护和废物处理较麻烦。若探针是用生物素标记的，可先用偶联碱性磷酸酶的抗生物素蛋白处理膜，再加入合适的底物，使其水解产物有特定的颜色，或能发光，即可检出阳性条带的位置。这类方法不断得到改进，已经可以达到很高的灵敏度，且安全性和重复性好，现已得到广泛的应用（见电子教程知识扩展 2-17 生物素标记探针检测核酸的原理）。

将电泳分离后的变性 RNA 吸印到适当的膜上再进行分子杂交的技术，被戏称为 **Northern 印迹法**（Northern blotting）或 **Northern 杂交**（Northern hybridization）。其原理与 Southern 杂交类似，主要区别是，DNA 电泳后常用碱溶液处理凝胶使 DNA 变性，RNA 容易被碱水解，通常在电泳过程中用甲醛、羟甲基汞或戊二醛作为变性剂。

Southern 杂交广泛用于测定基因拷贝数、基因定位、研究基因变异、基因重排、DNA 多态性分析和疾病诊断。Northern 杂交常用于检测组织或细胞的基因表达水平。杂交技术和 PCR 技术（见第 6 章）的结合，使检出含量极少的 DNA 成为可能，促进了杂交技术在分子生物学和医学领域的广泛应用。

2.8.5 DNA 芯片技术及应用

DNA 芯片技术（DNA chip）技术或 **DNA 微阵列**（DNA microarray）也是以核酸的分子杂交为基础的。其要点是用点样或在片合成的方法，将成千上万种相关基因（如多种与癌症相关的基因）的探针整齐地排列在特定的基片上，形成阵列，将待测样品的 DNA 切割成碎片，用荧光基团标记后，与芯片进行分子杂交，用激光扫描仪对基片上的每个点进行检测。若某个探针所对应的位置出现荧光，说明样品中存在相应的基因。由于一个芯片上可容纳数万个探针，DNA 芯片可对样本进行高通量的检测。若将两个样本（A 和 B）的 RNA 提取出来，用逆转录酶转化成 cDNA(与 RNA 互补的 DNA),分别用红色荧光标记 A 样本的 cDNA,用绿色荧光标记 B 样本的 cDNA,再与同一个 DNA 芯片杂交,则出现红色荧光的位点,其探针所对应的基因只在 A 样本中转录,出现绿色荧光的位点,其探针所对应的基因只在 B 样本中转录。若某基因在 A 样本和 B 样本中均表达,则其相应探针所在的位点会出现黄色荧光,黄色的色度(红色和绿色的相对比例)反映该基因在 A 样本和 B 样本中的相对表达量,用这种方法可以高通量地研究基因表达状况的差异。由此可以看出,DNA 芯片可以用于基因功能和基因表达状况的高通量分析。随着疾病相关基因的不断确定和基因芯片技术可靠性的不断提高,基因芯片在疾病诊断方面的应用会日益广泛(见电子教程知识扩展 2-18 DNA 芯片技术)。

2.8.6 DNA 的化学合成

DNA 的化学合成广泛用于合成寡核苷酸探针和引物,有时也用于人工合成基因和反义寡核苷酸。目前寡核苷酸均是用 DNA 合成仪合成的,大多数 DNA 合成仪是以固相磷酰亚胺法为基础设计制造的。

核酸固相合成的基本原理是将所要合成的核酸链的末端核苷酸先固定在一种不溶性高分子固相载体上,然后再从此末端开始将其他核苷酸按顺序逐一用磷酸二酯键连接起来。每掺入一个核苷酸残基经历一轮相同的操作,由于被加长的核酸链始终被固定在固相载体上,所以过量的未反应物或反应副产物可用冲洗的方法除去。合成至所需长度后的核酸链可从固相载体上切割下来并脱去各种保护基,再经纯化即可得到最终产物(见电子教程知识扩展 2-19 DNA 的化学合成)。

2.9 核酸的序列测定

DNA 的序列测定多采用 Sanger 提出的链终止法,随着方法和仪器的改进,链终止法测序仪可以进行大规模的、自动化的序列测定,在基因组学研究中发挥了重要作用。近年来新一代高通量测序技术得到不断改进,应用日益广泛(见电子教程科学史话 2-9 DNA 测序技术)。

RNA 序列测定最早采用的是类似蛋白质序列测定的片断重叠法,Holley 用此法测定酵母丙氨酸-tRNA 序列耗时达数年之久(见电子教程科学史话 2-7 tRNA 序列的测定)。随后发展了与 DNA 测序类似的直读法,但仍不如 DNA 测序容易。因此,常将 RNA 反转录成 cDNA,测定 cDNA 序列后推断 RNA 的序列。

蛋白质的氨基酸序列也可以通过测定 DNA 序列,用遗传密码来推断。蛋白质序列数据库中的多数序列,就是用这一方法得到的。

2.9.1 链终止法

链终止法测序(chain termination method)的技术基础主要有:①用聚丙烯酰胺凝胶电泳分离 DNA 单链片段时,小片段移动快,大片段移动慢,用适当的方法可分离分子大小仅差一个核苷酸的 DNA 片段;②用合适的聚合酶可以在试管内合成单链 DNA 模板的互补链。反应体系中除单链模板和 DNA 聚合酶外,还应包括合适的引物、4 种 dNTP 和若干种适量的无机离子(见第四章)。

如果在 4 个试管中分别进行合成反应,每个试管的反应体系能在一种核苷酸处随机中断链的合成,就可以得到 4 套分子大小不等的片段,每一套片段的末端为相同的核苷酸。例如,新合成的片段序列为-CCATCGTTGA-，在A处随机中断链的合成，可得到-CCA和-CCATCGTA两种片段；在G处中断合成可得到-CCATCG和-CCATCGTTG两种片段；在C和T处中断又可以得到相应的2套片段。用同位素或荧光物质标记这4套新合成的链，在凝胶中置于4个泳道中电泳，检测这4套片段的位置，即可直接读出核苷酸的序列。

在特定碱基处中断新链合成的有效方法，是在上述4个试管中按一定比例分别加入一种相应的**2′,3′-双脱氧核苷三磷酸**(dideoxynucleotide triphosphate，ddNTP)，若新合成的链中被掺入的是ddNTP，由于其3′位无-OH，不可能形成磷酸二酯键，故合成自然中断。例如，在加有少量ddATP的试管内，若新合成的链中掺入ddAMP，则链的合成中断，如果掺入dAMP，则链仍可延伸。因此，链中有几个A，就能得到几种大小不等的以A为末端的片段。

如果用放射性同位素标记新合成的链，则4个试管中新合成的链在凝胶的4个泳道电泳后，经放射自显影可检测带的位置，由带的位置可以直接读出核苷酸的序列(图2-33)。采用

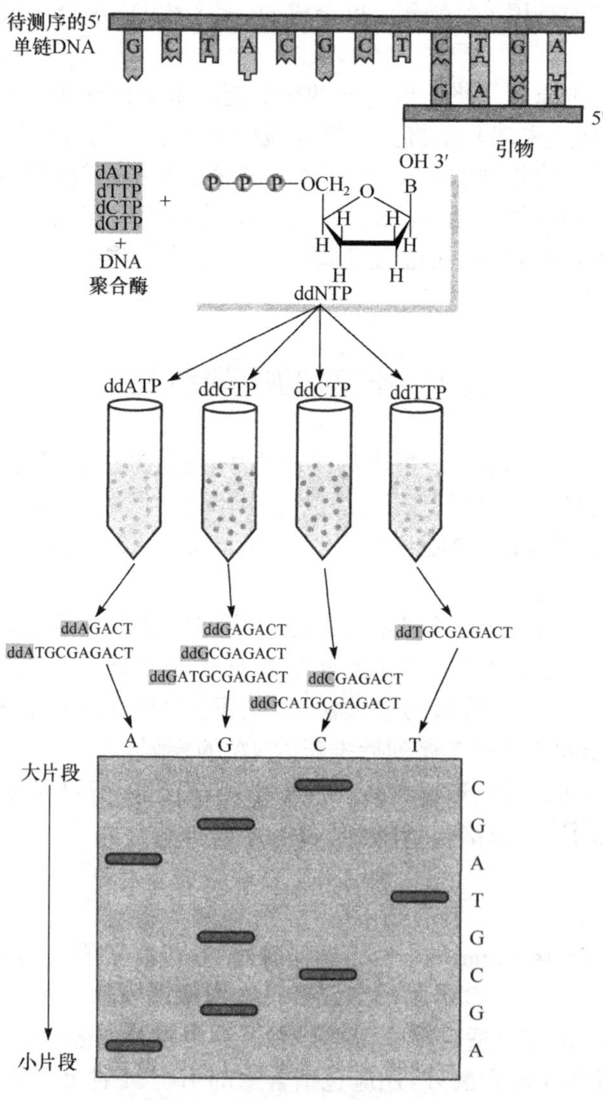

从底部到顶部阅读序列:-AGCGTAGC-
待测序列与上述序列互补:(5′→3′)-TCGCATCG-

图2-33 链终止法测序的原理

T7 测序酶时，一次可读出 400 多个核苷酸的序列。

荧光染料和激光共聚焦技术的应用，使得 DNA 序列测定实现了从手工到自动化的飞跃。采用 4 种发射波长不同的荧光物质分别标记 4 种不同的双脱氧核苷酸，终止反应后，4 管反应物可在同一泳道电泳，用激光扫描收集电泳信号，经计算机处理数据，可将序列直接打印出来。20 世纪 90 年代后期，毛细管电泳仪被用于序列测定，由于毛细管容易散热，可以用较高的电压(20～30 kV)，使电泳时间大大缩短，一天可以完成 6～8 轮序列测定。一个毛细管一次可测定约 700 nt 的序列，一台仪器可以有几十根毛细管同时进行测序，有些仪器每轮可以测定 384 个样品，自动化程度也得到了很大的提高。方法的进步(图 2-34)极大地促进了基因组学的发展。

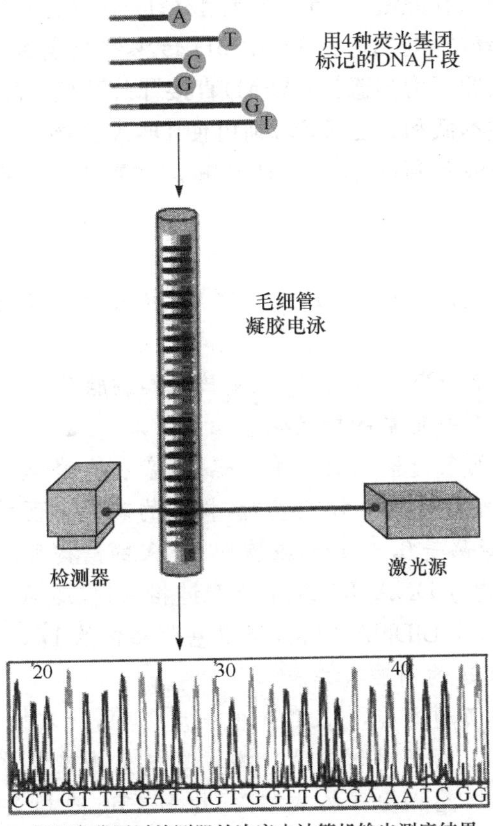

图 2-34 DNA 测序的自动化

2.9.2 新一代高通量测序技术

新一代高通量测序仪种类较多，共同特点是都使用了循环芯片测序法，就是对布满 DNA 样品的芯片进行序列测定。每张芯片上有高达数百万个小孔，每一个小孔都是一个独立的“反应站”，互不干扰。常用方法是将基因组 DNA 随机切割成小片段，然后给这些小片段分子的末端连接接头，通过原位 polony 或微乳液 PCR 等方法获得测序模板。随后用 4 种 dNTP 循环进行聚合酶反应，有聚合反应的小孔可发出的光信号被光纤传送到 CCD(电荷偶合装置图像传感器)记录下来。综合分析多次聚合反应的图像，可确定各个小孔新合成寡核苷酸链的顺序。

使聚合反应发出光信号有多种途径，因而有多种类型的新一代测序仪。新一代高通量测序技术不需要荧光标记的引物或核酸探针，不需要克隆挑取和质粒提取，也不需要进行电泳，使测序所需时间大大缩短。由于其高通量，试剂用量少，测序所需成本大大降低，因而得到广泛的应用。

上述测序技术的弱点是原位 polony 或微乳液 PCR 技术难度较大，CCD 价格高，使测序仪价格昂贵。

DNA 测序技术的进一步发展是单分子测序技术（第三代测序技术），其特点是不做原位 polony 或微乳液 PCR，直接高通量测定单分子寡核苷酸链的序列。正在研发的仪器基于不同的策略，如用外切酶水解寡核苷酸链，不同的核苷酸释放不同的光信号；使寡核苷酸链穿过纳米孔，不同的核苷酸残基释放不同的电信号；用 pH 传感器测定聚合反应引起的 pH 变化；用扫描隧道显微镜 (STM)或原子力显微镜（AFM）直接“阅读”核苷酸序列等。若某一策略的仪器达到准确度高、成本低和方法简单，则可使 DNA 测序成本更低，使其更广泛地用于科学研究和医学、农业等领域（见电子教程知识扩展 2-20　高通量测序技术概述）。

提要

核酸是由磷酸二酯键连接核苷酸形成的多聚物，核苷酸由含氮碱基、戊糖和磷酸组成。

RNA 含有核糖和尿嘧啶，DNA 含有 2′-脱氧核糖和胸腺嘧啶，二者均含有腺嘌呤、鸟嘌呤和胞嘧啶。此外，二者均含有一定量的稀有碱基。

B-DNA 是由反平行的两条链构成的右手双螺旋，亲水的糖-磷酸构成两条主链，位于螺旋的外围。A-T 和 G-C 通过氢键形成互补碱基对，构成的碱基平面垂直于螺旋轴，每一圈螺旋含有 10 bp，碱基平面间的距离是 0.34 nm，细胞内 DNA 的结构可能类似 B-DNA。A-DNA 的螺旋较 B-DNA 短粗，其结构与 DNA/RNA 杂合双链相似，推测 A-DNA 可能与基因的转录有关。Z-DNA 外形呈锯齿状，较 B-DNA 细长，经甲基化修饰的 DNA 可以形成类似 Z-DNA 的结构，Z-DNA 可能与基因表达的调控有关。

环状 DNA 一般会形成负超螺旋，使 DNA 的长度缩短，稳定性增强。超螺旋解开则形成开链环形 DNA，有利于 DNA 的复制和转录。构成真核生物染色体的基本单位是核小体，后者是由 H2A、H2B、H3 和 H4 各两分子构成核心，约 146 bp 的 DNA 环绕核心约 1.75 圈。多个核小体形成串珠状，连接区有组蛋白 H1 结合。串珠状结构进一步盘绕折叠，压缩约 1 万倍形成染色体。

RNA 多为单链，经回折形成短的双链臂和单链环。tRNA 含 4 环 4 臂，三级结构为倒 L 型，主要功能是在蛋白质合成时转运氨基酸。rRNA 的二级结构是多环多臂，三级结构近球形，是核糖体的组成部分。mRNA 的核苷酸序列决定相应蛋白质的氨基酸序列，其初级转录产物含有内含子，分子大小极不均一，称 hnRNA，经剪接加工可形成成熟的 mRNA。snRNA 参与 hnRNA 的剪接加工和细胞机能的调控，snoRNA 参与 rRNA 前体的加工和某些核苷酸的修饰。asRNA 可抑制基因表达，RNAi 的抑制效率更高。非编码 RNA 种类很多，功能多样，可以从不同的角度对其进行分类。RNA 既可作遗传物质，又可作功能分子，可能是 DNA 和蛋白质的共同祖先，生物进化的早期阶段可能是一个由 RNA 主导的世界。

核酸和核苷酸都是两性物质，在接近中性的 pH 下带负电荷，电泳时由负极向正极移动。

大多数DNA为细长的线形分子，因此DNA溶液的黏度极高，RNA溶液的黏度要小得多。RNA能被稀碱水解，DNA不存在2′-OH，不能被稀碱水解。水解核酸的酶类可按其作用的底物分为DNase和RNase，若水解部位在核酸链的内部，称内切核酸酶，若水解部位在核酸链的末端，称外切核酸酶。外切核酸酶可按其水解作用的方向分为3′→5′外切核酸酶和5′→3′外切核酸酶。既能水解DNA又能水解RNA的称非特异性核酸酶，其中的蛇毒磷酸二酯酶从3′端开始，水解DNA和RNA生成5′-单核苷酸，脾磷酸二酯酶从5′端开始，水解DNA和RNA生成3′-单核苷酸。RNA与浓盐酸和苔黑酚（甲基间苯二酚）共热产生绿色，DNA与酸和二苯胺一同加热产生蓝紫色。

核酸可吸收260 nm的紫外光，这一性质可用于核酸的检测和定量。核酸碱基对之间的氢键，碱基堆积力和环境中的正离子，是使其结构稳定的主要因素。但加热等方法可以使核酸的双链分离，称作核酸的变性。核酸变性后生物学功能丧失，紫外吸收增加，溶液的黏度下降。核酸热变性时，紫外吸收的增加量达到最大增量一半时的温度称T_m，T_m受序列复杂性、G-C对含量、溶液的离子强度和pH及变性剂等因素的影响。变性核酸重新形成双链称复性，复性速度受溶液温度、单链浓度、片段大小、序列复杂度、离子强度和pH等因素影响。

DNA纯品为白色纤维状固体，RNA纯品为白色粉末。二者均微溶于水，不溶于有机溶剂，故常用乙醇从溶液中沉淀核酸。用0.14 mol/L的氯化钠溶液反复抽提组织匀浆或细胞裂解液，得到RNP提取液，再去除蛋白质和多糖等杂质，可得纯化的RNA。用1 mol/L氯化钠溶液提取DNP，经水饱和酚和氯仿戊醇反复处理，除去蛋白质，可得到DNA。

琼脂糖凝胶电泳常用于分离鉴定核酸，DNA的迁移率与分子长度(bp)的对数成反比，不同构象DNA的移动速度次序为cccDNA＞直线DNA＞开环DNA。用密度梯度离心分离DNA，超螺旋DNA靠近离心管底，线型DNA靠近离心管口，闭环DNA处于二者之间。

在退火条件下，不同来源核酸的互补区形成双链称分子杂交。将电泳分离的DNA条带从凝胶转移到适当的膜上，再进行杂交操作，称Southern杂交。将电泳分离后的变性RNA吸印到适当的膜上，再进行分子杂交的技术，称为Northern杂交。Southern杂交广泛用于测定基因拷贝数、基因定位、研究基因变异、基因重排、DNA多态性分析和疾病诊断，Northern杂交常用于检测组织或细胞的基因表达水平。

DNA芯片技术也是以核酸的分子杂交为基础的，DNA芯片可用于基因功能和基因表达状况的高通量分析，在疾病诊断方面的应用会日益广泛。

DNA的化学合成主要用于合成寡核苷酸探针和引物，也可用于人工合成基因和反义寡核苷酸。固相磷酰亚胺法合成DNA有脱保护、缩合、盖帽和氧化4个步骤。

用链终止法测定DNA序列的方法已十分成熟，新一代高通量测序技术可进行低成本的DNA测序。RNA和蛋白质的序列测定也可通过测定相应DNA的序列，再用碱基配对的规律推测RNA的序列，用遗传密码推测蛋白质的序列。

思考题

1. ①电泳分离4种核苷酸时，缓冲液的pH通常是多少？此时它们向哪个电极移动？移动的快慢顺序如何？②将4种核苷酸吸附于阴离子交换柱上，用逐渐增加盐浓度或逐渐降低pH的洗脱液进行洗脱，其洗脱顺序如何？为什么？
2. 为什么DNA不易被碱水解，而RNA容易被碱水解？
3. 一个双螺旋DNA分子中有一条链的[A]=0.30，[G]=0.24，请推测这一条链上[T]和[C]

的比例，以及互补链中[A]、[G]及[T]和[C]的比例。

4. 对双链 DNA 而言，①若一条链中(A+G)/(T+C)=0.7，则互补链中和整个 DNA 分子中该比值分别等于多少？②若一条链中(A+T)/(G+C)=0.7，则互补链中和整个 DNA 分子中该比值分别等于多少？
5. T7 噬菌体 DNA 为双链 B-DNA，其 M_r 为 2.5×10^7，计算 DNA 链的长度(设核苷酸对的平均 M_r 为 640)。
6. 人体约有 10^{14} 个细胞，每个体细胞的 DNA 含量约为 6.4×10^9 bp。①计算 DNA 的总长度。②这一长度是太阳-地球之间距离(2.2×10^9 km)的多少倍？③若双链 DNA 每 1000 bp 重 1×10^{-18} g，求人体 DNA 的总质量。
7. X 噬菌体的一个突变体 DNA 长度是 15 μm，而正常 X 噬菌体 DNA 的长度为 17 μm，计算突变体 DNA 中丢失掉多少 bp？
8. 概述超螺旋 DNA 的结构和生物学意义。
9. 概述真核生物染色体的结构。
10. 概述 RNA 结构和功能的多样性。
11. 什么是 DNA 变性？DNA 变性后理化性质有何变化？T_m 值受哪些因素的影响？
12. 哪些因素影响 DNA 复性的速度？
13. 概述提取核酸和测定核酸含量的常用方法。
14. 概述用凝胶电泳和密度梯度离心分离核酸的基本原理。
15. 概述分子杂交和基因芯片技术的原理和应用领域。
16. 概述核酸化学合成和序列测定的方法和应用领域。

3 第三章　基因和基因组

生物体的一切生命活动都直接或间接地在基因的控制之下，因此，基因及其功能的研究，一直是分子生物学的核心内容。

DNA 研究技术的发展和进步，推进了结构基因组学和功能基因组学的快速发展。基因及其表达产物的功能研究，正在为疾病控制和新药开发，作物和畜禽品种的改良提供越来越多的新思路和新方法。

3.1　基因的概念

Mendel 经过 7 年的豌豆杂交实验，提出了基因的分离定律和自由组合定律。在此之前，人们认为遗传就是将来自亲本的各种性状混合后传给子代，而 Mendel 的实验结果表明，生物的遗传性状是由独立的**遗传因子**(hereditary factor)决定的。各种遗传因子独立地完整地传给子代，子代的遗传因子一半来自父本，另一半来自母本。

遗憾的是，Mendel 的研究成果在当时未能得到应有的重视，直到 35 年以后，他的遗传学理论才被重新发现，并得到广泛认同，成为经典遗传学的基础，Mendel 也被公认为是经典遗传学的奠基人，而符合 Mendel 所发现的遗传规律的遗传行为称为孟德尔遗传(Mendelian inheritance)。不过 Mendel 当时所指的遗传因子只是代表决定某个遗传性状的抽象符号。1909 年丹麦生物学家 Johannsen 根据希腊文“给予生命”之义，用**基因**(gene)一词代替了 Mendel 的遗传因子。然而，这里的基因还没有涉及具体的物质概念，依然是一种与细胞的任何可见形态结构毫无关系的抽象概念(见电子教程科学史话 3-1　孟德尔遗传规律的发现)。

19 世纪后期细胞学家研究发现，染色体的数量在配子中是减半的，正好符合 Mendel 关于配子中只有基因的一份拷贝，而体细胞中有基因的两份拷贝的学说。因此，染色体成了基因的载体，这就是遗传的**染色体学说**(chromosome theory of inheritance)。于是，基因不再是空洞的概念，而是细胞核中可以被观察到的实物，这是遗传学至关重要的一个进步。

20 世纪初 Morgan 团队利用果蝇进行遗传学实验，发现一些性状的遗传行为之所以不符合 Mendel 的独立分配定律，是因为代表这些性状的基因位于同一条染色体上，彼此连锁而不易分离。Morgan 首次将基因同染色体的某一特定位点联系起来。基因不再是抽象的符号，而是在染色体上占有一定空间的实体。Morgan 因为发现基因的连锁规律，证实了遗传的染色体学说，荣获 1933 年的诺贝尔生理学或医学奖(见电子教程科学史话 3-2　摩尔根遗传规律的发现)。

尽管 Morgan 的出色工作使遗传的染色体理论得到普遍认同，但是早期研究曾认为遗传物质是蛋白质。

1941 年 Beadle 和 Tatum 研究红色面包霉的营养缺陷突变体，发现每一种突变都同一种酶有关，因而提出一个基因一个酶的学说。Beadle 和 Tatum 因此而荣获了 1958 年的诺贝尔生理学或医学奖（见电子教程科学史话 3-3　一个基因一个酶学说的提出）。

但这一学说并未解决基因的化学本质问题，直到 1944 年，Avery 等通过肺炎链球菌转化实验证明，基因的化学本质是 DNA。

在遗传学的早期阶段，基因被看做是在功能、突变和交换方面都不可再分割的三位一体的遗传颗粒。1957 年 Benzer 发现控制 T4 噬菌体对寄主细胞致死效应（快速溶菌）的功能，是由该噬菌体的 rⅡ区决定的。深入研究发现 rⅡ分为 rⅡA 和 rⅡB 两个亚区，用 rⅡA 或 rⅡB 的突变型分别单独感染 *E. coli* K 菌株，很少发生溶菌裂解。而用两种突变型混合感染时，则发生大量宿主菌的溶菌裂解。也就是说，当一个突变点在 rⅡA，另一个突变点在 rⅡB 时，这两个噬菌体颗粒才能彼此互补，出现野生型的表型特征。或者说 rⅡA 和 rⅡB 是两个不同的功能单位。Benzer 用顺反子（cistron）一词，将这两个亚区分别称为 rⅡA 顺反子和 rⅡB 顺反子，认为一个顺反子就是一段核苷酸序列，能编码一条完整的多肽链。

随后分析了几千种 rⅡ的突变，其中有几百个不同的突变位点，并发现这些突变位点都是线性排列的。根据 Benzer 的计算，在功能 DNA 中，最小交换单位为 1～3 nt。后来的研究发现，顺反子中的最小交换单位（交换子）和最小突变单位（突变子），均为 DNA 分子中的一个核苷酸对。作为功能单位的顺反子（基因），包含多个突变位点和交换位点，表明基因仍然是可分的（见电子教程科学史话 3-4　顺反子的提出）。

1958 年 Crick 提出中心法则，认为 DNA 通过转录生成 RNA，通过翻译控制蛋白质的合成，从而将 DNA 结构与其功能联系起来（见电子教程科学史话 3-5　中心法则的提出和意义）。

1961 年 Jacob 和 Monod 提出操纵子学说（见第 11 章）和结构基因、调节基因、操纵基因等概念，并提出 mRNA 携带着从 DNA 到蛋白质合成所需要的信息。**结构基因**（structure gene）是为蛋白质或 RNA 编码的基因，但其编码区的上游和下游都存在非编码区。**调节基因**（regulator gene）的功能是产生调控蛋白，调控结构基因的表达。**操纵基因**（operator gene）的功能是与调控蛋白结合，控制结构基因的表达，操纵基因是不转录的（见电子教程科学史话 11-1　乳糖操纵子的发现）。

至此，人们对基因的理解是，基因是编码多肽链或 RNA 所必需的全部核酸序列（通常是 DNA 序列），为保证转录所必需的调控序列，以及编码区上游 5′端和下游 3′端的非编码序列。

但后来的研究发现了一些更加复杂的情况，1977 年 Sanger 测定了 ΦX174 的 DNA 序列，发现了重叠基因。同年，Jacp 发现了与基因序列相似，但不能产生表达产物的假基因。Sharp 和 Robert 发现了真核生物的多数基因的编码区被一些内含子分割成了若干个外显子，提出断裂基因的概念。所以，将基因定义为编码序列及其调控区是不全面的。

广义来讲，应当将基因定义为 DNA 或 RNA 分子中有特定遗传功能的一段序列。基因主要位于染色体上，此外，细菌的质粒，真核生物的叶绿体、线粒体等细胞器都含有一定的 DNA 序列，其中大部分是具有遗传功能的基因，这些染色体外的 DNA 称为染色体外遗传物质。

3.2　基因的类型

3.2.1　基因家族和基因簇

基因家族(gene family)是真核生物基因组中来源相同、结构相似、功能相关的一组基因。

按照基因家族的成员在染色体上的分布,可以将基因家族分成两类。一类是串联重复基因(tandemly repeated genes),还可称作**成簇的基因家族**(clustered gene family)或基因簇(gene cluster),是基因家族的各成员紧密成簇排列而成的串联重复单位,定位于染色体的特殊区域。从分子进化的角度看,它们可能是同一个祖先基因扩增的产物。在基因簇中,也有一些基因家族的成员在染色体上的排列并不十分紧密,中间包含一些间隔序列,但分布在染色体上相对集中的区域。另一类称作**分散的基因家族**(interspersed gene family),其家族成员分散在染色体上较远的位置,甚至分散在多条染色体上,各成员在序列上有明显的差别。

基因家族也可按照家族中各成员之间序列相似的程度分成多种类型。

(1) 简单的多基因家族　在简单的多基因家族中,各基因的全序列或至少编码序列具有高度的同源性。例如,真核生物的 rRNA 基因串联重复排列在一段很长的 DNA 区域内,重复单位内转录区的序列几近相同,而非转录的间隔序列则有所不同。在低等真核生物如酵母的 rRNA 基因家族中,28S、18S、5.8S 和 5S rRNA 基因构成一个转录单元,而高等真核生物的 5S rRNA 基因则单独作为一个基因家族排列在其他部位。每个转录单元重复排列成基因簇,基因之间由可转录的间隔区(TS)分开,各转录单元之间由不可转录的间隔区(NTS)分开(图 3-1)。

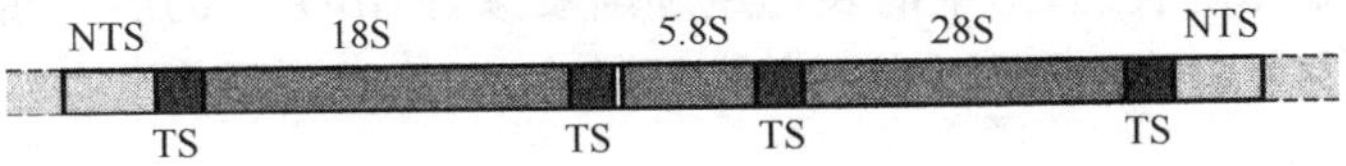

图 3-1　非洲爪蟾 rRNA 基因家族的排列

研究发现,真核生物的 rRNA 基因拷贝数均在 100 个以上。人类 28S 和 18S rRNA 基因约有 280 个拷贝,5S rRNA 基因约有 2×10^4 个拷贝。5S rRNA 基因是被单独转录的,拷贝数也多于 18S rRNA 和 28S rRNA 基因。

(2) 复杂的多基因家族　复杂的多基因家族由几个相关基因构成独立的转录单元,家族间由间隔序列分开。例如,组蛋白基因的 5 个成员(H1、H2A、H2B、H3 和 H4)就属于这一类型。人类组蛋白基因分布在 7 号染色体,拷贝数为 30～40 个。组蛋白基因一般都串联排列,其间是大于 10 kb 的间隔区,不同物种的组蛋白基因排列次序和非转录区的长度有明显差异。

海胆的 5 种主要组蛋白基因串联构成一个单元,组成多拷贝串联重复的基因簇,在整个海胆基因组中重复约 1×10^3 次。基因簇中的每一个基因按同一方向分别被转录成单顺反子 mRNA。果蝇的 5 种组蛋白基因也成簇串联重复,但基因簇中的各个基因转录方向不同(图 3-2)。

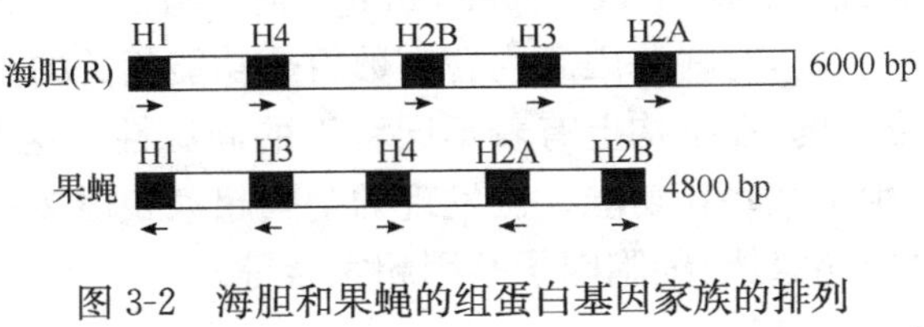

图 3-2　海胆和果蝇的组蛋白基因家族的排列

组蛋白基因没有内含子,其 mRNA 也没有 3′-polyA,并且不存在转录后的加工修饰过程。组蛋白基因只在细胞周期的 S 期,即 DNA 开始复制之前短暂地表达。5 种组蛋白基因的转录和翻译都受到严格的调控,使不同的组蛋白分子之间有合适的比例,同时,组蛋白的表达量与 DNA 之间也能保持合适的比例。

(3) 受发育调控的复杂多基因家族　人类珠蛋白基因家族是典型的受发育调控的复杂多基因家族,包括 α-珠蛋白基因簇和 β-珠蛋白基因簇两种类型。α-珠蛋白基因簇位于 16 号染色体上,包括 1 个活化的基因 ξ,1 个假基因 ψξ,2 个 α 基因,2 个假基因 ψα 和 1 个未知功能的 θ 基因。β-珠蛋白基因位于 11 号染色体上,包括 ε、2γ、δ、β 等 5 个有功能的基因和一个假基因 ψβ。两个 γ 基因编码的蛋白质只有一个氨基酸的差别,即蛋白质 G 的 13 位是 Gly,而蛋白质 A 的 13 位是 Ala(图 3-3)。在不同的发育阶段,由 α 基因家族和 β 基因家族中的不同基因产物(即亚基)各两个,组成血红蛋白的四聚体。

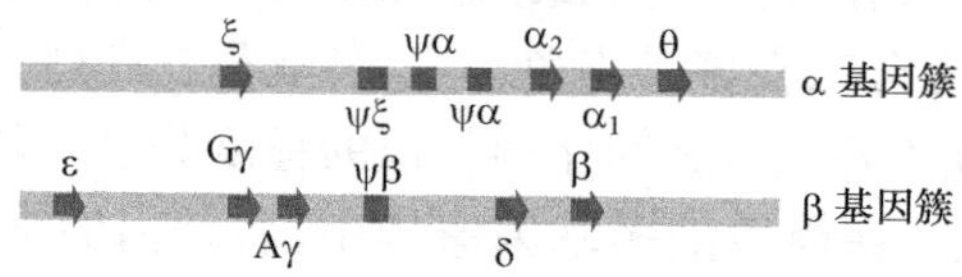

图 3-3　人类珠蛋白基因家族的排列

在人类珠蛋白基因家族中,基因排列的次序与它们在个体发育阶段基因表达的先后次序一致。在 α 家族中,ξ 基因在胚胎早期(前 8 周)表达,胎儿期(8 周后)关闭,α_2 和 α_1 在胎儿(8 周后)和成人期都表达。在 β 家族中,ε 基因排在最前面,在胚胎早期(8 周内)表达,之后关闭。$^G\gamma$ 和 $^A\gamma$ 基因在胎儿期表达,出生前表达量逐渐衰减,而出生后仍然少量表达。δ 基因在胚胎期和成年期都有少量表达。β 基因在胚胎期开始表达,表达量逐渐增加,是成人阶段表达的主要基因(表 3-1)。

表 3-1　不同发育阶段血红蛋白质的亚基组成

血红蛋白质种类(发育阶段)	亚基组成
Hb Gower 1(胚胎期,8 周以前)	$\xi_2\varepsilon_2$
Hb Gower 2(胚胎期,8 周以前)	$\alpha_2\varepsilon_2$
Hb Poretland(胚胎期,8 周以前)	$\xi_2\gamma_2$
HbF(胎儿期 8～41 周)	$\alpha_2\gamma_2$
98%HbA(成人期)	$\alpha_2\beta_2$
2%HbA2(成人期)	$\alpha_2\delta_2$

珠蛋白基因家族是一个非常古老的基因家族,其分子进化已有较深入的研究(见电子教程知识扩展 3-1　珠蛋白基因家族的分子进化)。

胚胎期和胎儿期的血红蛋白对氧的亲和力较高,因此,可以从母体血液中获取氧。

(4) 基因超家族　**基因超家族**(gene super-family)是一组由多个基因家族组成的更大的基因家族。在高等真核细胞内,有些基因簇内含有数百个功能相关的基因,它们是由基因扩增后结构上的轻微变化而形成的,在结构上有着不同程度的同源性。这些基因或保持了原始基因的基本功能,或进化产生了某些新功能。已发现的基因超家族很多,典型的例子有免疫球蛋白基因超家族、核受体基因超家族、细胞因子基因超家族等。

免疫球蛋白(immunoglobin,Ig)基因超家族包括 β_2 微球蛋白、主要组织相容性复合体(major histocompatibility complex,MHC) Ⅰ类 α 链、Ⅱ类 α 链和 β 链、T 细胞受体(TCR)的 α 链和 β 链、CD4 和 CD8 等与免疫有关的大分子。还有许多与免疫反应无关的蛋白质分子,如 IgE 受体 α 亚基、神经黏附分子 L-1、白细胞介素 IL-1 和 IL-6 的受体等(见电子教程知识扩展 3-2　免疫球蛋白基因超家族)。

随着越来越多的新基因被发现,通过数据库对新基因和原有基因的结构和功能进行分析,发现了不少新的基因超家族。例如,Ser 蛋白酶族的多种酶,活性中心都有关键性的 Ser 残基,被认为是一个多基因家族。通过对基因结构的比对发现,载脂蛋白也属于 Ser 蛋白酶族。因此,Ser 蛋白酶族和载脂蛋白就构成了 Ser 蛋白酶型基因超家族。

3.2.2　假基因

在多基因家族中,有些成员的 DNA 序列和结构与有功能的基因相似,但不能表达产生有功能的基因产物,称**假基因**(pseudogene),常用符号 ψ 表示,如 $\psi\alpha_1$ 表示与 α_1 相似的假基因。1977 年 Jacq 等根据对非洲爪蟾 5S rRNA 基因簇的研究发现,5S rRNA 基因的重复单位约 700 bp,其中有活性的编码序列约 120 bp,其上游有一段 101 bp 的序列,在假基因中,该序列缺少 19 bp 的片段,所以没有编码功能。DNA 序列分析发现,该假基因缺乏正常基因的转录起始信号。

许多假基因都与亲本基因连锁,且编码区及侧翼序列都具有高度同源性。通过序列比对发现,这类假基因最初是有功能的,由于发生了缺失、倒位、点突变等,使该基因失去了活性,成为无功能的假基因。例如,在 α-珠蛋白基因家族中的假基因就属于这一类。比较假基因 $\psi\alpha_1$ 和有功能的基因 α_1 序列发现,两者的上游及间隔序列同源性达 73%。说明假基因 $\psi\alpha_1$ 是由有功能的基因 α_1 突变而来的,由于碱基突变而未能产生有功能的蛋白质。假基因 $\psi\beta_1$ 与基因 β_1 的差别是,缺乏 5′端共同序列,3′端的加尾信号序列由 AATAAA 突变成了 AATGAA,转录起始密码子 ATG 被 GTG 取代,从第 38 个密码子开始有 20 nt 的缺失,并产生了一个终止密码子,使肽链合成提前终止。根据对珠蛋白基因家族的研究推断,可能平均每 4 个基因序列中就存在一个假基因序列。随着大分子分析技术的不断提高,通过对较小基因簇的鉴定,可能会发现更多的假基因。

此外,在真核生物基因组中还存在加工的假基因(processed pseudogene)。这类假基因不与亲本基因连锁,结构与转录物相似,但没有启动子和内含子,且 3′端有一段连续的腺嘌呤短序列,类似 mRNA 3′端的 polyA 尾巴。这些特征表明,这类假基因很可能是来自加工后的 RNA,称作加工的假基因。

假基因由于存在以下几个原因中的一个或几个,因而没有表达活性:①缺乏有功能的调控区,使其不能进行正常的转录;②虽然能转录,但由于突变或缺失等,引起 mRNA 加工缺陷而不能翻译;③mRNA 的翻译被提前终止;④虽然能翻译,但生成的是无功能的肽链。在真核生物基因组中,假基因的存在比较普遍,如 α-珠蛋白和 β-珠蛋白基因簇中都存在 1～2 个假基因。

从进化角度看,假基因的选择压力较小,保留了祖先功能基因的分子记录,可用于物种演化关系的研究(见电子教程知识扩展 3-3　假基因与物种演化关系的研究)

3.2.3　重叠基因

传统概念把基因看作彼此独立的、不重叠的实体。但是,随着 DNA 测序技术的发展,发现不同基因的部分序列可彼此重叠。这种具有独立性,但部分序列重叠的基因称**重叠基因**(overlapping genes)或**嵌套基因**(nested genes)。

大肠杆菌 ΦX174 噬菌体单链 DNA 为 5387 nt,如果读码区不重叠,它最多只能编码 1795 个氨基酸。按每个氨基酸的平均 M_r 为 110 计算,该噬菌体所合成的全部蛋白质总 M_r 最多为 197 000。但实际测定发现,ΦX174 噬菌体共编码 11 种蛋白质,总 M_r 高达 262 000。1977 年 Sanger 等测定了 ΦX174 噬菌体的核苷酸序列,发现它的一部分 DNA 能够编码两种不同的蛋白质,从而解决了上述矛盾。Sanger 等发现,ΦX174 噬菌体 DNA 中存在两类不同的重叠基因。其一,一个基因的核苷酸序列完全包含在另一个基因的核苷酸序列中。如图 3-4 中 B 基因位于 A 基因之中,E 基因位于 D 基因中。其二,两个基因的核苷酸序列的末端密码子相互重叠。例如,A 基因终止密码子 TGA 与 C 基因的起始密码子 ATG 相互重叠了 2 个核苷酸。D 基因的终止密码子 TAA 与 J 基因的起始密码子 ATG 重叠了一个核苷酸。后来在 G4 病毒的单链环状 DNA 基因组中还发现 3 个基因共有一段重叠的 DNA 序列。重叠基因的发现,修正了关于各个基因的多核苷酸序列彼此分立、互不重叠的传统观念。

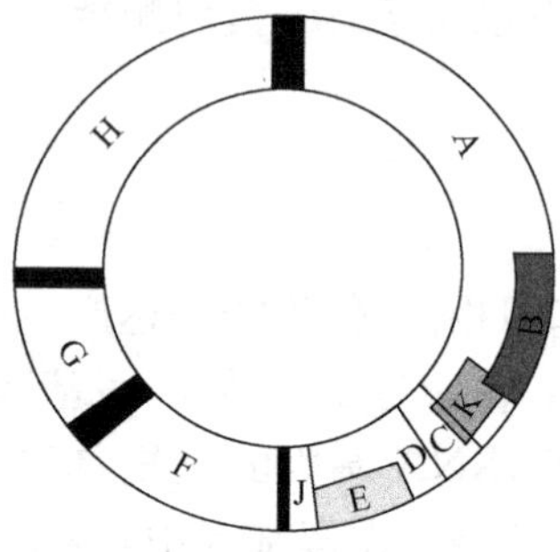

图 3-4 ΦX174 噬菌体的重叠基因

不仅在细菌、噬菌体和病毒等低等生物基因组中存在重叠序列,在一些真核生物中也发现了一些重叠序列。例如,果蝇的 *GART* 基因(该基因编码参与嘌呤生物合成的酶蛋白)的内含子中寓居着一个与之无关的编码肾角质膜蛋白质的基因,但是它的转录方向与 *GART* 基因相反。

随后的研究发现,重叠基因在真核生物中是广泛存在的。值得注意的是,高等真核生物中既存在大量的非编码序列,又普遍存在重叠基因,其生物学意义有待于进一步研究。

3.2.4 移动基因

移动基因(movable genes)又称转座因子(transposable elements)。由于它可以从染色体的一个位置转移到另一个位置,甚至在不同染色体之间转移,因此也称**跳跃基因**(jumping genes)。

转座(transposition)和**易位**(translocation)是两个不同的概念。易位指染色体发生断裂后,通过连接而转移到另一条染色体上。转座则是在转座酶的作用下,转座因子从原来位置上切离下来,然后插入新的位置,或复制一份,再插入染色体上新的位置。转座因子本身既包含了基因,如编码转座酶的基因,又包含了非编码的 DNA 序列。关于移动基因的详细介绍见本书第 6 章。

3.2.5 断裂基因

3.2.5.1 断裂基因的概念

过去人们一直认为,基因是连续不断地排列在一起的一段 DNA 序列。但是对真核生物编码基因的研究发现,在编码序列中间插有内含子,含有内含子的基因称为不连续基因或**断裂基因**(split genes)。一个基因的两端起始和结束于外显子,因此,如果一个基因具有 n 个内含子,则相应地具有 $n+1$ 个外显子。

断裂基因是 Roberts 和 Sharp 于 1997 年在研究腺病毒六邻体外壳蛋白质的 mRNA 时首

先发现的，病毒 DNA 与它的 mRNA 进行分子杂交时，在电镜下观察到未与 mRNA 配对的 DNA 形成多个突环，称 R 环。R 环的形成说明腺病毒外壳蛋白质的基因具有 mRNA 中不存在的序列，这些序列就是内含子。图 3-5a 为电子显微镜照片，图 3-5b 为对电子显微镜照片进行解释的示意图，图 3-5c 为腺病毒六邻体外壳蛋白质基因结构的示意图（见电子教程科学史话 3-6　断裂基因的发现）。后来发现，鸡卵清蛋白质的基因与其 mRNA 杂交也会出现与其内含子数对应的 7 个 R 环（见电子教程知识扩展 3-4　卵清蛋白的断裂基因）。

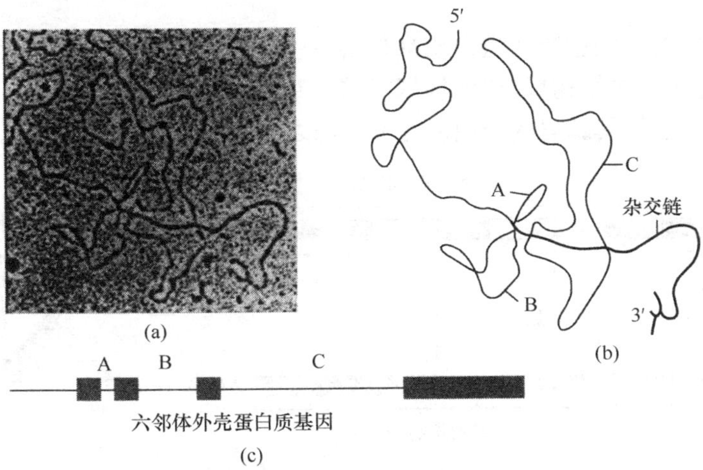

图 3-5　腺病毒六邻体外壳蛋白基因与其 mRNA 的杂交

研究断裂基因的另一个方法是比较基因组 DNA 和 cDNA 的限制性内切核酸酶图谱。cDNA 是由成熟的 mRNA 通过逆转录生成的，因而不含内含子。若用相同的限制性内切核酸酶水解基因组 DNA 和 cDNA，在同样的条件下进行凝胶电泳，如果内含子中有限制性内切核酸酶的水解位点，基因组 DNA 的电泳图谱中就会有相应的条带，而 cDNA 电泳图谱中的相应条带则会缺失。

研究发现，断裂基因在表达时首先转录成初级转录产物，即前体 mRNA，然后经过后加工，除去内含子，成为成熟的 mRNA 分子。这种删除内含子、连接外显子的过程，称为 RNA 拼接或剪接，其详细机制见第 8 章。

真核细胞中普遍存在断裂基因，编码蛋白质的多数基因，rRNA 和 tRNA 的基因都是不连续的，低等真核生物的线粒体和叶绿体中也有断裂基因。不过断裂基因在原核生物基因组中很少见，但在古细菌和大肠杆菌的噬菌体中发现了断裂基因。

3.2.5.2　断裂基因的分子进化

在真核生物的进化过程中，断裂基因的比例在逐渐增加。低等真核生物酿酒酵母中的大多数基因是连续的，少数基因含有较短的外显子，其数量不超过 4 个。真菌基因的外显子少于 6 个，基因长度不超过 5 kb。在高等真核生物中，开始出现长基因，蝇类和哺乳动物基因很少小于 2 kb，大多数长度为 5～100 kb，含有几个到几十个内含子。但当基因的长度大到一定程度后，DNA 的复杂性与生物的复杂性之间开始失去对应关系。例如，虽然属于同一个门，家蝇细胞的 DNA 总量却是果蝇的 6 倍。在较高等的真核生物中，基因大小主要取决于内含子的长度，与外显子的大小和数目关系不大。动物细胞的内含子一般为 80～100 kb，平均 1127 bp，有保守的分支点序列及多聚嘧啶区段。植物细胞的内含子较短，一般为 80～2000 bp，平均 183 bp。

在进化上相关的基因一般都有类似的结构，内含子在基因中的位置相对固定。例如，在所有已知珠蛋白的基因中，内含子均在相同的位置上。第 1 个内含子位于 30 位和 31 位密码子之间，第 2 个内含子位于 104 位和 105 位密码子之间。通常第 1 个内含子较短，第 2 个则较长，但不同物种间的长度有所不同。外显子的长度差别不大，不同珠蛋白基因大小的差异主要是第 2 个内含子长度的差异造成的。小鼠的 α-珠蛋白基因总长度为 850 bp，而 β-珠蛋白基因长度为 1382 bp，但二者的 mRNA 长度却相差不多，α-珠蛋白的 mRNA 为 585 bp，而 β-珠蛋白为 620 bp。

研究发现，基因与其表达产物蛋白质都是由一些结构元件，即模块装配而成的。大约有半数基因的外显子与蛋白质结构域、亚结构域或结构基序有很好的对应关系。例如，磷酸丙糖异构酶基因有 9 个外显子，其编码的蛋白质有 9 个与之对应的结构域(图 3-6)。

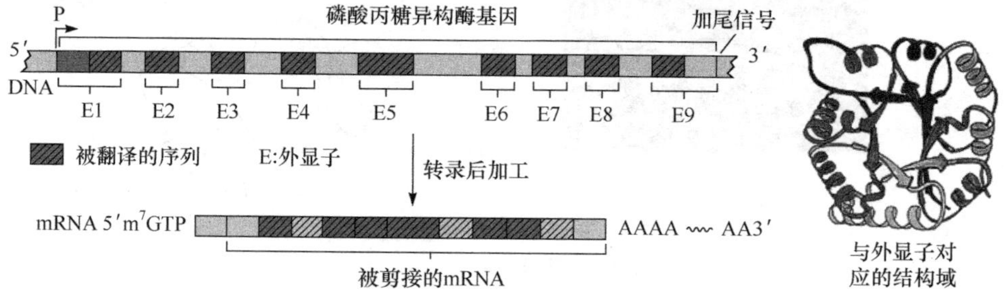

图 3-6　磷酸丙糖异构酶基因外显子与蛋白质结构域的对应关系

免疫球蛋白基因的外显子十分精确地相当于蛋白质折叠的结构域。血红蛋白基因有 3 个外显子，而其蛋白质分子的三维结构显示有 4 个亚结构域，第 1 个外显子对应于蛋白质的第 1 个亚结构域，第 2 个外显子对应于中间的两个亚结构域，第 3 个外显子对应于第 4 个亚结构域。豆科植物的豆血红蛋白基因有 4 个外显子，正好对应于蛋白质的 4 个亚结构域。为结合血红素的亚结构域编码的外显子，在豆血红蛋白基因中是分开的，而在动物相应的基因中则合并为 1 个外显子。

但是，另有约半数的基因则找不出外显子与蛋白质结构域的对应关系。这可以解释为，在漫长的进化历程中，由于变异而使这些模块的边界逐渐模糊以至消失了。例如，乙醇脱氢酶基因有 10 个外显子，酶催化部位由第 1～4 个和第 10 个外显子编码。第 5～9 个外显子编码的肽段位于催化部位的外围。

可以认为，各种结构基因都是由不同来源的外显子作为模块构成的嵌合体。原初的蛋白质分子或许由更小的模块(相当于二级结构或超二级结构)装配而成，这些模块不一定能有特殊的功能，但几个小模块组合起来就可形成某种有功能的大模块。蛋白质分子通过不断增加相应的新模块而获得更完善的功能，而这些模块的来源则是新组合到结构基因内的外显子序列。新加入蛋白质分子中的模块，在分子折叠过程中一般倾向于留在分子表面，对蛋白质分子内部原有的结构影响不大。

在基因的进化中，可能发生外显子的复制，结果在结构基因内出现了重复序列。在鸡的胶原蛋白质基因中，一个 54 bp 的外显子多次重复，某些外显子累积突变，失去编码功能，就可能转化为内含子。

外显子作为一种功能模块，可以组装到不同的基因内。因此，在基因进化中，经常发生着外显子在不同基因之间的复制、迁移和吸纳。例如，在多种脱氢酶的基因内，均有几乎相同的与辅酶结合或脱氢酶催化区域有关的外显子结构。另一个典型的例子是人类低密度脂蛋白质(low density lipoprotein，LDL)受体，其基因由18个外显子构成，中间的几个外显子也出现在生长因子前体的基因内，其N端的几个外显子也为血蛋白质互补因子C9编码(见电子教程知识扩展3-5　LDL受体基因、互补因子C9和EGF共用外显子的图示)。

产生新基因的另一种方式是某些内含子插入外显子内，使外显子变得更小，或将内含子切除，使外显子变得更大。例如，珠蛋白超家族包括血红蛋白、肌红蛋白和豆血红蛋白，以及其他血红素结合蛋白。血红蛋白分子是由2个α-珠蛋白和2个β-珠蛋白分子构成的四聚体。肌红蛋白为单体，结构类似于珠蛋白。豆血红蛋白类似于肌红蛋白，可能是珠蛋白相关基因的共同祖先。肌红蛋白和珠蛋白基因的第2外显子对应的蛋白质结构域负责与血红素结合，而豆血红蛋白的基因有3个内含子，其中第2内含子把血红素结合域的外显子又分隔成2个外显子。可能的进化途径是，豆血红蛋白丢失内含子，使珠蛋白或肌红蛋白的两个外显子融合成了一个。原始的鱼类只有一种珠蛋白链，硬骨鱼和两栖类有连锁的α基因和β基因，说明在大约5亿年前，硬骨鱼进化期间，珠蛋白祖先基因倍增，并变异形成了α基因和β基因。哺乳类和鸟类是在约3.5亿年前同两栖类分开的，α基因和β基因分开到不同的染色体应在此之前，也许发生在3.7亿年前(图3-7)。

随后，突变引起的趋异进化形成了α基因簇和β基因簇的各个成员。β基因和δ基因间核苷酸置换位点的差别是3.7%，产生1%差异所需的时间被定义为单位进化时间(unit evolutionary period，UEP)，经测算，分子进化的UEP为1040万年。由此估算，β-和δ-珠蛋白趋异的时间大约在4000万年前。γ基因和ε基因间核苷酸置换位点的趋异度为9.6%，估算趋异的时间大约在1亿年前(图3-8)。

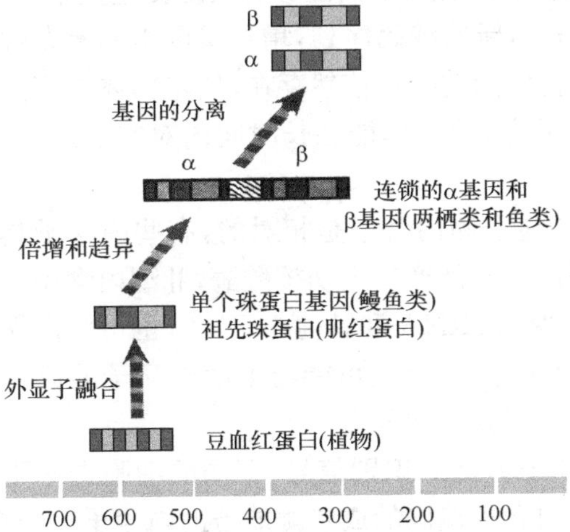

图3-7　珠蛋白基因超家族的进化

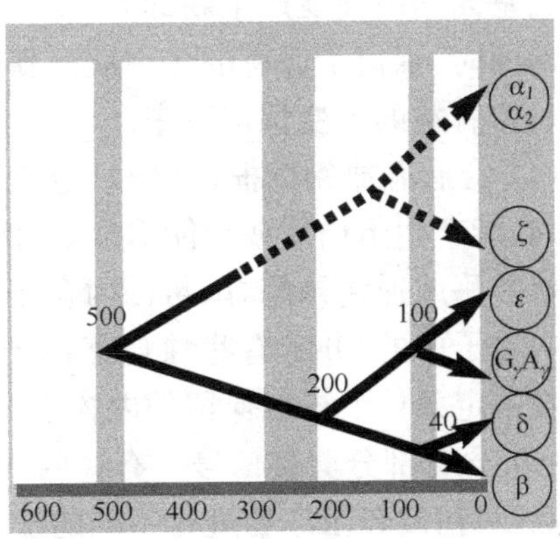

图3-8　珠蛋白基因超家族的趋异进化

另一个内含子切除的例子是胰岛素基因的进化。哺乳动物(除了啮齿类)和鸟类编码胰岛素的基因是由同一基因演化分离而来的。鸡的胰岛素基因有2个内含子，大鼠的其中一个基因与其结构相同，而大鼠的另一个基因只含有1个内含子。说明胰岛素基因最初有2个内含子，在演化过程中首先进行复制，然后从一个拷贝中精确地移去了一个内含子(见电子教程知识扩展3-6 胰岛素基因进化的图示)。

根据内含子的保守序列组分、二级结构及剪接机制可将其分为4种类型。Ⅰ型内含子主要出现在细菌、真菌线粒体和低等真核生物的rRNA基因中,估计出现于35亿年前,主要特点是具有自我剪接能力。Ⅱ型内含子的特点是转录初始产物自我剪接时,能形成套索结构(lariat),可能与Ⅰ型内含子同时或稍后出现。Ⅲ型内含子存在于大多数真核生物编码蛋白质的基因中,其RNA产物在剪接时需要有酶和蛋白质的参与,应在真核生物出现之后,即7亿~10亿年前出现。Ⅳ型内含子出现在tRNA中,剪接时,由内切酶切除内含子,连接酶连接外显子,应在真细菌和真核生物分化之前,即大约17亿年前出现。

用重复基因的内含子片段和外显子片段分别做探针,进行分子杂交实验发现,重复基因之间的外显子序列着很大的同源性,但内含子序列几乎没有同源性。说明在进化过程中,相关基因的内含子比外显子变化快得多。虽然突变以相同的频率发生在外显子和内含子上,但发生在外显子上的突变将使基因编码的产物丧失功能,导致生物体无法通过自然选择,这种突变就被淘汰了。而内含子由于没有编码功能,可以自然的累积各种突变,导致它产生了较大的变化。因此,比较内含子的序列,常用于研究亲缘关系较近的物种之间的进化关系。

3.2.5.3 断裂基因的生物学意义

为什么生物要先转录内含子,然后再将其切除?RNA剪接耗费巨大,有什么生物学意义?研究发现,内含子可能有多方面的功能。

(1) 增加基因表达产物的多样性　通过mRNA初始转录产物的选择性剪接(第12章),可能产生多个蛋白质的同源体(isoform)。这些相关的蛋白质分子有不同的功能,可以适应细胞的不同需要。

(2) 促进重组　若发生重组的两个DNA分子之间链的断裂和再连接发生在内含子处,就可以避免重组过程中由于编码区的错位而造成的基因失活,从而能够有效地促进重组。

(3) 增加基因组的复杂性　内含子可转化成为新的编码序列,增加基因组的复杂性。尤其是当基因内由突变产生新的5′-或3′-剪接点时,旧的剪接点依然存在,使生物体在产生新蛋白质的同时,保留了原有的蛋白质。新旧蛋白质并存,使机体能在长时间内对它们进行选择,将对机体有益的突变保留下来。

(4) 含有开放阅读框(ORF)　基因组中的外显子和内含子是相对的,有些内含子具有编码序列,能产生蛋白质或功能RNA。例如,Ⅰ型内含子能产生内切核酸酶,Ⅱ型内含子可产生内切核酸酶或逆转录酶,以帮助内含子转移。不少snoRNA和其他小RNA,也可由内含子产生。内含子中的ORF有些独自存在于内含子的内部,也有些可能与上游外显子通读。这些能够在一定条件下得以保留的内含子,在得到表达时就变成外显子了。

(5) 含有部分剪接信号　有些内含子含有分子剪接的识别信号,不同的细胞选择不同的剪接点,对初始转录产物进行不同的加工。有些内含子编码的成熟酶能帮助内含子自身折叠,促进自我剪接。

(6) 对基因表达的影响　有些内含子中有增强子序列,如小鼠B细胞的κ链基因内含子中就存在增强子序列,可通过诱导去甲基化酶系,促进组织的专一性转录,调节B细胞的分化。有些基因的表达要求有内含子序列存在,如人的*apo B*基因在转基因小鼠中的高水平、专一性表达,除了需要增强子之外,还需要内含子的一定序列。

除此之外,内含子在基因的传递和表达过程中是否还有其他重要的功能,有待进一步研究。

3.3 基　因　组

3.3.1　基因组的概念

基因组(genome)一词最早出现于1922年，指单倍体细胞中所含的整套染色体。随后，基因组被定义为整套染色体中的全部基因。随着对不同生物基因组DNA的测序，人们发现，对基因组这个名词需要做出更精确的定义。现在认为，基因组指的是细胞或生物体全套染色体中所有的DNA，包括所有的基因和基因之间的间隔序列。

原核生物基因组就是其细胞内构成染色质的DNA分子，真核生物的核基因组指单倍体细胞核内整套染色体所含有的DNA分子。除了核基因组以外，真核细胞内还有细胞器基因组，即动物细胞和植物细胞的线粒体基因组，以及植物细胞的叶绿体基因组。

表3-2总结了一些生物体的平均基因大小，可以看出从低等到高等真核生物的mRNA和其基因的平均大小略有增加，而平均外显子数目则明显增加。可见，真核生物基因的大小在很大程度上取决于内含子的数目和长度。

大肠杆菌不同品系的基因组大小略有差别，实验室常用品系的基因组大小为4.2×10^6 bp，有4288个基因。酿酒酵母96%以上的基因是连续的，少量断裂基因的外显子数均少于4个。昆虫和哺乳动物只有少量基因是连续的，哺乳动物的连续基因大约只占基因总量的6%。昆虫基因的外显子比较少，一般不超过10个。哺乳动物基因中近一半有10个以上的外显子，基因的平均长度比其mRNA的平均长度大5倍以上。人体基因的平均长度为27 kb，平均有9个外显子。已知蛋白质中最大的肌联蛋白(约含27 000个氨基酸残基)的外显子多达178个。

表3-2　不同生物的基因数目和大小

物种	基因组大小/bp	基因数目	平均外显子数	平均基因长度/kb	平均mRNA长度/kb
大肠杆菌	4.2×10^6	4 288	0	1	0.95
酵母	1.3×10^7	6 100	1	1.4	1.4
果蝇	1.4×10^8	13 600	4	11.3	2.7
哺乳动物	3.3×10^9	约30 000	7	16.6	2.2

某物种单倍基因组全部DNA的量称**C值**(C-value)，不同物种的C值差异很大。最小的支原体只有10^6 bp，而最大的如某些显花植物和两栖动物可达10^{11} bp。一般而言，生物体的结构和功能越复杂，其C值就越大。例如，高等植物的C值比真菌大得多。

另一方面，生物体复杂性和C值之间的关系也有令人不解的现象。一些物种C值的变化范围很窄，如鸟类、爬行类和哺乳动物各门内C值的变化范围只有约2倍。但大多数昆虫、两栖动物和植物的C值可以相差数十倍乃至上百倍。突出的例子是肺鱼和某些植物，具有比人类大得多的C值，两栖动物C值小的在10^9 bp以下，大的则高达10^{11} bp，而哺乳动物的C值均为10^9 bp数量级。

真核生物的C值与生物体复杂性之间对应关系的反常现象称**C值悖理**(C value paradox)。主要表现为：①C值不随生物的进化程度和复杂性增加，如人与牛的C值相近，约为3.2×10^9 bp，肺鱼的C值却高达112.2×10^9 bp；②关系密切的生物C值相差甚大，如豌豆为

14×10^9 bp,蚕豆为 2×10^9 bp,相差 7 倍;③真核生物 DNA 的量远远大于编码蛋白质等物质所需的量,如果假设一个基因的长度为 1×10^4 bp(已超过大多数基因的长度),那么人类基因组 DNA 的长度 3×10^9 bp 能包含 300 万个基因,但据测算,哺乳动物基因组 98%以上的 DNA 是不为蛋白质编码的,一些非编码 DNA 的功能尚无令人信服的解释(见电子教程知识扩展 3-7　C 值悖理的图示)。

3.3.2　病毒的基因组

病毒的基本结构是由外壳蛋白质包裹着遗传物质核酸。病毒进入活的易感宿主细胞后,以其基因组核酸为模板,借助于宿主细胞本身提供的原料,消耗宿主细胞的能量,以自我复制的方法进行繁殖。

根据病毒基因组的核酸类型,将病毒分为 DNA 病毒和 RNA 病毒。根据宿主的不同,病毒又可分为动物病毒、植物病毒和噬菌体。不同类型的病毒,有不同的复制方式。

由于病毒的结构简单,分子生物学的很多重大突破都是以病毒作为研究材料而获得的。这些研究成果除了揭示许多重要的分子生物学机制之外,对人类认识病毒感染和致病的分子本质,诊断、预防和治疗病毒引起的疾病提供了理论基础,促进了基因工程疫苗和抗病毒药物的研制和发展(见电子教程科学史话 3-7　噬菌体和病毒基因结构的研究)。

病毒核酸的大小仅为细菌基因组的 0.1%～10%,因此,病毒所携带的信息量及可编码的蛋白质比细菌少得多。但它们都含有病毒复制、转录等所需要的基因或开放阅读框。

病毒基因组的结构具有以下特点:

1) 虽然不同病毒的基因组大小差异很大,但与细菌相比,病毒的基因组很小,只能编码少数蛋白质。此外,病毒基因组通常有基因重叠,即同一个 DNA 序列可以为 2 种或 2 种以上的蛋白质编码。

2) 病毒基因组可以由 DNA 或 RNA 组成,但一种病毒不会既含有 DNA,又含有 RNA。核酸的结构可以是单链或双链、闭合环状或线状分子。

3) 病毒基因组的大部分序列用来编码蛋白质,基因之间的间隔序列非常短。因此,非编码区只占基因组的很小部分,如 ΦX174 的非编码区只占约 4%。

4) 在病毒基因组中,功能上相关的基因一般集中成簇,在特定部位构成一个功能单元或转录单元。转录产物一般为多顺反子 mRNA,之后加工成各个蛋白质的 mRNA,或者先翻译成一个长肽链,再切割成不同的蛋白质。

5) 噬菌体的基因是连续的,但多数真核细胞的病毒都含有不连续基因。除正链 RNA 病毒外,真核细胞病毒的基因一般先转录成 mRNA 的前体,再经剪接才能成为成熟的 mRNA。所以,真核细胞病毒基因的特性更像真核生物基因。

一些常见病毒的基因组结构见电子教程知识扩展 3-8。

3.3.3　原核生物的基因组

原核生物没有明显的细胞核形态,其遗传物质为 DNA 与蛋白质结合形成类核(nucleoid),基因组大小在 10^6 bp 以上。在双链 DNA 的两条链上都有基因的编码序列。除类核构成的主基因组外,原核生物还有许多独立的 DNA 小分子,称作质粒。例如,布氏疏螺旋体的线性染色体长 910 kb,至少含 853 个基因,此外还有 17 个线形或环形的质粒,共长 53 kb,含 430 个基因,这些基因中有些对宿主细胞是必要的,也属于基因组的成分。

原核生物一般以细菌作为代表，这类生物能自我繁殖，具有复杂的细胞结构和代谢过程，因此细菌基因组比病毒大得多，也复杂得多。

3.3.3.1　细菌基因组的一般特点

细菌是典型的原核生物，其染色质基因组的主要特征有：

1）基因组通常仅有一个环形或线形双链 DNA，与蛋白质结合形成类核。

2）有操纵子结构，即数个相关的结构基因（其表达产物一般参与同一个生化过程）串联在一起，受同一调控区调节，合成多顺反子 mRNA。

3）非编码 DNA 所占比例很少，编码蛋白质的结构基因为单拷贝的，但 rRNA 基因一般是多拷贝的。

4）基因组 DNA 只有一个复制起始点，具有多种调控区，如复制起始区、复制终止区、转录启动子、转录终止区等特殊序列，还有少量重复序列，比病毒基因组复杂。

5）具有与真核生物基因组类似的可移动 DNA 序列。

3.3.3.2　细菌的染色体基因组

细菌的类核约占细胞体积的 1/3，其中央由骨架蛋白和 RNA 组成，外围是双链闭环的 DNA 超螺旋。DNA 与细胞膜相连，连接点数目随生长周期而变化。细胞分裂时无纺锤丝形成，DNA 随着生长的细胞膜分配到两个子细胞。

从大肠杆菌中已经分离到几种类似于真核细胞染色体蛋白质的 DNA 结合蛋白，被称为类组蛋白（histonelike protein）。含量最多的 HU 蛋白二聚体，是一种能使 DNA 密集凝缩的 DNA 结合蛋白，可将 DNA 绕成串珠状结构。在大肠杆菌中，HU 蛋白还参与 λ 噬菌体的整合、切割等特异性重组反应。另一种二聚体蛋白质是宿主整合因子（IHF），其复合物能使有活性的 DNA 序列定位在细胞内的特异位点。H1 蛋白是一种中性的单体蛋白质，能与 DNA 序列非共价结合，但更倾向于结合到弯曲的 DNA 链上，参与 DNA 的拓扑异构化和各种基因表达的调控。研究发现，缺失以上某种蛋白质时，并未对大肠杆菌的核样结构造成严重影响，除非所有这些蛋白质都缺失才会干扰核样结构，或许它们的专一性不太强，不同蛋白质间可以互相替代。

E. coli 的 DNA 可形成大的双链环状结构，每个环平均 40 kb，形成超螺旋结构，底部固定在蛋白质上，形成独立的结构域，整个基因组 DNA 有 100 个左右这种小的结构域。由于每个小结构域相对独立，不同小结构域内的启动子对基因表达的调控有不同的敏感性（见电子教程知识扩展 3-9　*E. coli* 遗传物质的电镜图和模式图）。

E. coli 染色质的 DNA 分子约含 4.2×10^6 bp，M_r 为 2.67×10^9，有 3000～4000 个基因。为蛋白质编码的基因多为单拷贝，功能相关的基因多集中排列组成操纵子。*E. coli* 基因组大约有 600 个操纵子，每个操纵子含有 2～5 个基因，并有一种或几种特定调控蛋白（regulatory protein）控制基因的表达。

E. coli 的 rRNA 基因以 16S rRNA、23S rRNA、5S rRNA 的顺序串联在一起，共形成 7 个拷贝，存在于基因组 DNA 的不同部位。多个重复基因能够增加基因剂量，以适应大量装配核糖体的需要。在 7 个 rRNA 操纵子中，有 6 个位于 DNA 复制起始点附近。位于复制起始点附近的基因表达量，几乎是复制终点处相同基因表达量的 2 倍。rRNA 操纵子中还含有某些 tRNA 的基因，各个操纵子先被转录成为 30S rRNA 前体，之后通过剪切，除去内部的一些间隔序列。

在细菌染色质上也有重叠基因，如 *E. coli* 的 *trp* 操纵子由 5 个结构基因（*trp* E-D-C-B-A）

组成，其中 *trp* E 和 *trp* D 之间，*trpB* 和 *trp* A 之间有部分重叠。

细菌基因组中与复制和转录有关的酶和蛋白质的基因，分散排列在整个染色体的不同区域中，具有多种调控区，如复制起始区、复制终止区、转录启动区、终止区等。调控区具有特殊的序列，如反向重复序列等。

3.3.3.3 细菌的自主遗传物质质粒

质粒是细菌染色质外的可以自主复制的 DNA 分子，大多数为环状超螺旋双链 DNA。但在一些链霉菌属和个别的黏球菌属中，发现有线性质粒和单链 DNA 存在。质粒的大小差别较大，从几百 bp 到几十万 bp。细胞中质粒 DNA 分子具有稳定的拷贝数，正常生理条件下，其拷贝数在世代之间保持不变。

质粒离开宿主就无法生存，只有依赖宿主细胞的酶和蛋白质帮助，才能完成自身的复制和转录。不过，质粒能够友好地借居在宿主细胞中，对宿主的代谢活动无不良影响，更不影响宿主细胞的生存。有些质粒还可赋予宿主各种有利的表型，使宿主获得生存优势，如不少质粒有抗生素抗性基因。

质粒能够自主复制，其复制不受染色体复制调节因素的影响。复制调控系统由质粒上的复制起点(ori)、质粒的 *rep* 基因和 *cop* 基因组成。Rep 蛋白质启动质粒的复制，*cop* 基因本身或其表达产物可抑制复制，从而控制质粒的拷贝数。利用相同复制系统的质粒不能共存于同一个细胞内，这种现象称质粒的不相容性。在自然条件下，在些质粒可以通过细菌接合作用在细菌间传递。基因工程中常用的质粒载体经过改造，缺乏转移所需的 *mob* 基因，不能通过接合作用在细胞间传递，但可采用人工方法转化到细菌中。

通过氯化铯密度梯度离心，可以从宿主细胞总 DNA 中分离质粒 DNA。将含有 EB 的氯化铯溶液加到大肠杆菌裂解液中，染色体 DNA 和质粒 DNA 因为具有不同的密度，在密度梯度离心时形成不同的平衡条带，从而达到分离目的。

20 世纪 90 年代以来，一些研究团队研究“能够维持生命的最小基因组”，取得一些有趣的结果(见电子教程知识扩展 3-10　最小基因组的研究)。

3.4 真核生物的基因组

3.4.1 真核生物基因组的特点

真核生物的细胞结构和功能远比原核生物复杂，其基因组也比原核生物复杂得多。

(1) 基因组大　低等真核生物的基因组为 $10^7 \sim 10^8$ bp，比原核细胞大 10 倍以上。高等真核生物可以达到 $5\times10^8 \sim 5\times10^{10}$ bp，有些植物和两栖类可达到 10^{11} bp。哺乳动物基因组大于 2×10^9 bp，编码约 3 万个基因。

(2) 有染色体结构　细胞核 DNA 与组蛋白及多种非组蛋白稳定结合，形成复杂的染色质结构。真核细胞一般有多条呈线状的染色体，每条染色体 DNA 有多个复制起点。

(3) 重复序列和可移动序列多　真核细胞基因组 DNA 有大量重复序列，这些重复序列的单位长度从数 bp 至几千 bp 不等，重复次数从几次到几百万次不等。高度重复序列通常不转录，为 rRNA 和 tRNA 编码的基因属于中度重复序列。为少数蛋白质编码的基因为中度重复序列，但大部分为蛋白质编码的基因是单拷贝序列，转录产物为单顺反子 mRNA。此外，与原核生物相比，真核生物基因组中的可移动 DNA 序列比例较高。

(4) 多数基因为断裂基因 真核生物的绝大多数结构基因都含有内含子，属于断裂基因。

(5) 基因表达的调控复杂 真核细胞被核膜分隔成细胞核和细胞质，在基因表达中，转录和翻译在时间和空间上被分隔，基因表达的各个阶段均有特定的调控机制。真核生物功能上密切相关的基因通常分散存在于染色体的不同位置，甚至不同的染色体上。有数目众多的调控因子，调控功能密切相关而又分离很远的基因表达。

由于上节已介绍断裂基因，本节主要介绍真核基因组的重复序列和细胞器基因组的结构。

3.4.2 真核生物基因组的重复序列

3.4.2.1 DNA 序列的复性动力学与序列重复频度

根据 DNA 的复性动力学方程，$C_0t_{1/2}$ 与 DNA 序列复杂度有关。序列越复杂，$C_0t_{1/2}$ 值越高，复性速度越慢。在一定长度的 DNA 中特定序列的拷贝数越少，$C_0t_{1/2}$ 值越高。基因组 DNA 复性反应的 $C_0t_{1/2}$ 值能反映基因组不同序列的长度，即 DNA 序列的复杂度（用 bp 表示）。

用已知复杂度的标准 DNA 的 $C_0t_{1/2}$ 做标准，通过比例关系可以计算任何 DNA 的复杂度。一般以 *E. coli* 的 $C_0t_{1/2}$ 为标准，因为它的复杂度与它的基因组 DNA 长度 4.2×10^6 bp 相同，按以下公式可计算待测 DNA 样品的复杂度：

$$\frac{\text{任何 DNA 的 } C_0t_{1/2}}{E.\,coli \text{ 的 } C_0t_{1/2}}=\frac{\text{任何 DNA 的复杂度}}{4.2\times10^6\ \text{bp}}$$

哺乳动物重复序列比例的估算见电子教程知识扩展 3-11。

3.4.2.2 高度重复序列

高度重复序列（highly repetitive sequence）的重复频率达 10^6 次以上，存在于大多数高等真核生物基因组中。在人类基因组中，高度重复序列占 20%左右。若将基因组 DNA 裂解为约 10^4 bp 的片段，进行氯化铯密度梯度离心，原核生物的 DNA 只出现一个区带，经光学仪器扫描，形成一个带峰，表明 DNA 的碱基分布比较均匀。而真核生物 DNA 除了一个主要的 DNA 主峰外，在旁侧还有小峰，被形象地称作**卫星 DNA**（satellite DNA）。已知 DNA 的 G-C 含量越高，浮力密度越大。若卫星 DNA 序列的 A-T 含量较高，则在超速离心时的浮力密度小于主带 DNA。例如，小鼠卫星 DNA 的 A-T 含量较高，其浮力密度为 1.690g/cm^3，而主峰的密度为 1.701 g/cm^3，相当于 G-C 含量平均为 42%。但有些高度重复序列的碱基组成与主带 DNA 相似，在氯化铯密度梯度离心时，不能形成小峰，被称作**隐秘的卫星 DNA**（cryptic satellite DNA）。

卫星 DNA 是由数百万个拷贝非常短的序列重复多次形成的，因此，也可被称作**简单重复序列**（simple repeat sequence，SRS）。卫星 DNA 通常串联成很长的一簇，因此，也可被称作**串联重复序列**（tandem repetitive sequence，TRS）。果蝇有 3 种由 7 bp 重复单位构成的卫星 DNA 和 1 种由 7 bp 重复单位构成的隐秘的卫星 DNA。卫星 DNA I 总长度达 1.1×10^7 bp，占基因组的 25%，卫星 DNA Ⅱ和 III 是由卫星 DNA Ⅰ通过单碱基置换形成的，二者的总长度均为 3.6×10^6 bp，占基因组的 8%。隐秘的卫星 DNA 与 3 种卫星 DNA 的碱基组成差别较大，在基因组中所占的比例不高。小鼠的卫星 DNA 重复单位的长度为 234 bp，仔细的序列比对分析发现，这个较长的重复单位可能是 9 bp 的序列通过多次的重复和突变形成的（见电子教程知识扩展 3-12 小鼠卫星 DNA 重复单位的形成）。

原位分子杂交实验发现，卫星 DNA 集中在异染色质区，特别是在着丝粒和端粒附近，通常不转录(见电子教程知识扩展 3-13　卫星 DNA 的原位分子杂交图示)。

卫星 DNA 可能与染色体折叠压缩和配对分离有关,因此,又被称为结构 DNA。在科研工作中,卫星 DNA 能用于 DNA 指纹图谱分析和生物个体的遗传多态性分析。

3.4.2.3　中度重复序列

中度重复序列(moderately repetitive sequence)在基因组内重复数十次至数十万次,平均长度 6×10^5 bp,重复程度和长度相差很大。中度重复序列中有编码序列,如 rRNA 基因、tRNA基因和组蛋白基因等,其大量重复的拷贝有利于大量合成这些基因的表达产物,以满足细胞的需要。中度重复序列中也有不少非编码序列,如 Alu 家族、*Kpn* Ⅰ序列和可移动 DNA 成分等。推测大部分非编码的中度重复序列与基因表达的调控有关,它们可能是一些与 DNA 复制、转录起始和终止有关的酶及蛋白质因子的识别位点。

大多数中度重复序列与其他序列间隔排列,称作**分散重复序列**(dispersed repetitive sequence)。少数中度重复序列成串排列在一定的区域,称作**串联重复序列**(TRS)。

(1) 分散重复序列　分散重复序列分为两类,**短分散元件**(short interspersed elements, SINEs)的典型代表是 Alu 序列,其长度约 300 bp。如图 3-9 所示,Alu 序列由两个 130 bp 的串联重复顺序组成,其中一个重复顺序有 30 bp 的插入序列,此插入序列来自 7S L RNA,在 170 bp 处有一个 *Alu* Ⅰ的酶切位点(AGCT/TCGA),因此而得名。Alu 序列可由 RNA 聚合酶Ⅲ转录,属于逆转座子(见第 6 章),在人类基因组中有约 100 万个拷贝,分散存在于基因组内。同种生物的 Alu 序列有 80%的保守性,不同物种间的保守性为 50%~60%。

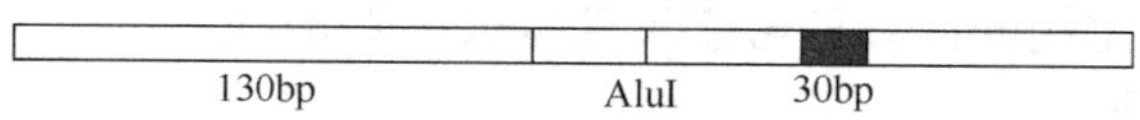

图 3-9　Alu 序列的结构

另一个短分散元件的例子是 *Kpn* Ⅰ家族,其 DNA 序列能被限制酶 *Kpn* Ⅰ酶切。人类和灵长类动物的 DNA 被 *Kpn* Ⅰ酶切后,可分离到 1.2 kb、1.5 kb、1.8 kb 和 1.9 kb 的片段,这些属于 *Kpn* Ⅰ家族的序列占人类基因组的 3%~8%。

长分散元件(long interspersed elements, LINEs)的典型代表是 L1 家族,其长度为 6500 bp 左右,在基因组中有约 6 万个拷贝,可由 RNA 聚合酶Ⅱ转录,也属于逆转座子。分散重复序列的生物学功能不详,但在基因组学研究中,可以作为分子标记,用于染色体作图。

(2) 串联重复序列　串联重复序列包括小卫星 DNA 和微卫星 DNA,编码组蛋白、per-rRNA、5S rRNA 及各种 tRNA 家族的基因,着丝粒序列和端粒序列(卫星 DNA)为高度重复序列,也属于串联重复序列。

小卫星 DNA(minisatellite DNA)一般由 15 bp 左右的串联重复序列组成,多数位于邻近染色体末端的区域,也有一些分散存在于基因组的多个位置上。拷贝数为 10~1000,通常为 5~50,一般没有转录活性。由于小卫星序列的拷贝数在群体内个体差异很大,因此也被称作**可变数串联重复序列**(variable number tandem repeat, VNTR)。小卫星 DNA 的拷贝数多态性以孟德尔方式遗传,因此,可用于 DNA 的指纹图谱分析、亲子鉴定、基因定位和遗传病的诊断分析。如图 3-10 所示,用小卫星 DNA 进行亲子判断时,用内切酶切割或 PCR 获取亲代和子代的小卫星 DNA,经电泳分离后,进行图谱分析,若子代的图谱中有 50%的条带与某个嫌疑亲本相同,即可确定其亲子关系。

微卫星 DNA(microsatellite DNA)的重复单位只有 2~5 bp,如$(CA)_n$、$(GT)_n$、$(GAA)_n$

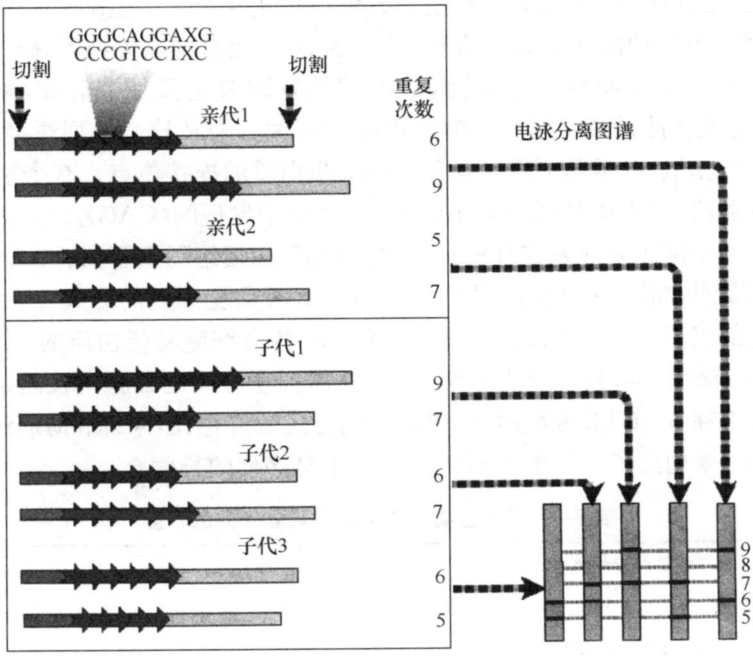

图 3-10　小卫星 DNA 用于亲子鉴定的图解

等，大多数重复单位是二核苷酸，也有少量三核苷酸或四核苷酸的重复单位。由于重复单位比小卫星序列更短，因而称为微卫星序列，也可被称作**简单序列重复**(Simple Sequence Repeat，SSR)或短串联重复(hort tandem repeats，STR)。在人类基因组中至少存在 3.5×10^4 个微卫星位点，均匀分布于常染色质内，呈共显性遗传。SSR 在生物个体之间具有高度的多态性，是基因组作图的一类重要分子标记。欲确定未知的 SSR 标记，先要构建基因文库，之后用 SSR 的探针进行杂交，筛选阳性克隆，并测序确认。SSR 的侧翼序列十分保守，以其设计引物进行 PCR 扩增，结合原位杂交等技术，能够确定其在染色体上的位置。

SSR 也广泛用于比较基因组学和亲子鉴定等工作，其主要优势如下。①多数 SSR 无功能作用，因而重复次数在品种间和个体间具有广泛差异，比限制性内切酶片段长度多态性(restriction fragment length polymorphism，RFLP)及随机扩增多态性 DNA(random amplified polymorphic DNA，RAPD)分子标记更具有多态性。②由于 SSR 位点的等位基因数相当多，因而杂合程度高，多态性信息含量(PIC)大，在区分亲缘关系极近的个体(群体)时，效率比 PFLP 高(同时做多个位点)。③SSR 序列较短，易进行 PCR 扩增，故样品用量少。另外，即使降解的 DNA 也有可能包含足够用来扩增的 SSR 位点，使那些保存差的样品也可能成为有价值的研究材料。④SSR 所在区域在不同生物的基因组中比较保守，某一物种的 SSR 引物可在相关密切的物种中使用，在比较基因组研究中使用方便。⑤SSR 呈孟德尔共显性遗传，可以区别纯合显性个体和杂合显性个体，可为遗传研究提供更多的信息。

锚定的简单序列重复(inter-simple sequence repeat，ISSR)多态性的基本原理是：在 SSR 序列引物的 3′端或 5′端加上 2～4 个随机核苷酸，在 PCR 反应中，锚定引物可与特定位点退火，用 PCR 扩增得到的产物，通过 PAGE 进行分离，有多个条带可供比较分析。

ISSR 的引物可以在不同的物种间通用，不像 SSR 标记一样具有较强的物种特异性。ISSR获得的信息量几倍于 RAPD，几乎可与 RFLP 相媲美，检测很方便，是使用广泛的分子标记，常用于品种鉴定、遗传作图、基因定位、遗传多样性、进化及分子生态学研究等领域。

SSR 在基因组中的功能尚不完全清楚，已发现 SSR 能参与遗传物质高级结构的改变，促进染色体凝集。SSR 有自身特异结合蛋白，可调控基因表达及细胞分化，如 $(CA/GT)_n$ 和 $(GATA)_n$ 可能与致育性、性别分化、X 染色体失活有关。SSR 核心序列高度保守，与希氏大肠杆菌的 Chi 序列相似，提示其可能是与重组相关蛋白质的连接位点。有个别 SSR 能直接编码蛋白质的部分肽段，如人类基因库 DNA 序列外显子中发现的 $(CAG)_n$。

有编码功能的中度重复序列在真核细胞中比较多，包括编码组蛋白、per-rRNA、5S rRNA 及各种 tRNA 家族的基因，它们在基因组中分别以串联重复排列的方式存在。例如，在真核细胞中 5 种主要的组蛋白 H1、H2A、H2B、H3 和 H4 各占细胞总蛋白质的 1%～5%，组蛋白 mRNA 半衰期只有数分钟，只有形成多拷贝的基因簇，才可满足细胞生长的需要。脊椎动物的组蛋白基因集中在 5～6 kb 区域内，以串联排列方式重复存在，果蝇和海胆组蛋白基因簇的结构见图 3-2，表 3-3 列出了部分生物 rRNA 基因重复序列的长度。

表 3-3　不同生物 rRNA 基因重复序列的长度

物种	重复单位长度/kb	非转录间隔区长度/kb	转录单位长度/kb
面包酵母	8.95	17.5	7.20
黑腹果蝇	11.5～14.2	3.75～6.45	7.75
非洲爪蟾	10.5～13.5	2.30～5.30	7.88
小鼠	44.0	30.00	13.40

rRNA 基因簇在人类基因组中位于第 13、14、15、21 和 22 对染色体的核仁区。每个核仁有 50 个 rRNA 基因的重复单位。1 个 rRNA 基因簇有多个转录单元（图 3-1）。人类 5S rRNA 基因全部位于第 1 对染色体上，约有 10^4 个拷贝。非洲爪蟾约有 300 个由 $tRNA^{Met}$、$tRNA^{Tyr}$ 及其他 tRNA 基因组成的长 3.18 kb 的串联重复单位，为 50～60 种 tRNA 编码，每种平均重复 20～30 次。

3.4.2.4　低度重复序列

低度重复序列（slightly repetitive sequence）常常是一些编码蛋白质的基因，一般包含数个至 20 个左右的成员，其氨基酸序列具有很高的同源性，典型的例子有珠蛋白基因和细胞骨架蛋白基因等，在不少低度重复序列中存在假基因。

人类 α-珠蛋白基因簇在 16 号染色体上，由 3 个基因串联组成，总长 24 kb。β-珠蛋白基因簇在 11 号染色体上，由 5 个基因构成。珠蛋白基因在同种生物中同源性很高，基因结构相似，蛋白质的三维结构相近。

细胞骨架蛋白由不同的蛋白质家族组成，在几乎所有细胞中都以不同的数目存在。在脊椎动物中，这些蛋白质包括肌动蛋白、微管蛋白、微丝蛋白等。微管蛋白由 α 链和 β 链组成二聚体，两条链的序列相似，微管蛋白的数目随着生物进化而增加。脊椎动物有 α 微管蛋白和 β 微管蛋白各 10～15 种，比较不同生物的 β 微管蛋白，发现其长度相似（440～460 个氨基酸），序列同源。物种之间的亲缘关系越远，基因的差别越大。

3.4.2.5　单拷贝序列

利用 RNA 做探针进行 RNA-DNA 杂交，只有不到 10% 的 RNA 可与 DNA 的中度重复序列结合，大约 80% 的 mRNA 与非重复的 DNA 组分结合，说明大多数结构基因位于非重复序列，即**单拷贝序列**（single copy sequence）中。

基因组中的基因在某一时空条件下并不同时都表达。除了脑细胞之外，在一个细胞中只有约 1×10^4 种不同的蛋白质，其中的 80% 是维持生命所必需的基本蛋白质，即**持家蛋白质**(housekeeping protein)。人体至少有 250 种不同的细胞，每种细胞一般表达 300～400 种自身特有的蛋白质，这些蛋白质的基因基本上都是单拷贝的。

不同生物中非重复序列占基因组的比例差别很大。原核生物不存在重复序列，低等真核生物的重复序列不超过 20%，且基本是中度重复。在动物细胞中，基因组 DNA 的接近一半是中度或高度重复序列。而在植物和两栖动物中，中度和高度重复序列高达 80%。在一些多倍体植物中没有非重复序列，复性最慢的组分也有 2～3 个拷贝。而在螃蟹基因组中，没有中等重复序列，只有高度重复和非重复序列（见电子教程知识扩展 3-14　一些物种基因组重复序列的百分比）。

在人类基因组中，转座子约占 45%，其中长分散元件约 21%，短分散元件约 13%，逆转录病毒样序列约 8%。混杂的重复序列约 25%，其中大片段重复约 5%，SSR 约 3%，编码 RNA 或难以鉴定的序列约 17%。为蛋白质编码的序列约 30%，但其中内含子约占 28.5%，外显子只占约 1.5%（见电子教程知识扩展 3-15　人类基因组序列类型的图示）。

真核生物基因组中各种序列的排列如图 3-11 所示。

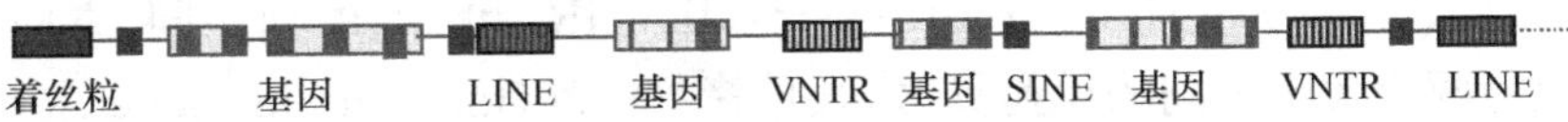

图 3-11　真核生物基因组中各种序列排列的示意图

3.4.3　线粒体基因组的结构

线粒体是半自主性的细胞器，每个线粒体都有多个自身的 DNA 分子，称**线粒体 DNA**(mitochondrial DNA，mtDNA)。例如，蛙卵细胞含 10^7 个线粒体，每个线粒体有 5～10 个 DNA 分子，mtDNA 达到细胞总 DNA 的 99%。大鼠的肝细胞线粒体有 5～10 个 DNA 分子，每个细胞有 1000 个线粒体，mtDNA 只占整个细胞 DNA 含量的 1%。所有的 mtDNA 都是闭合双链环状分子，与细菌质粒 DNA 的结构相似。不同种属的生物，mtDNA 大小不同，动物 mtDNA 较小，酵母的 mtDNA 较大，植物 mtDNA 的大小差异很大，一般不小于 100 kb（见电子教程知识扩展 3-16　人类线粒体和酵母线粒体基因组的结构）。

mtDNA 包含多种基因或基因簇，主要有 rRNA 基因、tRNA 基因、ATPase 基因和细胞色素氧化酶基因等。mtDNA 只能编码部分所需的蛋白质，许多重要的多亚基蛋白质复合物，由核基因组与线粒体基因组各自编码部分亚基。例如，酵母线粒体中的 ATP 酶是由 F_0 和 F_1 组成的复合体，跨膜因子 F_0 的 3 个亚基由 mtDNA 编码，而可溶性 F_1 ATP 酶的 5 个亚基由核基因组编码。

mtDNA 编码 13 种呼吸链中的蛋白质亚基，其中有复合体Ⅰ的 7 个亚基，复合体Ⅲ的 1 个亚基，复合体Ⅳ的 3 个亚基，复合体Ⅴ的 2 个亚基(ATPase6 和 ATPase8)。但 mtDNA 自身编码的蛋白质只占呼吸链组分的一小部分，大部分呼吸链组分仍是由核基因编码，在细胞质内合成后运输到线粒体内的。

人类 mtDNA 中的一条链密度较大，被称为 H 链，另一条链被称作 L 链。大多数基因以 H 链为模板顺时针方向转录，少数基因以 L 链为模板逆时针方向转录。在细胞中，只能找到少量的长链初级转录产物。说明在转录完成之前，大部分的转录产物已经被切割加工了。

虽然 mtDNA 是存在于细胞核染色体之外的基因组，也没有与组蛋白组装成染色质结构。但由于其具有自我复制、转录和翻译的功能，使线粒体具有遗传的半自主性。

mtDNA 的突变率比核 DNA 高 5～10 倍。可能的原因是：①mtDNA 缺少组蛋白的保护；②线粒体内 DNA 修复机制很少；③线粒体内进行着大量的生物氧化过程，所产生的自由基对其 DNA 有损伤作用。mtDNA 的变异有点突变和缺失，核 DNA 缺陷可引发 mtDNA 的缺失或数量减少，这些变异都能以细胞质遗传的方式传递到子代。mtDNA 的变化随着年龄增加而增加，从而能导致老年退化性疾病，如多种神经性病变和肌肉疾病等。

已知生物的遗传密码是通用的，但 mtDNA 编码蛋白质的遗传密码与核 DNA 的遗传密码并不完全相同(见第 9 章)。

3.4.4 叶绿体基因组的结构

叶绿体也属于半自主性的细胞器，其基因组比较大，通常为 140 kb，在低等真核生物中则高达 200 kb。**叶绿体 DNA**(chloroplast DNA，ctDNA)也是双链环状分子，不含 5-甲基胞嘧啶，也不与组蛋白结合。在 CsCl 密度梯度离心中的浮力密度为 1.697 g/ml，相当于约 37%的 G-C 含量，低于植物的核 DNA。因此，可以用 CsCl 密度梯度离心法分离 ctDNA。大多数植物 ctDNA 有两个反向重复序列(inverted repeats，IR)：IR_A和 IR_B序列相同，方向相反。IR 将 ctDNA 分隔成为两个大小不同的单拷贝区，长单拷贝序列(long single sequence，LSC)78.5～100 kb，短单拷贝序列(short single sequence，SSC)12～76 kb。不同植物 ctDNA 中的 rRNA 基因(4.5S、5S、16S 和 23S)都位于 IR 区内，IR 区还含有部分 tRNA 的基因(图 3-12，见电子教程知识扩展 3-17　叶绿体基因组的结构)。

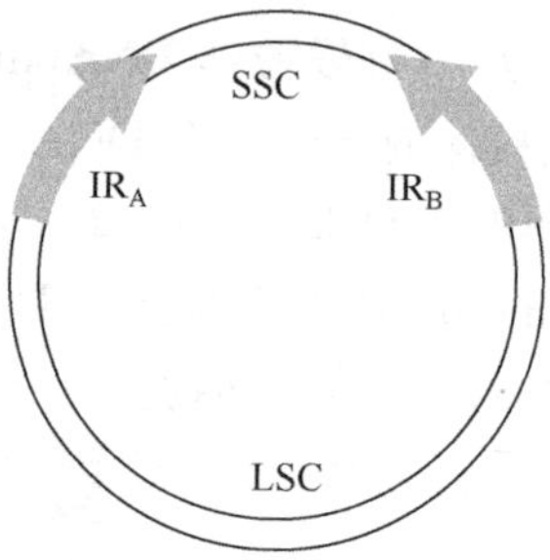

图 3-12　叶绿体基因组的结构

叶绿体 rRNA 和 tRNA 由 ctDNA 编码，其种类与线粒体类似，但比细胞质中存在的种类少。ctDNA 编码的约 50 种蛋白质通过自身的合成体系转录和翻译，包括 RNA 聚合酶和一些核糖体蛋白质。

烟草的叶绿体基因组有 4 种 rRNA 基因，30 种 tRNA 基因，49 种蛋白质基因，另有 38 种含 70 个密码子以上的开放阅读框，共可编码 120 多条 RNA 或多肽链。因为在反向重复序列中有 24 个基因或开放阅读框是双拷贝的，故烟草 ctDNA 所含有的基因或开放阅读框总数为 150 多个。

根据 ctDNA 中 rRNA 基因的数目，可将其分为 3 种类型：少数植物为Ⅰ型，只含单拷贝的 rRNA 基因；大多数高等植物的 ctDNA 为Ⅱ型，含两个拷贝的 rRNA 基因；Ⅲ型含 3 个拷贝的 rRNA 基因，仅见于裸藻。

大多数 ctDNA 的蛋白质产物是类囊体膜的组分，或者是与氧化还原反应有关的酶类。与线粒体复合物一样，有些蛋白质复合物的一部分亚基由 ctDNA 编码，而另一部分亚基由核基因组编码。例如，1,5-二磷酸核酮糖羧化酶-加氧酶(Rubisco)是地球上已知存在量最多的蛋白质，占类囊体可溶性蛋白质的大约 80%，叶片可溶性蛋白质的大约 50%。Rubisco 由 8 个大亚基(LSU)和 8 个小亚基(SSU)组成，酶的活性中心位于大亚基，小亚基的主要功能是调节酶的活性。研究发现，大亚基由 ctDNA 编码，小亚基由核基因编码。在已鉴定的叶绿体基因中，有 45 个基因的产物为 RNA，27 个基因的产物是与基因表达有关的蛋白质，18 个基因编码类囊体膜的蛋白质，还有 10 个基因的产物与光合作用的电子传递功能有关。

叶绿体蛋白质的双向电泳结果显示，叶绿体中有 220 多种蛋白质，其中，在基质中有 150 多种，其余的存在于类囊体及其他部位。烟草叶绿体基因组最多只能编码 80 多种蛋白质，因此，半数以上的叶绿体蛋白质由核基因组编码，在细胞质中合成后，运输到叶绿体中。

3.5　结构基因组学

1986 年美国科学家 Roderick 提出**基因组学**(genomics)的概念，将其定义为对某物种进行基因组作图(包括遗传图谱、物理图谱、转录图谱)，核苷酸序列分析，基因定位和基因功能分析的一门学科。基因组学包括两方面的内容，以全基因组测序为目标的**结构基因组学**(structural genomics)和以基因功能研究为目标的**功能基因组学**(functional genomics)。结构基因组学是基因组分析的早期阶段，以建立高分辨率遗传图谱、物理图谱和大规模测序为目标。功能基因组学的目标是利用结构基因组学提供的信息，系统地研究基因功能，是基因组学的高级阶段，以高通量、大规模的实验方法及统计与计算机分析为特征。随着人类基因组作图和基因组测序工作的完成，研究的重心正在从结构基因组学向功能基因组学转移。

虽然新一代测序方法有可能将较小的基因组随机切割成小片段，进行直接的序列测定，经过拼接得到基因组的全序列，但结构基因组学研究的主要途径是在基因组作图的基础上，进行序列测定和基因定位。

如图 3-13 所示，基因组测序的主要步骤为：①对 DNA 进行切割，插入酵母人工染色体或细菌人工染色体进行克隆(即将重组载体导入受体细胞扩增，基本方法见本书第 6 章)，绘制染色体的低分辨率物理图谱，构成重叠群；②鉴定重叠群，用各种分子标记制作其插入片段的高分辨率物理图谱；③将特定重叠群中的 DNA 大片段随机切割成适合于测序的小片段，分别测定其 DNA 序列；④用片段重叠法拼接小片段，绘制 DNA 的序列图谱；⑤对基因进行鉴定，建立数据库，开发相应的软件。

由 Watson 和 Collins 先后领导的人类基因组计划是按照上述的主要步骤进行的，由 Venter 领导的商业机构则省去了制作高分辨率物理图谱的步骤。

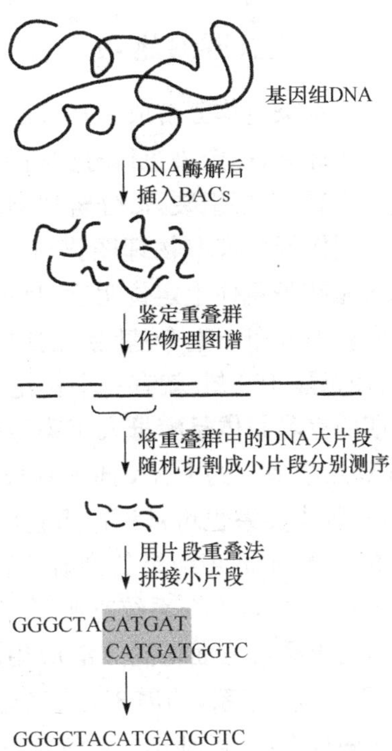

图 3-13　基因组测序的主要步骤

3.5.1　遗传图谱和物理图谱

对于序列测定而言，高等生物的染色体是巨大的研究对象，如人类基因组最大的 1 号染色体有 263 Mb，最小的 21 号染色体也有 50 Mb。因此结构基因组学研究的第一阶段，要将染色体分解为容易操作的较小片段，为此需要染色体作图(mapping)为片段之间的拼接提供标记。根据使用的标记和研究方法的不同，染色体作图可以分为遗传作图和物理作图。

遗传作图(genetic mapping)是通过测定重组率，确定用重组率表示的基因之间的相对位置，因此，遗传图又称连锁图(linkage map)。遗传作图以遗传多态性为路标，以遗传学距离为图距。遗传多态性的含义是，在一个遗传位点，在群体中出现频率高于 1%的遗传标记。遗传学距离指在减数分裂中，两个位点之间进行交换和重组的百分率，1%的重组率为 1 cM(centi Morgan)。

遗传作图需要找到合适的遗传标记，通过杂交实验和家谱分析确定遗传标记之间的距离。这种方法对微生物和一些繁殖较快的动物(如果蝇)是有效的，但标记之间的距离较大，一般来说，1 cM 大约 100 万 bp，对序列测定来说，还需要在遗传作图的基础上，制作精细的物理图谱。对人类来讲，进行遗传作图主要通过家谱分析，难度很大，因而染色体作图的主要方法是制作物理图谱。

物理图谱(physical map)是利用各种分子标记确定片段间的排列顺序，以千碱基(kb)或兆碱基(Mb)表示分子标记之间物理的距离。用基因组中分布较多的分子标记，可以做出精细的物理图谱。

物理图谱反映的是 DNA 序列上两点之间的实际距离，而遗传图谱则反映这两点之间的连锁关系。在 DNA 交换频繁的区域，两个物理位置相距很近的位点可能具有较大的遗传距离，而两个物理位置相距很远的位点，则可能因该部位很少发生交换，而具有很近的遗传距离。

3.5.2 重叠群的建立

在将染色体分解成大片段之后，需要制作低分辨率物理图谱。只有这样，才能根据物理图谱上的标记，确定染色体分解得到的各个片段之间的连接次序。换句话说，染色体被分解并完成测序后，需要组装，低分辨率物理图谱可以为组装提供标记。

制作低分辨率物理图谱，广泛使用**序列标签位点**(sequence tagged site，STS)。所谓的 STS 是在染色体上定位明确，且可用 PCR 扩增的单拷贝序列。以人类基因组物理图谱为例，首先获得分布于整个基因组的约 30 000 个 STS，利用 STS 制备探针与目标 DNA 进行原位杂交，使每隔 100 kb 就有一个标记。然后，在此基础上构建覆盖每条染色体的大片段克隆群。早期的克隆载体是酵母人工染色体(yeast artificial chromosome，YAC)，YAC 可以容纳几百 kb 到几个 Mb 的 DNA 插入片段，不需要很多的克隆，就可形成覆盖整条染色体的连续克隆系，这种克隆系也可被称作**重叠群**(contig)。但 YAC 系统中的外源 DNA 片段容易发生丢失或嵌合，影响最终结果的准确性。1990 年代发展起来的细菌人工染色体(bacterial artificial chromosome，BAC)系统克服了 YAC 系统的缺陷，具有稳定性高，易于操作的优点，在建立基因组的重叠群方面得到广泛应用。BAC 的插入片段达 80～300 kb，构建覆盖人类基因组的 BAC 连续克隆系，约需 3×10^5 个独立克隆(15 倍覆盖率，BAC 插入片段平均长 150 kb)。除了上述两种系统，可利用的系统还有 P1 噬菌体(bacteriophage P1)，其插入片段最大 125 kb，和 Pl 来源的人工染色体(P1-derived artificial chromosome，PAC)，其插入片段可达 300 kb。STSs 有时是从 cDNA 克隆中获得的，被称为**表达序列标签位点**(expressed sequence-tagged sites，ESTs)。

对重叠群的各个克隆片段进行组装的基本原理如图 3-14 所示，可以看出，这里使用的是片段重叠法，与蛋白质序列测定中组装肽段，或核酸测序中随机片段的组装是相似的。比如 A 克隆中有 2 号、11 号和 12 号 STS，其 2 号 STS 与 C 克隆重叠，说明 C 克隆应组装到 A 克隆之前。A 克隆的 12 号 STS 与 D 克隆重叠，说明 D 克隆应组装到 A 克隆之后。需要说明的是，这里给出的只是一个示意图，实际工作中的克隆数和 STS 更多，组装会更复杂，好在计算机可以帮助我们完成类似的工作。

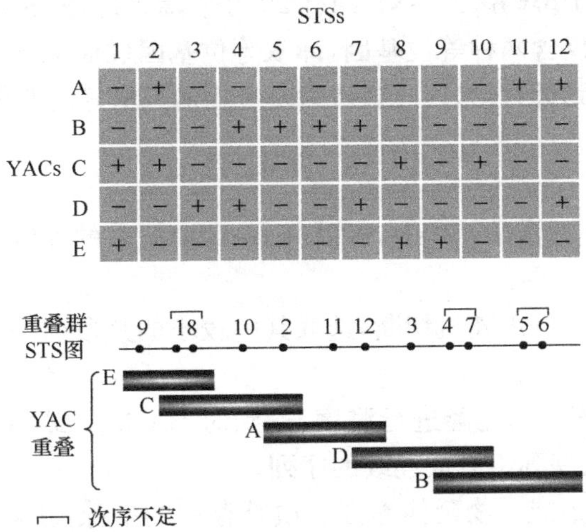

图 3-14　重叠群的建立

3.5.3　高分辨率物理图谱的制作

重叠群克隆中的大片段通常要进行亚克隆，分解成更小的片段，才被用来通过随机切割进行测序。由于亚克隆中的片段也需要组装，需要采用多种不同的分子标记，制作大片段的高分辨率物理图谱。

(1) 限制性片段长度多态性标记　**限制性片段长度多态性**(restriction fragment length polymorphism，RFLP)是第一代分子标记，由于限制性内切核酸酶可特异性切割 DNA 链，DNA 的点突变可能影响酶切位点。酶切后 DNA 片段的长度，可用凝胶电泳分析。RFLP 可用于基因突变分析、基因定位和遗传病基因的早期检测等方面。其优点是：①在多种生物的各类 DNA 中普遍存在；②能稳定遗传，且杂合子呈共显性遗传；③只要有探针就可检测不同物种同源 DNA 的 RFLP。其缺点是需要大量高纯度的 DNA 样品，实验难度较大。

用限制性内切核酸酶切位点制作 DNA 的物理图谱，需要配合使用多种限制性内切核酸酶(*见电子教程知识扩展 3-18　用限制性内切核酸酶切位点制作 DNA 物理图谱的原理*)。

(2) DNA 重复序列的多态性标记　包括人类在内的高等生物基因组中的重复序列多态性主要有小卫星 DNA 多态性或可变数串联重复(VNTR)的多态性，以及微卫星 DNA(SSR)的多态性。

VNTR 多态性指基因组 DNA 中数十到数百 nt 片段的重复，重复的次数在生物中有高度变异，是一种遗传信息量较大的分子标记，可以用 Southern 杂交或 PCR 法检测。

SSR 多态性在基因组中出现的频率高，且在染色体 DNA 中分散存在，其数量可达 5 万～10 万，是常用的遗传标记，第二代 DNA 分子标记主要指 SSR。

(3) 单核苷酸多态性标记　**单核苷酸多态性标记**(single nucleotide polymorphism，SNP)是 Lander 于 1996 年提出的，被称为第三代 DNA 分子标记。这种分子标记是单个碱基的置换，与第一代的 RFLP 及第二代的 SSR 相比，SNP 的分布密集，在人类基因组中约为 1 SNP/1 kb DNA，在大豆基因组中 3～5 SNP/1 kb。人类基因组中有约 300 万个 SNP，这可能达到了人类基因组多态性位点数目的极限。编码区的 DNA 一般 1 SNP/2 kb，非编码区的 DNA 一般 1 SNP/500 bp。存在于编码区的 SNP 约有 20 万个，称为编码 SNP(coding SNP，cSNP)。

每个 SNP 位点通常仅含两种等位基因，即双等位基因(biallelic)，其变异不如 STR 多，但数目比 STR 高出数十倍到近百倍，因此被认为是应用前景最好的遗传标记。

3.5.4 序列测定

在制作高分别率物理图谱的基础上，可以对 BAC 中插入的片段逐个进行测序，其基本步骤是：

1) 将 BAC 中的待测 DNA 随机切断，选取其中较小的片段(1.6～2 kb)克隆到测序载体中，构建随机测序文库。

2) 挑选随机测序文库中的克隆进行测序，达到对 BAC 中 DNA8～10 倍的覆盖率，将测序所得的相互重叠的随机序列组装成连续的序列。

3) 利用步移(walking)或引物延伸等方法填补存在的空隙，获得高质量的、连续的、真实的完整序列。对一个 BAC 克隆而言，其内部所有空隙被填补后的序列称完成序列。而对一段染色体区域或一条染色体而言，序列的完成是指覆盖该区域的 BAC 连续克隆系之间的空隙被全部填补。依照美国国立卫生研究院(NIH)和能源部联合制定的标准，最终的完成序列需要同时满足以下 3 个条件：①序列的差错率低于 1/10 000；②序列必须是连贯的，不存在任何缺口(gap)；③测序所采用的克隆必须能够真实的代表基因组结构。

全基因组的“鸟枪法”测序策略，是指在获得一定的遗传图谱和物理图谱信息的基础上，绕过制作精细物理图的过程，直接将基因组 DNA 分解成小片段，进行随机测序。以一定数量的 10 kb 克隆和 BAC 克隆的末端测序结果为辅助，进行序列拼接，直接得到待测基因组的完整序列。这一策略起初受到质疑，未被主流的公共领域采纳。1995 年由 Venter 领导的私营研究所 TIGR(The Institute of Genomic Research)用这种方法成功测定了嗜血流感杆菌(*H. influenzae*)的全基因组序列，随后用该方法对 20 多种微生物的基因组进行测序。1998 年 TIGR 和 PE 公司联合组建了 Celera 公司，宣布计划采用全基因组的“鸟枪法”测序策略，在 2003 年底前测定人类的全部基因组序列。接着 Celera 公司与加州大学伯克利分校的果蝇计划(BDGD)合作，仅用了 4 个月的时间，就用全基因组“鸟枪法”测序策略完成了果蝇基因组 120 Mb 的全序列测定和组装，证明这一技术路线是可行性的。在人类基因组计划中，“鸟枪法”测序发挥了重要作用。随着新一代大规模快速测序方法的进步，这一技术路线在结构基因组学研究中可能得到更广泛的应用。

人类基因组中为肽链编码的序列(即基因)仅占总序列的约 1.5%，对这一部分序列进行测定，对基因的发现有重要意义。由 mRNA 逆转录得到的 cDNA，代表在细胞中被表达的基因。其中与重要疾病相关的基因或具有重要生理功能的基因具有潜在的应用价值，因而 cDNA测序受到制药界和研究机构的青睐，纷纷投入巨资进行研究，并抢占专利。早期的 cDNA测序重点是 EST 测序，EST 是表达基因的短 cDNA 序列，携带完整基因某些片段的信息，是寻找新基因，了解基因在基因组中定位的标签。根据 EST 测序的结果，可以获得基因在研究条件下的表达特征。比较不同条件下，如正常组织和肿瘤组织的 EST，可以获得丰富的生物学信息，如基因表达与肿瘤发生和发展的关系。其次，利用 EST 可以对基因进行染色体定位。

EST 测序有明显的局限性。由于构建文库时多利用 mRNA 的 3′-polyA，大多数 EST 分布在基因的 3′端，数据库中代表基因 5′上游信息的 EST 只占很小的比例。其次，EST 的长度为 300～500 bp，仅从 EST 中很难获得基因结构的全部信息。因此，cDNA 研究的热点已由 EST 转向全长 cDNA。为了获得全长 cDNA，除了利用 cDNA 末端快速扩增法（rapid amplication of cDNA ends，RACE）得到 cDNA 末端（主要是 5′端）的序列以外，另一个关键是构建高质量的全长 cDNA 文库。常用的方法是利用 mRNA 的 5′端帽子结构合成 cDNA，提高全长 cDNA 的比例，分离合成产物的大片段部分构建文库。对于表达丰度很低的基因，可采用校正 cDNA 文库加以识别。此外，根据基因组 DNA 序列分析基因结构，以指导全长 cDNA 的克隆，也有望加快全长 cDNA 研究的进程。

人类基因组计划除了完成人类基因组的作图和测序，还对一批重要模式生物的基因组进行了研究。1997 年大肠杆菌的全基因组序列测定工作完成，随后，相继测定了面包酵母、线虫和果蝇的全基因组序列。低等模式生物的基因组结构相对较简单，对其进行全基因组测序，可以为人类基因组的研究提供技术路线。这些研究还有助于在基因组水平上认识进化规律，通过对不同生物体中同源基因的研究，以及利用模式生物的转基因和基因敲除术（gene knockout）等方法研究基因的功能。随着遗传图谱和物理图谱的进一步完善，测序技术的进一步改进及测序成本的降低，对其他多种生物体基因组的测序工作将会不断发展。

在世界各国科学家的努力下，人类基因组测序工作顺利开展。2001 年 2 月，国际人类基因组计划和美国的 Celera 公司分别在 *Nature* 和 *Science* 公布了人类基因组序列工作草图，完成全基因组 DNA 序列 95％的序列测定。2003 年 4 月 14 日，国际人类基因组测序共同负责人 Collins 博士宣布，人类基因组序列图绘制成功，全基因组测序完成 99％。

近年来，在新一代高通量测序技术的推动下，结构基因组学的发展突飞猛进，很多物种的基因组测序已经完成，推动了比较基因组学和功能基因组学的快速发展。

3.5.5 基因定位

基因定位的一个基本方法是重组分析，若某致病基因和某个分子标记如 SSR 位点的重组率超过 5％，说明二者不连锁，若重组率接近于零，说明该基因位于标记位点符近。

基因定位的另一个基本方法，是根据蛋白质结构的氨基酸序列，设计特异性的探针，通过分子杂交，筛选 cDNA 文库，这种方法称作功能克隆。

近年来对基因定位的常用方法是在测序的基础上，用生物信息学的方法确定开放阅读框，再用分子杂交等方法验证。还可用 SCOP 数据库和 Prosite 数据库，依据氨基酸序列预测蛋白质的类别及其可能的空间结构和功能。

3.6 功能基因组学

3.6.1 功能基因组学的概念

功能基因组学（functional genomics）又称后基因组学（post genomics），是利用结构基因组学所提供的信息，发展和应用新的实验手段，在基因组水平上对基因功能的全面研究。即从对单一基因或蛋白质的研究，转向对多个基因或蛋白质同时进行系统的研究。研究内容包括基因表达分析及突变检测，基因表达产物的生物学功能，特异蛋白质的修饰（如磷酸化），细胞间和细胞内的信号传递途径，细胞的形态建成等。功能基因组学以全面研究某物种所有基因的功能为目标，并结合基因功能解决医学和农学中的基础和应用问题。

基因的功能直接或间接与基因转录有关,因此,狭义的功能基因组学是研究细胞、组织或器官在特定条件下的基因表达。广义地讲,功能基因组学是定量分析不同时空表达的 mRNA 谱、蛋白质谱和代谢产物谱,所有对基因组功能的高通量研究,都可归于功能基因组学的范畴。功能基因组学除了转录组学和蛋白质组学外,还包括在此基础上产生的不同分支,如药物基因组学、比较基因组学、进化基因组学等,即以-omics 为后缀的新学科。

功能基因组学需要解决的问题包括:基因何时表达,其表达产物定位于何处,该基因的表达过程及表达产物与哪些基因有相互影响,该基因如出现突变将会导致什么后果等。

基因多态性研究也是功能基因组研究的内容之一,它虽然属于结构基因组学的范畴,但其重点是研究基因多态性与表型的关系,与功能基因组学密不可分,因此是功能基因组研究中必不可少的内容。功能基因组学在一定意义上可看作比较基因组学、蛋白质组学和生物信息学的综合。

关于基因功能的研究,传统的方法是从生物体的表型出发,通过遗传学实验,来确定决定该表型的基因。这样的研究一般实验周期长,只能用于研究部分表型明确、遗传学实验容易设计的基因。

随着基因重组技术的发展,科学工作者可以将某一基因导入细胞或生物体,观察这一基因引起的表型变化,来确定基因的功能。还可以用基因敲除或 RNA 干扰来分析缺失某基因或其表达产物,所引起的表型变化,由此来确定基因的功能。这种由基因到表型的研究方法称**反向生物学**(antibiology)。反向生物学可用于多种基因功能的确定,实验周期短,是确定基因功能的常用方法。特别是近些年 RNA 干扰技术的发展,大大促进了反向生物学的发展。

在核酸层面上研究基因功能,采用的经典方法是差异显示,包括 cDNA 差异分析及 mRNA差异显示等,这些技术很难对基因进行全面系统的分析。新技术主要为生物芯片,可进行基因表达的系统分析。鉴定基因功能一个有效的方法,是观察基因表达被阻断或增加后在细胞和整体水平所产生的表型变异,为此需要建立模式生物体。

比较基因组学(comparative genomics)是在基因组作图和测序基础上,对基因组进行比较,来了解基因的功能、表达机制和物种进化的学科。利用模式生物基因组与人类基因组之间编码序列结构上的同源性,可以克隆人类疾病基因,揭示基因功能和疾病的分子机制。比较基因组学对于阐明物种之间的进化关系,分析某些蛋白质的生物学功能也有重要意义。例如,大多数的重要生物功能由相当数量的直系同源蛋白(在不同物种承担相同功能的蛋白质)承担,同线性(synteny)连锁的同源基因在不同的基因组中有相同的连锁关系等规律,可以为功能基因组学的研究工作提供很好的线索(见电子教程知识扩展 3-19　比较基因组学常用的研究路径)。

功能基因组学的研究涉及众多的新技术,包括生物信息学技术、生物芯片技术、转基因和基因敲除技术、酵母双杂交技术、基因表达谱系分析、蛋白质组学技术和高通量细胞筛选技术等。虽然是复杂的系统工程,但已取得不少成就,并有很好的发展前景(见电子教程知识扩展 3-20　基因组学的发展前景)。

3.6.2　蛋白质组学

结构基因组学的发展,已经为我们提供了多种生物体的基因组序列信息,同时,利用基因测序也发现了许多新基因,但对这些基因的功能所知尚少。即使一些已被深入研究的模式生物,如大肠杆菌和酵母菌,仍然有约一半基因的功能不清楚。

虽然蛋白质是由 mRNA 翻译生成的，但实验证明，组织中 mRNA 丰度与蛋白质丰度的相关性并不好，低丰度蛋白质的相关性更差。蛋白质复杂的翻译后修饰、亚细胞定位或迁移、蛋白质-蛋白质相互作用等都无法从 mRNA 水平来研究。蛋白质本身的存在形式和活动规律，必须从对蛋白质的直接研究来解决。为了研究基因组中每一个基因的功能，有必要发展一些在基因水平上和蛋白质水平上大规模、高通量研究基因功能的实验技术。作为功能基因组学的一个重要分支，蛋白质组学应运而生。

虽然在 20 世纪 80 年代初，人类基因组计划提出之前，就有人提出过类似蛋白质组的计划，旨在分析细胞内所有的蛋白质，但直到 90 年代初，在各种技术已比较成熟的背景下，才提出蛋白质组这一概念。**蛋白质组**(proteome)是由澳大利亚学者 Wilkins 和 Williams 于 1994 首先提出的，指一个物种、一个细胞或组织所表达的全部蛋白质成分。蛋白质组与基因组相对应，但是，一个生物体只有一个确定的基因组，为组成该机体的所有细胞共有。而蛋白质组则是一个动态的概念，在同一个机体的不同组织和细胞中，以及不同发育阶段、不同生理条件或疾病状态下都是不同的。正是这种复杂的表达模式，构成了生命活动的复杂性和多样性，也正是这种复杂的生命现象，给我们带来了无穷挑战和契机。

蛋白质组学(proteomics)是研究蛋白质组的学科，是对蛋白质性质和功能的大规模研究，通过对蛋白质的表达水平、翻译后修饰及与其他分子相互作用的研究，来明确蛋白质在细胞中的各种功能。这一学科需要对不同时间和空间发挥功能的蛋白质群体进行研究，探索蛋白质的作用模式、功能机制、调节控制以及蛋白质群体内的相互作用，为临床诊断、病理研究、药物开发、新陈代谢途径的研究等提供理论基础。

蛋白质组学的研究内容包括鉴定蛋白质，研究蛋白质的表达状况、一级结构、空间结构及修饰形式、功能，以及与其他生物大分子相互作用的方式等。它不同于传统的蛋白质学科，是在生物体或其细胞的整体蛋白质水平上进行的，从一个机体或一个细胞的整体活动来研究蛋白质的功能。

蛋白质组学可以大致分为结构蛋白质组学和功能蛋白质组学，前者主要分析确定蛋白质的种类和数量，研究蛋白质的氨基酸序列，以及解析蛋白质的三维结构，后者则主要研究蛋白质的功能和相互作用。

由于蛋白质的可变性和多样性等特殊性质，蛋白质组学的研究十分困难。现在，蛋白质组学研究通常局限于某一个特定的生理条件。功能蛋白质组的另一个含义是指在特定时间、特定环境和实验条件下基因组活跃表达的蛋白质，只是总蛋白质组的一部分。换句话说，功能蛋白质组学是对与某个功能有关的，或某种生存条件下的一群蛋白质的研究。

蛋白质组学研究主要包括两个方面：①蛋白质分离和鉴定，主要方法是双向聚丙烯酰胺凝胶电泳(two-dimensional polyacrylamide gel electrophoresis，2-D PAGE)，②蛋白质的序列分析，主要方法是质谱(MS)分析。蛋白质组学研究基本的技术路线是：样品制备→双向聚丙烯酰胺凝胶电泳→蛋白质的染色→凝胶图像分析→蛋白质序列分析→蛋白质组数据库。其中三大关键是：双向凝胶电泳技术、质谱技术和计算机图像数据处理及建立蛋白质数据库的技术。

虽然蛋白质组学较传统的蛋白质研究方法有很多根本性的进步，但它也有一定的局限性。例如，用 2-D PAGE 进行蛋白质组学分析时，有可能检测不出低丰度蛋白质和跨膜蛋白质，而这些蛋白质有许多重要的生物学作用。蛋白质组学主要适用于大批量的研究和生物标记物(biomark)的搜寻，以获取细胞、组织或器官整体表达的数据。简言之，蛋白质组学是高通量的分析，是对传统方法的补充。通常我们把蛋白质组学分析视为一个扫描工具，用以产生一系列

"候选者",再以传统的方法进行更深入的结构和功能分析。

虽然如此,由于蛋白质组学研究有重要的理论意义和应用价值,还可以推进生命科学研究方法学的进步,世界各国对这一领域的工作均十分重视。

3.6.2.1 蛋白质的分离和鉴定

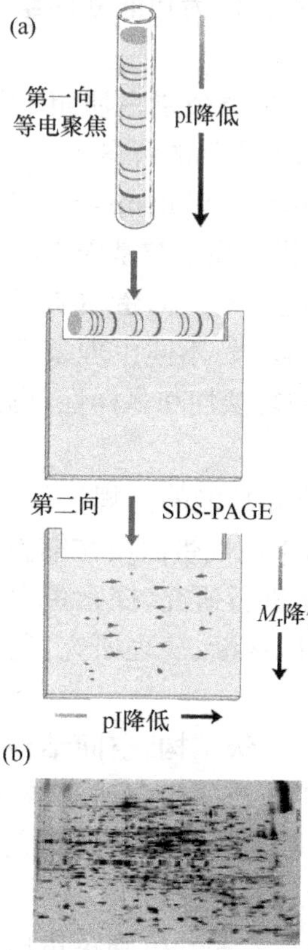

图 3-15 蛋白质的双向电泳

迄今为止,2-D PAGE 是高通量分离蛋白质的主要方法。这项技术起源于 20 世纪 70 年代,其要点是先对蛋白质样品进行一次聚丙烯酰胺等电聚焦,按照净电荷量的差别对蛋白质进行第一次分离。然后再沿着与等电聚焦电泳条带垂直的方向,进行 SDS-PAGE,按照分子大小的差别对蛋白质进第二次分离。通过合适的染色方法,在平面聚丙烯酰胺凝胶上形成一个二维的蛋白质斑点图谱。一般来说,双向电泳可以在一块凝胶上分辨出 2000 个蛋白质,很熟练的技术人员甚至能分辨出 11 000 个蛋白质。图 3-15a 为蛋白质双向电泳原理的示意图,图 3-15b 为一个实验结果的照片。

通过对比不同组织(如正常组织和病理组织)蛋白质提取物的双向电泳图谱,找出有差异的斑点,进行蛋白质结构的研究,是蛋白质组学的常用方法。不过,按这一技术路线,欲得到清晰的双向电泳图谱,需要反复摸索条件,技术难度较大。从双向电泳图谱中选择和获取目标蛋白质,也是难度较大的工作。近年提出用色谱和凝胶电泳组合来代替双向电泳,可以在一定程度上降低技术难度,但分别率有待进一步提高。

3.6.2.2 蛋白质的序列分析

从双向电泳图谱中选择的目标蛋白斑点可以从凝胶中切割出来,用蛋白质水解酶消化成多个多肽片段,用质谱仪进行序列分析。常用两种方法:基质辅助激光解析离子化飞行质谱(matrix-assisted laser desorption inoization time of flight mass spectrometry,MALDI-TOF MS)可获得多肽片段质量的信息,电喷雾离子化串联质谱(electrospray ionization-tandem mass spectrometry,ESI-tandem MS)可获得多肽片段氨基酸序列的详细资料。虽然这两种方法的离子化方式不同,但其分析原理都是在磁场中运动的带电粒子,由于其质量与携带电荷的比值不同,以不同的速度和偏转角度穿过磁场,按一定的次序进入监测器,由此来判断粒子的质量和特性。用质谱法分析蛋白质的序列,灵敏度和分辨率高,只需要微量的样品即可完成。特别是 ESI-tandem MS 可以同时进行肽段的分离和序列分析,由于不需要分离肽段,分别用 Edman 法测序,再进行拼接,大大地提高了测序的效率,适合于对蛋白质序列进行高通量的研究(电子教程知识扩展 3-21 串联质谱法分析氨基酸序列的示意图)。

3.6.2.3 蛋白质功能的研究

研究蛋白质功能的一项重要技术是**蛋白质芯片**(protein microarray)技术,该技术具有高效、高通量、高灵敏度等优点。其要点是,在固相支持物表面高度密集排列探针蛋白质点阵,当待测蛋白质与其反应时,可特异性地捕获样品中的靶蛋白,然后通过检测系统对靶蛋白进行定性及定量分析。随着标记技术和检测技术的进步,及探针标记物的多样化,蛋白质芯片技术已日益广泛地应用于蛋白质组学的多个领域。

蛋白质抗体芯片是将能和不同抗原特异性结合的多种抗体高密度地固定在载体上，将待测样品加到芯片表面，经过洗脱去除非特异性结合的蛋白质，然后通过荧光或显色等直接或间接的方法，对特异性结合的抗原进行检测。抗体蛋白质芯片具有以下优点：①特异性高，这是由抗原抗体之间的特异性结合决定的；②高通量，在一次实验中可同时检测多种蛋白质，所需抗体量少，花费少，检测时间短；③敏感性高，可达到 ng/L 水平；④重复性好，不同实验间相同两点之间的变异小于 10 %。

研究细胞中的蛋白质-蛋白质相互作用，还有一个常用的方法是酵母双杂交系统（yeast two-hybrid system）。如图 3-16 所示，这一方法的要点是，将转录激活因子如酵母转录因子 GAL4 的 DNA 结合功能域（DNA binding domain，BD）的基因和作为“诱饵蛋白质”（bait）的已知蛋白质（图中的 X）的基因构建在同一个表达载体上，将转录激活结构域（activation domain，AD）和称为“猎物蛋白质”（prey）的待检蛋白质（图中的 Y）的基因构建于另一表达载体上。将两个质粒同时转入带有报告基因的酵母，如果“猎物蛋白质”能够与“诱饵蛋白质”结合，使 GAL4 的 AD 和 BD 相互靠近，就能够启动报告基因的表达，说明“猎物蛋白质”能够与“诱饵蛋白质”相互作用。

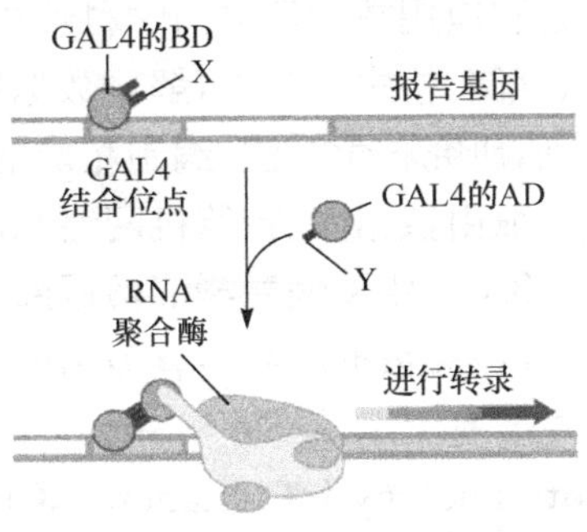

图 3-16　酵母双杂交系统的原理

酵母双杂交系统不仅可用于验证两个已知蛋白质间的相互作用，或找寻它们相互作用的结构域，还可以用来从 cDNA 文库中筛选与已知蛋白质相互作用的蛋白质基因。

研究蛋白质功能的另一项重要技术，是荧光蛋白融合技术，荧光蛋白是一类具有发光功能的蛋白质，以**绿色荧光蛋白**（green fluorescent protein，GFP）为代表，此外还有红色荧光蛋白和蓝色荧光蛋白等。GFP 是一类存在于水母、水螅和珊瑚等腔肠动物体内的发光蛋白质，由 238 个氨基酸残基组成，分子质量为 27 kDa，可以在紫外或蓝光的激发下发出绿色荧光。GFP 与外源基因偶联时，一般不影响外源蛋白质的结构和功能，并可在活细胞内长时间存在，其荧光强度与蛋白质含量成正相关。因此 GFP 与蛋白质偶联后，可以在活细胞或生物体内动态观察目标蛋白质的表达、分布和变化，并进而探讨其生物学功能。如果用两种或两种以上蛋白质的基因分别构建荧光定位载体，然后转染细胞，观察它们单独存在和共同存在时的表达分布，可确定这两种或多种蛋白质是否存在细胞共定位。荧光蛋白融合技术操作简便，便于动态观察，还可以用免疫荧光技术确定内源蛋白质的定位。日裔美籍科学家下村修（Osamu Shimomura）、美国科学家 Martin Chalfie 和华裔美籍科学家钱永健因研究绿色荧光蛋白和多色荧光蛋白标记技术荣获了 2008 年的诺贝尔化学奖（见电子教程科学史话 3-8　绿色荧光蛋白的发现和应用）。

免疫荧光技术（immunofluorescence）是根据抗原抗体反应的原理，先用荧光素标记已知的抗原或抗体，制成荧光标记物，再用这种荧光标记物作为分子探针，检查细胞或组织内的相应抗原（或抗体）。抗原抗体结合后，免疫复合物由于带有荧光标记，可以在荧光显微镜下进行观察。免疫荧光技术分为直接法、间接法和补体法。以不同的荧光素标记不同的蛋白质，可以同时观察两种或两种以上蛋白质的分布情况，包括它们的共同定位分布。

荧光技术与共聚焦显微镜的结合，能更加有效地实现细胞定位。共聚焦激光扫描显微镜的共聚焦系统，是利用点光源代替了传统光学显微镜的场光源，使探测点和照明点共轭，从而有效地抑制了同一聚焦平面上测量点的杂散荧光。同时可抑制来自样品非聚焦平面的荧光，由此可获得生物样品的高反差、高分辨率和高灵敏度的二维图像。共聚焦激光扫描显微镜还具备纵向分辨能力，可获得样品的系列光学切片及样品中不同深度、不同层面的信息。然后通过其三维重建和三维显示功能，显示样本的空间结构和蛋白质的空间定位。

3.6.3 生物信息学

生物信息学(bioinformatics)是随着基因组测序数据迅猛增加而逐渐兴起的新兴学科，是利用计算机对生命科学研究中所得的信息进行存储、检索和分析的学科，是生物科学、计算机科学和应用数学等多门学科形成的交叉学科。生物信息学通过对生物学实验数据的获取、加工、存储、检索与分析，解释数据所蕴含的生物学意义。主要是利用计算机存储核酸和蛋白质序列，研究科学算法，编制相应的软件对序列进行分析、比较和预测，从中发现规律。其研究平台一般由数据库、计算机网络和应用分析软件三大部分组成。

3.6.3.1 生物信息学的数据库

DNA 数据库主要有美国的 GenBank、欧洲的 EMBL 和日本的 DDBJ 等，蛋白质序列数据库主要有 PIR 和 SWISS-PORT 等。美国国立图书馆生物技术信息中心(National Center for Biotechnology Information, NCBI)的 Entrez 不但有序列数据，还有大量的文献信息。除了这些主要的大型数据库之外，还有相对较小的专门性数据库，如 GenProEc 为大肠杆菌基因和蛋白质数据库。这些信息各异的数据库，由 Internet 连接，构成了复杂的、规模巨大的生物信息资源网络，用户可以通过 Internet 获得数据库中的序列，并进行相关分析(见电子教程知识扩展 3-22　生物信息学常用数据库简介)。

数据库的建立使基因组学或蛋白质组学研究产生的大量数据均能得到迅速和有效的控制，计算机网络实现了数据库之间的联系和数据的全球化。应用分析软件能够对大规模已知的数据进行分析，如序列相似性分析、电泳成像及图谱分析等，还能够以已知数据为基础，对未知数据进行预测，如用 DNA 序列预测蛋白质序列，用蛋白质序列预测其结构和功能等。

生物信息学伴随着生命科学的发展而发展，其数据库建立和应用软件开发日益成熟，同时基因组学和蛋白质组学的研究也依赖于生物信息学。例如，实验获得 2-D PAGE 图后，可以进入 2-D PAGE 图库进行检索，也可以通过分析软件获取不同生理或病理条件下 2-D PAGE 图的改变，以及目标蛋白质斑点的参考 pI 和 M_r。如果要对某些蛋白质斑点进行进一步鉴定，需要从凝胶中分离相应斑点的蛋白质，切割后进行质谱分析。不论是“肽指纹图谱”还是“肽序列标签”，都必须进入相应数据库检索，才能获得其鉴定资料。如果需要进行更深入的功能研究，还可利用数据库和应用分析软件进行空间结构预测和功能预测。

基因组学研究的直接结果是获得大量的数据，对这些数据进行分析，确定基因的功能。分析蛋白质复杂的结构、繁杂的种类和多样的相互作用，是对生物信息学很大的挑战。

3.6.3.2 生物信息学的目标和任务

生物信息学的研究目标是破译隐藏在 DNA 序列中的遗传语言，揭示基因组信息结构的复杂性及基因表达的规律，认识生命活动的基本规律，以及生命的起源、进化、遗传和发育的本质，揭示生理和病理过程的分子基础，为医学和农业科学提供合理有效的方法和途径。

生物信息学的主要任务是：

(1) 获取各种生物的完整基因组序列　确定测序的目标、测序所用的载体、测序结果的标志、基因标注和注册等都依赖于生物信息学的软件和数据库。

(2) 发现新基因和新的 SNP 位点　发现新基因是当前国际上基因组学研究的热点，从基因组 DNA 序列中确定新基因编码区，已经形成许多分析方法，如分析编码区的序列特征，分析编码区与非编码区在碱基组成上的差异等。

SNP 在基因组中分布相当广泛，SNP 研究可用于疾病高危群体的发现、疾病相关基因的鉴定、药物的设计和测试，以及生物学的基础研究等。

(3) 获取蛋白质组学的信息　蛋白质组学研究的一个重要环节，是用生物信息学的方法，分析海量数据，分析蛋白之间的相互作用和细胞的信息传递通路，还原生命运转和整体调控系统的分子机制。

(4) 蛋白质结构预测　蛋白质的功能依赖于其空间结构，而且在执行功能的过程中，其空间结构会发生改变。研究蛋白质的空间结构，除了通过 X 射线衍射晶体结构分析、多维核磁共振波谱分析和电子显微镜二维晶体三维重构等物理方法获得蛋白质的空间结构外，还可以通过生物信息学预测蛋白质的空间结构。蛋白质的折叠类型与其氨基酸序列具有相关性，因此有可能直接从蛋白质的氨基酸序列，通过计算机辅助预测其空间结构。随着蛋白质结构数据库的日益丰富和分析软件的不断发展，有可能在不远的将来，能够用计算机精确地预测已知氨基酸序列的空间结构。

(5) 生物信息分析技术与方法的研究　为了适应生物信息学的飞速发展，其研究方法和手段必须得到提高。主要包括：①开发有效的能支持大尺度作图和测序需要的软件、数据库和数据库工具，以及电子网络等远程通讯工具；②改进现有的数据分析方法，如统计方法、模式识别方法、多序列比对方法等；③创建适用于生物信息分析的新方法、新技术，发展研究基因组完整信息结构和信息网络的方法，发展生物大分子空间结构模拟药物设计的新方法和新技术。

提要

基因是 DNA 或 RNA(病毒)分子中具有遗传效应的核苷酸序列，是遗传的基本功能单位。

真核生物基因组中来源相同、结构相似、功能相关的一组基因称基因家族，基因家族中的各成员紧密成簇排列而成的串联重复单位称基因簇。根据基因家族中各成员在结构和功能的相似程度，可将基因家族划分为简单的多基因家族、复杂的多基因家族和基因超家族，有些基因家族中的基因表达受发育阶段的调控，称受发育调控的复杂多基因家族。在基因家族中，有些成员的 DNA 序列与有功能的基因相似，但不能表达产生有功能的产物，被称作假基因。

真核生物的基因多数为断裂基因，由外显子和内含子组成，从 RNA 初级转录产物中去除内含子序列，才能形成成熟的 RNA，这个过程称 RNA 剪接。mRNA 初始转录产物通过选择性剪接，能产生多个结构和功能互不相同的蛋白质。同源基因的外显子之间有明显的相关性，但内含子序列几乎没有同源性。断裂基因有利于外显子之间重组，使一个基因有多个表达产物，有些内含子中包含着编码区、剪接信号或基因表达的调控序列，可见，断裂基因有重要的生物学意义。

基因组是生物体中一套完整单倍体遗传物质的总和。具体来说，基因组指原核生物染色体和质粒，真核生物的单倍染色体组和细胞器中所含有的一整套遗传物质，包括基因和基因之间的序列。

某物种单倍体基因组的全部 DNA 称作 C 值，生物体的结构和功能越复杂，其 C 值越大。

然而，一些亲缘关系很近的生物C值差别很大，这样的反常现象称C值悖理。

分子生物学的很多重大成果是以病毒作为研究材料而得到的。每种病毒只含有DNA或RNA一种核酸，因此分为DNA病毒和RNA病毒。在基因工程中，一些噬菌体和病毒可以作为载体使用。

原核生物的基因组通常仅由一条环形或线形双链DNA形成“类核”。原核生物功能相关的数个结构基因串联在一起，形成一个转录单元，受同一调节区调节，构成一个操纵子。质粒是细菌染色体外可以自主复制的DNA分子，大多数为共价闭合环状DNA，经过改造的质粒是基因工程中常用的载体。

真核生物基因组含有大量的内含子和重复序列。

高度重复序列(卫星DNA或简单重复序列)的重复频率达10^6次以上，在人类基因组中占20%左右，主要存在于着丝粒和端粒附近，通常不转录。

中度重复序列在基因组内重复数十次至数十万次，分散存在于基因组内。短分散元件的典型代表是Alu序列，长分散元件的典型代表是L1家族。分散重复序列的生物学功能不详，在基因组学研究中可以作为分子标记。串联重复序列包括小卫星DNA和微卫星DNA，以及编码组蛋白、per-rRNA、5S rRNA和各种tRNA家族的基因。小卫星序列还可被称作可变数串联重复序列(VNTR)，其拷贝数存在普遍的个体差异，长度多态性以孟德尔方式遗传。因此，VNTR可用于DNA的指纹图谱分析、亲子鉴定、基因定位和遗传病的诊断分析。微卫星DNA的重复单位只有2～5 bp，也可被称作简单序列重复(SSR)，分散存在于基因组中。微卫星序列在生物个体之间具有高度的变异和多态性，SSR和ISSR是一类重要的分子标记。有编码功能的中度重复序列在真核细胞中比较多，以串联重复排列的方式存在。

低度重复序列在一个基因组中一般有2～10个拷贝，典型的例子有珠蛋白基因和细胞骨架蛋白基因等。

单拷贝序列种类繁多，多数持家基因和特异性表达基因是单拷贝序列。

线粒体基因组只能编码自身所需的部分表达产物，包括rRNA、tRNA、ATPase和呼吸链各复合物的部分亚基。许多重要的多亚基蛋白质，由核基因组与线粒体基因组各自编码部分亚基。线粒体DNA的突变率较高，其突变与衰老有关。

叶绿体基因组编码自身蛋白质合成所需的各种rRNA和tRNA，由叶绿体基因组编码的约50种蛋白质，大多数是类囊体膜组分，或者与氧化还原反应有关的酶类。叶绿体所含的大部分蛋白质是由核基因编码的，一些重要的多亚基蛋白质，由核基因组与叶绿体基因组各自编码部分亚基。

基因组学是对某物种进行基因组作图(包括遗传图谱、物理图谱、转录图谱)、核苷酸序列分析、基因定位和基因功能分析的科学，以全基因组测序为目标的分支为结构基因组学，以基因功能研究为目标的分支为功能基因组学。结构基因组学主要进行染色体作图、基因克隆、DNA测序、基因鉴定等工作。功能基因组学需要解决的问题包括基因何时表达，其表达产物定位于何处，该基因的表达过程及表达产物的相互影响，基因突变所导致的后果等。常用的技术包括基因表达谱系分析、生物芯片技术、转基因和基因敲除技术、蛋白质组学技术和生物信息学技术等。

思考题

1. 基因的概念是如何提出的，又是如何发展的？

2. 基因家族和基因簇的概念有何异同？举例说明简单多基因家族、复杂的多基因家族、受发育调控的复杂多基因家族及基因超家族的含义。
3. 什么是假基因？假基因是如何产生的？假基因没有表达活性的可能原因有哪一些？
4. 举例说明重叠基因的概念。
5. 什么是断裂基因？断裂基因是如何发现的？如何进化的？有何生物学意义？
6. 简要说明基因组的概念和C值悖理的含义。
7. 简要说明病毒基因组的结构特点。
8. 分别说明细菌染色体基因组和质粒的特点。
9. 简要说明原核生物基因组的特点。
10. 说明高度重复序列、卫星DNA、简单重复序列和串联重复序列的含义。
11. 说明短分散元件、长分散元件、小卫星DNA和微卫星DNA的含义和生物学意义。
12. 说明低度重复序列和单拷贝序列的生物学意义。
13. 概要说明线粒体基因组和叶绿体基因组的结构特点。
14. 什么是结构基因组学？结构基因组学的研究有哪些主要步骤？遗传图谱和物理图谱有何异同？
15. 概述基因组测序时建立重叠群的方法。
16. 制作高分辨率物理图谱常用哪些分子标记，各有何特点？
17. 概述功能基因组学和蛋白质组学的研究方法、发展现状及其发展前景。
18. 概要说明生物信息学的含义、发展现状和发展前景。

4 第四章 DNA 的生物合成

1953 年 Watson 和 Crick 在提出 DNA 双螺旋结构模型时，除考虑到碱基组成规律、X 射线衍射等实验数据外，一个重要因素，是作为遗传学家的 Watson 深知 DNA 的结构应当有利于其自我复制。而双链结构的碱基配对，使人很容易提出 DNA 复制机制的构想。在提出 DNA 双螺旋结构的那篇划时代的论文中，作者指出，"我们没有忽视从我们提出的特异性碱基配对可以立即提出遗传物质复制的一种可能机制"。几周以后，Watson 和 Crick 提出了 DNA 复制的半保留机制，并于 1958 年得到 Meselson 和 Stahl 的同位素实验证实。经过几十年的研究，DNA 复制的过程，参与复制过程的酶和蛋白质及其作用机制已基本清楚，但有关的一些细节和 DNA 复制的调控，有待进一步深入研究。

探索 DNA 复制的详细机制及其调控，显然是一项非常有吸引力的工作。这一领域的进展，对于我们深入理解遗传物质的传递模式，控制生物体的生长过程，控制肿瘤和艾滋病等严重疾病，均有重要意义。

4.1 DNA 复制的概况

DNA 复制(replication)指亲本 DNA 双螺旋解开，两条链分别作为模板，合成子代 DNA 分子的过程。不论是原核生物还是真核生物，在细胞增殖周期的一定阶段，DNA 将发生精确的复制。随即细胞分裂，以染色体为单位，将复制好的 DNA 分配到两个子细胞中。染色体外的遗传物质，如质粒和噬菌体，以及线粒体和叶绿体 DNA 也有基本相似的复制过程，但它们的复制受到染色体 DNA 复制的控制。

DNA 复制过程的研究一般采用三类系统：①ΦX174 DNA 或质粒 DNA 构成的体外系统，用以研究复制所必需的酶、蛋白质及其因子；②以 *E. coli* 为模式生物，研究原核生物的复制；③以酵母和动物病毒为模式生物，研究真核生物的 DNA 复制。由于真核生物的复杂性，有关真核生物 DNA 复制，仍有很多问题有待深入研究。

4.1.1 DNA 的半保留复制

Watson 和 Crick 在提出 DNA 双螺旋结构模型后不久，就提出了**半保留复制**(semiconservative replication)的设想，即 DNA 的两条链彼此分开各自作为模板，按碱基配对规则合成互补链。由此产生的子代 DNA 的一条链来自亲代，另一条链则是以这条亲代链为模板合成的新链。不过，母体 DNA 的两条链是如何解开的，在当时是一个难题。因为两条链的解开，需要母体 DNA 双链部分的旋转，或解开以后的一条单链绕另一条单链旋转，据估算，这种旋转的速度约为 100r/s。因此有人提出全保留复制的假设，即新合成的两条链构成新的子代分子,亲代分子则保留了原有的两条链,这种设想似乎可以避免解链过程中分子的旋转,一度也得到不少学者的认可。

直到1958年,Meselson和Stahl应用同位素标记法和CsCl密度梯度超速离心技术研究*E. coli*的DNA复制,才证实了半保留复制是正确的。这一实验首先用$^{15}NH_4Cl$作为唯一氮源培养*E. coli* 15代,使所有细菌DNA都带有^{15}N标记,然后将这些细菌转移到$^{14}NH_4Cl$培养基上培养,按不同时间取样,用SDS裂解细胞,用CsCl平衡密度梯度超速离心来分析裂解液中DNA的密度。在离心过程中,从离心管管底到管口形成密度从高到低的梯度分布。不同密度的DNA分子分布于CsCl密度同它相等的区域,用紫外光照射可检测到DNA分子所形成的吸收带位置。由于[^{15}N]DNA比[^{14}N]DNA的密度大,[^{15}N]DNA形成的区带靠近离心管底,[^{14}N]DNA形成的区带靠近离心管口。Meselson和Stahl发现在[^{15}N]培养基中的细菌,其DNA只形成一条[^{15}N]DNA的区带。移至[^{14}N]培养基经过一代后,所有DNA的密度都在[^{15}N]DNA和[^{14}N]DNA之间,说明合成的DNA一条链含有[^{15}N],而另一条链则含有[^{14}N]。实验证明,移至[^{14}N]培养基的第二代DNA一半为[^{15}N]和[^{14}N]的杂合分子,另一半则是两条链均为[^{14}N]的DNA分子。第三代以后,[^{14}N]DNA按照半保留复制的机制,成比例地增加(图4-1)。

此后,对细菌、动植物细胞及病毒进行的许多实验研究,都证明了DNA是以半保留方式复制的(见电子教程科学史话4-1　DNA半保留复制的实验证据,电子教程知识扩展4-1　原核生物和真核生物DNA半保留复制的实验证据)。

关于两条链解开时,分子需要旋转的问题,在发现多种与此有关的酶和蛋白质以后,也得到了很好的解决。

4.1.2　复制的起点和方向

基因组中由一个复制起点启动的复制单位称**复制子**(replicon),在每个细胞周期中,每个复制子只复制一次。原核细胞基因组、质粒、许多噬菌体、某些病毒的DNA及真核生物的细胞器DNA,一般由单个复制子构成。复制时,从一个固定的**起点**(origin)开始,双链DNA局部解开,分别作为模板进行复制,形成的结构很像叉子,被形象地称作**复制叉**(replication fork)。复制的方向大多是双向的,并形成含有两个复制叉的复制泡(replication bubble)或复制眼(replication eye)。少数是单向复制的,只形成一个复制叉。

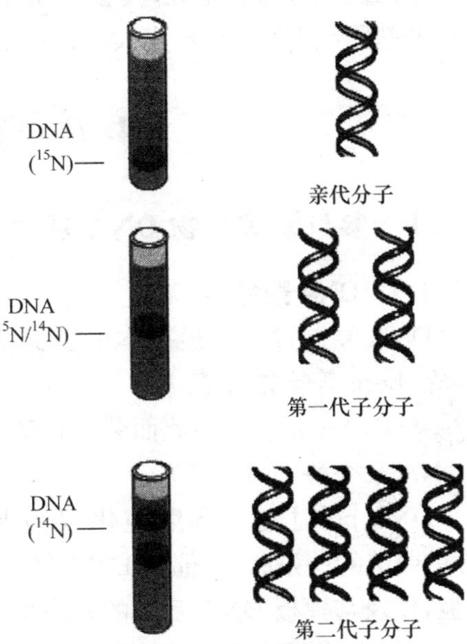

图4-1　DNA的半保留复制

为判断DNA复制是双向的还是单向的,Cairns于1963年用低放射性^3H对*E. coli*作脉冲标记后,再用高放射性^3H作短期标记,用溶菌酶去除细胞壁,分离*E. coli*的完整DNA,铺到透析膜上,在暗处将感光乳胶覆盖到经过干燥的透析膜上,避光放置数周后显影,然后观察DNA复制所形成的放射自显影图片,结果低放射活性区在复制泡的中间,而高放射活性区则在两端,这一结果说明*E. coli*染色体是朝两个方向复制的(图4-2)。

环形 DNA 复制时，DNA 会形成类似字母 θ 的形状，故称作 θ 型复制（见电子教程科学史话 4-2　环状 DNA 双向复制的实验证据）。

DNA 复制的起始点是 100～200 nt 的一段 DNA。原核生物的环状 DNA 只有一个复制起点，其复制叉移动的速度约为10^5 bp/min。*E. coli* 的 DNA 复制一次需 40 min，但在迅速生长的原核生物中，第一次复制尚未完成，第二次复制就在同一个始点上开始，从而，使原核生物可以用更快的速度繁殖（见电子教程知识扩展 4-2　原核生物复制周期重叠的图示）。

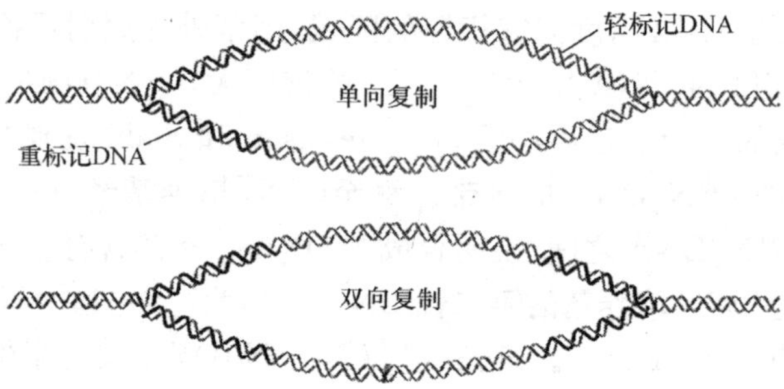

图 4-2　DNA 复制的方向

在真核生物染色体的不同位置上有多个复制起点，如在 30 000 nt 的果蝇染色体 DNA 上有 2000～3000 个复制起点。从这些起始点开始向相反方向复制，就形成多个复制泡，这一状况已用电子显微镜观察得到证实（见电子教程知识扩展 4-3　真核生物双向复制的放射自显影实验）。真核生物的复制叉移动较慢（5×10^2～5×10^3 bp/min），但由于同时起作用的复制叉数目很大，真核生物染色体 DNA 复制的总速度比原核生物更快。例如，果蝇胚胎的基因组 DNA 总长为大肠杆菌的 40 倍，却可在 3 min 内完成复制。

4.2　原核生物 DNA 的复制

4.2.1　参与原核生物 DNA 复制的酶和蛋白质

4.2.1.1　DNA 聚合酶

DNA 复制过程中最基本的酶促反应是 4 种 dNTP 的聚合反应。1956 年 Arthur Kornberg 等首先从 *E. coli* 中分离出催化该反应的 **DNA 聚合酶** Ⅰ（DNA polymerase Ⅰ，DNA pol Ⅰ），因此而荣获1959 年的诺贝尔生理学或医学奖（见电子教程科学史话 4-3　DNA 聚合酶 Ⅰ 的发现）。

DNA pol Ⅰ已被高度纯化（100 kg 大肠杆菌可以分离 0.5 g 纯化的酶），它是 M_r 为 10.9×10^5的一条肽链，催化 DNA 新链合成时，需要 4 种 dNTP 作为底物，还需 Mg^{2+}和 DNA 模板，以及与模板 DNA 互补的一小段 RNA 引物，酶的活性部位含有紧密结合的 Zn^{2+}。该酶催化新加入 dNTP 的 α-磷酸基与引物的 3′-OH 共价结合，并从新加入的 dNTP 分子上释放焦磷酸，因此合成的方向是从 5′端到 3′端。聚合反应所产生的焦磷酸随即被细胞中的焦磷酸酶分解产生无机磷酸，推动聚合反应的完成（图 4-3）。值得注意的是，无论是 DNA pol Ⅰ，还是后来发现的其他 DNA 聚合酶，都不能从头合成多聚脱氧核苷酸链，DNA 复制时，新链的合成均需要先合成一小段 **RNA 引物**（RNA primer），才能在此引物上添加 dNTP（见电子教程知识扩展 4-4　RNA 引物的发现与检测）。

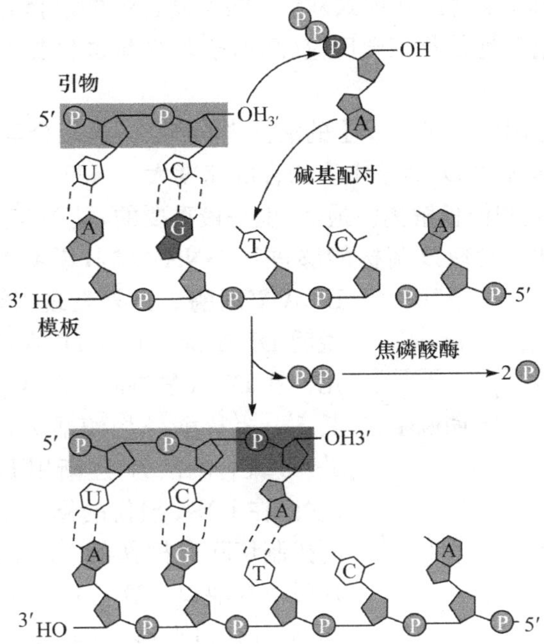

图 4-3　DNA 聚合酶催化的反应

脱氧核苷酸单位逐个加到引物的 3′端，是按照模板链的碱基顺序，遵循碱基配对的原则进行的。因此形成的产物是与模板链碱基顺序互补的 DNA 链。进一步的研究表明，DNA pol Ⅰ不但可催化 DNA 链的延长，也能催化 DNA 链的水解，它具有 3′→5′核酸外切酶活性，可切除错配的核苷酸，即具有**校对功能**(proofreading function)。也有 5′→3′核酸外切酶活性，可用于切除 RNA 引物。

用枯草杆菌蛋白酶对 DNA pol Ⅰ进行有限的水解，得到两个片段，小片段是由氨基酸残基 1～323 形成的，M_r 为 3.4 × 10^5，含 5′→3′核酸外切酶活性。大片段是由氨基酸残基 324～928 形成的，M_r 为 7.6 × 10^5，按发现者的名字被称作 **Klenow 片段**(Klenow fragment)，含 DNA 聚合酶和 3′→5′核酸外切酶活性。1987 年 Steitz 对 Klenow 片段进行 X 射线衍射分析，发现其空间结构像一个手掌，由其氨基酸残基 324～517 组成的一个小结构域，含 3′→ 5′核酸外切酶活性，由氨基酸残基 521～928 组成拇指(thumb)结构域和掌心(palm)结构域，这两个结构域之间由 β 片层结构连接。拇指和掌心之间形成一个长的裂缝，含有线状排列的带正电荷氨基酸残基，便于同正在复制的 DNA 结合。其内部还有一个适合于 B-DNA 进出的通道(图 4-4)。

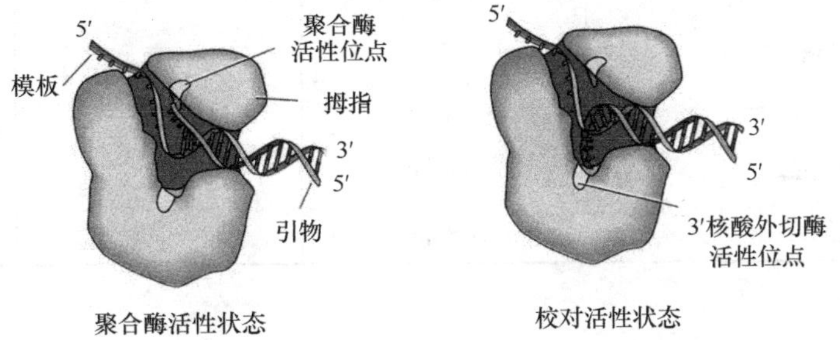

图 4-4　Klenow 片段的作用

Steitz 等还制备了 *Taq* 聚合酶和模式双链 DNA 复合体的晶体，通过 X 射线衍射分析发现这一结构不能精确地催化聚合反应（见电子教程知识扩展 4-5　*Taq* 聚合酶与 DNA 的结合）。

在 *E. coli* 细胞抽提物中，DNA pol Ⅰ的活性占全部 DNA 聚合酶活性的 90%以上。但是随后发现复制叉的移动速度比 DNA pol Ⅰ的合成速度大 20 倍以上。另外，DNA pol Ⅰ复制连续合成不超过 200 nt 就和模板解离。最后，也是最重要的，是 1969 年 Cairns 分离得到一株 DNA pol Ⅰ基因缺陷菌株，发现该菌株能够进行 DNA 复制，说明 DNA pol Ⅰ不是主要的 DNA 复制酶。另外发现，该菌株很容易发生突变，说明 DNA pol Ⅰ在 DNA 损伤的修复中起重要作用。在 DNA 复制时，DNA pol Ⅰ的主要作用是利用其 5′→3′核酸外切酶活力切除 RNA 引物，利用其 5′→3′聚合酶活力，逐渐用 DNA 链取代 RNA 引物。此外，在 DNA 损伤的修复中，DNA pol Ⅰ可用类似的机制切除有损伤的 DNA 片段，并用正确的 DNA 片段填补缺口。这一过程可以使 DNA 链上的切口移动，称切口平移（图 4-5）。

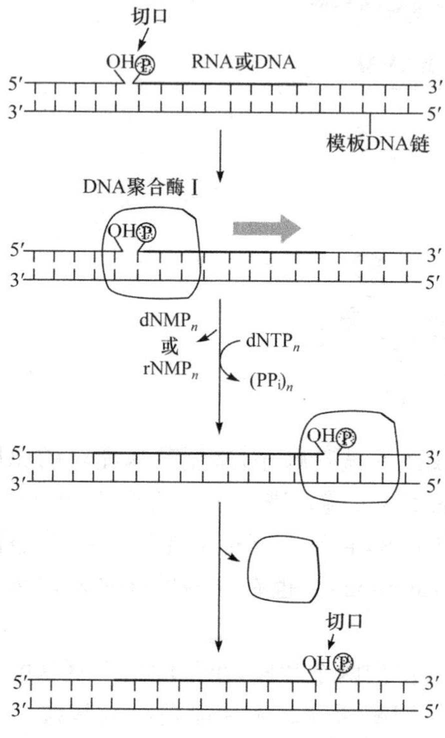

图 4-5　DNA 聚合酶 I 催化的切口平移

20 世纪 70 年代，人们先后发现了 **DNA 聚合酶**（DNA polymerase Ⅱ，DNA pol Ⅲ）和 **DNA 聚合酶**（DNA polymerase Ⅲ，DNA pol Ⅲ）。对这两种酶结构和功能的研究发现，DNA pol Ⅱ主要参与 DNA 损伤的修复，DNA pol Ⅲ是主要的复制酶。*E. coli* 3 种DNA 聚合酶的主要数据如表 4-1 所示，对于多亚基的酶，表中只列出催化亚基的基因。DNA pol Ⅱ除催化亚基外，还有 $\gamma,\delta,\delta',\chi$ 和 ψ 等辅助亚基，表中列出的 M_r 数据是催化亚基的相对分子质量。

表 4-1　大肠杆菌 DNA 聚合酶的有关数据

DNA 聚合酶的类型	Ⅰ	Ⅱ	Ⅲ
结构基因	*pol A*	*pol B*（*dna A*）	*pol C*（*dna E*）
亚基数	1	≥7	≥10
M_r（$\times 10^3$）	103	88	830
3′→5′外切酶活性	有	有	有
5′→ 3′外切酶活性	有	无	无
聚合速度/（nt/s）	16～20	40	250～1 000
连续合成能力/nt	30～200	1 500	≥500 000

如图 4-6 和表 4-2 所示，DNA pol Ⅲ含有两个**核心酶**(core enzyme)，其亚基组成均为 αεθ，其中的 α 亚基具有聚合酶活性，ε 亚基具有校对活性，τ 亚基二聚体将两个核心酶连接为一个复合物。每个核心酶连接一个 β-**滑动夹子**(β-sliding clamp)结构，每个 β-滑动夹子由 2 个 β 亚基构成，可将正在复制的 DNA 固定在夹子中心，并能随 DNA 复制沿着模板 DNA 链滑动(图 4-7)。$\gamma_2\delta\delta'\chi\psi$ 六个亚基形**成夹子装配复合物**(clamp-loading complex)，促进 β-滑动夹子同核心酶的装配。β-滑动夹子结构使 DNA 聚合酶不易从模板脱离，有利于 DNA 的连续复制。需要说明的是，图 4-6 中未能画出 χ 亚基和 ψ 亚基。

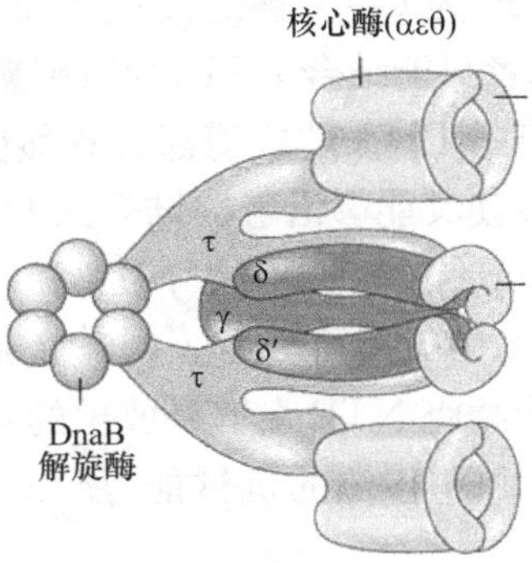

图 4-6　DNA pol Ⅲ的结构

表 4-2　大肠杆菌 DNA 聚合酶Ⅲ的亚基组成

亚基	亚基数	$M_r(\times10^3)$	基因	亚基的功能
α	2	132	*pol C*(*dna E*)	
ε	2	27	*dna Q*(*mut D*)	核心酶
θ	2	8.5	*hol E*	
τ	2	71	*hna X*	核心酶二聚化
γ	2	52	*dna X* *	
δ	1	35	*hol A*	夹子装配
δ'	1	33	*hol B*	复合物
χ	1	15	*hol C*	
φ	1	12	*hol D*	
β	4	37	*dna N*	形成滑动夹子

* γ 亚基的肽链与 τ 亚基氨基末端一侧的部分肽段相同，二者由同一个基因编码

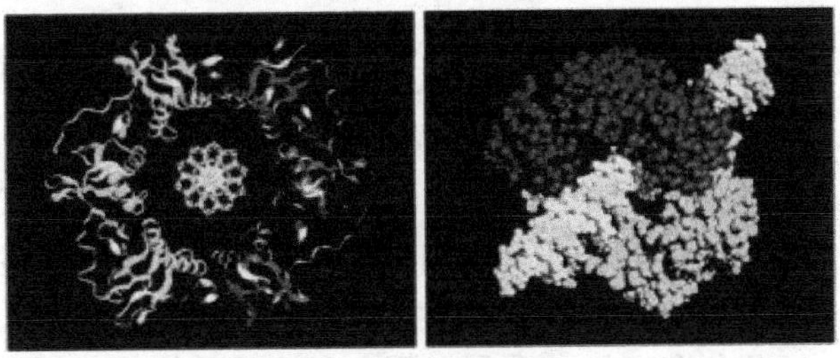
图 4-7　DNA pol Ⅲ的 β-滑动夹子结构

20 世纪 90 年代末发现的 DNA 聚合酶Ⅳ和Ⅴ在 DNA 出现严重损伤时，参与 DNA 损伤的修复。

4.2.1.2　参与原核生物 DNA 复制的其他酶和蛋白质

(1) DNA 解旋酶　DNA 双螺旋的解开需 **DNA 解旋酶**(DNA helicase)参与，该酶解开双螺旋需 ATP 提供能量。该酶一般由 6 个亚基组成，*E. coli* 至少编码 12 种不同的解旋酶，如 Dna B 蛋白、Rep 蛋白和 Uvr D 蛋白等。

大多数解旋酶优先结合 DNA 的单链区域，少数解旋酶优先结合 DNA 的双链区域，其结合与 DNA 的碱基序列无关。

解旋酶还能够结合 NTP,并同时具有内在的依赖于 DNA 的 NTP 酶活性。可水解被结合的 NTP,为 DNA 解链提供能量,以打破碱基对之间的氢键。绝大多数解旋酶优先结合 ATP,或者只能结合 ATP,少数解旋酶优先结合其他的 NTP,甚至还能结合 dNTP。

所有的 DNA 解旋酶都具有移位酶(translocase)活性,该活性与 DNA 解链紧密偶联。移位酶活性使其能够沿着被结合的 DNA 链单向移动,以不断地解开 DNA 双链,解链的速度能达 1000 bp/s。解旋酶在与 DNA 结合以后的移位一般是单向的,被称为解链的极性。根据解链的极性,解旋酶可分为 3′→5′解旋酶、5′→3′解旋酶及同时向两个方向移位的双极性酶。

解旋酶将 NTP 水解释放出的化学能,转化成使 DNA 解链的化学能和机械能,以及解旋酶沿着 DNA 移位的机械能,所以可将解旋酶视为一种以 DNA 为运动轨道的,特殊的分子马达。

(2)单链结合蛋白　**单链结合蛋白**(single strand binding protein,SSB)是一种专门与 DNA 单链区域结合的蛋白质,它本身并无任何酶的活性,但通过与 DNA 单链区段的结合,在 DNA 复制、修复和重组中发挥以下几个方面的作用。① 在 DNA 复制、修复和重组时,在解旋酶作用下形成的单链区,存在重新形成双链的电子作用力,SSB 同单链区的结合,可维持 DNA 的单链状态,防止重新形成双链。② DNA 的单链区有可能自发形成链内二级结构,影响 DNA 聚合酶的活性,SSB 同单链区的结合,可防止链内二级结构的形成。③ SSB 包被在 DNA 的单链区,可防止核酸酶对单链区的水解。④ SSB 增强某些酶的活性,如 T4 噬菌体编码的 SSB(gp32)能够增强 T4 噬菌体 DNA 聚合酶的活性。

SSB 由 177 个氨基酸残基组成,在 *E. coli* 中以四聚体形式存在,M_r 为 74×10^3。SSB 与 DNA 单链的结合具有正协同效应,即先期结合的 SSB 可加快后期 SSB 与单链的结合速度。SSB 与 DNA 结合表现出协同效应的原因有两个方面:①先期结合的 SSB 为后期结合的 SSB 提供了结合的界面,通过 SSB 之间的相互作用加快了 SSB 的结合速度;②先期结合的 SSB 改变了 DNA 的结构,从而加快了 SSB 的结合速度。每一个 SSB 优先结合旁边已结合有 SSB 的 DNA 区域,使一长串的 SSB 结合在单链 DNA 上,单链 DNA 模板因此被拉直,有利于随后的 DNA 合成。

(3)拓扑异构酶　**拓扑异构酶**(topoisomerase)是一类通过催化 DNA 链的断裂、旋转和再连接而直接改变 DNA 拓扑学性质的酶。这一类酶不仅可以清除在染色质重塑(remodeling)、DNA 复制、重组和转录过程中产生的正超螺旋,而且能够细调细胞内 DNA 的超螺旋程度,以促进 DNA 与蛋白质的相互作用,同时防止胞内 DNA 形成有害的过度超螺旋。

Top Ⅰ和 Top Ⅱ广泛存在于原核和真核生物,其作用机制见第 2 章。Top Ⅰ主要集中在转录区,与转录有关,Top Ⅱ分布于染色质骨架蛋白和核基质部分,与复制有关。

(4)引发酶　原核生物 DNA 复制时,首先要在**引发酶**(primase)的作用下合成 RNA 引物,随即在 DNA 聚合酶Ⅲ催化下合成 DNA 链。接着,RNA 引物在 DNA pol Ⅰ的 5′→ 3′外切酶作用下被切除,并用脱氧核苷酸填补缺口。*E. coli* 的引发酶由 *dnaG* 基因编码,在细胞内催化合成约 11 nt 长的 RNA 引物。如图 4-8 所示,*E. coli* 引发酶由一条肽链组成,但具有 3 个相对独立的结构域:N 端结构域(p12)具有锌指结构,是结合 DNA 的结构域;C 端结构域(p16)可以与复制叉内的 DnaB 蛋白相互作用,通过这种相互作用,引发酶被招募到复制叉上;核心结构域(p35)位于中央,是 RNA 聚合酶的活性中心。

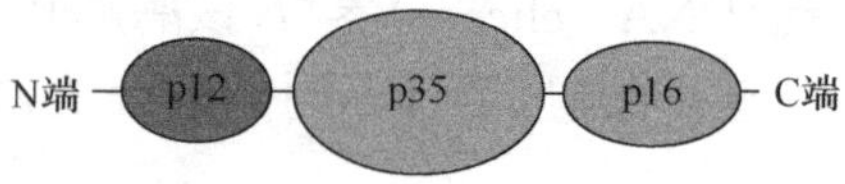

图 4-8　*E. coli* 引发酶的结构

(5)DNA连接酶　如前所述,DNA pol Ⅰ可以催化切口平移,但不能催化1个DNA片段的3′-OH和另一个DNA片段的5′-磷酸基之间最后一个键的形成。可能的原因是,DNA pol Ⅰ催化的聚合反应以富含能量的dNTP为原料,若用该酶连接切口,则没有足够的能量形成磷酸酯键。在细胞中,切口的连接是由**DNA连接酶**(DNA ligase)催化的。噬菌体和真核细胞的DNA连接酶由ATP提供能量,细菌的DNA连接酶由NAD^+提供能量。细菌的DNA连接酶只能连接双链DNA一条链上的切口,噬菌体T4的DNA连接酶在一定的条件下,可连接平头双链DNA,这两种DNA连接酶均是基因工程中常用的工具酶。

DNA连接酶催化的反应由3步核苷酸转移反应构成,首先在连接酶的一个Lys残基的ε-NH_2上形成酶-AMP共价中间物,随后AMP被转移到DNA链切口上的5′-磷酸基上,最后切口处的3′-OH亲核进攻AMP-DNA之间的键,在切口处相邻的核苷酸之间形成3′,5′-磷酸二酯键,同时释放出AMP,反应的每一步都需要Mg^{2+}(图4-9)。

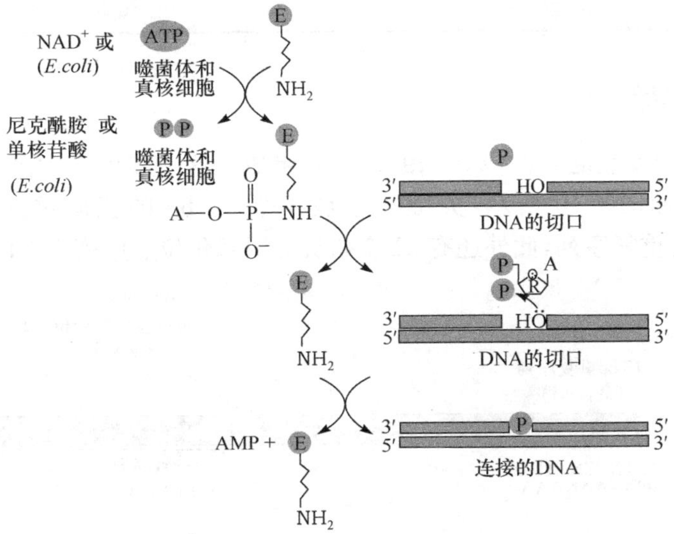

图4-9　DNA连接酶催化的反应

此外,在DNA复制的起始阶段,还有一些辅助性的蛋白质参与,表4-3总结了原核生物DNA复制所需的各种酶和蛋白质的一些基本数据。

表4-3　参与原核生物DNA复制的酶和蛋白质

酶或蛋白质	$M_r/(\times10^3)$	亚基数	功能	结构基因
SSB(单链结合蛋白)	76	4	稳定解开的单链	*ssb*
Dna T	66	3	预引发	
n蛋白	28	2	预引发引物体装配	
Dna A	50	4	在复制起点特异部位解开双链DNA	*dna A*
Dna C	29	1	传送Dna B至解旋的模板DNA上	*dna C*
Dna B(解旋酶)	300	6	利用ATP水解能量解开链DNA	*dna B*
HU(类组蛋白)	19	2	促进起始	
DnaG(引物酶)	60	1	合成RNA引物	*dna G*
DNA聚合酶Ⅲ	400	10	合成DNA	

续表

酶或蛋白质	$M_r/(\times10^3)$	亚基数	功能	结构基因
DNA 聚合酶Ⅰ	109	1	修复(填充缺口)切除 RNA 引物	*pol A*
DNA 连接酶	74	1	共价连接切口	*lig*
拓扑异构酶Ⅰ	100	4	松弛负超螺旋	
拓扑异构酶Ⅱ	400	4	引入负超螺旋	
A 亚基	105	2	链的断裂、再连接	*gyr A*
B 亚基	95	2	ATP 酶	*gry B*
Rep 蛋白	66	1	3′→5′解旋	*sep*
解旋酶Ⅰ	180		解链	
解旋酶Ⅱ	75	1	解链	
解旋酶Ⅲ	20		解链	

4.2.2　复制的起始

E. coli 只有一个复制起点称 *OriC*，由 245 bp 组成。这一顺序在大多数细菌中是高度保守的，其排列方式如图 4-10 所示，关键顺序是 3 个 13 bp 的正向重复序列和 4 个 9 bp(TTATCCACA)的重复序列，此外还有 11 个拷贝的甲基化位点序列 GATC。

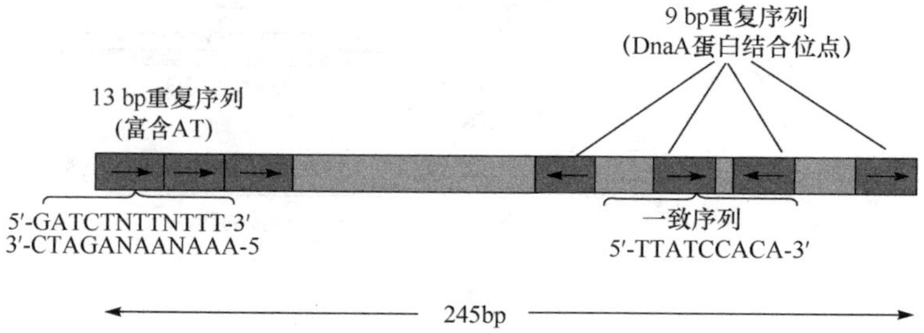

图 4-10　大肠杆菌 *OriC* 的结构

DNA 复制的起始阶段需要在**引发体**(primosome)作用下合成 RNA 引物。噬菌体 ΦX174 的引发体是由 Dna B(解旋酶)、Dna G(引物酶)和至少 6 种其他蛋白质构成的复合体，它可以将 SSB 置换下来，并按 5′→3′方向合成 10～60 nt 的 RNA 引物。引发体的形成包含下列主要步骤。

1) 在 HU 蛋白、整合宿主因子(integration host factor，IHF)的帮助下，Dna A 蛋白四聚体在 ATP 参与下，结合于 *OriC* 富含 AT 对的 9 bp 重复顺序。这种结合具有协同性，能使 20～40 个 Dna A 蛋白在较短的时间内结合到 *OriC* 附近的 DNA 上。HU 是细菌内最丰富的 DNA 结合蛋白，它与 IHF 具有相似的结构和性质。但与 IHF 不同的是，HU 与 DNA 结合是非特异性的，而 IHF 则特异性地与 *OriC* 位点结合。HU 能激活或者抑制 IHF 与 *OriC* 的结合，其调节的方向取决于 HU 和 IHF 之间的相对浓度。

2) Dna A 组装成蛋白核心，DNA 则环绕其上形成类似核小体的结构。

3) Dna A 所具有的 ATP 酶活性，水解 ATP 以驱动 13 bp 重复序列内富含 AT 碱基对的序列解链，形成长约 45 bp 的开放起始复合物。

4）在Dna C和Dna T的帮助下，2个Dna B被招募到解链区，此过程也需要消耗ATP。

5）在Dna B的作用下，*OriC*内的解链区不断扩大，形成复制泡和2个复制叉。随着单链区的扩大，多个SSB结合于DNA的单链部分，稳定单链DNA（图4-11）。Dna B解螺旋形成的扭曲张力，在Top Ⅱ的作用下被消除。至此形成的复合物称预引发体（preprimosome）。

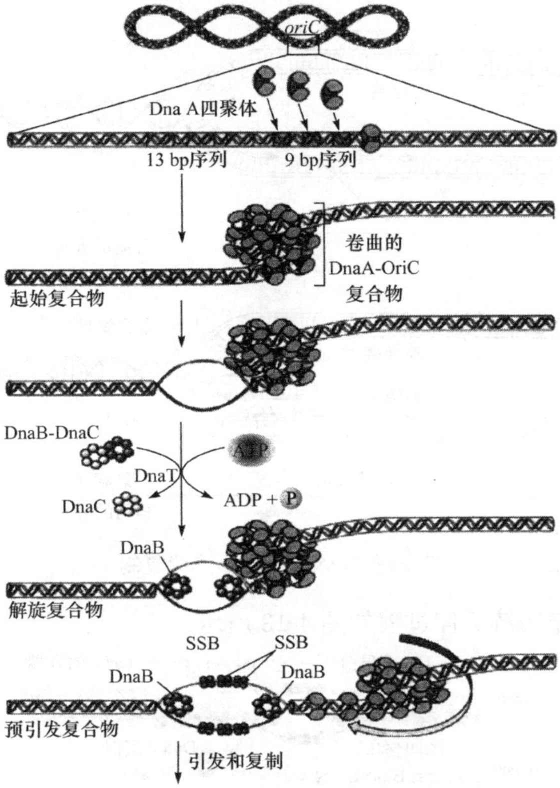

图4-11　大肠杆菌DNA复制的起始

4.2.3　DNA链的延伸

DNA的两条链是反向平行的，如果两条新链都沿着复制叉解开的方向合成，则一条链需沿5′→3′方向合成，另一条链需沿3′→5′方向合成。但DNA合成的原料均为5′-dNTP，形成酯键时，只能将5′-位的磷酸基连接到引物的3′-OH上。与此相对应，迄今发现的DNA聚合酶只能催化5′→3′方向的新链合成（见电子教程知识扩展4-6　DNA合成的方向）。

那么，DNA复制时，通过何种机制才能使两条模板链均得到复制呢？1968年，冈崎等用^{3}H标记的脱氧胸苷短时间处理噬菌体感染的大肠杆菌，然后分离标记的DNA产物，发现短时间内首先合成的是较短的DNA片段，接着很快即可出现较大的分子。这些DNA短片段被定名为**冈崎片段**（Okazaki fragment）。进一步的研究证明，冈崎片段在细菌和真核细胞中普遍存在。细菌的冈崎片段较长，有1000～2000 nt（见电子教程科学史话4-4　冈崎片段的发现）。

随后的研究证明，DNA复制时一条链随复制叉的移动沿5′→3′方向连续合成，称**前导链**（leading strand）。另一条链是在已经形成一段单链区后，先按与复制叉移动相反的方向，沿5′→3′方向合成冈崎片段，再连接成完整的链，称**后随链**（lagging strand）。这样的复制过程称作**半不连续复制**(semidiscontinuous replication)。

由于 DNA pol Ⅲ有两个核心酶，且是庞大的多亚基复合物，有理由相信，前导链和后随链是由同一个 DNA pol Ⅲ的两个核心酶分别催化的。如何使后随链合成位点靠近复制叉，且其延伸方向与复制叉的移动方向一致呢？研究发现，后随链的模板链环化，即可使这一问题得到解决(图 4-12)。

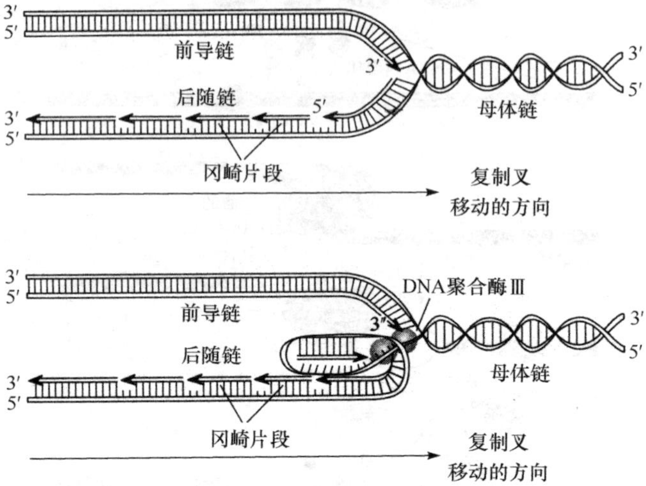

图 4-12　DNA 的半不连续复制

原核生物 DNA 复制的链延伸过程如图 4-13 所示。

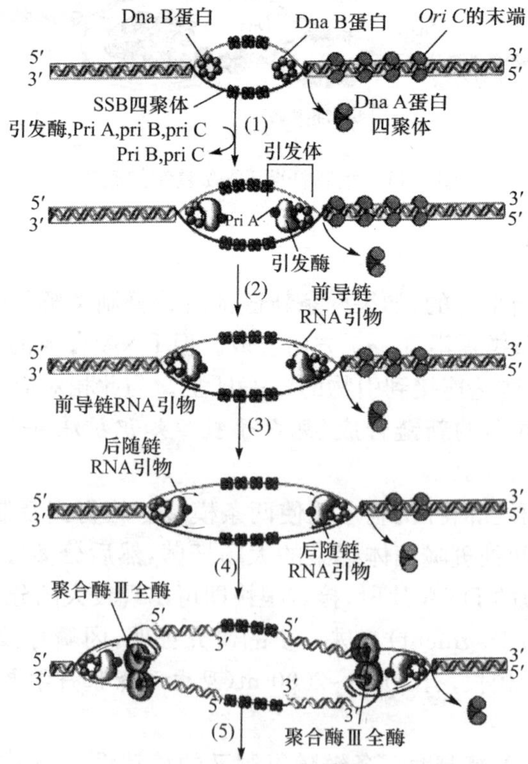

图 4-13　原核生物 DNA 复制链的延伸

1）在 Pri A、Pri B 和 Pri C 的帮助下，Dna G（引发酶）被招募到 2 个复制叉上，与 Dna B 蛋白结合在一起，Dna A 蛋白逐渐脱离复合物。

2）Dna G 沿着 DNA 模板链合成前导链的 RNA 引物。

3）Dna G 沿着 DNA 模板链合成后随链的 RNA 引物。

4）DNA pol Ⅲ结合到两个复制叉上。

5）由 DNA pol Ⅲ分别合成前导链和后随链。

关于 DNA 后随链的模板链环化及合成冈崎片段的详细机制，可用图 4-14 来解释。DNA pol Ⅲ利用它的一套核心酶连续合成前导链，以另一套核心酶合成经过环化的后随链上的冈崎片段。DNA pol Ⅲ可结合 3 个滑动夹子，其中的一个滑动夹将前导链固定在一个核心酶上，连续合成新链，第二个滑动夹子将后随链固定在另一个核心酶上合成冈崎片段。在后随链的单链区，引物酶与解旋酶结合，合成一个新的 RNA 引物。接着，模板和引物双链区被安装在 DNA pol Ⅲ滑动夹子装配复合物的第三个滑动夹上，在一个冈崎片段的合成完毕时，核心酶上的滑动夹子及冈崎片段解离，并与连接有下一个 RNA 引物的第三个滑动夹子结合，随即可开始一个新冈崎片段的合成。

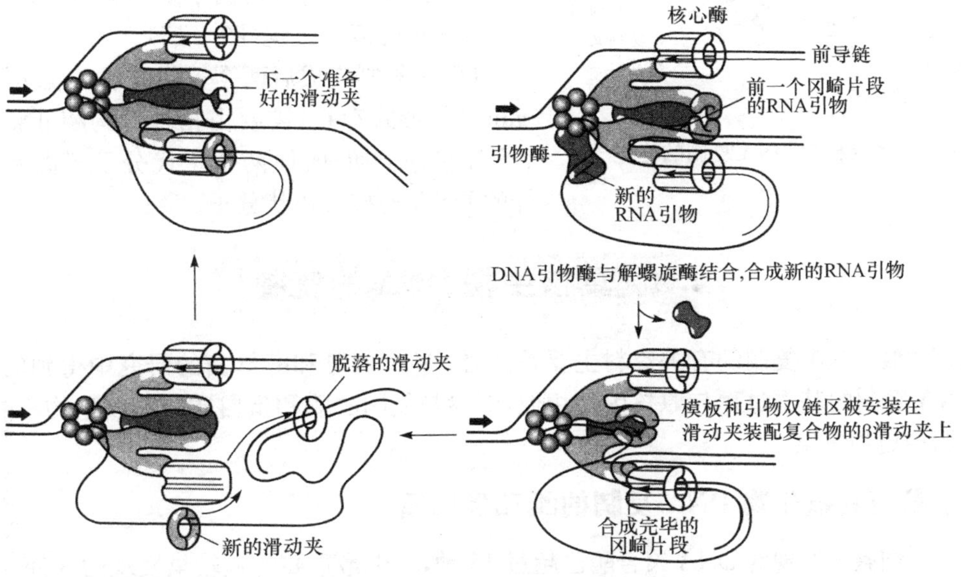

图 4-14　后随链延伸的机制

有证据表明，上述的复制复合物是与细胞质膜相结合的，DNA 复制时，DNA 链穿过复合体移动。后随链模板构成的环逐渐加大，直至冈崎片段的合成完成，滑动夹连同新合成的冈崎片段脱离核心酶。在这一过程中复制复合物被固定在细胞膜上，这一机制有利于整个 DNA 复制完成后，两个与细胞膜相结合的子代 DNA 分子，随细胞分裂被分配在两个子细胞中。

在上述过程中，DNA 合成的速度约为 1000 nt/s。一旦一个冈崎片段被合成完毕，它的 RNA 引物被 DNA pol Ⅰ除去并用 DNA 链来替换。最后，由 DNA 连接酶连接切口（mick）。

DNA 复制时，前导链需要合成一个 RNA 引物，而后随链则每一个冈崎片段均需要合成一个 RNA 引物。这些 RNA 引物随后要被切除，这是一个高度耗能的过程。经过漫长进化的生物体，为什么会保留这样一种机制？一种合理的解释是，DNA 复制时，最初合成的几个核苷酸对还没有形成稳定的双链结构，其碱基堆积力和氢键结合力弱，DNA 聚合酶不容易进行校对，因此发生错误的概率大。采用 RNA 引物作为过渡形式，因 RNA 引物容易被 DNA pol Ⅰ识别，进行切口平移时，切除完 RNA 引物即停止切割。用 DNA 链替代 RNA 引物时，新引入的脱氧核苷酸被连接到前一个冈崎片段的 3′-OH 上，由于前一个冈崎片段足够长，且 DNA pol Ⅰ具有 3′→5′校对功能，所以发生错误的概率很小。

4.2.4 复制的终止

单向复制的环状 DNA 分子，复制的终点就是其原点。双向复制的 DNA 环形分子，在两个复制叉相遇时即完成复制。但两个复制叉合成新链的速度一旦出现差异，就可能为复制的终止造成麻烦。研究发现，*E. coli* 的顺时针复制叉有 4 个连续排列的称作**终止子**(terminator，ter)的序列。逆时针复制叉有 3 个连续排列的终止子。一旦复制叉移动到终止子处，被称作终点利用物质(terminus utilization substance，Tus)的蛋白质会结合到 ter 序列，阻止复制叉的移动。这样，当一个复制叉先期到达终止区时，其复制会停止，待另一个复制叉到达同一位置，两个复制叉相遇，即完成了整个 DNA 的复制过程(图 4-15)。

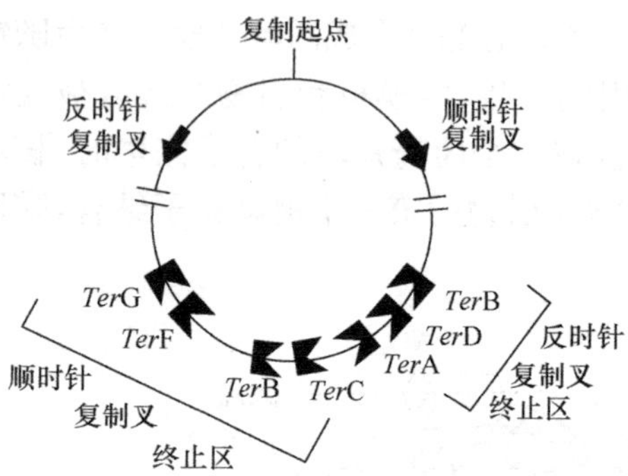

图 4-15 大肠杆菌 DNA 复制的终止子

DNA 复制完成后两个子代分子以连环体(catenanes)的形式存在，需要由拓扑异构酶Ⅱ将其中的 1 个环状分子切开，使两个子代分子脱离后再将切开的 DNA 连接成环状分子。

4.3 真核生物 DNA 的复制

真核生物 DNA 复制的有关资料主要是从对 SV40 病毒和酵母菌的研究中得到的。真核生物 DNA 复制的基本过程与原核生物相似，但参与复制的酶和蛋白质与原核生物不同，复制起始的调控更加复杂。

4.3.1 参与真核生物 DNA 复制的酶和蛋白质

在真核细胞中发现的 DNA 聚合酶已超过 15 种，其中最重要的是较早发现的 5 种，即 DNA 聚合酶 α、β、γ、δ 和 ε(表 4-4)，而新发现的 10 多种 DNA 聚合酶，如聚合酶 θ、ξ、η、K、ι、μ、λ、ψ 和 ξ，除 θ 外均无 3′-外切酶活性，也就是说没有校对的功能，它们主要参与 DNA 损伤的修复。

表 4-4 真核生物的 DNA 聚合酶

DNA 聚合酶的类型	α	β	γ	δ	ε
相对分子质量/kDa	100～220	45	60	122	
亚基数	4	1	3	2～3	4
聚合酶活性 5′→3′	+	+	+	+	+
3′→5′外切(校正)酶活性	−	−	+	+	+
引物(合成)酶活性	+	−	−	−	−
持续合成能力	中	高	高	有 PCNA 时高	高
对抑制剂敏感	蚜肠霉素	双脱氧 TTP	双脱氧 TTP	蚜肠霉素	蚜肠霉素
细胞定位	核	核	线粒体	核	核

(1) DNA 聚合酶 α　**DNA 聚合酶 α**(DNA polα)是一种四聚体蛋白，p180 亚基具有类似原核生物 DNA pol Ⅰ的手形结构。其 N 端结构域(1～329 位氨基酸残基)是催化活性和四聚体复合物组装所必需的，中央结构域(330～1234 位氨基酸残基)参与 DNA 和 dNTP 的结合及磷酸转移反应，C 端结构域(1235～1465 位氨基酸残基)并非催化活性所必需，但参与和其他亚基的相互作用。

DNA pol α 的三个小亚基中有两个具有引发酶的活性，负责合成 RNA 引物。在 DNA 复制过程中，DNA pol α 与复制起始区结合，先合成短的 RNA 引物(长度约为 10 nt)，再合成 20～30 nt 的 DNA，随后被聚合酶 δ 或 ε 取代。

DNA pol α 缺乏 3′-外切酶活性，无校对能力。但在 DNA 复制过程中，复制蛋白 A(replication protein A，RPA)与它相互作用，稳定其与引物末端的结合，同时降低掺入错误核苷酸的机会，抵消了无校对能力对复制忠实性的不利影响。

(2) DNA 聚合酶 δ 和 ε　**DNA 聚合酶 δ**(DNA pol δ)由 3～5 个亚基组成，如哺乳动物的聚合酶 δ 由 p125、p66、p50 和 p12 4 个亚基组成。**DNA 聚合酶 ε**(DNA pol ε)由 4 个亚基组成，人 DNA polε 的 4 个亚基分别是 p261、p59、p17 和 p12。DNA pol δ 和 ε 都有 3′-外切酶活性，具有校对能力。若基因突变使聚合酶 δ 和 ε 的 3′-外切酶活性降低，可导致生物体的突变率增加。若转基因小鼠的 DNA 聚合酶丧失 3′-外切酶的活性，则在 12 个月内对肿瘤的易感性显著增强。

增殖细胞核抗原(proliferating cell nuclear antigen，PCNA)为聚合酶 δ 和聚合酶 ε 的辅助蛋白，其作用相当于 *E. coli* DNA pol Ⅲ的 β 亚基。在真核细胞 DNA 复制中，由 PCNA 三个亚基组成滑动钳，以提高合成 DNA 的持续性(图 4-16)。冈崎片段合成后，PCNA 会从聚合酶及 DNA 链上脱落，加入另一个冈崎片段的合成(见电子教程知识扩展 4-7　PCNA 对聚合酶持续合成能力的作用)。

图 4-16　PCNA 三个亚基组成的滑动钳

(3)DNA 聚合酶 β　DNA 聚合酶 β(DNA pol β)由一条 M_r 为 39×10^3 的多肽链组成，其 N 端较小的结构域可与单链 DNA 结合，且具有 5′-外切酶的活性，C 端较大的结构域具有聚合酶的活性。DNA pol β 参与 DNA 损伤的修复，能够填补 DNA 链上的短缺口。

(4)DNA 聚合酶 γ　DNA 聚合酶 γ(DNA pol γ)为异源二聚体蛋白，位于线粒体基质，具有 3′-外切酶和 5′-外切酶活性，负责线粒体 DNA 的复制和损伤修复。其大亚基具有催化活性，小亚基为辅助亚基，能激活大亚基的催化活性。

(5)其他酶和蛋白质　真核细胞内的 DNA pol 都没有 5′-外切酶活性，因此没有切除 RNA 引物的功能。真核细胞的 RNA 引物由核糖核酸酶 H1 和翼式核酸内切酶-1(flanged endonuclease-1，FEN-1)或 FEN1/DNase2 切除，FEN1 具有核酸外切酶和内切酶活性。此外复制因子 C(replication factor C,RFC)相当于大肠杆菌的 γ 复合物,是一种夹子装置器,帮助 PCNA 安装到 DNA 模板上,并与 DNA 聚合酶结合。SV40 和酵母的 DNA 复制,起始阶段所需的蛋白质因子的结构和种类差别较大。

4.3.2 真核生物 DNA 复制的特点

真核细胞 DNA 的复制在很多方面与原核细胞相似,主要的共同点有:①为半保留复制;②为半不连续复制;③需要解旋酶解开双螺旋;并由 SSB 同单链区结合;④需要拓扑异构酶消除解螺旋形成的扭曲张力;⑤需要 RNA 引物;⑥对新链合成有校对机制。

真核细胞与原核细胞 DNA 复制的主要差别有:①原核生物为单起点复制,复制子较大,真核生物为多起点复制,复制子小而多。图 4-17 中的 a 为真核细胞 DNA 复制的放射自显影照片,b 为多起点复制的示意图。②原核生物复制叉移动的速度约为 900 nt/s,真核生物复制叉移动的速度约为 50 nt/s。③原核生物冈崎片段的大小为 1000～2000 nt,真核生物冈崎片段的大小为 100～200 nt。④ 真核细胞的 DNA 聚合酶和蛋白质因子种类比原核细胞多,引发酶活性由 DNA pol α 的两个小亚基承担。⑤ 原核细胞在第一轮复制还没有结束的时候,就可以在复制起始区启动第二轮复制。真核细胞的复制有复制许可因子控制,复制周期不可重叠。⑥ 原核生物的 DNA 为环形分子,DNA 复制时不存在末端会缩短的问题。真核生物的 DNA 为线形分子,DNA 复制时末端会缩短,需要端粒酶解决线形 DNA 的末端复制问题。

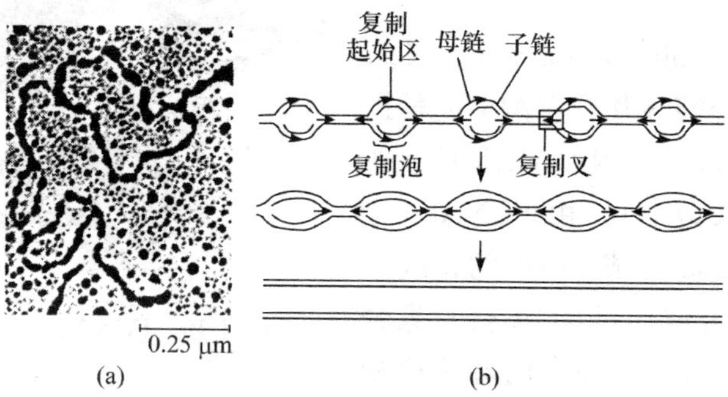

图 4-17 真核细胞 DNA 的多起点复制

4.3.3 真核生物 DNA 复制的过程

4.3.3.1 SV40 DNA 的复制

如图 4-18 所示,SV40 DNA 复制的起始和延伸阶段的主要步骤包括:

1) 在 ATP 的存在下,2 个由 SV40 基因组编码的 T 抗原六聚体(相当于 *E. coli* 的 Dna A 蛋白)与 SV40 的复制叉结合,使起始区的 DNA 解链。

2) 复制蛋白 A(replication protein A,RPA)作为 SSB 与单链区结合,并提高 T 抗原的解旋酶活性,致使解链区扩大,但 RPA 与单链 DNA 结合没有协同效应。

3) DNA pol α-引发酶复合物与 T 抗原/RPA 复合物结合,合成前导链约 10 nt 的 RNA 引物,和约 30 nt 的 DNA。

4) RFC 先与新合成 DNA 的 3′端结合，随后 PCNA 取代 pol α-引发酶结合到 DNA 模板上，前导链的合成暂时中断。

5) pol δ 结合到 PCNA-RFC 复合物上，由于 pol δ 具有校对功能，PCNA 与模板 DNA 结合牢固，该复合物可以持续地，准确地合成前导链。同时，pol α-引发酶结合到后随链的模板上，开始后随链的合成。后随链的进一步延伸，也需要用 PCNA-pol δ 或 PCNA-pol ε 取代pol α-引发酶。

6) Fen-1-RNase Hl 切除 RNA 引物，DNA 连接酶Ⅰ连接相邻的冈崎片段。拓扑异构酶Ⅰ负责清除复制叉移动形成的正超螺旋，拓扑异构酶Ⅱa 和Ⅱb 则负责解开连环体，促进最后的 2 个以共价键相连的连环体 DNA 分开。

SV40 DNA 复制时复制叉的可能结构如图 4-19 所示。

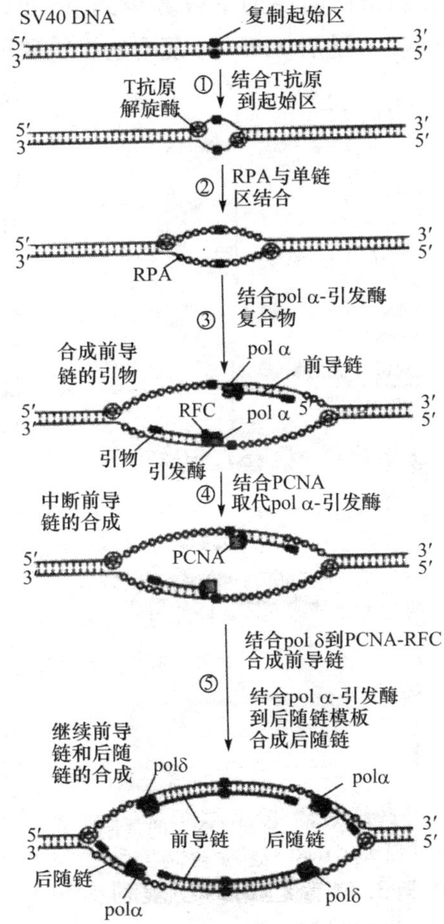

图 4-18 SV40 的 DNA 复制

4.3.3.2 酵母 DNA 的复制

酵母 DNA 复制的起点称自主复制序列(autonomously replicating sequence, ARS)，其长度约 150 bp，酵母染色体Ⅳ的着丝粒附近为 ARS1 序列，分为 A、B、C 三个功能区，A 和 B 起主要作用，C 起次要作用。A 区为 15 bp，其中 11 bp 的保守区称 ARS 一致序列(ARS consensus sequence, ACS)，有复制起始子的功能。B 区约为 80 bp，含 B1、B2、B3 三个功能区，B3 是 ARS 结合因子-1(ARS-binding factor 1, ABF1)的结合区。

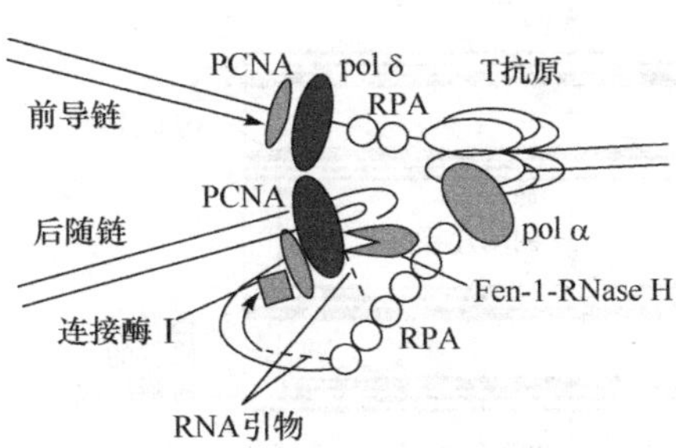

图 4-19 SV40 复制叉的结构

酵母 DNA 复制的起始需要起点识别复合物(origin recognizing complex, ORC)参与，该复合体有 6 个亚基，相当于原核生物的 DnaA。ORC 募集两种解旋酶装载蛋白，一种是细胞分裂周期 6(cell division cycle 6, Cdc6)，另一种是 Cdc10 依赖性转录因子 1(Cdc 10-dependent transcript 1, Cdt1)，随后募集微染色体维持蛋白 2-7(minichromosome maintenance protein 2-7, Mcm2-7) 复合体。Mcm2-7 由 6 个亚基组成，具有解旋酶活性，功能相当于原核生物的 Dna B，至此形成的复合物称前复制复合体(Pre-RC)。

Pre-RC 需要依赖于周期素的蛋白激酶(cyclin-depending protein kinase, Cdk)和 Dbf4 依

赖的激酶(Dbf4-dependent kinase，Ddk)激活才能开始 DNA 的复制，Cdk 和 Ddk 可以使 pre-RC 中的 Cdc6 和 Cdt1 磷酸化而失去活性，并脱离 pre-RC。随后，DNA 聚合酶 δ 或 ε 在一些辅助蛋白的协助下被募集到 pre-RC 上，接着募集 pol α-引发酶，合成 RNA 引物和一小段 DNA。随后 Mcm2-7 复合物也被磷酸化，polα-引发酶脱离复合物，pre-RC 募集 PCNA-RFC，使 pol δ 或 polε 能够连续的合成 DNA 链(图 4-20)。

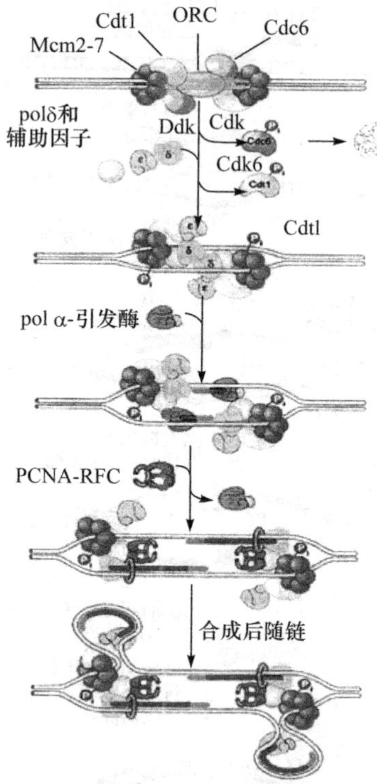

图 4-20　酵母 DNA 的复制

当 DNA 聚合酶接近下游冈崎片段的 RNA 引物时，RNase H1 降解 RNA 引物到最后一个核苷酸，最后一个核苷酸由 FEN1/RTH1 切除，连接酶连接两个冈崎片段。

值得注意的是，DNA 聚合酶 δ 或 ε 与 pre-RC 的结合先于 pol α-引发酶，可以确保在合成 RNA 引物前，合成前导链和后随链的酶已经到位。Cdk 可以激活 pre-RC，同时抑制形成新的 pre-RC 复合物，确保 DNA 在一个细胞周期只合成一次。在细胞完成分裂后，Cdk 即被分解。当细胞因周期素(cyclin)和其他信号传导分子含量的变化而进入 S 期时，Cdk 的活性水平增高，再一次激活 DNA 的复制，细胞随即进入另一个 M 期。

可以看出，SV40 和酵母 DNA 复制的基本过程十分相似，但复制起始阶段的蛋白质因子是不同的，已发现至少有 35 种基因的产物参与真核 DNA 复制的启动。在复制的启动阶段，基本步骤及其发生次序是相似的。然而，不同的生物在复制起始点的选择，复制起始复合物的组成，和起始蛋白识别的方式方面有明显差异。某些多细胞生物，如后生动物，在发育过程中还能够改变复制起始区的数目和位置。

4.3.3.3　端粒 DNA 的复制

真核生物的线性 DNA 复制时，后随链最后一个冈崎片段的 RNA 引物被切除后，由于其缺口的另一侧不存在核苷酸片段的 3′-OH，缺口无法用 DNA 聚合酶填补。随后，模板链的单链部分被水解，因此，随着 DNA 的复制，染色体的长度会缩短(图 4-21)。

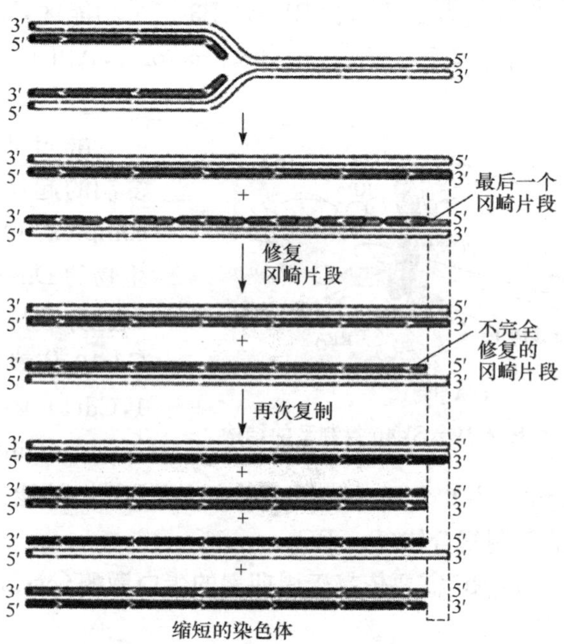

图 4-21　端粒随复制缩短的机制

好在染色体的末端具有**端粒**(telomere)，其中的一条链是由重复序列 TTTTGGGG 组成的，称 TG 链，另一条链为 AC 链。这些重复序列的少量丢失，不会伤及基因的结构。但若端粒缩短到一定程度，细胞会停止分裂。

分裂旺盛的细胞存在由蛋白质和 RNA 组成的**端粒酶**(telomerase)，其

RNA 部分有一段序列与端粒 TG 链突出的 3′端互补，端粒酶能够以自身的 RNA 为模板，在端粒 TG 链的 3′端添加脱氧核苷酸，使端粒的 TG 链延长一小段，随后，端粒酶移动位置，继续加长 TG 链，直到达到细胞所需要的长度(图 4-22)。

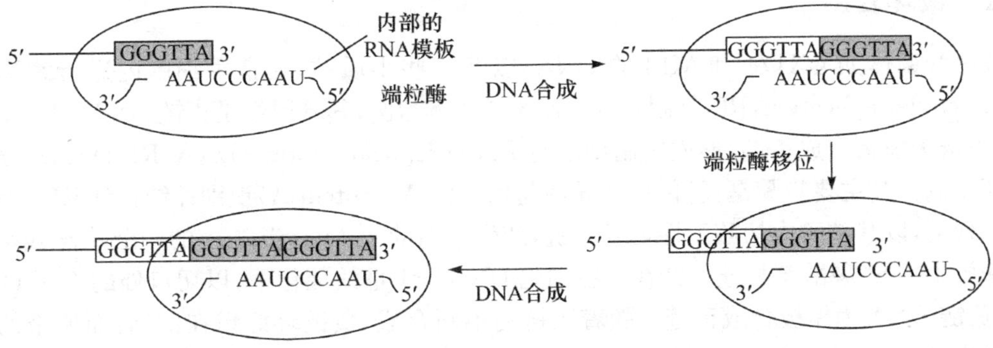

图 4-22　端粒酶的作用机制

被延长的 TG 链可作为模板，使端粒形成双链。也可以通过单链区的回折，合成 AC 链，随后对末端的发夹结构进行修剪，使端粒形成双链(图 4-23)。

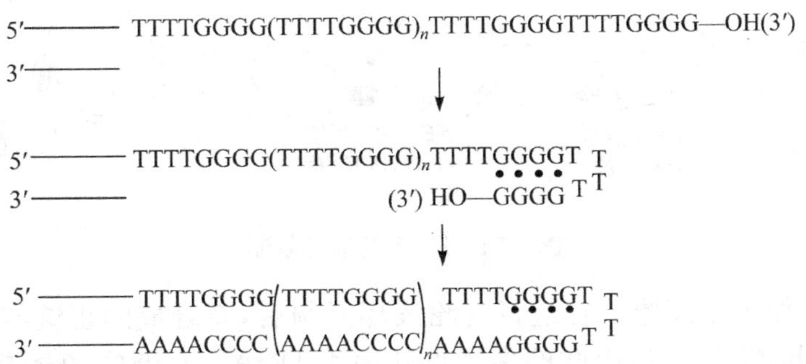

图 4-23　端粒形成双链的机制

高度分化的成熟细胞端粒酶活力较低，端粒的缩短或缺失会导致细胞的衰老和死亡。相反，癌细胞的端粒酶活力则明显增高。由此看来，研究端粒和端粒酶，对于探索衰老的机制和研发抗衰老药物有重要意义。同时，也可能为癌症的治疗提供新途径(见电子教程科学史话 4-5　端粒酶的发现，电子教程知识扩展 4-8　端粒酶的发现和意义)。

4.3.3.4　DNA 复制与核小体组装

在染色体中，DNA 缠绕于组蛋白核心外构成核小体，每个核小体上的 DNA 相当于两个负超螺旋。DNA 复制时，冈崎片段的长度约 200 bp，恰好相当于一个核小体 DNA 的长度。DNA 复制时，组蛋白需同步合成，并与 DNA 组装成核小体。关于二者合成速度的协调和组装成核小体的机制，目前所知甚少。但关于组蛋白的三维结构及其与 DNA 结合的机制，已取得一些重要成果。

4.4 DNA 复制的其他方式

4.4.1 滚环复制

某些噬菌体如 ΦX174 和 M13 的 DNA，以及一些小质粒，在宿主细胞内进行**滚环复制**(rolling-circle replication，RC 复制)。以 M13 噬菌体为例，其基因组是正链 DNA，进入 *E. coli* 后，以正链为模板合成负链，形成复制型双链 DNA(replicative-form DNA，RF-DNA)，随后进行滚环复制。其主要步骤是：①位点特异性起始蛋白 A(protein A)识别并结合到 RF-DNA 的特殊序列上，以其核酸内切酶活性切开正链，产生游离的 3′-OH，蛋白 A 的一个 Tyr 残基以酯键与释放出的 5′-磷酸基相连。②在宿主细胞 DNA pol Ⅲ 的催化下，以切口处的 3′-OH 为引物，以负链 DNA 为模板合成正链。随着正链的不断合成，负链环好像在滚动，而原来的正链则被取代，SSB 与游离出来的以单链形式存在的正链结合。③新的正链在不断地合成，在复制全长的新正链后，蛋白 A 可再次切开正链，让旧的正链释放出来，A 蛋白则结合到新的 5′端，开始下一轮的滚环复制。④ 被释放的正链环化，完成 M13 噬菌体的复制(图 4-24)。

图 4-24 DNA 的滚环复制

某些噬菌体(如 λ 噬菌体)，在进行一轮滚环复制后，新合成的正链与旧的正链仍然以共价键结合在一起，形成前后串联的多拷贝基因组 DNA。在新噬菌体装配的时候，各个单拷贝的基因组 DNA 会被切开，并包装到新的病毒颗粒之中。此外，在进行滚环复制的时候，被取代的旧正链也可以作为模板，以不连续的方式合成负链，以便提供更多拷贝的 RF-DNA。

细菌的 F 因子(可高频率转移的性因子)从供体细胞向受体细胞转移时，进入受体细胞的是滚环形成的单链(见电子教程知识扩展 4-9 滚环复制和细菌 F 因子的转移)。植物基因工程常用的 Ti 质粒，将其 T-DNA 转入植物细胞时，也用类似的滚环机制转移单链 DNA。

真核细胞也存在滚环复制。例如，某些两栖动物卵母细胞内的 rDNA (rRNA 基因)和哺乳动物细胞内的 DHFR(二氢叶酸还原酶)基因，在特定的情况下，可通过滚环复制，在较短的时间内迅速增加目标基因的拷贝数。

4.4.2 取代环复制

取代环复制(displacement-loop replication)由于其中间体的形状像字母 D，还可被称作 **D 环复制**。能够进行 D 环复制的有线粒体和叶绿体 DNA，以及少数病毒如腺病毒 DNA。

动物细胞线粒体 DNA 的一条链因富含 G 而具有较高的密度，被称为**重链**(heavy strand，H 链)，另一条链为**轻链**(light strand，L 链)。每一个 DNA 分子有 O_H 和 O_L 两个互相错位的复制起始区，以哺乳类 mtDNA 的 D 环复制为例，在非编码区内有 2 个转录启动子，分别为重链启动子(heavy-strand promoter，HSP)和轻链启动子(light-strand promoter，LSP)，重链复制的起始点 O_H 就在此区域，其下游为 3 个保守序列区(conserved sequence block，CSB Ⅰ、CSB Ⅱ、CSB Ⅲ)。轻链复制起始点 O_L 的位置与 O_H 的距离约为整个环状 mtDNA 长度的 2/3。

哺乳动物 mtDNA 的 D 环复制过程大致可以分为 4 个阶段。

(1) H 链合成的起始　在 H 链复制的起始点，以 L 链为模板，首先合成从轻链启动子 LSP 转录而来的 RNA 引物，然后由 DNA 聚合酶 γ 催化合成 500～600 nt 的 H 链片段。该片段将亲代的 H 链置换出来，形成的中间体形状像字母 D，这就是 D 环名称的由来。

(2) L 链合成的起始　复制叉沿着 H 链合成的方向移动，使 O_L 暴露，以母体分子的 H 链为模板，开始 L 链的合成。

(3) H 链和 L 链复制的完成　当新 H 链的合成完成时，L 链仍然有约 2/3 没有复制。故 H 链的合成首先完成，L 链的合成随后完成。

(4) RNA 引物的切除　D-环复制时，两条链都需要先合成 RNA 引物，但都是连续合成的。在真核生物线粒体中，RNA 引物是由 RNase MRP 切除的。人类的 RNase MRP 由 265 bp 长的核基因编码，具有特异性的 RNase 活性。切除 RNA 引物形成的缺口由 DNA 链填补，切口由连接酶连接。酿酒酵母 mtDNA 复制的连接酶是由核 *CDC*9 基因编码的蛋白 Cdc9p，与哺乳动物的 DNA 连接酶Ⅰ是同源物。这种连接酶在细胞核与线粒体中均存在，分别称之为 N-Cdc9p 和 M-Cdc9p。研究证明，Cdc9p 对核 DNA 和 mtDNA 的复制与修复均起重要作用(图 4-25)。

酵母 mtDNA 的复制方式与哺乳动物基本类似，主要区别在于哺乳类的 mtDNA 是单向复制，而酵母为双向复制。

叶绿体 DNA 进行 D 环复制时，一次复制尚未完成，另一次复制即可开始，因此具有两个 D 环。另外，其 RNA 引物的切除往往不彻底，会在新复制的 DNA 链上留下几个核糖核苷酸。

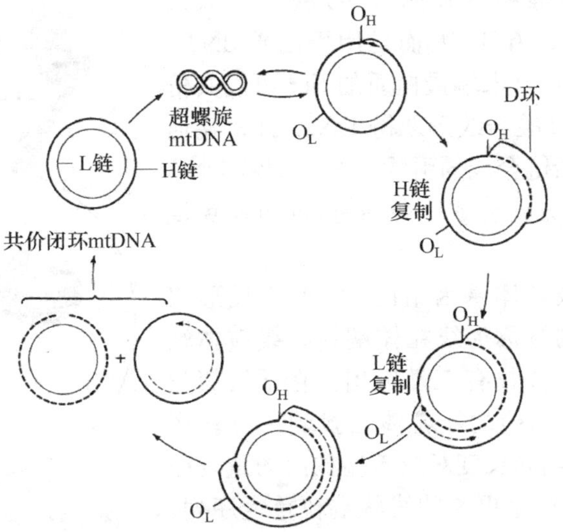

图 4-25　mtDNA 的 D 环复制

4.4.3 线形 DNA 末端复制的方式

真核细胞染色体 DNA 复制时，可用端粒酶解决末端缩短的问题。某些其他类型的线形 DNA，解决末端复制问题的机制还有 3 种：① 将线形 DNA 暂时转变为环形 DNA，再进行 θ 复制或滚环复制；②经重组形成串联体(concatemer)，再进行复制；③使用蛋白质-dNTP 作为引物，从线形 DNA 的末端开始复制。

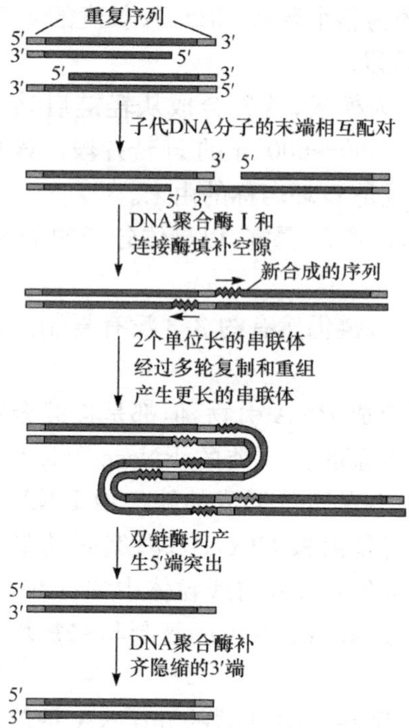

图 4-26 T7 噬菌体 DNA 的末端复制

λ 噬菌体的基因组为线形双链 DNA，但其两端是由 12 nt 的互补单链组成的黏性末端。一旦噬菌体进入宿主细胞，其 DNA 就通过黏性末端形成双链环形 DNA。这样既可以保护末端的 DNA 免受核酸酶降解，又解决了末端复制的问题。

T7 噬菌体的基因组线形双链 DNA 复制起始于离模板链 5′端约 5900 bp 的区域，为双向复制。其两端含有 160 bp 的重复序列，在一轮 DNA 复制结束以后，产生的两个子代 DNA 通过 3′端突出的互补重复序列结合在一起，其间的空隙由 DNA pol Ⅰ 和连接酶填补和连接，最终形成串联二聚体分子。随后由内切酶将串联二聚体再次交错切开，但产生的子代 DNA 含有 5′端突出，它能够直接作为模板，从 5′→3′方向将另一条链上隐缩的 3′端补齐(图 4-26)。

某些病毒(如腺病毒和噬菌体 Φ29)的线形双链 DNA 复制起始时不用 RNA 引物，而是用蛋白质-dNTP 作为引物。如图 4-27 所示，末端蛋白质的 Ser 可以共价连接单核苷酸，该单核苷酸与线形双链 DNA 的 3′端通过碱基配对结合，构成新链合成的引物。线形双链 DNA 的两个末端各自用这一方式合成一条新链，即可避免复制时末端缩短的问题。

少数种类的酵母线粒体基因组的 DNA 为线形双链，其两端的 DNA 结构被称为线粒体端粒。线粒体端粒含有多拷贝重复序列，并具有 5′端突出。在平滑假丝酵母(*Candida parapsilosis*)的线粒体内找到一种环形双链附加体 DNA，其序列和长度对应于端粒内的重复序列，能够进行滚环复制，产生更长的线状端粒重复序列，或许线粒体的端粒是附加体的重复序列通过重组方式添加上去的。

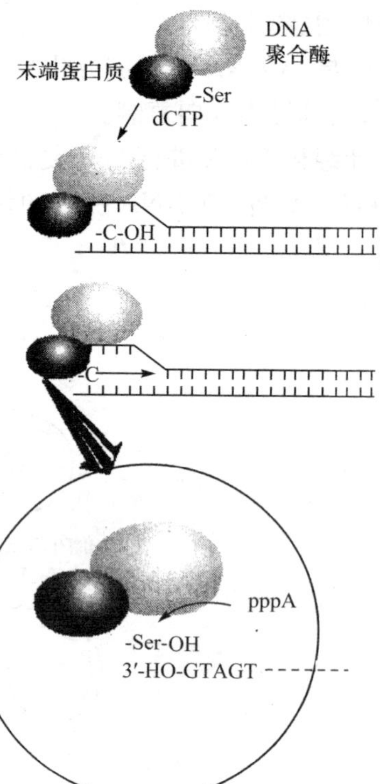

图 4-27 腺病毒 DNA 的末端复制

4.5　DNA 复制的高度忠实性

DNA 作为遗传物质必须能够准确的复制，保障其复制具有高度忠实性的机制主要有以下几个方面：

(1) 4 种 dNTP 浓度的平衡　dNTP 是合成 DNA 的前体，如果有一种 dNTP 的浓度远远高于另外 3 种，这种 dNTP 就有更多的机会掺入新合成的 DNA 分子上，这会提高核苷酸错配的可能性，从而降低复制的忠实性。在正常的细胞内，负责合成脱氧核苷酸的核苷酸还原酶(nucleotide reductase)具有非常精细的调节机制，能够维持 4 种 dNTP 浓度的平衡。

(2) DNA pol 的高度选择性　DNA pol 可以通过几何选择(geometric election)和构象变化(conformational changes)两种机制来挑选正确的核苷酸。配对正确的核苷酸可形成特定的距离和键角，很容易进入酶的活性中心。而且，一旦进入酶的活性中心，与模板链上的相应核苷酸配对，即可诱导酶的构象发生较大的变化，使酶能更好地包被碱基对，并使碱基对的有关基团采取合适的取向，促进磷酸二酯键的形成。错配的 dNTP 因为不能形成正确的几何形状，不适合进入酶的活性中心。即使偶然进入，也不能诱导酶的构象发生相应的变化，聚合酶的手形构象依然处于开放状态，使错配的 dNTP 不容易形成磷酸二酯键，而容易脱离酶的活性中心。研究发现，如果错误的核苷酸进入活性中心，酶构象发生变化的速度要比正确的核苷酸进入慢大约 10 000 倍。

(3) DNA pol 的自我校对　DNA pol 的 3′-核酸外切酶活性可以切除新加入的错配核苷酸，行使自我校对的功能。这一点显然与新链合成的方向有关，假定 DNA 可以从 3′→5′进行复制，就需要 5′-外切酶活性切除错配的核苷酸，更严重的是细胞必须预备另外一套 3′-dNTP，以及相应的 DNA pol。显然 DNA 复制时，只从 5′→3′一个方向合成新链，对细胞的生存是有利的。

(4) 使用 RNA 引物　如前所述，在 DNA 合成时，一开始被掺入的核苷酸由于难以与模板链形成稳定的双螺旋，容易发生错配。新链合成时总是先合成 RNA 引物，随后 RNA 引物被切除，可以减少 DNA 复制的差错。

(5) 错配修复　虽然有前 4 种机制保证 DNA 复制的忠实性，新合成的子链依然有可能出现错配的核苷酸。细胞内还有一套机制，专门修复子链中的错配核苷酸，这种机制被称为错配修复。有关错配修复的问题，将在第 5 章详细介绍。

4.6　逆转录作用

以 RNA 为模板合成 DNA，与转录过程中遗传信息从 DNA 到 RNA 的方向相反，称**逆转录**(reverse transcription)。催化这一过程的**逆转录酶**(reverse transcrptase，RT)是于 1970 年在致癌 RNA 病毒中发现的，像所有 DNA 和 RNA 聚合酶一样，逆转录酶也含 Zn^{2+}，以 4 种 dNTP 为底物，合成与 RNA 碱基序列互补的 cDNA。以病毒本身的 RNA 作模板时，逆转录酶的活性最强，含有逆转录酶的病毒称逆转录病毒(见电子教程科学史话 4-6　逆转录酶和癌基因的发现)。

4.6.1 逆转录病毒的结构

逆转录病毒基因组为正链 RNA，共有两个拷贝，每一个拷贝就是一个全长的病毒 mRNA。但是在病毒感染宿主细胞后，基因组 RNA 并没有自由地释放到细胞质，所以不能与核糖体结合进行翻译，而是作为逆转录酶的模板，被逆转录成 cDNA。如图 4-28 所示，逆转录病毒基因组 RNA 的编码区包括 3 个结构基因：种群特异性抗原（gag）基因、聚合酶（pol）基因和被膜蛋白（env）基因。如果是肿瘤病毒，还可能含有编码癌蛋白（oncoprotein）的癌基因 *onc*。5′端的非编码区包括帽子结构、5′端正向重复序列（R）、5′端特有序列（5′end unique, U5）、引物结合位点（primer-binding site, PBS）和拼接信号。3′端的非编码区包括 3′端尾巴、3′端正向重复序列（R）、3′端特有序列（3′end unique, U3）和引发第二条 DNA 链合成的多聚嘌呤区域（polypurine tract, PT）。

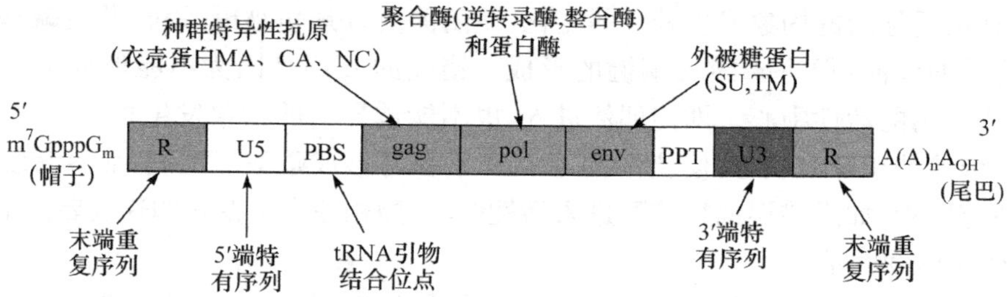

图 4-28 逆转录病毒基因组的结构

如图 4-29 所示，典型的逆转录病毒最外面的一层是由宿主细胞膜衍生而来的脂双层外被膜（envelope），其上分布着由病毒 *env* 基因编码的表面糖蛋白（surface glycoprotein, SU）和跨膜蛋白（transmembrane protein, TM）。SU 是病毒的主要抗原，TM 为成熟 SU 的内部跨膜部分。中间是一层被称为衣壳（capsid）的蛋白质核心，一般呈二十面体。组成衣壳的有衣壳蛋白（capsid protein, CA）、基质蛋白（matrix protein, MA）和核衣壳蛋白（nucleocapsid protein, NC），衣壳蛋白由病毒的 *gag* 基因编码，其功能是保护基因组。最里面的是病毒基因组 RNA，与其结合的有逆转录酶（reverse transcriptase, RT）、整合酶（integrase, IN）、蛋白酶和 tRNA 引物。蛋白酶、RT 和 IN 由 *pol* 基因编码。

常见的逆转录病毒有劳氏肉瘤病毒（Rous sarcoma virus, RSV）、猫白血病病毒（feline leukemia virus）、小鼠乳腺肿瘤病毒（mouse mammary tumor virus, MMTV）和人类免疫缺陷病毒（human immunodefic iency virus, HIV）。

HIV 是人类获得性免疫缺陷综合征（acquired immune deficiency syndrome, IDS）即艾滋病的元凶。HIV 的受体是 CD4 蛋白，它存在于胸腺细胞（thymocytes）、巨噬细胞、成熟的 T 淋巴细胞、朗格汉斯细胞（Langerhans cell）、神经元、神经胶质细胞和精子等细胞的表面。作为辅助受体的是趋化因子受体（chemokine receptor）CCR5 或 CXCR4，配体是病毒外被膜上的表面糖蛋白 gp120 和 gp41。

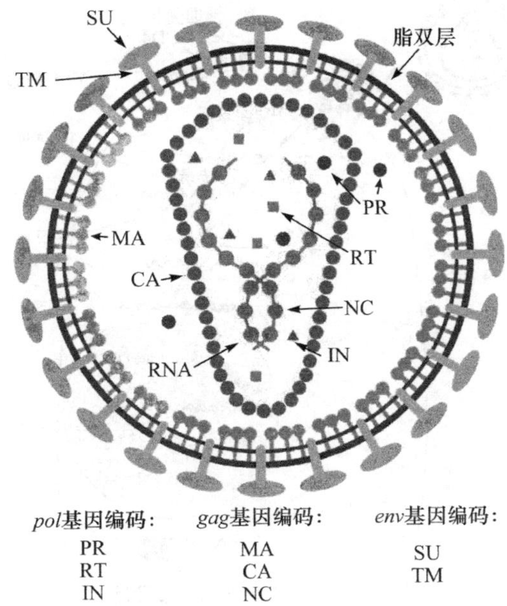

图 4-29　逆转录病毒的结构

HIV 与受体细胞的黏附过程如图 4-30 所示。首先，gp120 与 CD4 特异性结合，CD4 的空间结构发生变化，使 HIV 与宿主细胞靠近，在趋化因子受体的参与下，HIV 的外被膜与宿主细胞的细胞膜结合。

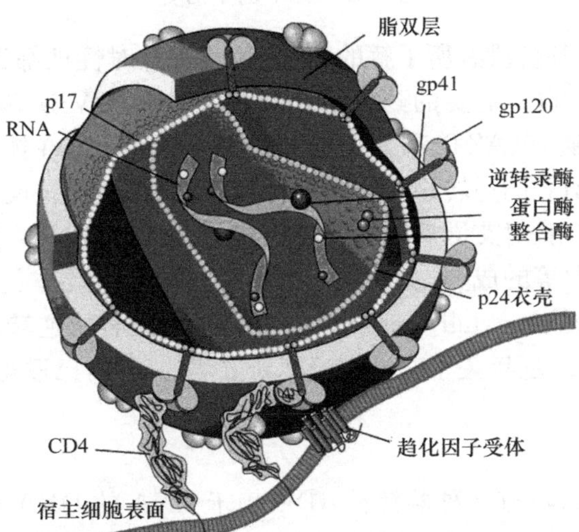

图 4-30　HIV 与受体细胞的黏附

随后，HIV 外被膜与宿主细胞膜融合，病毒核心颗粒被释放到细胞质。在 RT 催化下，基因组 RNA 被逆转录成 cDNA。cDNA 可以被整合到宿主细胞的染色体中，通过转录和翻译，生成 HIV 的基因组 RNA 和蛋白质，通过包装和出芽方式，将新的病毒颗粒释放到细胞外。随着 HIV 的大量繁殖，宿主细胞会因为物质和能量的消耗而坏死(图 4-31)。

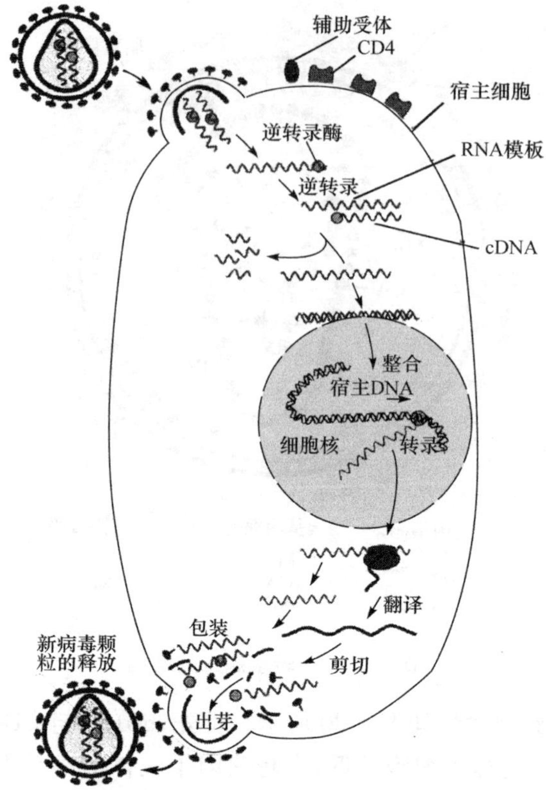

图 4-31　HIV 的生活史

在对 HIV 生活史的各阶段有所了解的基础上，可有针对性地筛选特定的药物，阻断特定阶段的反应，来防治艾滋病。主要的药物有两类：一类是 HIV 逆转录酶的特异性抑制剂，如 3′-叠氮-2′,3′-双脱氧胸苷(AZT)和 2′,3′-双脱氧肌苷(DDI)，在体内二者均可转化为相应的核苷三磷酸，后者对 HIV 的逆转录酶亲和性特别高，可在逆转录反应中掺入 DNA 链，导致末端终止，抑制逆转录作用，对艾滋病有较好的疗效。另一类是 HIV 蛋白酶的抑制剂，它的作用在于阻止病毒衣壳蛋白等的成熟，从而阻止新病毒颗粒的包装。美籍华裔科学家何大一于 1996 年提出"鸡尾酒"疗法(cocktail therapy)，即联合使用几种抗逆转录酶药物与 HIV 蛋白酶抑制剂，可明显提高疗效。近年关于艾滋病治疗新方法的研究，已取得重要进展。

4.6.2　cDNA 的合成

RT 是一种多功能酶，具有 3 种酶活性：①依赖于 RNA 的 DNA pol 活性，催化 cDNA 第一链的合成；②RNase H 活性，水解 tRNA 引物和基因组 RNA；③依赖于 DNA 的 DNA pol 活性，合成 cDNA 的第二链。RT 无 3′-核酸酶活性，因而缺乏校对能力，平均每掺入 2×10^4 个核苷酸就有一个错误，使 RNA 病毒有很高的突变率，这可能是新型病毒频繁出现的一个原因，也是逆转录病毒对许多抗病毒药物产生抗性的主要原因。

如图 4-32 所示，合成 cDNA 的过程为：

1) 来自宿主细胞的 $tRNA^{Lys}$ 作为引物结合在 RNA 的 PBS 上，在 $tRNA^{Lys}$ 的 3′端添加脱氧核苷酸，合成负链 DNA，一直持续到 RNA 的 5′端，产物被称为负链强终止 DNA(minus-strand strong stop DNA，-sssDNA)。由于 PBS 紧靠基因组 RNA 的 5′端，所以-sssDNA 的长

度只有 100～150 nt。

2)－sssDNA 末端正向重复序列与 RNA 3′端的末端正向重复序列互补配对，发生第一次链转移。在链转移之前，与－sssDNA 互补配对的 RNA 模板被 RT 的 RNase H 降解，为－sssDNA 与 RNA 的 3′端互补配对创造了条件。

3) 转移到 RNA 3′端的－sssDNA 作为引物，连续地合成负链 DNA。随后，RT 的 RNase H 水解 RNA 模板链和与负链 DNA 连接的 tRNA 引物。但由于 RNA 上的 PPT 序列对 RNase H 的作用不敏感，因而会保留 PPT 序列。

4) 以 PPT 序列为引物合成正链 DNA，合成的 DNA 被称为正链强终止 DNA(plus-strand strong stop DNA，＋sssDNA)。

5) ＋sssDNA 上的 PBS 序列与负链 DNA 上的 PBS 互补序列退火，从而实现了第二次链转移。

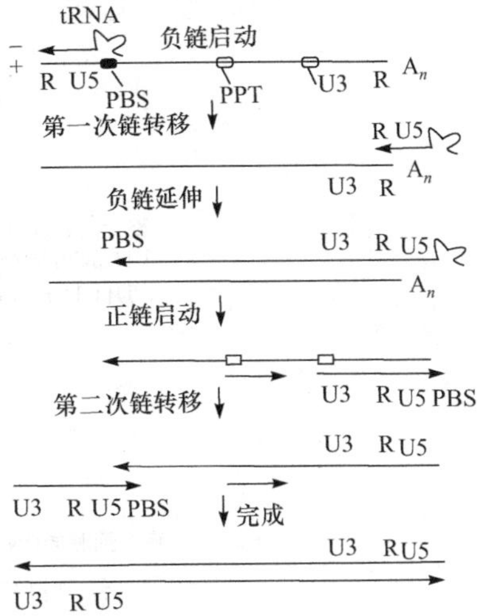

图 4-32 cDNA 的合成过程

6) 最后，正链 DNA 和负链 DNA 互为模板完成合成全长双链 DNA。

通过上述 6 步反应，RNA 被逆转录成两端含有 LTR(U3-R-U5)序列的双链原病毒 DNA，并在原来 RNA 的 3′端加了 U5，在 5′端加了 U3(图 4-33)。

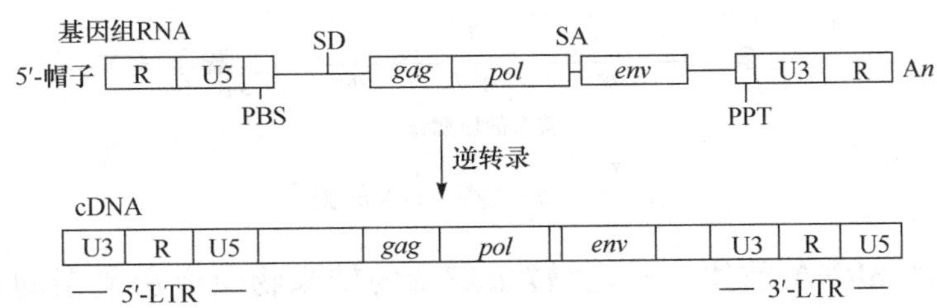

图 4-33 逆转录后 cDNA 两端 LTR 的加长

4.6.3 原病毒 DNA 的整合

原病毒 DNA 不能单独进入细胞核，需要先与病毒蛋白 R(viral protein R，VPR)、MA 和 IN 三种病毒蛋白组装成核蛋白，然后在 IN 序列的细胞核定位信号(NLS)的指导下，通过核孔复合物进入细胞核，随即按图 4-34 所示的机制随机整合到宿主细胞染色体 DNA 之中，成为受感染细胞的永久性遗传物质。

1) 整合酶在原病毒 DNA 距离两端 LTR 的 3′端 2nt 的位置切开 LTR，产生隐缩的 3′端，同时对宿主细胞的 DNA 进行交错切割。

2) 整合酶催化原病毒 DNA 隐缩的 3′端和宿主细胞 DNA 突出的 5′端连接。

3) 宿主细胞内的 DNA 修复系统填补连接处的缺口，连接切口，完成整合过程。

原病毒 DNA 在整合到宿主 DNA 以后，既可以作为复制的模板而随着宿主 DNA 的复制而复制，也可以作为转录的模板进行特异性的转录，产生新的病毒 RNA，还能以 RNA 为模板合成蛋白质。

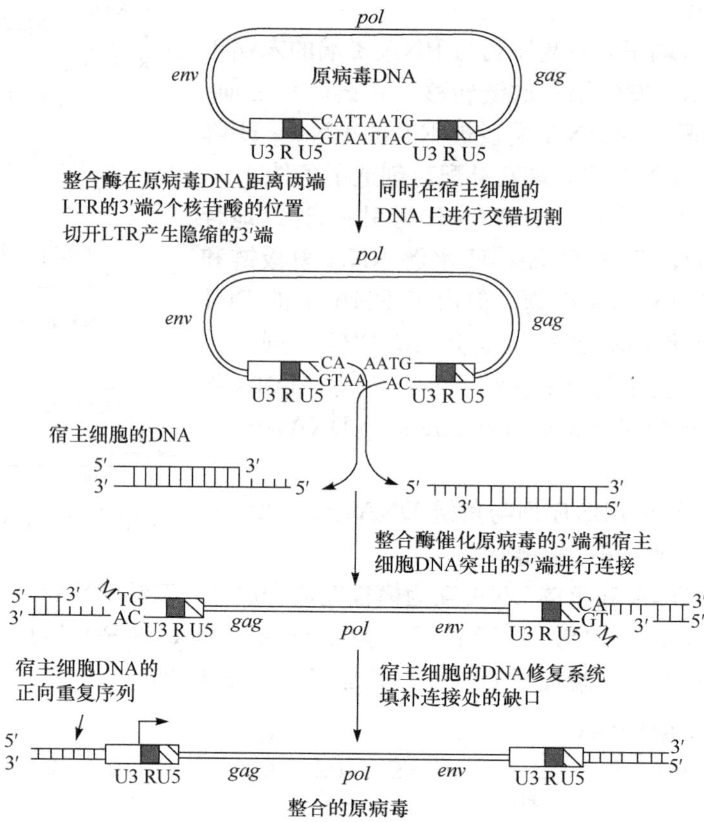

图 4-34　原病毒 DNA 的整合

像宿主细胞的 mRNA 前体一样，逆转录病毒的转录物也经历复杂的后加工过程(见第 6 章)，包括戴帽和加尾，有时可以进行拼接。如果不发生拼接，则得到全长病毒 RNA，否则得到的 RNA 短于病毒 RNA，拼接的或非拼接的 mRNA 在被运输到细胞质后都可以作为模板进行翻译。全长的病毒 RNA 被运输到细胞质以后，可以被翻译成多聚 Gag 和多聚 Gag-Pol，再被多聚 Gag-Pol 上的蛋白酶结构域切割成蛋白酶、逆转录酶、整合酶和 MA、CA、NC 等各种蛋白质。HIV 有一种拼接过的含有 *env* 基因的 mRNA 被翻译成 gpl60，gp160 在翻译中进入内质网进行糖基化修饰，再转移到高尔基体，被宿主细胞的蛋白酶切割成 gp120 和 gp41。这些蛋白质可以插入包装全长 RNA 的外被膜，构成新的病毒颗粒。

4.6.4　逆转录作用的生物学意义

如前所述，逆转录作用的发现不但修正和补充了分子生物学的中心法则，可以为控制一些由逆转录病毒导致的疾病提供线索。

在科研工作中，常用逆转录酶合成 cDNA。真核生物的 mRNA 具有 3′端 polyA，因此可以用寡聚 dT 为引物合成 cDNA 的第一链。DNA-RNA 杂合链中的 RNA 链被 RNase H 切割，剩余的 RNA 片段作为 DNA 聚合酶的引物，合成 cDNA 的第二链。cDNA 不含内含子，适合于用作基因工程中的目的基因，特别适合于用原核细胞表达真核生物的基因。某一细胞的全套 mRNA 经逆转录作用合成的一整套 cDNA，称 **cDNA 文库**(cDNA library)，可用于多方面的研究工作。蛋白质序列测定十分困难，可以制备相应 mRNA 的 cDNA，测定其序列，推导出蛋白质的氨基酸序列。rRNA 的序列也可通过制备 cDNA 的方法测定（见电子教程知识扩展 4-10　发现逆转录酶的意义）。

4.7　原核生物 DNA 复制的调控

原核生物的染色体 DNA、质粒 DNA 和噬菌体 DNA 复制的调控各有不同的机制，其中染色体 DNA 复制的调控主要以大肠杆菌为材料，得到一些基本规律，但尚有一些问题有待进一步研究。

E. coli 染色体的复制与细胞分裂一般是同步的，但不直接偶联。复制的起始不依赖于细胞分裂，但终止能引发细胞分裂。在一定的生长速度时，细胞与染色体的质量之比相对恒定，复制的起始由活化物、阻遏物和去阻遏物及它们的相互作用来调节。

E. coli 的复制起点 *Ori C* 包括一个 245 bp 的控制区，含有一系列串联重复元件，即 4 个 9 bp 和 3 个 13 bp 的重复区。Dna A 与 4 个 9 bp 重复区结合，在复制起始中起关键作用。所以，细胞内 Dna A 的浓度决定了复制起始的频率。

DNA 复制的调控主要发生在起始阶段，在 *Ori C* 位点有 11 个 4 bp 回文序列 GATC，Dam 甲基化酶可使该序列中腺嘌呤第 6 位 N 甲基化。在完成复制后，*Ori C* 的亲代链保持甲基化，新合成的链则未甲基化，这种半甲基化的起点不能起始复制。研究发现，*Ori C* 的 GATC 位点在复制后 13 min 才被甲基化，而其余部位的 GATC 通常在复制后 1.5 min 内就能全甲基化。*dna A* 基因的启动子与 *Ori C* 靠近，甲基化需要同样的延迟期，因而其转录被阻遏，降低了 Dna A 蛋白的水平。可见，在一次复制刚刚完成时，*Ori C* 本身无活性，且关键的起始蛋白 Dna A 合成受阻。因此，不可能立即开始下一轮的 DNA 复制。只有在新合成的链完成甲基化，Dna A 合成达到一定量的情况下，才能开始下一轮的 DNA 复制。一旦开始复制，如无意外受阻，就一直复制到完成。

Ori C 位点的甲基化为什么会被延迟呢？实验表明，半甲基化的 *Ori C* 位点可与细胞膜结合，而全甲基化的 *Ori C* 位点不能与细胞膜结合。推测 *Ori C* 位点与细胞膜的结合，阻碍了 Dam 甲基化酶对其 GATC 位点的甲基化，也抑制了 Dna A 蛋白与起点的结合。半甲基化 *Ori C* 位点与细胞膜的结合，还可使正在复制中的 DNA 随着细胞膜的生长而被移向细胞的两侧。最后，两个 DNA 分子被分离到两个子细胞中。此过程完成后，DNA 的 *Ori C* 位点才从膜上脱落下来，并被甲基化，开始新一轮复制。

Col El 质粒、R6K 质粒和 ΦX174 噬菌体 DNA 复制的调控见电子教程知识扩展 4-11。

4.8　真核生物 DNA 复制的调控

真核细胞有多条染色体，每一条染色体上有多个复制起点，染色体复制时，并非所有起点都在同一时间被激活，而是有先有后。因此，真核生物 DNA 复制的调控比原核生物复杂。

真核生物 DNA 复制的调控至少有 3 个层次。其一是细胞周期水平的调控，也称为限制点调控，即决定细胞停留在 G 期，还是进入 S 期。许多外部因素和细胞因子参与限制点调控，促细胞分裂剂、致癌剂、外科切除等都可诱发细胞由 G_1 期进入 S 期，一些细胞质因子（如 $A_{P4}A$ 和聚 ADP-核糖）也可诱导复制。显然，这一领域的研究工作与细胞凋亡、肿瘤的产生和控制及干细胞技术的应用有关。其二是染色体水平的调控，比如酵母细胞有 17 条线性染色体，其复制时间有先有后，已知其复制的次序与染色体的结构、DNA 的甲基化程度及基因的转录状况有关，但有序复制的机制还有待研究。其三是复制子水平的调控，复制起点的活化、复制起始复合物的形成和引物的合成等基本过程与原核生物类似，但有关 DNA 元件的结构，蛋白质因子的种类和结构等有明显差别。

4.8.1 SV40 病毒 DNA 复制的调控

SV40 病毒基因组由 5243 bp 组成，在被感染的细胞中与组蛋白形成小染色体，是研究动物细胞 DNA 复制调控的理想模型。SV40 的 DNA 复制主要是通过复制起点和 T 抗原之间的相互作用调控的。

SV40 的复制起点是一个 64 bp 的序列，前期区 10 bp，有不完全回文结构，与其相邻的是 T 抗原结合位点Ⅰ。中心区 27 bp，是 T 抗原结合位点Ⅱ。后期区有 17 bp 的富含 AT 区，与其相邻的是 21 bp 和 72 bp 区，21 bp 区富含 GC，是转录因子 SP1 的结合位点。72 bp 区是转录和复制的增强子。这 3 段序列共同调控复制的起始，缺失任何一段，都会使复制水平下降，但不会完全抑制 DNA 的复制。研究发现，单独缺失 T 抗原结合位点Ⅰ或 21 bp 区，复制水平下降 30%～50%，二者同时缺失，复制水平下降 95%。

T 抗原是一个多功能蛋白质，具有 ATPase 活性，未被磷酸化的 T 抗原四聚体能专一性地与 SV40 DNA 复制起点结合，启动复制。T 抗原随即被磷酸化而离开复制原点，保证复制起点只被使用一次。若嘌呤核苷酸与 T 抗原结合，则 T 抗原由活化型转变为失活型，失去与复制起点结合的能力。

腺病毒 DNA 复制的调控见电子教程知识扩展 4-12。

4.8.2 酵母染色体 DNA 复制的调控

酵母基因组约为 1.35×10^7 bp，由 17 条线性染色体、线粒体 DNA 和部分质粒 DNA 组成。酵母染色体平均长度只有 36 kb，但具有典型的真核染色质结构。整个基因组约有 400 个复制子，其 DNA 复制受两种机制调控，一种是正调控，另一种是负调控。

（1）由执照因子控制的正调控　酵母 DNA 复制的起始需要将被称为执照因子的辅助蛋白招募到 ORC，执照因子包括 Cdc-6 蛋白、Cdt-1 蛋白和 Mcm2-7 复合体，在细胞周期 G_1 期就开始在细胞核积累。其中 Cdc-6 蛋白和 Cdt-1 蛋白先与 ORC 结合，然后再将 Mcm2-7 复合体装载到 ORC 上。Mcm2-7 复合体具有解旋酶活性，只有被 Mcm2-7 复合体包被的 DNA 才能被复制。DNA 复制需要 Cdk 和 Ddk 启动，随后，Cdk 和 Ddk 使 pri-RC 中的 Cdc6 和 Cdt1 磷酸化而失去活性，并脱离 pre-RC，其中 Cdt-1 被泛酰化后进入蛋白酶体被降解（图 4-20）。在 DNA 复制期间，Cdk 可以抑制形成新的 pre-RC 复合物，在细胞完成分裂后，Cdk 被分解。当细胞在周期素（cyclin）和其他信号分子的作用下进入 S 期时，Cdk 的活性水平增高，再一次激活DNA的复制。因此，DNA在一个细胞周期只合成一次。

(2)由增殖蛋白控制的负调控　增殖蛋白(geminin)存在于细胞周期的G_2期，能够阻止Mcm2-7复合体装配到新合成的DNA分子上，从而防止在同一个细胞周期内重复发生DNA复制的启动。但随着有丝分裂的结束，增殖蛋白被降解稀释，于是两个子细胞在下一个细胞周期能够启动新一轮DNA复制。

4.9　DNA的体外合成——聚合酶链式反应

聚合酶链式反应(polymerase chain reaction，PCR)是一种在体外扩增特定核酸序列的技术。PCR技术由Mullis及其同事于1985年发明并命名，不过Khorana及其同事在1971年和1974年对该技术的详细原理即有描述，只是由于当时没有发现热稳定性DNA聚合酶，使其应用受到限制。PCR本身简单巧妙，还催生了一些新技术，应用十分广泛，是20世纪分子生物学研究领域的最重大发明之一。Mullis因此与Michael(寡核苷酸基因定点诱变发明者)分享了1993年诺贝尔化学奖(见电子教程科学史话4-7　PCR方法的建立和发展)。

4.9.1　PCR的基本原理

PCR的基本过程是在试管内加入含有待扩增DNA片段的双链DNA，分别能与待扩增DNA片段两侧的特定序列互补的两个寡核苷酸引物，4种dNTP，含有一定浓度Mg^{2+}的缓冲液和耐热的DNA聚合酶，通过加热到94 ℃左右使DNA变性，降温到55 ℃左右使引物与模板结合，升温到72 ℃左右合成新链3个步骤的循环，可以使DNA扩增。若扩增效率为100%，每循环1次，DNA可增加1倍，若循环30次，则DNA增加2^{30}倍(图4-35)。若扩增效率为x(用小数表示，如80%表示为0.8)，扩增的次数为n，得到产物的量为目的基因加入量的y倍，则可用下列公式计算y：

$$y=(1+x)^n$$

耐热DNA聚合酶的应用，推进了多种类型的PCR仪问世，利用自动化的仪器，几个小时即可将目的DNA扩增数百万倍。PCR主要的应用领域有：遗传病和疑难病的诊断、孕妇的产前检查、病原体检查、法医和刑侦鉴定、基因探针的制备、基因组测序、cDNA库的构建、基因的定点诱变、基因突变的分析、基因的分离和克隆等。

4.9.2　PCR反应体系的优化

PCR反应体系中的各个成分均会影响PCR的结果，若想得到好的实验结果，就需要对反应体系进行优化。

(1) 耐热DNA聚合酶　耐热DNA聚合酶包括*Taq* DNA聚合酶，*Tth* DNA聚合酶，*VENT* DNA聚合酶，*Sac* DNA聚合酶等，其中*Taq*聚合酶应用最广泛。*Taq*酶在92.5 ℃时的半衰期为40 min，因此一次加酶可满足PCR反应全过程的需要，使PCR走向自动化。纯化的*Taq* DNA聚合酶有$5'\rightarrow3'$外切酶活性，而无$3'\rightarrow5'$外切酶活性，无校对活性。在PCR中每2×10^4 nt中有可能掺入1个错误核苷酸，这对一般的PCR产物分析不会有多少影响，但将PCR扩增产物用于分子克隆时，需使用更准确的DNA聚合酶。在100 μL反应体系中，一般

需 *Taq* DNA 聚合酶 0.5～5 单位，酶浓度过高，可引起非特异产物的扩增，浓度过低则扩增产物量减少。

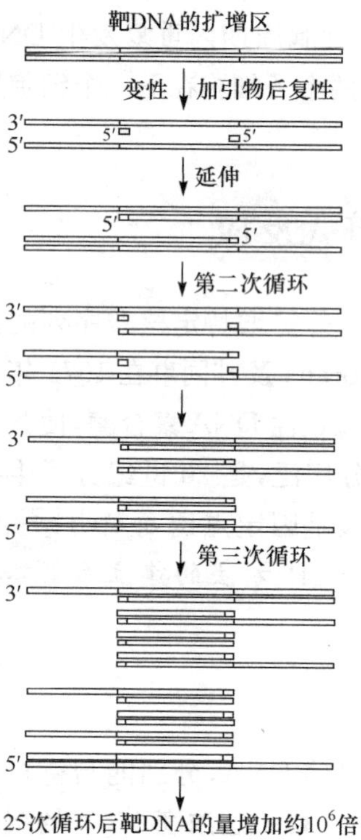

图 4-35　PCR 的原理

（2）PCR 反应的缓冲液　PCR 缓冲液中的 Tris-Cl 可维持反应体系的 pH，KCl 有利于引物的退火，但浓度过高会抑制 *Taq* DNA 聚合酶的活性，明胶可保护酶不变性失活，Mg^{2+} 能影响 *Taq* 酶的活性，反应的特异性和扩增 DNA 的产率，因此要将 Mg^{2+} 浓度调至最佳。

（3）引物　PCR 反应成功扩增的一个关键条件是正确设计寡核苷酸引物。引物设计一般遵循以下原则：①引物长度一般为 15～30 nt，引物太短，就可能同非靶序列杂交，得到不需要的扩增产物；②G+C 含量一般为 40%～60%；③引物中 4 种碱基应随机分布，不要多个嘌呤或多个嘧啶连续出现，且引物自身和两引物之间不应有互补序列；④引物的浓度一般为 0.1～0.5μmol/L，浓度偏高会引起错配和非特异性产物扩增。

（4）dNTP　dNTP 常用的浓度为 20～200 μmol/L，而且 4 种 dNTP 的终浓度相等。增高 dNTP 浓度虽可加快反应速度，但会增加碱基的错误掺入率，适当的低浓度会提高反应的精确度。

（5）模板 DNA　模板可以是基因组 DNA、质粒 DNA、噬菌体 DNA、扩增后的 DNA、cDNA 等，RNA 的扩增需要首先逆转录成 cDNA 后才能进行正常 PCR 循环。含有靶序列的 DNA 可以是单链或双链，小片段模板 DNA 的 PCR 效率要高于大分子 DNA。PCR 反应中模板加入量一般为 10^2～10^5 拷贝的靶序列。

（6）循环参数　变性温度一般为 90～95 ℃，变性时间取决于 DNA 的复杂性，一般采用 94 ℃，30 s，过高的温度及过长的时间会降低 *Taq* 酶的活性。引物退火的温度可通过 $T_m=4(G+C)+2(A+T)$ 计算得到，一般为 55～80 ℃，30 s。延伸温度 70～75℃，延伸时间根据扩增片段的长度而定，一般 1 kb 以内延伸 1 min，更长的片段需相应延长时间。循环次数取决于模板 DNA 的浓度，一般 20～30 次。循环次数越多，非特异性产物也越多。

4.9.3　PCR 技术的扩展

典型的 PCR 需要模板 DNA 达到一定的浓度，且其两侧的序列是已知的。PCR 技术经过一定的调整，可扩展其使用的范围。

（1）巢式 PCR　巢式 PCR（nested PCR）先用一对外引物（outer primer）对模板进行扩增，然后再用另一对内引物（inter primer）扩增第一对引物扩增得到的产物。可将外引物设计得比内引物长一些，且用量少一些，先采用较高退火温度使内引物不能与模板结合，故只有外引物扩增。经过若干次循环，外引物基本消耗完毕后，降低退火温度，即可直接进行内引物的 PCR 扩增。这种技术被称为中途进退式 PCR（drop-in-drop-out PCR），巢式及中途进退式 PCR 主要用于极少量模板的扩增。

(2) 复合PCR 复合PCR(multiplex PCR)指在同一反应中用多组引物,同时扩增几种基因片段,主要用于同一病原体分型及同时检测多种病原体,此外也常用于多点突变性分子病的诊断。

(3) 不对称PCR 不对称PCR(asymmetric PCR)使用的两种引物浓度相差较大,经多轮PCR反应后,可得到用于核酸序列分析的单链DNA片段或核酸杂交的探针。

(4) 反转录PCR和实时定量PCR 由于*Taq*酶只能以DNA为模板,当待扩增模板为RNA时,需先将其反转录为cDNA再进行PCR扩增,称反转录PCR(reverse transcription PCR,RT-PCR),主要用于测定基因的表达量。

在用RT-PCR比较不同样本的基因表达量时,若循环次数太少,表达量较低的样本可能检测不到。若循环次数太多,表达量较高的样本可能因为多个样本均达到最大扩增量,因而显示不出差别。**实时定量PCR**(realtime PCR)在每个反应管中加入荧光标记物,扩增产物越多,荧光强度越大。在进行PCR的过程中,实时检测各反应管的荧光强度,做出每个样本荧光强度随扩增次数变化的曲线。实时定量PCR仪的软件系统可以确定能使各个样本间的差异达到最佳的循环次数,即循环阈值(threshold cycle)。达到循环阈值所需的循环次数越少,说明cDNA的起始浓度越高。若已得到某种cDNA的标准品,通过实时定量PCR可以计算出每个样本中起始cDNA的拷贝数(见电子教程知识扩展4-13 实时定量PCR)。

(5) 涂片PCR 涂片PCR(slide-PCR)指直接对载玻片上细胞涂片或组织切片进行PCR扩增,涂片PCR结合原位杂交技术,特别适用于检测病理切片中含量较少的靶序列。

(6) 反向PCR 若目的DNA两翼序列未知,而中间有序列已知的片段,可以先将DNA片段进行酶切和环化,然后进行PCR,即可扩增已知序列两翼的未知DNA序列,由于其扩增方向与常规PCR相反,称反向PCR(inverse PCR)。

(7) 锚定PCR 用酶法在通用引物反转录的cDNA 3′端加上一段已知序列,然后以此序列为引物结合位点,对该cDNA进行PCR扩增称锚定PCR(anchored PCR),可用于未知cDNA的制备及低丰度cDNA文库的构建。

(8) 修饰引物PCR 为达到某些特殊应用目的,如定向克隆、定点突变、体外转录及序列分析等,可在引物的5′端加上酶切位点、突变序列、转录启动子及序列分析物结合位点等,这种PCR技术称修饰引物PCR。此外,还可将一些信号分子如荧光素、生物素等连接于引物的5′端,当PCR完成后可对产物直接进行检测。

提要

DNA复制形成的两个子代分子,各自有一条链来自亲代,这便是半保留复制。由一个复制起点启动的复制单位称复制子,原核细胞基因组、质粒、许多噬菌体、某些病毒的DNA及真核生物的细胞器DNA,只有一个复制子。复制时,从一个固定的起点开始,母体DNA双链解开,两条单链分别作为模板向两个方向进行复制,形成含有两个复制叉的复制泡,其中间体的形状类似字母θ,故称作θ型复制。少数环形DNA是单向复制的,只形成一个复制叉。

原核生物的DNA pol Ⅲ是主要的复制酶,DNA pol Ⅰ和DNA pol Ⅱ,以及后来发现的DNA pol Ⅳ和DNA pol Ⅴ主要参与DNA的修复。DNA聚合酶均以5′dNTP为原料,按5′→3′的方向合成新链,并需要先由引物体合成一小段RNA引物。DNA pol Ⅲ含有两个由$\alpha\varepsilon\theta$亚基组成的核心酶，τ 亚基二聚体将两个核心酶连接为一个复合物。每个核心酶连接一个 β-滑动夹子结构，每个 β-滑动夹子由 2 个 β 亚基构成，可将正在复制的 DNA 固定在夹子中，并能随 DNA 复制沿着模板 DNA 链滑动，有利于 DNA 的连续复制。$\gamma_2\delta\delta'\chi\psi$ 六个亚基形成夹子装配复合物，促进 β-滑动夹子同核心酶的装配。此外，原核生物 DNA 的复制还需要连接酶、解旋酶、拓扑异构酶和 SSB 等参与。

大肠杆菌 DNA 复制的起点称 *OriC*，由 245 bp 组成，关键顺序是 3 个 13 bp 和 4 个 9 bp 的重复序列，此外还有 11 个拷贝的甲基化位点序列。在复制的起始阶段，20～40 个 Dna A 蛋白四聚体在 ATP 参与下结合于 *Ori C* 的 9 bp 重复序列，水解 ATP 以驱动 13 bp 重复序列解链，形成长约 45 bp 的单链区。在 Dna C 和 Dna T 的帮助下，2 个 Dna B 被招募到解链区使 *Ori C* 的解链区扩大。多个 SSB 结合于 DNA 单链部分，至此形成预引发体。Dna B 解螺旋形成的扭曲张力，在 Top Ⅱ 的作用下被消除。

DNA 复制时，只有一条新合成的链可随复制叉的移动连续合成，称前导链。另一条链先从 5′→3′ 合成冈崎片段，再由 DNA pol Ⅰ 的 5′→3′ 外切酶活性切除冈崎片段的 RNA 引物，并用 DNA 片段填补缺口，由 DNA 连接酶连接切口形成完整的新链，这条间断合成的链称后随链。复制叉上两条新链的合成由同一个 DNA pol Ⅲ 的两个核心酶催化，后随链模板链的环化，可以使冈崎片段的 3′-OH 靠近 DNA pol Ⅲ 的一个核心酶，并使其方向与复制叉移动的方向一致。一个冈崎片段合成后，随着夹子结构脱离核心酶，环状体被打开，下一个冈崎片段连同夹子结构在夹子装配器协助下，形成另一个环状体，合成下一个冈崎片段。

大肠杆菌 DNA 复制的终止需要 Tus 蛋白与 ter 序列的相互作用，复制完成后两个子代分子形成连环体，需要由拓扑异构酶Ⅱ将其中的一个环状分子切开，使两个子代分子脱离后再将切开的 DNA 连接成环状分子。

真核细胞 DNA 的复制与原核细胞的共同点有：①半保留复制；②半不连续复制；③需要解旋酶解开双螺旋，并由 SSB 同单链结合；④需要拓扑异构酶消除解螺旋形成的扭曲张力；⑤需要 RNA 引物；⑥新链合成均有校对机制。

主要的差别有：①原核生物为单起点复制，真核生物为多起点复制；②真核生物复制叉移动的速度比较慢；③原核生物冈崎片段为 1000～2000 nt，真核生物冈崎片段为 100～200 nt；④ 真核生物 DNA 聚合酶和蛋白质因子的种类较多；⑤原核细胞的复制周期可重叠，真核生物的复制周期不可重叠；⑥真核生物的 DNA 为线形分子，需要端粒酶解决线形 DNA 的末端缩短问题。

SV40 DNA 复制时，T 抗原六聚体与 SV40 复制起始区结合，使起始区的 DNA 解链，RPA 作为 SSB 与单链区结合，DNA pol α-引发酶复合物与 T 抗原/RPA 复合物结合，合成前导链约 10 nt 的 RNA 引物和约 30 nt 的 DNA，随后 PCNA 取代 pol α-引发酶结合到 DNA 模板上，招募 pol δ 持续地合成前导链。同时，pol α-引发酶结合到后随链的模板上，开始后随链的合成。后随链的进一步延伸，也需要用 PCNA-pol δ 或 PCNA-pol ε 取代 pol α-引发酶。FEN-1-RNase H1 负责切除 RNA 引物，DNA 连接酶Ⅰ连接切口，Top Ⅰ负责清除复制叉移动形成的正超螺旋，Top Ⅱ a 和Ⅱ b 则负责解开连环体。

酵母 DNA 复制的起点称自主复制序列(ARS)，首先 Cdc6 和 Cdt1 与 ARS 结合，随即募集 Mcm2-7，形成前复制复合体。Cdk 和 Ddk 使 pri-RC 中的 Cdc6 和 Cdt1 磷酸化并脱离

pre-RC,随即募集DNA聚合酶,合成前导链和后随链。

染色体的末端具有由重复序列构成的端粒结构,其中的一条链为TG链,另一条链为AC链。端粒酶能够以自身的RNA为模板延长TG链,TG链可以作为合成冈崎片段的模板,使端粒形成双链。也可以通过单链区的回折,合成AC链。研究端粒和端粒酶,对于探索衰老的机制和癌症治疗的新途径有重要意义。

某些噬菌体和一些小质粒,在宿主细胞内进行滚环复制。mtDNA进行复制时,首先在H链复制的起始点以L链为模板合成H链,将亲代的H链置换出来,形成中间体D环。当H链合成到环形mtDNA约2/3的位置时,O_L被暴露,以母体分子的H链为模板合成L链,这种复制方式称D环复制。

病毒的线形DNA有3种可能的机制来解决其末端复制的问题:①将线形DNA暂时转变为环形DNA,再进行θ复制或滚环复制;②经重组形成串联体再进行复制;③使用蛋白质-dNTP作为引物,从线形DNA的末端开始复制。

DNA复制的高度忠实性可从5个方面得到保障:①4种dNTP浓度的平衡;②DNA pol的高度选择性;③ DNA pol的自我校对;④ 使用RNA引物;⑤ 错配修复。

逆转录病毒可以用RNA作为模板,由逆转录酶催化合成DNA。逆转录病毒基因组RNA的编码区包括*gag*,*pol*和*env* 3个结构基因。此外,5′端和3′端均有非编码区。逆转录酶是一种多功能酶,具有3种酶活性:①依赖于RNA的DNA pol活性,催化cDNA第一链的合成;②核糖核酸酶H活性,水解tRNA引物和基因组RNA;③依赖于DNA的DNA pol活性,合成cDNA的第二链。经逆转录合成双链cDNA的过程比较复杂,其间有两次链转移。研究逆转录作用,可为控制一些由逆转录病毒导致的疾病提供线索。在科研工作中,常用于逆转录酶合成基因工程中的目的基因,或构建cDNA文库。

DNA复制的调控主要发生在起始阶段,大肠杆菌的*Ori C*中GATC序列的甲基化在新生链中被延迟,这种半甲基化的起点不能启动复制,使新合成的DNA不能立即进入下一轮复制。一些噬菌体的DNA复制受特定的蛋白质因子调控。真核生物DNA复制的调控至少有3个层次:①细胞周期水平的调控;②染色体水平的调控;③复制子水平的调控。酵母DNA的复制受执照因子Cdc-6蛋白、Cdt-1蛋白和Mcm2-7复合体,以及Cdk的正调控,受增殖蛋白的负调控。

PCR的基本过程是在试管内加入含有待扩增DNA的双链目标DNA,分别能与目标DNA片段两侧的序列互补的两个寡核苷酸引物,4种dNTP,含有一定浓度Mg^{2+}的缓冲液和耐热的DNA聚合酶,通过加热到94 ℃左右使DNA变性,降温到55 ℃左右使引物与模板结合,升温到72 ℃左右合成新链3个步骤的循环,使DNA得到扩增。PCR的应用领域广泛,经过适当调整,可扩展其应用范围。

思考题

1. 何谓DNA的半保留复制?是否所有DNA的复制都以半保留的方式进行?
2. 若使^{15}N标记的大肠杆菌在^{14}N培养基中生长3代,提取DNA,并用平衡沉降法测定DNA密度,其^{14}N-DNA分子与^{14}N-^{15}N杂合DNA分子之比应为多少?

3. 已知DNA的序列为：
W：5′-AGCTGGTCAATGAACTGGCGTTAACGTTAAACGTTTCCCAG-3′
C：3′-TCGACCAGTTACTTGACCGCAATTGCAATTTGCAAAGGGTC-5′→
上链和下链分别用W和C表示，箭头表明DNA复制时复制叉的移动方向。试问：①哪条链是合成后随链的模板？②试管中存在单链W，要合成新的C链，需要加入哪些成分？③如果需要对合成的C链作^{32}P标记，核苷三磷酸中的哪一个磷酸基团应带有^{32}P？④如果箭头表明DNA的转录方向，哪一条链是合成RNA的模板？
4. 用什么实验可以证明DNA复制时存在冈崎片段？
5. 原核生物的DNA复制需要哪些酶和蛋白质？概述这些酶和蛋白质的结构特点和功能。
6. 概述原核生物DNA复制的过程。
7. 真核生物的DNA复制需要哪些酶和蛋白质？概述这些酶和蛋白质的结构特点和功能。
8. 概述真核生物DNA复制的过程。
9. 比较原核生物和真核生物DNA复制的异同。
10. 端粒是如何被加长的？研究端粒酶有何意义？
11. 分别概述滚环复制和D环复制的过程。
12. 病毒的线形DNA末端复制的问题可通过哪些途径解决？
13. DNA复制的精确性、持续性和协同性分别是通过怎样的机制实现的？
14. 某哺乳动物的细胞中，每个细胞的DNA长1.2 m，细胞生长周期中的S期约为5 h，如果这种细胞DNA延长的速度与*E. coli*相同，即16 μm/min，那么染色体复制时需要有多少复制叉同时运转？
15. 某细菌的环状DNA长度为1280 μm，若以每个复制叉16 μm/min的速度进行单起点双向复制，完成该DNA的复制需要的时间是多少？若在第一轮复制尚未完成时，已经开始了第二轮复制，此时共有几个复制叉？
16. 分别概述逆转录病毒基因组和病毒颗粒的结构。
17. 概述HIV的生活史和药物治疗艾滋病的基本原理。
18. 概述cDNA合成的过程和逆转录作用的生物学意义。
19. 分别概述大肠杆菌、SV40病毒和酵母基因组DNA复制的调控机制。
20. 概述PCR的基本过程和优化PCR反应体系的方法。
21. 概述PCR的扩展和应用领域。

5 第五章 DNA 的损伤与修复

作为遗传物质的 DNA 具有高度的稳定性，不过，细胞内外环境中各种因素依然可以造成 DNA 的损伤。如果 DNA 的损伤得不到有效的修复，就会造成 DNA 分子上可遗传的永久性结构变化，称为**突变**(mutation)。有些突变对细胞可能是无害的，少数突变甚至有可能是有利的。有利突变的累积可以使生物进化，使其能更好地适应其生存的环境。但大部分突变是有害的，会造成细胞功能的异常。对于单细胞生物，不少有害突变是致死的，对于多细胞的高等生物，有害突变会造成病变，如代谢病和肿瘤。

好在细胞有多种形式的修复系统，使绝大多数 DNA 损伤能够及时修复。万一损伤过于严重，细胞会启动凋亡机制，使细胞解体，以防止有害的遗传信息传给子代细胞。

研究 DNA 损伤与修复的机制，有两个方面的实际意义。① 防止 DNA 的损伤，是预防不少疾病的有效途径。② 在育种工作中，常常要诱发突变再筛选有优良性状的植株或微生物株系。因此，研究 DNA 损伤与修复的途径和机制，可以促进基础生物学、医学和农学的发展。

5.1 DNA 损伤的产生

DNA 损伤指在内外因素作用下，DNA 共价结构的改变。单个碱基改变会影响 DNA 的序列，一般对分子的整体构象影响不大，若受损伤的 DNA 还可以进行复制或转录，其序列的变化可以传递给子代。若碱基的改变是两种嘌呤或两种嘧啶之间的互换，称作**转换**(transition)。若发生了嘌呤和嘧啶之间的互换，则称作**颠换**(transversion)。双螺旋结构的异常扭曲或断裂，会对 DNA 复制或转录造成障碍，若得不到及时修复，可能造成细胞的死亡。引起 DNA 损伤的因素很多，包括 DNA 分子本身在复制过程中发生的自发性改变，以及细胞内各种代谢物质和外界理化因素引起的损伤。

5.1.1 DNA 分子的自发性损伤

DNA 的自发性损伤可以发生在复制过程中，也可以由细胞自身产生的活性氧或代谢产物造成。在复制过程中的，虽然有多种机制保证“忠实性”，但依然难免会有一定概率的差错，造成 DNA 的损伤。例如，大肠杆菌 DNA 复制时，若无 DNA 聚合酶的校正，碱基错配率为 $10^{-2}\sim10^{-1}$，经 DNA 聚合酶的校正，碱基错配率为 $10^{-6}\sim10^{-5}$，再经过其他因素的作用，碱基错配率可下降到 10^{-10}。在 DNA 复制的过程中，任意环节出现问题，如 DNA 聚合酶的功能变化，底物结构的改变，二价阳离子种类及含量的改变等，都会使碱基错配率增高。根据 DNA 损伤的状况和引起损伤的原因，可以将 DNA 的自发性损伤分作 6 种类型。

(1) 互变异构移位　**互变异构移位**(tautomeric shift)是碱基发生了烯醇式-酮式结构互变,使氢原子位置发生变化,造成碱基配对改变,使复制后的子链出现错误。DNA 碱基上的酮基或氨基都位于杂环中 N 原子的邻位,能形成酮式-烯醇式互变异构,或氨基和亚氨基互变异构。生理条件下,主要为酮基和氨基,但也可能发生瞬间的互变异构,出现烯醇基或亚氨基,就可能产生错配的碱基对。如图 5-1 所示,若 A 变为稀有的亚氨基形式,即可与 C 配对,经过 DNA 的两轮复制,在部分子代分子中,A-T 对变成了 G-C 对。

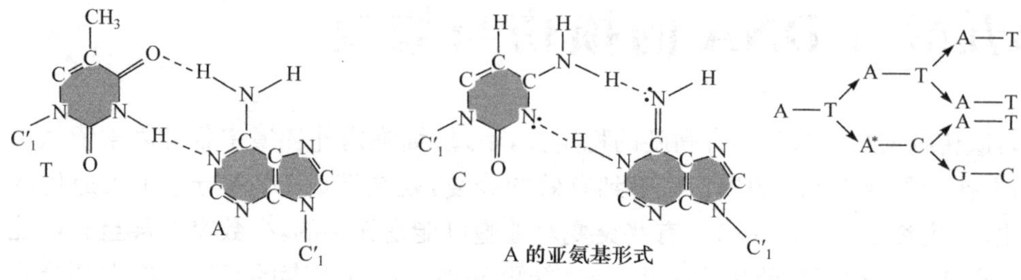

图 5-1　A 的亚氨基形式引起的 DNA 损伤

(2) 自发脱氨基　DNA 分子中碱基的环外氨基有时会自发脱落,结果使 C 变为 U,A 变为 I,G 变为 X(黄嘌呤)。在 DNA 复制时,母链的上述变化会在子链中产生错误而导致损伤。

A→I-C,下一轮 G-C,引起 AT→GC 的突变;

C→U-A,下一轮 T-A,引起 GC→AT 的突变;

G→X-C,下一轮 G-C,损伤不扩大。

(3) DNA 复制的打滑　在 DNA 复制时,有时会出现模板链或新生链碱基的环出(looping out)现象,被称作 DNA 聚合酶的"打滑"(slippage)。如图 5-2 所示,第一次复制时新生链一个或数个核苷酸的环出,在第二次复制时,可引起同样数量核苷酸的插入。第一次复制时模板链一个或数个核苷酸的环出,在第二次复制时,可引起同样数量核苷酸的缺失。这种错

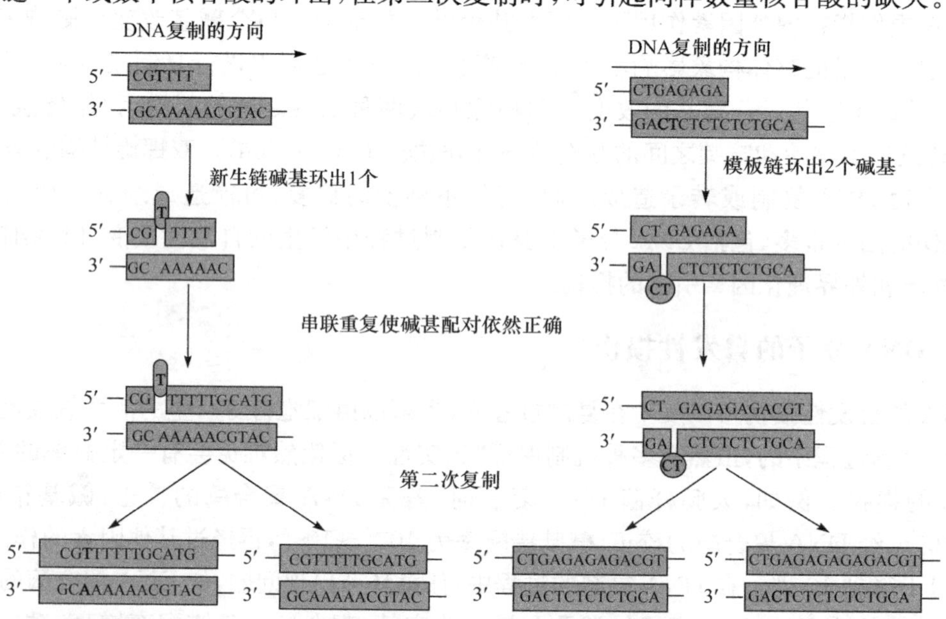

图 5-2　复制打滑引起的 DNA 损伤

误易发生在模板上有碱基串联重复的部位，这些部位即使发生碱基的环出，后面的碱基配对仍然是正确的。微卫星 DNA 就容易发生 DNA 聚合酶的打滑，造成其长度的变化。如果 DNA 聚合酶的打滑发生在编码区，被插入或缺失的碱基对数目不是 3 或 3 的整数倍，就会造成后果严重的移码突变。

(4) 活性氧引起的 DNA 损伤　活性氧指反应活性很高的含氧自由基和 H_2O_2，在细胞正常代谢过程中生成的含氧自由基可造成碱基氧化，如 7,8-二氢-8-氧鸟嘌呤(7,8-oxoG,GO)就是一种氧化碱基，可与 C 或 A 配对，造成 G-C→T-A 的颠换，DNA pol Ⅰ 和 DNA pol Ⅱ 的校正活性不能校正其错配，故这种损伤可以积累(图 5-3)。

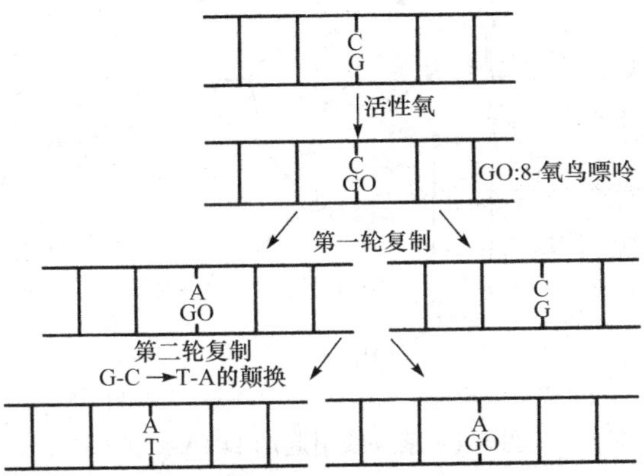

图 5-3　活性氧引起的 DNA 损伤

H_2O_2是细胞呼吸的副产物，可促进生成胸腺嘧啶乙二醇、胸苷乙二醇和羟甲基尿嘧啶等，造成 DNA 的氧化损伤，但这类损伤一般能被修复。糖的有些氧化产物如葡萄糖-6-磷酸也能与 DNA 反应，引起 DNA 结构的变化。

(5) 碱基丢失　DNA 分子在生理条件下可通过自发性水解，使嘌呤碱和嘧啶碱从磷酸脱氧核糖骨架上脱落下来。据估算，一个哺乳动物细胞在 37 ℃条件下，20 h 内通过自发水解可从 DNA 链上脱落约 1000 个嘌呤碱和 500 个嘧啶碱。在一个长寿命的哺乳动物细胞(如人神经细胞)的整个生活周期中，自发性脱嘌呤约 10^8 个，占细胞 DNA 中总嘌呤数的 30%。细胞受热或 pH 降低，可加剧脱嘌呤反应，强致癌剂黄曲霉毒素 B_1 也能加剧脱嘌呤反应。

(6) 碱基的烷基化　细胞内一些天然的烷基化试剂，如 S-腺苷甲硫氨酸，可使 DNA 分子中的某些碱基甲基化，造成碱基错配，经 DNA 复制，形成碱基对的改变。

5.1.2　物理因素引起的 DNA 损伤

DNA 分子容易吸收波长在 260 nm 左右的紫外线(ultraviolet，UV)，大剂量的 UV 照射，可以使 DNA 分子一条链上相邻的两个嘧啶共价结合，形成环丁烷嘧啶二聚体。相邻的两个 T 或两个 C，以及 C 和 T 之间均可形成嘧啶二聚体，但最易形成的是 T-T 二聚体和 6-4 光产物(图 5-4)。

形成二聚体的反应可逆，较长的波长(280 nm)有利于二聚体的形成，较短波长(240 nm)有利于其解聚。二聚体生成的位置和频率，与侧翼的碱基序列有一定的关系。由于 UV 穿透力有限，故对人的伤害主要是皮肤。人的皮肤暴露在阳光下，每小时由于 UV 照射产生嘧啶

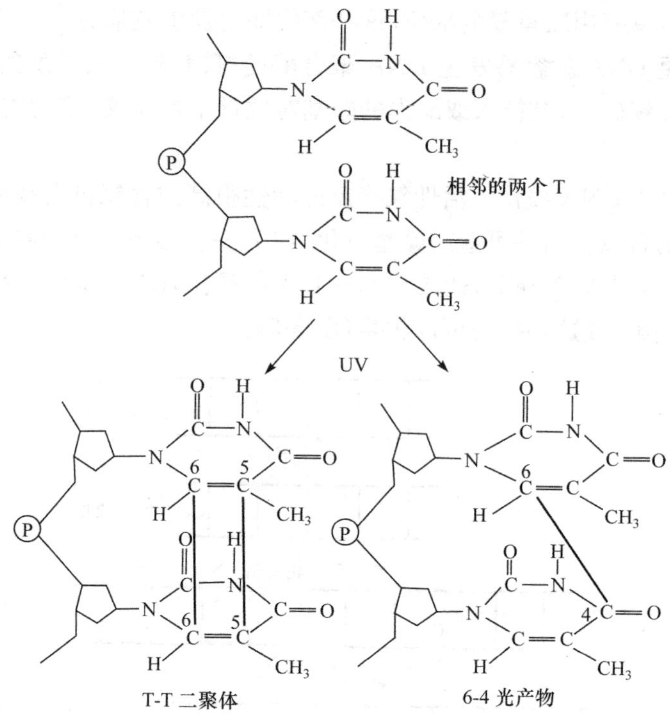

图 5-4　紫外线引起的 DNA 损伤

二聚体的频率约为 5×10^4 个/细胞。UV 照射可明显提高微生物的突变率，是对微生物进行诱变育种的常用方法。大剂量长时间的 UV 照射能使微生物致死，是常用的杀菌方法。

电离辐射如 X 射线和 γ 射线等，可以引起 DNA 的直接损伤和间接损伤，前者指辐射的能量直接造成 DNA 分子结构和性质的改变，后者指电离辐射通过对环境中其他成分（主要是水）的作用，引起 DNA 分子的变化。水是活细胞的主要成分，经辐射解离后可产生高活性的自由基，如 $\cdot OH^-$ 自由基。后者可以从 DNA 分子抽氢，形成 DNA 自由基，随后可导致 DNA 链的断裂（图 5-5a）。受电离辐射的 DNA 分子，碱基和糖环都可发生一系列化学变化，生成各种过氧化物，使碱基破坏或脱落。如 $\cdot OH^-$ 可从糖环上夺去氢原子，使其分解，最后引起 DNA 的链断裂（图 5-5b）。

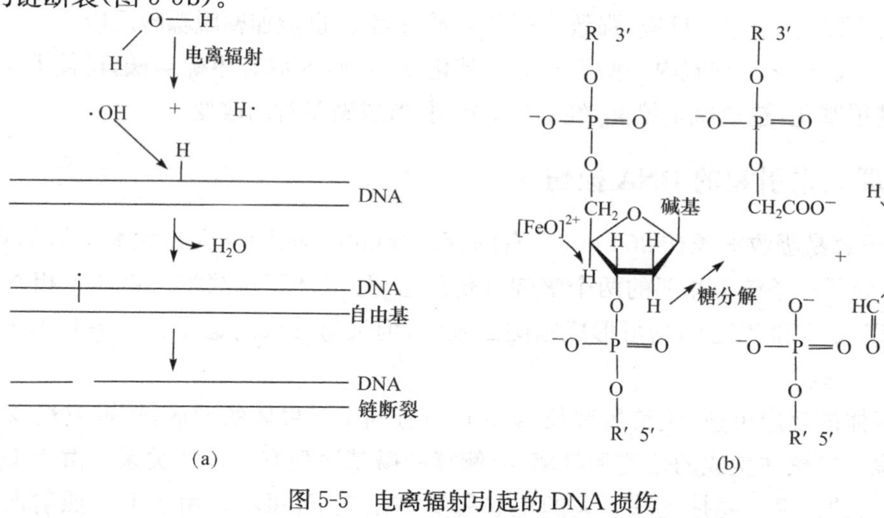

图 5-5　电离辐射引起的 DNA 损伤

随着照射剂量的增大，DNA链的断裂会加剧。若DNA双链中只有一条链断裂，称为单链断裂，若两条链在同一处或紧密相邻处同时断裂，则为双链断裂。除电离辐射外，其他原因引起的脱氧戊糖破坏或磷酸二酯键水解，均会引起链断裂，碱基的破坏或脱落也可间接引起链断裂。双链断裂是极严重的损伤，往往难以修复，较多的链断裂一般会导致细胞的死亡。

电离辐射还能引起DNA的交联，包括DNA的链间交联和DNA-蛋白质的分子间交联。前者指DNA分子中一条链上的碱基与另一条链上的碱基以共价键结合，后者指DNA与蛋白质以共价键结合。在真核细胞中与DNA交联的蛋白质主要是组蛋白、非组蛋白、调节蛋白、拓扑异构酶及与复制和转录有关的核基质蛋白等（见电子教程科学史话5-1 X射线诱发突变的研究）。

5.1.3 化学因素引起的DNA损伤

许多化学物质可与DNA发生反应，改变其结构。能诱发DNA损伤的化学物质称化学**诱变剂(mutagen)**，常见的化学诱变剂可以大致分为3类。

(1) 碱基类似物　**碱基类似物**(base analog)是与DNA正常碱基结构类似的化合物，能在DNA复制时取代正常碱基与模板链的碱基配对，从而掺入DNA。碱基类似物易发生互变异构，在复制时改变配对性质，引起碱基对置换。碱基类似物一般引起转换，如5-溴尿嘧啶(bromouracil,5-BU)是胸腺嘧啶的类似物，在通常情况下以酮式结构与腺嘌呤配对，但它有时以烯醇式结构存在，则与鸟嘌呤配对，结果使A-T变为G-C，相反情况下，则可将G-C变为A-T。虽然胸腺嘧啶也有酮式和烯醇式互变异构现象，但其烯醇式发生率极低。而5-BU中由于溴原子负电性很强，其烯醇式发生率很高，显著提高了突变率。

2-氨基嘌呤(aminopurine,AP)是腺嘌呤的类似物，通常与胸腺嘧啶配对，以罕见的亚氨基状态存在时，可以与胞嘧啶配对，使A-T变为G-C，相反情况下，则可将G-C变为A-T（见电子教程知识扩展5-1 5-BU和AP的结构式）。

(2) 碱基的修饰剂　某些化学物质通过对DNA分子上**碱基的修饰**(base modification)，改变其配对性质。例如，亚硝酸能脱去连接在碱基环上的氨基，使腺嘌呤脱氨基形成次黄嘌呤(I)，后者与胞嘧啶配对，而不与胸腺嘧啶配对。胞嘧啶脱氨基后成为尿嘧啶，与腺嘌呤配对。由于A和C的脱氨基作用，经过两次复制以后，可分别使AT对转换为GC对，或GC对转换为AT对。鸟嘌呤脱氨后成为黄嘌呤(X)，后者仍与胞嘧啶配对，经复制后恢复正常，不引起碱基对置换。

羟胺(NH_2OH)与DNA分子上碱基的作用特异性很强，它只与胞嘧啶作用，生成4-羟胺胞嘧啶(HC)，后者与腺嘌呤配对，结果使G-C对变为A-T对。

烷化剂(alkylating agent)能使DNA碱基上的氮原子烷基化，最常见的是鸟嘌呤第6位氮原子烷基化生成6-甲基鸟嘌呤(MG)，引起分子电荷分布的变化，使其与MG胸腺嘧啶配对，经复制使G-C对变为A-T对。如果直接与配对有关的基团被烷化，则可完全阻断复制时的碱基配对（图5-6）。

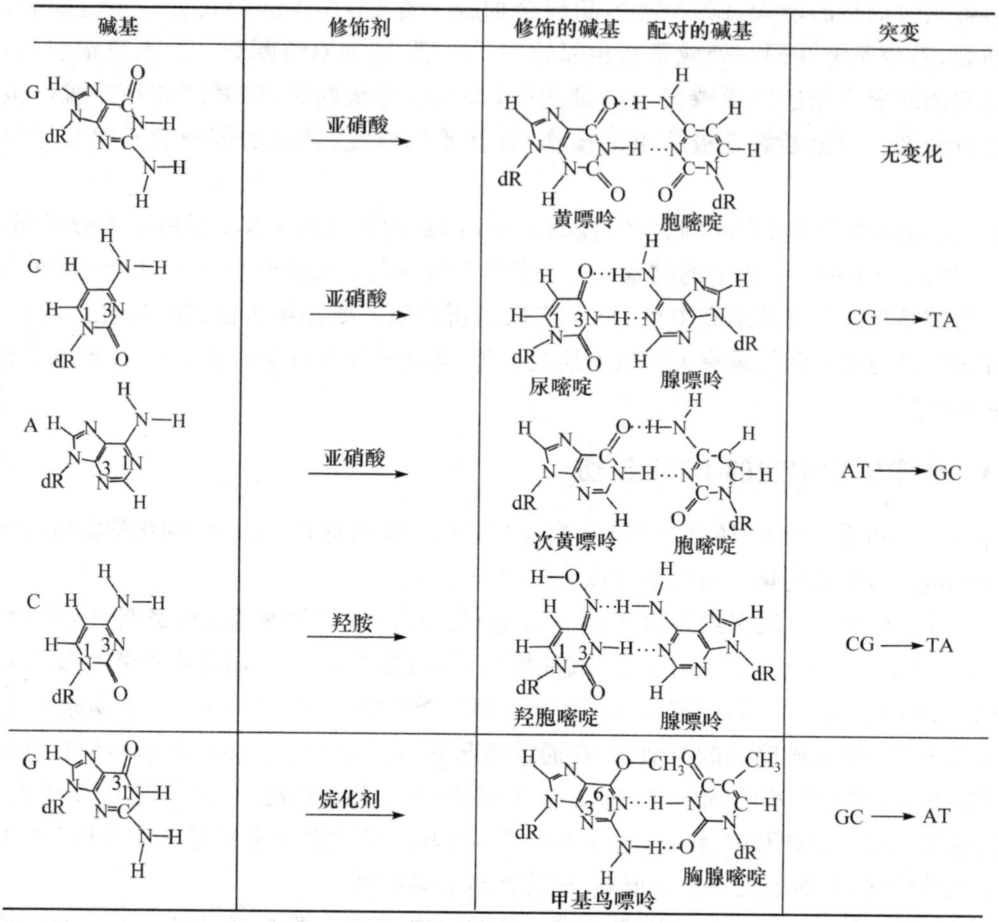

图 5-6 化学因素引起的 DNA 损伤

常见的烷化剂有亚硝胺化合物，包括二甲基亚硝胺和二乙基亚硝胺，亚硝基胍(NTG)化合物如 *N*,*N*′-硝基-*N*-甲基亚硝基胍，亚硝基脲化合物如乙基亚硝基脲，烷基硫酸盐化合物，包括二甲基硫酸盐、乙基甲基硫酸盐(EMS)和乙基乙基硫酸盐(EES)，此外，还有氮芥和硫芥等。亚硝基化合物是较强的诱变剂，在适宜条件下可使 *E. coli* 每个细胞都发生一个以上的突变。氮芥(nitrogen mustard)是二(氯乙基)胺的衍生物，硫芥是二(氯乙基)的硫醚，它们能使 DNA 同一条链或两条不同 DNA 链上的鸟嘌呤交联成二聚体，这种交联很难修复，因此交联剂是强致癌剂。此外，烷化后的嘌呤和脱氧核糖之间的糖苷键容易断裂，使嘌呤脱落而造成突变。

常见烷化剂的结构如图 5-7 所示，阴影中的基团容易被转移到 DNA 的碱基上。硫芥与氮芥的结构相似，只是用 S 原子取代了氮芥中的 N 原子。

(3) 嵌入染料 一些扁平的稠环分子，如吖啶橙(acridine orange)、原黄素(proflavin)、溴化乙啶(ethidium bromide，EB)等染料，可插入到 DNA 分子碱基对之间，故称为嵌入染料。这些扁平分子插入 DNA，可加大碱基对间的距离。若一个嵌入染料分子插入 DNA 复制时的母链，新合成的链会插入 1 个核苷酸；若一个嵌入染料分子插入 DNA 复制时的子链，新合成的链将缺失 1 个核苷酸。若这类 DNA 损伤发生在编码区，会造成移码突变（图 5-8）。

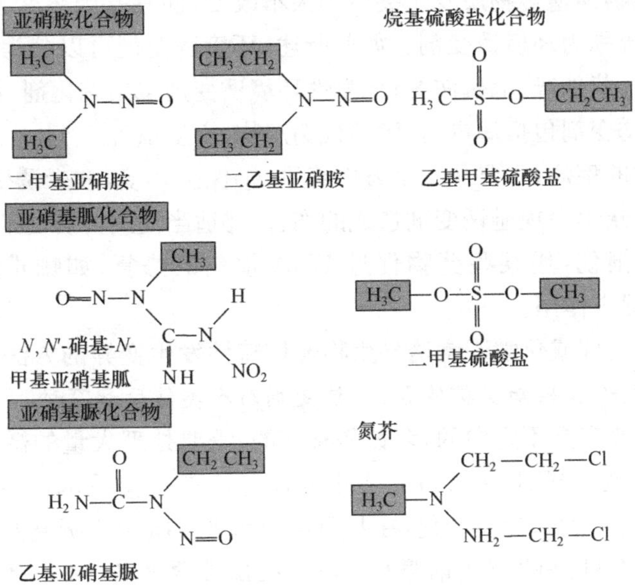

图 5-7　常见烷化剂的结构

5.1.4　生物因素引起的 DNA 损伤

病毒、真菌的代谢产物和某些寄生虫等生物因素也可引起 DNA 损伤。

有些 DNA 病毒，如乙型肝炎病毒（HBV）、多瘤病毒、乳头瘤病毒、腺病毒、疱疹病毒、痘病毒和反转录病毒，在一定条件下可以整合到宿主细胞的基因组中，引起染色体畸变或基因突变，造成细胞坏死，或引起肿瘤。

一些真菌的代谢产物经过体内的代谢转化，形成的代谢物可引起 DNA 损伤，进而引起肿瘤。黄曲霉毒素 B_1（aflatoxin B_1，AFB_1）在代谢活化过程中能产生自由基，在 DNA 中生成 8-OH dG，还可使 DNA 烷基化，引起基因突变和肿瘤。赭曲霉毒素又称为棕曲霉毒素，是肾脏与肝脏毒素，也有较强的致癌作用。由轮枝链霉菌产生的博莱霉素与铁的复合物可嵌入 DNA，引起 DNA 单链和双链断裂，造成 DNA 损伤，合适剂量的博莱霉素可用来治疗某些肿瘤。

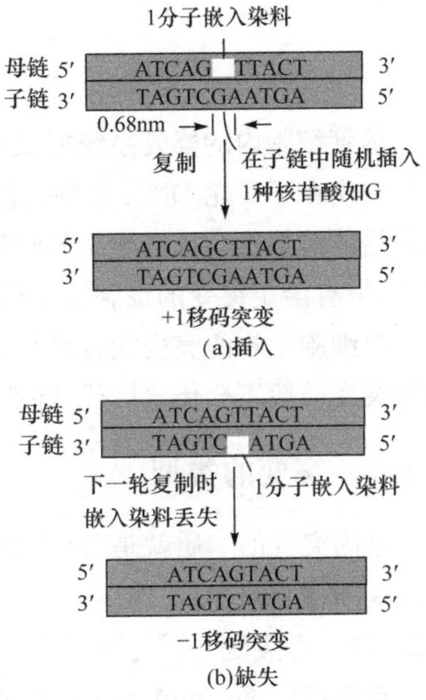

图 5-8　嵌入染料引起的移码突变

某些寄生虫感染与肿瘤有相关性。例如，血吸虫病与消化系统肿瘤，睾吸虫感染与胆管癌，粪类圆线虫病和丝虫病与淋巴瘤，阿米巴病与大肠癌，阴道滴虫病与宫颈癌均有一定的相关性。一般认为，寄生虫感染引起慢性炎症与上皮增生，免疫功能降低，亚硝胺等致癌物生成量增加，造成 DNA 烷基化等损伤，从而引发基因突变和肿瘤。

5.1.5 环境诱变剂及其应用

环境中能引起生物体遗传物质发生突然的根本改变，使其基因突变或染色体畸变达到自然水平以上的物质，统称为环境诱变剂。如前所述，环境诱变剂可以分为三大类型：物理性环境诱变剂如电离辐射、紫外线、电磁波等；化学性环境诱变剂包括烷化剂、羟胺、亚硝酸盐、嵌入染料等；生物性环境诱变剂包括病毒、真菌的代谢产物、寄生虫等。

防止诱变剂引发的疾病，主要从三个方面着手：①保护环境，减少诱变剂对自然环境的污染；②加强教育，使大众学会规避诱变剂造成的伤害；③适当使用抗诱变剂，如用抗氧化剂防止自由基造成的 DNA 损伤，用某些药物促进 DNA 损伤的修复，如咖啡因(caffeine)对某些 DNA 损伤的修复有促进作用。

诱变指用物理或化学因素诱导生物遗传特性发生变异的方法，通常用于植物或微生物育种(见电子教程知识扩展 5-2　诱变剂与人类健康和育种)。

诱变造成的性状改变是不定向的，多数是有害的，需要处理大量的微生物或种子，从中选取偶然出现的有利突变。Michael Smith 提出的体外定点突变技术可按照事先的设计改变 DNA，引起表达产物的相应变化，在基因功能和蛋白质功能研究方面已有很好地应用，在育种方面也有良好的应用前景(见电子教程科学史话 5-2　体外定点突变技术的建立)。

5.2 基因的突变

尽管细胞内的修复系统能及时修复绝大多数 DNA 损伤，但修复系统并不是万无一失的。如果损伤在下一轮 DNA 复制之前还没有被修复，有的会被固定下来传给子代细胞，有的则通过易错的跨损伤合成产生新的错误，最终也被保留下来。因此，生物体难免会发生这样那样的突变，带有给定突变的细胞或个体被称为**突变体**(mutant)。

单细胞生物的突变能直接传给其后代，多细胞生物生殖细胞的突变也可传给后代。体细胞的突变一般不会传给后代，除非后代是由突变的体细胞克隆而成的。

5.2.1 突变的类型

基因突变的本质就是 DNA 碱基序列的变化，根据碱基序列的变化方式，基因突变可分为点突变和移码突变。

5.2.1.1 点突变

点突变(point mutation)指 DNA 分子单一位点上所发生的碱基对改变，也称为简单突变(simple mutation)或单一位点突变(single-site mutation)，其最主要的形式为碱基对置换(base-pair substitutions)，分为转换和颠换两种类型。有时，发生在单个位点上的少数核苷酸缺失或插入(小于 5 nt)也被视为点突变。

点突变带来的后果取决于其发生的位置和具体的突变方式。

如果点突变发生在基因组居间序列的垃圾 DNA(junk DNA)上，因为其碱基序列缺乏编码和调节基因表达的功能，有可能不产生任何后果。

如果突变发生在基因的内含子序列，一般对表达产物没影响。但有时可影响这个基因的转录、转录后加工或翻译等。例如，一些地中海贫血患者是因为珠蛋白基因内含子发生突变，影响转录后的剪接，导致翻译出来的珠蛋白没有功能。

如果突变发生在一个基因的启动子或者基因表达的调控区，会影响基因表达的效率。有时突变改变了内部的调控元件，或者正好产生了剪接位点，则会导致mRNA前体的后加工发生变化，从而引起表型的变化。如果RNA基因发生突变，其表达产物的序列通常会有变化，但其序列的变化不一定都能影响生物体的表型。

如果点突变发生在一个基因的编码区，会有3种不同的结果。

(1) 沉默突变　由于遗传密码有简并性，若突变的密码子编码同样的氨基酸，则对蛋白质的结构和功能没有影响，因此被称为**沉默突变**(silent mutation)或**同义突变**(same-sense mutation)。例如，密码子ATT突变成ATC，其编码的氨基酸依然是Ile。但同义突变有时因为密码子的偏爱性，会影响基因表达的效率。

(2) 错义突变　若突变的密码子编码不同的氨基酸，由于其基因所编码的蛋白质中会出现错误的氨基酸，因此，被称为**错义突变**(missense mutation)。如果错误的氨基酸与原来的氨基酸属于同一类(如同为疏水性氨基酸)，未能引起生物体表型的明显变化，则这种突变被称为**中性突变**(neutral mutation)。如果错误的氨基酸与原来的氨基酸性质差异很大，即可能产生灾难性的后果，造成分子病，如镰刀形红细胞贫血症(见电子教程知识扩展5-3镰刀形红细胞贫血症的致病机理)和囊性纤维变性(cystic fibrosis)等。某些错义突变在一定的条件下才能引起表型变化，相应的突变体被称为条件突变体(conditional mutant)，温度敏感型突变体只在一定的温度下才出现表型变化，就属于这一类。

(3) 无义突变和通读突变　若突变使某氨基酸的密码子变为终止密码子，导致多肽链合成被中断，称**无义突变**(nonsense mutations)例如，Cys的密码子TGC突变成终止密码子TGA，就属于无义突变。由于终止密码子有琥珀型(amber，TAG)、赭石型(ocher，TAA)和乳白石型(opal，TGA)3种类型，相应的无义突变也被分为琥珀型、赭石型和乳白石型。无义突变究竟会给一个蛋白质的结构和功能带来什么影响，主要取决于丢失了多少个氨基酸残基。

若突变使终止密码子变成了某氨基酸的密码子，使mRNA翻译时发生通读，肽链加长，则被称为**加长突变**(elongation mutation)或**通读突变**(read-through mutation)。例如，TAG突变成CAG，原来应该翻译终止的地方却掺入了Gln。加长突变可能会改变多肽的性质，如影响其稳定性。但由于通常在原来的终止密码子下游还存在其他天然的终止密码子，加长突变一般不会将多肽链加长很多。

5.2.1.2　移码突变

移码突变(frame shift mutation)又称移框突变，指在一个蛋白质基因的编码区缺失或插入一个或多个核苷酸，且缺失或插入的核苷酸不是3的整数倍，造成了阅读框架的改变。移码突变使插入点或缺失点下游的氨基酸序列完全改变，插入点或缺失点越靠近mRNA的5′端，表达的蛋白质丧失功能的可能性就越大。若移码突变使某一位置形成终止密码子，还能使多肽链的合成被提前中断。

5.2.1.3　隐性突变和显性突变

真核生物的染色体通常是成对的(同源染色体)，每一个基因通常有2个拷贝。对多数基因而言，如果突变仅仅发生在一条同源染色体上，另一条同源染色体上正常基因的产物能够抵消或中和突变基因对细胞功能的影响。只有一对同源染色体上两个等位基因都发生突变，才能改变生物体的表型，这样的突变即为**隐性突变**(recessive mutation)。

另外一种类型的基因，只要两条同源染色体上任意一个等位基因发生突变，就可以带来突变体的表型变化，这类基因发生的突变称**显性突变**(dominant mutation)。例如，有些调节基因表达的调节蛋白，一条同源染色体上基因的突变，就可能造成调节蛋白的数量不足，引起生物体的表型变化，形成显性突变。再如，人类对Ⅰ型胶原蛋白的需求量特别大，如果它的基因只有一个拷贝是正常的，就会因为这种结构蛋白的数量不足，而引发骨脆性疾病和早发性耳聋。如果突变产生的蛋白质对细胞有毒，其毒性无法被另外一条染色体上正常基因表达出来的蛋白质抵消或中和，则这种突变也会是显性的。

5.2.2 突变的回复和校正

由于基因突变而使生物体的性状由野生型改变为突变型，则将这样的突变称作**正向突变**(forward mutation)。若已经发生了突变的生物体，经过第二次突变，其性状由突变型恢复到原来的野生型，则其第二次突变称**回复突变**(reverse mutation 或 back mutation)。回复突变可能是因为第一次突变形成的错误氨基酸，经第二次突变恢复成原来的氨基酸，或者性质相近的氨基酸，从而使突变体的蛋白质功能得到部分或完全恢复。

校正突变(suppressor mutation)指发生在另外一个位点上，且能够中和或抵消起始突变的第二次突变，有时被称为假回复突变(pseudo-reverse mutation)。校正突变可分为基因内校正、基因间校正和迂回校正 3 种类型。

5.2.2.1 基因内校正

基因内校正(intragenic suppressors)的第二次突变与起始突变发生在相同的基因内，两次突变一般为同一种类型。

如果起始突变为点突变，则校正突变也应当是点突变，这一类校正突变一般是通过恢复一个基因产物内 2 个残基(氨基酸残基或核苷酸残基)之间的联系来实现的。例如，一个蛋白质的正确折叠需要 Lys3 和 Glu50 侧链之间的离子键，如果起始突变使 Lys3 突变成 Glu3，将会导致蛋白质因不能正确折叠而丧失功能。若校正突变使 Glu50 变成了 Lys50，则可以恢复 Glu 残基与 Lys 残基之间的离子键，使突变的蛋白质仍然能够正确折叠，并恢复原有的功能。

如果起始突变为移码突变，则校正突变也应当是移码突变，而且移码的位置接近，方向相反，核苷酸数目相同。例如，一个基因的第一次突变是+1 移码，如果第二次突变正好发生在它的附近，而且是−1 移码，则第二次突变很有可能就是第一次突变的基因内校正。

5.2.2.2 基因间校正

基因间校正(intergenic suppressors)的第二次突变与起始突变发生在不同的基因上，其中发生第二次突变，且具有校正功能的基因被称为校正基因(suppressor gene)。一般而言，每一种校正基因只能校正无义突变、错义突变或移码突变中的一种。校正基因一般是通过恢复 2 个不同基因产物之间的结合来发挥作用的，如恢复 2 条不同的多肽链之间，2 个不同的 RNA 之间，或者 1 条多肽链和 1 分子 RNA 之间的功能关系。

(1)错义突变的校正　不少校正基因编码具有校正功能的tRNA,称校正tRNA。校正tRNA通过其内部突变的反密码子来校正mRNA突变的密码子,使翻译出来的多肽链氨基酸序列恢复正常。校正tRNA不仅能够校正无义突变,还能校正错义突变,甚至能校正移码突变。但由于校正tRNA基因在细胞内与野生型tRNA基因共存,即校正tRNA会同野生型tRNA竞争与反密码子的结合,若遇到正常基因转录的mRNA,这类校正基因反而会造成错义突变。

如果校正基因不是tRNA的基因,而是一个蛋白质的基因,则一般的情况是,起始突变造成的氨基酸残基变化,使其编码的蛋白质亚基A不能与另一个蛋白质亚基B组装在一起,不能形成有功能的寡聚体蛋白质。校正机制通过蛋白质亚基B一个氨酸残基的变化,使其能够同蛋白质亚基A组装在一起,形成有功能的寡聚体蛋白质。

(2)无义突变的校正　如果mRNA一个特定的密码子发生无义突变,校正突变发生在tRNA的反密码子上,使发生突变的密码子能被突变的tRNA识别,翻译成正常的氨基酸,这便是无义突变的校正。例如,$tRNA^{Tyr}$的反密码子从GUA颠换成CUA,使之能识别mRNA分子上因突变产生的终止密码子TAG(由Tyr的密码子TAC颠换而成),即可使原来的无义突变得到校正。如果起始突变是无义突变,校正基因的产物可以同肽链合成的释放因子结合,则校正基因有可能造成基因的通读(见电子教程知识扩展5-4校正tRNA的作用)。

(3) 移码突变的校正　移码突变的校正有两种方式:① 是一个突变的tRNA分子上有1个由4个核苷酸组成的反密码子,能够阅读mRNA分子上的1个4核苷酸密码子;②是特定的核糖体蛋白发生突变,导致核糖体在翻译时发生了反方向的移框。

5.2.2.3　迂回校正

迂回校正(bypass suppressor)是一种生理意义上的校正,该机制通常适用于一些调控途径。例如,在5种蛋白质构成的信息传递途径A→B→C→D→E中,若蛋白质C的突变使信息无法从C传给D,导致整个调控途径中断。而蛋白质D的同时突变,使其他蛋白质能够直接从蛋白质B得到信息,则使原来的途径恢复畅通。再如,一种突变导致一种给定产物的量减半,而另外一种突变提高了该产物的转运能力,从而抵消了第一种突变给机体带来的危害。

5.2.3　诱变剂和致癌剂的检测

在自然条件下发生的突变称自发突变,其发生的频率非常低,大肠杆菌和果蝇基因的自发突变率都在10^{-10}左右。能够提高突变率的诱变剂主要有物理诱变剂和化学诱变剂两类。

肿瘤是细胞生长失控的结果,能转移的肿瘤称为癌。某些控制细胞分裂的基因一旦发生突变,就有可能引发癌症,这样的基因称**原癌基因**(proto-oncogene)。有些基因的表达产物有抑制癌症的作用,称**抑癌基因**(anti-oncogene)。在原癌基因发生突变且抑癌基因失去作用的情况下,细胞就有可能发生癌变。可见,细胞癌变与突变率的提高,以及修复机制的受损有关(见电子教程知识扩展5-5基因突变与肿瘤的发生)。

检测食品、日用品和环境中的诱变剂和致癌剂，对于保障人类健康有十分重要的意义。由Ames发明的一种检测方法被命名为Ames试验，该方法的基本步骤是，在多个培养皿的无组氨酸培养基上接种鼠伤寒沙门杆菌的组氨酸营养缺陷型菌株，该菌株不能在无组氨酸的培养基中生长。同时，在不同的培养皿中分别加入不同浓度的待测物，经过适当时间的培养，观察菌落生长的状况。如果在有待测物存在的情况下，能长出较多的菌落，说明待测物具有诱变作用，使营养缺陷型细菌发生了回复突变，根据菌落的多少可判断诱变剂的强弱（见电子教程知识扩展5-6Ames试验的原理）。

由Ames试验和动物试验的结果发现，致癌物质中约90%都有诱变作用，而诱变剂中约90%有致癌作用。不少化合物需在体内经过代谢活化才有诱变作用，在测试时可将待测物与肝提取物一起保温，使其转化，再进行Ames试验，这一方法可以检测潜在的诱变剂和致癌物质。

大肠杆菌的SOS反应（见本章5.3.4）可以使处于溶源状态的λ噬菌体激活，从而裂解宿主细胞产生噬菌斑。能引起细菌SOS反应的化合物对高等动物通常是致癌的。Devoret根据此原理，利用溶原菌被诱导产生噬菌斑的方法来检测致癌剂，比Ames试验更加简单，也是检测诱变剂和致癌剂的常用方法。

5.3 DNA损伤的修复

细胞内存在十分完善的DNA损伤修复系统，以保障遗传物质的稳定性。不同类型的DNA损伤，由不同的途径进行修复。根据修复的机制，DNA损伤的修复一般可分为直接修复、切除修复、双链断裂修复、易错修复和重组修复等几类。

5.3.1 直接修复

直接修复（direct repair）也称损伤逆转（damage reversal），其修复的方式是用特定的化学反应使受损伤的碱基恢复为正常的碱基，是最简单、最直接的修复方式。能够被这种机制修复的损伤有嘧啶二聚体、烷基化碱基和单链断裂。

5.3.1.1 嘧啶二聚体的直接修复

嘧啶二聚体是一种常见的DNA损伤，可导致双螺旋发生扭曲，而影响DNA的复制和转录。

嘧啶二聚体既可以被直接修复，也可以被切除修复。参与其直接修复的DNA光复活酶（DNA photoreactivating enzyme）或DNA光裂解酶（DNA photolyase）是M_r为$5.5\times10^4\sim6.5\times10^4$的单体酶，含两个光吸收辅因子和FADH。*E. coli*的DNA光复活酶由*phr*基因编码，辅因子为N^5,N^{10}-次甲基四氢叶酸（MTHF），能吸收紫外光和可见光（300～500 nm），形成激发态*MTHF，接着，将能量传给$FADH^-$，形成激发态$^*FADH^-$，$^*FADH^-$将电子转移给T-T二聚体，自身转化为$FADH^*$，得到电子的T-T二聚体经过分子内的电子重排，将连接两个嘧啶环的两个共价键断开。所得嘧啶阴离子还原$FADH^*$，使$^*FADH^-$再生，同时，T-T二聚体被恢复为正常的碱基（图5-9）。

一旦嘧啶二聚体被直接修复，光裂解酶就与 DNA 解离。*phr* 基因有缺陷的 *E. coli* 突变株，有时仅 1 个嘧啶二聚体就能导致细菌的死亡（见电子教程知识扩展 5-7　光复活酶的作用）。

光复活酶广泛存在于细菌、真菌、果蝇、植物和很多脊椎动物中，而且果蝇体内的光复活酶能特异性识别 6-4 光产物。但在哺乳动物中却没有这种酶，因而不能进行嘧啶二聚体的直接修复。

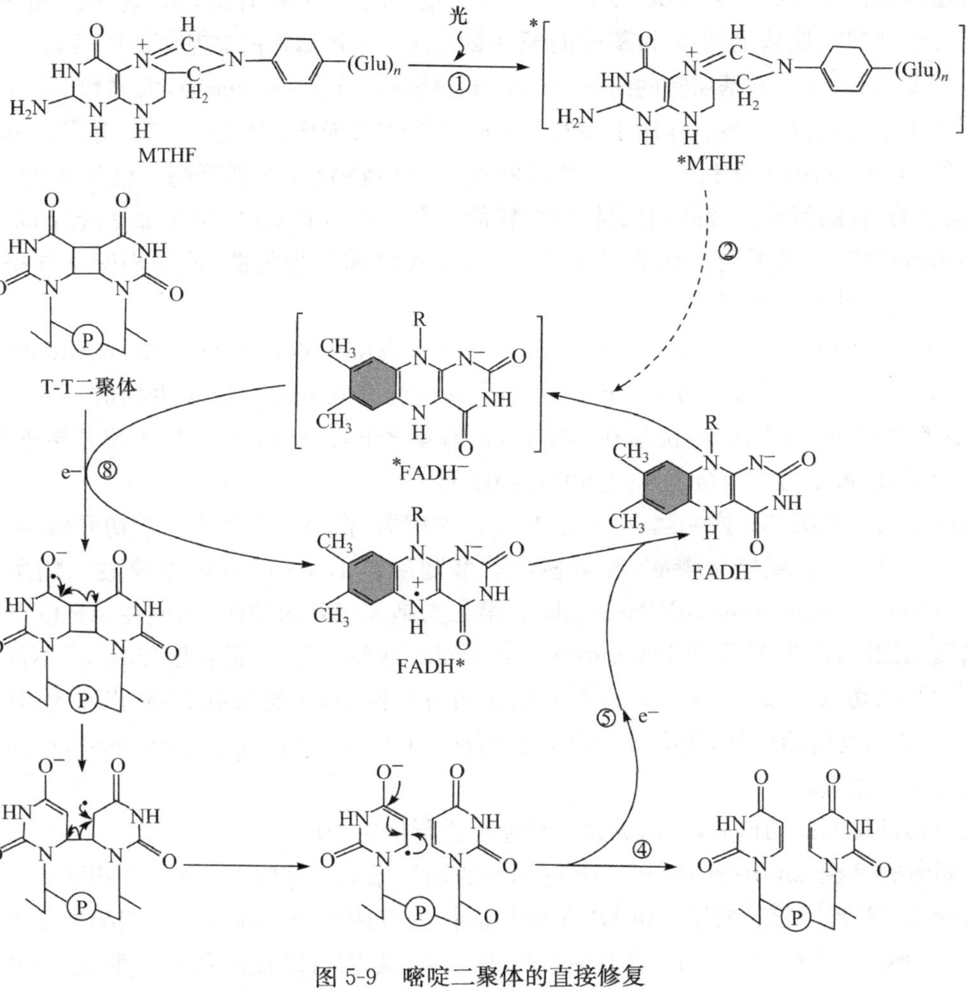

图 5-9　嘧啶二聚体的直接修复

5.3.1.2　烷基化碱基的直接修复

烷基化碱基的直接修复是在烷基转移酶（alkyltransferase）的作用下完成的，*E. coli* 中的 6-烷基鸟嘌呤、4-烷基胸腺嘧啶（O^4-alkylated thymine）和甲基化的磷酸二酯键由 6-甲基鸟嘌呤甲基转移酶Ⅰ（O^6-methylguanine methyltransferase，MUMT-Ⅰ）直接修复，该酶是烷基转移酶的一种，既可以转移碱基上的烷基，又可以转移甲基化磷酸二酯键上的甲基。MUMT-Ⅰ以活性中心的 1 个 Cys 残基为甲基受体，然而，一旦它得到甲基，酶就失活了，是一种自杀酶（suicide enzyme）。以 1 个酶分子为代价，修复 1 个受损伤的碱基，似乎很不经济。但这个修复途径只需一步反应，在动力学上却是有利的。MGMT-Ⅱ是 *E. coli* 中的另外一种烷基转移酶,但它不能转移甲基化磷酸二酯键上的甲基。类似的烷基转移酶在其他细菌和真核生物中也存在,只是特异性有所不同。

此外,DNA 单链断裂产生的是 5′-磷酸基和 3′-OH,正好是 DNA 连接酶的底物,这种损伤可以由 DNA 连接酶直接修复。

5.3.2 碱基切除修复

碱基切除修复(base excision repair,BER)首先作用于 *N*-糖苷键,切除受损伤的碱基,如尿嘧啶、次黄嘌呤、烷基化碱基、被氧化的碱基和其他一些被修饰的碱基等。随后,进一步修复缺碱基的 DNA。催化碱基切除的酶是 DNA 糖苷酶(DNA-glycosylase),大多数 DNA 糖苷酶只作用于单个损伤碱基,很少作用于涉及几个碱基的较大损伤。不过,在 T4 噬菌体和黄色微球菌(*Micrococcus luteus*)中发现了一种对嘧啶二聚体特异性的糖苷酶。已发现的 10 多种 DNA 糖苷酶,有的特异性较高,有的特异性较低。但所有的 DNA 糖苷酶都是沿着 DNA 双螺旋的小沟进行扫描,发现受损伤的碱基后诱导 DNA 结构发生扭曲,使损伤碱基被挤出双螺旋,进入酶的活性中心被切除。

DNA 分子经 DNA 糖苷酶作用产生无嘌呤或无嘧啶位点(apurinic 或 apyridimidic site,AP 位点),该位点是 AP 内切酶(AP endonuclease)的有效底物。原核生物的 AP 内切酶在 AP 位点的上游切开 DNA 链,随后在 DNA pol 的催化下,由切口的 3′-OH 端开始进行 DNA 的修复合成,模板是另一条链上无损伤的互补序列。

真核生物有两类 AP 内切酶:一类是 5′-AP 内切酶,在 AP 位点的 5′端切开磷酸二酯键,产生 3′-OH 和 5′-脱氧核糖磷酸,脱氧核糖磷酸随后被 DNA 脱氧核糖磷酸二酯酶(DNA deoxyribophosphodiesterase,dRPase)切除。第二类是 3′-AP 内切酶,它们在 AP 位点的 3′端切开磷酸二酯键,产生 3′-不饱和醛(unsaturated aldehydes)和 5′-脱氧核苷酸,3′-不饱和醛随后被 5′-AP 内切酶切除。此外,DNA 糖苷酶也可分作两类,一类只有 *N*-糖苷酶的活性,另一类除具有 *N*-糖苷酶活性外,还有 3′-AP 内切酶活性(3′-AP lyase endonuclease),可作用于无嘌呤或无嘧啶位点。

在损伤部位形成切口后,可以通过两种途径进行修复合成。

在**短修补途径**(short-patch)中,AP 内切酶的切口紧靠 AP 位点 5′端,由 dRPase 切除 5′-脱氧核糖-磷酸,单个核苷酸缺口由 DNA pol 填补,连接酶缝合。哺乳动物细胞中负责短修补合成的是 DNA pol β,此外,pol θ 具有内在的 dRPase 活性,可以直接去除 5′-脱氧核糖磷酸,随后填补单个核苷酸缺口。最后,切口的连接由 DNA 连接酶Ⅰ或 XRCC1/DNA 连接酶Ⅲ复合物催化。

在**长修补途径**(long-patch)中,AP 内切酶切口也紧靠 AP 位点,但产生的 5′-脱氧核糖磷酸并不被 dRPase 除去,而是由 DNA 聚合酶(真核细胞是 pol δ 或 ε)在切口的 3′端逐个添加核苷酸,一般添加 2～10 nt。同时,切口 5′端的脱氧核苷酸短链脱离其互补链,形成的翼式结构(the flap structure)随后被特定的核酸酶(真核细胞是翼式内切核酸酶 FEN1)切除。最后,由连接酶(真核细胞是 DNA 连接酶Ⅰ)连接切口。真核细胞的长修补途径需要 PCNA 将 DNA pol δ 或 DNA pol ε 装载到 DNA 上,同时激活 FEN1(图 5-10)。

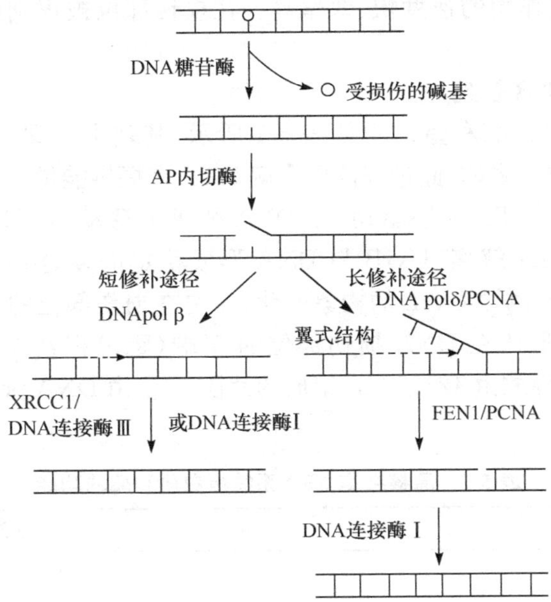

图 5-10　真核细胞的碱基切除修复

DNA 分子上的 AP 位点也可能由碱基的自发脱落形成，不需要 DNA 糖苷酶参与，由这种方式产生的 AP 位点直接由 AP 内切酶启动修复过程。

E. coli 在受到环境中低浓度烷基化试剂作用后，会产生适应性反应(adaptive response)。适应性反应涉及 *ada*，*aidB*，*alkA* 和 *alkB* 基因的诱导表达，*alkA* 编码的 3-甲基腺嘌呤 DNA 糖苷酶参与碱基的切除，*ada* 编码的 *Ada* 酶接受甲基后，即失去活性。但失去活性的 Ada 酶可被转变成一种刺激自身基因 *ada*，以及 *aidB*、*alkA* 和 *alkB* 基因表达的正调节物。于是修复活性造成蛋白质的失活，而失活的蛋白质又可通过诱导基因的表达，使修复所需要的蛋白质得到及时的补充。

5.3.3　核苷酸切除修复

核苷酸切除修复(nucleotide excision repair，NER) 主要用来修复导致 DNA 结构发生扭曲并影响 DNA 复制的损伤，如可造成 DNA 发生约 30°弯曲的嘧啶二聚体。此外，一部分由 ROS 造成的碱基氧化性损伤也由 NER 途径修复。NER 的过程比 BER 复杂，特别是在真核细胞中，有十分复杂的 NER 系统。

由于 NER 能识别 DNA 损伤引起的双螺旋扭曲，故能修复许多不同的损伤。真核生物参与 NER 的蛋白质高度保守，但原核生物的相关蛋白质却同源性较低。不过，原核生物和真核生物 NER 的基本过程相似，主要有 5 个步骤：① 由特殊的蛋白质探测损伤，并引发一系列蛋白质与损伤部位的有序结合；② 由特殊的内切酶在损伤部位的两侧切开 DNA 链；③ 去除 2 个切口之间带有损伤的 DNA 片段，形成缺口；④ 由 DNA pol 填补缺口；⑤ 由 DNA 连接酶连接切口。

NER 分为全基因组 NER(global genome NER，GGR)和转录偶联 NER (transcription-coupled NER，TCR)。GGR 负责修复任何时相的 DNA 损伤，有多种蛋白质参与损伤部位的识别，修复作用的速度慢、效率低。TCR 修复正在转录的基因模板链上的损伤，由 RNA 聚合酶识别损伤部位，其修复作用的速度快、效率高。在损伤部位被识别后，两类 NER 的修复过程基本相同。

5.3.3.1 原核细胞的 NER 系统

E. coli 的 GGR 需要的酶和蛋白质如表 5-1 所示，其基本步骤如图 5-11 所示。① 2 个 UvrA 与 1 个 UvrB 形成三聚体，此过程需要水解 ATP 来提供能量。② $UvrA_2$-$UvrB_1$复合物与 DNA 随机结合后，受 ATP 水解驱动，在 DNA 分子上移动，对 DNA 的损伤进行监控。③ 一旦发现损伤，则 UvrA 解离，UvrB 与 DNA 形成稳定的复合物。接着，UvrC 与 UvrB-DNA 位点高亲和性结合，诱导 UvrB 的构象变化，使之在损伤部位的 3′端（距离损伤点 4 nt）产生切口。随后，UvrC 催化在 DNA 损伤部位的 5′端（距离损伤点 7～8 nt）产生切口，在 UvrD 解链酶的催化下，释放由 12～13 nt 组成的片段。④ 由 DNA pol Ⅰ 填补缺口，连接酶连接切口。

表 5-1 原核细胞 NER 系统蛋白质和酶的功能

蛋白质	功能
UvrA	识别损伤并充当分子接头
UvrB	识别损伤并在 3′端切开 DNA 链
UvrC	在损伤部位的 5′端切开 DNA 链
UvrD	解链酶
DNA pol Ⅰ/Ⅱ	填补缺口
DNA 连接酶	连接切口

TCR 最初是在真核细胞内发现的，后来证明也存在于原核细胞。如果缺乏 TCR，则 DNA 的转录股与非转录股修复的效率应该没有差别。但关于 *E. coli* 乳糖操纵子 DNA 损伤修复的研究发现，在诱导物 IPTG 存在的情况下，其转录股由 UV 诱发的损伤在 5 min 内被全部修复，而非转录股的损伤，或无 IPTG 诱导的细胞，其损伤约需要 40 min 才能被修复。

TCR 效率高，原因是其识别损伤部位的效率高。在 *E. coli* 的 TCR 系统中，一旦 RNA 聚合酶进入损伤部位，其转录就暂停。*Mfd* 基因的产物转录修复偶联因子（transcription repair coupled factor，TRCF）识别这种暂停的复合物，取代 RNA 聚合酶，同时将 $UvrA_2$－$UvrB_1$复合物招募到损伤部位，并促进 UvrA 与 UvrB 解离，从而加快 UvrB-DNA 预剪切复合物的形成。随后损伤部位被切除，以及填补缺口和连接切口的反应与 GGR 系统完全相同（图 5-12）。

5.3.3.2 真核细胞的 NER 系统

真核细胞的 NER 系统需要 30 多种蛋白质参与（表 5-2），但是，修复的基本原理和过程与原核细胞非常相似。因为许多蛋白质是在研究人着色性干皮病（xeroderma pigmentosum，XP）、柯凯因氏综合征（cockayne syndrome，CS）和人类的毛发双硫键营养不良症（trichothiodystrophy，TTD）中发现的，所以，很多蛋白质都以它们的缩写来命名。

在人体内参与 NER 的蛋白质可以分为两组。XPA、XPE 和 RPA 可以单独与 DNA 的损伤部位结合，但它们之间相互作用能提高与损伤部位结合的亲和性。XPC 和 hHR23B（酵母是 RAD23）必须结合在一起，形成与 DNA 损伤部位有很强亲和性的复合物，才能与 DNA 的损伤部位结合。

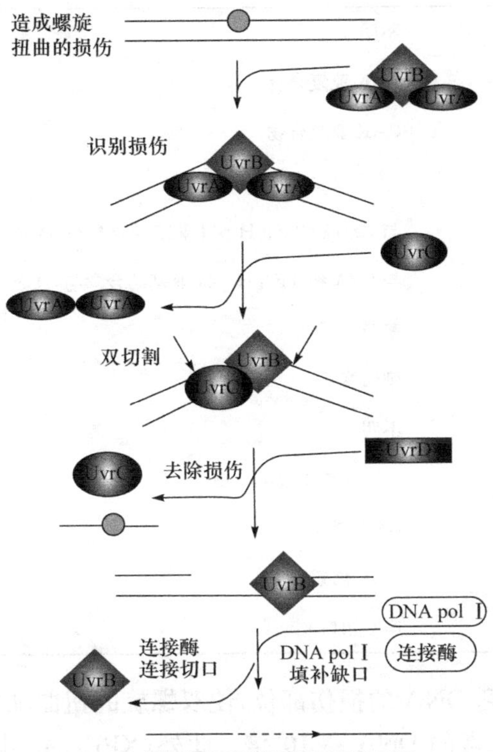

图 5-11　*E. coli* 的 GGR 系统

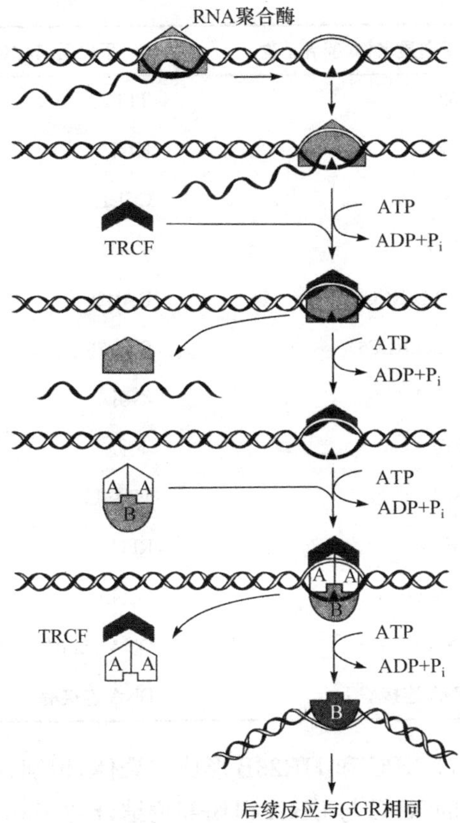

图 5-12　*E. coli* 的 TCR 系统

与原核细胞的 NER 模型相似，真核细胞的 NER 涉及多个步骤，虽然各种蛋白质结合的次序还有一定的争议，哺乳动物 GGR 系统的基本步骤是比较明确的。

表 5-2　真核细胞 NER 系统主要蛋白质的功能

蛋白质名称（哺乳动物）	蛋白质名称（酵母）	功能
XPA	RAD14	特异性结合 DNA 的损伤部位
XPB	RAD25（SSL2）	3′→5′DNA 解链酶（TFII H 的组分）
XPC/hHR23B	RAD4/RAD23	结合 DNA 的损伤部位
XPD	RAD3	5′→3′DNA 解链酶（TFIIH 的组分）
XPE/p48	不明	特异性结合 DNA 的损伤部位
XPF/ERCC1	RAD1/RAD10	损伤部位的 5′端的 DNA 内切酶
XPG（ERCC5）	RAD2	损伤部位的 3′端的 DNA 内切酶
RPA	RPA	单链 DNA 结合蛋白
p34	TFB4	结合 DNA
P44	SSL1	结合 DNA
P62	TFB1	不明

续表

蛋白质名称(哺乳动物)	蛋白质名称(酵母)	功能
P52	TFB2	不明
Cdk7	KIN28	CAK 亚复合物
CycH	CCL1	CAK 亚复合物
Mat1	TFB3	CAK 亚复合物
CSA(ERCC8)	RAD28	与 CSB 和 TFⅡH p44 亚基结合参与 TCR
CSB(ERCC6)	RAD26	与 CSA 和 TFⅡH p44 亚基结合参与 TCR
TTDA	不明	参与 TCR?
IF-7	不明	刺激修复
不明	MMS19	不明
RFC	RFC	PCNA 夹子装配合物
PCNA	PCNA	DNA 滑动夹子
DNA pol δ/ε	DNA pol δ/ε	DNA 修复合成
DNA 连接酶Ⅰ	DNA 连接酶Ⅰ	连接切口

1) XPC 和 HR23B 形成二聚体,识别并结合到 DNA 的损伤部位,使双螺旋的扭曲加剧。其中的 XPC 与 DNA 损伤部位结合的亲和力较正常的 DNA 高 10^3 倍。此外,XPE/p48 也可与 DNA 损伤部位结合,对 DNA 损伤部位的亲和力比正常的 DNA 高 5×10^5 倍。

2) TFⅡ H、RPA 和 XPA 与双螺旋严重扭曲的损伤部位结合,其中的 TFⅡ H 为九聚体蛋白质,其 XPB 和 XPD 亚基有解链酶活性,可通过水解 ATP 来驱动损伤部位向两个相反的方向解链,形成约 20～30 bp 的单链区域,RPA 作为 SSB 与单链区域结合。XPA 虽然不是解链酶,却对解链有促进作用。

3) XPG 和 XPF/ERCCl 作为特异性内切酶,被招募到已解链的损伤部位,XPG 先在损伤部位的 3′侧,距损伤位点 2～8 nt 处切割 DNA 单链,随后,ERCCl/XPF 在损伤部位的 5′侧,距损伤位点 15～24 nt 处切割 DNA 单链。

4) XPB/XPD 的解链酶活性协助 2 个切点之间包含损伤部位的约 27 nt 片段脱离复合物。

5) DNA pol δ 或 ε 与 PCNA 进行填补缺口。最后,连接酶连接切口。

哺乳动物 TCR 系统识别损伤的机制与 GGR 系统不同,首先,RNA 聚合酶Ⅱ延伸复合物暂停在损伤部位,并导致一小部分区域解链。随后,CSA 和 CSB 被招募到 RNA 聚合酶上,进而协助招募 TFⅡH、XPA、RPA 和 XPG 到损伤部位,RNA 聚合酶、RNA 转录物、CSA 和 CSB 则解离下来,于是形成了与 GGR 一样的复合物,后续的步骤与 GGR 系统完全相同(图 5-13)。

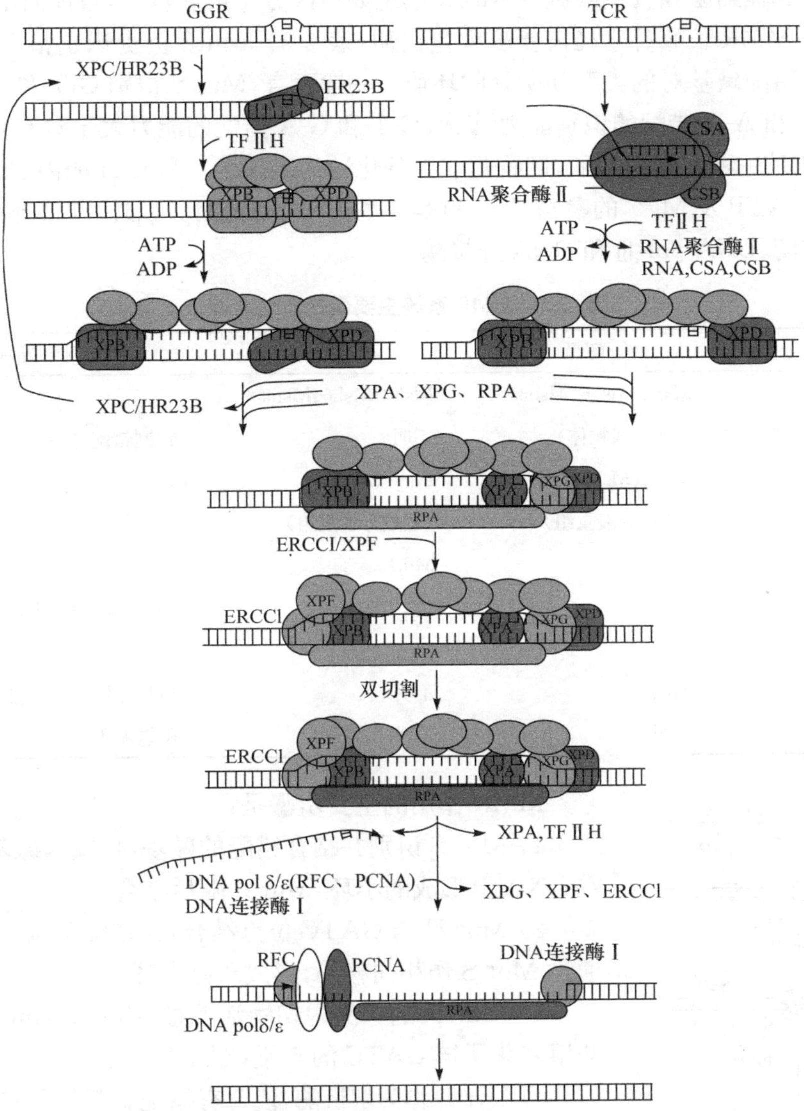

图 5-13　真核细胞的 GGR 和 TCR 系统

5.3.4　错配修复

错配修复(mismatch repair,MMR)系统主要纠正 DNA 双螺旋上错配的碱基对,还能修复因复制打滑而产生的小于 4 nt 的插入或缺失(insertion / deletion loop,IDL)。此途径的缺陷可产生所谓的突变子(mutator)表型,表现为细胞的自发突变率和微卫星不稳定性(microsatellite instability,MSI)增高。

MMR 的过程与其他切除修复途径相似,但与其他修复系统不同的是,MMR 系统需要区分母链和子链,做到只切除子链上错误的核苷酸,而不会切除母链中本来就正确的核苷酸。*E. coli* 的 MMR 系统是利用甲基化程度来区分子链和母链的,母链中 GATC 序列 A 的第 6 位是被甲基化的,而在新合成的子链中,该位置还没有被甲基化。*E. coli* 的 MMR 系统能够特异性地修复未被甲基化的子链,因此又称为甲基化导向的错配修复(methyl-directed mismatch repair)。至于其他细菌和真核细胞的MMR系统如何区分子链和母链,目前尚不清楚。

E. coli 的MMR长修补途径需要多种蛋白质(表5-3),MutS负责识别错配的碱基对,识别效率取决于错配碱基对的类型和所处的环境。一般而言,Mut S识别G-T和A-C错配的能力大于对G-G和A-A错配的识别能力,识别C-T和G-A错配的能力大于对C-C错配的识别能力。Mut H是一种内切核酸酶,底物是非甲基化链的错配区。Mut H的内切酶活性必须有Mut S、Mut L、ATP及Mg^{2+}的参与,Uvr D是一种DNA解链酶。以外,长修补途径还需要特殊的外切核酸酶、DNA pol Ⅲ和DNA连接酶。

表5-3 MMR系统主要蛋白质的功能

E. coli	酵母	哺乳动物	*E. coli* 中蛋白质的功能
	Msh2、Msh6、Msh3	Msh2、Msh6、Msh3	
Mut S	Msh1(线粒体)	不明	识别错配碱基
	Msh4、Msh5	Msh4、Msh5	
	(减数分裂重组)	(减数分裂重组)	
	Mlh1	Mlh1	
Mut L	Pmsl	Pms2	与MutS、MutH和UvrD相互作用
	Mlh2、Mlh3	Pmsl	
Mut H	不明	不明	剪切非甲基化链错配区的5′端
Uvr D	不明	不明	解链酶Ⅰ

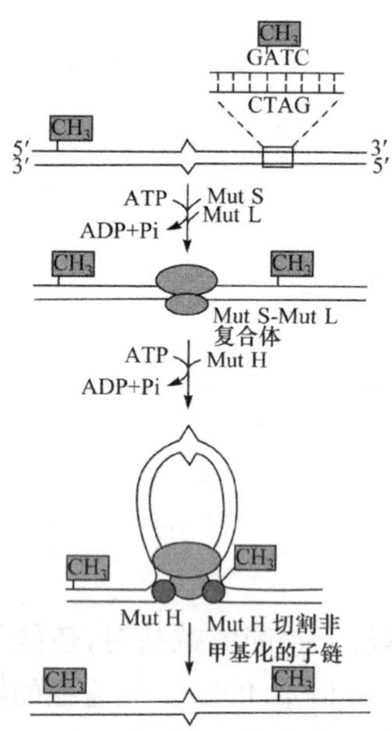

图5-14 错配修复的主要步骤

MMR作用的主要步骤是:

1) Mut S识别并结合错配的碱基对,或因碱基插入或缺失在DNA上形成的小环,Mut L随后结合。

2) Mut H与GATC位点结合,在错配碱基对两侧的DNA通过Mut S作相向移动,形成双链突环。

3) Mut H的核酸内切酶活性被Mut S/Mut L激活,切割非甲基化子链GATC的5′端(图5-14)。

4) Uvr D作为解链酶,使含有错配碱基的子链与母链分离。如果Mut H的切点在错配碱基的3′端,将由外切核酸酶Ⅰ或Ⅹ按3′→5′方向水解含有错配碱基的片段。如果Mut H的切点在错配碱基的5′端,则由外切核酸酶Ⅶ或核酸酶Rec J来降解含有错配碱基的片段,SSB则与母链上处于单链状态的母链结合。

5) DNA pol Ⅲ和连接酶分别填补缺口和连接切口(图5-15)。

GATC位点与错配碱基对之间的距离可近可远,远的可达1 kb。显然,它们之间越远,被切除的核苷酸就越多,重新合成子链所需要消耗的dNTP就越多。因此,错配修复是一个高耗能的过程。但是,不管消耗多少dNTP,目的只有一个,就是为了修复一个错配的碱基。

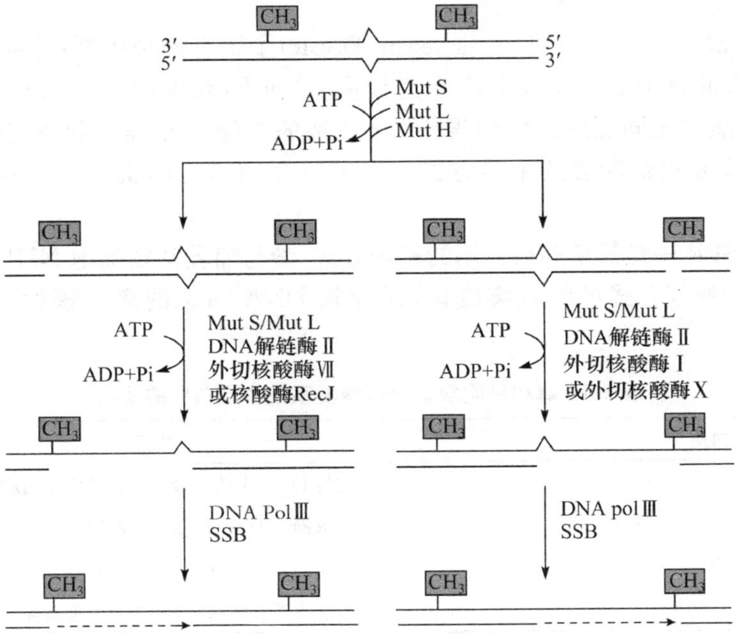

图 5-15 错配修复的过程

在酵母细胞和哺乳动物细胞中可以找到大多数 *E. coli* MMR 修复蛋白的同源蛋白，只是缺乏 Mut H 的对应物。可见，其他生物的 MMR 长修补途径与 *E. coli* 相近。不过，多数细菌和所有的真核生物并不是以 GATC 的甲基化程度来区分母链和子链的。真核细胞在 MMR 的长修复途径中如何识别新合成的链，现在还不清楚。

E. coli 还有另外两条不需要 Mut S、Mut L 和 Mut H 的短修补 MMR 途径。

其一是依赖于 Mut Y 的修复途径，用于取代 A-G 和 A-C 错配碱基对中的 A。Mut Y 是一种 DNA 糖苷酶，可以切割错配碱基对中的 A，随后，按照 BER 途径对 AP 位点进行修复。Mut Y 的主要功能是在 BER 途径中切除与 8-氧-7，8-二氢脱氧鸟嘌呤配对的 A，但也参与 MMR 的短修补途径。

其二是极短修补(very short patch，VSP)途径，用于纠正 G-T 错配碱基对中的 T。Dcm 甲基化酶可以使靶序列 CC(A/T)GG 之中的 C 甲基化，若甲基化产物 $5-{}^{m}C$ 因脱氨基被转变成 T，原来正确配对的 G-C 对就变成了错误配对的 G-T 对。VSP 途径可以纠正这样的 G-T 错配碱基对。VSP 需要 Mut S、Mut L 和一种对 CT(A/T)GG 序列中错配的 G-T 碱基对特异性的内切酶，但不需要 Mut H 和 Uvr D。

在哺乳动物细胞中，也存在一种类似的短修补 MMR 途径，用来纠正其甲基化的 CpG 岛(见第 12 章)上因脱氨基产生的 G—T 错配碱基对上的 T。

MMR 有缺陷的真核细胞，其微卫星序列具有高度的不稳定性，这是因为微卫星序列由成串的短重复序列组成，很容易造成复制过程中 DNA pol 的打滑，从而产生插入或缺失错误，这些复制错误依赖于 MMR 系统进行修复。正因为如此，检测微卫星序列的增长或缩短，经常被用来确定癌细胞是否存在错配修复系统的缺陷。

5.3.5 双链断裂的修复

DNA 双链断裂是一种极为严重的损伤，由于难以找到互补链来保障连接的特异性，这种损伤难以彻底修复。

双链断裂修复(double-strand break repair,DSBR)主要有两种机制:①同源重组,从同源染色体获得合适的修复信息,因此精确性较高;②非同源末端连接(non-homologous end joining,NHEJ),能在无同源序列的情况下,让断裂的末端重新连接起来,这种方式精确性低,但却是人类修复双链断裂的主要方式。本节只介绍第二种机制,第一种机制将在第6章介绍。

NHEJ 是 DSBR 中最简单和最常用的一种方式,参与哺乳动物细胞 NHEJ 的主要成分见表 5-4。缺乏这种修复方式的细胞突变体,对导致 DNA 断裂的离子辐射或化学试剂极为敏感。

表 5-4　真核细胞双链断裂修复系统中蛋白质的功能

蛋白质	功能
Ku70/Ku80	与 DNA 末端结合并招募其他蛋白质
DNA-PKcs	依赖于 DNA 的蛋白质激酶
Artemis 蛋白	受 DNA-PKcs 调节的核酸酶
XRCC4/连接酶Ⅳ	催化断裂的双链 DNA 分子重新连接

哺乳动物细胞 NHEJ 的基本步骤如图 5-16 所示。

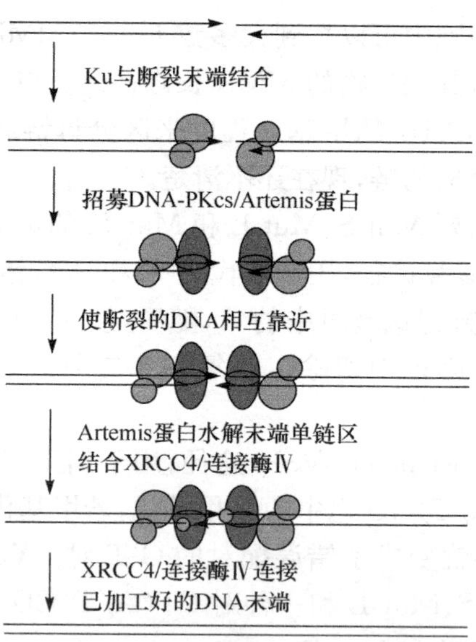

图 5-16　哺乳动物细胞 NHEJ 的基本步骤

1) 2 个 Ku70/K80 异源二聚体与 2 个 DNA 断裂末端结合。

2) DNA-PKcs 与 Artemis 蛋白形成复合物,被 Ku70/K80 招募到 DNA 末端,并使断裂的 DNA 相互靠近。

3) DNA-PKcs 与 DNA 末端结合后,其蛋白质激酶的活性被激活,使 Artemis 蛋白磷酸化。

4) Artemis 蛋白被磷酸化后,其核酸酶活性被激活,可水解末端突出的单链区域,创造出连接酶的有效底物。

5) XRCC4 和连接酶Ⅵ共同催化已加工好的 DNA 末端之间的连接。

5.4　损伤跨越

在DNA复制过程中发生的损伤，有时可能无法修复。在这种情况下，细胞需要通过**损伤跨越**(damage bypass)机制，在暂时保留损伤的情况下，让复制继续下去。在复制完成后，再进行损伤的修复。由于这一机制是先合成错误率较高的DNA，再对其进行修复，故也可被称作**易错修复**(error-prone repair)。

5.4.1　重组跨越

重组跨越(recombinational bypass)又称为**重组修复**(recombination repair)，其基本机制是通过对DNA模板的交换，跨越模板链上的损伤部位，在新合成的链上恢复正常的核苷酸序列。重组跨越虽然没有消除模板链上的损伤，但也没有在复制过程中扩大损伤。模板链上的损伤可以在复制完成后，再用其他途径进行修复。

E. coli 的重组跨越有两种机制。第一种机制的基本过程如图5-17a所示，在新链合成遇到损伤部位时，通过蛋白质Rec A、Rec F、Rec O和Rec R的作用，使复制叉后退，两条新合成的链回折，形成互补双链。接着，因模板链上的损伤而中断合成的新链，以另一条新链为模板，在DNA pol Ⅰ的催化下进行链的延伸，随后，复制叉向前移动，跨越损伤部位，进行正常的复制。

第二种机制的基本过程如图5-17b所示，一旦复制叉到达损伤位点，DNA pol即停止移动并与模板链解离，另一条模板链在Rec A、Rec F、Rec O和Rec R的作用下断裂，并与受损伤的模板链形成互补双链，在跨越损伤部位后继续合成新链，然后在Ruv A、Ruv B和Ruv C的作用下，链的交叉部位迁移，在断裂的模板链上留下的一段缺口，由DNA pol Ⅰ和连接酶修补。其后，DNA复制可按正常机制完成。这一机制形成链交叉，以及交叉点的迁移，是十分复杂的过程，详细情况将在第6章介绍。

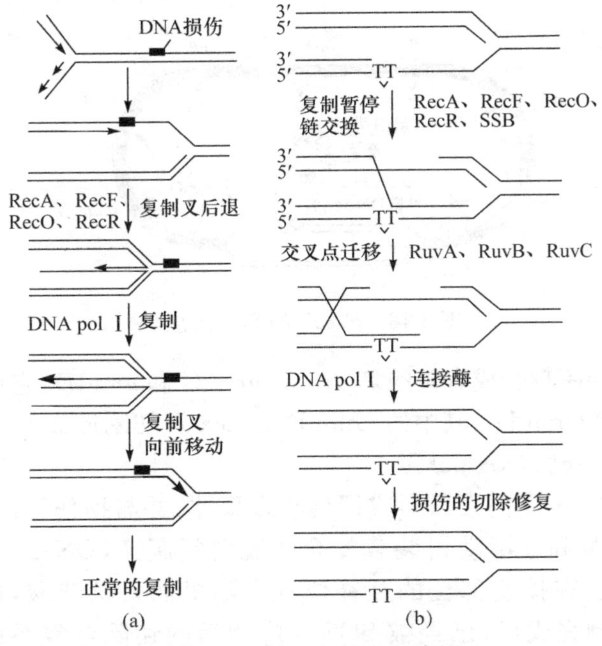

图5-17　*E. coli* 的重组跨越

5.4.2 跨越合成

跨越合成(bypass synthesis)是在模板链遇到众多的损伤部位,负责复制的 DNA pol(原核细胞是 DNA pol Ⅲ,真核细胞是聚合酶 δ 或 ε)停滞不前的情况下,用可以进行跨越合成的 DNA pol 取代复制酶,在损伤部位随机插入(正确的或错误的)核苷酸,合成错配率较高的 DNA,再用其他机制进行修复。

5.4.2.1 大肠杆菌的跨越合成

E. coli 的跨越合成是其 SOS 的一部分,属于一种可诱导的过程。**SOS** 指细胞受到致死性压力,为了生存所启动的一系列生理生化反应。包括易错的 DNA 跨越合成,细胞丝状化(细胞伸长但不分裂),和切除修复系统的激活。其中涉及近 20 个 *sos* 基因的表达,整个反应受到阻遏蛋白 LexA 和激活蛋白 RecA 的调节。*E. coli* 在正常的生存条件下,LexA 蛋白与 20 个 *sos* 基因上游的一段被称为 SOS 盒(SOS box)的操纵基因(其一致序列为 5′-CTG-10 bp-CAG-3′)结合,阻止这些基因的表达。在细胞面临致死性压力,其 DNA 遭到严重损伤而出现单链缺口的情况下,RecA 蛋白被单链 DNA 激活,使 LexA 降解,解除了其对 *sos* 基因表达的抑制(图 5-18)。

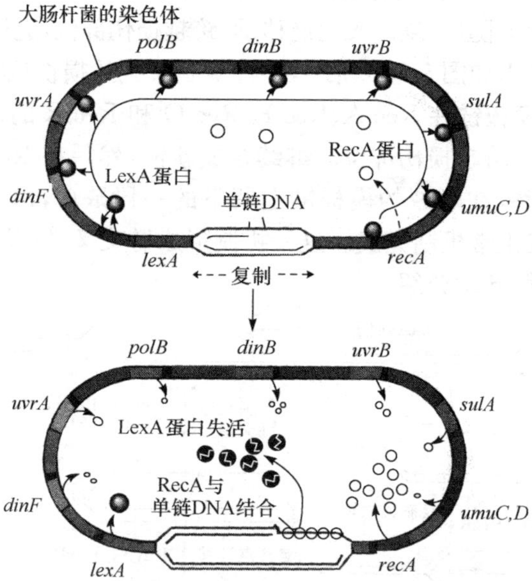

图 5-18 *E. coli* 的 SOS 反应

20 个 *sos* 基因中,与跨越合成有关的是 *din B*、*umu C* 和 *umu D*,它们的表达产物分别是 DNA pol Ⅳ、Umu C 和 Umu D。其中的 Umu D 被 Lex A 切割形成 Umu D′,1 分子 Umu C 与 2 分子 Umu D′可组装成 DNA pol Ⅴ。

如图 5-19 所示,RecA 蛋白可以形成螺旋状多聚体,并与损伤区的 DNA 单链结合,促使 DNA pol Ⅲ 的核心酶和 γ 滑动钳装载复合物脱离复制叉,DNA pol Ⅴ 随即取代 DNA pol Ⅲ 结合到复制叉上,在损伤部位的互补位置上随机插入核苷酸,以克服损伤对 DNA 复制造成的阻碍。复制完成后,已经被 SOS 反应激活的切除修复系统被用来修复 DNA 的损伤。

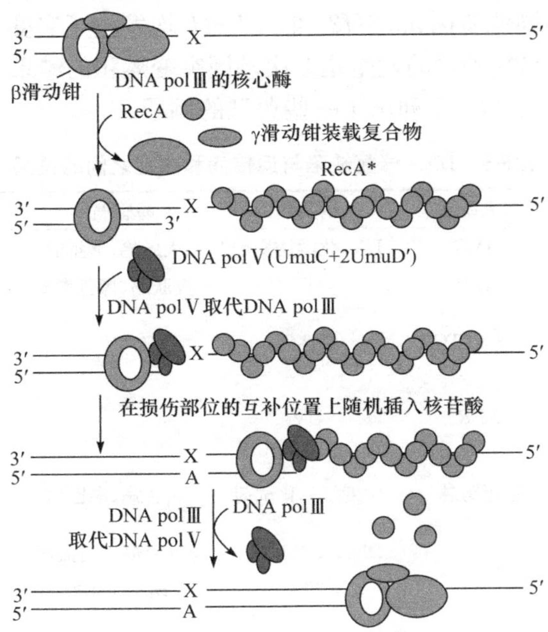

图 5-19　*E. coli* 的跨越合成

在细胞内的 DNA 损伤被修复后，Rec A 失活，不再促进 Lex A 的降解。含量增高的 Lex A 与 SOS 盒结合，关闭 SOS 反应。

5.4.2.2　真核细胞的跨越合成

真核细胞跨越合成的方式有两种：一种是无错途径，另一种是易错途径。

无错途径的典型例子是对 T-T 二聚体的跨越合成，其基本过程是，DNA pol η 替代 DNA pol δ 或 DNA pol ε 进行跨损伤合成，在嘧啶二聚体的对应位置插入两个正确的 A。

易错途径的典型例子是出芽酵母的 DNA pol ξ 和 Rev1 蛋白参与的跨越合成。在 DNA 的损伤部位，DNA pol ξ 和 Rev1 蛋白代替停留在复制叉上的 DNA pol δ 或 ε，Rev1 在损伤部位的对应位置插入第一个核苷酸，从而启动跨越合成。随后，由 DNA pol ξ 合成几个核苷酸。最后，再由 DNA pol δ 或 ε 取代 DNA pol ξ 和 Rev1 蛋白，继续进行 DNA 的正常复制。酵母的 DNA pol ξ 由 Rev3 和 Rev7 亚基组成，可以参与各种 DNA 损伤的跨越合成途径。

细胞究竟选用无错途径，还是易错途径，一方面取决于损伤的类型，另一方面取决于细胞内各种参与跨越合成的聚合酶之间的相对活性。

体外实验表明，DNA pol ξ 和 η 与 DNA 底物的亲和力较低，在插入一个核苷酸以后即与 DNA 模板解离，这种性质使得在跨越合成完成以后，正常的聚合酶和辅助蛋白很容易取代它们继续进行 DNA 复制。

5.5　DNA 缺陷修复与癌症的关系

DNA 修复系统在维持 DNA 的完整性和稳定性方面起着非常重要的作用，若修复系统出现故障，就会发生各种遗传性疾病或癌症。例如，遗传性非息肉直肠癌(hereditary non-polyposis colorectal cancer，HNPCC)是一种显性遗传病，患者通常在 30 岁之前患恶性直肠癌。比较病人自身癌细胞和体细胞的 DNA 序列，发现癌细胞的微卫星序列长度变化的频率很高，其

原因是 *mutS* 和 *mutL* 的同源基因 *hmSH2* 和 *hmLH1* 均发生了突变，引起癌细胞 DNA 修复系统的缺陷。研究发现，恶性肿瘤的发生是多次基因突变累积的结果，不少恶性肿瘤的发生与 DNA 修复系统的缺陷有关，表 5-5 列出了一些典型的例子。

表 5-5　DNA 修复缺陷与遗传病和癌症之间的关系

疾病	修复系统缺陷	诱变剂	易感癌症	症状
HNPCC	MMR	UV，化学诱变剂	大肠癌、卵巢癌	早发性肿瘤，高频率的自发突变
XP	NER	UV	皮肤癌、黑色素瘤	皮肤和眼睛对光敏感，角质病
Cockayne 氏综合征 (Cockayne's syndrome，CS)	NER 和 TCR	活性氧		对 UV 敏感，早衰
毛发二硫键营养不良症 (Trichothiodystrophy，TTD)	NER	UV		毛发易断，生长迟缓
布伦氏综合征 (Bloom's syndrome)	重组跨越	中度烷基化试剂	白色病、淋巴瘤	光敏感，面部运动 失调，染色体变异
范康尼贫血 (Faconi anemia)	同上	DNA 交联试剂， 活性氧	急性骨髓性白血病、 鳞状细胞癌	发育异常，不育， 骨骼变形和贫血
遗传性乳腺癌 *BRCA*-1， *BRCA*-2 基因缺失	同上		乳腺癌、卵巢癌	早年发生乳腺癌或卵巢癌

提要

在内外因素作用下，DNA 共价结构的改变称 DNA 损伤。DNA 损伤得不到修复，造成 DNA 分子可遗传的永久性结构变化称突变。

DNA 的自发性损伤可以发生在复制过程中，或由细胞自身产生的活性氧或代谢产物造成。主要包括互变异构移位、自发脱氨基、DNA 复制的打滑、活性氧引起的 DNA 损伤、碱基丢失和碱基的烷基化。

物理因素引起的 DNA 损伤主要指 UV 照射形成环丁烷嘧啶二聚体，X 射线和 γ 射线等电离辐射引起的 DNA 链断裂或链间交联，及 DNA-蛋白质的分子间交联。能诱发 DNA 损伤的化学物质主要有碱基类似物，如 5-溴尿嘧啶、2-氨基嘌呤等；碱基修饰剂，如亚硝酸、羟胺、烷化剂和嵌入染料等。病毒、真菌代谢产物和某些寄生虫等生物因素亦可引起 DNA 损伤。

环境诱变剂可以分为物理性环境诱变剂、化学性环境诱变剂和生物性环境诱变剂三大类，要保护环境，适当使用抗诱变剂，规避环境诱变剂造成的伤害。物理性诱变剂和化学性诱变剂可用于微生物和植物育种。

基因突变可分为多种类型，点突变指 DNA 碱基对的改变，两种嘌呤或两种嘧啶之间的互换称转换，嘌呤和嘧啶之间的互换称颠换。突变的密码子若编码同样的氨基酸，称沉默突变或同义突变。若编码不同的氨基酸，称错义突变。若突变使某氨基酸的密码子变为终止密码子，称无义突变。若编码区缺失或插入的核苷酸不是 3 的整数倍，造成了阅读框架的改变，则被称为移码突变。如果同源染色体上两个等位基因都发生突变，才能改变生物体的表型，称隐性突变。若任意一个等位基因发生突变，就可以带来突变体的表型变化，称显性突变。

若经过第二次突变，突变体的性状恢复到野生型，则其第二次突变称回复突变。校正突变指发生在另外一个位点上，且能够抵消起始突变的第二次突变。校正突变可分为基因内校正、基因间校正和迂回校正 3 种类型。

检测食品、日用品和环境中的诱变剂和致癌剂，常用方法是 Ames 试验和细菌的 SOS 反应。

DNA 损伤的直接修复不需要切除损伤部位的碱基或核苷酸，可用来修复嘧啶二聚体、6-烷基鸟嘌呤和单链断裂。

碱基切除修复有短修补途径和长修补途径两种机制，可修复点突变等较轻的 DNA 损伤。

核苷酸切除修复主要用来修复导致 DNA 结构发生扭曲并影响 DNA 复制的损伤，一般分为 5 步：① 由识别蛋白探测损伤，并引发一系列蛋白质与损伤部位的有序结合；② 由特殊的内切酶在损伤部位的两侧切开 DNA 链；③ 去除 2 个切口之间带有损伤的 DNA 片段；④ 由 DNA pol 填补缺口；⑤ 由 DNA 连接酶连接切口。

核苷酸切除修复分为 GGR 和 TCR，前者修复任何时象的 DNA 损伤，有多种蛋白质参与识别损伤部位，修复速度慢。后者修复正在转录的模板链损伤，由 RNA 聚合酶识别损伤部位，修复速度快。在损伤部位被识别后，GGR 和 TCR 的后续反应相同。

错配修复只切除子链上错误的核苷酸，不切除母链中本来就正确的核苷酸。*E. coli* 利用甲基化程度来区分子链和母链，其他生物区分母链和子链的机制尚不清楚。

DNA 损伤严重时，可跨越损伤部位进行复制，随后进行损伤的修复，称损伤跨越或易错修复。重组跨越又称为重组修复，其机制是通过交换模板跨越损伤部位，在新合成的链上恢复正常的序列。

跨越合成是在模板链遇到损伤部位，复制酶停滞不前的情况下，用准确度较低的 DNA pol 取代复制酶，在损伤部位随机插入核苷酸，合成错配率较高的 DNA，再用其他机制进行修复。

恶性肿瘤的发生是多次基因突变累积的结果，不少恶性肿瘤的发生与 DNA 修复系统的缺陷有关。

思考题

1. DNA 的自发性损伤有哪些类型？各有何特点？
2. 简述可以引起 DNA 损伤的物理因素、化学因素和生物学因素。
3. 如何防范环境诱变剂对人类的伤害。
4. 一段 DNA 的一条链序列为 GGCGTA，经过亚硝酸处理后，再进行两轮复制，会得到什么产物？
5. 为什么嵌入染料引起的突变比碱基类似物引起的突变对生物体伤害更大？
6. 发生在编码区的点突变，对其编码的蛋白质会有哪些可能的影响？
7. 发生在内含子和调控区的点突变，对其表达产物分别会有哪些可能的影响？
8. 说明隐性突变、显性突变、正向突变和回复突变的含义。
9. 校正突变有哪些类型？各有何特点？
10. 概述用 Ames 试验和细菌的 SOS 反应检测诱变剂和致癌剂的原理。
11. 概述对嘧啶二聚体和烷基化碱基直接修复的基本步骤。
12. 概述碱基切除修复的基本步骤。
13. 简要叙述原核生物和真核生物核苷酸切除修复的基本过程。
14. 概述错配修复的基本步骤。
15. 简要叙述重组跨越和跨越合成的基本过程。

6 第六章 DNA 重组和克隆

DNA 分子内或分子间的遗传信息重新组合，称**遗传重组**(recombination)、基因重排或 DNA 重组，重组产物称重组体 DNA(recombinant DNA)。DNA 重组广泛存在于各类生物，真核生物基因重组的主要途径，是减数分裂时同源染色体之间的交换。细菌的基因组为单倍体，虽然不进行减数分裂，也可通过多种形式进行遗传重组，如细菌通过结合作用进行的 DNA 转移，病毒、噬菌体或质粒 DNA 插入宿主染色体均是典型的基因重组。

DNA 重组对生物进化、物种多样性和种群内的遗传多样性起着关键的作用。虽然基因突变对生物进化也起重要作用，然而突变的概率很低，且多数是有害的。如果生物只有突变没有重组，在积累有利突变的同时，不可避免积累许多难以摆脱的有害突变。有利突变会与有害突变一起被淘汰，新的优良基因很难保留。DNA 重组的意义是能迅速增加群体的遗传多样性(diversity)，通过优化组合积累有利突变，推动生物进化。此外，DNA 重组还参与 DNA 损伤修复，某些基因表达的调控等重要的生物学过程。

用人工操作构建 DNA 重组体，将其导入受体细胞扩增或表达，称 DNA 克隆或分子克隆(molecular cloning)，也可称作重组 DNA 技术或基因工程。1972 年 Berg 等将 λ 噬菌体的基因插入 SV40 的 DNA 构建了 DNA 重组体。次年，Cohen 等将通过体外重组的细菌质粒导入大肠杆菌扩增，完成了分子克隆的全过程，基因工程技术由此诞生。

基因工程技术打破了物种界限，可以用繁殖很快的细菌或酵母菌，制造人类的蛋白质，形成了制造生物制品的新产业。可以定向改变生物的遗传特性，使生物体获得人们所希望的某种性状，如抗虫、抗病或抗锄草剂的性状，为育种工作开辟了新的道路。同时，也为某些疾病的治疗提供了新的途径。通过对基因的操作来治疗疾病，称基因治疗，是医学发展的一个重要方面。

6.1 同源重组

同源重组(homologous recombination)发生在同源 DNA 片段之间，是在两个 DNA 分子的同源序列之间直接进行交换的一种重组形式。不同来源或不同位点的 DNA，只要二者之间存在同源区段，都可以进行同源重组。由于其广泛存在，亦称一般性重组(general recombination)。在同源重组中进行交换的同源序列可能是完全相同的，也可能是非常相近的。细菌的接合(conjugation)、转化(transformation)和转导(transduction)，以及真核细胞减数分裂时同源染色体之间发生的交换等都属于同源重组(见电子教程科学史话 6-1　细菌基因重组的发现)。

6.1.1 同源重组的分子模型

用来解释同源重组机制的分子模型主要有 3 种。

6.1.1.1 Holliday 模型

Holliday 模型由英国科学家 Holliday 于 1964 年提出，后几经修改，依然保持了其基本内容，Holliday 模型的大致步骤如图 6-1 所示。

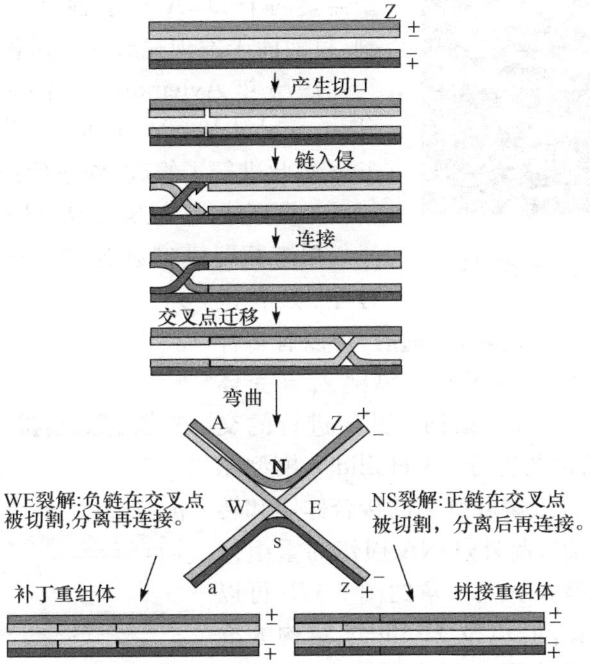

图 6-1 同源重组的 Holliday 模型

(1) 切割 2 个相互靠近的同源 DNA 各有 1 条链在相同的位置被特异性的内切酶切开。

(2) 交叉和连接 被切开的链交叉，并与另一个分子的同源链连接，分子弯曲形成 Holliday 连接。由于其形状很像字母 χ(chi)，也可以被称作 χ 结构(χ structure)，或 Holliday 结构(Holliday structure)，或 Holliday 中间体(Holliday immediate)。

(3) 拆分 关于 Holliday 连接的拆分，早期提出两种方式：①将原来连接起来的链再切开，两个分子分离后重新连接，结果产生与原来完全相同的两个非重组 DNA；②将另一条链切开，两个分子分离后再重新连接，由此产生重组的 DNA。

对这一模型的一个重要改进是在 Holliday 连接形成之后，其交叉点移动一定的距离，然后分子弯曲形成 χ 结构。χ 结构的拆分有两种可能：①水平方向的切割(WE 裂解)，图 6-1 中的负链在交叉点被切割，两个分子分离后再连接，由此产生的重组体交换了 DNA 的一个小片段，称补丁重组体(patch recombinant heteroduplex)；②是垂直方向的切割(NS 裂解)，图 6-1 中的正链在交叉点被切割，两个分子分离后再连接，由此产生的重组体有一条链由两个 DNA 分子的链拼接而成，称拼接重组体(splice recombinant heteroduplex)。

Holliday 模型能够较好地解释同源重组，得到学术界广泛的支持，特别是 Potter 和 Dressler 在电镜下看到了 Holliday 中间体的结构(图 6-2)，是对 Holliday 模型强有力的支持。

当然，后来提出的同源重组分子模型，能更好地解释同源重组，但这些分子模型都是以Holliday模型为基础提出来的(见电子教程科学史话 6-2　Holliday 模型的提出和修改)。

6.1.1.2　单链断裂模型

尽管 Holliday 模型能解释重组的许多特征，但也有某些不足。①DNA 重组时，通常有一个分子是供体，另一个是受体，而 Holliday 模型中的两个分子是同等的，无法区分供体和受体。②Holliday模型需要两个 DNA 分子各有一条链在同一位置被切割，目前尚未发现完成这一过程的确切机制。

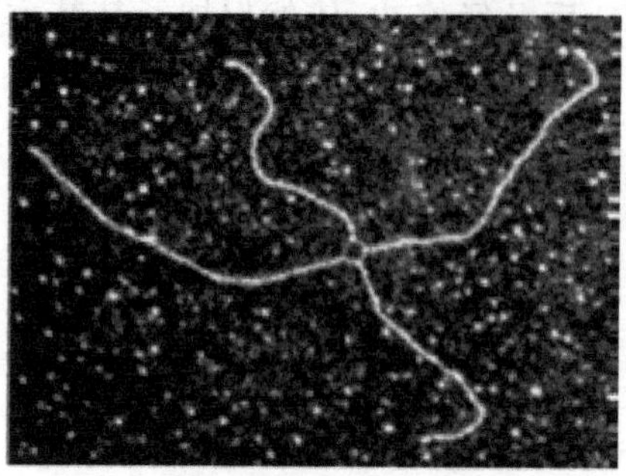

图 6-2　Holliday 结构的电镜照片

1975 年 Aviemore 提出了单链断裂模型(the single-stranded break model)，随后，Meselson 和 Radding 对此进行了修改，修改后的模型也可被称为 Aviemore 模型或 Meselson-Radding 模型。

单链断裂模型认为，2 个进行同源重组的 DNA 分子，只有供体分子在同源区产生一个单链切口，随后，可以有多种机制形成 DNA 单链，供体 DNA 的单链入侵受体 DNA 分子，即可形成 Holliday 结构。其后进行的交叉点移动和 Holliday 结构的拆分，与 Holliday 模型相同。单链断裂模型能很好地解释细菌的接合作用和转化等原核生物的同源重组，此外，DNA 损伤的重组修复，也可用这一模型解释。从上一章的图 5-17b 可以看到单链入侵、交叉点移动，以及 Holliday 结构的拆分等单链断裂模型的主要步骤。

6.1.1.3　双链断裂模型

双链断裂模型(the double-stranded break model, DSB)由 Szostak 等于 1983 年提出。该模型认为，受体双链(recipient duplex)两条链的断裂启动了链的交换，不产生断裂的被称为供体双链(donor duplex)。随后发生的 DNA 修复合成及切口连接导致形成两个 Holliday 连接，主要步骤如图 6-3 所示。

1) 内切酶切开受体双链 DNA 分子同源区的两条链，启动重组过程。这个双链断裂的 DNA 分子既是启动重组的“入侵者”，又是重组后 DNA 片段的受体，因此被称为受体双链(图 6-3a)。

2)在外切酶的作用下，双链切口扩大，产生两个具有 3′端的单链区，并形成一个缺口(图 6-3b)。

3) 一个自由的 3′端入侵供体双链 DNA 分子的同源区，形成异源双链，供体双链的一条链被取代，产生取代环(displacement loop，D 环，图 6-3c)。

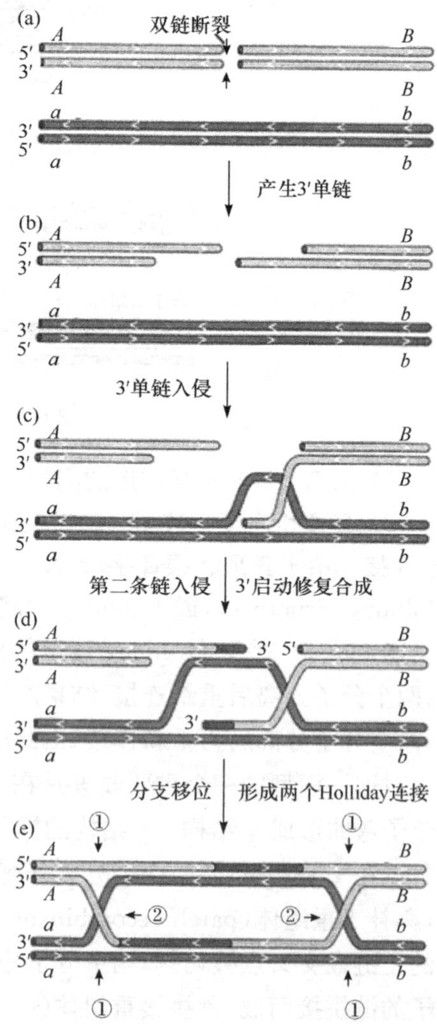

图 6-3　同源重组的双链断裂模型

4) 入侵的3′端引发以被入侵DNA链为模板的DNA合成，导致D环扩大。扩大的D环到达受体双链，与3′-单链末端形成互补双链。随后，以D环的单链为模板，填补受体链上的缺口(图6-3d)。

5) DNA连接酶连接切口，形成两个Holliday连接，即联结体x和联结体y(图6-3e)。

6) Holliday连接的拆分有4种可能，若联结体x和联结体y均在②的位置进行切割和连接，产生补丁重组体，基因A和B不发生重组。若联结体x和联结体y均在①的位置进行切割和连接，依然产生补丁重组体，基因A和基因B照样不发生重组。只有联结体x在①的位置进行切割和连接，联结体y在②的位置进行切割和连接，或联结体x在②的位置进行切割和连接，联结体y在①的位置进行切割和连接，才能形成拼接重组体，发生基因A和B的重组。

真核细胞减数分裂时的同源重组，符合双链断裂模型。DNA的双链断裂损伤，可以通过同源重组来修复，在修复损伤的同时，进行基因重组。

6.1.2 细菌的基因转移与重组

细菌可以通过4种机制进行细胞间基因转移，以适应随时改变的环境。细菌的基因转移可发生在种内或种间，甚至与高等动植物细胞之间也存在横向的遗传信息传递，如在人体内寄生的细菌基因组中可以找到属于人类的基因。若被转移的基因与内源基因组的一部分同源，就成为部分二倍体(partial diploid)，这种情况下可以发生同源重组。

6.1.2.1 细菌的接合作用

细菌的遗传信息可在接合质粒的参与下，由一个细胞转移到另一细胞，称**接合作用**(conjugation)。能够促使染色体基因转移的接合质粒称为**致育因子**(fertility factor)，简称性因子或F因子。F因子的供体为雄性(F^+)，受体为雌性(F^-)。

E. coli 的F因子是双链闭环的大质粒，总长约100 kb，复制起点为 *OriV*。F质粒可以在细胞内游离存在，也可以整合到宿主染色体内，因此属于附加体(episome)。与转移有关的基因 *tra* 占质粒的约1/3(约33 kb)，称转移区，编码约40个基因，包括F性菌毛(F pilus)，以及参与接合、配对、转移和调节的蛋白质。每个F阳性细胞有2～3条由性菌毛蛋白(pilin)聚合而成的中空管状性菌毛，性菌毛蛋白由 *traA* 编码，其修饰和装配至少还要12个另外的 *tra* 基因表达产物参与。*tra S* 和 *tra T* 基因编码表面排斥蛋白(surface exclusion protein)，阻止F^+细胞之间的相互接合。

F^+细菌的性菌毛可识别和连接F^-细菌，随即通过回缩与拆装(disassemble)使两个细胞彼此靠近。但它不是DNA转移的通道，DNA转移需要F^+细胞traD蛋白构成转移的通道。TraI兼有切口酶(nickase)和解旋酶的活性，在traY的帮助下，结合到转移起点 *OriT* 上，切开一条链，与其5′端形成共价连接，并将其导人受体细胞。单链进入F^-细胞后即合成出其互补链，结果F^-细胞转变为F^+细胞，给体细胞留下的F质粒单链也合成出互补链。

若整合在染色体DNA中的F质粒转移起点被切开，向受体细胞转移DNA单链。其单链DNA进入受体细菌后转变为双链形式，并可与受体染色体发生重组。整合F因子的 *E. coli* 菌株具有高频率的重组(high-frequency recombination)，称为Hfr菌株。F因子可以整合到染色体不同位置，由此而得到不同的Hfr菌株，它们可从不同位点开始转移基因。

整合的F因子引导染色体转移时，在转移起点 *OriT* 处切开单链，F因子的转移区 *tra* 基因直至最后才可被转移，由于染色体很长，转移随时都可能中止，受体细胞往往不能转变为F^+细胞。整合的F因子被切割出来时，有可能因切点不精确，使F因子带有若干宿主染色体基因，称为F′因子。使F′细胞与F^-细胞杂交，给体部分染色体基因随F′进入受体细胞，无需整合就可以表达，实际上形成部分二倍体，此时受体细胞也变成F′细胞，这种转移过程称为**性导**(sexduction)。

大肠杆菌通过结合作用将染色体完全转移的时间约100min，若其间配对的细胞受外力作用而分开，转移的DNA即被打断，根据转移基因所需时间可以确定该基因在环状染色体上的位置，绘制出染色体的基因图(见电子教程知识扩展6-1　用Hfr菌株绘制细菌的遗传图)。

6.1.2.2　细菌的遗传转化

遗传转化(genetic transformation)指细菌品系由于吸收了外源DNA(转化因子)而发生遗传性状改变的现象。能摄取周围环境中游离DNA分子的细菌称为**感受态细胞**(competent cell)，很多细菌在自然条件下就有吸收外源DNA的能力，如固氮菌、链球菌、芽孢杆菌、奈氏球菌及嗜血杆菌等。

不同细菌的转化途径不完全相同，有些细菌能吸收双链DNA，但多数情况下，被转移的只是双链DNA的一条链。转化过程涉及细菌染色体上10多个基因编码的蛋白质，包括感受态因子(competent factor)，与膜连接的DNA结合蛋白和自溶素(autolysin)，以及多种核酸酶。感受态因子可诱导与感受态有关蛋白的表达，生成的自溶素使细胞表面的DNA结合蛋白和核酸分离。游离DNA与细胞表面的DNA结合蛋白结合后，核酸酶使其中一条链降解，另一条链则与感受态特异蛋白相结合，然后转移到细胞内，与染色体DNA重组。

自然转化是细菌遗传信息转移和重组的一种重要方式，但多数细菌在自然条件下不发生转化，或转化效率很低。在科研工作中，通常用高浓度Ca^{2+}处理大肠杆菌，诱导细胞成为感受态，提高转化率。

6.1.2.3　细菌的转导

转导(transduction)是通过噬菌体将细菌基因从供体转移到受体细胞的过程，**普遍性转导**(generalized transduction)指宿主基因组任意位置的DNA均可成为成熟噬菌体DNA的一部分而被转入受体菌。**限制性转导**(specialized transduction)指某些温和噬菌体在装配病毒颗粒时，宿主染色体整合部位的DNA被组合到病毒DNA中。在上述两种类型中，都有噬菌体基因被宿主基因所取代，使噬菌体成为缺陷型。缺陷型噬菌体仍可将颗粒内DNA导入受体菌，前宿主的基因进入受体菌后即可与染色体DNA发生重组。

6.1.2.4　细菌的细胞融合

为了使细菌进行广泛的基因重组，在科研工作中，可以用溶菌酶除去两个菌株的细胞壁，使之成为原生质体。然后，人工促进原生质体的融合，这便是细菌的**细胞融合**(cell fusion)。细胞融合后，两个菌株的DNA发生广泛的基因转移和重组。经过细胞壁的诱导生成，可筛选所需要的菌株。

6.1.3　细菌同源重组的酶学机制

E. coli 同源重组有多种蛋白质参与，其分子机制已基本阐明。

6.1.3.1　χ位点和RecBCD的作用

χ位点是RecBCD的作用位点，有一个保守的8 bp序列(5′-GCTGGTGG－3′)，在*E. coli*的DNA中，这一序列在5～10 kb长的序列中即出现一次。在λ噬菌体的一些突变体中，χ位点单一碱基对的改变即可明显影响重组的效率。

RecBCD 是一种多功能酶，具有 3 种酶活性：①依赖于 ATP 的外切核酸酶活性；②可被 ATP 增强的内切核酸酶活性；③ATP 依赖的解旋酶活性。当 DNA 分子断裂时，它即结合在其游离端，使 DNA 双链解旋并降解，解旋所需能量由 ATP 提供。

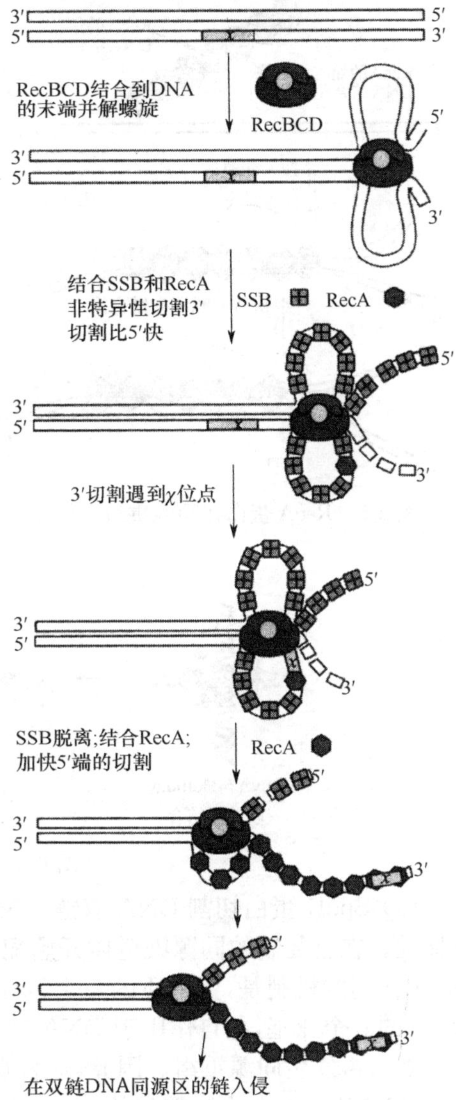

图 6-4　RecBCD 在同源重组中的作用

在 *E. coli* 的重组过程中，RecA 起着十分重要的作用。RecA 单体的 M_r 为 38 000，它与单链 DNA 结合形成每圈含 6 个单体的螺旋纤丝（helical filament）。此复合物可以与双链 DNA 作用，并迅速扫描寻找其互补序列。互补序列一旦被找到，即沿单链 5′→3′方向进行链交换，将双链中的同源链置换出来。在此过程中，由 RecA 水解 ATP 提供反应所需能量。SSB 可以确保底物减少二级结构，因而可促进 RecA 的作用。RecF、RecO 和 RecR 蛋白调节 RecA 纤丝的装配和拆卸。

这些蛋白质协同作用的过程如图 6-4 所示，首先，RecBCD 结合到 DNA 的末端，并使 DNA 解旋。接着 SSB 和少量的 RecA 结合到单链区，RecBCD 从末端起切割单链，对 3′端的水解速度比 5′端快。当酶切位点移动到 χ 位点 3′侧 4～6nt 处时，3′端的水解停止，5′端的水解速度加快，产生具有 3′端的游离单链。在此过程中，RecA 取代 SSB 与游离单链结合，为下一阶段结合 RecA 的游离单链入侵另一双链 DNA 的同源区创造了条件（见电子教程知识扩展 6-2 RecA 和 SSB 与游离单链结合的实验证据）。

6.1.3.2　RecA 引起 DNA 同源重组

RecA 对 DNA 重组的作用分为 3 个阶段：①在前联会（presynapsis）阶段，RecA 通过其第一 DNA 结合位点与单链 DNA 结合，形成蛋白质-DNA 复合物；②在联会前（synapsis）阶段，RecA 通过其第二 DNA 结合位点与另一个 DNA 双螺旋结合，形成三链 DNA 中间体，随后，单链 DNA 入侵双链 DNA，并快速扫描搜索同源区；③在链交换阶段，入侵的单链 DNA 置换双螺旋的一条链，产生杂合 DNA 双螺旋（图 6-5）。至此，Holliday 中间体已经形成，随后要进行的是交叉点的移动，以及 Holliday 中间体的拆分。

6.1.3.3　Ruv 和 Holliday 联结体的拆分

由于 DNA 分子具有螺旋结构，在 Holliday 中间体移动时，需要两个 DNA 分子进行旋转。蛋白质 RuvA 和 RuvB 在推动 DNA 分子进行旋转中起关键作用。RuvA 蛋白为四聚体，能够识别 Holliday 联结体的交叉点，每一个亚基结合 Holliday 联结体的一段双链 DNA，促进交叉点移动过程中双链的分离，还可帮助 RuvB 六聚体环结合在双链 DNA 上。RuvB 是一种解旋酶，通过水解 ATP 而推动交叉点的移动。Holliday 联结体最后由 RuvC 拆分，并由 DNA 聚合酶和 DNA 连接酶进行修复合成。RuvC 是一种二聚体内切核酸酶，特异性识别 Holliday 联

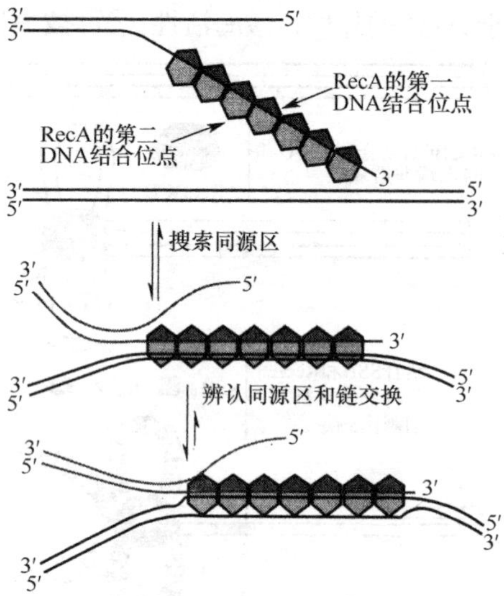

图 6-5　RecA 蛋白在同源重组中的作用

结体并将其切开。它识别四核苷酸序列 ATTG，此序列位于 Holliday 联结体的哪一条链，决定重组结果是形成补丁重组体，还是拼接重组体(图 6-6)。

6.1.4　真核生物的同源重组

6.1.4.1　减数分裂中的同源重组

真核生物的同源重组主要发生在细胞减数分裂前期Ⅰ两个配对的同源染色体之间(非姐妹染色单体)，先在细线期(leptotene)和合线期(zygotene)形成联会复合体(synaptonemal complex，SC)，再在粗线期(pachytene)进行交换。同源重组还可用以修复 DNA 双链断裂、单链断裂和链间交联等损伤，不同真核生物的同源重组机制是高度保守的。

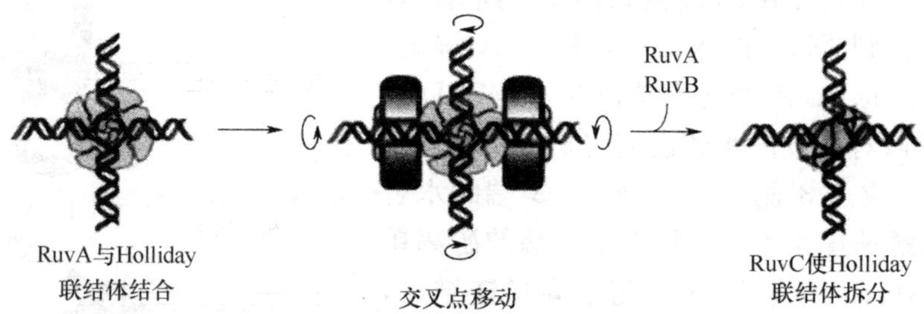

图 6-6　Holliday 联结体的拆分

(1) Spo11 蛋白切割 DNA 双链　Spo11 蛋白没有序列选择性，但对染色体结构有一定的选择性。在已复制的同源染色体开始配对的时候，Spo11 优先作用于包装疏松的染色体区域。Spo11 作用的机制是，蛋白质的一个特异性酪氨酸侧链—OH 攻击磷酸二酯键，切断 DNA 链。Spo11 的两个亚基，各自作用于 DNA 的一条链，切点有 2nt 的错位，形成有黏性末端的双链断裂。然后再发生同源重组。因此，适合真核生物同源重组的模型为双链断裂模型。

(2) MRX 酶复合物催化的 5′→3′切除　MRX 酶复合物由 Mre11、Rad50 和 Xrs2 三个亚基组成，并以这三个亚基名称的第一个字母命名。MRX 复合物与细菌的 RecBCD 没有同源性，但在同源重组中所起的作用与 RecBCD 相似。MRX 酶复合物可以催化 5′→3′的切割，但不能催化 3′→5′的切割，结果形成 3′单链 DNA，长度可达 1 kb 或更长。此外，MRX 复合物还可去除与 DNA 连接的 Spo11 蛋白。

(3) Rad51 和 Dmc1 与单链 DNA 结合　Rad51 和 Dmc1 的作用与细菌的 RecA 相似，二者均可形成丝状聚集体，并与单链 DNA 结合，促进非姐妹染色体之间的链交换(图 6-7)。

(4) 其他蛋白质的参与　在减数分裂时的同源重组过程中，由多种蛋白质和 DNA 形成的复合体，被称作重组工厂(recombination factory)，有一些蛋白质可能参与 Holliday 联结体的交叉点移动和 Holliday 联结体的拆分。例如，在真核生物中高度保守的 Mus81 蛋白是减数分裂所必需的，或许具有 Holliday 联结体拆分酶的作用。

在减数分裂阶段，如果不发生交换，则减数分裂受阻，以确保在交换发生之前细胞不能分裂。

同源重组可用于基因敲除(见电子教程知识扩展 6-3　同源重组与基因敲除技术)。

6.1.4.2 基因转换

若在重组过程中，基因只发生单向的转移，称**基因转换**(gene conversion)。研究基因转换的良好材料是子囊菌，许多子囊菌通过减数分裂可在子囊中产生 4 个呈线性排列的单倍体核，紧接着进行一次有丝分裂，产生 8 个线性排列的子囊孢子。在不发生基因重组的情况下，具有两种不同颜色的孢子应当按 4∶4 的比例出现。然而，有时可以呈现 5∶3 或 6∶2 的分离比例。这种现象说明从一个染色单体到另一个单体上发生了遗传信息的单向转移，即基因转换，而不是双向的交换。

基因转换可在 3 种情况下发生：①有丝分裂时姐妹染色单体等位基因之间；②有丝分裂和减数分裂时姐妹染色单体的非等位重复基因之间；③有丝分裂和减数分裂时同一条染色单体上非等位重复基因之间。在后两种情况中，基因转换的频率远远高于相应的交互重组频率。

酿酒酵母有两种交配型 a 和 α，两种细胞融合(交配)即形成 a/α 二倍体细胞，经过减数分裂，则可以形成两个单倍体 a 细胞，或两个单倍体 α 细胞。说明期间发生了基因转换，这种特殊的基因转换称交配型转换。

交配型转换的机制如图 6-8 所示，可以看出，这一过程的第一阶段与同源重组相似，只是进行双链切割的酶是特异性的 HO 内切核酸酶。链入侵之后，只有其中一个基因(a 基因)的序列被复制，另一个基因(α 基因)的单链序列则被切除。经过修复合成和连接，两个子代分子均含有 a 基因。总的结果是基因转换，而不是相互交换的基因重组。

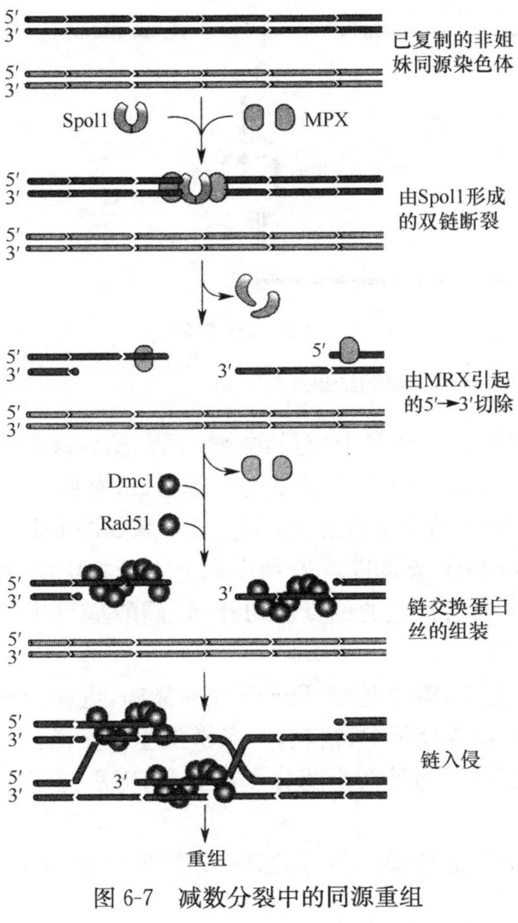

图 6-7 减数分裂中的同源重组

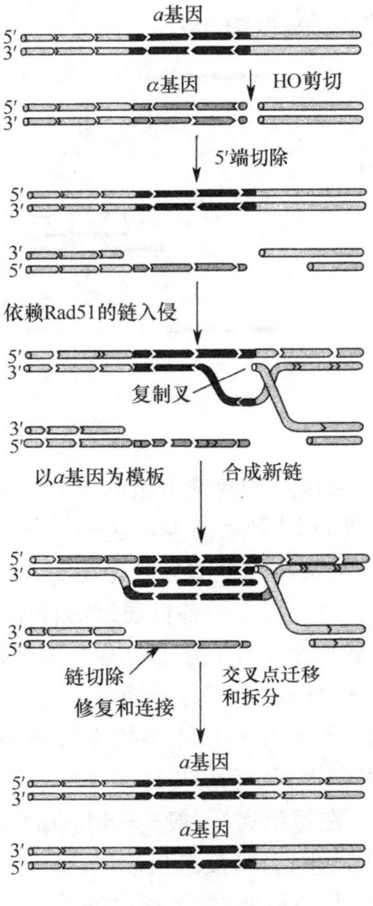

图 6-8 交配型转换的机制

巧妙的是a细胞分泌12个氨基酸构成的a因子,可特异性识别α细胞表面的受体。α细胞分泌13个氨基酸构成的α因子,可特异性识别a细胞表面的受体。所以,只会有不同交配型酵母细胞之间的交配,不会有相同交配型酵母细胞之间的结合。

交配后的酵母细胞向哪种交配型转化,取决于另一对基因。若*a*基因的近邻有*HML*基因,则细胞由a型转变成α型,若α基因的近邻有*HMR*基因,则细胞由α型转变成a型。

6.2 位点特异性重组

6.2.1 位点特异性重组的机制

位点特异性重组(site-specific recombination)指发生在特定的重组位点(20～200 bp),并且有特异的重组酶和辅助因子参与的重组。主要参与某些基因表达的调节,发育过程中DNA的程序性重排,免疫球蛋白基因片段的重组,以及病毒和质粒DNA与宿主DNA的整合与切除等。

如果重组位点为同一DNA分子上的两个反向重复序列,重组的结果是两个重组位点之间的DNA片段倒位。若重组位点为同一DNA分子上的正向重复序列,重组结果是两个重组位点之间的DNA片段被切除。若重组位点以相同方向存在于不同的DNA分子上,重组的结果是发生整合(图6-9)。

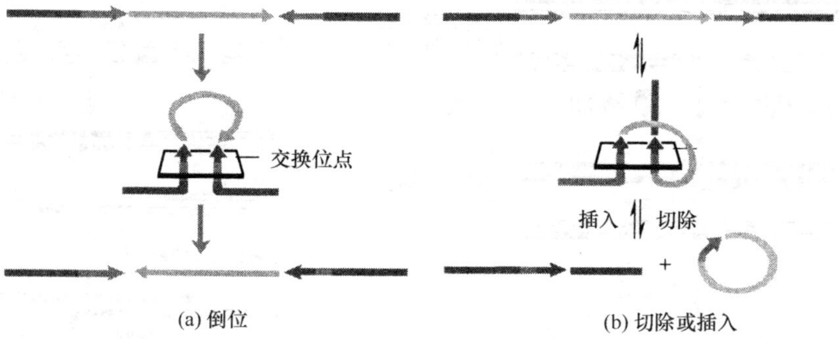

图6-9 位点特异性重组的结果

参与位点特异性重组的酪氨酸重组酶家族有140多个成员,如整合酶、*E. coli*的XerD蛋白、酵母的FLP蛋白等。这一类重组酶通常由300～400个氨基酸残基组成,有两个保守的结构域。通常有4个酶分子作用于2个DNA分子的4个位点上,其主要步骤如图6-10所示。

1) 两个酶分子各自通过活性中心的Tyr-OH亲核进攻识别序列上1个特定的磷酸二酯键,导致2个DNA分子各有1条链在识别序列内特定的位点被切开,5′-磷酸基与Tyr-OH以磷酸酯键相连,3′-OH游离。

2) 游离的3′-OH亲核进攻另一个切点上5′-磷酸基与Tyr形成的酯键,重新形成3′,5′-磷酸二酯键,从而形成Holliday连接,使两个双链分子中各自有一条链发生了交换。

3) 在短距离(一般6～8 bp)的交叉点迁移后,另外两个酶分子在2个DNA分子上的另一条链上产生切口,反应机制同①。

4) 反应机制同②,通过连接反应,使两个双链分子中各自的另一条链发生交换。

6.2.2　λ 噬菌体 DNA 的整合与切除

λ 噬菌体 DNA 进入宿主 *E. coli* 细胞后，存在两条途径，若 λ 噬菌体 DNA 整合到 *E. coli* 的染色体上，被称作原噬菌体的 λ 噬菌体 DNA 随 *E. coli* 的染色体复制，称溶原生长。若原噬菌体从 *E. coli* 的染色体切除，进入繁殖周期，并导致宿主细胞裂解，称作裂解生长。二者最初的过程是相同的，都要求早期基因的表达，为溶原和裂解途径的歧化做好准备。λ 噬菌体的整合发生在噬菌体和宿主染色体的特定位点，因此是一种特异位点重组。原噬菌体可随宿主染色体一起复制并传递给后代，但在紫外线照射或升温等因素诱导下，原噬菌体可被切除下来，进入裂解途径，释放出噬菌体颗粒。

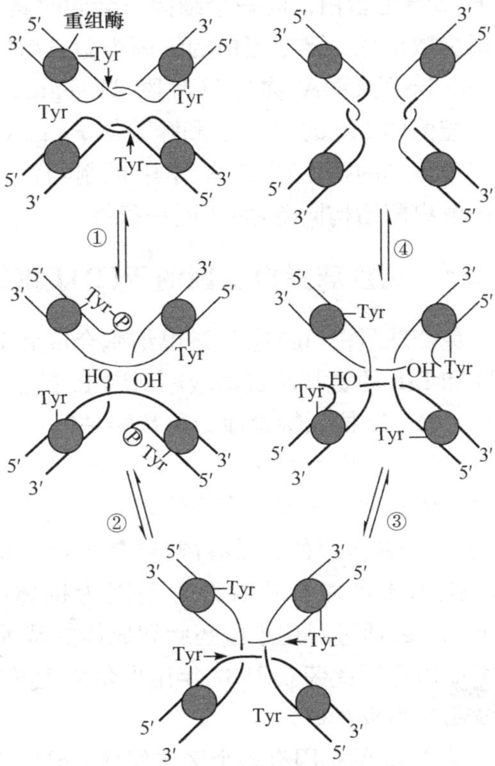

图 6-10　酪氨酸重组酶的作用机制

λ 噬菌体与宿主的特异重组位点称附着位点（attachment site, att）。通过删除实验的研究，确定噬菌体的附着位点 *attP* 长度为 240 bp，细菌相应的附着位点 *attB* 只有 23 bp，二者共同的核心序列（O 区）为 15 bp。*attP* 的序列以 POP′表示，*attB* 位点以 BOB′表示。整合需要的重组酶（recombinase）由 λ 噬菌体编码，称 λ 整合酶（λintegrase, INT），此外还需要由宿主编码的整合宿主因子（integration host factor, IHF）参与。整合酶作用于 POP′ 和 BOB′序列，分别交错 7 bp 将两 DNA 分子切开，然后再交互连接，噬菌体 DNA 被整合，其两侧形成新的重组附着位点 *attL* 和 *attR*。在此过程中不需要水解 ATP 提供能量，因为整合酶的作用机制类似于拓扑异构酶Ⅰ，它催化磷酸基转移反应，而不是水解反应，故无能量丢失。在切除反应中，需要将原噬菌体两侧附着位点联结到一起，因此除 INT 和 IHF 外，还需要噬菌体编码的切除酶（excisionase, XIS）参与（图 6-11）。

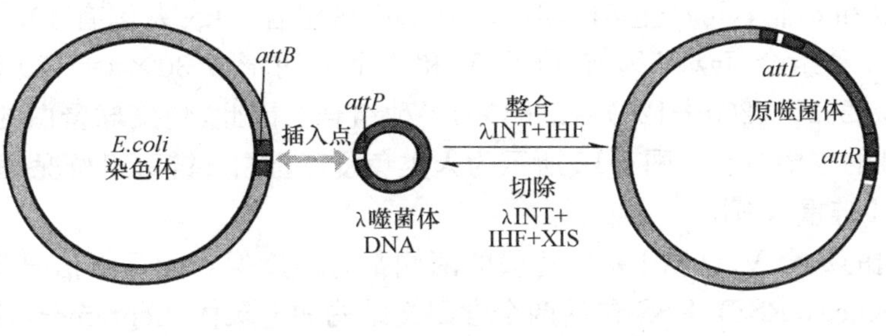

图 6-11　λ 噬菌体的整合和切除

λ 噬菌体的整合和切除受到严格的调控，其调控机制将见本书 11.4。

6.2.3 细菌的特异位点重组

鼠伤寒沙门氏杆菌(*Sahnunella typhinnurium*)的鞭毛蛋白有两种,分别为FljC鞭毛蛋白和FljB鞭毛蛋白。同一个细菌不会同时具有两种鞭毛蛋白,但从单菌落的沙门氏菌中经常能出现少数呈另一鞭毛蛋白的细菌细胞,这种现象称鞭毛相变。遗传分析表明,鞭毛相变是由一段995 bp的DNA,称为H片段(H segment)发生倒位引起的,其详细机制将在第11章介绍。

噬菌体Mu的G片段和噬菌体P1的C片段,分别由倒位酶Gin和Cin控制发生倒位,并决定噬菌体的宿主范围,其作用机制与沙门氏菌鞭毛相变类似。Hin、Gin和Cin与转座子Tn3解离酶结构同源,属于同一家族。

6.2.4 免疫球蛋白基因的V(D)J重组

免疫球蛋白(Ig)是B淋巴细胞合成和分泌的,由两条重链(IgH)和两条轻链(IgL)组成。IgH和IgL的氨基端氨基酸序列因Ig的抗原结合特异性不同而变化,称可变区(V),可结合抗原,决定Ig抗原特异性。羧基端是恒定区(C),具有结合补体、巨噬细胞、自然杀伤细胞等特性,介导Ig的生物学功能。

抗体有非常丰富的多样性,如果一种抗体对应一个基因,细胞将需要数百万种基因为抗体编码,因为基因组的容量有限,这是很难想象的。现在推测,人体为蛋白质编码的基因大约为2万多种,不可能有数百万种基因为抗体编码。早在20世纪70年代,利根川进(Susumu Tonegawa)通过对比小鼠胚胎和成体的基因,发现抗体的多样性是通过基因重排形成的,利根川进因此荣获1987年诺贝尔生理学或医学奖(见电子教程科学史话6-3 抗体多样性的形成机制)。

编码Ig的基因有多个区域组成,IgH基因由V区片段、多样性片段(D)、连接片段(J)和C区片段组成。其中V、D、J编码V区,IgL由V、J、C片段组成。在胚系细胞中,染色体上的V、D、J基因片段互相分离,各自的多个基因片段可在重组时形成不同的组合,在完成重组之前,无转录活性。在B细胞发育过程中,V、D和J通过位点特异性重组连在一起,形成Ig的转录单位。

V(D)J重组是B细胞特有的,决定了Ig表达的B细胞特异性。不同V、D、J基因片段的组合形成了免疫球蛋白V区的多样性。例如,人类IgH基因、Igκ基因和Igλ基因各自有大约300个V片段,但多数是失活的假基因。按照有活性的基因片段估算,人类IgH基因大约有51个V、27个D和6个J,可产生$51\times27\times6=8262$种组合。Igκ基因有40个V和5个J,可形成$40\times5=200$种组合,Igλ基因有30个V和4个J,可形成$30\times4=120$种组合。IgH与IgL的组合可达$8262\times(200+120)=2.64\times10^6$种组合。因此,免疫球蛋白的V(D)J重组是产生抗体多样性的主要机制。图6-12所示为人类免疫球蛋白κ链重组概况,图6-13所示为人类免疫球蛋白H链重组概况。

免疫球蛋白的每个V、D和J基因片段的两侧都有高度保守的重组信号序列(recombination signal sequences,RSS),RSS包括两个含回文结构的七聚体(heptamer)碱基序列、两个九聚体(nonamer)碱基序列和中间12 bp或23 bp的间隔(图6-14)。具有12 bp间隔的RSS只能与23 bp间隔的RSS重组,称12/23规则。这一规则的限制,保证了在IgH重组中,D基因片段只与J基因片段重组,V基因片段与D基因片段重组。

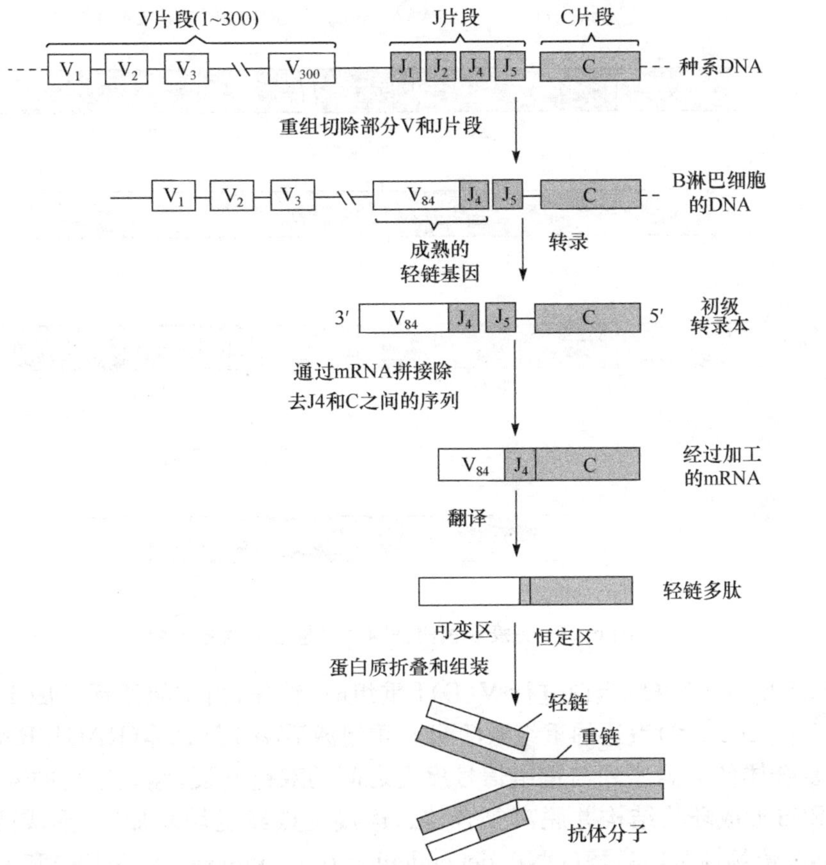

图 6-12 人类免疫球蛋白 κ 链的重组

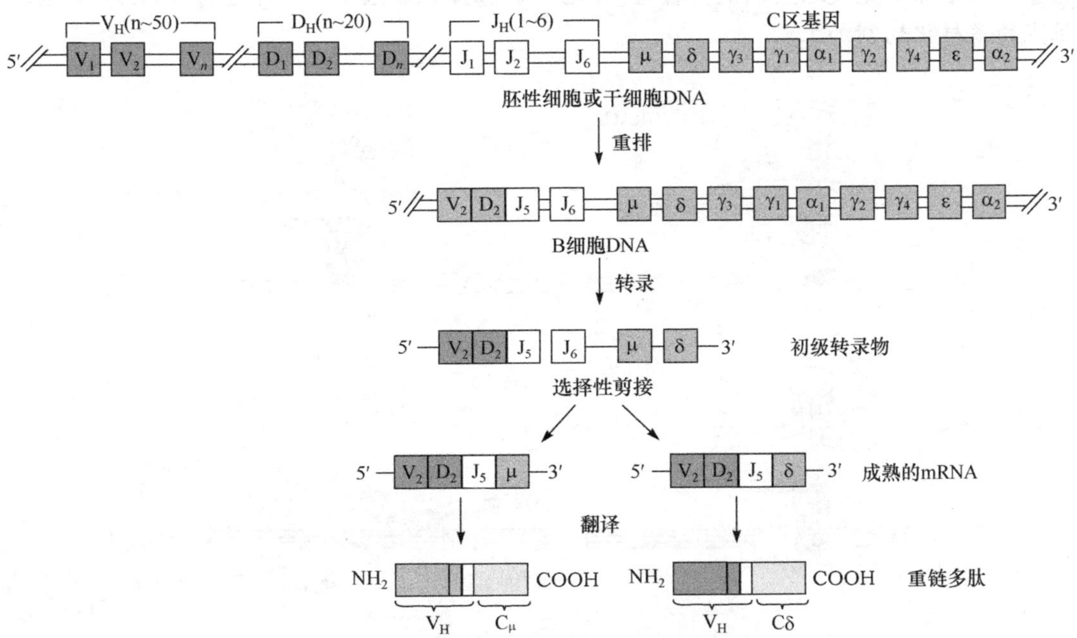

图 6-13 人类免疫球蛋白 H 链的重组

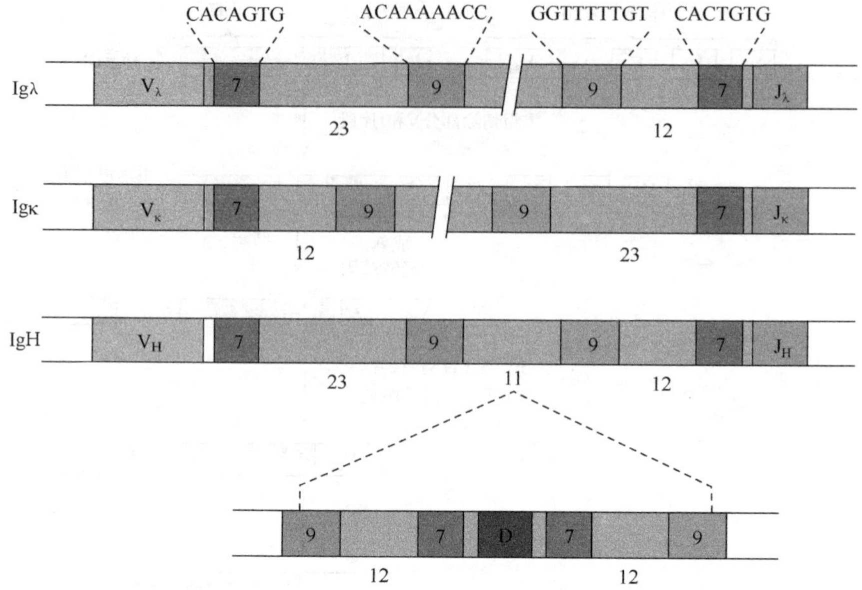

图 6-14 免疫球蛋白基因片段重组的信号序列

如图 6-15 所示，免疫球蛋白进行 V(D)J 重组时，首先，由重组激活基因 1/2(recombination activating gene-1/2)表达的重组激活酶 1/重组激活酶 2 复合体(RAG1/RAG2)与 RSS 结合。接着，复合体使编码序列与重组信号序列之间的双链断裂，编码序列的末端形成发夹结构。随后，RSS 形成环状结构并脱离复合体。连接位点经过切割加工，形成两个黏性末端。最后，由 DNA 依赖性蛋白激酶(DNA dependent protein kinase，DNA-PK)和 DNA 连接酶填补缺口，连接切口，完成重组。由于在连接前连接位点可以进行多样化的切割加工，进一步增加了免疫球蛋白的多样性[见电子教程知识扩展 6-4 Ig 进行 V(D)J 重组时连接位点的多样化切割加工]。

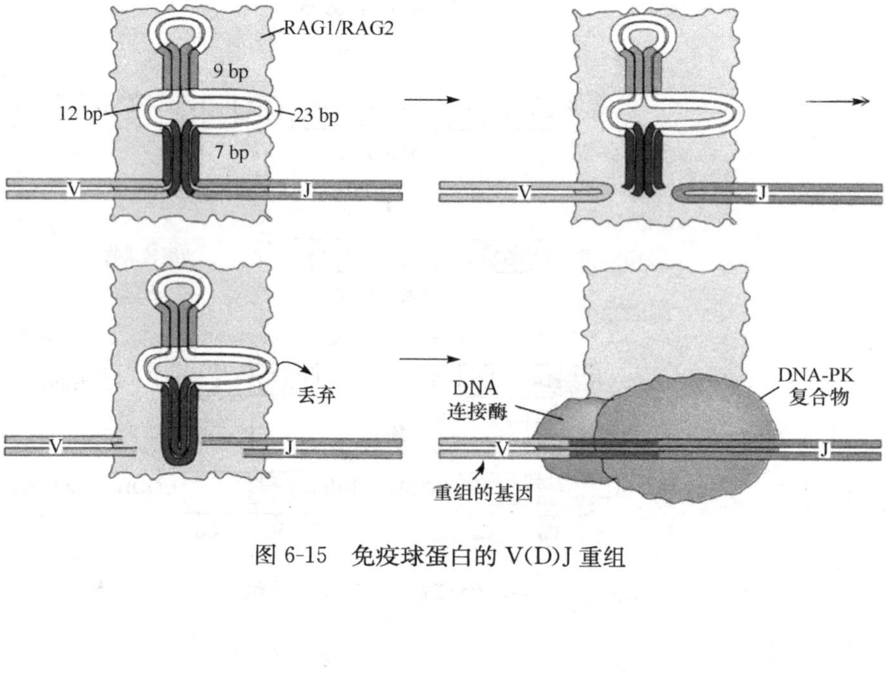

图 6-15 免疫球蛋白的 V(D)J 重组

6.3 转座重组

6.3.1 转座子的概念

转座重组(transposition recombination)指 DNA 上的核苷酸序列从一个位置转移到另外一个位置的现象。发生转座的 DNA 片段被称为**转座子**(transposon)或可移位的遗传元件(mobile genetic element,MGE),还可被称为**跳跃基因**(jump gene)。

转座过程的主要特征有:①转座子能从染色体的一个位点转移到另一个位点,或者从一个染色体转移到另一个染色体;②转座子不能像噬菌体或质粒 DNA 那样独立存在;③ 转座子编码其自身的转座酶,每次移动时携带转座必需的基因一起在基因组内跃迁;④转座的频率很低,且不依赖于转座子(供体)和靶位点(受体)之间的序列同源性。

转座子最初是 Barbara McClintock 于 20 世纪 40 年代在玉米的遗传学研究中发现的,当时称为控制元件(controlling element)。McClintock 的发现当时并没有引起重视,直到 60 年代后期,Shapiro 在大肠杆菌中发现一种由插入序列所引起的多效突变,之后又在不同实验室发现一系列可转移的抗药性转座子,才重新引起人们重视。1983 年 McClintock 荣获诺贝尔生理学或医学奖,距离她公布玉米控制因子已有 32 年之久(见电子教程科学史话 6-4 转座子的发现)。

转座重组可引起基因组内核苷酸序列发生转移、缺失、倒位或重复,从而导致突变,也可能改变基因组 DNA 的量。如果转座子插入一个基因的内部,很可能导致基因的失活,如果是重要的基因则可能导致细胞死亡。如果插入一个基因的上游,可以影响基因的转录活性。此外,转座子本身还可能充当同源重组系统的底物,原因是在 1 个基因组内,双拷贝的同一种转座子提供了同源重组所必需的同源序列。

转座子在生物体内是普遍存在的,基因组序列分析结果表明,人、小鼠和水稻的基因组有 40%左右的序列由转座子衍生而来,但在低等真核生物和细菌内的比例较小,占 1%～5%。这说明转座子在生物从低等到高等的进化过程中曾发挥过十分重要的作用。人类基因组中的不少转座子序列与疾病有关,研究转座子可以使我们从分子水平认知许多尚未弄清楚的生物学问题。

6.3.2 原核生物的转座子

原核生物的转座子最早是在 *E. coli* 的半乳糖操纵子内发现的,迄今为止,在细菌内已发现 4 类转座子。

6.3.2.1 第一类转座子

第一类转座子是最简单的转座元件,能够从 DNA 的一个位点插入到另一个位点,因此,被称作**插入序列**(insertion sequences,IS),其特征如图 6-16 所示。

1) 长度较小,通常为 700～1800 bp,两端有 10～40 bp 长的反向重复序列 IR,左边的是 IRL,右边的是 IRR。IRL 和 IRR 的序列非常相似,但不一定完全相同。有少数 IS(如 IS91)没有明显的 IR 序列,通过滚环复制和插入方式进行转座。

2) 内部一般只有一个基因,其表达产物为转座酶(transposase,tnpA)。转座酶的量受到严格的调控,它是决定转座频率的主要因素。

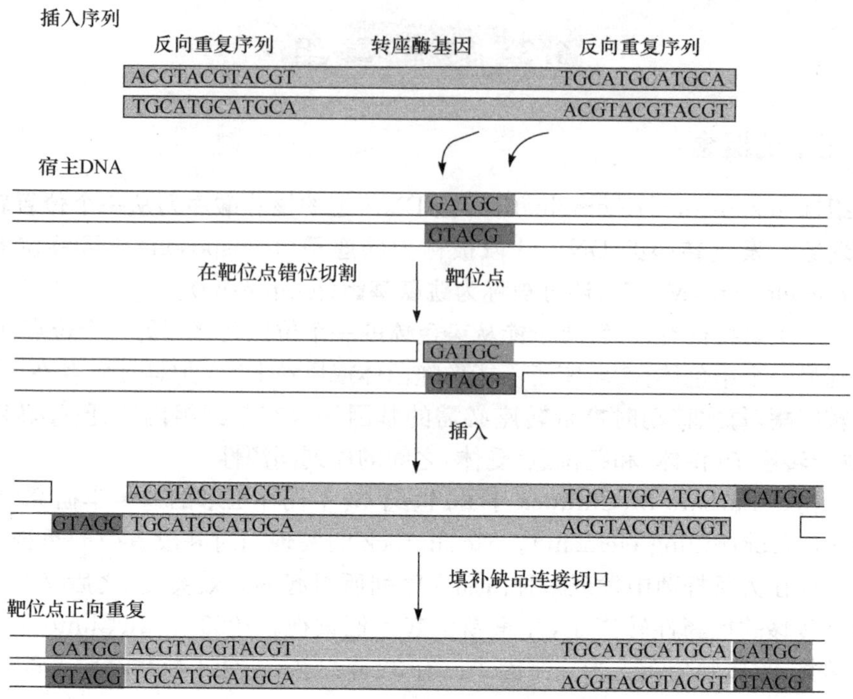

图 6-16　第一类转座子的结构和转作基质

3）通过剪切和插入的方式进行转座，经过填补缺口和连接切口，会增加一个拷贝的靶位点序列，完成转座后，插入序列两侧各有一个靶位点序列，呈正向重复。

表 6-1 列出了 *E. coli* 中常见 IS 的结构特点。

表 6-1　*E. coli* 中常见的插入序列

IS 类别	长度/bp	IR 长度/bp	靶位点长度/bp	染色体上的拷贝数	F 质粒上的拷贝数
IS1	768	20/23	9	5～8	
IS2	1327	32/41	5	5	1
IS3	1258	39/39	3	5	2
IS4	1426	16/18	11、12 或 14	1 或 2	
IS5	1195	15/16	4	丰富	
IS10R	1329	17/22	9		

IS 的插入导致位于靶位点基因下游的基因表达受阻，此现象被称为极性效应（polar effect）。

6.3.2.2　第二类转座子

第二类转座子为**复杂型转座子**（complex transposon），其长度较大，通常为 2.5～20 kb，两侧含有 35～40 bp 的 IR 序列。内部一般有多个基因，常见的结构基因 *tnpA* 编码转座酶，*tnpR* 编码的解离酶可使转座子与受体 DNA 形成共整合体重组和解离，还可以作为阻遏蛋白调节 *tnpA* 和 *tnpR* 两个基因的表达。此外，有一个或几个抗生素抗性基因（resistance gene）。

res 为解离的控制位点，TnpR 蛋白与其结合调控解离。复杂型转座子的靶序列为 5 bp，转座导致靶位点序列重复，在转座子两侧形成正向重复序列。图 6-17 为 Tn3（Tn A 家族）的结构，表 6-2 列出了几种常见第二类转座子的特征。

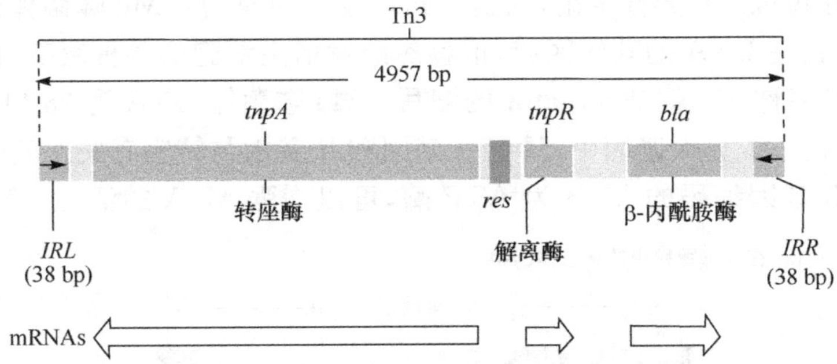

图 6-17 第二类转座子的结构

表 6-2 几种第二类转座子的特征

转座子	抗性标记	长度/bp	IR 长度/bp
Tnl	青霉素	4 957	
Tn3	青霉素	4 957	38
Tn501	Hg 抗性	8 200	38
Tn7	甲氧苄啶、壮观霉素、链霉素	14 000	35

6.3.2.3 第三类转座子

第三类转座子为**复合型转座子**（composite transposon），由位于两侧的 2 个 IS 和一段带有抗生素抗性的间插序列组合而成。2 个 IS 均具有典型的第一类转座子的特征，方向相同或相反。每一个 IS 可能独立转座，也可与间插序列作为一个整体转座。图 6-18 为 Tn10 的结构，表 6-3 列出了常见第三类转座子的特征。

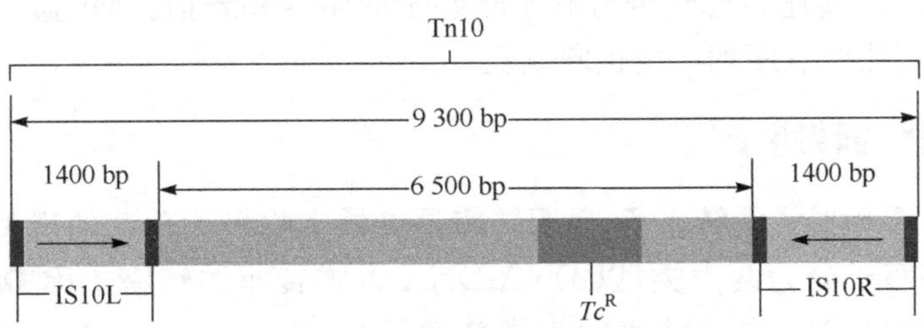

图 6-18 第三类转座子的结构

表 6-3 几种第三类转座子的特征

转座子	抗性基因	长度/bp	插入序列
Tn5	抗卡那霉素（Kan^r）	5700	IS50
Tn9	抗氯霉素（Cm^r）	2638	IS1
Tn10	抗四环素（Tet^r）	9300	IS10

6.3.2.4 第四类转座子

第四类转座子的典型例子 **Mu 噬菌体**(bacteriophage Mu)是 *E. coli* 的一种温和噬菌体，具有裂解和溶原循环生长周期，其结构如图 6-19 所示。Mu 噬菌体的 DNA 可以整合到宿主 DNA 中，但不是通过位点特异性重组，而是通过转座随机整合。Mu 噬菌体还可以通过复制型转座，随机插入宿主 DNA 的其他区域，很容易诱发宿主细胞的各种突变，因此可被称为突变子(mutator)，其名称 Mu 就是 mutator 的缩写。Mu 噬菌体 DNA 为 38 kb 的线性双链，两侧缺乏 IR 序列，在其 20 多个基因中，只有 *A* 基因和 *B* 基因与转座有关。其中 *A* 基因编码的 MuA 为转座酶，*B* 基因编码的 MuB 为 ATP 酶，可以增强 MuA 的活性。MuB 还可通过与

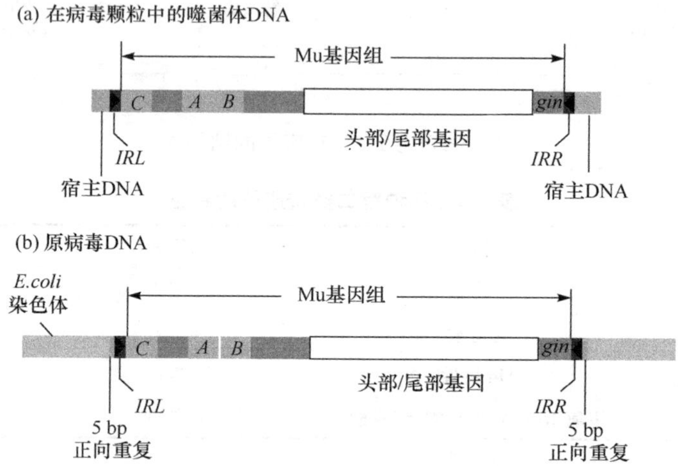

图 6-19 第四类转座子的结构

MuA 的蛋白质-蛋白质相互作用，阻止 MuB 结合到已经与 MuA 结合的 DNA 区域附近，使 Mu 噬菌体周围的 DNA 不易成为 Mu 转座子的靶点，这种现象称转座目标免疫(transposition target immunity)。一些其他转座子也存在转座目标免疫，如 Tn3 和 Tn7 的转座目标免疫范围超过 100 kb。也许，转座目标免疫有利于转座子的生存和繁衍。Mu 噬菌体的靶位点序列为 5 bp，转座可引起靶位点序列产生正向重复。

6.3.3 真核生物的转座子

在真核生物有多种形式的转座子，说明转座是真核生物极为普遍的现象。根据转座方式可将真核生物的转座子分为两大类，以 DNA-DNA 方式转座的转座子称 **DNA 转座子**(DNA transposon)，以 DNA-RNA 方式转座的为**逆转座子**(retrotransposon)或**反转录子**(retroposon)，逆转座子将在下一节介绍。

DNA 转座子可分为自主型、非自主型和微型反向重复转座元件 3 种类型，其共同特点是都具有两个末端反向重复序列。

自主元件(autonomous)编码具有功能的转座酶等产物，所以能够自主转座。而非自主元件(non-autonomous)是自主元件中间部分序列缺失后形成的，所以只有在自主元件存在时才能转座。自主元件与非自主元件通常以一个转座系统的形式存在于基因组中，拷贝数一般少则几个，多则数百个，自主元件/非自主元件主要隶属 3 个超家族。

hAT 超家族是 Warren 等于 1994 年用 3 个该类转座子(*hobo*、*Ac* 和 *Tam*3)的第 1 个字母命名的，包括玉米的 Ac/Ds 转座系统和金鱼草的 Tam 3 转座子等。*hAT* 转座子的特征是：

①在转座过程中产生 8 bp 的靶位点重复；②有 5～27 bp 的短反向末端重复；③大多数 *hAT* 类转座子小于 4 kb。

CACTA 超家族最典型的特征是反向重复序列末端是保守的 CACTA，同时，该类转座子具有 10～28 bp 的末端反向重复，是转座酶的识别位点。CACTA 超家族包括玉米的 En/Spm 转座系统和高粱的 Candystripe 转座子等。最早发现的水稻 CACTA 转座子 Tnr3 是作为插入片段被鉴定出来的，其大小为 1539 bp，并有 13 bp 的反向末端重复。

微小反向重复转座子(miniature inverted repeat transposable element，MITEs)是 Bureau 等于 1994 首先发现的一类转座元件，MITEs 具有 IR，不编码转座酶，为非自主 DNA 类转座子，其序列小(一般为 100～500 bp)且拷贝多，具有插入位点偏爱性。MITEs 具有逆转座子所具有的高拷贝特点，如玉米 mPIF 元件的拷贝数超过 6000，水稻基因组中的 MITEs 约有 90 000个。

6.3.3.1　玉米的控制因子

玉米的激活-解离系统(activator-dissociation system，*Ac-Ds*)是 McClintock 最先发现的，*Ac* 表示激活子元件(activator element)，属于自主型转座子，约 4563 bp，两端是 11 bp 的 IR 序列，带有全功能的转座酶基因。*Ds* 表示解离元件(dissociation element)，属于非自主型转座子，两端也是 11bp 的 IR 序列，但中间只有缺失的、无功能的转座酶基因，它实际上是 *Ac* 经由不同的缺失突变而来的，由于缺失的程度不同，就形成了不同的 Ds 转座子。由于 *Ds* 不能合成转座酶，所以单独不能移座，只有 *Ac* 存在时 *Ds* 才会移座。

如图 6-20 所示，玉米种子的紫色由 *C* 基因(color gene)决定。如果 *Ac* 或 *Ds* 插入到 *C* 基因内部使其失活，玉米籽粒不能产生紫色色素，而成为黄色。如果 *Ds* 从 *C* 基因离开，*C* 基因

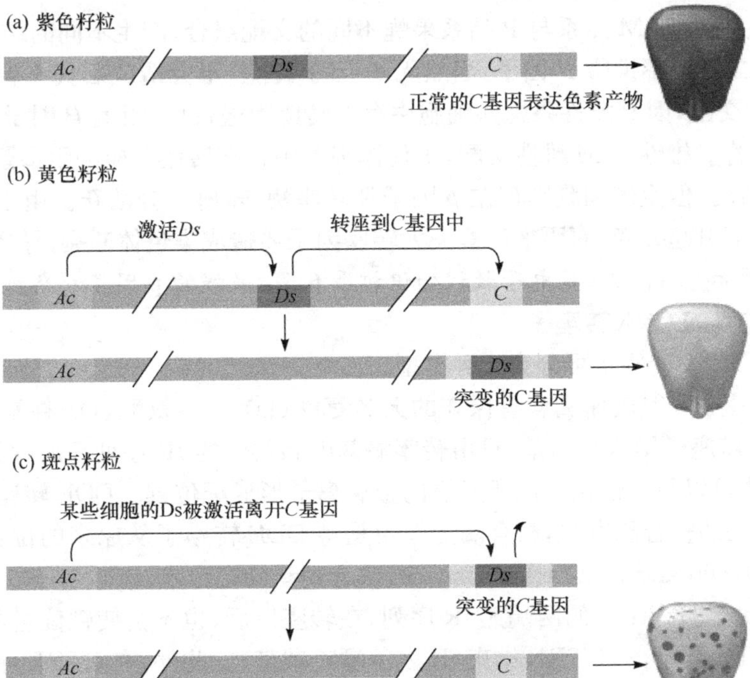

图 6-20　玉米的 *Ac-Ds* 系统

能够正常表达，玉米籽粒又变成紫色。如果*Ac*本身跳开，使*Ds*远离*Ac*，则处于*C*基因的*Ds*不再受*Ac*的控制，玉米籽粒依然为黄色。*Ac*和*Ds*在染色体上的跳动十分活跃，若在一粒玉米的发育过程中，由于体细胞中*Ds*的转座，使部分细胞的*C*基因中含有*Ds*，另一部分细胞的*C*基因中没有*Ds*，玉米籽粒便出现了黄色和蓝色的斑点。

抑制-促进-增变系统（suppressor-promoter-mutator，*Spm*），即*Spm-dSpm*也是玉米的转座因子。其*Spm*是自主性因子，又称增强因子，长 8287 bp，末端 IR 为 13 bp，靶位点为 8 bp 的正向重复，中间有 2 个开放阅读框，含 3 个内含子。它能以激活型、钝化型和程序型 3 种形式存在，具有转座、整合和解离活性。*dSpm*是非自主性因子，又称抑制因子，由*Spm*缺失而形成，长度不等，末端 IR 为 13 bp，靶位点为 8 bp 正向重复。*Spm-dSpm*的功能与*Ac-Ds*相似，可引起基因的插入突变，影响结构基因表达，解离后形成回复突变。此外，*Spm-dSpm*还能导致染色体断裂。

6.3.3.2 果蝇的 *p* 因子和杂种不育

*p*因子是在对果蝇杂种不育（hybrid dysgenesis）的研究中发现的，是黑腹果蝇的一种自主性转座因子。黑腹果蝇的*P*品系中含有 40～50 个*P*因子，而 M 品系则不含*p*因子。*P*因子具有 31 bp 反向末端重复，中间是转座酶，在转座的靶 DNA 部位产生 8 bp 的正向重复。最长的*p*因子大约 2.9 kb，有 4 个开放阅读框。优先的靶位点是 GGCCAGAC。约 2/3 的*p*因子是缺陷型的，因中间序列有不同程度的缺失，而成为非自主因子。

*p*因子前体中有 3 个内含子，体细胞的剪接保留了第 3 个内含子。原因是有一种蛋白质结合在第 3 个内含子上，阻止该内含子的切除。翻译过程在第 3 个内含子处中断，产物是一个M_r为 66 000 的蛋白质，它是转座反应的阻遏蛋白。而在生殖细胞中可以剪接除去内含子 3，翻译产物是M_r为 87 000 的转座酶。

两者的这一差别，使 M 品系与 P 品系果蝇不同的交配组合，产生不同的结果。若 M 雄性与 M 雌性交配，二者均不携带*P*因子，当然无*P*因子转座，不会造成后代不育。若 P 雄性或 M 雄性与 P 雌性交配，因 P 雌性果蝇卵细胞中存在转座阻遏蛋白，阻遏*P*因子的转座，也不会造成后代不育。若 p 雄性与 M 雌性交配，子代体细胞中存在转座反应的阻遏蛋白，细胞正常，因而果蝇可以生存。但生殖细胞则存在*p*因子和转座酶，转座十分活跃。由于转座因子插入新的位点可引起突变，而原来位置失去转座因子要造成染色体断裂，导致生殖细胞发育不全，因而无生育能力（见电子教程知识扩展 6-5　果蝇的 p 因子和杂种不育）。

6.3.3.3 脊椎动物的 DNA 转座子

脊椎动物的 DNA 转座子可分为 4 种类型。

(1) DDE 转座子　其转座酶含有保守的天冬氨酸(D)-天冬氨酸(D)-谷氨酸(E)三联体，因而得名。DDE 转座子结构较简单，只由转座酶基因和两侧的 IR 序列组成（图 6-21a）。转座酶的 DDE 三联体可以与其催化作用所必需的金属离子形成配位键。DDE 转座子与逆转录病毒或逆转座子编码的整合酶有关，整合酶的作用是将 DDE 转座子从原来的位置切割下来，通过剪切-黏接转座（cun and paste transposition）整合到新的靶位点。

(2) Helitrons　Helitron 的两端无 IR 序列，在转座以后，也不会使靶位点序列重复。Helitron 总是以 5′-TC 开始，3′-CTRR 结束（R 表示嘌呤碱基）。此外，在 CTRR 序列的上游有一段 16～20nt 的回文序列，可形成发夹结构。Helitron 内部的基因可能只有 1 个（如来源于线虫的），也可能含有 2～3 个（如来源于拟南芥和亚洲栽培稻）。其基因编码的蛋白质一般含有 5′→ 3′解链酶和核酸酶或连接酶的结构域，Helitron 名称的前 4 个字母来自于解链酶。如

图 6-21b所示，脊椎动物 Helitron 的开放阅读框包括 ssDNA-结合复制蛋白 A 样结构域(ssDNA-binding replication protein A-like domain，RPA)、锌指结构域(zinc finger，Zf)、滚环复制起始子-DNA 解旋酶(rolling-circle replication initiator and DNA helicase，REP-HEL)和无嘌呤/无嘧啶样内切核酸酶(apurinic/pyrimidinic-like endonuclease，APE)。Helitron 的转座方式是以滚环复制的方式进行复制，然后再插入到靶位点。

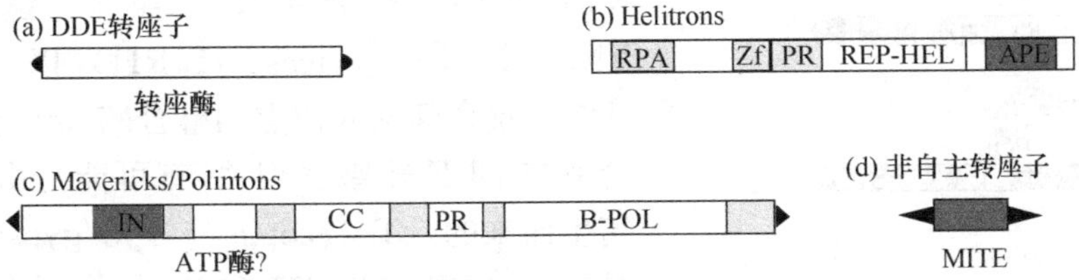

图 6-21　脊椎动物的 DNA 转座子

(3) Mavericks/Polintons　这类转座子两端有 IR 序列，可以编码整合酶(integrase，IN)，旁边的阅读框可以编码几种类似于噬菌体和真核生物双链 DNA 病毒的蛋白质，包括 ATP 酶(?，? 表示不完全肯定)、卷曲螺旋结构域(coiled-coil domain，CC)、蛋白酶(protease，PR)、B 类 DNA 聚合酶(type B DNA polymerase，B-POL)和衣壳蛋白类似物(图 6-21c)。这类转座子的转座机制可能是在染色体外用其编码的聚合酶复制，随后再用整合酶插入受体位点。

(4) 微小反向重复转座子　脊椎动物也含有 MITEs，长度较小，两端有 IR 序列，中间的序列没有编码区。MITEs 为非自主转座子，可以利用自主元件的转座酶进行转座(图 6-21d)。

不同物种有不同类型的转座子，如 Helitron 在蝙蝠中有 10 万个拷贝，在其他哺乳动物中被消除了。转座子也可能由病毒引入，人类基因组有约 20 万个内源性逆转录病毒，可能由至少 31 次感染引入。

有些转座子可以转化为某些基因的编码区或调控区。约 4%人类基因的蛋白质编码区含有转座子来源的序列，约 25%人类启动子含有转座子来源的序列，一些基因的增强子也含有转座子来源的序列。

6.4　逆转座子

在所有高等生物的基因组中，存在着与逆转录病毒基因组非常相似的逆转座子，逆转座子可能在基因组结构动态变化中起重要作用。

逆转座子有与 DNA 转座子相似的特性：①与高频率自发突变有关；②刺激寄主细胞基因组发生多种形式的遗传重排，如 DNA 的缺失、倒位、加倍和易位；③插入单元两端的 3～13 bp DNA 序列在插入过程中增加一个拷贝。

6.4.1　逆转座子的结构

逆转座子可按其结构特征分为两类：一类具有与逆转录病毒类似的长末端重复结构(long terminal repeat，LTR)，另一类不具有 LTR，但有 3′ poly A。

6.4.1.1　LTR 逆转座子

大部分 LTR 逆转座子的 LTR 处于两端，成正向排列，LTR 参与逆转录过程，和其后的

cDNA 整合。如图 6-22 所示，LTR 逆转座子可以分为 4 个家族。

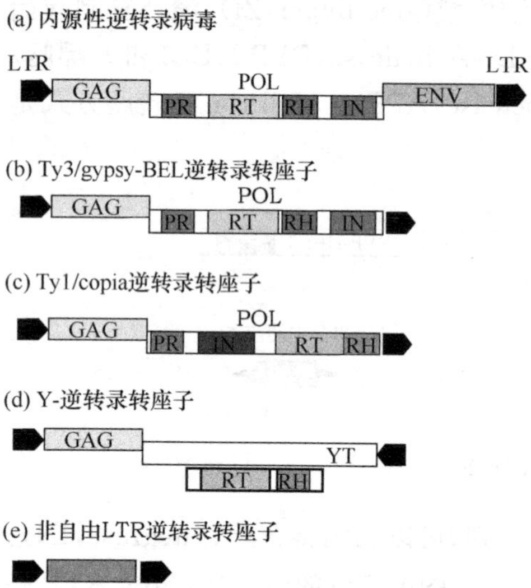

图 6-22　LTR 逆转座子的结构

Ty3/gypsy-BEL(图 6-22b)和 Ty1/copia (图 6-22c)的共同特征是，一个大的开放阅读框 *pol* 编码多聚蛋白质和蛋白酶(protease，PR)，经过翻译后加工，将多聚蛋白质切割为逆转录酶(reverse transcriptase，RT)、用于降解 DNA/RNA 杂合双链中 RNA 链的 RNase H(ribonuclease H，RH)，以及能够将双链 cDNA 整合到插入位点的整合酶(integrase，IN)。整合酶与 DDE 转座酶相关，有可能是由 DDE 转座酶衍生而来的。Ty1/copia 与 Ty3/gypsy-BEL 的区别是 *pol* 中 PR、RT、RH 和 IN 的排列次序有所不同。另一个开放阅读框 *gag* 位于 *pol* 的上游，其编码区与 *pol* 有部分重叠。*gag* 编码的结构蛋白可以同 RNA 结合，组装成逆转座子颗粒。真核生物的基因组中含有内源性逆转录病毒，可能是通过水平遗传感染种系细胞形成的。内源性逆转录病毒的编码区除 *gag* 与 *pol* 外，还有编码外被膜糖蛋白的 *env*(图 6-22a)。

Y-逆转座子家族的结构特点是，酪氨酸转座酶(tyrosine transposase，YT)取代了整合酶，且与逆转录酶和 RNase H 的阅读框重叠。Y-逆转座子在逆转录时形成环状 cDNA，然后整合到插入位点(图 6-22d)。

非自主 LTR 逆转座子的结构特点是，两个 LTR 之间的片段较短，没有阅读框。因此，要借助自主 LTR 逆转座子的酶系统才能进行转座(图 6-22e)。

酵母的 Ty 元件在单倍体酵母细胞中约有 35 个拷贝，散布在各染色体 DNA 上，其 LTR 被称为 δ 序列，长度大概为 330 bp。Ty 元件的转座效率很低，平均 10^4 世代才会发生 1 次。

Ty 元件可分为 6 个家族，但并不是都具有转录活性。具有转录活性的 Ty 元件属于自主型逆转座子，其转录产物最多可占细胞总 mRNA 的 5%以上。Ty 元件的 *tyA* 基因(相当于逆转录病毒的 *gag*)，编码一种 DNA 结合蛋白。*TyB* 基因(相当于逆转录病毒的 *pol*)，编码逆转录酶。由于缺乏编码逆转录病毒外壳蛋白的 *env* 基因，它们在细胞内并不能装配成感染性的病毒颗粒，但可以形成病毒样颗粒(virus-like particle，VLP)。

Fink 等的实验证明，Ty 元件通过 RNA 中间物转座。他们使 Ty1 受控于半乳糖启动子，其转录受培养基中半乳糖的诱导。结果表明，只有培养基中有半乳糖的情况下，才会有转座作用。此外，他们还将一个内含子人为地插入 Ty1 内部，用半乳糖诱导转录以后，发现在新位置上出现的转座子拷贝已丢掉内含子。说明 Ty1 通过转录物为中间体进行转座，否则它的转座不可能受到半乳糖的诱导，更不可能丢掉内含子序列。

果蝇的 *Copia* 元件长度约为 5.1 kb，每一个果蝇基因组有 20～60 个拷贝，散布在各染色体上，其 LTR 的长度约为 276 bp，每一个 *Copia* 的内部含有单一的长阅读框，编码由整合酶、逆转录酶和一种 DNA 结合蛋白组成的多聚蛋白质。*Copia* 元件的转座效率略高于 Ty 元件，10^3～10^4 世代发生一次，它的转座可导致靶位点上 5 bp 序列重复。在果蝇细胞中，也含有 *Copia* 元件形成的没有传染性的类似于病毒的颗粒。

6.4.1.2　无 LTR 的逆转座子

无 LTR 的逆转座子还可称作靶序列引物（target-primed，TP）逆转座子，或长分散元件（LINEs），其特点是两端无 LTR，通过靶序列引物进行转座。即由内切核酸酶在靶位点产生切口，形成的 3′-OH 作为逆转录酶的引物合成 cDNA。自主性的 TP 逆转座子能编码限制酶样的内切核酸酶（restriction enzyme-like endonuclease，REL），或无嘌呤/无嘧啶样内切核酸酶（apurinic/apyrimidinic-like endonuclease，APE）。另一类 TP 逆转录转座子为 Penelope（希腊英雄奥德赛的妻子，象征忠贞不渝）样 TP 逆转录转座子，编码一种在可移动内含子中也存在的内切核酸酶（endonuclease，EN），也通过靶序列引物机制进行转座（图 6-23）。

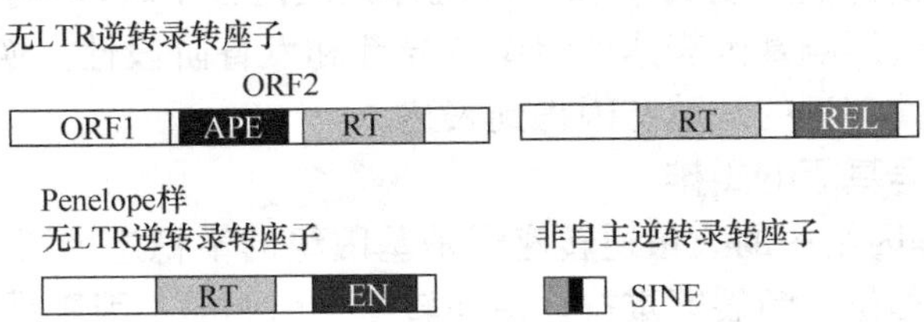

图 6-23　无 LTR 逆转座子的结构

LINE 分为 LINE-1（简称为 L1）和 LINE-2（简称为 L2）两种形式，人的 LINE 主要是 L1。完整的 L1 全长为 6.5 kb，含有 2 个开放阅读框，一个相当于 *gag* 基因，编码一种 DNA 结合蛋白，另一个编码逆转录酶。然而，人类基因组中具有转录和翻译活性的完整的 L1 大概只有 50 多个，绝大多数都是长度不等的缺失性变体，丧失了有功能的基因。由于 Ll-DNA 的转录终止并不总是精确的，有时通读，有时提前结束，导致一些转录产物被加长或截短，这就是 Ll 序列大小不均一的原因，被截短的 L1 很可能丧失了某些功能。

有时 Ll-RNA 翻译出来的逆转录酶活性将细胞内其他基因的 mRNA 逆转录成 cDNA，并将它整合到基因组 DNA 上，从而产生假基因。通过这种途径产生的假基因既没有正常基因所具有的内含子，也没有启动子和其他调控序列，因此没有转录活性。

无编码区的非自主逆转座子可以利用自主逆转座子的酶系统完成其逆转座过程。包括从 tRNA、5S 和 7SL RNA 衍生而来的短分散元件，典型的例子是灵长类的 Alu 序列，它可以利用 L1 的逆转录转座机器完成其转座作用。

在高等真核生物的基因组中，一个物种通常只有几种逆转座子，但其拷贝数很多。哺乳动物仅有 L1、L2 和 L3/CR1，及短分散元件 Alu。鸟类不存在 L1 和 L2，说明在鸟类和哺乳类分化时（约 3 亿年前）L1 和 L2 在鸟类被消除了。Alu 序列来源于 7SL RNA，约占人类基因组的 10%，但家鸡中被消除了。

人类基因组含有大量的 SINE，约占基因组总量的 10%，散布在各染色体 DNA 上，在靠近 5′端含有 RNA pol Ⅲ所识别的内部启动子序列。绝大多数 SINE 属于 Alu 家族（见第 3 章），已发现 Alu 序列至少与人类的一种遗传病，即神经纤维瘤（neurofibromatosis）有关。在这种病人体内，Alu 序列插入到一种抑瘤基因 *NF*1 的内部，导致该基因失活，从而丧失抑制瘤细胞生成的功能。

6.4.2 逆转座子的生物学意义

6.4.2.1 对基因表达的影响

逆转座子的两个 LTR 是由逆转录酶复制逆转录病毒基因组的两端序列而构成的，包括 U3、R 和 U5。U3 区含有正向重复序列构成的增强子及转录起始信号 CCAAT 和 TAATA，U5 区含有 poly A 加工信号 AATAA。左翼 LTR 启动自身基因的表达，右翼 LTR 可启动邻近宿主基因的表达。

逆转座子对宿主基因表达的影响与其整合的部位有关，当插入基因的编码序列和启动子序列时，即造成基因失活。插入基因 3′和 5′非翻译区或内含子时，影响基因转录、转录后加工或翻译的过程，有时还会影响基因表达的组织特异性和发育阶段性。逆转座子如果插入基因上游的调控区，有可能使邻近的沉默基因得到表达。

6.4.2.2 逆转座子介导基因的重排

分散在真核生物基因组中的大量逆转座子是基因组的不稳定因素，它们能引起基因组序列的删除、扩增、倒位、移位及断裂等重排。由逆转座子引起的基因重排主要有 3 种方式：①逆转座子可提供同源序列促进同源重组；②逆转座子经逆转录作用插入新的位点；③逆转座子编码的反式因子引起基因重排。

逆转座子除能促进基因组的流动，有利于遗传的多样性外，还是分散在基因组中的进化种子，可通过突变形成新基因或编码蛋白质某种结构域的基因，或与先存的基因互配成为新的调节因子。

有些逆转座子具有表达功能，称为半加工的逆基因。例如，鼠类有两个非等位的前胰岛素原基因，基因Ⅰ在非翻译区含有单个小内含子，基因Ⅱ除此小内含子外，在 C 肽编码区还有一个大内含子。比较这两个基因的序列发现，基因Ⅰ的两侧有 41 bp 的正向重复，5′端有与基因Ⅱ类似的启动子和调控序列，但少一个内含子，3′端有 poly A。显然，基因Ⅰ是基因Ⅱ的不正常转录产物，即从基因Ⅱ上游约 5000 bp 处由另一启动子转录，再部分加工并经逆转录而成的。

在选择压力下，通常一个有功能的基因很难转变成另一个新基因，只有经过基因的倍增后才能逐渐歧化形成新基因。基因倍增有两种途径：①染色体间的不等量重组；②基因的转座或逆转座。已有不少研究表明，逆转座子对新基因的形成有重要意义。

RNA 容易发生变异，且与环境有着更直接的联系。RNA 可通过逆转录过程将变化了的遗传信息逆向转移给 DNA，并能促进基因的最优组合和结构域形成。哺乳动物和昆虫在进化上的优势，与它们含有大量非常活跃的逆转座子有关。对逆转座子的深入研究，还有助于对基因组动态结构的了解，可能为基因工程的理论与实践提供新的途径和手段。

不过，由逆转座子介导的基因重排也可以导致人类的某些遗传病。血友病 A 是因为 L1 插入凝血因子Ⅷ的基因中，使凝血因子Ⅷ缺乏所致。某些肿瘤组织的基因存在 L1，但其周围正常细胞的该位点则无 L1，说明其癌基因的形成和活化与 L1 有关。人类基因组中 L1 的拷贝数大于 10 000 个，造成了人类的许多遗传疾病。

6.5 转座的分子机制

转座是由转座酶催化的，已发现的转座酶分为 5 类：① DDE-转座酶，其活性中心有 2 个 Asp(D)和 1 个谷氨酸(E)残基参与催化；②Y2-转座酶，其活性中心有 2 个 Tyr 残基参与催化；③Y-转座酶，其活性中心有 1 个 Tyr 残基参与催化；④S-转座酶，其活性中心有 Ser 残基参与催化；⑤RT/En 转座酶，由逆转录酶和内切酶组合而成。这五类酶在转座中使用不完全相同，但十分相似的催化机制，完成 DNA 链的断裂和重新连接。

6.5.1　非复制型转座

非复制型转座（non-replicative transposition）只是将转座子从供体剪切下来，再插入到受体的靶位点上去。由于其过程比较简单，又被称作简单转座（simple transposition）。在转座完成以后，供体的转座子序列消失，因此转座子的拷贝数维持不变。经过填补缺口和连接切口，受体分子会增加一个靶位点，但供体分子上会有一个缺口，如果不进行及时的修补，将造成供体的严重损伤，甚至可以造成细胞死亡（图 6-24a）。参与简单转座机制的转座酶主要是 DDE 转座酶，也有某些转座子使用 Y-转座酶或 S-转座酶。利用此机制的转座子包括原核生物的 IS 元件、细菌的噬菌体 Mu、真核生物的 Ac/Ds 转座系统和 DDE 转座子等。非复制型转座的基本过程如图 6-24b 所示。① 转座酶与转座子两端的特有序列结合，并使转座子环化形成末端联会。例如，噬菌体 Mu 的末端联会是在两个末端附近结合了 Mu A 重组酶的 4 个亚基，这 4 个亚基的聚集即可使噬菌体 Mu 环化，形成末端联会。②转座酶在转座子两端的特有序列各产生一个单链切口，并在受体位点错位切割 DNA 双链。③连接转座子和受体 DNA 的末端。④经过拆分和修补合成，即可将转座子从供体转移到受体，连接产物的拆分与 DNA 重组过程中 Holliday 连接的拆分类似。这一过程包括剪切和黏接两个阶段，可被称作剪切-黏接机制。图 6-24b 为了清晰地表达转座子和靶序列的切割和连接关系，省去了酶与 DNA 特异结合的过程。

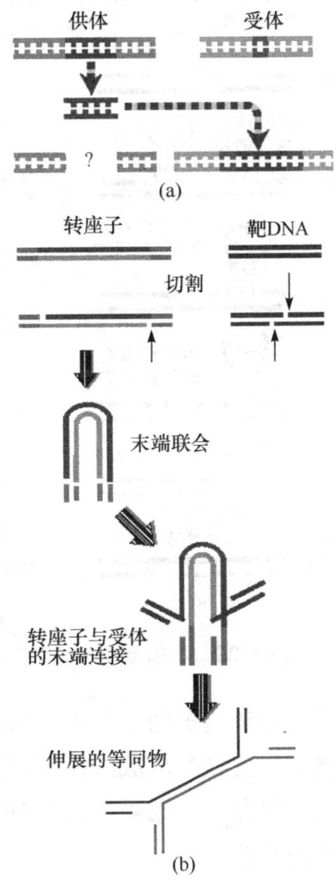

图 6-24　非复制型转座

6.5.2　复制型转座

复制型转座（replicative transposition）是将供体的转座元件复制一份，插入受体的靶位点。每转座一次，转座元件的拷贝数就增加一个。复制型转座又可分作两类：一类不需要 RNA 中间物；另一类需要 RNA 中间物。

6.5.2.1　不需要 RNA 中间物的复制型转座

在不需要 RNA 中间物的复制型转座过程中，转座子一般由 Y2-转座酶催化进行滚环复制。用此途径进行复制的转座子有 IS91 和 Helitron，转座过程一般有两种机制。

一种机制的复制和插入分开进行，具体步骤如图 6-25a 所示。①转座酶切开转座子起点处的一条链，酶的 Tyr-OH 与切口的 5′-磷酸基以酯键连接，切口的另一侧为游离的 3′-OH。②以 3′- OH 作为引物，开始链取代合成。③链取代合成达到转座子的终点，转座酶在终点处切开同一条链，游离出单链转座子。④新合成 DNA 链的 3′-OH 亲核进攻转座子终点 5′-磷酸基与酪氨酸形成的酯键，形成磷酸二酯键，并释放出转座酶。⑤转座酶在受体分子的靶位点上切开 DNA 的一条链，酶与 5′-磷酸基形成酯键，并释放出游离的 3′- OH。⑥被游离出来的单

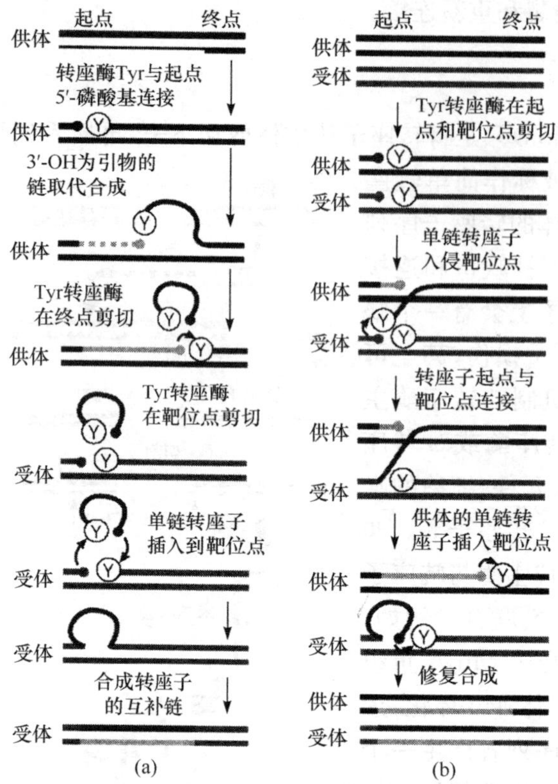

图 6-25　不需要 RNA 中间物的复制型转座

链转座子用 3′-OH 亲核进攻靶位点上 5′-磷酸基与酶形成的酯键，同时，受体分子靶位点上的 3′-OH 也亲核进攻单链转座子上 5′-磷酸基与酶形成的酯键，将单链转座子插入到靶位点。随后，在靶位点的另一条链上进行 DNA 的修复合成，生成转座子的互补链。

另一种机制的复制与插入是同时进行的，具体步骤如图 6-25b 所示。①转座子的起点和靶位点同时被转座酶切开，酶的两个酪氨酸-OH 分别与两个 5′-磷酸基形成酯键，释放出两个游离的 3′-OH。②靶位点上的 3′-OH 进攻转座子起点上 5′-磷酸基与酪氨酸形成的酯键，形成连接靶位点和转座子起点的磷酸二酯键。③以转座子起点的 3′-OH 为引物，开始 DNA 链的取代合成，在供体分子上合成转座子的一条新链。④转座酶在供体分子转座子终点处切割，使供体分子单链转座子的 3′-OH 游离出来，并进攻受体分子上 5′-磷酸基与酪氨酸形成的酯键，使供体分子的单链转座子完全插入靶位点上。⑤受体分子通过 DNA 的修复合成，生成转座子的互补链。

上述两种机制均将转座子复制后黏贴到受体分子，所以可被称作复制-黏接方式。其结果是相同的，在转座过程中，转座子复制 1 次，在供体分子和受体分子上各有 1 条新合成的链。

6.5.2.2　需要 RNA 中间物的复制型转座

逆转座子需要 RNA 中间物，但 LTR 逆转座子和无 LTR 逆转座子在转座的具体步骤上有很大的差别。

LTR 逆转座子进行转座时，形成 cDNA 的过程与本书第 4 章图 4-32 所示的逆转录病毒合成 cDNA 相同，双链 cDNA 通过剪切-黏接转座插入靶序列，其过程与图 6-24b 所示的非复制型转座相似。

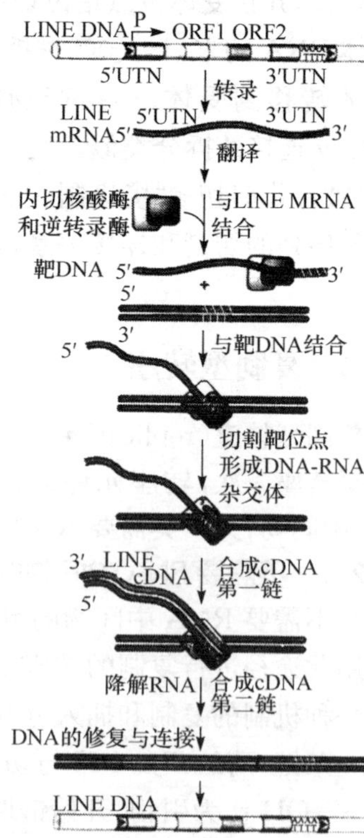

图 6-26　无 LTR 逆转座子的转座机制

无 LTR 逆转座子的转座过程较复杂，以 LINE 为例，转座的基本过程如图 6-26 所示。①在 RNA pol Ⅱ 的催化下，由 LINE-DNA 转录生成 LINE-mRNA。② LINE-mRNA

进入细胞质，翻译生成逆转录酶和内切核酸酶。③LINE-mRNA 与翻译产物一起返回细胞核，结合到受体 DNA 富含 T 的靶位点，复合体中的内切核酸酶在靶位点切开 DNA 的一条链，产生 3′-OH 和 5′-磷酸基，并形成 RNA-DNA 杂合分子短片段。④逆转录酶以 LINE-mRNA 为模板，在靶位点的 3′-OH 启动逆转录，合成 cDNA 的第一条链。⑤靶位点的第二条链被内切酶或宿主细胞内的核酸酶切开，产生 3′-OH 和 5′-磷酸基。新合成的 cDNA 第一条链与靶位点上的另一条链形成双链短片段，以靶位点上的 3′-OH 为引物，合成 cDNA 的第二条链。⑥靶位点上的缺口被宿主 DNA 聚合酶填补，最终在受体 DNA 中新插入一个 LINE。

6.6　DNA　克　隆

DNA 克隆的技术路线大致包括以下几个步骤：①分离制备待克隆的目的 DNA，并用合适的限制酶切割目的 DNA 和载体（切）；②在体外连接目的 DNA 和载体（接）；③将重组 DNA 分子转入宿主细胞（转）；④筛选和鉴定阳性重组子（筛）；⑤扩增阳性重组子（扩）。

完成上述过程需要有能特异性切割 DNA 和连接 DNA 片段的工具酶，以及能够将外源 DNA 转入宿主细胞的载体（见电子教程科学史话 6-5　DNA 重组技术的建立）。

6.6.1　用于 DNA 克隆的工具酶

DNA 克隆中使用的工具酶主要是限制性内切核酸酶和 DNA 连接酶，此外还有 DNA 聚合酶、逆转录酶和用于修饰末端的酶，本节主要介绍限制性内切核酸酶，并概要介绍其他酶在 DNA 克隆中的作用。

6.6.1.1　限制性内切核酸酶

1962 年发现很多细菌中含有特异的内切核酸酶，能识别和分解外来的核酸，以保护和维持自身遗传物质的稳定。细胞自身核酸由于特定序列上的碱基被修饰，最常见的是甲基化，从而避免了被内切酶水解。这样细胞就构成了限制-修饰体系，其功能是限制外来的 DNA。限制-修饰体系中的内切核酸酶就被称作限制性内切酶（restriction endonuclease），或简称为**限制酶**（restriction enzyme，见电子教程科学史话 6-6　限制性内切核酸酶的发现）。

限制酶按其来源命名，取来源菌种属名的第一个字母大写，种名的头两个字母小写，组成 3 个斜体字母，如有菌株名，再加一个字母，其后再按该菌株中发现限制酶的先后次序，写上罗马数字。例如，从流感嗜血杆菌 d 株（*Haemophilus influenzae* d）中先后分离到 3 种限制酶，分别命名为 *Hin*d Ⅰ；*Hin*d Ⅱ和 *Hin*d Ⅲ。

按酶的组成和酶作用的特异性，可将限制酶分为三类。

Ⅰ类限制酶由 3 种不同亚基构成，兼具修饰酶活性和依赖于 ATP 的限制酶活性，能识别并结合于特定的 DNA 序列，但其水解 DNA 的切点通常是识别位点周围 400～700 bp 范围内的随机位点。这类酶的作用需要 Mg^{2+}、*S*-腺苷甲硫氨酸和 ATP。由于其切点没有特异性，在 DNA 克隆中没有利用价值。

Ⅱ类限制酶的甲基化酶由一条多肽链组成，内切酶活性由两条相同的多肽链组成。这类酶的切割位点在识别位点内，或在识别位点附近。切点的特异性强，是 DNA 克隆中常用的工具酶。Ⅱ类限制酶的识别位点一般为 4～6 bp 的回文结构，双链 DNA 的切点都产生 3′-OH 和 5′-磷酸基末端。不同的Ⅱ类限制酶识别和切割的特异性不同，会得到不同的切割结果。若两条链上的切点不错位，切割后得到平头末端。若两条链上的切点错位，切割后得到有单链突出的末端。由于识别位点为二重对称结构,两个突出的单链末端可以互相配对,故称作黏性末端。已知的上千种限制酶,一半以上产生5′-突出的黏性末端,产生3′-突出和平头末端的限制酶较少,图6-27列出一些限制酶的切割位点。若两种限制酶的识别位点和切割位点完全相同,称同裂酶(isocadamers)。若只是黏性末端相同,识别位点不同,则称作同尾酶(isoschizomers)。由同一种限制酶或同裂酶切割得到的片段,经过退火和连接酶处理,可以彼此连接,且连接产物可被原来的酶切割。由同尾酶切割得到的片段,经过退火和连接酶处理,也可以彼此连接,但连接产物不能被原来的酶切割。

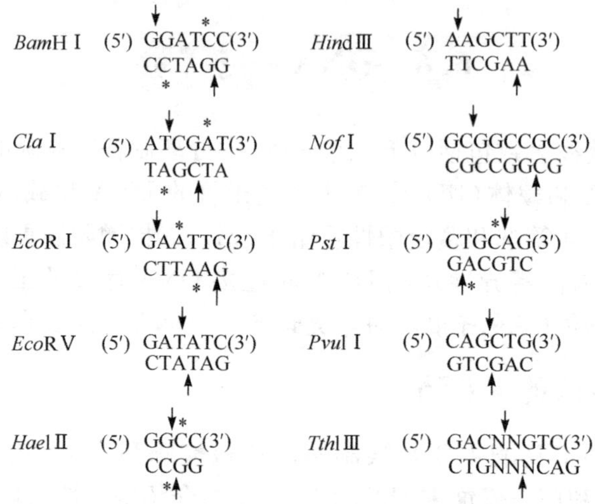

图6-27　一些Ⅱ类限制酶的切割位点

箭头指切割位点,N表示任意碱基,星号指甲基化位点

Ⅲ类限制酶为双亚基双功能酶,M亚基负责识别和修饰,R亚基负责切割。其修饰和切割均需ATP供能,切割位点在识别序列下游24～30 bp处,特异性不强,故Ⅲ类限制酶在DNA克隆中没有利用价值。

6.6.1.2　DNA克隆中常用的其他工具酶

实验室常用的DNA连接酶有两种,T4 DNA连接酶可以连接黏性末端和平头末端,由ATP提供能量,连接平头末端时,需增加酶和DNA片段的浓度,降低ATP的浓度,加入多胺类降低DNA的静电斥力,还需加入大分子排阻物如聚乙二醇作为浓缩剂。大肠杆菌DNA连接酶只能连接黏性末端,由NAD^+提供能量,在实验室使用较少。DNA克隆中常用的其他工具酶使用率较限制酶和连接酶低,表6-4列出了DNA克隆中常用工具酶的主要用途。

表6-4　DNA克隆中常用工具酶的主要用途

酶	主要用途
限制性内切核酸酶	识别DNA特定序列并切割DNA链
DNA聚合酶Ⅰ或Klenow片段	①缺口平移制作标记DNA探针;②合成cDNA的第二链;③填补双链DNA3′凹端;④DNA序列分析
*Taq*酶	聚合酶链式反应(PCR)
DNA连接酶	连接两个DNA片段
多核苷酸激酶	催化多核苷酸5′羟基末端磷酸化,制备末端标记探针

续表

酶	主要用途
末端转移酶	在 3′端加入同质多聚物尾
S1 核酸酶	降解单链 DNA 或 RNA 使双链 DNA 突出端变为平端
DNA 酶Ⅰ	降解 DNA,在双链 DNA 上产生随机切口
RNA 酶 A	降解除去 RNA
碱性磷酸酶	切除核酸末端磷酸基

6.6.2 目的基因的来源

(1) 基因组 DNA 的非特异性断裂 用超声波或高速组织捣碎器处理基因组 DNA,得到不同大小的 DNA 片段,通过克隆可筛选目的基因。由机械处理产生的 DNA 片段末端不一,断点随机,条件难以掌握,所以较少使用这种方法。

(2) 染色体 DNA 的酶解 Ⅱ型限制酶可专一识别并切割特定的 DNA 序列,产生不同类型的 DNA 末端。若载体 DNA 与插入片段用同一种限制酶消化,可以直接进行连接。限制酶识别的 DNA 序列长短与降解产生的 DNA 片段大小有直接关系,若识别序列为 4 bp,则该序列在 DNA 链上出现的概率为 4^4,即在碱基随机排列的前提下,每 256 bp 就有一个切点。对于识别 6 bp 的限制性内切酶,其序列出现的频率为 4^6(4096),可获得较大的 DNA 片段,这些片段可用作目的基因,也可用于 DNA 文库的建立。

(3) 通过 mRNA 合成 cDNA 基因组 DNA 中重复序列和假基因占有很大比重,克隆完整的基因比较困难。用 mRNA 反转录成 cDNA,得到相应的双链 cDNA,再进行克隆,获得较完整的连续编码序列,容易在宿主细胞中表达。常用的方法是建立 cDNA 文库,再在 cDNA 文库中筛选目的基因。对于一些高丰度表达的蛋白质,可以直接通过该蛋白质的单克隆抗体纯化该基因与核糖体的复合物,再分离该蛋白质的特异 mRNA,直接反转录成 cDNA,进行基因克隆,从而直接获得该特定基因的克隆。

(4) 人工合成 DNA 片段 随着体外合成 DNA 的技术日渐完善,合成 DNA 的长度不断加长。一些小分子生物活性多肽,可以通过人工合成编码序列插入载体后,转化细菌进行表达。分子较大的基因,可以通过分段合成,然后连接组装成完整的基因。有一些人工合成基因的表达产物如人胰岛素 A 链、B 链和干扰素已商业化生产。

(5) 聚合酶链反应(PCR)扩增特定基因片段 通过 PCR 反应,可以直接从染色体 DNA 或 cDNA 高效快速地扩增目的基因片段,然后进行克隆操作。唯一的要求是,基因片段两侧的序列是已知的。

(6) 用基因芯片或 cDNA 文库筛选 若要研究有某种功能的基因,但对其结构一无所知,则获取目标基因比较困难,有多种策略可以选择,有些方法的原理和方法十分复杂。近年常用策略是用基因芯片或 cDNA 文库筛选(见本书 6.6.8)找出若干个候选目标基因,再根据研究目的确定目标基因,用 PCR 扩增。

6.6.3 常用的克隆载体

DNA 克隆所用的载体需要具备的基本条件是:①能自主复制;②具有一种或多种限制性内切酶的单一切点,在这些位点中插入外源基因后,不影响其复制功能;③具有 1～2 个筛选标记；④安全性好，不含对受体细胞有害的基因，不会任意转入其他生物的细胞；⑤易于操作，转化效率高。现用的载体都是以天然载体为基础，通过改造构建而成的。

宿主细胞的基本条件是：①容易形成感受态；②自身无限制酶和重组能力；③易于生长；④可与载体配套进行重组体的筛选；⑤符合安全标准（不致病）。

DNA 克隆多用大肠杆菌为宿主细胞，常用的载体有质粒和噬菌体，构建基因组文库，cDNA 文库的载体和表达载体将在本章的相应部分概述。

6.6.3.1 质粒

质粒是细菌或酵母染色体外的小型 DNA，常为环状双链，能自主复制，并含有少量基因，常用的有两个系列。

(1) pBR322　pBR322 是由几个质粒通过 DNA 重组技术构建而成的克隆载体，其长度为 4363 bp，具有复制起点（ori）、氨苄青霉素抗性基因（amp^r）和四环素抗性基因（tet^r）。其启动子内有 4 种限制酶的识别位点，在 amp^r 基因内有 8 种限制酶的识别位点，在这些位点插入外源 DNA 会导致 tet^r 的失活。在 amp^r 内有 4 种限制酶具单一的识别位点，插入外源 DNA 则会导致 amp^r 基因的失活（图 6-28）。

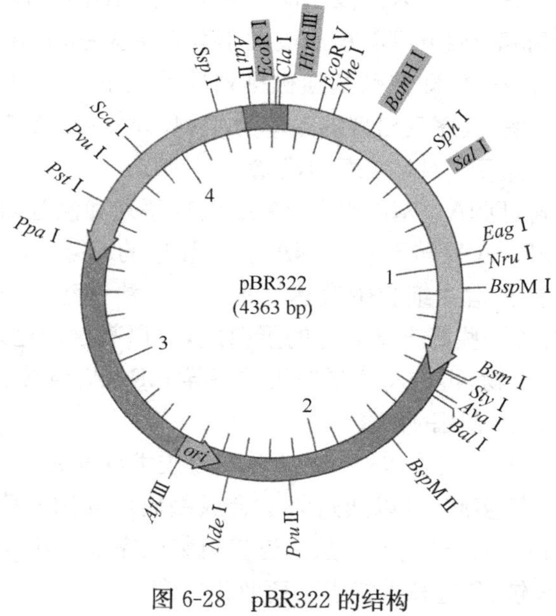

图 6-28　pBR322 的结构

(2) pUC18/pUC19　pUC 载体系列是由大肠杆菌 pBR322 质粒与 M13 噬菌体构建而成的双链 DNA 质粒载体，含有来自 pBR322 质粒的 ori 和 amp^r，以及大肠杆菌 β 半乳糖苷酶基因（*lacZ*）的启动子及其编码 α 肽链的基因，在 *lacZ* 基因中有一个多克隆位点（MCS）区段。当外源的 DNA 片段插入这些克隆位点使 α 互补链破坏时，不能形成有活性的是 β-半乳糖苷酶，被转化的大肠杆菌细胞，在 X-gal（5 溴-4-氯-3-吲哚-β-D-半乳糖苷）-IPTG（异丙基硫代 β-D-半乳糖苷）培养基上形成白色菌落，而没有外源 DNA 插入的质粒转化大肠杆菌细胞后，在 X-gal-IPTG 培养基上形成蓝色菌落。这一系统中的 X-gal 可被 β-半乳糖苷酶水解生成深蓝色的5-溴-4-靛蓝，IPTG 可诱导 β-半乳糖苷酶 α 链的合成。pUC 质粒载体比 pBR322 更小，而且由于 *rop* 基因缺失（其基因产物 ROP 蛋白，控制质粒复制），使得其拷贝数大增，每个细胞可达 500～700 个拷贝，因此由 pUC 质粒重组体转化的大肠杆菌细胞，可获得高产量的克隆 DNA

分子。pUC18和pUC19的唯一差别是多克隆位点的方向相反(见电子教程知识扩展6-6 pUC18/19质粒的结构)。

6.6.3.2 λ噬菌体

λ噬菌体的基因组是长度约为50 kb的线性双链DNA分子,在其两端各有一个12nt的互补黏性末端。当λ噬菌体DNA进入寄主细胞后,线性DNA分子通过黏性末端的碱基配对而结合,形成环状DNA分子,这种由黏性末端结合形成的双链区段称cos位点。

现用的λ噬菌体载体都是在野生型基础上改造而成的,改建之后的常用载体有两类,插入型载体具有一个可供外源DNA插入的克隆位点,只能插入较小的外源DNA片段(<10 kb)。替换型载体具有成对的克隆位点,在两个位点之间的λ DNA区段可被外源DNA片段取代,能插入较大的外源DNA片段(20~24 kb)。当重组体DNA分子大于λ噬菌体基因组105%或小于75%时,重组噬菌体的活力会大大下降,不能形成正常大小的噬菌斑,所以重组体DNA分子长度应控制在包装限度范围内。

λ噬菌体重组体分子不具有抗生素抗性选择标记,主要是依据噬菌斑的形态学特征和X-gal-IPTG显色反应来筛选重组子。若存在*cI*基因,将使λ噬菌体进入溶源状态,在培养基上形成混浊型的噬菌斑,若*cI*基因失活或缺失,λ噬菌体在培养基上形成清亮型的噬菌斑,根据这个形态学特征可筛选λ重组体分子。许多λ载体含有β-半乳糖苷酶基因*lacZ*(其中引入多克隆位点)的编码区。用这种载体感染大肠杆菌lac^-菌,涂布在含有IPTG和X-gal的培养基平板上,会形成蓝色噬菌斑。当外源DNA片段插入到克隆位点时,寄主细胞就会在X-gal-IPTG培养基上形成无色噬菌斑,如果在替换型载体的可替换区段含有*lacZ*基因序列,也会出现同样结果(见电子教程知识扩展6-7 λ噬菌体的结构)。

6.6.3.3 M13噬菌体

M13噬菌体颗粒的外形呈丝状,具有约6400 nt的闭合环状单链(+)DNA,它只感染带有性纤毛的雄性大肠杆菌。感染时M13(+)链DNA进入寄主细胞,借助寄主的DNA聚合酶,以(+)链DNA为模板,合成(-)DNA,从而形成双链复制型DNA(RF-DNA),(-)链可作为模板转录成M13的mRNA。

M13是一种非溶菌的噬菌体,在实验中所观察到的混浊型噬菌斑,是由于感染的细菌生长速度比未感染的细菌明显下降所致。RF-DNA复制生成的大量(+)DNA,可被外壳蛋白包裹成病毒颗粒分泌到寄主细胞外。由于M13能以双链DNA形式存在于细胞中,并以单链DNA形式分泌到大肠杆菌以外,所以适合于在DNA序列分析中制备单链模板。

在M13系列中,用得最多的是M13mp18和M13mp19,这一对载体中含有大肠杆菌一段包括乳糖操纵子调控区和β-半乳糖苷酶基因*lacZ*的序列,并在*lacZ*序列中导入多克隆位点,当有外源DNA片段插入时,可利用蓝白噬菌斑的颜色来初步筛选重组的DNA分子。M13mp18和M13mp19的区别是在多克隆位点的序列方向相反。M13mp载体中的克隆片段超过1 kb时,在M13噬菌体的增殖过程中会发生缺失(见电子教程知识扩展6-8 M13噬菌体的结构)。

6.6.4 DNA分子的体外连接

DNA分子的连接方案要有利于重组子的形成,有时需要对载体或目的基因的末端进行改造,现时常用的连接方案主要有以下几种。

6.6.4.1 全同源黏性末端的连接

同源黏性末端包括同一种内切酶切割目的DNA和载体产生的黏性末端，以及不同的内切酶切割目的DNA和载体产生的互补黏性末端，由前者连接成的重组载体，可用一种内切酶切割获得目的DNA，后者连接成的重组载体不能再被原内切酶识别，难以从重组子上完整地将插入片段重新切割下来。全同源黏性末端连接十分方便，存在的问题是载体容易自身环化降低重组率，插入片段可双向插入或多拷贝插入。故目的基因需表达时，需采用定向克隆技术（见电子教程知识扩展6-9 全同源黏性末端连接的图示）。

6.6.4.2 平末端连接

T4 DNA连接酶可连接黏性末端和平末端，平末端连接可以在DNA链的末端产生新的酶切位点，从而扩大了平末端连接的应用范围。5′-突出的黏性末端，可以用Klenow酶5′→3′聚合酶活力将另一链的3′-端填平成平头末端。3′-突出的黏性末端可以用T4 DNA聚合酶3′→5′外切酶删切成平头末端（见电子教程知识扩展6-10 平末端连接的图示）。

6.6.4.3 定向克隆

使外源DNA片段定向插入载体分子中的方案叫定向克隆，对于一些表达型重组子，外源DNA片段在载体启动子下游的正向插入，是成功表达的基本条件。同时，定向克隆可有效地限制载体DNA自身环化。定向插入要求载体DNA的两个末端不能互补，只能与外源DNA的相应末端连接，主要有两种形式。

（1）黏-黏连接 可用两种限制酶作用于载体和目的基因，各自产生两个不能同源互补的黏性末端，由于使用了同一组酶，二者可以按确定的方向连接，重组连接效率非常高，是定向克隆方案中最有效的途径（见电子教程知识扩展6-11 黏-黏连接定向克隆的图示）。

（2）黏-平连接 可用一个产生平末端的内切酶，与一个产生黏性末端的内切酶联合处理载体和目的基因产生黏-平末端。也可先用一个产生黏性末端的内切酶切割DNA，然后填平或删切黏性末端的突出部分，使之变成平末端，再用另一个内切酶产生黏性末端。在两个黏性末端中一个能互补，另一个不能互补的情况下，将不能互补的黏性末端修饰改造成平末端，再进行重组是一个很好的重组方案（见电子教程知识扩展6-12 黏-平连接定向克隆的图示）。

6.6.4.4 利用连接子或适配子连接

连接子是等摩尔数的两种双链平末端DNA短片段，且其中含有一个或多个限制性内切酶位点。利用连接子进行定向克隆操作包括3个步骤：①将连接子连接于外源DNA片段两侧的平末端上；②用相应的内切酶切割连接子；③将两侧有连接子黏性末端的载体DNA分子与有相应黏性末端的外源DNA片段连接起来（见电子教程知识扩展6-13 利用连接子进行定向克隆的图示）。

适配子是人工合成的DNA片段，含有某种黏性末端的突出序列，不需用内切酶切割而产生。适配子可与其他适配子或连接子互补配对，形成双链DNA，再与靶DNA连接。在DNA重组中，可适用于各种类型的DNA末端之间的连接，且操作较使用连接子简单。

由于适配子及连接子技术的发展，就DNA重组技术而言，几乎不存在不能连接的DNA分子。

6.6.4.5 TA克隆法

TA克隆法(original TA cloning kit)即利用*Taq*聚合酶、*Tf*1、*Tth*等具有末端转移酶活性,而不具有3′外切酶活性,在PCR产物的两个3′端加上未配对的单一A凸出尾,质粒载体(T载体)提供线性3′端单一的T凸出尾,使该载体能够直接与PCR产物高效连接。TA克隆有很高的重组效率,且操作简单。与一般克隆相比,省略了设计并合成带有限制性酶切位点的引物,或对PCR产物做平端处理和加接头,不需要对PCR产物进行限制酶切和纯化。加上不少公司可提供由T载体和相关试剂组成的试剂盒,使TA克隆法的应用日益广泛。

6.6.5 重组子导入受体细胞

在基因克隆技术中,将重组质粒导入细菌称转化,将重组后的噬菌体、病毒等导入细菌称转导。

(1) 转化 受体菌用Ca^{2+}处理后呈感受态,其细胞膜出现变化,使DNA易于进入细胞内。重组质粒与Ca^{2+}处理过的感受态受体菌保温,重组体可进入受体菌。增加培养基以降低Ca^{2+}浓度,基因便可表达。质粒的转化率为10^5～10^7转化体/μg DNA,一般较小的质粒转化率较高。用电击法转化细菌操作简单,转化率可高达10^9～10^{10}转化体/μg DNA,但此法需特殊设备,若电压高,脉冲时间长,细菌会有相当高的死亡率。若电压太低,脉冲时间太短,则转化率会偏低。

(2) 转导 重组噬菌体DNA进入经Ca^{2+}处理的感受态细菌,转导率可达10^5～10^6噬菌斑/μg DNA,若用λ噬菌体的外壳蛋白包装重组体,转导率还可大大提高。

6.6.6 重组子的筛选

不同的克隆载体及相应的宿主系统,其重组子的筛选和鉴定方法不尽相同,常用的有以下几类。

6.6.6.1 针对遗传表型的筛选法

重组子转化宿主细胞后,载体上的筛选标志基因失活,导致细菌的某些表型改变,通过琼脂平板中添加一些相应的筛选物质,可以直接筛选鉴别含重组子的菌落。其操作非常简单,是筛选阳性重组子的第一步。

(1) 双抗生素插入失活对照筛选 如前述pBR322质粒,若外源DNA插入tet^r基因,则先将转化菌接种到含氨苄青霉素的平板培养基上,凡生长的菌落均含有质粒。再用无菌牙签将这些菌落接种到含四环素平板培养基的对应位置,或用包有天鹅绒的免菌印章,将含氨苄青霉素平板培养基上的菌落一次性转移到含四环素平板培养基的对应位置。凡不能生长者均含有重组质粒,扩大培养这些菌落,即可扩增重组质粒(图6-29)。

(2) β-半乳糖苷酶筛选系统 这类载体均携带某抗生素抗性基因,转化对该抗生素敏感的宿主菌后,在含该抗生素的培养基上可长成噬菌斑或菌落的宿主菌,一定含有载体。这类载体还携带基因*lacZ*,它编码β-半乳糖苷酶的一段146个氨基酸的α肽,重组子中基因的插入使α肽基因失活,不能形成α肽,在X-gal平板上,含阳性重组体的细菌为无色噬菌斑或菌落,载体自身环化后转化的细菌为蓝色噬菌斑或菌落。这种筛选方式的操作非常简单,使用较多。主要有M13噬菌体、pUC质粒系列、pEGM质粒系列等。

6.6.6.2 分析重组子结构特征的筛选法

(1) 快速裂解菌落鉴定分子大小 从平板中直接挑取菌落裂解后,不做内切酶消化,直接

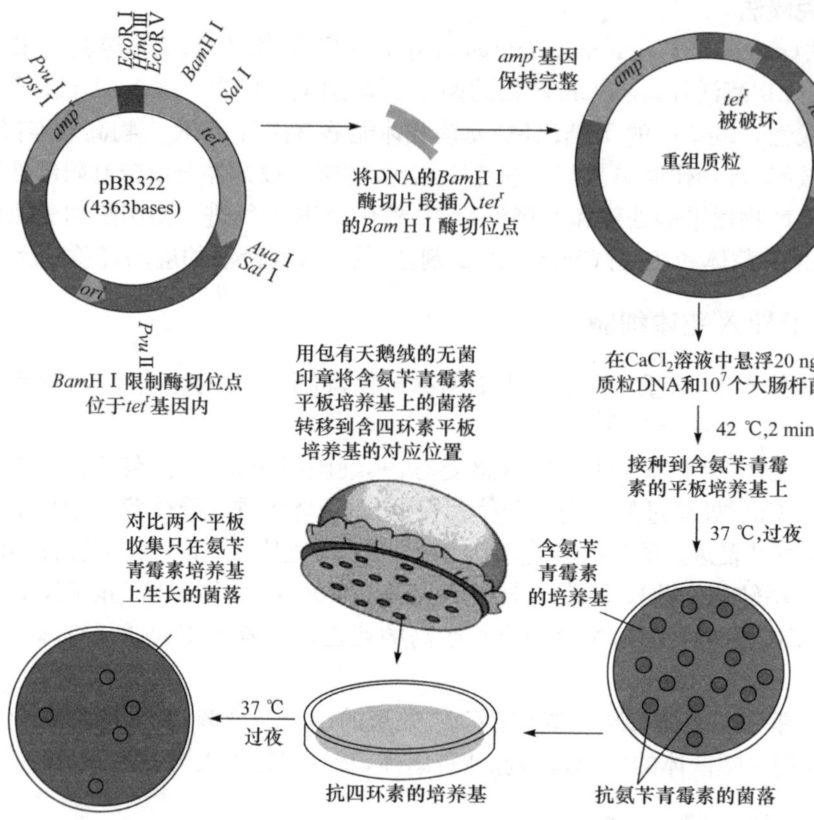

图 6-29 双抗生素插入失活对照筛选

进行凝胶电泳，与载体 DNA 比较迁移率，初步判断是否有插入片段存在，本方法适用于初步筛选插入片段较大的重组子。

(2) 内切酶图谱鉴定　对于初步筛选鉴定具有重组子的菌落，应小量培养后，再分离出重组质粒或重组噬菌体 DNA，用相应的内切酶(1 种或 2 种)切割重组子释放出插入片段，然后用凝胶电泳检测重组子中是否存在相应大小的插入片段。对于可能存在双向插入的重组子，还要用内切酶消化鉴定插入方向(见电子教程知识扩展 6-14　重组质粒酶切鉴定的图示)。

(3) Southern 印迹杂交　为了进一步确定 DNA 插入片段的正确性，在内切酶消化重组子，凝胶电泳分离后，通过 Southern 印迹杂交，鉴定重组子中的插入片段是否是所需的靶基因片段，此法的可靠性较酶切法好。

(4) PCR 和序列测定　一些载体的外源 DNA 插入位点两侧，存在已知的序列，用相应的引物对小量抽提的质粒 DNA 进行 PCR，对扩增片段进行 DNA 序列分析。对于原核或真核系统的表达型重组子，其插入片段的序列正确性非常关键，故必须对重组子的 PCR 扩增片段进行序列测定。

(5) 菌落(或噬菌斑)原位杂交　菌落或噬菌斑原位杂交技术是将转化菌转移到适当的膜(如硝酸纤维素膜或尼龙膜)上，用 DNA 或 RNA 探针进行分子杂交，然后挑选阳性克隆菌落。本方法能进行大规模操作，一次可筛选 $5\times10^5\sim5\times10^6$ 个菌落或噬菌斑，对于从基因文库中挑选目的重组子是一项较好的方法。

6.6.7　基因组文库的构建

基因组文库(genomic library)是含有某种生物体全部基因随机片段的重组DNA克隆群体，其构建方法是将染色体DNA经限制酶部分酶解后，用氯化铯密度梯度离心或制备型凝胶电泳分级分离，得到长度适合的片段，将其与载体连接，感染适当的宿主菌，即可得到一组含有不同DNA片段的重组颗粒。

构建基因组文库常用的载体是λ噬菌体和黏粒载体，λ噬菌体载体能接受的插入片段为20～24 kb，黏粒载体能接受的插入片段为35～45 kb。由于有的真核基因比较大，如人凝血因子Ⅷ基因长达180 kb，不能作为单一片段克隆于这些载体之中，所以要用容量更大的载体系统，如酵母人工染色体克隆系统(yeast artificial chromosome cloning system，YACS)，可以克隆200～500 kb的DNA片段，对于克隆哺乳动物基因组大片段是一个重要的手段。

黏粒载体长4～6 kb，能像质粒一样复制及转化细菌，产生的重组子是菌落而不是噬菌斑，同时也具有λ噬菌体的cos位点，能与λ噬菌体一样在体外被包装成病毒颗粒并感染宿主菌。但是由于在黏粒中克隆基因组文库要比在λ噬菌体中困难得多，只有在靶基因过大，不能作为单个DNA区段在λ噬菌体载体中克隆，才使用黏粒载体。

构建基因组文库的载体，使用最多的是λ噬菌体，以置换型λ噬菌体为载体构建基因组文库有以下几个基本步骤。

(1) 载体的制备　λDNA载体的中央片段是可以被置换的，用*Bam*HⅠ酶处理λDNA载体，可产生左右臂和中间片段。其中的中间片段可用*Eco*RⅠ酶切为3个片段，两侧的寡核苷酸片段有一端为*Bam*HⅠ黏性末端，用异丙醇可沉淀除去，中间片段不含*Bam*HⅠ黏性末端，无需除去。所得左右臂可与具*Bam*HⅠ黏性末端的外源基因构成重组体。

(2) 基因组DNA的制备　要得到足够大的DNA片段，除了整个操作要避免DNA酶的污染外，还要注意将机械剪切力控制到最小。一般用*Sau*3A或*Mbo*Ⅰ进行酶解，先摸索产生20 kb左右DNA比例最大的酶解条件，在此条件下酶解得到的DNA可以用氯化铯密度梯度离心或低熔点琼脂糖电泳进行分离。

(3) 载体与外源DNA的连接　首先要用预实验确定载体与外源DNA的合适比例，一般用0.1～1.0 μg的噬菌体DNA两臂，按照载体两臂与插入片段的摩尔数比在1∶0.5～1∶3的范围加入不同量的插入片段进行连接反应，用0.5%琼脂糖凝胶电泳选择最佳的比例，然后用所选的条件完成载体与外源DNA的连接。

(4) 重组DNA的体外包装　重组λDNA在体外进行有效包装后，感染*E. coli*的效率大幅度提高。市场上有制备好的包装提取物出售，将其与重组λDNA在适当条件下混合即可完成包装。

(5) 文库的检测、扩增和保存　基因组文库所需的克隆数N可用下列公式来估算：$N=\ln(1-p)/\ln(1-f)$。其中，p是希望得到该DNA片段的概率；f是插入片段长度与基因组总长度的比值。如果插入片段为17 kb，哺乳动物染色体的长度为3×10^9 kb，p为99%，可以算出$N=8.1\times10^5$，即用8.1×10^5个病毒颗粒中长度为17 kb的DNA覆盖长度为3×10^9 kb基因组的概率是0.99。一般来说，实际克隆要达到理论计算值3倍以上，形成的基因组文库才较为完整和有代表性。将包装液适当稀释，转化受体菌，测定噬菌斑，若能达到合适的滴度(即每毫升包装液可形成噬菌斑的数目)，即得到一个原始的基因组文库。

原始的基因组文库可以扩增放大，但扩增有可能造成某些克隆的丢失或重组，故扩增次数应尽量少一些。包装液或扩增产物离心除去沉淀，上清液中加几滴氯仿，4 ℃可以保存数年。

6.6.8 cDNA 文库的构建

将真核细胞内全部 mRNA 逆转录成 cDNA，并将双链 cDNA(dscDNA)和载体连接，由此得到的 cDNA 克隆群体称为 **cDNA 文库**(cDNA library)。cDNA 文库可用于研究真核生物基因的结构和功能，比较 cDNA 和基因组 DNA 的序列，可以研究内含子序列和转录后加工问题。由于 cDNA 不像基因组 DNA 那样有内含子，可以在原核生物中表达，所以在基因工程中，cDNA 文库往往比基因组文库更有用。

(1) mRNA 的制备　制备 mRNA 的常用方法是先制备总 RNA，经 oligo(dT)纤维素柱层析，用高盐缓冲液洗去其他 RNA，再用低盐溶液或蒸馏水洗脱并收集被特异地吸附在柱上的 mRNA。对于高丰度的 mRNA 来说，合成和克隆 cDNA 之前无需进一步纯化特定的 mRNA，而要得到低丰度尤其是极低丰度 mRNA 的拷贝，就要构建足够大的 cDNA 文库，或者通过分级分离富集目的 mRNA 来减少耗资可观、工作量大的建库和筛选工作。要获得高质量的 mRNA 必须创造一个无 RNA 酶的环境，在 RNA 的提取过程中，任何与 RNA 接触的器皿和溶液都必须做去 RNA 酶的处理，全部操作过程中都要戴一次性手套，并经常更换(见电子教程知识扩展 6-15　制备 mRNA 的图示)。

(2) cDNA 的合成　来自禽成髓病毒和鼠白血病病毒的逆转录酶均可用于 cDNA 第一链的合成，前者具 RNA 酶 H 活性，最适温度 42 ℃，较高的反应温度可消除 mRNA 二级结构对逆转录的阻碍作用，但 RNA 酶 H 活力会抑制 cDNA 的合成，限制其长度。后者 RNA 酶 H 活力较低，可得 2～3 kb mRNA 的全长 cDNA，但要用氢氧化甲基汞破坏 mRNA 的二级结构，在合成 cDNA 第一链时，用过量的巯基试剂使氢氧化甲基汞从 RNA 上解离。用 12～18 nt 的 oligo(dT)为引物合成 cDNA 的效率较高，但得到＞3 kb 的全长 cDNA 较困难，6 nt 的 oligo(dT)为引物可得到较长的 cDNA。在反应体系中加入 RNA 酶 H，切割 cDNA/mRNA 杂交体中的 mRNA 造成切口和缺口。产生的 RNA 片段可以作为 cDNA 第二链合成的引物，在大肠杆菌 DNA 聚合酶 I 作用下，合成 cDNA 第二链，用 DNA 连接酶封闭切口。再加入 T4 DNA 聚合酶处理，其 3′→5′外切酶活性去除单链 3′-突出端，聚合酶活性填补 3′-羟基凹端，最终产生可与接头相连的平末端(见电子教程知识扩展 6-16　合成 cDNA 的图示)。

(3) cDNA 的克隆　cDNA 与载体的连接，质粒的转化或噬菌体的包装及转染，重组体的筛选等，均可从前述基因克隆和基因组文库构建中介绍的方法中，选择适当的方法来完成。为了获得足够大的库容量，连接前可用凝胶过滤或低熔点琼脂糖凝胶电泳除去合成不完全或降解的 DNA 及过量的接头，并用磷酸酶处理载体，避免载体之间的连接或载体的自身环化。

6.7 克隆基因的表达

克隆基因的表达对探索和研究基因的功能及基因表达调控的机制，研究克隆基因所编码蛋白质的结构与功能有重要意义。有些蛋白质有很好的应用价值，可以克隆其基因并在宿主细胞中大量表达而获得相应的产品。要使克隆基因得到表达，就要将它插入带有基因表达所需各种元件的表达载体(expression vector)中。表达载体中应含有与克隆载体相同的复制起点、多克隆位点和筛选标记等元件，还需要转录的起始位点即启动子(P)、转录的调控位点即操纵基因(O)、核糖体结合位点(SD 序列)、转录的终止信号序列和编码调控蛋白的基因(图 6-30)。启动子、操纵基因、终止信号和调控蛋白将在后续有关章节介绍。表达载体的构建比较困难，但市场上已有不少构建好的表达载体可供选择。

进行克隆基因的表达，还需要有检测表达产物的合适方法。

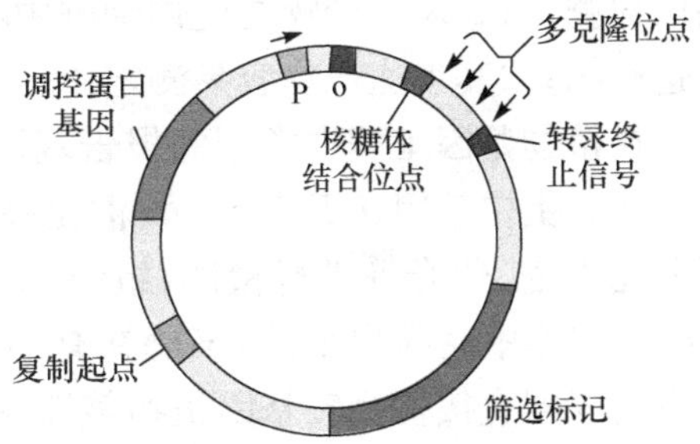

图 6-30　表达载体的结构

6.7.1　检测表达产物的方法

基因的表达产物包括 RNA 和蛋白质，监测 RNA 的常用方法是本书第 2 章讲到的 Northern 杂交，或本书第 2 章讲到的 real-time PCR。本节主要介绍检测蛋白质表达产物的方法，若表达产物有容易测定的生物学活性如酶活力，可直接测定其活性。若表达产物没有容易测定的生物学活性，通常要用免疫学方法对其进行检测。

6.7.1.1　酶联免疫吸附法

酶联免疫吸附法(enzyme linked immuno sorbent assay，ELISA)需要制备表达产物的抗体作为第一抗体，或在目标蛋白基因的上游或下游插入一个肽段的编码序列，该肽段的特异性抗体可以在市场购买得到。检测时先将待测样品加到微孔酶标板上，使其与第一抗体反应后，再加入可以同第一抗体特异性结合的第二抗体。第二抗体与辣根过氧化物酶(horse radish peroxidase，HRP)或碱性磷酸酶(alkaline phosphatase，AKP)共价结合，可以催化某些底物发生颜色反应。因此，ELISA 的下一步是在酶标板上加入合适的底物，完成颜色反应后，用酶标仪测定吸光度，即可测出表达产物的含量(见电子教程知识扩展 6-17　ELISA 的原理)。

ELISA 具备酶促反应的高灵敏度和抗原抗体反应的特异性，具有简便、快速、费用低等优点，在临床检验等方面有广泛的应用。缺点是一种酶标抗体只能检测一种蛋白，且容易出现本底过高的问题。由于其没有对样品进行分离，在分子生物学中的应用较免疫印迹法少。

6.7.1.2　免疫印迹法

免疫印迹法(immunoblotting test，IBT)因其实验过程与 Southern 早先建立的 Southern blotting 类似，亦被称为 Western blotting。

免疫印迹法分为 3 个阶段。首先，用 SDS-PAGE 分离样品中的蛋白质，然后将在凝胶中已经分离的蛋白质条带转移至合适的膜上。常用的膜有硝酸纤维素膜(nitrocellulose blotting membranes，NC)、聚偏二氟乙烯膜(polyvinylidene-fluoride，PVDF)或尼龙膜。由于电流通过凝胶的面积大。需用低电压(100 V)和大电流(1～2 A)进行电转移。第三阶段将印有蛋白质条带的膜(相当于包被了抗原的固相载体)依次与特异性抗体和酶标第二抗体作用后，加入酶的反应底物，使条带显色。本法综合了 SDS-PAGE 的高分辨力和 ELISA 法的高特异性和灵敏性，是一个有效的分析手段，不仅可以检测目标蛋白，还可根据 SDS-PAGE 时加入的 M_r 标准蛋白，确定目标蛋白的 M_r(见电子教程知识扩展 6-18　Western blotting 的图示)。

6.7.1.3　用报告基因检测目标蛋白

报告基因(reporter gene)是表达产物容易被鉴定的基因，把它的编码序列和目的基因融合，在调控序列控制下进行表达，即可通过监测报告基因来标定目的基因的表达状况，筛选得到转化体。

作为报告基因，在遗传选择和筛选检测方面必须具有以下几个条件：①已被克隆，且全序列已被测定；②表达产物在受体细胞中不存在，即无背景，在被转染的细胞中无相似的内源性表达产物；③其表达产物容易测定。

在植物基因工程中常用的报告基因有 β-葡糖苷酸苷酶基因(*gus*)、荧光素酶基因(*luc*)和绿色荧光蛋白基因(*GFP*)。*gus* 催化底物形成 β-D-葡萄糖苷酸，它在植物体中几乎无背景，可用分光光谱、荧光等进行检测，组织化学检测很稳定。*luc* 是 1985 年从北美萤火虫和叩头虫 cDNA 文库中克隆出来的，该酶在有 ATP、Mg^{2+}、O_2 和荧光素存在下发出荧光，可用 X 光片或专门仪器直接检测转基因植物整株或部分组织器官。

来源于海洋多管水母属的 *GFP* 基因能在细胞内稳定表达，在蓝光或长紫外光的激发下，不需要任何反应底物及其他辅助因子就能发出绿色荧光。*GFP* 无种属、组织和位置特异性，能用于监测基因表达、信号转导、共转染、蛋白质运输与定位，以及细胞系谱分类等。GFP 对细胞无毒性，且检测方法简单，结果真实可靠，目前在多种原核和真核生物研究中得到广泛的应用。由于植物本身为绿色，GFP 主要用于细胞和黄化苗。绿色植物的叶绿体和细胞壁是主要的自发荧光源，是构成检测荧光信号的主要障碍。在自发荧光较弱的情况下，通过调整光圈减少进光量，或选择合适的滤光片，可以较好地检测 GFP 的荧光。

在动物基因表达调控的研究中，最常用的报告基因是 *GFP*。尽管 *GFP* 基因作为报告基因或分子探针有许多优点，但野生型 GFP 发光较弱，其次荧光不是来自酶促反应，不能通过添加某些物质来加强信号，且不易对荧光进行定量检测。钱永健对 *GFP* 基因进行改造，增加荧光强度，形成不同色彩，推进了荧光蛋白的广泛应用(见电子教程科学史话 3-8　GFP 的发现和应用)

在动物基因表达调控的研究中，常用的报告基因还有氯霉素乙酰转移酶基因(*cat*)和荧光酶基因等。*cat* 可通过放射自显影观察，荧光酶基因的表达状况可直接检测荧光，具有速度快、灵敏度高、费用低、不需使用放射性同位素等优点。

6.7.2　外源基因在原核细胞中的表达

6.7.2.1　选择合适的表达载体

原核细胞基因表达有 3 类表达载体，产生 3 类表达产物。非融合蛋白未与细菌的肽链融合，蛋白质的结构和功能接近于天然蛋白质，一般表达量较大，缺点是表达产物容易被细菌蛋白酶破坏。融合蛋白的 N 端为原核细胞的肽段，其后为目的蛋白，可避免细菌蛋白酶的破坏，缺点是一般表达量较小，表达产物需要后处理。分泌蛋白 N 端为信号肽，使表达产物分泌到细胞外，可避免细菌蛋白酶的破坏，还有利于表达产物的分离，其缺点与融合蛋白相同。

(1) 非融合型表达载体 pKK223-3　pKK223-3 具有 1 个强的 tac(trp-lac)启动子，该启动子是由 trp 启动子的－35 区域和 lac UV-5 启动子的－10 区域、操纵基因及 SD 序列组成。紧接 tac 启动子的是取自 pUC18 的多克隆位点，因而很容易将目的基因定位在启动子和 SD 序列之后。在多克隆位点下游还包涵 1 个很强的 rrn B 核糖体 RNA 的转录终止子，载体其余部分是由 pBR322 组成的。在使用 pKK233-3 质粒时，要相应地使用 LacI 宿主。

(2) 融合蛋白表达载体 pGEX 系统　pGEX 系列表达载体除含有启动子(tac)及 *lac* 操纵基因、SD 序列、LacI 阻遏蛋白基因等表达载体的必需原件外，在 SD 序列和多克隆位点之间有谷胱苷肽巯基转移酶基因，使其表达产物为谷胱苷肽巯基转移酶和目的蛋白的融合体。这个载体系统具有如下优点：①可诱导高效表达；②表达的融合蛋白纯化方便；③使用凝血酶(thrombin)和 Xa 因子(factor Xa)可从表达的融合蛋白中切下所需要的蛋白质；④用 *Eco*R Ⅰ

从 λgt 11 载体中分离的基因可直接插入 pGEX-1λT 中。表达融合型蛋白时，为了得到正确的真核蛋白，在插入真核基因时，其阅读框与原核肽段的阅读框要一致，翻译时，才不至于产生移码突变。

(3) 分泌蛋白表达载体 PINⅢ系统　PINⅢ是以 pBR322 为基础构建的，带有 *E. coli* 中最强的启动子之一，即 Ipp(脂蛋白基因)启动子。在启动子的下游有 LacUV-5 的启动子及其操纵基因，Lac 阻遏子的基因(*lacI*)使目的基因的表达很容易调节。在转录控制序列的下游为人工合成的高效翻译起始序列(SD 序列及 ATG)。编码信号肽的序列，取自于大肠杆菌中分泌蛋白的基因 *ompa*(外膜蛋白基因)。在信号肽编码序列下游是人工合成的多克隆位点。

6.7.2.2　提高翻译水平

(1) 调整 SD 序列与 ATG 之间的距离　SD 序列与 ATG 的距离对表达水平有很大的影响，如在 Lac 启动子下，其距离为 7 bp 时，IL-2 的表达水平为 2581 单位，而距离为 8 bp 时，表达水平降至不足 5 个单位。表明根据不同的启动子，调整好 SD 序列与起始密码之间的距离，对提高外源基因的表达水平非常重要。

(2) 经点突变用强密码子取代弱密码子　在不改变氨基酸序列的条件下，尽量用强密码子取代弱密码子，有可能提高表达水平。有资料表明，在紧随起始密码下游使用强密码子，可使基因的表达效率提高 15～20 倍。但是，大量的研究表明，含有弱密码子的真核基因能够在大肠杆菌获得高效表达。可见，密码子的使用问题并非是影响外源基因在大肠杆菌表达水平的决定因素。

(3) 增加 mRNA 的稳定性　细菌 mRNA 的半衰期一般仅为 1～2 min，外源基因 mRNA 的半衰期可能更短。若能增加 mRNA 的稳定性，则有可能提高外源基因的表达水平。研究表明，大肠杆菌的重复性基因外回文(repetitive extragenic palindromic，REP)序列具有稳定 mRNA 的作用，能防止 3′→5′外切酶的攻击。在外源基因下游插入 REP 序列或其他具有反向重复序列的 DNA 片段，可起到稳定 mRNA，提高表达水平的作用。

6.7.2.3　调整宿主细胞的代谢负荷

外源基因在细菌中高效表达，必然影响宿主的生长和代谢，而细胞代谢的损伤，又必然影响外源基因的表达。合理地调节好宿主细胞的代谢负荷与外源基因高效表达的关系，是提高外源基因表达水平不可缺少的一个环节。

(1) 表达载体的诱导复制　减轻宿主细胞代谢负荷的一个重要措施，是在宿主菌生物量积累到一定水平后，再诱导细胞中质粒 DNA 的复制。例如，用质粒 pCI 101 转化宿主菌，25 ℃时在宿主中仅有 10 拷贝，宿主细胞大量繁殖；随后将温度升高到 37 ℃，质粒大量复制，每个细胞中拷贝数增加到 1000 个。

(2) 诱导表达　将宿主菌的生长和外源基因的表达分成两个阶段，是减轻宿主细胞代谢负荷最常用的方法。一般采用温度诱导或药物诱导。例如，采用 λP_L启动子，在 32 ℃时，*CI* 基因有活性，产生的阻遏物抑制 λP_L启动子下游基因产物的合成，此时，宿主菌大量生长。随后将温度升高到 42 ℃，*CI* 基因失活，阻遏蛋白不能合成，P_L启动子解除阻遏，外源基因得以高水平表达。药物诱导的典型例子是将 *lacI* 基因克隆在表达质粒中，当宿主菌生长时，*lacI* 产生的阻遏蛋白与 Lac 操纵基因结合，阻遏了外源基因的转录及表达，此时，宿主菌大量生长。随后加入诱导物(如 IPTG)，阻遏蛋白不能与操纵基因结合，则外源基因大量转录并高效表达。一般而言，化学诱导比温度诱导更为方便和有效，并且将相应的阻遏蛋白基因直接克隆到表达载体上，比应用含阻遏蛋白基因的菌株更为有效。

6.7.2.4 提高目标蛋白的稳定性

在 *E. coli* 中表达的外源蛋白往往不够稳定，常被细菌的蛋白酶降解，因而会使外源基因的表达水平大大降低。因此，提高表达蛋白的稳定性，防止细菌蛋白酶的降解是提高外源基因表达水平的有力措施。除前面已经讲到的表达融合蛋白外，还可采取一些其他措施。

(1) 采用突变菌株保护表达蛋白　*E. coli* 蛋白酶的合成依赖于次黄嘌呤核苷(lon)，因此采用 lon^- 缺陷型菌株作受体菌，使 *E. coli* 蛋白酶合成受阻，即可使表达蛋白得到保护。另外，*E. coli* 的 *htpR* 基因突变株也可减少蛋白酶的降解作用，T4 噬菌体的 *Pin* 基因产物是细菌蛋白酶的抑制剂，将 *Pin* 基因克隆到质粒中并转化 *E. coli*，外源基因的表达产物受到保护，用 *E. coli*表达人 β-干扰素，就采用了这一策略。

(2) 表达分泌蛋白　表达分泌蛋白是防止宿主菌对表达产物的降解，减轻宿主细胞代谢负荷及恢复表达产物天然构象的有力措施。所谓分泌是指蛋白质从胞质跨过内膜进入周间质的过程。而蛋白质从胞质跨过内、外膜进入培养液的情况较为少见，被称为外排。欲在 *E. coli* 中表达分泌型外源蛋白，必须首先考虑目的蛋白被分泌的可能性。其次，在应用分泌蛋白技术路线时，要防止目的蛋白的某些序列被信号肽酶错误识别，以致把目的蛋白切成碎片，进而部分或大部分失去生物活性。因此，要慎用这一技术路线。

(3) 包涵体对表达的影响　以 *E. coli* 为宿主菌高效表达外源基因时，表达蛋白常常在细胞质内聚集，形成包涵体(inclusion body)。包涵体的形成可防止蛋白酶对目标蛋白的降解，有利于分离表达产物。但包涵体形成后，表达出的蛋白无生物活性，因此必须溶解包涵体并对表达蛋白进行复性。

E. coli 表达外源基因时所形成的包涵体大小一般为 0.5～1.0 μm，比重在 1.2 左右。将菌体破碎后，离心就可得到包涵体，密度梯度离心则可得到高纯度的包涵体。包涵体通常不溶于水，加入蛋白质的强变性剂后方可溶解。根据包涵体中蛋白质种类的不同，通常用 6～8 mol/L 盐酸胍或 9～10 mol/L 尿素使包涵体充分溶解，并且使形成包涵体的蛋白质完全还原，必要时加入还原剂。

在包涵体被溶解后，需要降低变性剂的浓度使蛋白质复性。常用的方法有稀释法、透析法、凝胶过滤及各种层析方法等。在复性过程中，应分阶段降低变性剂浓度，必要时使用氧化还原缓冲剂。应将复性蛋白质浓度、pH、温度及盐的种类、离子强度等调整到最适状态。

6.7.3 外源基因在真核细胞中的表达

E. coli 表达系统是目前最为有效和方便的表达系统，可以进行许多异源蛋白的高效表达。但在 *E. coli* 中大量表达的外源蛋白容易形成包涵体，而包涵体的破碎通常会造成目的蛋白失活。由于真核基因通常含有内含子，在 *E. coli* 中不能进行正确的剪切和拼接，因此必须表达它的 cDNA 序列。另外，真核生物的许多蛋白质是糖蛋白，用 *E. coli* 作为表达宿主，不能对真核蛋白进行正确的糖基化等翻译后加工，因此发展了各种真核表达系统。

6.7.3.1 酵母表达系统

酵母是单细胞生物，遗传背景清楚，细胞生长速度快，发酵条件简单，便于大规模培养。作为真核表达系统，可对表达的蛋白质进行翻译后的加工与修饰，从而使表达出的一些蛋白质具有生物活性。

酿酒酵母(*Saccharomyces cerevisiae*)是最先建立的酵母表达系统，其表达载体有自主复制型和整合型两种。自主复制型质粒通常有 30 个或更多的拷贝，含有自主复制序列(ARS)，能够进行染色体外独立复制，但如果没有选择压力，这些质粒往往不稳定。整合型质粒不含 ARS，必须整合到染色体上，随染色体复制。整合过程是高特异性的，但是拷贝数较低。酿酒酵母表达系统多采用穿梭质粒，用细菌筛选和增殖，然后用电穿孔等方法转到酵母菌中表达。值得注意的是，酿酒酵母表达的外源蛋白往往被高度糖基化，糖链上可以带有 40 个以上的甘露糖残基，产物的抗原性明显增强。所以，酿酒酵母分泌表达的外源蛋白不适合作为药物使用。用这一系统生产疫苗效果较好，已用这一系统生产了以 HBsAg 为成分的乙肝疫苗和重组人血清白蛋白(rHSA)等一系列产品。

由于酿酒酵母难于高密度培养，分泌效率低，不能使所表达的外源蛋白正确糖基化，而且所表达蛋白质的 C 端往往被截短。因此，相继开发了裂殖酵母表达系统、克鲁维酸酵母表达系统、甲醇酵母表达系统等。其中，甲醇酵母表达系统的应用最广泛，主要采用毕赤酵母(*Pichia pastoris*)。

毕赤酵母没有附加型载体，整合型载体的稳定性高，但是拷贝数低。这类载体被设计成穿梭载体，可以在 *E. coli* 保存、扩增和构建，线性化后转入酵母细胞中，操作方便、简单。常见的整合型载体又分为胞内表达和分泌表达两类，通常含有醇氧化酶基因-1(alcohol oxidase, AOX-1)的启动子(pAOX1 或 5′- AOX1)，多克隆位点，一个从 *AOX*1 基因上拷贝下来的终止序列(TT)，筛选标记 *HIS*4 基因和在细菌中进行复制的起始点及选择标记(如 ColEI 复制起始点和 Amp^r)。含有 3′- AOX1 的非编码区序列，使外源基因能以同源重组的方式整合到染色体的 AOX1 位。分泌表达载体含有毕赤酵母 α 结合因子的编码区。

选择标记一般有两种。①营养缺陷型，在表达载体中插入 *HIS*4 基因，宿主菌在缺乏 His 的培养基中不能生长，带有 *HIS*4 基因的载体整合到宿主染色体后，则可以在缺乏 His 的培养基中生长。因此，用缺乏 His 的培养基即可筛选出转化子。②抗性选择标记，如在表达载体中插入来自大肠杆菌转座子 Tn903 的 G418 抗性基因，即可用抗生素 G418 来筛选转化子。此外，一般在载体上插入 Amp^r 基因，以便在大肠杆菌中筛选重组子。

将质粒载体转入酵母菌的方法有原生质体转化法、电击法及氯化锂法等。电穿孔法的转化效率最高，操作简单，因而使用较普遍。原生质体转化法的优点是有利于将目的基因多拷贝整合到染色体中，但实验过程较复杂。

甲醇酵母一般先在甘油中培养至高密度，再以甲醇为碳源，诱导表达外源蛋白，这样可提高表达量。与酿酒酵母相比，甲醇酵母表达量较高，不会发生超糖基化。以葡萄糖或甘油为碳源时，甲醇酵母中 *AOX*1 基因的表达受到抑制。而在以甲醇为唯一碳源时，*pAOX*1 可被诱导激活，因而外源基因的表达容易控制。利用 pAOX1 表达外源蛋白时，需较长时间才能达到峰值水平，且甲醇是化工产品，不利于表达产物应用于人体。利用甘油醛三磷酸脱氢酶(GAP)启动子替代 pAOX1，不需甲醇诱导，且可缩短外源蛋白到达峰值水平的时间。

为了提高外源蛋白的分泌水平，可在表达载体中加入分泌信号序列。外源蛋白分泌到细胞外，有利于产物的提取，还可减轻宿主细胞的代谢负荷。

乳酸克鲁维亚酵母(*Kluyveromyces lactis*)也被作为工业化生产人用蛋白质的安全微生物，可通过附加体型载体和整合体型载体来表达外源基因。其优点是：①可以高密度发酵；②不需要甲醇防爆装置；③工业化生产时不降低生产率及酵母菌的再繁殖能力。

6.7.3.2 昆虫杆状病毒表达系统

昆虫杆状病毒表达系统(baculovirus expression vector system, BEVS)具有安全性高，对外源基因克隆容量大，重组病毒易于筛选，具有完备的翻译后加工修饰系统等特点，为基因工程四大表达系统(即大肠杆菌、酵母、杆状病毒、哺乳动物细胞表达系统)之一。

杆状病毒基因组的双链环状 DNA 分子以超螺旋方式被压缩包装在杆状核衣壳内,核衣壳包被脂质蛋白囊膜后形成病毒粒子。

常用的杆状病毒主要有苜蓿银纹夜蛾多核型多角体病毒(multiple nuclear polyhedrosis virus,MNPV),简称 AcMNPV 或 AcNPV 和家蚕核多角体病毒(BmNPV)。AcMNPV 基因组的大小为 90~160 kb,约编码 154 个基因,基因组的不同区域有功能分化。AcMNPV 基因组含有 8 个同源区,每个同源区含有数量不等的重复序列。同源区对于基因表达有调节作用,也是 DNA 复制的原点。

由于昆虫杆状病毒环状双链 DNA 基因组很大,而且都具有多个限制酶识别位点,因而不能用常规基因工程操作直接将外源基因导入病毒基因组中。获取重组昆虫杆状病毒通常分为两步。第一步,将外源基因克隆到通用载体质粒中,并置于杆状病毒强启动子的控制之下,而且左右两侧有杆状病毒的 DNA 序列。侧翼序列对病毒复制是非必需的,但在第二步同源重组时有重要作用。第二步,将这一重组质粒 DNA 与野生型病毒基因组 DNA 一起导入昆虫细胞,通过细胞内同源重组,把外源基因插入病毒基因组。结果外源基因置换了位于两个侧翼序列之间的野生型病毒基因组中的基因(如多角体蛋白基因)。通过相应的筛选方法,即可筛选出含目的基因的重组病毒。

BEVS 系统的不足之处是重组率低,筛选困难,工作周期长。针对这些缺点,建立了一些多载体系统。

常用的 McMNPV 载体系统由 *E. coli*-昆虫细胞穿梭载体(Bacmid)、供体质粒和辅助质粒组成。Bacmid 既能在 *E. coli* 中复制,又能感染昆虫细胞。Bacmid 质粒的多角体蛋白基因被卡那霉素抗性基因、细菌转座子 Tn7 的靶序列 attTn7 和 mini-F 复制子取代。mini-F 复制子使杆状病毒以大质粒的形式自主复制,并保持低拷贝数。在重组载体中,外源基因位于 polh 下游,并携带庆大霉素抗性基因,两侧为 Tn7 的左右臂,用重组载体转化含 Bacmid 的 DH10Bac 菌株时,在辅助质粒(该质粒有四环素抗性筛选标志)提供转座酶的情况下,通过转座插入 Tn7 转座子靶位点 attTn7,从而阻断了 *lacZ* 基因的表达。这样,只要在含卡那霉素、庆大霉素、四环素及 X-gal-IPTG 的培养基上挑取白色菌落,即可得到重组 Bacmid。

昆虫杆状病毒表达系统既可在昆虫活体内,也可用体外培养的昆虫细胞表达外源基因。究竟在昆虫体内还是在体外表达外源基因,要根据外源蛋白的性质及其用途、表达水平高低、分离纯化难易、纯化要求高低等因素来考虑。对于常规小量及高纯度的蛋白质生产而言,利用体外培养的昆虫细胞进行表达是首选途径。在这一表达系统中常使用的昆虫细胞株有 Sf9、Sf21 和 High Five TM,Sf21 细胞株是由草地夜蛾(*Spodoptera frugiperda*)蛹的卵巢细胞株,Sf9 则是 Sf21 的克隆衍生物。High Five TM 细胞株起源于粉纹夜蛾(*Trichoplusiani*)的卵巢细胞,细胞增殖一代所用时间短,表达量高,适合于在无血清培养基中悬浮培养,对分泌于细胞外的蛋白质而言,这将大大减少血清给纯化过程带来的麻烦。

昆虫杆状病毒表达系统主要应用于 3 个方面:①生产生物杀虫剂,虽然这类农药还存在一些有待解决的问题,但其开发潜力是很大的;②应用于生物分子结构和功能的研究,这是杆状病毒表达系统应用最多的领域;③用于生产疫苗,或进行基因治疗的研究工作。

6.7.3.3 哺乳动物细胞表达系统

哺乳动物细胞表达系统的优势是能有效识别真核蛋白的合成、加工和分泌信号,能准确进行转录后和翻译后加工。

常用的非淋巴细胞类有中国仓鼠卵巢细胞(CHO)、小仓鼠肾细胞(BHK)、COS 细胞、小鼠 NSO 胸腺瘤细胞和小鼠骨髓瘤 SP2/0 细胞等。不同宿主细胞表达的重组蛋白质其稳定性和蛋白质糖基化类型不同,需根据目的蛋白选择最佳的宿主细胞。进行外源基因瞬时表达常用 COS 细胞,其重组载件易于构建,筛选确认阳性克隆较容易,有利于快速分析克隆化 cDNA 序列中的突变。CHO 细胞则利于外源目的基因的稳定整合,易于大规模培养。

载体的选择取决于外源基因的导入方式和其调控元件是否有利于转录和翻译。载体必须具有如下调控元件:①含有 *E. coli* 的复制起点、多克隆位点和用于筛选的抗生素抗性基因;②有较强的启动子和增强子;③含剪接信号;④有终止信号和 poIyA 加尾信号;⑤有选择标记基因,常用的有胸苷激酶基因(*tk*)、二氢叶酸还原酶基因(*dhfr*)、新霉素抗性基因(*neo*)、氯霉素乙酰基转移酶基因(*cat*)等。

利用质粒转染获得稳定的转染细胞需几周甚至几个月时间,而利用病毒表达系统则可在几天内使外源基因整合到病毒载体中,尤其适用于从大量表达产物中检测出目的蛋白。常用的整合型载体有 SV40 病毒和逆转录病毒,游离型载体有痘苗病毒和腺病毒。

将外源 DNA 导入哺乳动物细胞的方法主要有:

(1) 磷酸钙转染法　使 DNA 和磷酸钙形成共沉淀物,黏附到培养的哺乳动物单层细胞表面,就可被细胞捕获。在制备 DNA 磷酸钙共沉淀物时,要注意控制好 pH,使形成的颗粒大小适中。

(2) 电穿孔转染法　在高压电脉冲作用下,使细胞膜上出现微小的孔洞,外源 DNA 可穿孔而入。操作需专用仪器,要注意控制好电压和电击时间。

(3) 脂质体转染法　脂质体是一种人造膜,用脂质体包装过的 SV40 DNA,感染性至少要比其裸露 DNA 高出 100 倍。在加入脂质体之后,用高浓度的聚乙醇(PEG)或甘油处理,可使脂质体 DNA 感染性提高 10～20 倍。

(4) DEAE-葡聚糖转染法　二乙胺乙基葡聚糖(diethyl-aminoethyl-dextran,DEAE-dextran)是一种高分子多聚阴离子试剂,能促进哺乳动物细胞捕获外源 DNA。由于 DEAE-dextran 对细胞有毒性,所以采用低浓度长时间的方法较好。

(5) 显微注射法　用显微注射仪可将外源 DNA 直接注射到受体细胞中。这种方法需大型仪器,操作难度较大,主要用于转基因动物研究中对卵细胞的操作。

哺乳动物细胞容易被重组载体转染,经过筛选得到的转化细胞遗传稳定性好,表达产物易于纯化。利用哺乳动物细胞表达蛋白产物,已广泛应用于生物制品工业。

哺乳动物细胞产生的蛋白质最接近于天然蛋白质,但其表达量低、操作繁琐。酵母和昆虫细胞表达系统蛋白表达水平较高,生产成本低,但它们的加工修饰体系与哺乳动物细胞不完全相同。因此,必须充分考虑各种因素,如目的蛋白的性质、实验条件、生产成本、表达水平、安全性等,权衡利弊后再选择相应的表达系统(见电子教程知识扩展 6-19　基因工程药物的发展现状和前景)。

6.8 转基因植物和转基因动物

6.8.1 转基因植物

植物细胞具有全能性,由基因工程改造过的外植体可再生为转基因植物。转基因植物的主要应用是将单个或一小簇基因转入植物，获得有价值的性状。

土壤农杆菌的 Ti 质粒(tumor inducing plasmid)为 150～200 kb 的环型 DNA(大小因菌株而异)，其中有一段 12～24 kb 的 TDNA 能在 *vir* 基因表达产物的协助下整合到植物染色体中。将 Ti 质粒改建为克隆载体，需删除一些对克隆有害或无用的基因，插入选择性标记基因或报告基因、复制起点、合适的启动子和克隆位点。但改造后的克隆载体一般不含完整的 *vir* 基因，故 TDNA 不能整合到受体细胞的染色体中。解决这一问题的途径有两条。其一是双元载体系统，首先用含有大肠杆菌和农杆菌复制起点的双元载体在大肠杆菌中完成基因的克隆，然后将之转入含有修饰 Ti 质粒的农杆菌中，该质粒的 TDNA 全部或部分缺失，但含有完整的 *vir* 基因，可辅助双元载体的 TDNA 整合到植物染色体中。其二是共整合载体系统，该系统中 Ti 质粒含有目的基因而缺失 *vir* 基因，另一穿梭质粒含有 *vir* 基因，两种质粒中均含有一段同源 DNA 片段，二者发生同源重组，即可形成既含有外源基因，又含有 *vir* 基因的共整合载体，使外源基因能够整合到植物染色体中。Ti 质粒介导的基因转移是目前获得转基因植物最常用的方法，虽然用于单子叶植物效率不高，但已获得一些成功，看来这一方法仍有很大的发展余地(见电子教程知识扩展 6-20　Ti 质粒介导的基因转移)。

烟草花叶病毒(tobacco mosaic virus，TMV)可用来构建载体，一般将外源基因置于外壳蛋白基因启动子调控之下，或利用外壳蛋白基因的连读获取外壳蛋白和外源蛋白的融合蛋白。

原生质体法需要消化植物的细胞壁，得到的原生质体用 PEG 法、磷酸钙法、电击法等导入外源基因，存在的问题是由原生质体发育成植株比较困难。

基因枪技术是将 DNA 包裹在直径 1～4 μm 的金粉或钨粉上，再用火药爆炸力或压缩氦气将颗粒以 300～600 m/s 的速度射入细胞。此法转化率高，但获得稳定整合体的效率较低。

花粉管导入法指将重组载体或农杆菌通过花粉管直接导入胚囊，其优点是操作简单，可以直接收获转基因种子，在不少植物中得到成功应用，但也有不少植物无法使用这一方法进行基因转移。

筛选和鉴定经过转基因操作的植物组织，有多种方法可以选择。常用的抗性选择标记基因有四环素抗性基因(tc^{r})、氯霉素抗性基因(cm^{r})、卡那霉素抗性基因(km^{r})、新霉素抗性基因(neo^{r})和潮霉素抗性基因(hyg^{r})等。常用的报告基因有 *gus*、*luc* 和 *GFP*，检测外源基因的表达情况还可用 Northern 印迹和 Western 印迹。

通过转基因技术优化植物的农艺性状，获得良好的经济效益，已经取得了举世瞩目的成就。抗虫、抗除草剂、抗病、抗衰老、抗不良环境的转基因植物已取得很好的经济和社会效益。将转基因植物用于提高农产品的品质，生产植物次生代谢物和研究植物的生理生化及发育，均取得不少成就。此外，利用植物作为生物反应器，生产有价值的药物或疫苗，也取得一些重要进展。

转基因作物的食品安全性问题很受关注，值得澄清。一般而言，转基因植物中的外源基因及其表达产物会被人或家畜的消化系统分解，不会直接吸收，不会对人或家畜造成伤害。在实验室由载体介导，多种方法促进外来基因进入动物细胞，也是低概率事件。能够直接进入人体的蛋白质极其少见，实验证明转基因作物中的抗虫蛋白只对部分昆虫有毒性，对人无毒害作用。人类自古以来一直食用多种作物和家畜的全套基因和蛋白质，从来没出现过作物和家畜的基因或蛋白质改变人类遗传性状的情况。经过安全性评价和有关机构认定的转基因食材，可以安全使用。

担心转基因作物的抗虫或抗除草剂基因在自然情况下转移到杂草，有一定的道理。但自然状态下跨物种的基因横向转移概率很低，现时尚未发现转基因作物的抗性基因被自然转移到杂草。

转基因作物在技术层面存在的主要问题，是不能将目的基因定点、定量地导入受体基因组中，并获得稳定、高效的表达和遗传，而又不影响受体生物原有的优良性状。如何定点、定量地将外源基因导入受体细胞基因组中，获得稳定、高效的表达，是转基因植物研究的主要目标(见电子教程知识扩展 6-21　转基因作物的发展现状和安全性问题)。

6.8.2　转基因动物

转基因动物指通过重组 DNA 技术，将外源基因导入动物体内，稳定整合到染色体上所得到的动物。1982 年将大鼠生长激素基因与金属硫蛋白基因启动子拼接成融合基因，导入小鼠受精卵，获得的转基因小鼠个体明显增大，被称为“超级小鼠(super mouse)”，是世界上首批转基因动物。

有多种方法可以用来制作转基因动物，且各有利弊。

显微注射法(microinjection)指通过显微操作仪把外源基因注入受精卵，并整合到染色体上，将细胞分裂几次的小胚胎置入代孕动物子宫，发育成转基因动物的技术。显微注射法的特点是直接转移目的基因，外源基因的导入效率较高，目的基因的长度可达 100 kb。可以直接获得纯系，所以实验周期短。但操作技术较难，并且外源基因的整合位点和整合的拷贝数都无法控制，易造成宿主动物基因组的插入突变，引起相应的性状改变，重则致死。

逆转录病毒感染法(retrovirus-mediated gene transfer)将胚胎置于高浓度病毒培养液中，或者与被感染的细胞共同培养，均有较高的整合率。其优点是可在特定位点整合单拷贝的外源基因，缺点是需要制备带有目的基因的逆转录病毒，插入逆转录病毒的基因有一定的大小限制，所得转基因动物的嵌合性很高，需要广泛的杂交，以建立转基因系，转入基因的表达问题尚未解决。

精子载体法(sperm mediated gene transfer)简单、方便，依靠生理受精过程，免去了对卵细胞核的损伤，转基因效率可达约 30%。

胚胎干细胞(embryonic stem cells，ES)**介导法**指用外源 DNA 转染并克隆胚胎干细胞，继而筛选含有整合外源 DNA 的细胞用于细胞融合，由此可以得到很多遗传上相同的转基因动物。其缺点是许多嵌合体转基因动物生殖细胞内不含有外源基因，将其用于小鼠比较成熟，用于大动物较困难。

人工酵母染色体载体可以克隆 Mbp 的大片段外源 DNA，保证巨大基因的完整性，保证所有顺式作用元件的完整性，并保证其与结构基因的位置关系不变。缺点是实验过程较复杂，操作难度较大。

电转移法是将生殖细胞或体细胞置于电场内，同时加入外源基因，利用短暂电脉冲使外源基因透过细胞膜。其优点是操作简单，允许完整的大分子进入细胞，缺点是容易对细胞造成伤害。

转基因动物已取得很多成就，具有广阔的应用前景。

(1) 基础生物学研究　转基因动物可用于研究基因结构与功能的关系，细胞核与细胞质的相互关系，胚胎发育调控及肿瘤防治等。

(2) 建立疾病模型　建立转基因疾病动物模型是转基因动物研究的热点，有的已进入应用阶段。用基因剔除法制作的转基因动物疾病模型已有数百种，基因过量表达的动物模型有数十种。这些疾病动物模型,可用于研究疾病的发病机制和治疗方法。

(3) 改良动物 转基因动物技术可以改造动物的基因组,改良家畜和家禽的经济性状,如加快生长速度,提高瘦肉率,改善肉质,提高饲料利用率,增强抗病力等。还可用于动物遗传资源的保护,挽救濒危物种。

(4) 用于动物制药 转基因动物有望作为医用或食用蛋白的生物反应器,大规模生产用于人类疾病治疗和保健的药用蛋白或其他生物活性物质。被广泛研究的是乳腺生物反应器,即用转基因动物的乳腺生产人类所需要的药物。这一方案技术障碍较小,所产出的蛋白质比较容易分离纯化和后加工,被认为是用转基因动物制药的重要途径。已有多种蛋白质在奶牛和奶羊的乳腺得到表达,相信达到应用水平为期不会太远。

但是,转基因动物仍然存在一些问题,需要进一步研究和解决。①转基因动物的成功率和成活率较低,统计资料表明,转基因小鼠成活率约为 2.6%、大鼠 4.4%、兔 1.5%、羊 0.9%、猪和牛 0.7%。造成这种结果的主要原因,可能是各种操作对胚胎的损伤。②外源基因的整合率低,整合位点具有很大的随机性。已整合的外源基因容易从宿主基因组中消失,遗传给后代的概率较低。③转基因对宿主基因组的影响难以控制,外源基因在宿主基因组中的插入可能造成内源基因的破坏,还可能激活原本已关闭的基因,致使动物出现异常。④转基因动物的安全性问题和伦理性问题值得关注(见电子教程知识扩展 6-22 转基因动物的发展现状和伦理学问题)。

总之,转基因动物研究是一个艰辛而复杂的系统工程,发展过程中存在不少问题需要探讨和研究。但随着科学技术的发展,转基因动物及其相关产品必将进入产业化和市场化阶段,促进社会经济的发展。

提要

DNA 的重组可增加群体的遗传多样性,通过优化组合积累有益的遗传信息。

同源重组是有同源区的 DNA 分子进行片段交换的过程,其分子模型有 Holliday 模型、单链断裂模型和双链断裂模型。这 3 个模型的共同特点是通过交换形成 Holliday 中间体,再通过分支迁移和重组形成拼接重组体或补丁重组体。

细菌的转化(吸收外源 DNA)和转导(通过噬菌体将细菌基因从供体转移到受体细胞)属于同源重组,去除细菌的细胞壁,使细胞质膜融合,可以导致广泛的同源重组。

细菌的同源重组由 RecBCD 切割 DNA 分子,形成单链区。RecA 促进 DNA 单链入侵受体分子,RuvA 和 RuvB 推动 DNA 分子进行旋转,RuvC 是二聚体内切核酸酶,特异性识别 Holliday 联结体并进行切割使其分离。

真核生物的同源重组主要发生在细胞减数分裂前期Ⅰ两个配对的同源染色体之间,Spo11 蛋白切割 DNA 双链,MRX 酶复合物催化 $5'\rightarrow3'$ 切除,形成 3′-单链 DNA,Rad51 和 Dmc1 与单链 DNA 结合,促进非姐妹染色体之间的链交换。

真核生物基因的单向转移称基因转换,在子囊菌的杂合体产生子囊孢子过程中,存在基因转换,酿酒酵母两种交配型 a 和 α 的转换也属于基因转换。

位点特异性重组指发生在 DNA 特定位点上,并且有特异的重组酶和辅助因子参与的重组。若重组位点为同一 DNA 分子上的反向重复序列,重组的结果是两个重组位点之间的 DNA 倒位。若重组位点为同一 DNA 分子上的正向重复序列,重组的结果是两个重组位点之间的 DNA 被切除。若重组位点以相同方向存在于不同的 DNA 分子上,重组的结果是整合。

位点特异性重组的典型例子有λ噬菌体DNA在宿主染色体上的整合与切除，鼠伤寒沙门氏杆菌鞭毛的相转变和免疫球蛋白的V(D)J重组。

转座重组指DNA片段从一个位置转移到另外一个位置，发生转座的DNA片段称转座子。转座重组可引起核苷酸序列发生转移、缺失、倒位或重复，从而导致突变，也可能改变基因组的DNA总量。

原核生物的第一类转座子是插入序列，两端有IR，内部只有一个转座酶基因。第二类转座子为复杂型转座子，内部有多个基因。第三类转座子为复合型转座子，由2个IS和一段带有抗生素抗性的间插序列组合而成。第四类转座子的典型例子Mu是一种温和噬菌体，可以通过转座随机整合到宿主DNA中。

真核生物的DNA转座子可分为自主型、非自主型和微型反向重复转座元件3种类型，其共同特点是都具有2个IR。自主元件/非自主元件主要隶属3个超家族，*hAT*超家族包括玉米的Ac/Ds转座系统和金鱼草的Tam3转座子等，CACTA超家族包括玉米的En/Spm转座系统和高粱的Candystripe转座子等。微小反向重复转座子不编码转座酶，为非自主元件。脊椎动物的DNA转座子可分为4种类型，即DDE转座子、Helitrons、Mavericks/Polintons和MITEs。

逆转座子对基因表达和基因重排有广泛的影响，可分为两类，LTR逆转座子包括酵母的Ty元件和果蝇的copia元件，无LTR逆转座子包括长分散元件(LINEs)和短分散元件如Alu序列。

非复制型转座在转座完成以后，供体的转座子消失，转座子的拷贝数维持不变。复制型转座是将供体的转座元件复制一份，插入受体的靶位点。每转座一次，转座元件增加一个拷贝。不需要RNA中间物的复制型转座有两种机制：一种是先复制后插入；另一种是复制与插入同步进行。LTR逆转座子形成cDNA的过程与逆转录病毒相同，无LTR逆转录转座子的转座是由内切核酸酶、逆转录酶和DNA聚合酶参与的复杂过程。

DNA克隆的技术路线大致包括：①用限制酶切割目的DNA和载体(切)；②连接目的DNA和载体(接)；③将重组DNA转入宿主细胞(转)；④筛选和鉴定阳性重组子(筛)；⑤扩增阳性重组子(扩)。

基因组文库是含有某种生物体全部基因随机片段的重组DNA克隆群，其构建方法是将染色体DNA经限制酶部分酶解，用密度梯度离心或制备型凝胶电泳分级分离，得到长度适合的片段，将其与载体连接，感染适当的宿主菌。将真核细胞内全部mRNA逆转录成cDNA并和载体连接，得到的克隆群称为cDNA文库。cDNA无内含子，可在原核生物中表达，所以cDNA文库更有用。

基因表达需要将目的基因插入带有基因表达所需元件的表达载体，再导入宿主细胞进行表达，用ELISA、免疫印迹法和报告基因可检测目标蛋白。

原核生物可进行非融合蛋白表达、融合蛋白表达和分泌蛋白表达。可以采取措施提高翻译水平，减轻细胞的代谢负荷，提高表达蛋白的稳定性。真核表达系统主要有酵母表达系统、昆虫杆状病毒表达系统和哺乳动物细胞表达系统。

*E. coli*表达系统方法简单，表达效率高，但外源蛋白容易形成包涵体，不能进行转录后和翻译后加工。哺乳动物细胞表达的蛋白质最接近于天然蛋白质，但其表达量低、操作繁琐。酵母和昆虫细胞表达系统蛋白表达水平较高，但加工修饰体系与哺乳动物细胞不完全相同。因此，需权衡利弊，选择合适的表达系统。

植物细胞有全能性，由基因工程改造过的外植体可再生为转基因植物。抗虫、抗除草剂、抗病、抗衰老、抗不良环境的转基因植物已取得很好的效益，将转基因植物用于提高农产品的品质，生产植物次生代谢物和研究植物的生理生化及发育，均取得不少成就。转基因动物在基础生物学研究，建立疾病模型，改良动物和动物制药等方面具有广阔的应用前景。

思考题

1. 简述DNA重组的概念与意义。
2. 什么是同源重组？同源重组有哪些分子模型？
3. 简述细菌基因转移的机制和特点。
4. 简述细菌同源重组的酶学机制。
5. 简述真核生物减数分裂中同源重组的分子机制。
6. 概述位点特异性重组的分子机制。
7. 什么叫转座子？原核生物和真核生物的转座子各有哪几类？
8. 什么叫逆转座子？逆转座子有哪几类？
9. 转座子和逆转座子可能产生哪些生物学效应？
10. 分别概述非复制型转座，不需要RNA中间物的复制型转座，以及需要RNA中间物的复制型转座的分子机制。
11. 概述3类限制酶的催化特点，并说明同裂酶和同尾酶的含义。
12. DNA克隆所用的载体和宿主细胞分别要符合哪些基本条件？
13. 原核生物常用的克隆载体有哪些？各有何特点？
14. 简要叙述体外连接载体和目的基因的常用方法。
15. 概述将重组子导入细菌和筛选鉴定重组子的常用方法。
16. 概述构建基因组文库和cDNA文库的方法。
17. 概述检测蛋白质表达产物的常用方法。
18. 采用哪些措施有可能提高原核表达系统的蛋白质表达水平？
19. 比较*E. coli*表达系统、酵母表达系统、昆虫杆状病毒表达系统和哺乳动物细胞表达系统，说明各自的发展现状和前景。
20. 概述转基因植物和转基因动物的发展现状和前景。

7 第七章 RNA 的生物合成

除某些病毒 RNA 外，所有 RNA 分子，包括 mRNA、rRNA、tRNA 及各种有特殊功能的小 RNA，都是在 RNA 聚合酶的作用下，以 4 种 NTP 为原料，以 DNA 为模板，按照碱基配对规律合成的，这一过程称**转录**(transcription)。

转录与复制的一个重要差别，是转录有时间和空间层面的严格调控。在细胞周期的某个阶段，或由分化形成的不同类型细胞中，某些特定的基因被转录，而多数基因则处于封闭状态。研究转录调控的机制及其对于生理和病理过程的意义，是生命科学的一个重要领域。

还有一些 RNA 病毒可以在 RNA 复制酶作用下，以 RNA 为模板合成 RNA。研究在转录过程中核酸和蛋白质分子之间的相互作用，对于深入理解生物大分子的结构和功能，理解基因表达调控的机制有重要意义。

7.1 RNA 生物合成的概况

从细菌到人类，RNA 聚合酶本质上均催化同一种反应，即在一定的模板(DNA 或 RNA)指导下，以 4 种 NTP 为原料，按碱基配对规律，从 5′→3′合成 RNA 链。与 DNA 聚合酶不同，负责转录的 RNA 聚合酶不需要引物，可以在称作启动子(promotor)的特定起始位点从头合成 RNA。同一类 RNA 聚合酶所能识别的启动子，有若干段共有的序列。RNA 聚合酶与启动子结合后，一小段双螺旋会解开，形成一个转录泡(transcription babble)。转录过程中新生的 RNA 链与 DNA 模板形成一小段 RNA-DNA 双螺旋(在*E. coli* 中为 8 bp)，随着新链的延伸，RNA 链逐渐从模板剥离。同时转录泡不断向前移动，其前方的双螺旋不断解开，其后方又有双螺旋逐渐形成。转录泡前方正超螺旋的消除和其后方负超螺旋的形成，由拓扑异构酶催化(图 7-1)。

基因转录时，两条互补的 DNA 链有一条作为合成 RNA 的模板，称作**模板链**(template strand)、负链(negative strand)或**反义链**(anti-sense strand)，另一条链称作**非模板链**(nontemplate strand)、正链(positive strand)或**有义链**(sense strand)。由碱基配对的规律可知，转录生成的 RNA，其核苷酸序列与有义链相同，只是以 U 代替了 T。因此，非模板链也被称作**编码链**(coding strand)。一个 DNA 分子含有若干个基因时，任一条链上都含有一些基因的编码链和另一些基因的模板链(图 7-2)。

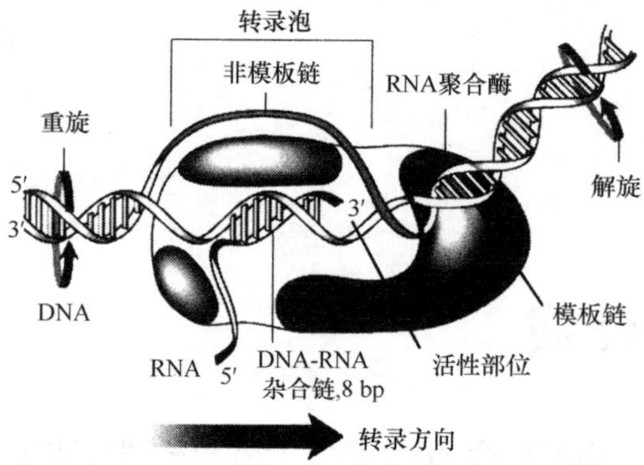

图 7-1 转录的方向和转录泡

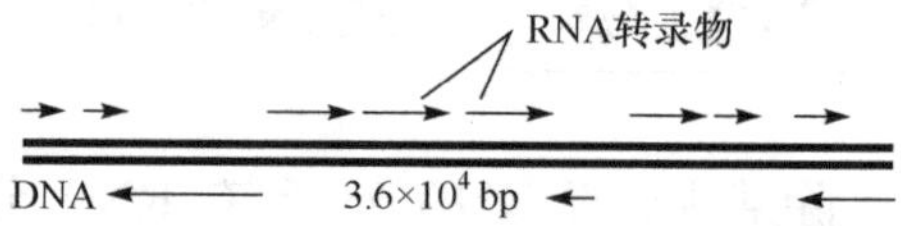

图 7-2 腺病毒基因组的编码链

7.2 原核生物的转录

7.2.1 原核生物的 RNA 聚合酶

催化转录作用的酶称 **RNA 聚合酶**(RNA polymerase,RNA pol)或 DNA 指导的 RNA 聚合酶(DNA-directed RNA polymerase)。原核生物的转录,不论其产物是 mRNA、rRNA,还是 tRNA,都由同一种 RNA pol 催化。用 SDS-PAGE 分离 *E. coli* 的 RNA pol 可得几个大小不等的亚基:β 和 β′亚基的 M_r 分别为 1.5×10^5 和 1.6×10^5,α 和 σ 的 M_r 分别为 4.0×10^4 和 7.0×10^4。随后 Burgess 和 Travers 等用磷酸纤维素柱层析分离出由各个亚基组成的**全酶**(holoenzyme),其亚基组成为 $\alpha_2\beta\beta'\sigma$,$M_r$ 约为 4.65×10^5。并发现 σ 因子易于从全酶上解离,其他的亚基则比较牢固地结合成为**核心酶**(core enzyme),σ 因子与核心酶结合成全酶,即可起始转录,转录起始后,σ 因子脱离,核心酶沿 DNA 模板移动并延伸 RNA 链。因此,σ 又称起始因子。核心酶以 4 种 NTP 为原料,DNA 为模板,在 37 ℃下,以 40 nt/s 的速度从 5′→3′合成 RNA。一个 *E. coli* 约含 7000 个 RNA pol 分子,2000~5000 个聚合酶同时催化 RNA 的合成(见电子教程科学史话 7-1 RNA 聚合酶的发现)。

噬菌体 T3 和 T7 的 RNA pol 只有一条多肽链(M_r 1.0×10^5),可识别特异的 DNA 结合序列,并以 200 nt/s 的高速度合成 RNA。

细菌 RNA pol 的两个的 α 亚基由 *rpoA* 基因编码,其 N 端结构域参与聚合酶的组装,C 端结构域参与亚基之间的相互作用,以及和增强子元件的结合。此外,α 亚基在全酶与某些转录因子相互作用时也发挥重要作用。

β 和 β′亚基分别由基因 *rpoB* 和 *rpoC* 编码,二者共同构成催化部位。β 亚基是催化部位的主体,有两个结构域,分别负责转录的起始和延伸。β′亚基带正电荷,与 DNA 静电结合,可结合两个 Zn^{2+} 参与催化过程。利福平能与 β 亚基结合,强烈抑制原核生物转录的起始,但对真核生物的 RNA pol 不起作用,可用于治疗结核病和麻风病。转录的另一种抑制剂肝素,因富含阴离子,能与 DNA 竞争性地结合于 β′亚基上,表明 β′亚基可能是 RNA pol 与模板 DNA 的结合部位。

E. coli 的 σ 因子由基因 *rpoD* 编码,其主要作用是特异性地识别启动子。启动子是可以

被 RNA 聚合酶识别、结合并起始转录的一段特异性 DNA 序列，一般位于转录起始位点(+1)的上游。核心酶为碱性蛋白，通过静电作用力与酸性的核酸非特异性松散结合，而且被结合的 DNA 仍然保持双螺旋状态。σ 因子与核心酶结合后，全酶对启动子的特异性结合能力是对其他 DNA 序列结合能力的 10^7 倍。其原因是 σ 因子能大大降低 RNA pol 与一般 DNA 序列的结合力和停留时间，同时又增加 RNA pol 与启动子的结合力和停留时间。

不同的 σ 因子可以识别不同的启动子。例如，*E. coli* 的一般基因由 σ^{70}(分子质量为 70 kDa)识别，枯草芽孢杆菌的 σ 因子主要为 σ^{43}。σ^{32} 识别热休克应激蛋白基因的启动子，环境温度升高时，未折叠蛋白聚集，诱导 σ^{32} 的生成。在固氮菌中，σ^{54} 识别固氮酶相关基因，当培养基中缺乏氮时，*E. coli* 只有少量 σ^{54}，因此只能利用其他 N 源(表 7-1)。

表 7-1　*E. coli* 不同 σ 因子的性质与功能比较

σ 因子	基因	用途	−35 区	间隔长度	−10 区
σ^{70}	*Rop*D	绝大多数基因	TTGACA	16～19 bp	TATAAT
σ^{32}	*Rop*H	热激反应	CCCTTGAA	13～15 bp	CCCGATNT
σ^{28}	*fli*A	鞭毛	CTAAA	15	GCCGATAA
σ^{54}	*Rop*N	N 饥饿	CTGGNA	6 bp	TTGCA

ω 亚基由基因 rpoZ 编码，M_r 为 1.10×10^4，曾长期被忽略。现在已经肯定，ω 亚基是嗜热水生菌 RNA pol 必不可少的组分，也是体外变性的 RNA pol 成功复性所必需的，它与 β 亚基一起构成催化中心，稳定其与 β′亚基的结合。

在低分辨率的电镜下观察到，细菌 RNA pol 具有类似手掌形的结构，其旁侧有一个直径约为 2.5 nm 的通道，适于进出 16 bp 的 B-DNA，故称为 DNA 结合通道(DNA-binding channel)。在高分辨率电镜下观察 RNA pol 形似螃蟹的大钳，β 和 β′之间有宽度约 2.7 nm 的沟，能容纳双螺旋 DNA，还含有 Mg^{2+}。核心酶单独存在时，β 和 β′闭合，与 σ 因子结合时即张开，DNA 随之进入沟内。识别启动子时，β 和 β′又闭合，此时 DNA 双链被局部解旋，形成转录泡，随即开始合成 RNA 链。当 RNA 链延伸至 8～9 nt 时，σ 因子从全酶上解离，此时核心酶牢固钳住 DNA，转录得以持续进行直至终点。图 7-3a 为栖热水生菌(*Thermus aquaticus*，Taq) RNA pol 晶体结构的带状图解，b 为 *E. coli* 的 RNA pol 空间结构示意图(见电子教程知识扩展 7-1　原核生物 RNA 聚合酶的结构)。

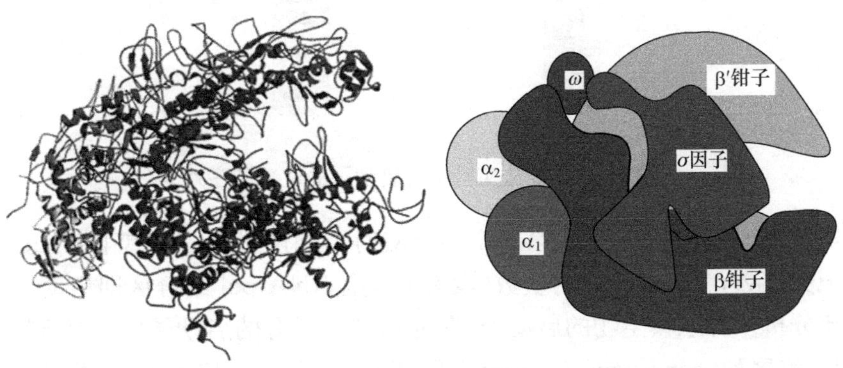

(a)　(b)

图 7-3　细菌 RNA pol 的空间结构

噬菌体 T7 的 RNA pol(M_r 为 9.9×10^4)X 衍射图表明，该酶由 α 螺旋绕成圆筒形，再以 β 折叠连接，绕成类似手形的结构。新生 RNA 链延伸时期，其拇指覆盖着 DNA 结合通道，以保护 DNA 模板指导 RNA 的合成。

尽管 RNA pol 与 DNA pol 都是以 DNA 为模板，按 5′→3′方向催化多聚核苷酸的合成，但是，这两类聚合酶有明显的差别。①RNA pol 只有 5′→3′的聚合酶活性，没有 5′→3′外切酶和 3′→5′外切酶的活性，缺乏自我校对的能力，转录的错配率较高，且聚合反应的速度低，平均速率只有 50 nt/s。②细菌的 RNA pol 具有解链酶的活性，能够促进 DNA 解链。③RNA pol 能催化 RNA 的从头合成，不需要引物。④RNA pol 的底物是 NTP，而不是 dNTP，RNA pol 的活性部位与 NTP 的 2′-OH 有多重接触位点。⑤RNA pol 催化产生的 RNA 与 DNA 形成的双螺旋长度有限，在转录过程中，从转录泡伸出的是单链 RNA。而在复制过程中，从 DNA pol 上伸展出来的是 DNA 双链分子。⑥RNA pol 启动转录需要识别启动子，转录的起始阶段受到多种调节蛋白的调节。

7.2.2 转录起始位点的结构

为了确定启动子的位置和序列，科学工作者首先使 DNA 与 RNA pol 结合，再用内切核酸酶处理。同时，另取 1 份未与 RNA pol 结合的 DNA，用同样的内切酶处理。然后，在两个泳道进行凝胶电泳，对比二者所形成的电泳条带。与 RNA pol 结合的 DNA 片段不能被内切酶水解，会形成较少的电泳条带。根据缺失条带所处的位置，可以确定与 RNA pol 结合的 DNA 片段，这种实验称足迹法(foot printing，图 7-4)。

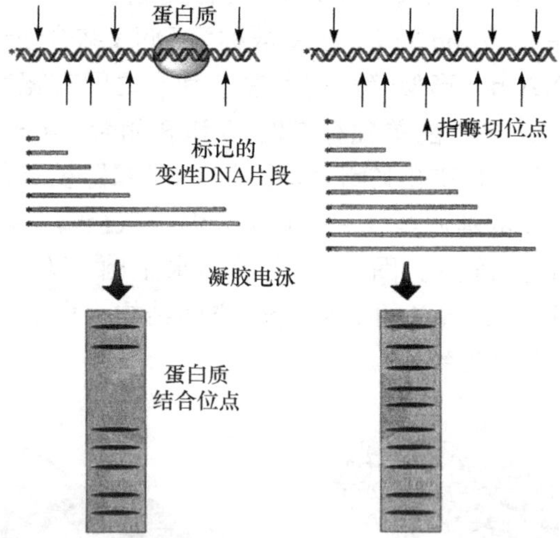

图 7-4　足迹法实验确定启动子的位置和序列

足迹法实验证明，若以 RNA 的第 1 个核苷酸对应的位置为＋1，其下游(downstream)即转录区依次记为正数，上游依次记为负数(没有 0)，则 RNA pol 结合区即启动子从－70 延伸到＋30。对比分析多种原核生物的启动子，发现几乎在所有的启动子的－18 到－8 之间都有一个 6 bp 的一致序列(consensus sequence)TATAAT，其中心位于－10，故被命名为－10 序列，或以发现者命名为 **Pribnow 框**(Pribnow box)。若用下标表示在不同基因的启动子中碱基出现的概率，－10 序列可表示为 $T_{80}A_{95}T_{45}A_{60}A_{50}T_{86}$。另一个保守六联体 TTGACA 在－35

处，称－35 序列，可表示为 $T_{82}T_{84}G_{78}A_{65}C_{54}A_{45}$。对上述共有序列进行化学修饰和定位诱变证明，－35 序列与聚合酶对启动子的特异性识别有关。－10 区富含 A-T 对，有利于 DNA 局部解链（见电子教程知识扩展 7-2 大肠杆菌启动子的图示）。

－35 和－10 位点之间的序列长度为 15～20 bp，其中 90%为 16～18 bp。虽然这一序列的确切顺序不重要，但它的长度对于使－35 和－10 序列保持适当的距离，以适应 RNA pol 的几何形状是非常重要的。此外，某些转录活性超强的基因如 rRNA 基因，除了－35 和－10 序列以外，在－40 和－60 之间的区域还有富含 AT 的上游增强元件（up element）5′-AAAAT-TATTTT-3′，可将转录活性提高约 30 倍。

启动子的一致序列是综合统计了多种基因的启动子序列以后得出的结果，在 *E. coli* 中尚未发现哪一个基因的启动子序列与一致序列完全一致。一个基因的启动子序列与一致序列越相近，则该启动子的启动效率就越高。不同基因启动子序列的差异，是基因表达调控的一种重要途径。

7.2.3 转录起始的过程

起始复合物的形成是转录的限速步骤，起始频率主要由启动子强度决定。强启动子平均每秒钟启动一次，弱启动子每启动一次大概需要一分钟或更长的时间。转录一旦启动，RNA 链延伸的速度与启动子强弱无关。

7.2.3.1 起始复合物的形成

RNA pol 全酶与非特异性 DNA 序列的结合亲和性较低，因此聚合酶可沿 DNA 滑动扫描，一旦遇到－35 区，便形成封闭复合物（closed complex）。在此阶段，DNA 尚未解链，聚合酶主要以静电引力与 DNA 结合。这种复合物并不十分稳定，半衰期为 15～20 min。足印法分析表明，在 RNA pol 刚刚结合的时候，启动子区域弯曲，形成封闭复合物 1，其足印长度为 60 bp，覆盖－55～＋5 区域。随着聚合酶与启动子区域的进一步结合，以及聚合酶构象的变化，封闭复合物 1 异构化为封闭复合物 2，足印长度随之增加到 90 bp。

σ 因子可使 DNA 部分解链，形成大小为 12～17 bp 的转录泡，使 DNA 模板链进入活性中心，封闭复合物转变成开放复合物（open complex）。转录泡覆盖－10～－1，并很快以一种依赖于 Mg^{2+} 的方式扩大为－12～＋2。开放复合物十分稳定，其半衰期在几个小时以上，此时的聚合酶与启动子的相互作用既有静电引力，又有氢键。足印法表明，在此阶段聚合酶覆盖－55～＋20区域。

Helmann 和 Chamberlin 对 σ 因子结构与功能的研究发现，σ 因子有 4 个保守的结构域，每一个结构域又可分为更小的保守区域。结构域 1 只存在于 σ^{70}，可分为 1.1 和 1.2 两个亚区，1.1 阻止 σ 因子单独与 DNA 结合（除非它与核心酶结合形成全酶）。结构域 2 存在于所有的 σ 因子，为 σ 因子最保守的区域，它又分为 2.1～2.4 四个亚区，其中 2.4 形成螺旋，负责识别启动子的－10 区。结构域 3 参与 σ 因子同核心酶及同 DNA 的结合，结构域 4 可分为 4.1 和 4.2 两个亚区，其中 4.2 含有螺旋-转角-螺旋基序，负责与启动子的－35 区结合。

开放复合物的 σ 因子 1.1 区域移动了约 5 nm 的距离，使 DNA 可以进入钳状结构的裂隙中，β 钳子和 β′钳子牢固地固定了下游 DNA。非模板链离开酶的活性中心进入非模板链通道（NT），模板链则穿过酶的活性中心进入模板链通道（T），新合成的 RNA 通过 RNA 出口通道从酶的活性中心伸出（图 7-5）。

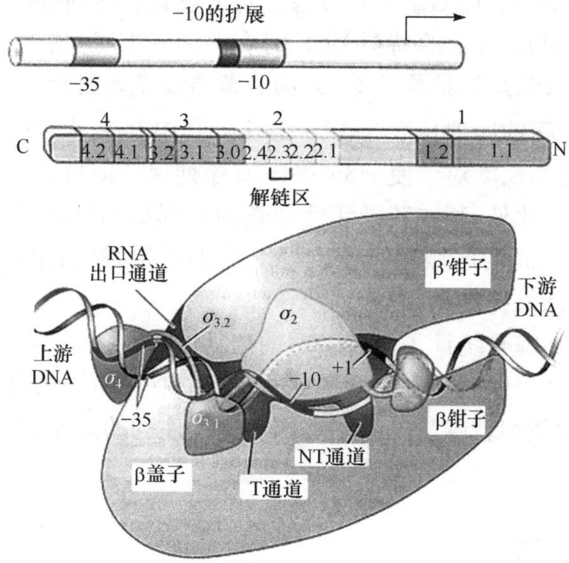

图 7-5 开放复合物上 σ 因子和通道的位置

7.2.3.2 RNA 合成的起始

在前两个与模板链互补的 NTP 从次级通道进入聚合酶的活性中心以后，由活性中心催化第一个 NTP 的 3′-OH 亲核进攻第二个 NTP 的 5′-磷酸基，形成第一个磷酸二酯键。第一个掺入的核苷酸总是嘌呤核苷酸，这是因为聚合酶的第一个 NTP 结合位点优先结合嘌呤核苷三磷酸，而第二个 NTP 结合位点与 4 种 NTP 结合的亲和力相同。一旦有了第一个磷酸二酯键，RNA-DNA-RNA pol 的三元复合物(the ternary complex)就形成了。已发现位于 β′亚基上的 NADFDGDQM 序列在所有的 RNA pol 都是高度保守的，其中的 3 个 D (Asp)残基最为重要，是 RNA pol 的活性所必需的。3 个 D 促进两个 Mg^{2+} 参与双金属离子(two-metal ion mechanism)催化机制，许多核酸酶有这样的催化机制。RNA pol 全酶催化形成 6～10 nt 以后，与核心酶结合的 σ 因子即释放出来，从此转录进入延伸阶段(见电子教程知识扩展 7-3 RNA 聚合酶催化磷酸二酯键形成的机制)。

在 σ 因子脱离核心酶之前，其结构域 3.2 位于 RNA 出口通道的中部，使 RNA 小片段无法从 RNA 出口通道伸出去。由于聚合酶的活性中心只能容纳 8 nt 的 RNA 链，若已经合成 8 nt左右的 RNA 链，σ 因子未能脱离核心酶，则新合成的 RNA 小片段会脱离复合物，重新启动转录，这种现象称无效合成或流产合成(abortive synthesis)。RNA pol 在调节自身与 DNA 模板的结合力时，会进入一种进退两难的境地。起始需要 RNA pol 与 DNA 模板紧密结合，而伸长需要 RNA pol 与启动子松散结合。σ 因子的解离是转录由起始阶段进入伸长阶段的关键，如果 σ 因子过早离开核心酶，转录的正确起始就无法保障了。因此，无效合成可能是为正确起始而付出的代价。

7.2.4 RNA 链的延伸

7.2.4.1 RNA 链延伸的过程

一旦 RNA pol 合成大约 10 nt 的 RNA 链，核心酶便与 σ 因子解离，在 σ 因子被释放以后，延伸因子 NusA 蛋白与核心酶结合，使其结构变化，形成封闭的钳子握住 DNA，并使 DNA 模板链在核心酶的通道中移动，这一过程称启动子清空（promoter clearance）。延伸中的 RNA 链从 RNA/DNA 杂交双链中脱离，并伸出转录泡。延伸反应可以持续进行，释放出来的 σ 因子可以重新与核心酶结合，启动新一轮 DNA 的转录，称 RNA pol 循环（图 7-6，见电子教程知识扩展 7-4 σ 因子循环的随机模型）。

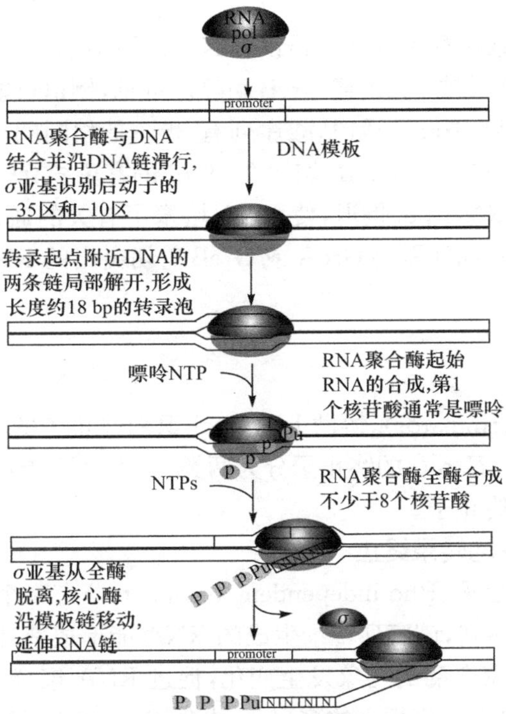

图 7-6 RNA 合成的起始和延伸

在 RNA 链延伸过程中，转录泡前面的 DNA 需要在拓扑异构酶作用下持续解链，转录泡后需要在拓扑异构酶作用下持续形成双螺旋，转录泡的大小维持在 18 bp 左右。新合成的初级转录物保留 5′三磷酸，在 RNA 分子成熟过程中会切除其中的两个磷酸基（图 7-7）。

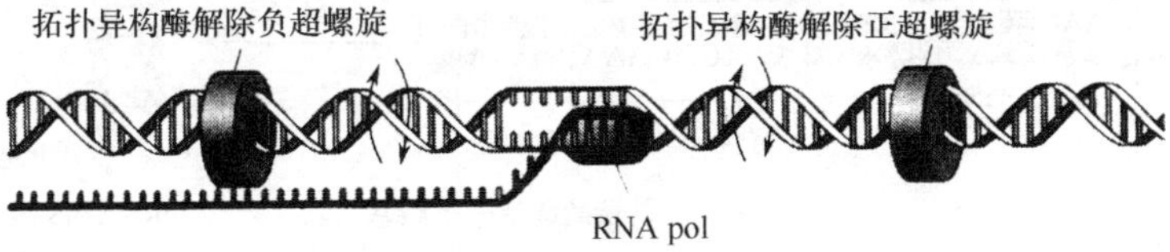

图 7-7 拓扑异构酶在转录过程中的作用

由于新掺入的核苷酸总是被添加在 RNA 链的 3′-OH 端，RNA 链延伸的方向是 5′→ 3′。在延伸过程中，模板链不断地在 RNA pol 中移位，其机制有两种模型。①热棘轮（the thermal ratchet）模型，认为 NTP 的结合和掺入引起 RNA pol 的空间结构变化，使其能够拉动模板链，就像热棘轮在拉动传送带。②能击模型（power stroke），认为形成磷酸二酯键时释放 PPi 伴随的化学能，以及 PPi 水解释放的化学能，转化成了模板链在 RNA pol 中移位的机械能。

7.2.4.2 延伸的暂停和阻滞

在延伸阶段，每当形成新的磷酸二酯键之后，就面临 3 种选择：①继续延伸合成新的磷酸二酯键；②倒退切除新掺入的核苷酸；③延伸复合物解离，完全停止转录。

(1) 暂停　若在转录过程中,转录产物形成特定的二级结构(如发夹结构). 或 NTP 暂时短缺,即会造成转录暂停。暂停有可能使原核生物转录和翻译同步化,也可能有助于转录调节蛋白发挥作用,还有可能是转录倒退或完全终止的前奏。RNA 合成的重新启动需要在内源核酸酶 GreA 和 GreB 作用下,使 RNA pol 倒退,并切除 3′端几个核苷酸,以便让 RNA 的 3′-OH 重新回到活性中心。

(2) 倒退　如果在转录过程中发生了错误,RNA pol 即向后滑动,新生 mRNA 的 3′端被暴露出来,错误的寡聚核苷酸被 GreA 或 GreB 切除。可见,倒退可能是对新合成 mRNA 进行校对的一种手段。GreA 和 GreB 的氨基酸序列有 35%是相同的,但其作用机制略有不同,GreA 切除 2~3 nt 的寡聚核苷酸,Gre B 切除 2~9 nt 的寡聚核苷酸。

(3) 阻滞　若暂停的 RNA pol 倒退,使 RNA 堵塞了有关的通道,转录就会被完全阻滞。解除 RNA pol 的阻滞状态,同样需要 GreA 或 GreB 剪切突出的 RNA,解除 RNA pol 前进的障碍。

7.2.5　转录的终止

转录终止于终止子(terminator),协助 RNA pol 识别终止子的辅助因子(蛋白质)称**终止因子**(termination factor)。*E. coli* 的终止子分为两类:一类为不依赖于 ρ 因子的强终止子;另一类为依赖于 ρ 因子的弱终止子。

7.2.5.1　不依赖于 ρ 因子的转录终止

不依赖于 ρ 因子的终止子(Rho-independent terminator)有一个富含 AT 的区域,一个或多个富含 GC 的回文对称序列,该序列转录生成的 RNA 能形成茎环结构。茎环结构使 RNA pol 在终止子停顿,并诱导聚合酶的构象发生变化,促进 RNA 聚合酶从模板链脱离。茎环结构下游有一串 U 序列,与 DNA 模板上的多聚 A 结合较弱,使 RNA 链容易从模板脱离,从而终止转录(图 7-8)。

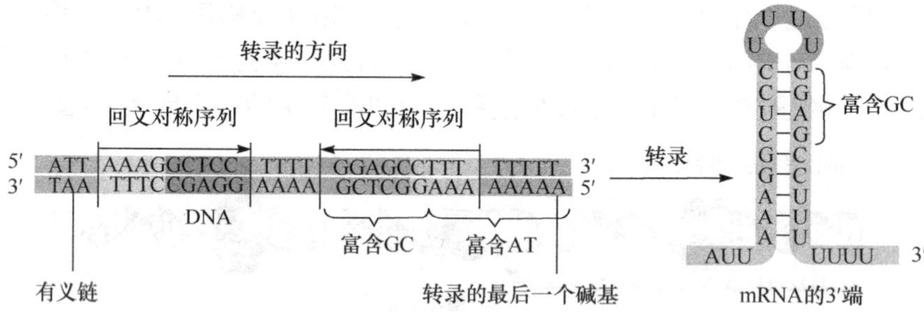

图 7-8　不依赖于 ρ 因子的终止子

突变实验证明,凡是影响富含 GC 茎稳定的突变,或改变 dA-rU 杂交片段长度的突变,均会影响终止子的效率。RNA pol 延伸的速率,RNA 发夹结构的强度和大小,以及 U 的长度均能影响终止的效率。

关于终止子导致 RNA 脱离模板链的机制,已提出两个截然不同的模型。发夹入侵模型(hairpin-invasion)认为,发夹结构入侵 RNA 离开通道,引起 RNA pol 构象的变化,导致 RNA 脱离模板链。RNA 拉离模型(RNA pull-out)认为,发夹结构不能深入 RNA 离开通道,导致 RNA 移位,并从模板链脱离。

7.2.5.2　依赖于 ρ 因子的转录终止

依赖于 ρ 因子的终止子(Rho-dependent terminator)在细菌染色体中较少见，而在噬菌体中广泛存在。其回文对称序列中不含 GC 区，其下游也无一串 U 序列。

ρ 因子是 M_r 为 4.5×10^4 的蛋白质因子，聚集为六聚体时有依赖于 RNA 的 ATPase(或 NTPase)活性和解旋酶活性。ρ 因子优先结合的位点称 ρ 因子利用位点(Rho-utilization site，rut 位点)，可结合 30～40 nt 的游离 RNA。如果没有 rut 位点，ρ 因子结合需要约 100 nt 的游离 RNA。因此提出 ρ 因子作用模型。首先，ρ 因子与 rut 位点结合，利用水解 ATP 的能量向转录物的 3′端前进，当 RNA 聚合酶遇到终止子的发夹结构，而使转录暂停时，ρ 因子快速追上聚合酶，利用其解旋酶活性，从转录泡内 RNA-DNA 杂合体中释放 RNA，并促使聚合酶脱离转录泡，ρ 因子同时从模板上脱落下来(图 7-9，见电子教程知识扩展 7-5　ρ 因子依赖型转录终止模型)。

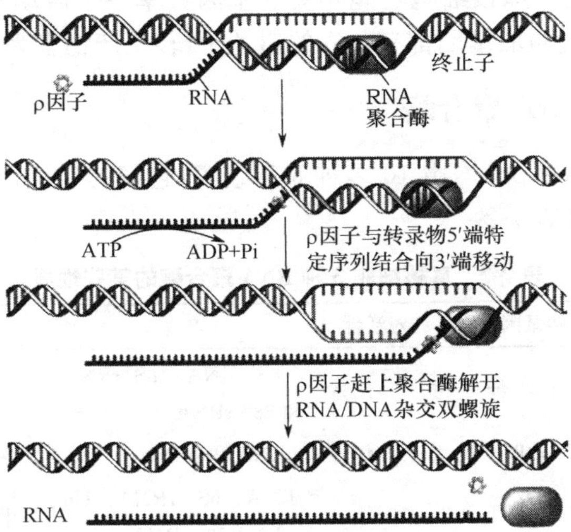

图 7-9　依赖于 ρ 因子的终止

能够使 RNA 聚合酶越过终止位点的蛋白质因子称为抗终止因子(antitermination factor)，如 λ 噬菌体 DNA 转录过程中，N 蛋白就是一个抗终止因子(见电子教程知识扩展 7-6　抗终止因子的作用)。

7.3　真核生物的转录

7.3.1　真核生物转录的特点

真核生物的转录过程大致分为装配、起始、延伸和终止 4 个阶段，其延伸和终止与原核生物大致相似，但装配和起始有很大差别。

(1) 染色质结构的影响　在真核细胞 DNA 的转录之前或转录之中，染色质的结构必须发生某种有利于转录的变化，进入转录状态。例如，染色质构象从紧密状态变为松散状态，核小体结构临时解体或重塑(remodeling)，只有这样，参与转录有关的酶和蛋白质才能识别启动子和模板，并顺利地催化转录。

(2) RNA pol 的差别　真核生物细胞核有 3 种 RNA pol，此外，线粒体和叶绿体 RNA pol 与原核生物类似。

(3) 转录起始的差别　真核生物 DNA 有许多转录调控序列，因为与被调控的基因位于同一个 DNA 上，呈顺式关系，**称顺式作用元件**(cis-acting element)，如启动子、增强子和沉默子等。然而，顺式作用元件只有与特殊的蛋白质因子结合才会发挥作用。由于这些特殊的蛋白质因子由其他基因编码，与被调节的基因呈反式关系，因此被称为**反式作用因子**(trans-acting factors)。在转录的起始阶段，有多种顺式作用元件和反式作用因子相互作用，才能装配成起始复合物。

(4) 转录与翻译偶联关系的差别　原核细胞的转录开始以后，核糖体就与 mRNA 的 5′端结合，并启动翻译，即转录与翻译在时间和空间上存在偶联关系。真核细胞转录发生在细胞核，翻译则发生在细胞质，两者不存在偶联关系。

(5) 转录产物的差别　原核细胞功能相关的基因共享一个启动子，形成多顺反子转录产物。真核细胞每一个蛋白质的基因都有独立的启动子，转录产物多为单顺反子。

7.3.2　真核生物的 RNA 聚合酶

真核生物的 3 种 RNA pol 均由 10 多种亚基组成，它们的定位、相对活性、合成产物和对 α-鹅膏蕈碱的敏感性等见表 7-2。

表 7-2　真核细胞 3 种 RNA 聚合酶的某些性质

酶	定位	转录因子	相对活性	产物	对 α-鹅膏蕈碱的敏感性
RNA pol Ⅰ	核仁	1～3 种	50%～70%	5.8S rRNA、18S rRNA 和 28S rRNA	不敏感(>10^{-3}mol/L)
RNA pol Ⅱ	核质	8 种以上	20%～40%	mRNA 和 snRNA	高度敏感(10^{-9}～10^{-8} mol/L)
RNA pol Ⅲ	核质	4 种以上	10%	tRNA、5S rRNA、U6 snRNA 和 scRNA	中度敏感(10^{-5}～10^{-4} mol/L)
线粒体 RNA pol	线粒体	2 种		线粒体 RNA	不敏感
叶绿体 RNA pol	叶绿体	3 种以上		叶绿体 RNA	不敏感

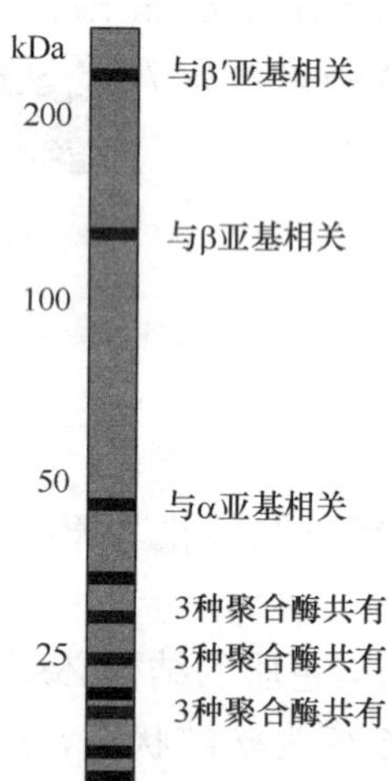

图 7-10　真核生物 RNA pol 的亚基组成

每种酶分子一般都含有 2 个或 3 个大亚基(M_r>1.0×10^5)和 10 个左右小亚基(M_r<0.5×10^5)。例如，酿酒酵母(*S. cereuisiae*)RNA pol Ⅱ含 12 个亚基，组成一个 M_r 约 5.0×10^5 的复合物。其中最大的两个亚基分别与细菌的 β 和 β′亚基相关，另一个较大的亚基与细菌的 α 亚基相关，因此认为这 3 个亚基对酶的结构和功能起关键作用。图 7-10 所示为酵母 RNA pol Ⅱ的 SDS-PAGE 结果示意图，除 3 个大亚基外，还有 3 个小亚基是 3 种 RNA pol 共有的。

RNA pol Ⅱ最大的亚基有一个羧基端结构域(carboxyl terminal domain，CTD)，由 7 个共同的氨基酸序列 YSPTSPS 重复多次构成。重复次数在酵母中为 26 次，果蝇为 44 次，小鼠和人可达 52 次。重复次数对于基因的转录很重要，即使只缺失半个重复也会使酵母致死。CTD 上 Ser 和 Thr 残基可被高度磷酸化，称为 RNA pol Ⅱo，非磷酸化形式称为 RNA pol Ⅱa。磷酸化是使 RNA pol Ⅱ脱离起始复合物，进行 RNA 链延长的关键步骤。

Roger Kornberg 用电子结构学的方法研究酵母 RNA pol Ⅱ的结构，分辨率达 1.6 nm，发现该酶大小为 14 nm×13 nm×11 nm，其内有一个宽 2.5 nm，深 0.5～1.0 nm 凹槽，是结合 DNA 的通道，可容纳 25 bp 的 B-DNA。与其近乎垂直的方向，还有一个容纳新合成 RNA 的通道，宽 1.2～1.5 nm，深约 2 nm。Roger Kornberg 因其在真核生物转录机制方面出色的研究工作，荣获了 2006 年的诺贝尔化学奖（见电子教程科学史话 7-2　真核生物转录机制的研究）。

由图 7-11 可知，真核生物的 RNA pol 虽然亚基组成与原核生物的 RNA pol 明显不同，但其空间结构是非常相似的（见电子教程知识扩展 7-7　酵母 RNA 聚合酶Ⅱ晶体的结构）。

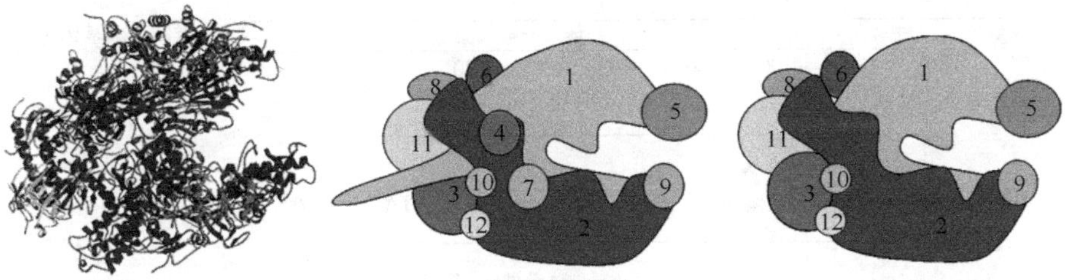

酵母RNA聚合酶Ⅱ肽链结构的带状图　　RNA聚合酶Ⅱ的结构示意图　　RNA聚合酶Ⅰ和Ⅲ的结构示意图

图 7-11　真核生物 RNA pol 的空间结构

7.3.3　RNA 聚合酶Ⅱ催化的转录

7.3.3.1　RNA 聚合酶Ⅱ的启动子

RNA pol Ⅱ催化的转录受各种顺式作用元件的控制，包括核心启动子、调控元件、增强子和沉默子。这些元件通过不同的组合，可以构成数量巨大的不同启动子。就一个启动子而言，一般只含其中的 1～3 种元件。若基因表达不受时间空间和环境条件的影响，则启动子是组成型的。若基因表达受时间、空间及环境条件的影响，则是诱导型。

(1) 核心启动子　**核心启动子**（core promoter）也称基础启动子（basal promoter 或 minimal promoter），其功能是招募和定位 RNA pol Ⅱ到转录起始点，从而正确地启动基因的转录，也可通过促进转录复合物的装配或稳定转录因子的结合而提高转录的效率。属于核心启动子的元件有 TATA 盒、起始子（initiator，Inr）、TFⅡB 识别元件（TFⅡB recognition element，BRE）、下游启动子元件（downstream promoter element，DPE）和 GC 盒。

TATA 盒亦可按照发现者称作 Goldberg—Hogness 盒，位于－25～－30 区域，含 7 bp 保守序列 TATA(A/T)A(A/T)，与原核细胞的 Pribnow 盒相似，但位置不同（见电子教程知识扩展 7-8　Goldberg-Hogness 盒的一致序列）。

Inr 位于－3～＋6，覆盖转录的起始点，其一致序列见图 7-12a，多数 Inr 的－1 为 C，＋1 为 A。TATA 盒和 Inr 属于招募和定位元件，二者共同决定转录的起点。

BRE 可视为 TATA 盒向上游的延伸，位于－37～－32 区域，为转录因子 TFⅡB 的识别序列。DPE 位于 Inr 下游，在＋28～＋32 区域，在 Inr 的存在下发挥其促进转录起始的作用（图 7-12a）。

一个特定基因的启动子可能含有上述所有元件，也可能缺乏其中的某些元件。但既无 TATA 盒，又无 Inr 的启动子非常少，有这一类启动子的基因转录效率很低，而且转录的起始

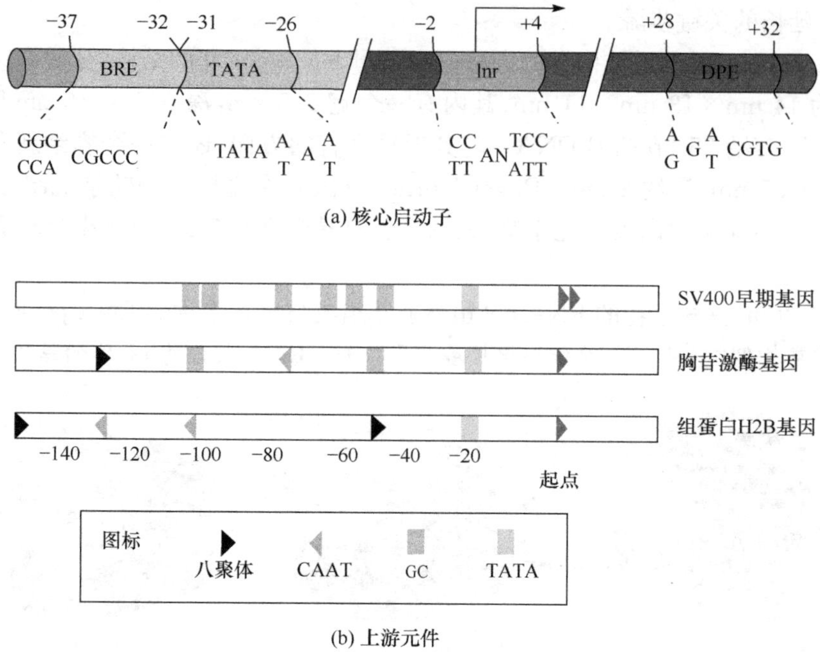

图 7-12 RNA pol Ⅱ的启动子

点也不固定。

(2) 上游元件 上游元件能够与特殊的反式作用因子结合，包括上游临近元件(upstream proximal elements，UPE)和上游诱导元件(upstream inducible elements，UIE)。UPE 为一些短核苷酸序列，长度为 6～20 nt，一般位于核心启动子上游近侧 100～200 bp 范围内，而且往往不止一个拷贝，最常见的是增强子元件(enhancer element)。UPE 的功能是调节转录起始的效率，但不影响转录起始点的特异性，属于 UPE 的有 CCAATA 盒、GC 盒和八聚体基序(octamer motif，OCT)等(图 7-12b)。

有些基因受到细胞内外环境中各种特殊信号的诱导才表达，这些基因的 UIE 称作应答元件(response element)，能结合核受体、激素受体、维生素受体等转录因子。应答元件的活性是通过磷酸化和脱磷酸化来调节的，真核生物对某些外界刺激或激素等调控物质的应答，是由这类蛋白因子通过其共价修饰，及其与应答元件的相互作用来调节的(见本书第 12 章)。

7.3.3.2 RNA 聚合酶Ⅱ的转录因子

RNA pol Ⅱ的转录因子(transcription factor，TF)有两类，一类为基础转录因子(basal transcription factors)或通用转录因子(genera transcription factors，GTFs)，为所有的蛋白质基因表达所必需。另一类为特异性转录因子(specific transcription factors)，为特定的基因表达所必需。本章主要介绍通用转录因子，特异性转录因子将在第 12 章介绍。

RNA pol Ⅱ的 GTFs 种类较多，其主要功能是识别和结合核心启动子，招募 RNA pol Ⅱ正确地与启动子结合，通过蛋白质-蛋白质相互作用与其他上游元件或反式作用因子结合，形成前起始复合物(pre-initiation complex，PIC)。

(1) TFⅡD TFⅡD 的 M_r 为 8.0×10^6，含一个 TATA 结合蛋白(TATA binding protein，TBP)和 11 个 TBP 相关因子(TBP-associated factors，TAFs)。TBP 有 180 个氨基酸残基，含有 2 个非常相似的由 6 个氨基酸残基组成的马镫状结构域。TBP 主要识别 TATA 序

列，并与DNA小沟结合，使TATA盒弯曲约80°，小沟扩展为几乎是平面的构象，TBP仿佛马鞍横跨在DNA分子上(图7-13)。TBP还与两个大的TAFs(TAF250和TAF150)一起与起点附近的DNA接触，覆盖−37～−17区域。TFⅡD除识别和结合核心启动子外，还可结合和招募其他GTFs。已确定有两个TAF与Inr和DPE结合，由于有几个TAF与组蛋白有同源性，TAF42和TAF62可形成类似H3-H4的四聚体结构，因此有人提出TAF同DNA结合的方式与组蛋白类似。此外，TAF对转录的起始有调控作用，有一个TAF可以调控TBP的一个盖子，只有移动这个盖子，TBP才能同TATA 结合。还有几个TAF具有激酶(磷酸化TFⅡF)活性，或组蛋白乙酰基转移酶和泛素激活酶/结合酶活性。

(2) TFⅡA TFⅡA由3个亚基组成，其功能包括与TBP氨基端的马镫状结构域结合，取代与TBP结合的负调控因子如NC1和NC2/DR1，稳定TBP与TATA盒的结合。

(3) TFⅡB TFⅡB为单一肽链，同TATA元件上游大沟(至BRE)和下游小沟的碱基有特异性相互作用。TFⅡB与TBP-TATA的非对称性结合，造成了前起始复合物其余部分的非对称性组装，以及由此引起的单向转录。TFⅡB还能与TBP羧基端的马镫状结构域结合，与TFⅡF的RAP30亚基结合，从而将RNA pol Ⅱ和TFⅡF形成的复合物招募到启动子上。此外，TFⅡB能稳定TBP与DNA的结合，为多种激活蛋白的作用目标(图7-13)。

(4) TFⅡF TFⅡF由RAP38和RAP74亚基组成，可以同RNA pol Ⅱ及其他因子结合，一起被募集到启动子上，稳定DNA-TBP-TFⅡB复合体，并为募集TFⅡE和TFⅡH创造条件。还可降低延伸过程中的暂停，保护延伸复合物免受阻滞。RAP74具有解链酶活性，可能参与启动子的解链。在无TFⅡB的情况下，激活磷酸酶，导致CTD的去磷酸化。

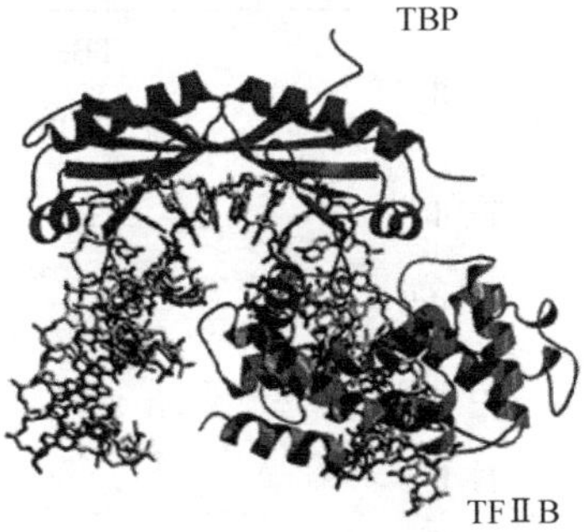

图7-13 TBP和TFⅡB的作用

(5) TFⅡE TFⅡE由34 kD亚基和57 kD亚基组成，其功能包括与RNA pol Ⅱ结合，招募TFⅡH。调节TFⅡH的解链酶、ATP酶和激酶活性，参与启动子的解链。

(6) TFⅡH TFⅡH有9个亚基，具有解链酶，ATP酶和蛋白激酶活性，它的1个亚基是细胞周期素H(cyclin H)。其功能包括与TFⅡE紧密结合和相互调节，其中2个最大的亚基(XPB和XPD)所具有的解旋酶活性，促进转录过程中DNA模板的解链。TFⅡH还参与第一个磷酸二酯键的形成，其激酶活性导致RNA pol Ⅱ的CTD磷酸化，从而促进启动子的清空。TFⅡH解链酶活性还参与核苷酸切除修复，其突变可导致着色性干皮病。

(7) 延伸因子 RNA pol Ⅱ的延伸因子包括P-TEFb、hSPT5、TFⅡS和TAT-SF1，P-TEFb是一种激酶，可被转录激活因子募集到聚合酶上，使CTD重复序列位置2的丝氨酸磷酸化，进而促使转录由起始阶段进入延伸阶段。P-TEFb还可募集TAT-SF1，通过磷酸化激活hSPT5。TFⅡS有约300个氨基酸组成，可以促进延伸和进行转录校对。与原核生物类似，真核生物在转录延伸过程中，RNA pol Ⅱ有可能遇到一些特殊的碱基序列，导致RNA pol Ⅱ后退，致使转录物的3′端突出，进而使转录被阻滞。阻滞的解除需要TFⅡS的参与，TFⅡS含有两个保守的结构域，中央结构域参与同RNA pol Ⅱ的结合，C端结构域促使RNA pol Ⅱ从3′端剪切几个核苷酸。X射线衍射研究表明，TFⅡS有一个锌指结构(见第12章)，使一个突出的β发夹结构正好与RNA pol Ⅱ的活性中心互补，从而激活RNA pol Ⅱ内在的RNA剪切活性。此活性不仅可以解除转录的阻滞，而且可被用来切除错误掺入的核苷酸，即可用来进行转录校对，这一功能与原核生物的 Gre 因子相似。

(8) 中介因子　中介因子(mediator)是在纯化 RNA pol Ⅱ时得到的与 CTD 结合的复合物，约由 20 个亚基组成，是转录前起始复合物的成分。它们在体外能够促进基础转录水平提高 5～10 倍，加速 CTD 依赖于 TFⅡH 的磷酸化反应达 30～50 倍。酵母和人的中介蛋白均有 20 个以上亚基，其中 7 种有序列同源性，但由于研究方法不同，而被冠以不同的名称。中介因子参与了转录激活因子与前起始复合物的相互作用，可以通过调节 TFⅡH 的激酶活性来促进转录的起始，还可以促进染色质的重塑。此外，RNA polⅡ转录前起始复合物的形成还需要染色质重塑因子和组蛋白乙酰化酶(histone acetylases，HAT)参与(图 7-14)。

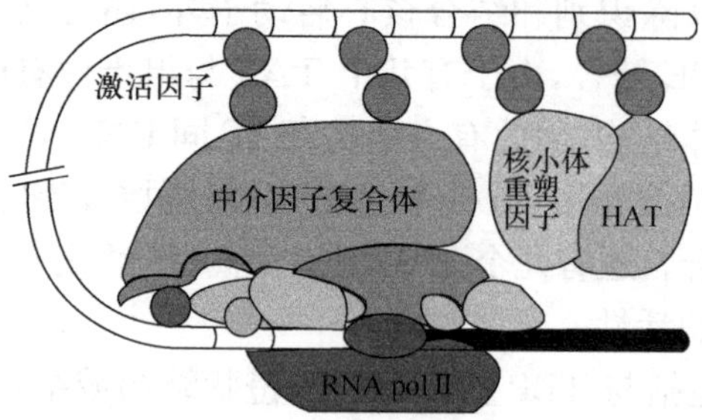

图 7-14　RNA pol Ⅱ转录前起始复合物的组装

表 7-3 概要地总结了 RNA pol Ⅱ主要转录因子的亚基组成和功能。

表 7-3　RNA pol Ⅱ的通用转录因子

转录因子	亚基数目	功能
TFⅡD	1TBP	与 TATA 盒结合
	11TAFs	有调节功能
TFⅡA	3	稳定 TBP 与启动子的结合
TFⅡB	1	招募 RNA pol，确定转录起点
TFⅡF	2	与 RNA pol Ⅱ结合，稳定聚合酶与 DNA 的结合，确定模板链
TFⅡE	2	协助招募 TFⅡH，促进启动子的解链
TFⅡH	9	具有 ATP 酶、解链酶和 CTD 激酶活性，促进启动子解链和清空
TFⅡS	1	激活 RNA pol Ⅱ的剪切活性，参与转录的校对

7.3.3.3　RNA 聚合酶Ⅱ转录的过程

如图 7-15 所示，在形成 PIC 时，转录因子及 RNA pol Ⅱ与启动子结合的次序可能是：TFⅡD→TFⅡA→ TFⅡB→(TFⅡF+RNA pol Ⅱ)→ TFⅡE→TFⅡH。

(1) 转录的起始　首先是 TFⅡD 识别 TATA 盒并与它结合，随后，TFⅡA 与 TAFs 结合，解除 TAFs 对 TBP 的抑制，使覆盖区由－37～－17 扩展为－42～－17。接着，TFⅡB 松散地结合－10～＋10 区域，并与附近的 TBP 结合，为 RNA pol Ⅱ的结合提供接头，并对模板链有保护作用。同时，也为下一步 TFⅡD 与 TF ⅡF-pol Ⅱ的结合提供接头。

TFⅡF 的小亚基与核心酶紧密结合，形成 TFⅡF-RNA pol Ⅱ复合物，大亚基以其解旋酶催化 DNA 解链。此时 TBP 和 TAFs 与 RNA pol Ⅱ的 CTD 相互作用，同时还与 TFⅡB 相互作用。

TFⅡE 和 TFⅡH 与起始反应无关，但可促使 RNA pol Ⅱ从启动子开始移动，即从起始阶段进入延伸阶段。TFⅡE 的结合使 DNA 被保护区段向下游延伸至＋30，随后结合 TFⅡH，形成完整的 PIC。GC 盒的识别因子 SP1 是一种 M_r 为 1.0×10^5 的单体蛋白，与 CAAT 盒结合并相互作用的转录因子有 CAAT 结合转录因子(CAAT-binding transcription factor，CTF)

家族的成员 CP1、CP2 和 NF-1(核内因子一1),这些转录因子能提高基本启动子的基础转录水平(见电子教程知识扩展 7-9　RNA 聚合酶Ⅱ催化的转录起始)。

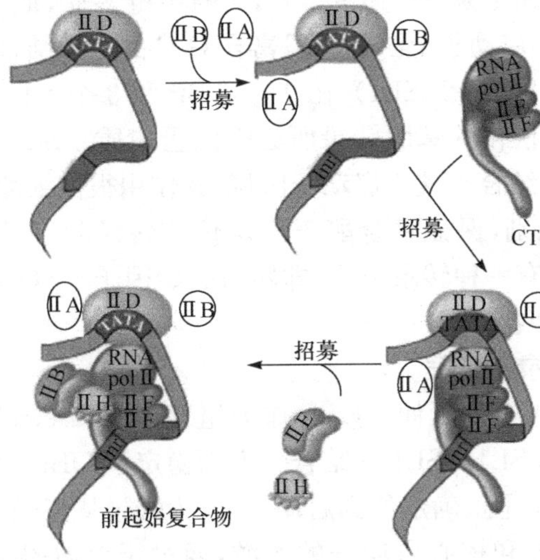

图 7-15　RNA pol Ⅱ前起始复合物的形成

(2) RNA 链的延伸　由于 TFⅡH 具有 ATPase、解旋酶和蛋白激酶活性,PIC 形成以后,DNA 很快被解链,使 PIC 由封闭状态转变成开放状态,并开始合成 RNA。随后,RNA pol Ⅱ的 CTD 在 TFⅡH 催化下被磷酸化,TFⅡS 参与了这一过程。一旦 RNA pol Ⅱ的 CTD 被磷酸化,TFⅡD、TFⅡB 和 TFⅡA 等逐步从起始复合物解离下来。只有 TBP 和 TFⅡF 保留其上,形成延伸复合物。延伸复合物离开启动子,而 TFⅡE、TFⅡH、TFⅡA、TFⅡD 和调节物仍然在启动子上,随后脱离启动子,参与另一次转录的起始,这一过程被称作启动子清空。模板链在延伸复合物中移动,RNA pol Ⅱ催化 5′→3′聚合反应,使新生 RNA 链得以延长。

(3) 转录的终止　当转录终止子序列时,RNA pol Ⅱ的 CTD 在 TFⅡF 的作用下去磷酸化,转录随即终止。RNA pol Ⅱ/TFⅡF 复合物离开模板,再与中介因子形成复合物,参与下一轮转录循环。真核生物 RNA 聚合酶转录的终止区,不存在典型的茎环结构,3′末端也不见典型的多聚 U,RNA pol Ⅱ转录终止的机制有待进一步研究。研究这个问题的主要困难在于,这一类基因转录产物的 3′端经历了剪切和加尾,其真正的 3′端难以确定。但有证据表明,参与加尾反应的 CPSF 和 CStF(见第 8 章)同 RNA pol Ⅱ 的 CTD 结合,可能在转录终止调控中起重要作用。

7.3.4　RNA 聚合酶Ⅰ催化的转录

7.3.4.1　RNA 聚合酶Ⅰ的启动子

通过缺失 rRNA 基因上游区等研究证明,哺乳动物 RNA pol Ⅰ的核心启动子位于−45～+20,上游控制元件(upstream control element,UCE)位于−187～−107,核心启动子和 UCE 的序列高度同源,约有 85%的序列相同。二者都富含 G-C,但在转录起始点附近却富含 A-T,以使 DNA 双链更容易解链。UCE 结合特异转录因子后,可使单个核心启动子的转录效率提高 10～100 倍。这类启动子具有种族特异性(species specific),即某一物种的启动子只对本物种的基因转录有效,对其他物种(即使亲缘关系很近)无效。

7.3.4.2 RNA 聚合酶Ⅰ的转录因子

RNA pol Ⅰ需要两种转录因子。UCE 结合因子(UCE binding factor,UBF)是一种可与 UCE 序列结合的蛋白质,UBF1 是 M_r 为 9.7×10^4 的单链多肽,能特异性结合于 UCE 富含 G-C序列的区域,还可与核心启动子上游的一段富含 G-C 的序列结合。

选择因子 1(selectivity factor 1,SL1),由 1 个 TBP 和 3 个不同的辅助因子 TAFs 组成。其中 TBP 是 3 种 RNA pol 催化的基因转录所必需的蛋白质。SL1 在 UBF1 存在下,既可与 UCE 的 5′端区域结合,也可结合于核心启动子区域,其作用很像细菌的 σ 因子。它参与 RNA 聚合酶 I 对核心启动子的识别,保证聚合酶正确定位在转录起点,因此称为定位因子(positional factor)。棘皮动物只有一种转录因子,即转录起始因子－1(transcription initiating factor-1,TIF-1),是 SL1 的类似物。

7.3.4.3 RNA 聚合酶Ⅰ转录的过程

(1) 转录的起始和 RNA 链的延伸　UBF 作为组装因子(assembly factor)首先与核心启动子和 UCE 结合,随后招募 SL1。SL1 的结合一方面稳定了 UBF 和启动子的结合,另一方面作为定位因子引导 RNA pol Ⅰ正确定位到启动子上,为转录从正确的位置开始创造条件。两分子 UBF 分别结合在 UCE 和核心启动子的上游,通过蛋白质-蛋白质相互作用而结合,使 UCE 和核心启动子之间的 DNA 链绕成一个环。UCE 因此贴近于核心启动子,大幅度地提高核心启动子的转录效率(图 7-16)。当 UBF 不存在时,核心启动子仅有本底水平的转录。某些生物中有类似增强子的元件以重复序列的形式存在,能够进一步提高转录的效率。RNA pol Ⅰ的转录一旦起始,即进入 RNA 链的延伸阶段,不需要启动子清空过程。

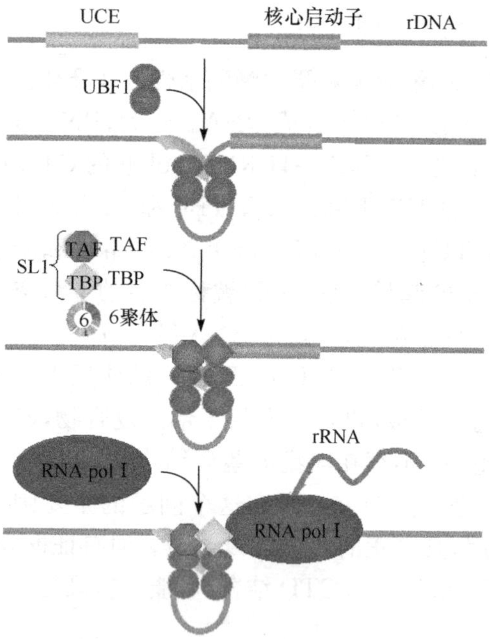

图 7-16　RNA pol Ⅰ催化的转录

(2) 转录的终止　RNA pol Ⅰ所催化的基因转录终止于 18 nt 的终止子区域,该终止子序列位于编码区末端序列下游约 1000 nt 处,需要一个被称为转录终止因子的 DNA 结合蛋白(小鼠为 TTF-1,酵母为 Reblp)。在小鼠 RNA pol Ⅰ遇到与终止子结合的 TTF-1 以后,首先由 TTF-1 招募 1 种释放因子,催化 3′端的形成。然后,1 种外切酶可能剪切 rRNA 前体新生的 3′端,形成成熟的 3′端。最后,RNA pol Ⅰ与模板解离。

7.3.5 RNA 聚合酶Ⅲ催化的转录

7.3.5.1 RNA 聚合酶Ⅲ的启动子

RNA pol Ⅲ的启动子分为Ⅲ类。其中 5S rRNA 基因的启动子为类型Ⅰ,包涵位于＋50～＋65位的 A 盒、中间元件和位于＋81～＋99 位的 C 盒。tRNA 和腺病毒 *VARNA* 基因的启动子为类型Ⅱ,含有 A 盒和 B 盒。A 盒和 B 盒的保守序列分别是 5′-TGGCNNAGTGG-3′(N 为任何核苷酸)和 5′-GGTTCGANNCC-3′,由于它们是基因内启动子,因此本身也被转录，分别对应于 tRNA 的 D 环和 TψC 环。7SL RNA 和 U6 snRNA 等的启动子为类型Ⅲ，属于上游启动子，与 RNA pol Ⅱ的启动子相似，含有 TATA 盒、近端序列元件（proximal sequence element，PSE）和远端序列元件（distal sequence element，DSE），3 个上游元件分别由相应的转录因子识别和结合，方能促使 RNA 聚合酶正确定位并起始转录（见电子教程知识扩展 7-10　RNA 聚合酶 Ⅲ 的启动子）。

7.3.5.2　RNA 聚合酶Ⅲ的转录因子

RNA pol Ⅲ的类型Ⅰ启动子和类型Ⅱ启动子有 3 种转录因子，TFⅢA 是一种锌指蛋白，可优先与 A 盒结合。TFⅢC 是由 5 个以上亚基组成的复合物（$M_r > 5.0 \times 10^5$），可在 TFⅢ A 的引导下，与类型Ⅰ和类型Ⅱ启动子结合，促使 TFⅢB 与 A 盒 50 bp 上游序列（即转录起点附近）结合，A 盒能稳定 TFⅢC 的结合。TFⅢB 由一个 TBP 和两个 TAFs 组成，它作为定位因子（positioning factor），促使 RNA pol Ⅲ正确定位，并结合到起始复合物，从而起始转录。类型Ⅲ启动子的转录因子与 RNA pol Ⅱ的转录因子相似。

7.3.5.3　RNA 聚合酶Ⅲ 转录的过程

（1）转录的起始和延伸　如图 7-17 a 所示，在 RNA pol Ⅲ类型Ⅰ启动子的转录起始阶段，首先 TFⅢA 与 A 盒结合，接着 TFⅢC 与 C 盒结合，并由 TFⅢA 招募多个 TFⅢC 结合到 A 盒的上游，将结合区覆盖到转录起始点附近。随后招募 TFⅢB 确定转录的起点，TFⅢA 和 TFⅢC 脱离复合物。最后，RNA pol Ⅲ通过与 TBP 的相互作用，而被招募到转录的起始复合物中，开始转录。

如图 7-17b 所示，在 RNA pol Ⅲ类型Ⅱ启动子的转录起始阶段。首先，TFⅢC 与 A 盒和 B 盒结合。随后，招募 TFⅢB 确定转录的起点，TFⅢC 脱离复合物。其后的步骤与类型Ⅰ启动子的转录起始相同。

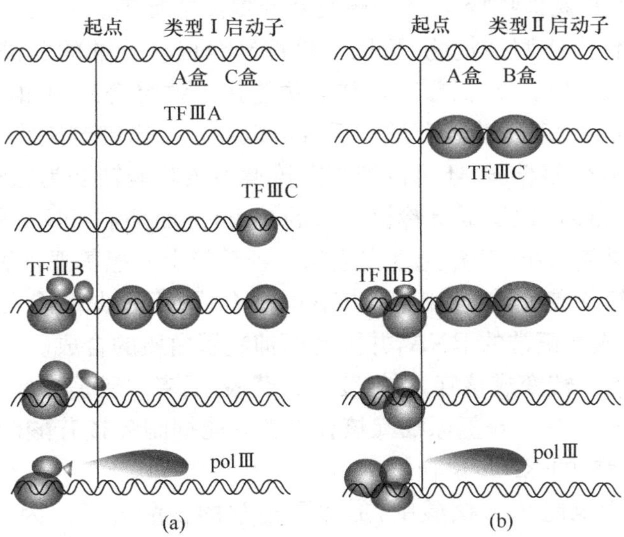

图 7-17　RNA pol Ⅲ催化的转录

RNA pol Ⅲ类型Ⅲ启动子的转录起始与 RNA pol Ⅱ的转录起始相似。

同 RNA pol Ⅰ的转录类似，RNA pol Ⅲ的转录一旦起始，即进入 RNA 链的延伸阶段。

（2）转录的终止　RNA pol Ⅲ的转录终止与原核生物不需要 ρ 因子的终止机制相似，需要 1 段富含 GC 的序列和 1 小串 U，但 U 的长度短于原核生物，一般为 4 个 U，而且富含 GC

的区域也不需要形成茎环结构。

7.4 转录校对

RNA pol 缺乏 3′-核酸外切酶活性，因此无法进行类似 DNA 复制的校对。不过，转录过程中有另外的两种校对机制，可以保障转录的忠实性。

(1) 焦磷酸解编辑　**焦磷酸解编辑**(pyrophosphorolytic editing)使用聚合酶的活性中心，以逆反应形式，通过重新掺入焦磷酸，去除错误插入的核苷酸。虽然聚合酶以这种方式既可以去除错配的核苷酸，也可能去除正确配对的核苷酸，但是，聚合酶停留在错配核苷酸上的时间较长，因此去除错配核苷酸的概率更高。

(2) 水解编辑　**水解编辑**(hydrolytic editing)需要聚合酶倒退若干个核苷酸，然后，通过特殊的蛋白质切除 3′端包括错配核苷酸在内的几个核苷酸。细菌行使切除功能的是 GreA 和 GreB，真核生物则由 TFⅡS 激活 RNA pol Ⅱ的剪切活性。

7.5 转录过程的选择性抑制

RNA 转录的抑制剂分为 3 类，第一类是作为代谢拮抗物的碱基类似物，第二类改变 DNA 模板的功能，第三类则影响 RNA 聚合酶的活力。

7.5.1 碱基类似物

有些人工合成的碱基类似物能抑制和干扰 RNA 的合成，其中重要的有 6-巯基嘌呤、硫鸟嘌呤、2，6-二氨基嘌呤、8-氮鸟嘌呤、5-氟尿嘧啶及 6-氮尿嘧啶等。

这些碱基类似物作为代谢拮抗物，可以直接抑制合成核苷酸的关键酶，或者掺入核酸分子，形成异常的 DNA 或 RNA，从而影响核酸的功能并导致突变。例如，6-巯基嘌呤进入体内后，在酶催化下转变成 6-巯基嘌呤核苷酸。后者可以通过反馈抑制阻止 5-磷酸核糖焦磷酸与谷氨酰胺反应生成 5-磷酸核糖胺，还可以抑制次黄嘌呤核苷酸转变为腺嘌呤核苷酸和鸟嘌呤核苷酸。由于 6-巯基嘌呤可以造成嘌呤核苷酸的缺乏，进而抑制 DNA 和 RNA 的生物合成，临床上将其作为抗癌药物，用于治疗急性白血病和绒毛膜上皮癌等恶性肿瘤。

8-氮鸟嘌呤形成核苷酸后，能抑制嘌呤核苷酸的合成，还能少量掺入 DNA 中。但最主要的是掺入 RNA 中，形成不正常的 RNA，并因此而抑制蛋白质的合成。

6-氮尿嘧啶在体内先转变成核苷，再转变成核苷酸，后者对乳清苷酸脱羧酶有明显的抑制作用，但通常不掺入 RNA 中。6-氮尿嘧啶核苷二磷酸能抑制多核苷酸磷酸化酶，而其核苷三磷酸则能抑制 DNA 指导的 RNA 聚合酶。

嘧啶的卤素化合物也能掺入核酸中，形成不正常的核酸分子。因为氟的范德华半径为 0.135 nm，与氢的范德华半径 0.12 nm 近似，故 5-氟尿嘧啶类似于 U，能作为 U 的类似物掺入 RNA，但不能掺入 DNA。F-UMP 还可转变成 F-dUMP，后者能抑制胸腺嘧啶核苷酸合成酶，使细胞缺乏 DNA 合成必需的 dTTP。5-氟尿嘧啶能被正常细胞分解为 α-氟-β-氨基丙酸，但癌细胞则不能分解 5-氟尿嘧啶。故 5-氟尿嘧啶能够选择性抑制癌细胞生长，对正常细胞则影响较小，被广泛地用于恶性肿瘤的治疗。

由于 T 的甲基范德华半径为 0.202 nm，而氯为 0.180 nm，溴为 0.195 nm，碘为 0.215 nm，

U 的氯、溴、碘取代物均类似于 T，因而 5-氯、5-溴、5-碘尿嘧啶均能取代 T 掺入到 DNA 中。但三者之间也有差别，溴的范德华半径与甲基最相近，因而溴尿嘧啶最易掺入 DNA，并与 A 配对，但它通过互变异构而形成的烯醇式却能和 G 配对，在复制时造成碱基错配，使碱基对 A-T 转变成 G-C，或反过来将碱基对 G-C 转变成 A-T。

7.5.2 DNA 模板功能的抑制剂

有些化学物质能与 DNA 结合使其失去模板功能，从而抑制其复制和转录，某些重要的抗癌和抗病毒药属于这类抑制剂。

(1) 烷化剂　烷化剂如氮芥、磺酸酯(sulfonate)、氮丙啶(aziridine)、乙烯亚胺类衍生物等带有能使 DNA 烷基化的活性烷基。烷基化位置主要在鸟嘌呤的 N_7，腺嘌呤的 N_1、N_3 和 N_7 及胞嘧啶的 N_1 也有少量烷基化。G 烷基化后易水解脱落，其空缺可干扰 DNA 复制或引起碱基错配。带有两个活性基团的烷化剂能同时作用于 DNA 两条链，使之发生交联，抑制其模板功能。磷酸基也可被烷基化，形成的磷酸三酯不稳定，导致 DNA 链断裂。

烷化剂的毒性较大，能引起细胞突变，因而有致癌作用。但有些烷化剂能较有选择地杀伤肿瘤细胞，在临床上用于治疗恶性肿瘤。例如，环磷酰胺在体外几乎无毒性，但进入肿瘤细胞后受环磷酰胺酶的作用水解成活性氮芥。苯丁酸氮芥含有较多的酸性基团，不易进入正常细胞，而癌细胞因酵解作用旺盛，积累大量乳酸使 pH 降低，故苯丁酸氮芥容易进入癌细胞。环磷酰胺和苯丁酸氮芥是不良反应较小的抗癌药，可用于治疗多种癌症。

(2) 放线菌素　放线菌素 D(actinomycin D)含有一个吩噁嗪酮稠环和两个五肽环(L-*N*-甲基缬氨酸、肌氨酸、L-脯氨酸、D-缬氨酸、L-苏氨酸)，可与 DNA 形成非共价复合物，抑制其模板功能。低浓度(1 mmol/L)的放线菌素 D 可有效地抑制转录，高浓度(10 mmol/L)时也可抑制复制，实验室常用放线菌素 D 研究核酸的生物合成。

放线菌素 D 抑制模板功能的机制是其吩噁嗪酮稠环插入 DNA 的 G-C 碱基对之间，DNA 互补链上 G 的 2-氨基与环肽的 L-苏氨酸羰基氧形成氢键，其多肽部分位于双螺旋的小沟上，如同阻遏蛋白一样抑制 DNA 的模板功能。与此类似的色霉素 A_3、橄榄霉素、普卡霉素等抗癌抗生素，都能与 DNA 形成非共价复合物而抑制其模板功能。

(3) 嵌入染料　某些具有扁平芳香族发色团的染料，可插入双链 DNA 相邻的碱基对之间，故称嵌入染料。嵌入剂通常含有吖啶(acridine)或菲啶 (phenanthridine)，它们的大小与碱基相当，插入 DNA 使其在复制中缺失或插入一个核苷酸，导致移码突变。吖啶类染料有原黄素、吖啶黄(acridine yellow)、吖啶橙(acridine orange)等，它们可抑制复制和转录过程。溴化乙啶是高灵敏度的荧光试剂，常用于检测 DNA 和 RNA，但与核酸结合后抑制复制和转录，是强致癌物，实验室使用时要注意安全。

7.5.3 RNA 聚合酶的抑制剂

有些抗生素或化学药物能抑制 RNA 聚合酶，从而抑制 RNA 的合成。

(1) 利福霉素和利链菌素　利福霉素(rifamycin)能强烈抑制革兰氏阳性菌和结核杆菌，利福霉素 B 的衍生物利福平(rifampicin)，具有广谱抗菌作用，对结核杆菌有特效，并能杀死麻风杆菌，在体外有抗病毒作用。其作用机制主要是它能特异性地与细菌 RNA 聚合酶的 β 亚基结合，阻止转录的起始。利链菌素(streptolydigin)也可与细菌的 RNA 聚合酶 β 亚基结合，抑制转录过程中的链延伸反应。

（2）α-鹅膏蕈碱　α-鹅膏蕈碱（α-amanitin）是毒蘑菇鬼笔鹅膏的有毒成分，可阻断真核细胞 RNA pol Ⅱ催化的 mRNA 合成。在高浓度时，还可抑制 RNA pol Ⅲ。有趣的是，这种物质对于蘑菇自身的转录没有抑制作用，对细菌 RNA 聚合酶只有微弱的抑制作用。

利福霉素、利福平和 α-鹅膏蕈碱的结构式如图 7-18 所示。

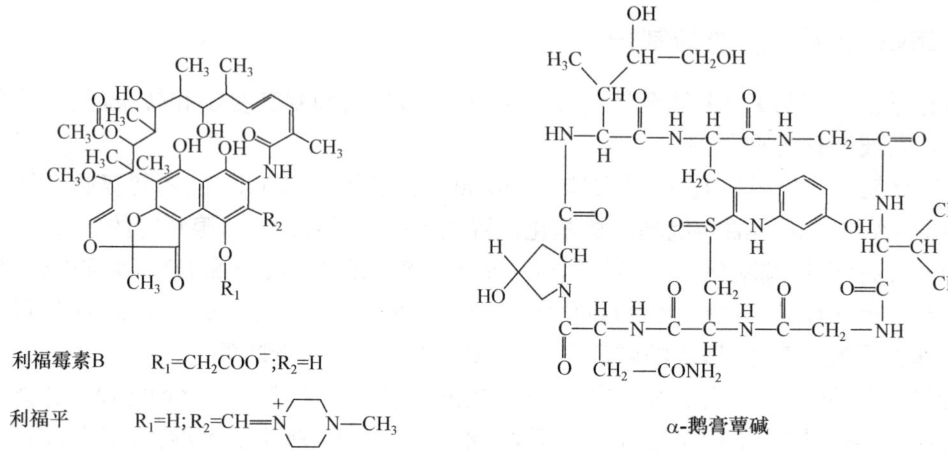

图 7-18　利福霉素、利福平和 α-鹅膏蕈碱的结构式

7.6　RNA　复　制

7.6.1　RNA 复制的特点

RNA 复制即以 RNA 为模板合成 RNA，由依赖于 RNA 的 RNA pol（RNA-dependent RNA polymerase，RdRP）催化。RdRP 又名 RNA 复制酶（RNA replicase），一般由病毒基因组编码，但有可能还需要宿主细胞编码的辅助蛋白。例如，Qβ 噬菌体的复制酶由 4 个亚基组成，只有 1 个亚基由 Qβ 噬菌体基因组编码，其他 3 个亚基分别是宿主细胞的 S1 核糖体蛋白、翻译延伸因子 EF－Tu 和 EF－Ts。RNA 复制的过程与转录相似，但也有一些不同于转录的特点。

1）RNA 复制绝大多数发生在宿主细胞的细胞质，少数在细胞核。由于基因组 RNA 有单链和双链之分，而单链 RNA 又有正链和负链两种，其 RdRP 和复制的机制有所不同，但复制的方向均为 5′→3′，图 7-19 所示为正链和负链 RNA 复制的概况。RdRP 对放线菌素 D 一般不敏感，但对核糖核酸酶敏感。

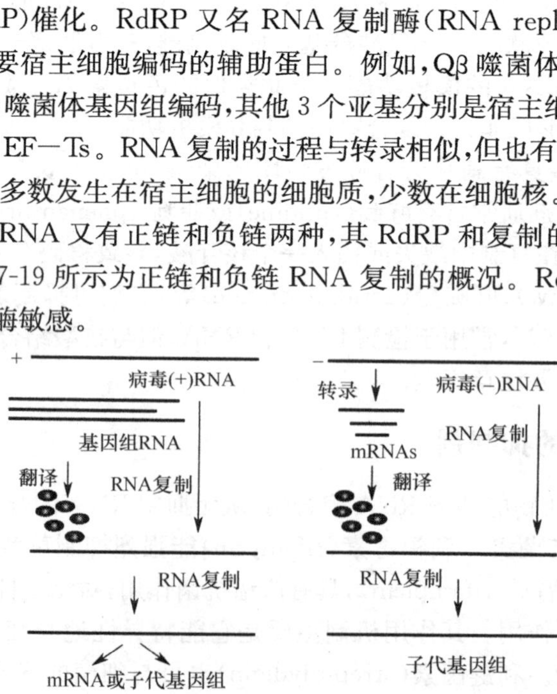

图 7-19　正链和负链 RNA 的复制

2) RNA复制绝大多数在模板的一端从头启动合成,少数需要引物,引物为共价结合的蛋白质或5′帽子。

3) RdRP只有聚合酶活性,没有核酸酶活性,缺乏校对能力,其错误率比DNA聚合酶高约10^4倍。因此RNA病毒很容易发生突变,其进化速率比DNA病毒快10^4倍。好在RNA病毒的基因组较小,多数在5~15 kb,因此,由突变致死的概率不很高。因为RNA病毒的基因组序列变化较快,治疗RNA病毒的药物和疫苗很容易失效。

7.6.2 双链RNA病毒的RNA复制

双链RNA病毒在感染宿主细胞后,需要由包装在病毒颗粒中的RdRP通过转录合成mRNA。典型的例子轮状病毒(rota-viruses)有双层衣壳结构,在进入宿主细胞以后,外层衣壳由蛋白酶水解脱去,在裸露的核心颗粒内部,由RdRP催化,以双链RNA的负链作为模板,转录出带有帽子结构、但没有polyA尾巴的单顺反子mRNA。在转录过程中,mRNA伸入到细胞质之中与核糖体结合进行翻译。翻译产物有结构蛋白和RdRP。它们与mRNA结合形成病毒粒质(viroplasma),然后再组装成非成熟的病毒颗粒,在颗位内部以mRNA为模板,合成负链RNA,形成双链RNA。

7.6.3 正链RNA病毒的RNA复制

这一类病毒的基因组RNA可直接用来指导蛋白质合成,以SARS(severe acute respiratory syndrome virus)为代表的冠状病毒(coronavirus)、噬菌体Qβ和灰质炎病毒均属于这一类。这类病毒感染宿主细胞之后,利用宿主细胞的蛋白质合成系统,立即翻译基因组RNA的*RdRP*基因。随后,RdRP催化合成反基因组(antigenomic)负链RNA,并以负链RNA作为模板,转录一系列3′端相同,但5′端不同的亚基因组mRNA。较短的亚基因组mRNA被翻译成蛋白质,全长的mRNA被包装到新病毒颗粒之中(图7-20)。

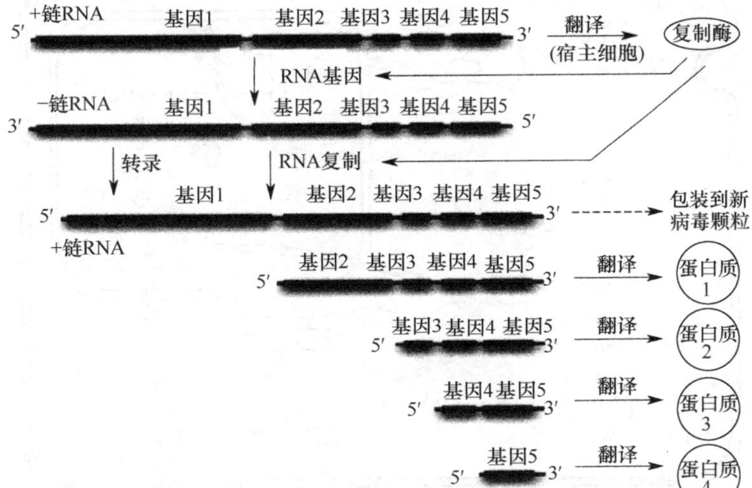

图7-20 正链RNA病毒的RNA复制

噬菌体Qβ的RdRP由α(M_r为7.0×10^4)、β(M_r为6.5×10^4)、γ(M_r为4.5×10^4)和δ(M_r为3.5×10^4)4个亚基组成,其中β亚基由噬菌体Qβ编码,在宿主细胞中合成,负责RNA

的合成。其他 3 个亚基是宿主合成的蛋白质，α 亚基可与 Qβ RNA 结合，γ 亚基负责识别模板并与底物结合，δ 亚基可稳定 α 亚基和 γ 亚基。噬菌体 Qβ 的 RdRP 对模板的识别高度专一，只能识别 Qβ RNA，不能识别类似噬菌体 MS2、R17 和 f2 的 RNA。Qβ RNA 为单链，其基因组织为 5′-成熟蛋白-外壳蛋白(或 A1 蛋白)-复制酶的 β 亚基-3′，其中的外壳蛋白基因有两个终点，若在第一个终点处停止肽链合成，则生成外壳蛋白，若在第一终点处通读，在第二终点处停止肽链合成，则生成 A1 蛋白。

灰质炎病毒感染细胞后，利用宿主细胞的核糖体合成一条长肽链，在宿主蛋白酶的作用下，水解生成 1 个复制酶、4 个外壳蛋白和 1 个功能不明的蛋白质。随后，才由复制酶催化病毒 RNA 的复制。

7.6.4 负链 RNA 病毒的 RNA 复制

这一类病毒的基因组 RNA 是 mRNA 的互补链，典型的例子是麻疹病毒(measles virus)和流感病毒(influenza virus)。这类病毒通常含有多个拷贝的 RNA，如禽流感病毒(avian influenza virus，AIV)的基因组由 8 股 RNA 片段构成，分别编码不同的蛋白质。这类病毒进入宿主细胞之后，必须拷贝成与其互补的正链 RNA，才能指导病毒蛋白的合成。因此在新病毒颗粒装配的时候，需要将 RdRP 包装到病毒颗粒中，以便在病毒进入新的宿主细胞之后能够迅速转录出 mRNA。

流感病毒的生活史如图 7-21 所示：①病毒颗粒通过受体介导的内吞方式进入宿主细胞，脱去外面的衣壳，释放出 8 股基因组 RNA。②基因组 RNA 进入细胞核，被转录成 mRNA，一部分 mRNA 从宿主细胞 mRNA 中得到帽子结构以后进入细胞质进行翻译，得到蛋白质产物 NS1、NS2、PB1、PB2、PA、NP、M1、M2、HA 和 NA 等，其中 HA 和 NA 在粗面内质网上翻译，经过高尔基体转运到细胞膜，另一部分 mRNA 作为模板，复制出 8 股基因组 RNA。③8 股基

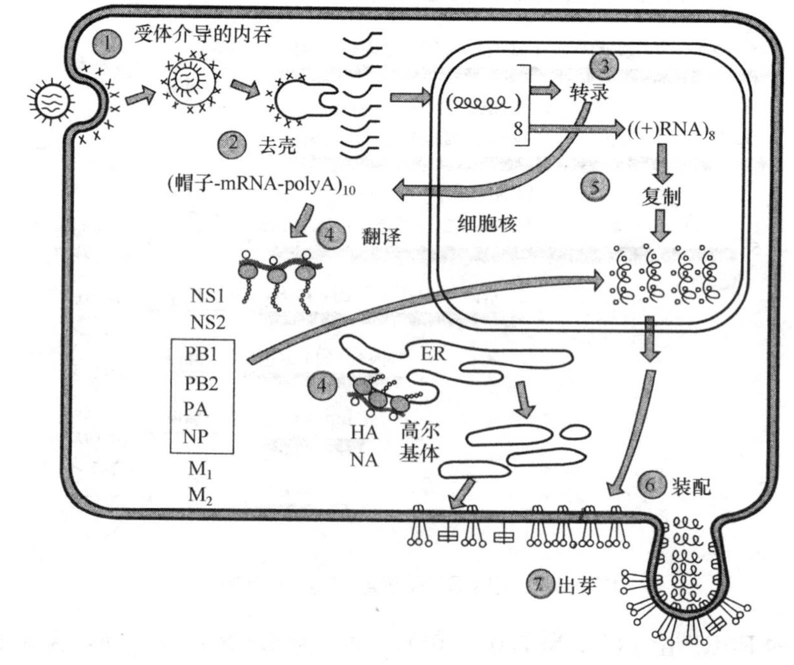

图 7-21 流感病毒的生活史

因组 RNA 先与进入细胞核的病毒蛋白 PB1、PB2、PA 和 NP 形成复合物，然后离开细胞核进入细胞质，被含有 HA 和 NA 的质膜包被，装配成新的病毒颗粒，新的病毒颗粒以出芽的方式释放出来。

7.6.5　无模板的 RNA 合成

多核苷酸磷酸化酶(polynucleotide phosphorylase)可以催化由核苷二磷酸随机聚合形成多核苷酸链，反应不需模板，产物的碱基组成取决于核苷二磷酸的种类和相对比例。迄今只在细菌中得到多核苷酸磷酸化酶，该酶在体内的功能可能是分解 RNA。1955 年 Ochoa 发现该酶在体外可随机聚合生成 RNA，随后该酶被用来以不同比例的 2 种 NDP 为原料，人工合成 mRNA 作为肽链合成的模板，对比所合成肽链的氨基酸组成和人工 mRNA 中可能的三联体组合，为遗传密码的破译提供了丰富的信息。此外，该酶还可用于合成 polyU 或 polyT 等寡核苷酸链。

提要

RNA 聚合酶以 DNA 或 RNA 为模板，4 种 NTP 为原料，从 5′→3′合成 RNA。转录时，两条互补的 DNA 链有一条为模板链或反义链，另一条链称非模板链、有义链或编码链。DNA 分子的两条链上都含有一些基因的编码链。

原核生物的各种 RNA 均由同一种 RNA 聚合酶催化合成，该酶由 $\alpha_2\beta\beta'\omega$ 构成核心酶，其中的 β 和 β′亚基共同构成催化部位，α 亚基参与识别和结合启动子及某些转录因子。σ 因子与核心酶构成全酶，其作用是特异性地识别启动子。原核生物的启动子位于－70～＋30 区域，－35 序列与聚合酶对启动子的特异性识别有关，－10 区富含 A-T 对，有利于 DNA 局部解链。不同启动子的－10 区与－35 区序列大同小异，二者之间的距离明显影响转录的效率。

RNA 合成时，－10 序列附近的 DNA 双链局部解开，形成约 18 bp 的转录泡，并以反义链为模板，按碱基配对规律从 5′→3′合成 RNA 链，链长达 8 nt 以上后，σ 亚基从全酶脱离，模板链沿核心酶以 40 nt/s 的速度移动，使新生 RNA 延伸，并逐渐从模板链脱离，转录泡也以同样速度向模板链的 5′方向移动。转录终止于终止子，强终止子可不依赖于 ρ 因子终止 RNA 合成，弱终止子需要 ρ 因子协助才能终止 RNA 的合成。

真核生物的 RNA pol Ⅰ负责转录 28S rRNA、18S rRNA 和 5.8S rRNA，RNA pol Ⅱ负责转录 mRNA 和 snRNA，RNA pol Ⅲ 负责转录 tRNA、5S rRNA、U6 snRNA 和 scRNA。此外，线粒体和叶绿体 RNA pol 与原核生物类似。真核生物的 3 种 RNA pol 均由 10 多种亚基组成，RNA pol Ⅱ含 12 个亚基，其中最大的两个亚基分别与细菌的 β 和 β′亚基相关，另一个较大的亚基与细菌的 α 亚基相关。RNA pol Ⅱ最大亚基的 CTD 由氨基酸序列 YSPTSPT 重复多次构成，其中 Ser 和 Thr 残基的磷酸化对转录和转录后加工的调控起重要作用。RNA pol Ⅱ的核心启动子由 TATA 盒、起始子、BRE、DPE 和 GC 盒等元件构成，上游元件包括 UPE、UIE 和应答元件。RNA pol Ⅱ的通用转录因子主要有 TFⅡD、TFⅡA、TFⅡB、TFⅡF、TFⅡE、TFⅡH、延伸因子和中介因子。在形成 PIC 时，转录因子及 RNA pol Ⅱ与启动子结合的次序可能是：TFⅡD→TFⅡA→TFⅡB→(TFⅡF＋RNA pol Ⅱ)→TFⅡE→TFⅡH。RNA 合成开始后，TFⅡH 催化 pol Ⅱ的 CTD 磷酸化，导致 TFⅡD、TFⅡB 和 TFⅡA 等逐步从起始复合物解离。只有 TBP 和 TFⅡF 保留在延伸复合物，促进 RNA pol Ⅱ催化 RNA 链的延长，RNA pol Ⅱ转录终止的机制有待进一步研究。

RNA pol Ⅰ的核心启动子位于－45～＋20，上游控制元件 UCE 位于－187～－107，有 UBF 和 SL1 两种转录因子。转录时，UBF 首先与核心启动子和 UCE 结合，随后招募 SL1。UBF 使 UCE 和核心启动子之间的 DNA 环化，将 UCE 贴近于核心启动子，提高转录的效率。

RNA pol Ⅲ的类型Ⅰ启动子包涵＋50～＋65 位的 A 盒、中间元件和＋81～＋99 位的 C 盒，类型Ⅱ含有 A 盒和 B 盒，类型Ⅲ为上游启动子。在类型Ⅰ启动子的转录起始阶段，首先，TFⅢA 与 A 盒结合。接着，TFⅢC 与 C 盒结合。随后，招募 TFⅢB 确定转录的起点，TFⅢA 和 TFⅢC 脱离复合物。最后，RNA pol Ⅲ通过与 TFⅢ B 的相互作用而被招募到转录起始复合物，开始转录。在类型Ⅱ启动子的转录起始阶段，首先，TFⅢC 与 A 盒和 B 盒结合。随后，招募 TFⅢB 确定转录的起点，TFⅢC 脱离复合物。其后的步骤与类型Ⅰ启动子的转录起始相同。类型Ⅲ启动子的转录起始与 RNA pol Ⅱ相似。

转录校对有两种机制。焦磷酸解编辑使用聚合酶的活性中心，以逆反应形式，通过重新掺入焦磷酸，去除错误插入的核苷酸。水解编辑需要聚合酶倒退若干个核苷酸，通过特殊的蛋白质切除 3′端包括错配核苷酸在内的几个核苷酸，细菌行使切除功能的是 GreA 和 GreB，真核生物则由 TFⅡS 激活 RNA pol Ⅱ的剪切活性。

RNA 转录的抑制剂分为 3 类：①作为代谢拮抗物的碱基类似物；②DNA 模板功能的抑制剂；③RNA 聚合酶的抑制剂。有些转录的抑制剂可以用作抗癌药或抗生素。

RNA 病毒可以借助 RNA 复制酶复制自身的 RNA。正链 RNA 病毒感染宿主后，先合成有关蛋白质，再复制其 RNA。负链 RNA 病毒则先合成正链 RNA，再合成相应的蛋白质和负链 RNA。双链 RNA 病毒先合成正链 RNA 和蛋白质，再合成负链 RNA，构成双链 RNA。

思考题

1. 解释模板链、反义链、有义链和编码链的含义。
2. 原核生物的 RNA 聚合酶由那些亚基组成？各个亚基的主要功能是什么？
3. 简述－35 序列和 Pribnow 盒的主要功能。
4. 如果一种突变菌株的 σ 因子与核心酶不易解离，对 RNA 合成可能产生什么影响？
5. 什么是终止子和终止因子？依赖 ρ 因子和不依赖 ρ 因子转录终止子各有何特点？
6. 概述真核生物各类 RNA 聚合酶的功能。
7. 原核生物的启动子和真核生物的 3 类启动子各有何结构特点？
8. 比较原核与真核生物基因转录的异同。
9. 简述 RNA pol Ⅱ催化的转录过程。
10. 简述 RNA pol Ⅰ和 RNA pol Ⅲ催化的转录过程。
11. 简述转录校对的机制。
12. 转录的抑制剂分为哪几类？哪些可作为抗癌药使用？哪些可作为抗生素使用？
13. 分别简述双链 RNA 病毒、正链 RNA 病毒和负链 RNA 病毒的 RNA 复制过程。
14. 设计一个实验确定体内基因转录时，RNA 链延伸的平均速率，即每一条 RNA 链每分钟掺入的核苷酸数目。
15. 一个正在旺盛生长的大肠杆菌细胞内约含 15 000 个核糖体，假定 1 个 rRNA 前体的基因长度为 5000 bp，如果转录反应从 5′-NMP 和 ATP 开始，转录出这么多 rRNA 共需消耗多少分子 ATP？

8

第八章 转录产物的加工

基因转录的直接产物即初级转录物(primary transcripts)通常是没有功能的,必须经历转录后加工(posttranscriptional processing)才会转变为有活性的成熟 RNA 分子。

深入研究转录产物的加工,可以促进生命科学的发展,可能为生命科学在农业和医学领域的应用提供新途径。例如,核酶就是在研究转录产物加工时发现的。参与转录产物加工的小 RNA 及其与蛋白质的复合物 RNP 可影响某些基因的表达和细胞功能,如何在农业和医学领域的应用小 RNA,是一个很有吸引力的研究领域。本章主要讨论 RNA 剪接的机制,可变剪接、反式剪接和 RNA 编辑将在第 12 章讨论。

8.1 原核生物 RNA 的转录后加工

8.1.1 原核生物 tRNA 前体的加工

E. coli 基因组共有约 60 个 tRNA 基因,大于按照变偶假说推算出来的数目,说明某些 tRNA 基因不是只有一个拷贝。原核生物 tRNA 基因的转录产物是很长的前体分子,通常由多个相同 tRNA 或不同的 tRNA 串联排列,或与 rRNA 混合排列。tRNA 前体必须经过切割和核苷酸的修饰,才能成为有功能的成熟分子。

8.1.1.1 tRNA 3′-端的成熟

(1) 切割 首先由内切核酸酶 RNaseP 将 tRNA 前体分子水解成为 3′端和 5′端仍含有额外核苷酸的前 tRNA 片段,随后,由内切核酸酶 RNaseF 对 tRNA 前体靠近 3′端处进行逐步切割。RNasePH 和 RNaseT 也参与 tRNA 前体分子 3′端的正确剪接和成熟。

(2) 修剪 外切核酸酶 RNaseD 从前体 3′端再逐个切去附加序列,这个酶具有严格的选择性,它能识别整个 tRNA 分子的结构,是 tRNA 的 3′端成熟酶(图 8-1)。

(3) 添加 3′端 CCA 已知所有成熟 tRNA 分子的 3′端都有 CCA-OH 结构,这是氨基酸接受部位的特有结构。细菌的Ⅰ型前体分子附加序列被切除后,即显露出 3′端 CCA-OH 结构。Ⅱ型前体分子成熟分子的 CCA-OH 结构是在切除 3′端附加序列后,在 tRNA 核苷酰转移酶(tRNA nucleotide transferase)的作用下,逐个添加上去的。

$$\text{tRNA}+\text{CTP}\longrightarrow\text{tRNA-C}+\text{PPi}$$

$$\text{tRNA-C}+\text{CTP}\longrightarrow\text{tRNA}-\text{CC}+\text{PPi}$$

$$\text{tRNA-CC}+\text{ATP}\longrightarrow\text{tRNA-CCA-OH}+\text{PPi}$$

8.1.1.2 tRNA 分子 5′端的成熟

由 RNaseⅢ水解生成的 tRNA 片段,其 5′端仍含有额外的核苷酸,这些额外的核苷酸由

RNaseP 催化切除。来自细菌和真核生物细胞核的 RNaseP 结构非常类似，都含有 RNA 和蛋白质，其中的 RNA 称为 Ml RNA，其 M_r 约 125×10^3，而蛋白质的 M_r 只有 14×10^3。体外实验发现 Ml RNA 单独存在时，也有一定的催化活性，是典型的核酶。tRNA 前体分子的 5′端一般有约 40 nt 的前导序列，可以形成 RNaseP 能够识别的茎环二级结构，使 RNaseP 能逐个切除 tRNA 前体 5′端的额外核苷酸(图 8-1)。

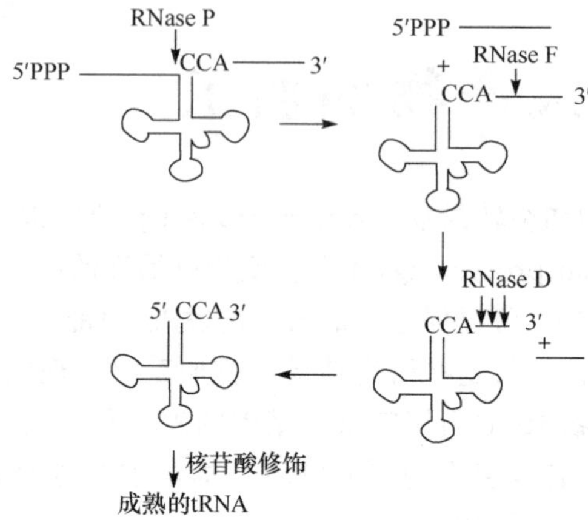

图 8-1 原核生物 tRNA 前体的加工

8.1.1.3 核苷酸的修饰

成熟的 tRNA 分子中存在着许多的修饰碱基，包括各种甲基化碱基和假尿嘧啶核苷。tRNA 修饰酶具有高度特异性，每一种修饰核苷都由特异性修饰酶催化生成。例如，tRNA 甲基化酶对碱基及 tRNA 序列均有严格要求，甲基供体一般为 *S*-腺苷甲硫氨酸(*S*-adenosyl methionine，SAM)，假尿嘧啶核苷合成酶催化尿苷的糖苷键由尿嘧啶的 N_1 转移到 C_5。

8.1.2 原核生物 rRNA 前体的加工

E. coli 有 rrnA～rrnG 共 7 个 rRNA 转录单位分散在基因组中，每个转录单位由 16S rRNA、23S rRNA、5S rRNA 及 tRNA 的基因组成。它们在染色体上并不紧密连锁，但每个 rRNA 的排列和序列十分保守。tRNA 基因在操纵子中的数量、种类和位置都不固定，或在 16S rRNA 和 23S rRNA 之间的间隔序列中，或在 5S rRNA 的 3′端之后。所有的转录单位都含有两个启动子，P1 在 16S rRNA 基因的转录起点上游 150～300 bp 处，P2 在 P1 下游 110 bp 处。

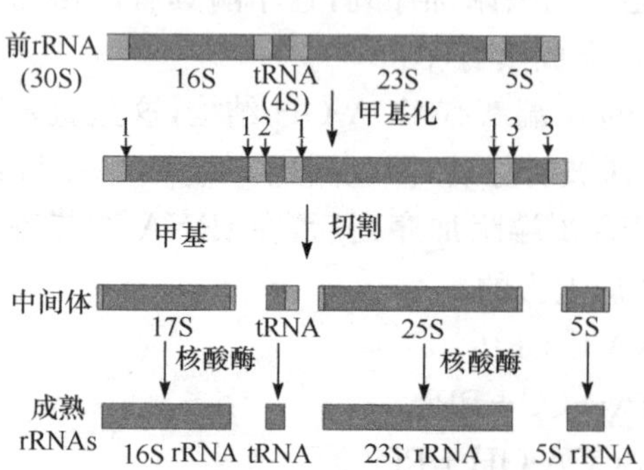

图 8-2 原核生物 rRNA 前体的加工

rRNA 前体需要先经过甲基化的修饰，才能被内切核酸酶和外切核酸酶切割。原核生物 rRNA 含有多个甲基化碱基和甲基化核糖，最常见的是 2′甲基核糖。16S rRNA 约含 10 个甲基，23S rRNA 约 20 个，其中 N^4-2′-*O*-甲基胞苷(m^4Cm)是 16S rRNA 特有的成分。5S rRNA 一般无修饰成分，不进行甲基化反应。

图 8-2 为原核生物 rRNA 前体加工的示意图，图中的 1 是 RNaseⅢ的水解位置，2 是 RNaseP 的水解位置，3 是 RNaseE 的水解位置。

rRNA 基因的初级转录物为 30S 的 rRNA 前体分子，其 M_r 为 2.1×10^6，约 6500 nt，5′端为 pppA。由于原核生物 rRNA 前体的加工一般与转录同时进行，因此不易得到完整的前体。rRNA 前体的加工主要由 RNaseⅢ负责，从 RNaseⅢ缺陷型的 *E. coli* 中可分离得到 30S rRNA前体(P30)。RNaseⅢ是一种负责 RNA 加工的内切核酸酶，它的识别部位是特定的 RNA 双螺旋区。比较不同 rRNA 前体分子的序列发现，其间隔序列很相似，且 23S rRNA 和 16S rRNA 各自的 5′端与 3′端可形成茎环结构。RNaseⅢ在茎部错位两个 2 bp 的位点切割，产生 16S rRNA 的前体 P16(17S)，和 23S rRNA 的前体 P23(25S)。5S rRNA 的前体 P5 在 RNaseE 作用下产生，RNaseE 可识别 P5 两端形成的茎环结构。随后，P5、P16 和 P23 两端的多余序列被核酸酶切除。

不同细菌 rRNA 前体的加工过程并不完全相同，但基本过程类似。在 rrn 操纵子的 16S rRNA与 23S rRNA 基因之间具有 400～500 bp 的间隔序列，并有 1 个或几个 tRNA 基因，如 *E. coli* 有 4 个 rrn 操纵子有单个 $tRNA^{Glu}$基因，其他 3 个 rrn 操纵子的间隔序列有 $tRNA_1^{Ile}$ 和 $tRNA_2^{Glu}$。

8.1.3　原核生物 mRNA 前体的加工

细菌的转录和翻译不存在时空间隔，转录和翻译可同步进行，mRNA 的初始转录产物不需要加工。多顺反子的 mRNA 可被翻译成多聚蛋白质，再切割成不同的蛋白质分子，但也有一些多顺反子 mRNA 需通过内切核酸酶切割后才进行翻译。例如，*E. coli* 的一个操纵子含有 *rplJ*(编码核糖体大亚基蛋白 L10)、*rplL*(编码核糖体大亚基蛋白 L7/L12)、*rpoB*(编码 RNA pol β 亚基)和 *rpoC*(编码 RNA pol β′亚基)4 个基因，在转录出多顺反子 mRNA 前体后，由 RNaseⅢ将核糖体蛋白与 RNA pol 亚基的 mRNA 切开，产生两个成熟的 mRNA，之后再各自进行翻译。核糖体蛋白质的生成必须与 rRNA 的合成水平和细胞的生长速度相适应，其 mRNA 应当有较高的翻译水平。而细胞内 RNA pol 的水平则要低得多，其 mRNA 不需要较高的翻译水平。将二者的 mRNA 切开，有利于它们各自的翻译调控。

某些噬菌体多顺反子 mRNA 也有类似的加工过程，如大肠杆菌 T7 噬菌体早期转录区的 6 个基因转录生成一条多顺反子的 mRNA 前体，前体分子内每个 mRNA 之间分别形成茎环结构。由 RNaseⅢ对茎结构内不配对的小突环进行酶切，将前体分子酶切成为 6 个成熟的 mRNA，再进行各自的翻译(图 8-3)。

研究发现，这种由茎环结构调控的 RNA 加工有一定的普遍性。

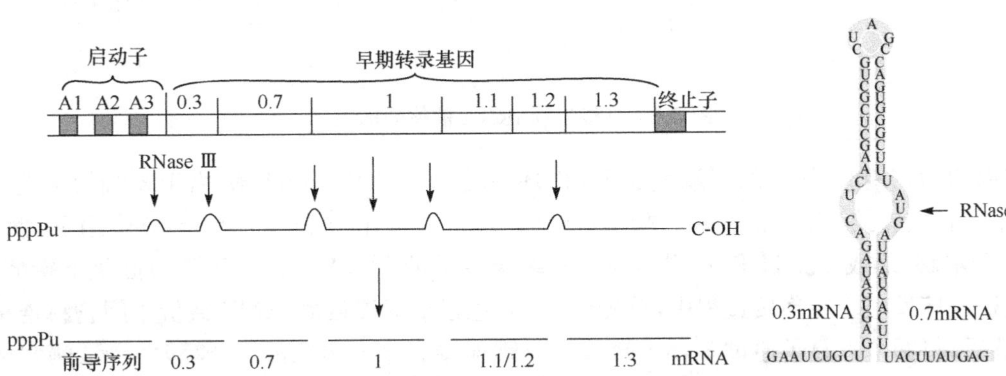

图 8-3　T7 噬菌体早期转录基因 mRNA 前体的加工

8.2 真核生物 tRNA 前体的转录后加工

8.2.1 真核生物 tRNA 前体的结构特点

(1) 基因排列　真核生物 tRNA 基因数目比原核生物多，*E. coil* 约有 60 个 tRNA 基因，果蝇有 750 个，酵母有 320～400 个，爪蟾约 8000 个。真核生物的 tRNA 基因成簇排列，各基因之间有一定的间隔。但各个 tRNA 基因作为独立的单位转录，tRNA 前体是单顺反子的。

(2) 内含子结构　真核生物的有些 tRNA 基因有内含子（Ⅳ型内含子），其前体必须经过剪接。内含子的特点是：① 长度和序列没有共同性，一般为 16～46 nt；② 位于反密码子的下游（即在 3′端一侧）；③ 内含子和外显子间的边界没有保守序列，其内含子的剪接方式不符合一般规律。真核生物 tRNA 前体中内含子的精确切除信号是 tRNA 分子高度保守的二级结构，而不是内含子的保守序列，剪接需要 RNase 的参与。

8.2.2 真核生物 tRNA 前体的加工过程

(1) 内含子的剪接　真核生物 tRNA 前体分子的剪接分为两步：① tRNA 内切核酸酶（tRNA endonuclease）切除内含子；② RNA 连接酶（RNA ligase）连接两个半分子。用凝胶电泳分析在 tRNA 前体中加入内切核酸酶反应后的结果，呈现两条带，其中一条是内含子片段，另一条是通过氢键配对结合在一起的外显子，又称为 tRNA 的半分子（tRNA half molecule），是剪切的中间产物（图 8-4）。

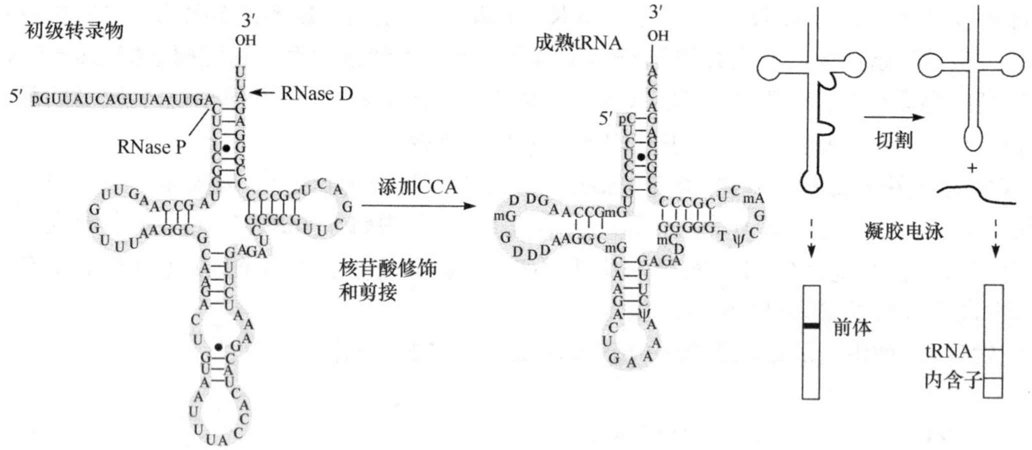

图 8-4　真核生物 tRNA 前体的加工

在内切酶切割时，切点的 3′端生成 2′,3′-环磷酸，5′端生成—OH 基，由于 3′端的末端结构特殊，不能直接连接，需在环磷酸二酯酶（cyclic nucleotide phosphodiesterase）作用下，使 2′,3′-环磷酸水解，形成 3′-OH 和 2′-磷酸基。3′端半分子的 5′-OH 在 GTP 激酶催化下磷酸化，才能进行连接反应。在连接过程中，首先由 ATP 通过形成连接酶-AMP 共价中间物将连接酶激活，然后，将两个外显子通过 3′,5′ -磷酸二酯键连接起来。多余的 2′-磷酸由磷酸酶水解除去（图 8-5）。

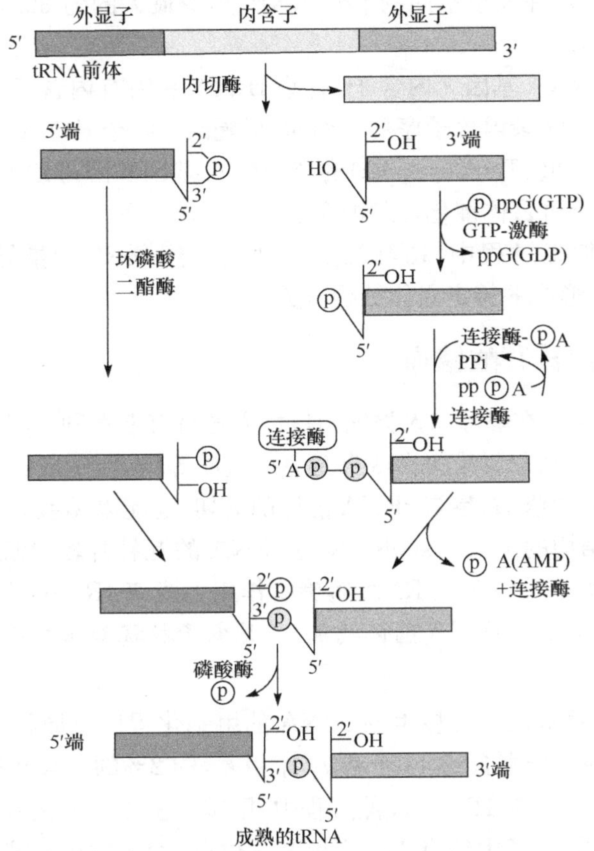

图 8-5　酵母 tRNA 前体的拼接

(2) 在 3′端添加-CCA　真核生物中所有 tRNA 前体分子均缺乏 3′端的-CCA-OH 结构，必须在 tRNA 核苷酸转移酶催化下生成 3′端的-CCA-OH 结构。

(3) 核苷酸的修饰　tRNA 分子中稀有核苷酸很多，有多种酶参与其核苷酸修饰，主要是多种 tRNA 甲基化酶，催化 tRNA 分子特定位置上的甲基化，如 A → m^7A、G_{55} → m^7G_{55} 等。此外还有一些其他类型的酶，如 tRNA 异戊烯转移酶催化合成 tRNAΔ^2-异戊烯，tRNA 硫转移酶催化合成 S^4U 等含硫核苷酸。

8.3　真核生物 rRNA 前体的转录后加工

8.3.1　rRNA 基因的结构

真核生物的 rRNA 基因在核仁区成串重复数百次，转录区(transcribed spacer)与非转录区(non-transcribed spacer，NTS)交替成簇排列。每个转录区包括 16S～18S、5.8S 和 26S～28S rRNA 基因，彼此被可转录的间隔区(TS)间隔。不同生物的 rRNA 前体大小不同。例如，哺乳动物的 18S、5.8S 和 28S rRNA 基因转录产生 45S rRNA 前体，果蝇的 18S、5.8S 和 28S rRNA 基因的转录产物为 38S rRNA 前体，酵母的 17S、5.8S 和 26S rRNA 基因的转录产物为 37S 的 rRNA 前体。

新生的 rRNA 前体与蛋白质结合，形成巨大的前体核糖核蛋白(pre-rRNP)颗粒。已经从哺乳动物细胞核提取了几种大小不同的 pre-rRNP，其中最大的为 80S，剪切过程是在核仁中进行的多个步骤。

大多数真核生物 rRNA 基因无内含子，有些 rRNA 基因有内含子，但转录产物中的内含子可自体催化切除，或不转录内含子序列。例如，果蝇的 285 个 rRNA 基因中有约 1/3 含有内含子，但都不转录。四膜虫（*Tetrahymena*）的核 rRNA 基因和酵母线粒体的 rRNA 基因含有内含子，它们的转录产物可自体催化切除内含子。

在 rRNA 前体的加工过程中，切割位点的确定，与 snoRNA 指导的核苷酸修饰，以及 snoRNA与 rRNA 前体形成的特定立体结构有关。

8.3.2 rRNA 前体的核苷酸修饰

（1）snoRNA 的作用　在酵母和人类细胞核仁内各自有上百种 snoRNA，长 87～275 nt，能与细胞内特定的蛋白质如核仁纤维蛋白或自身免疫抗原等结合，生成的调控分子snoRNP可指导 rRNA 中核糖和碱基的修饰，参与 rRNA 前体的剪切，还能以类似分子伴侣（见第 10 章）的形式参与 rRNA 高级结构的形成。snoRNA 与 rRNA 的互补片段，以高度密集的方式结合。rRNA 被加工修饰以后，snoRNA 在 RNA 解旋酶作用下脱离 rRNA，再与新生的 rRNA 前体结合，周而复始地参与 rRNA 前体的加工（见电子教程知识扩展8-1　snoRNA 的结构和功能）。

（2）rRNA 前体的甲基化　真核生物 rRNA 的甲基化程度比原核生物高。例如，哺乳类细胞的 18S 和 28S rRNA 分别含约 43 个和 74 个甲基，约 2%的核苷酸被甲基化，相当于细菌 rRNA 甲基化程度的 3 倍。在 rRNA 成熟过程中，甲基化位置主要在核糖 2′-羟基上。来自人 HeLa 细胞的 rRNA 前体分子中约有 110 个甲基化位点，大多数在核糖的 2′-羟基上。这些甲基化位点在刚转录后就已存在于 rRNA 前体分子中，但在非编码区域则没有任何甲基化位点。与原核生物类似，真核生物 rRNA 前体也是先甲基化后切割。45S rRNA 前体分子生成后，会很快与 snoRNP 结合，开始进行甲基化修饰。rRNA 的甲基化使 RNase 能够确认 rRNA 前体中的哪些序列要被删除，哪些序列需要保留。C 盒（UGAUGA ）/D 盒（CUGA）snoRNA 与 rRNA 前体的甲基化位点具有互补序列，其中的 C 盒参与甲基的转移反应。所以，C 盒/D 盒 snoRNA 又称为指导甲基化的 snoRNA（图 8-6a）。

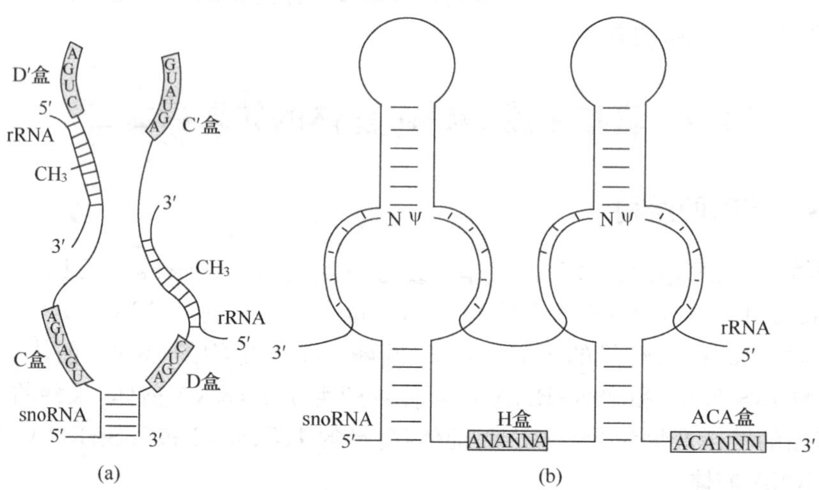

图 8-6　snoRNA 指导的核苷酸修饰

(3) 假尿苷酸的生成 酵母 rRNA 中 43 个假尿苷酸残基的生成也依赖于 snoRNA，H 盒(ANANNA)/ACA 盒 snoRNA 有多处能与 rRNA 的假尿苷酸化位点互补，形成茎环二级结构。H 盒和 ACA 盒虽然不在双链区，但假尿苷酸化位点与 ACA 盒之间的距离，对假尿苷酸化位点的确定有重要意义(图 8-6b)。

8.3.3 rRNA 前体的剪切

在不同的真核生物中，rRNA 前体的每个转录单位内的排列顺序和剪接过程十分相似。由于 rRNA 加工速度较慢，若用同位素 ^{3}H 或 ^{14}C-尿苷标记 HeLa 细胞的 RNA，可以分离得到 45S rRNA 前体，以及 41S、32S、20S 等加工产物。通过标记动力学实验证明它们是 rRNA 生成过程中的前体和中间物，证明哺乳动物细胞内 rRNA 前体的转录后加工过程可分为图 8-7 所示的几个步骤。

1) 在 snoRNA 指导下对 45S 的 rRNA 前体进行核苷酸修饰。

2) 切除 5′端的非编码序列，生成 41S 中间产物。

3) 41S 的 RNA 再被切割为两段：一段为 32S，含有 28S rRNA 和 5.8S rRNA；另一段为 20S，含有 18S rRNA。

4) 通过剪切和修剪，将 32S 片段加工成 28S rRNA 和 5.8S rRNA。同时，将 20S 片段加工成 18S rRNA。

5) 5.8S rRNA 与 28S rRNA 中的部分序列相互配对，形成核糖体大亚基的 rRNA 复合物。

线粒体和叶绿体 rRNA 基因的排列方式和转录后加工过程则与原核生物类似。

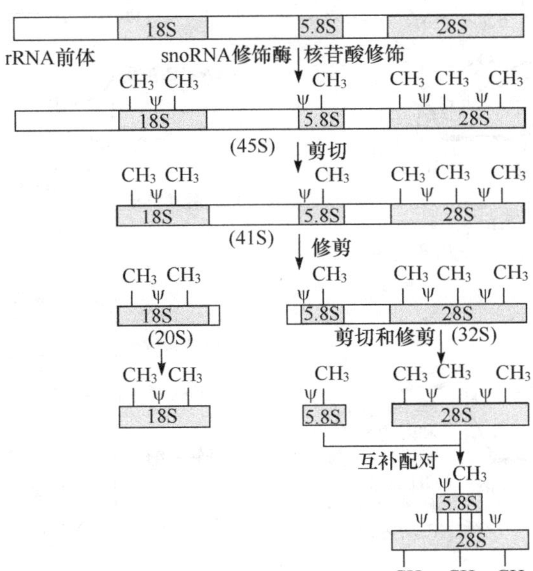

图 8-7 真核生物 rRNA 前体的加工

8.4 真核生物 mRNA 前体的加工

真核细胞编码蛋白质的基因转录产物为 M_r 相差很大的 hnRNA，须在细胞核中经过一系列复杂的加工过程，才被转移到细胞质中行使模板功能。

8.4.1 形成5′端帽子结构

8.4.1.1 帽子结构的类型

真核生物的 mRNA 前体和成熟 mRNA 的 5′端，都含有以 7-甲基鸟苷（7-methylguanosine，m^7G）为末端的**帽子结构**（cap structure）。m^7G 与 mRNA 链上其他核苷酸的方向正好相反，像一顶帽子倒扣在 mRNA 链上，因此而得名。真核细胞及病毒的 RNA 有 3 种帽子结构，帽子 0 没有 2′-甲基-核苷酸，帽子 1 末端有一个 2′-甲基-核苷酸，帽子 2 末端有两个 2′-甲基-核苷酸（图 8-8a）。

8.4.1.2 帽子结构的形成

如图 8-8b 所示，形成 5′-帽子结构的反应顺序为：

1）核苷酸磷酸水解酶从生长着的 RNA 5′端切去 γ 磷酸基团。

2）鸟苷酸转移酶催化 GTP 的 α 位磷酸基攻击 RNA 5′端的 β 位磷酸基，形成 5′，5′-三磷酸的连接，封闭了 RNA 的 5′端。

3）由鸟苷酸-7-甲基转移酶催化，将 SAM 的活性甲基转移到鸟嘌呤的 N^7 位，形成帽子 0。

4）由 2′-*O*-甲基转移酶催化，将 SAM 的活性甲基转移到 mRNA 的 5′端第一个核苷酸 2′-OH 上，形成帽子 1。再转移一个甲基到 mRNA 的 5′端第二个核苷酸 2′-OH 上，形成帽子 2。

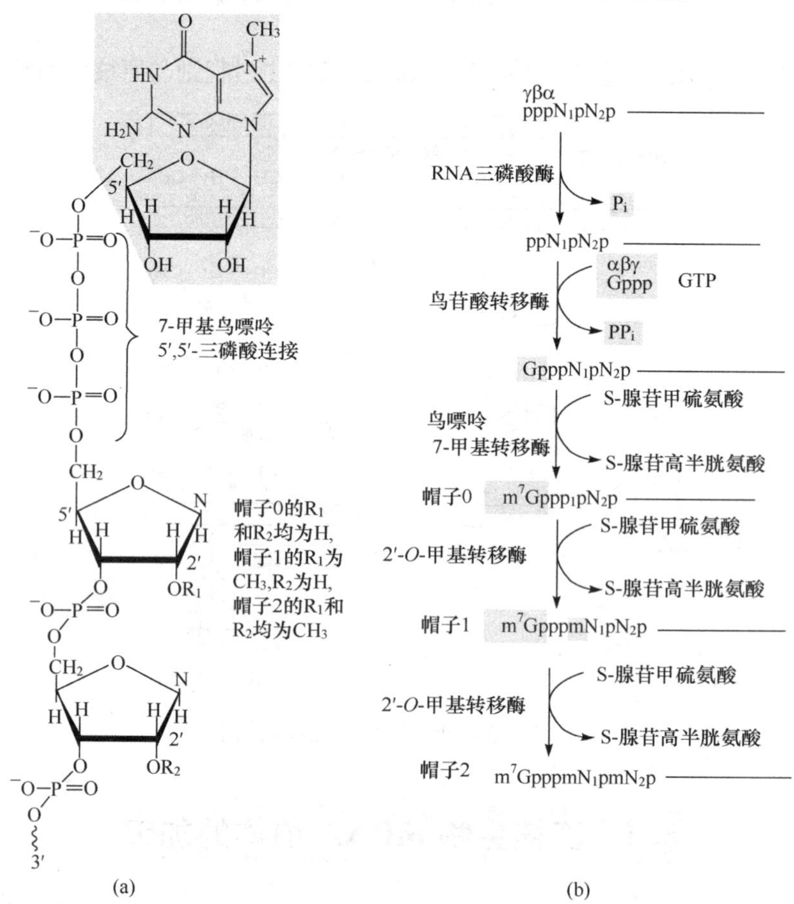

图 8-8 5′端帽子结构的形成

加帽和转录是相互偶联的，mRNA 几乎一诞生就戴上了帽子。据测算，在新转录的 mRNA 链达到 50 nt 之前，7-甲基鸟苷就结合到 5′端第一个核苷酸上了。RNA pol Ⅱ参与了加帽的起始，因此只有 RNA pol Ⅱ催化合成的 mRNA 和某些 snRNA 才有帽子结构。在 RNA pol Ⅱ中 CTD 的 Ser5 被转录因子 TFⅡH 磷酸化以后，转录因子 DSIF 被招募到转录复合物中，随后，DSIF 又招募另一种转录因子 NELF，导致转录暂停。加帽酶(capping enzymes)利用暂停结合到 CTD，对转录物的 5′端进行加帽修饰(见电子教程知识扩展 8-2　RNA pol Ⅱ与加帽反应的关系)。

在帽子结构形成后，转录因子 P-TEFb 即被招募到复合物中。P-TEFb 是一种激酶，催化 CTD 的 Ser2 和 NELF 磷酸化。NELF 因磷酸化而失活，RNA pol Ⅱ则恢复前进，继续催化 RNA 链的延伸。但也有少数病毒 mRNA 的帽子结构是在转录完成后才加上去的，如疱疹口炎病毒 mRNA 是在剪接后加帽的。

8.4.1.3　帽子结构的功能

(1) 对 mRNA 的保护作用　细胞中有许多能够水解 mRNA 的核酸酶，如果没有 5′端帽子结构，有可能在 mRNA 还未完全转录，或者尚未到达发挥功能的细胞部位就被降解了。实验证明，珠蛋白 mRNA 在去除帽子结构后，稳定性和翻译活性明显下降。另一个实验将人工合成的呼肠孤病毒 RNA 5′端做 3 种不同的处理：①将其 5′端和 m^7GpppG 帽子结构连接；②将其5′端与 GpppG 连接；③是在其 5′端不连接任何结构。将这 3 种处理的 RNA 分别注入爪蟾卵母细胞，以一定的时间间隔取样，用甘油梯度超速离心分析这些 RNA，发现 5′端无任何结构的 mRNA 降解最快，连接 m^7GpppG 帽子结构的 mRNA 降解最慢。说明 5′帽子结构能够保护 mRNA，使其免遭降解。

(2) 对翻译的促进作用　真核生物合成蛋白质时，有一种起始因子能够识别 5′端帽子结构，称帽子结合蛋白，使 mRNA 能与核糖体小亚基结合起始翻译(见第 9 章)。如果没有帽子结构，mRNA 的翻译能力就下降或消失。用化学方法除去 5′端的 m^7G 后，病毒 RNA 及珠蛋白 mRNA 的模板活性立即消失，进一步研究发现，呼肠孤病毒中无 m^7G 的 mRNA 不能与核糖体的 40S 亚基结合，推测 m^7G 可能是蛋白质合成起始信号的一部分。

(3) 促进 mRNA 的输送　hnRNA 和大多数 snRNA，包括 U1、U2、U4 和 U5 基因等都是由 RNA pol Ⅱ转录的，转录产物在开始合成后很快就在细胞核内被帽化，像 mRNA 前体一样具有 m^7G。它们能迅速地转移到细胞质并结合相应的蛋白质，形成各自的 snRNP。在细胞质内，mRNA 的帽子结构进一步被甲基化，再进入核内参与 mRNA 前体的剪接反应。U6 snRNA 由 RNA pol Ⅲ转录，缺乏 5′帽子结构，仍保持着转录起始时形成的 5′-三磷酸末端，因而被留在细胞核内，不能进入细胞质。

此外，帽子结构可能有助于 mRNA 前体的正确拼接。

8.4.2　形成 3′端的多聚腺苷酸

8.4.2.1　3′端多聚腺苷酸的特点

除了组蛋白的 mRNA 以外，真核生物 mRNA 的 3′端都有 polyA 序列，其长度因 mRNA 种类而不同，一般为 40～200 nt。RNA 的 3′端加入 poly A 的过程称为 3′端多聚腺苷酸化(polyadenylation)，添加 poly A 的位置称为 **polyA 位点**(polyadenylation site)。

用能在 C 和 U 后面切割的 RNaseA 及能在 G 后面切割的 RNaseT1 等 RNA 内切酶能水解 mRNA，剩余的 polyA 沉降系数约为 7S，相当于 150～200 nt。同时，用这两种 RNase 酶解，还能证明在polyA结构中不存在G、U或C。hnRNA的polyA比mRNA的稍长一些，说明一旦mRNA进入细胞质，polyA就开始不断降解。同时细胞质polyA聚合酶(cytoplasmic polyA polymerase)再重新催化其延长，进行着降解-合成-降解的转换，维持3′端polyA的长度为200 nt左右。

8.4.2.2 3′端多聚腺苷酸的形成

polyA不是由转录产生的，因为在真核生物基因组中没有任何一个基因有一长段T序列能作为polyA的转录模板。放线菌素D能抑制转录，但不抑制polyA化。polyA序列是在转录以后，由细胞核内的polyA聚合酶催化形成。

加尾反应十分精确，与加尾有关的最重要的顺式元件为一段保守的六聚核苷酸序列AAUAAA。除此以外，在不同的生物体，还有其他与加尾有关的顺式元件。例如，动物细胞有一段富含U/GU的序列，位于加尾点的下游，还可能有一段富含U的序列，位于AAUAAA的上游。再如，酵母的mRNA在AAUAAA序列的上游，还有一段六聚核苷酸序列，其一致序列为UAUAUA；而植物mRNA在AAUAAA信号的上游有一段富含U的序列(见*电子教程知识扩展8-3 加尾元件图示*)。

参与加尾反应的反式因子包括：① 剪切/多聚腺苷酸化特异性因子(cleavage and polyadenylation specificity factor，CPSF)是加尾反应所必需的成分，由3个亚基组成，各亚基都能够与RNA结合，但单独存在时与RNA非特异性结合，结合在一起则特异性识别和结合AAUAAA序列，并参与和polyA聚合酶及剪切刺激因子的相互作用。② 剪切刺激因子(cleavage stimulation factor，CstF)也是一种RNA结合蛋白，它的功能是识别U/GU序列并与CPSF结合。③ 剪切因子Ⅰ和Ⅱ(cleavage factor Ⅰ/Ⅱ，CFI/CFⅡ)为内切核酸酶，负责剪切反应。④ polyA聚合酶(the polyA polymerase，PAP)是一种特殊的RNA聚合酶，但它不需要DNA模板，而且只对ATP有亲和性。此酶负责催化在切开的mRNA的3′-羟基上连续添加腺苷酸。⑤ polyA结合蛋白(polyA binding protein，PABP)与新生的polyA结合，一方面能够提高PAP聚合反应的连续性，加速polyA的延伸，另一方面对polyA具有保护作用，还能控制polyA的长度。此外，在翻译起始阶段，它还和起始因子eIF4G相互作用，促进mRNA的环化，有利于多聚核糖体的形成(见第9章)。

3′端polyA形成的过程如图8-9所示，首先CPSF识别和结合AAUAAA序列，接着是CFⅠ/CFⅡ，随后CstF和PAP依次被招募到复合物上。在CFⅠ/CFⅡ的催化下，mRNA前体在AAUAAA序列下游10～30 nt的位置被切开，PAP催化在新暴露的3′-羟基进行多聚腺苷酸化反应。开始反应进行得很慢，但在CFⅠ/FⅡ，CstF和被切割的mRNA前体3′端序列脱离以后，PABP与已形成的polyA结合，导致多聚腺苷酸化反应加快，使polyA快速延长到合适的长度。

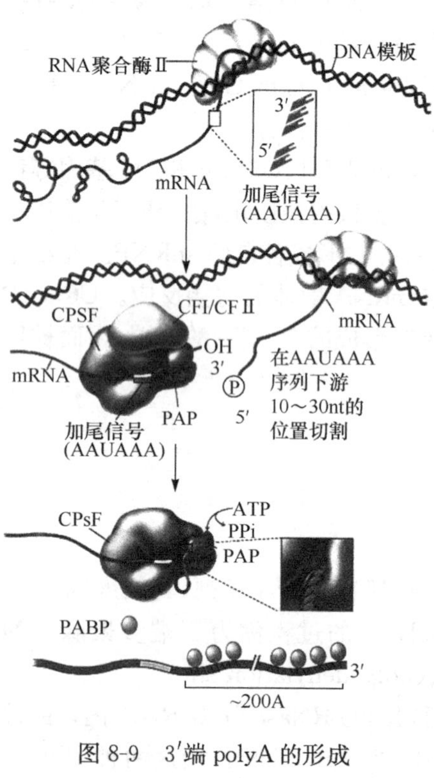

图8-9 3′端polyA的形成

加尾过程除了与顺式元件和反式因子有关以外，还与 RNA pol Ⅱ中 CTD 的 Ser2 磷酸化有关。由 TFⅡH 催化的 Ser2 磷酸化，有助于将各种与加尾有关的反式因子招募到 mRNA 前体上。

8.4.2.3　polyA 尾巴的功能

(1) 提高 mRNA 的稳定性　polyA 与 PABP 结合以后，可保护 mRNA 免受 3′-核酸外切酶的降解。有证据表明，当一种 mRNA 的尾巴长度降到一个临界值(酵母<10～15A)的时候，mRNA 即被降解。实际上，在某些生物早期发育过程中，可以通过控制其 mRNA 尾巴的长度来调控某些基因的表达。

(2) 提高 mRNA 翻译的效率　Revel 等利用卵母细胞做的体内实验发现，不带 polyA 的 mRNA($polyA^-$ mRNA)与带 polyA 的 mRNA($polyA^+$ mRNA)翻译速度在开始时没有什么差别，但是 6h 后，前者已经不能翻译了，而后者仍然有很高的翻译活性。这一现象可能与 $polyA^+$ mRNA 的半衰期比 $polyA^-$ mRNA 长有关，同时可说明 polyA 可提高 mRNA 的翻译效率。翻译时，PABPI 与 mRNA 结合，促进了 mRNA 的翻译，而 $polyA^-$ mRNA 因为不能与 PABPI 结合，所以不能有效翻译。加入过量的 polyA 竞争与 PABPI 的结合，可以抑制 $polyA^+$ mRNA 的翻译。Munroe 和 Jacobson 利用兔网织红细胞抽提液比较 $polyA^+$ mRNA 和 $polyA^-$ mRNA 的翻译速度，结果不管是否有帽子结构，$polyA^+$ mRNA 翻译效率都高于 $polyA^-$ mRNA。进一步的研究发现，$polyA^+$ mRNA 可以比 $polyA^-$ mRNA 更有效地形成多聚核糖体，因此 polyA 可以在翻译过程的最初阶段促进翻译。

Gallie 通过实验证明 5′端的帽子结构和 3′端的 polyA 可以协同作用，促进 mRNA 的稳定，提高 mRNA 翻译的效率。polyA 可以使带有帽子结构的 mRNA 翻译效率提高 21 倍，而帽子结构可以使 $polyA^+$ mRNA 的翻译效率提高 297 倍。

不过，某些 mRNA(如组蛋白的 mRNA)虽然没有 polyA，但仍然能够被有效地翻译。

(3) 影响最后一个内含子的切除　poly A 和帽子结构都参与了 mRNA 的拼接，二者均可以促进切除与其最近的内含子。

(4) 参与基因表达的调控　已发现许多 mRNA 前体的 3′端含有不止一个拷贝的 AAUAAA 序列，细胞可利用不同的加尾信号进行加尾反应，从而形成不同长度的 mRNA，最终导致一个基因翻译成不同的蛋白质。某些先天缺乏终止密码子的 mRNA，通过加尾反应可形成终止密码子，如在 UG 后加尾形成 UGA，或在 UA 后加尾形成 UAA。

此外，由于只有 mRNA 才有 polyA，因此可使用含有寡聚胸苷酸(oligo dT)或寡聚尿苷酸(oligo U)的亲和层析柱或磁珠，从总 RNA 中分离 mRNA。还可以使用人工合成的 oligo dT 作为引物，将含有 polyA 的 mRNA 逆转录成 cDNA。

除加帽和加尾外，某些 mRNA 分子也有少量的核苷酸被修饰。例如，某些腺嘌呤被甲基化修饰生成 N^6-甲基腺嘌呤(N^6-methyladenosine，N^6-mA)，大概占总腺苷酸的 0.1%，修饰既可以发生在内含子，也可以发生在外显子，甲基化作用的功能不很清楚。

8.4.3　断裂基因的拼接

在高等生物的基因组中，绝大多数编码蛋白质的基因是断裂基因。一个典型的真核生物蛋白质基因，内含子序列约占 90%。包含内含子序列的 hnRNA 必须通过拼接，切除内含子，将外显子连接起来，才能形成成熟的 mRNA。

mRNA 前体拼接的精确性同样取决于顺式元件和反式因子，最重要的顺式元件位于外显子和内含子交界处，而反式因子主要是 5 种 snRNP，以及一些游离的蛋白质因子。

8.4.3.1 拼接反应的顺式元件

通过分析比较多种内含子拼接位点附近的核苷酸序列，已确定控制拼接反应的顺式元件有 3 个。①5′-拼接点(5′-splicing site，5′-SS)和 3′-拼接点(3′-splicing site，3′-SS)，即内含子的前两个核苷酸总是 GU，最后两个核苷酸总是 AG，这一规律被称为 **GU-AG 规则**(GU-AG rule)。值得注意的是，GU 和 AG 两侧的序列也有一定的保守性。②在 3′-SS 上游不远处存在的一段主要由 11 个嘧啶碱基组成的富含嘧啶序列(Py)。③存在于内含子内部的一段被称为分支点(branch point)的保守序列。在酵母细胞中，这一段序列高度保守，总是 UACUAAC，该序列对于拼接反应的发生是至关重要的(图 8-10)。除了以上 3 种拼接信号以外，在很多外显子内还发现了所谓的外显子拼接增强子(exonic splicing enhancer，ESE)，可以提高拼接的效率。

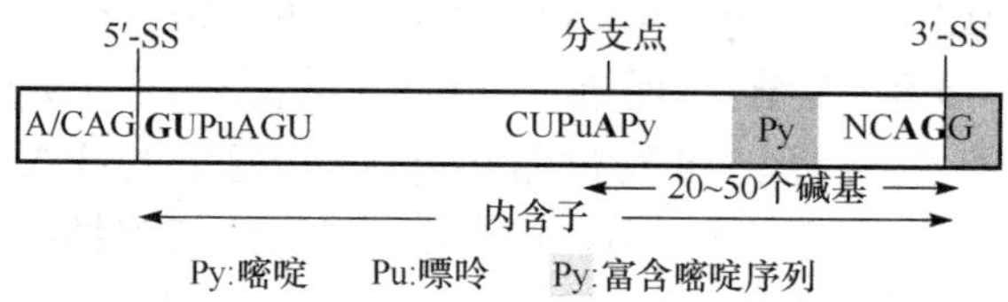

图 8-10 拼接反应的顺式元件

8.4.3.2 拼接反应的反式因子

由 snRNA 和蛋白质组成的 snRNP，是拼接反应最主要的反式因子。snRNA 一般由 60～300 nt组成，在细胞中含量可达 10^5～10^6分子/细胞。参与拼接反应的 snRNA 富含 U，称 U-snRNA，在 U 后面加数字，来表示不同的 U-snRNA。

U-snRNP 含有多种蛋白质，不同的 U-snRNP 所含蛋白质不尽相同。但有一类蛋白质是许多 U-snRNP 共有的，即 Sm 蛋白。已发现的 Sm 蛋白有 7 种，分别被称为 B/B′、D1、D2、D3、E、F 和 G。Sm 蛋白质的抗体可抑制体外的拼接反应，说明它们是拼接反应必需的。Sm 蛋白质具有相似的三维结构，由一段 α 螺旋和紧随其后的 5 个 β-股组成。Sm 蛋白之间通过 β-股的相互作用，形成一个围绕 RNA 的环。snRNA 与 Sm 蛋白相互作用的部位，是一种能被 Sm 蛋白识别的特殊序列，称 Sm RNA 模体(Sm RNA motif)。

参与拼接反应的 snRNP 有 U1-snRNP、U2-snRNP、U4-snRNP、U5-snRNP 和 U6-snRNP。其中 U1-snRNA 含有与 mRNA 前体 5′-SS 互补的序列，其主要功能是负责识别 5′-SS 的剪接信号。U2-snRNA 含有与分支点互补的序列，其主要功能是识别分支点。此外，U2 与 U6 之间也存在互补区，通过配对形成的两段双螺旋对于拼接反应非常重要。U5-snRNP 能够与上游外显子的最后一个核苷酸，以及下游外显子的第一个核苷酸结合，使两个相邻的外显子相互靠近，为外显子之间的连接创造条件。U6-snRNP 除了能与 U2-snRNP 配对以外，还能与内含子的 5′端互补配对，也能与 U4-snRNP 配对。U4 和 U6 之间的配对导致两者形成紧密的复合物。

除 snRNP 以外，还有一些游离的蛋白质因子参与拼接反应，其中最重要的一类是富含丝氨酸和精氨酸的蛋白(serine/arginine-rich protein，SR 蛋白)，其主要作用是与 ESE 结合，招募拼接因子(splicing factors，SF)，调节选择性拼接(见电子教程知识扩展 8-4 拼接依次进行的机制)。

8.4.3.3　拼接反应的过程

为完成拼接反应，需要在细胞核内将 mRNA 前体、mRNA 前体结合蛋白质（如 SR、SC35 和 SF2/ASF 等蛋白）和 5 种 snRNP 按照一定的次序组装成**拼接体**（spliceosome），其沉降系数为 50～60S，略小于核糖体。

拼接体的组装是一个有序过程，其中的不少步骤需要消耗 ATP，而且拼接体本身又处在动态变化中，随着拼接反应的进行，某些成分可能离开拼接体，某些成分也可能进入拼接体。一旦拼接反应完成，拼接体即解体，拼接体的各个成员均可循环利用。

拼接反应的过程如图 8-11 所示，首先分支点结合蛋白（branch point binding protein，BBP）结合到分支点，然后，U2snRNP 取代 BBP，并与分支点的一致序列发生碱基配对，形成一段短的 RNA-RNA 双螺旋。这一步需要 U2 辅助因子（U2 auxiliary factor，U2AF）参与，并需要水解 ATP，这一步还是整个拼接途径的限速步骤。

U2snRNA 与分支点之间配对时，缺少一个能与分支点内的 A 互补配对的 U，因此，这个 A 突出在双螺旋之外，为随后的第一次转酯反应提供了条件（图 8-12 a）。U1snRNP 与 5′-SS 的一致序列互补配对（图 8-12 b），接着 U4/U6-U5snRNP 三聚体进入拼接体。U6 在进入拼接体之前与 U4 通过互补区结合，在进入拼接体之后，则与 U4 脱离，转而与 U2 结合。同时，还代替 U1 与 5′-SS 的一致序列结合（图 8-12c）。

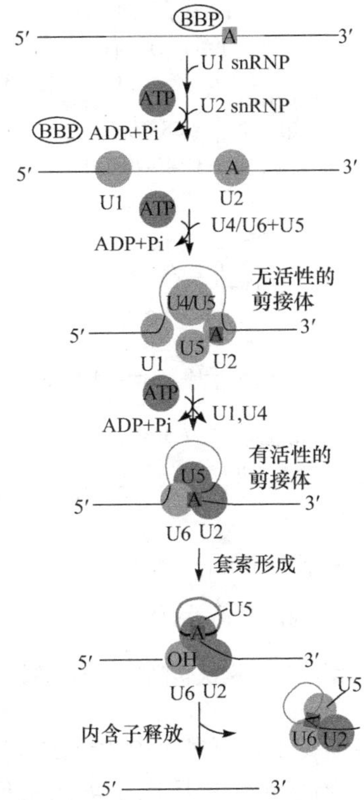

图 8-11　拼接反应的过程

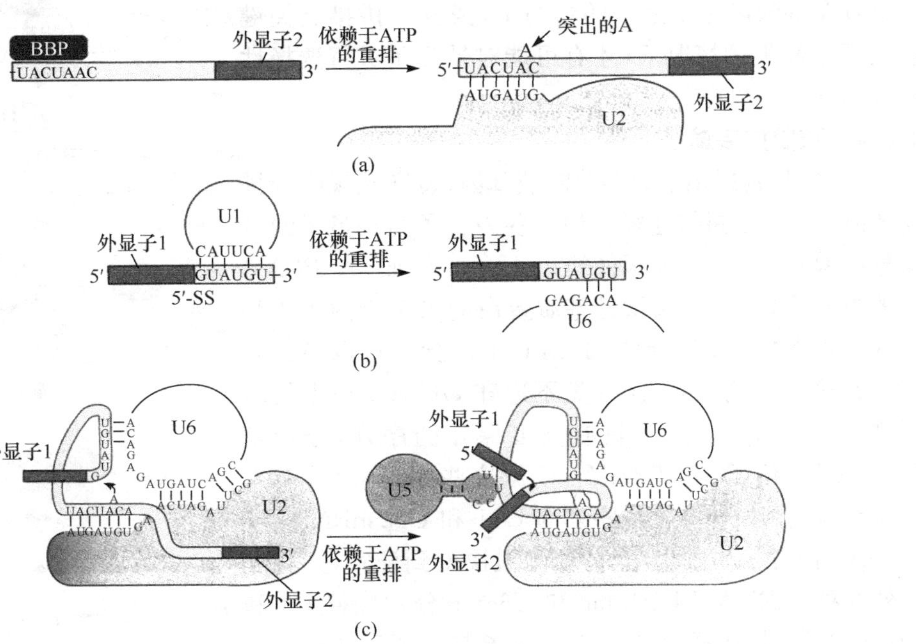

图 8-12　拼接体的组装

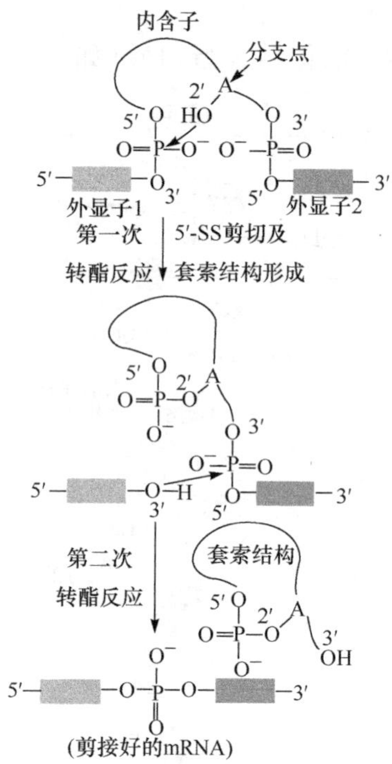

图 8-13 两次转酯反应的机制

在这一状态下，U6 作为中间桥梁将分支点上突出的 A 的 2′-羟基拉近到 5′-SS，使 A 的 2′-羟基能够对 5′-SS 处的磷酸二酯键进行亲核进攻，导致该位点的 3′，5′-磷酸二酯键断裂，同时，分支点 A 的 2′-羟基与内含子 5′-磷酸基之间形成 2′，5′-磷酸二酯键，完成第一次转酯反应(图 8-13)。紧接着 U5snRNP 通过依赖于 ATP 的重排，使相邻的外显子靠近，为第二次转酯反应创造了条件(图 8-12c)。此时，第一次转酯反应中游离出来的外显子 3′-羟基，亲核进攻 3′-SS 的磷酸二酯键，导致内含子以套索结构释放出来，并很快被水解，而外显子则被连接起来(图 8-13)。一旦拼接反应完成，拼接体的所有成分即解体，U6snRNP 与 U4snRNP 重新结合参与下一轮拼接反应。

拼接反应与加帽加尾一样都属于共转录事件。例如，人抗肌营养不良基因有 78 个内含子，其 mRNA 前体的长度达 2×10^6 nt，完成一次转录约需 16 h，很难想象它的拼接反应要等到转录完成以后才进行。有人使用电镜直接观察到果蝇早期胚胎的转录与拼接同步，而且拼接点的选择早于加尾点的选择(见电子教程知识扩展 8-5 拼接和转录的关系)。

尽管所有的外显子/内含子连接处的序列几乎都是相同的，但对于含有多个内含子的 mRNA 前体来说，各个内含子的去除仍然是按照一定的次序进行的。有多种蛋白质因子被用来保障前一个外显子的 3′端与后一个外显子的 5′端连接，而不会跨越外显子(见电子教程知识扩展 8-4 拼接依次进行的机制)。

只有在特殊蛋白质因子的参与下，或某一拼接点关键蛋白质因子缺失的情况下，才有可能对外显子进行选择性的拼接(见第 12 章)。

8.4.3.4 次要拼接途径

GU-AG 规则适用于大多数断裂基因，遵守此规则的拼接途径被称为主要拼接途径。但某些内含子与外显子的拼接信号不遵守 GU-AG 规则(约占 1%)。例如，人 *PCNA* 基因的第 6 个内含子、人软骨基质蛋白的第 7 个内含子和 Rep-3(一种 DNA 修复蛋白)的第 6 个内含子均以 AT 开头，AC 结尾。除此以外，这一类不遵守 GU-AG 规则的内含子在 5′-SS 和分支点上具有高度保守的序列，分别是 ATATCCTY 和 TCCTTRAY。根据这些序列特征，有人提出含有与这两段保守互补序列的 U11 和 U12snRNAs 参与 AT-AC 内含子的拼接，这种预测很快得到证实，并且发现另外两种 snRNA，即 U4atac 和 U6atac 分别代替 U4 和 U6 参与这种拼接途径，只有 U5 同时参与主要和次要拼接途径(图 8-14)。

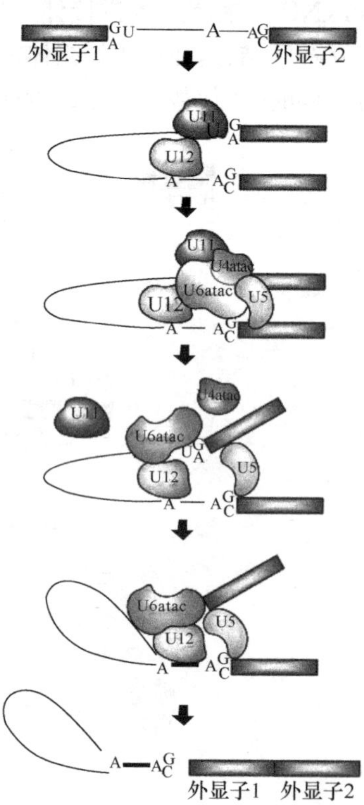

图 8-14 拼接反应的次要途径

8.5 不同类型内含子的比较

8.5.1 Ⅰ型内含子

8.5.1.1 Ⅰ型内含子的发现

20 世纪 80 年代初发现，原生动物四膜虫（*Tetruhymenu*）的 rRNA 内含子能够自我剪接（self splicing），这一类内含子随后被称作Ⅰ型内含子。

为了研究 rRNA 前体的自我剪接，将四膜虫 rRNA 基因克隆到质粒中，并与 *E. coli* 的 RNA 聚合酶一起保温，发现转录产物除了有约 400 nt 的 rRNA 内含子外，还有一些小片段。从凝胶中回收 rRNA 前体，在无蛋白质的条件下保温培养，并电泳观察。单一的 rRNA 前体依然可形成片段更小的电泳条带，其中移动最快的是 39 nt 的条带，测序后发现，它是 413 nt 的 rRNA 内含子中的一个片段。进一步实验把四膜虫 26S rRNA 基因的一部分（第 1 个外显子 303 bp＋完整的内含子 413 bp＋第 2 个外显子 624 bp）克隆到含噬菌体 SP6 启动子的载体内，再用 SP6 RNA 聚合酶转录该重组质粒，将获得的产物与 GTP 一起保温，发现可以得到剪接产物，但缺乏 GTP 时无剪接反应，证明 rRNA 前体的确可以进行有 GTP 参与的自我剪接，

8.5.1.2 Ⅰ型内含子的剪接机制

如图 8-15 所示，Ⅰ型内含子剪接的第一次转酯反应，是由一个游离的鸟苷或鸟苷酸（GMP、GDP 或 GTP）3′-OH 亲核攻击内含子的 5′-剪接点，将 G 转移到内含子的 5′端，同时切割内含子与上游外显子之间的磷酸二酯键，在上游外显子末端产生 3′-OH。在第二次转酯反应中，上游外显子 3′-OH 攻击内含子的 3′-剪接点，将上游外显子和下游外显子连接起来，并释放线性的内含子。两次转酯反应是连续的，即外显子连接和线性内含子的释放同时进行。因此，实验不能得到游离的上游外显子和下游外显子。第三次转酯反应是线性内含子的环化，内含子的 3′-OH 攻击其 5′端附近第 15 和第 16 核苷酸之间的磷酸二酯键，从 5′端切除 15 nt 的片段，并形成 399 nt 的环状 RNA。环状 RNA 随即被切割生成线状 RNA，由于切割位置与环化位置相同，生成的线状 RNA 依然为 399 nt。接着，再从 5′端切去 4 个核苷酸，最终产物是 395 nt 的线性 RNA，由于这一产物比最初释放的内含子少 19 个核苷酸，因而被称作 L19。

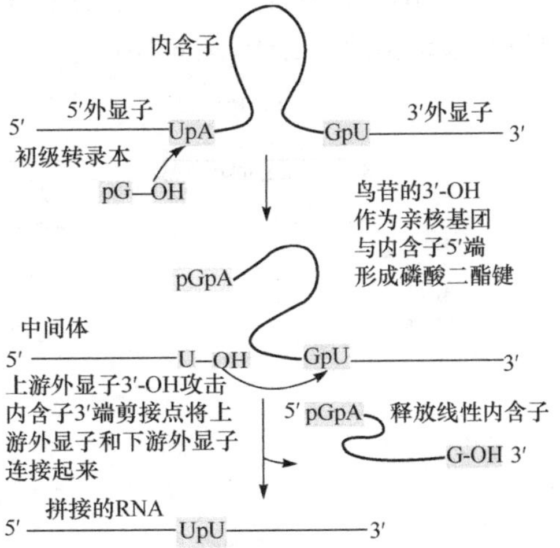

图 8-15 Ⅰ型内含子的剪接机制

Ⅰ型内含子剪接最重要的特点是**自我催化**（self-catalysis），即 RNA 本身具有酶的活性，又称为核酶，其自我剪接活性依赖于 RNA 分子中的特定发夹结构（见电子教程知识扩展 8-6 Ⅰ型内含子的结构与剪接机制）。

Ⅰ型内含子剪接与剪接体切除内含子的主要区别是，剪接体切除内含子使用内含子自身的一个核苷酸，而Ⅰ型内含子的剪接反应使用外源核苷酸，即鸟苷酸或鸟苷，因此，在其剪接过程中不能形成套索结构。

8.5.2 Ⅱ型内含子

8.5.2.1 Ⅱ型内含子的特点

Ⅱ型内含子主要存在于某些真核生物线粒体和叶绿体的 rRNA 基因中，也具有催化功能，能够完成自我剪接。此外，大约 25%的细菌基因组中有Ⅱ型内含子。几乎所有的细菌Ⅱ型内含子能够编码逆转录酶，并可作为逆转座子，或逆转座子的衍生物高频率插入特定区域，或低频率插入其他区域。Ⅱ型内含子与Ⅰ型内含子自我剪接的区别在于，转酯反应无需游离鸟苷酸或鸟苷的启动，而是由内含子靠近 3′端的腺苷酸 2′-羟基攻击 5′-磷酸基启动剪接过程，经过两次转酯反应连接两个外显子，并切除形成套索结构的内含子。

8.5.2.2 Ⅱ型内含子的剪接机制

Ⅱ型内含子的 5′端和 3′端剪接位点序列为 5′↓GUGCG…Y_nAG↓3′，符合 GU-AG 规则。

在Ⅱ型内含子剪接过程中，首先由内含子靠近 3′端的分支点保守序列上 A 的 2′-OH 向 5′剪接位点发动亲核攻击，形成外显子 1 的 3′-OH，内含子 5′端的磷酸基与分支点 A 的 2′-OH 基形成 2′,5′-磷酸二酯键，产生套索结构，完成第一次转酯反应。接着，外显子 1 的 3′-OH 亲核攻击 3′-剪接位点，切断 3′-剪接位点的磷酸二酯键，并形成外显子 1 与外显子 2 之间的 3′,5′-磷酸二酯键，完成第二次转酯反应。经过两次转酯反应，两个外显子被连接在一起，并释放含有套索结构的内含子(图 8-16)。

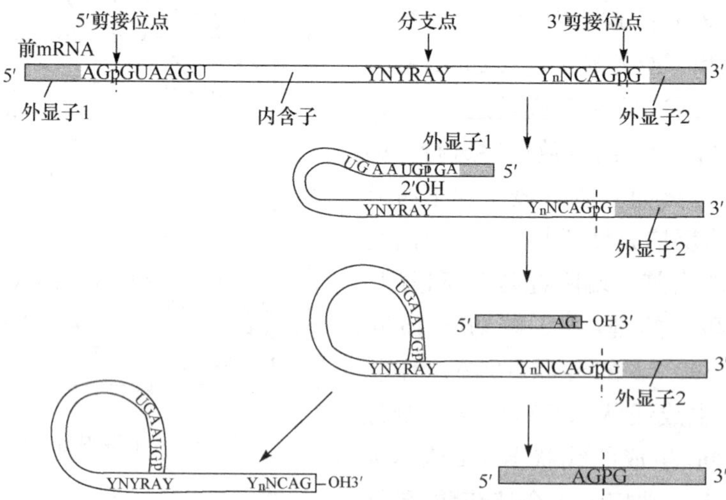

图 8-16 Ⅱ型内含子的剪接机制

Ⅱ型内含子的自我剪接活性也依赖于 RNA 分子中的特定发夹结构(见电子教程知识扩展 8-7 Ⅱ型内含子的结构与剪接机制)。

尽管某些Ⅱ型内含子在体外就能够完成自我拼接，不需要任何蛋白质的帮助。但在体内，有一种拼接因子即成熟酶参与了Ⅱ型内含子的剪接。成熟酶是由内含子编码的逆转录酶(RT)，与其中内含子的分支点保守序列有很高的亲和力，二者相互结合后，由于蛋白质-RNA 的相互作用，导致内含子构象发生变化，促进了 RNA 的拼接反应。在拼接结束以后，RT 仍然与释放的内含子结合，参与随后的转座反应（图 8-17）。这一过程的逆转称内含子归巢（见电子教程知识扩展 8-8　Ⅱ型内含子的归巢）。

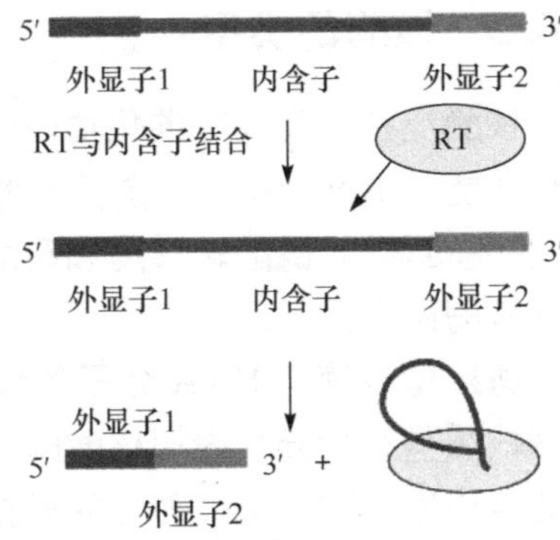

图 8-17　RT 参与的Ⅱ型内含子剪接

8.5.3　内含子剪接机制的比较

从内含子的剪接机制来看，Ⅰ型内含子、Ⅱ型内含子和Ⅲ型内含子是相似的，只有 tRNA 的 IV 型内含子剪接机制（见本书 8.2）完全不同（见电子教程知识扩展 8-9 内含子剪接机制的比较）。

对比研究发现，Ⅲ型内含子的剪接体内 snRNA 的整体形态和Ⅱ型内含子自我剪接时的形态类似，特别是剪接体的 snRNA 和Ⅱ型内含子的催化部位之间的结构和功能十分相似。可以认为，这些 snRNA 可能来自早期自我剪接系统的Ⅱ型内含子。例如，U1 snRNP 和 5′端剪接点配对，U6-U2 和分支点序列配对形成的空间结构，与Ⅱ型内含子本身形成的空间结构很相似。看来，在生物进化过程中，snRNA 和 mRNA 前体之间的相互作用，取代了Ⅱ型内含子剪接过程中有关片段之间的相互作用。与Ⅱ型内含子自身的结构相比，snRNP 具有更加复杂和完善的结构，因而具有更加高级而复杂的调控功能和更加高效的催化功能。

Ⅰ型内含子与Ⅱ型内含子都能够完成自我剪接，不像Ⅲ型内含子那样需要结构复杂的剪接体。正因为如此，Ⅰ型内含子与Ⅱ型内含子剪接的效率和调控远远比不上Ⅲ型内含子。Ⅰ型内含子的剪接反应使用外源鸟苷酸或鸟苷，Ⅱ型内含子的转酯反应无需游离鸟苷酸或鸟苷的启动，由内含子内部的腺苷酸引起，也许Ⅱ型内含子剪接的效率和精确度比Ⅰ型内含子更好一些。

8.6　核　　酶

8.6.1　核酶的发现

1982 年 Cech 等研究嗜热四膜虫 rRNA 的转录后加工，发现 rRNA 的前体可以在鸟苷与镁离子存在下切除自身的内含子，将两个外显子拼接为成熟的 rRNA 分子，该反应不需要任何蛋白质类型的酶参与，因此 Cech 认为该 rRNA 前体具有催化功能，并将其命名为核酶（ribozyme）。1985 年 Cech 等通过进一步研究，从切除的内含子中分离得到 L19 RNA，并发现其具有催化功能，可在体外催化一系列分子间的反应，如转核苷酸反应、水解反应、转磷酸反应等（见电子教程知识扩展 8-10　L19 的催化作用）。

1983 年 Altman 等研究来自大肠杆菌的 RNaseP，发现该酶由 MI RNA 和蛋白质两部分组成，其中的 MI RNA 单独也具有催化功能。将克隆后的 MI RNA 基因在体外进行转录，转录产物也具有催化活性，证明 MI RNA 是一种核酶。核酶的发现证明了 RNA 既是信息分子，又是功能分子，是现代生命科学的一个重要进展，由于这一重要发现，Cech 和 Altman 荣获了 1989 年的诺贝尔化学奖（见电子教程科学史话　8-1 核酶的发现）。

20 世纪 90 年代研究蛋白质生物合成时发现，肽酰转移酶的活性主要由核糖体大亚基中的 23S rRNA 提供，核糖体大亚基中的蛋白质只起辅助作用。看来，核酶在自然界的存在有一定的普遍性。

8.6.2 核酶的类型

核酶泛指一类具有催化功能的 RNA 分子，是无需蛋白质参与或不与蛋白质结合，就具有催化功能的 RNA 分子。除了Ⅰ型和Ⅱ型内含子 RNA 的剪接酶功能之外，还有核苷酸转移酶、肽酰转移酶、磷酸转移酶和磷酸酯酶等多种类型，RNA 加工酶类又可分为剪接型核酶和剪切型核酶两类。

剪接型核酶在 RNA 分子的磷酸二酯酶被水解的同时，伴随着新的磷酸二酯键形成。剪接型核酶具有特异性内切核酸酶、RNA 连接酶等多种酶活性，Ⅰ型内含子和Ⅱ型内含子的自我剪接均属于这一类。前者的剪接反应需要 Mg^{2+} 和鸟苷酸等辅助因子参与，典型代表是四膜虫 rRNA 前体、酵母线粒体细胞色素 b 的 mRNA 前体、酵母线粒体核糖体大亚基的 rRNA 前体、T4 噬菌体胸苷酸合成酶的 mRNA 前体等。后者的反应只需要 Mg^{2+}，无需鸟苷酸参与。这类剪接型核酶在酵母线粒体中较多，如细胞色素氧化酶的 mRNA 前体、细胞色素 c 的 mRNA 前体、脱辅基细胞色素 b 的 mRNA 前体等。

剪切型核酶的作用是只剪不接，可以从自身 RNA，或另外的 RNA 分子上切除特异的核苷酸序列，其典型代表是 M1 RNA。*E. coli* 的 RNaseP 能特异地剪切 tRNA 前体 5′端的片段，RNaseP 由 M_r 为 20×10^3 的蛋白质和 377 nt 的 Ml RNA 组成，这两个组分单独存在时均无催化活性。但在有高浓度 Mg^{2+} 存在时，单独的 MI RNA 也有催化活性，若加入蛋白质组分，则可提高 M1 RNA 的催化活性。因此认为，Ml RNA 是一种剪切型核酶，Mg^{2+} 和蛋白质组分是它的辅助因子。此外，T4 噬菌体的 RNA 前体也属于这一类，其 215 nt 的初始转录产物能自我剪切成 139 nt 的成熟 RNA 和 76 nt 的无活性片段。

8.6.3 核酶的结构

核酶的催化功能与其空间结构密切相关，已知有多种不同结构的核酶。例如，Ⅰ型和Ⅱ型自我剪接内含子、锤头型、Ml RNA、发夹型、丁型肝炎病毒（hepatitis delta virus，HDV）的基因组和反基因组等。

锤头型、发夹型和 HDV 正负链核酶均能促使自身或底物 RNA 裂解，产生 2′,3′-环磷酸酯和 5′-OH。具有剪切能力的 RNA，大多数都能形成锤头结构。锤头结构包含 3 个茎环区及 13 个保守核苷酸构成的催化中心，可以由一条 RNA 链回折形成（图 8-18a），也可由底物链和催化链共同构成（图 8-18b），两种形式的锤头结构都可构成如图 8-18c 所示的空间结构，即酶的活性中心。事实上无论核酶自身，或者酶与底物 RNA 之间，只要能形成锤头二级结构，并具备 11～13 nt 的保守序列，就能在锤头结构 GUN 序列的 3′端自动发生剪切反应。

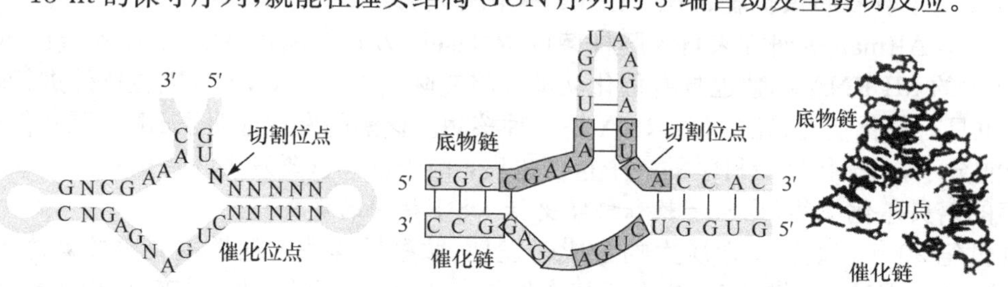

(a) (b) (c)

图 8-18 核酶的锤头结构

核酶的活性部位是暴露在分子表面的一段保守核苷酸区域，RNA分子形成的二级和三级结构使这个区域处于一种特定的分子环境，能使自身RNA分子断裂，或者使另一底物分子的磷酸二酯键断裂，或在切割一个磷酸二酯键的同时形成另一个新的磷酸二酯键。核酶RNA与底物RNA之间的相互作用依赖于碱基配对，形成一种催化环境。传统的蛋白质酶和底物之间也存在类似的分子关系，所不同的是在后者的催化过程中，相互作用的是氨基酸残基的侧链基团。

提要

基因的初级转录物必须经历转录后加工才会转变为有活性的成熟RNA分子。

原核生物的tRNA前体为多顺反子，必须经过由特异性修饰酶催化的核苷酸修饰，再由RNaseP将其水解成为前tRNA片段，随后，由RnaseF在靠近3′端处进行切割，再由RNaseD从3′端逐个切去附加序列，由RNaseP切除5′端的额外核苷酸。Ⅰ型前体分子的附加序列被切除后，即显露出3′端CCA-OH结构。Ⅱ型前体分子的CCA-OH结构是在切除3′端附加序列后，在tRNA核苷酰转移酶的作用下逐个添加上去的。

E. coli 的rRNA转录产物需要先经过甲基化的修饰，才能被内切核酸酶和外切核酸酶切割。RNaseⅢ可识别23S rRNA和16S rRNA之间的茎环结构，RNaseE可识别5S rRNA两端形成的茎环结构，二者切割产生16S rRNA、23S rRNA和5S rRNA的前体，其两端的多余序列需进一步修剪切除。

细菌的mRNA初始转录产物一般不需要加工，在转录的同时即可翻译。多顺反子的mRNA可被翻译成多聚蛋白质，再切割成不同的蛋白质分子，但也有少数多顺反子mRNA需通过内切核酸酶切成较小的单位后才进行翻译。

真核生物的tRNA前体为单顺反子，但有3′端和5′端多余的序列及内含子，其前体必须进行核苷酸修饰和剪接。真核生物所有tRNA前体分子均需要在tRNA核苷酸转移酶催化下，添加3′端的-CCAOH结构。

真核生物rRNA的初级转录物为45S，首先由C盒/D盒snoRNA指导rRNA前体的甲基化，H盒/ACA盒snoRNA指导位点特异性的假尿苷酸化。随后切除5′端的非编码序列，生成41S中间产物，后者被切割为两段，一段含有28S rRNA和5.8S rRNA，另一段含有18S rRNA。最后通过剪切和修剪，生成28S rRNA、5.8S rRNA和18S rRNA。

真核生物的mRNA前体和多数成熟mRNA的5′端，都含有以7-甲基鸟苷为末端的帽子结构。形成帽子结构时，首先由核苷酸磷酸水解酶从正在合成的RNA 5′端切去γ磷酸基团，随后，在鸟苷酸转移酶催化下，GTP的α位磷酸基与RNA 5′-端的β位磷酸基以5′,5′-三磷酸连接，在鸟苷酸-7-甲基转移酶催化下，将SAM的活性甲基转移到鸟嘌呤的N^7位形成帽子0。2′-*O*-甲基转移酶催化将SAM的活性甲基转移到mRNA 5′端第一个核苷酸的2′-OH上，形成帽子1。再转移一个甲基到mRNA 5′端第二个核苷酸的2′-OH上，形成帽子2。帽子结构对mRNA有保护作用，对翻译有促进作用，可促进mRNA的输送，还可能有助于mRNA前体的正确拼接。

真核生物mRNA的3′端有40～200 nt的polyA序列，是在转录以后生成的。首先CPSF结合AAUAAA序列，依次招募CFⅠ/CFⅡ、CstF和PAP。由CFⅠ/CFⅡ在AAUAAA序列下游10～30 nt处切割，PAP催化合成polyA，PABP与polyA结合。RNA pol Ⅱ中CTD的Ser2磷酸化有助于将各种与加尾有关的反式因子招募到mRNA前体上。polyA可提高

mRNA 的稳定性和翻译效率，参与基因表达调控。此外，可利用含有 oligo dT 或 oligo U 的亲和层析柱或磁珠，从总 RNA 中纯化 mRNA。还可用人工合成的 oligo dT 作为引物，将 mRNA 逆转录成 cDNA。

切除内含子的反应为共转录事件，有关顺式元件有 3 个，5′-拼接点和 3′-拼接点符合 GU-AG 规则，3′-拼接点上游存在富含嘧啶序列和分支点序列。由 snRNA 和蛋白质组成的 snRNP，是拼接反应最主要的反式因子。

拼接过程较复杂，首先由 BBP 结合到分支点，随后 U2-snRNP 取代 BBP，并与分支点形成一段短的 RNA-RNA 双链。U1-snRNP 与 5′-剪接点互补配对，接着 U4/U6-U5-snRNP 三聚体进入拼接体，分支点上突出的 A 被 U6 拉近到 5′-剪接点，与内含子 5′-磷酸基形成 2′,5′-磷酸二酯键，游离出来的上游外显子 3′-羟基，由 U5 snRNP 协助，亲核进攻下游外显子的 5′-剪接点，将两个外显子连接起来。同时，内含子以套索结构释放出来。脱离拼接体的 snRNP，可参与另一轮拼接反应。

rRNA 的内含子能够自我剪接，被称作Ⅰ型内含子。Ⅰ型内含子剪接的第一次转酯反应，是由鸟苷酸或鸟苷的 3′-OH 亲核攻击内含子的 5′端剪接点，将 G 转移到内含子的 5′端，同时切割内含子与上游外显子之间的磷酸二酯键，上游外显子末端产生的 3′-OH 攻击内含子的 3′端剪接点，将上游外显子和下游外显子连接起来，并释放线性内含子。

Ⅱ型内含子主要存在于某些真核生物的线粒体和叶绿体 rRNA 基因中，能够完成自我剪接。首先由内含子分支点保守序列上 A 的 2′-OH 亲核攻击 5′-剪接点，形成 2′,5′-磷酸二酯键，并形成外显子 1 的 3′-OH。接着，外显子 1 的 3′-OH 亲核攻击外显子 2 的 5′-剪接点，将两个外显子连接起来，并释放含有套索结构的内含子。

Ⅰ型、Ⅱ型和Ⅲ型内含子剪接机制是相似的，可以认为，Ⅲ型内含子剪接体中的 snRNA 可能来自早期自我剪接系统的Ⅱ型内含子，Ⅲ型内含子剪接的效率和调控比Ⅰ型内含子和Ⅱ型内含子完善。

核酶指具有催化功能的 RNA 分子，除了Ⅰ型和Ⅱ型内含子 RNA 的剪接酶之外，还有核苷酸转移酶、肽酰转移酶、磷酸转移酶和磷酸酯酶等多种核酶。RNA 加工酶类又可分为剪接型核酶和剪切型核酶两类，多数具有锤头结构，剪切反应的切割点一般在锤头结构 GUN 序列的 3′端。

思考题

1. 简述原核生物 3 类 RNA 前体的加工过程。
2. 简述真核生物 tRNA 前体的加工过程。
3. 在真核生物 rRNA 前体的加工过程中，snoRNA 是如何发挥作用的？
4. 简述哺乳动物 rRNA 前体的转录后加工过程。
5. 真核生物 mRNA 及其前体的帽子结构是如何形成的？帽子结构有何作用？
6. 真核生物 mRNA 的 3′端 polyA 是如何形成的？polyA 有何作用？
7. 概述与 mRNA 前体拼接有关的顺式元件和反式因子。
8. 简述 mRNA 前体拼接反应的过程。
9. 鸡卵清蛋白基因的长度为 7700 bp，从前体分子中剪去内含子，拼接成 1872 nt 的成熟

mRNA，其中编码序列为 1164 nt(包括一个终止密码子)。如果转录从 5′-NMP 和 ATP 开始，戴帽和核苷酸修饰消耗的能量忽略不计，计算从转录出 mRNA 前体到加工为成熟的 mRNA(包括 3′端 200 nt 的 polyA)需要消耗多少分子 ATP?

10. 比较Ⅰ型内含子、Ⅱ型内含子、Ⅲ型内含子和Ⅳ型内含子剪接机制的异同。
11. 什么是核酶？核酶是如何发现的？有何生物学意义？
12. 核酶分为哪几类？在核酶的活性中心，常见的二级结构有何特点？
13. 自拼接反应和 RNA 作为催化剂的反应之间的区别是什么？

9 第九章 蛋白质的生物合成

蛋白质的生物合成(protein biosynthesis)又称翻译,指将核苷酸编码的基因语言准确转变成由氨基酸编码的蛋白质语言。绝大部分生命活动是在蛋白质参与下完成的,因此,研究蛋白质的生物合成对于在分子水平探索生命活动的规律和治疗疾病的途径,推进蛋白质组学的发展至关重要。

蛋白质的生物合成非常复杂,需要多种 RNA 分子和上百种的蛋白质因子组成高效而精确的翻译机器。翻译的速度很快,如大肠杆菌的蛋白质含量占细胞干重的 50%,其种类超过 3000 种,在 20 min 的细胞周期内合成如此之多的蛋白质,速度是非常惊人的。本章主要介绍原核和真核生物翻译的基本过程和机制。

9.1 蛋白质生物合成的概述

在蛋白质生物合成的过程中,氨基酸先与 tRNA 结合形成氨酰-tRNA,然后在核糖体和 mRNA 的复合物上,从 mRNA 的 5′→3′阅读遗传密码,将氨酰-tRNA 上的氨基酸加入到多肽链中,从蛋白质的氨基端到羧基端合成多肽链。在一个 mRNA 分子上可以结合多个核糖体,称多聚核糖体。原核生物的翻译与转录可同步进行,真核生物转录在细胞核中,而翻译在细胞质中,故不能同步完成。

9.1.1 mRNA 是蛋白质合成的模板

贮存遗传信息的 DNA 在细胞核内,而蛋白质则在细胞质中合成。因此需要有一种中介物质,传递 DNA 的遗传信息。20 世纪 60 年代证实,这一中介物质就是 mRNA(*见电子教程科学史话 9-1 mRNA 的发现*)。

mRNA 具有以下特点:① 其碱基组成与相应 DNA 一致;② 由于多肽链长度不等,mRNA 的长度差异较大;③ 肽链合成时 mRNA 能够与核糖体结合;④ mRNA 的半衰期很短。

原核生物一般在 mRNA 刚开始转录时就开始翻译了,因此,在电子显微镜下,可看到一连串的核糖体紧跟在 RNA 聚合酶的后面。另外,原核细胞的 mRNA 半衰期非常短,一般为 2min 左右。也就是说,转录完成后 1 min,mRNA 降解就开始了,其速度大概是转录或翻译速度的一半。真核生物的转录产物是存在于核内的 mRNA 前体,经过加工的成熟 mRNA 才能进入细胞质,参与蛋白质的合成。所以,真核生物 mRNA 的半衰期较长,为 1~24 h。

不管原核生物还是真核生物,mRNA 作为翻译的模板,都具有至少一段由起始密码子开始,以终止密码子结束的连续核苷酸序列,即**开放阅读框**(open reading frame,ORF),每一个 ORF 可翻译生成一个蛋白质。此外,mRNA 的 5′端和 3′端通常含有非编码序列(non-coding sequence，NCS)，或者叫非翻译区(untranslated region，UTR)。

ORF 的 5′端的上游有核糖体结合位点(ribosome binding site，RBS)，其中富含嘌呤的**SD (Shine-Dalgarno)序列**，能与核糖体 16S rRNA 结合并开始翻译。原核生物(包括病毒)的多数 mRNA 为**多顺反子 mRNA**(polycistronic mRNA)，含有多个 ORF，每一个 ORF 的上游一般都有 SD 序列。而真核细胞的 mRNA 多为**单顺反子 mRNA**(monocistronic mRNA)，即只有一个 ORF(图 9-1)。

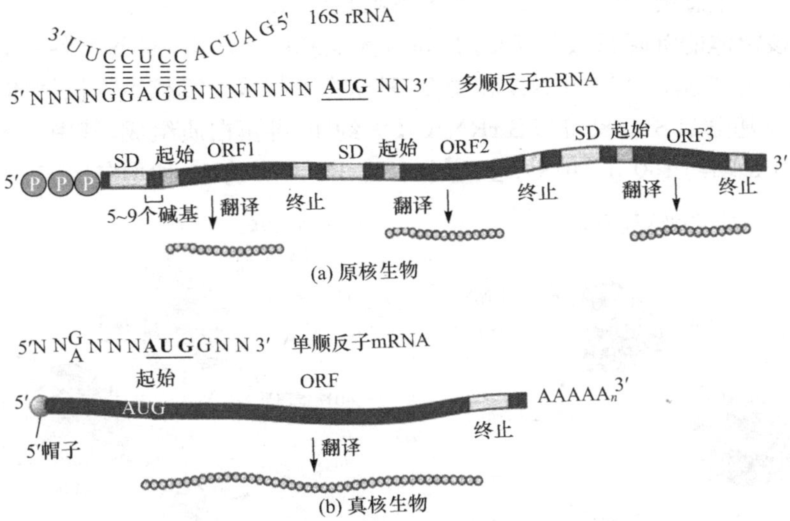

图 9-1　原核生物和真核生物 mRNA 的结构

9.1.2　tRNA 是氨基酸的运载体

在研究蛋白质的生物合成过程中，Crick 经过比较核酸和氨基酸的大小和形状后，认为它们不可能在空间上互补，因此预测可能存在一类分子转换器(adaptor)，使遗传信息从核酸序列转换成氨基酸序列。这种分子很可能是核酸，它不论以何种方式进入蛋白质翻译系统的模板，都必须与模板形成氢键(即配对)。对于组成蛋白质的 20 种氨基酸来说，应该有 20 种分子转换器，每种氨基酸一个。每种氨基酸必定还有一个对应的酶，催化与特定分子转换器的结合。1963 年，Ehrenstein 等用实验证明了 Hoagland 在蛋白质生物合成中发现的、起介导作用的可溶性 RNA 分子就是 Crick 预言的分子转换器，即 tRNA(见电子教程科学史话 9-2tRNA 的发现和序列测定)。

tRNA 携带特定的氨基酸，通过其反密码子环上的反密码子去阅读 mRNA 上的密码子，其功能位点至少有 4 个，分别为 3′端 CCA 上的氨基酸接受位点、识别氨酰-tRNA 合成酶的位点、核糖体识别位点及反密码子位点。

tRNA 与其所携带的氨基酸有严格的对应关系，为表示不同的 tRNA，将 tRNA 所运氨基酸写在其符号的右上角，如 $tRNA^{Phe}$ 及 $tRNA^{Ser}$ 分别表示为转运苯丙氨酸(Phe)和丝氨酸(Ser)的 tRNA。

tRNA 的种类不像 Crick 预言的只有 20 余种。一个细胞一般有 70 多种不同的 tRNA，负责运载 20 余种氨基酸。这就意味着多数氨基酸有几种不同的 tRNA，被称为**同工受体 tRNA** (isoaccepting tRNA)。

9.1.3 核糖体是蛋白质合成的场所

在蛋白质生物合成过程中，**核糖体**(ribosome)就像一个生产车间。核糖体是由 rRNA 和蛋白质组成的亚细胞颗粒，一类核糖体附着于粗面内质网，合成共翻译转运蛋白质，另一类游离于细胞质，合成翻译后转运蛋白质和细胞质蛋白质。一个生长旺盛的细菌中大约有 2000 个核糖体，在真核细胞中更高达 10^6 个。线粒体、叶绿体及细胞核内也有其自身的核糖体。核糖体中的蛋白质占细胞总蛋白质的 10%，RNA 占细胞总 RNA 的 80%。

原核生物核糖体的沉降系数为 70S，其 50S 大亚基由 23S、5S rRNA 各一分子和约 30 种蛋白质构成；30S 小亚基由 16S rRNA 和约 20 种蛋白质构成。真核生物核糖体的沉降系数为 80S，其 60S 大亚基由 28S、5.8S 和 5S rRNA 及大约 40 种蛋白质组成，其中 5.8S 相当于原核生物 23S rRNA 5′端约 160 nt；40S 小亚基由 18S rRNA 和约 30 种蛋白构成(图 9-2)。

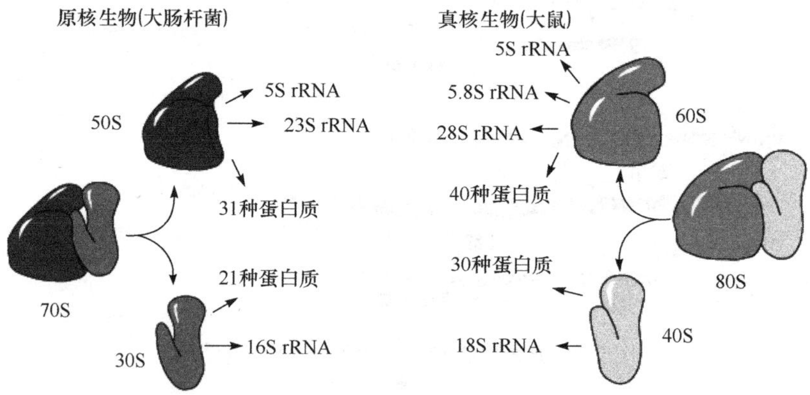

图 9-2 核糖体的化学构成

核糖体蛋白不仅作为核糖体的组分参与翻译，而且还参与 DNA 复制、修复、转录、转录后加工、基因表达的自体调控和发育调节等重要的生命活动。

原核生物 23S rRNA 为 2904 nt，其 5′端有一段 12 nt 的序列与 5S rRNA 的部分序列互补，说明这两种 RNA 之间可能存在相互作用。还有一段序列与 $tRNA^{Met}$ 序列互补，表明 23S rRNA 可能与 $tRNA^{Met}$ 的结合有关。

16S rRNA 含有 1475～1544 nt，序列比较保守，其 3′端一段 ACCUCCUUA 的保守序列，与 mRNA 5′端的 SD 序列互补，同时还有一段与 23S rRNA 互补的序列，参与 30S 亚基和 50S 亚基的结合。

5.8S rRNA 为 160 nt，含有的一段 CGAAC 序列，与原核生物 5S rRNA 中的序列一样，表明它们可能具有相同的功能。此外，真核生物 40S 小亚基中的 18S rRNA 可能与原核生物的 16S rRNA 同源。

5S rRNA 含有 120 nt，其中一个保守序列 CGAAC 与 tRNA 分子 TψC 环上的 GTψCG 序列互补，参与 5S rRNA 与 tRNA 的相互识别。另一个保守序列 GCGCCGAAUGGUAGU 与 23S rRNA 中的一段序列互补，是 5S rRNA 与 50S 核糖体大亚基相互作用的位点。

利用电子显微镜术、免疫学方法、中子衍射技术、双功能试剂交联法、活性核糖体颗粒重建等方法研究 *E. coli* 核糖体的空间结构，发现 30S 亚基为扁平不对称颗粒，大小为 5.5 nm×22 nm×22 nm，分为头、颈、体，并有 1～2 个突起称为平台。50S 大亚基呈三叶半球形，大小为 11.5 nm×23 nm×23 nm，rRNA 主要定位于核糖体中央，蛋白质在颗粒外围。大亚基的中间突起是 5S rRNA 结合之处，两侧突起分别称为柄（stalk）和脊（ridge）。70S 核糖体直径约 22nm，小亚基斜着以 45°角躺在 50S 亚基的肩和中心突之间。

核糖体的重要功能部位主要包括：① mRNA 结合部位，位于大小亚基的结合面上；② 氨酰 tRNA 结合位点（aminoacyl-tRNA site），即 **A 位点**，其大部分位于大亚基而小部分位于小亚基，是结合或接受氨基 tRNA 的部位，也称为受体位点（acceptor site，A site）；③ 肽酰tRNA结合部位（peptidyl-tRNA site），即 **P 位点**，又称给位（donor site），其大部分位于小亚基，小部分位于大亚基；④ 出位（exit site），即 **E 位点**，即空载 tRNA 在离开核糖体之前与核糖体临时结合的部位；⑤ 肽酰转移酶（peptidyl transferase）活性位点，即形成肽键的部位（转肽酶中心）；⑥ 多肽链离开的通道。此外，还有负责肽链延伸的各种延伸因子的结合部位（图 9-3）。

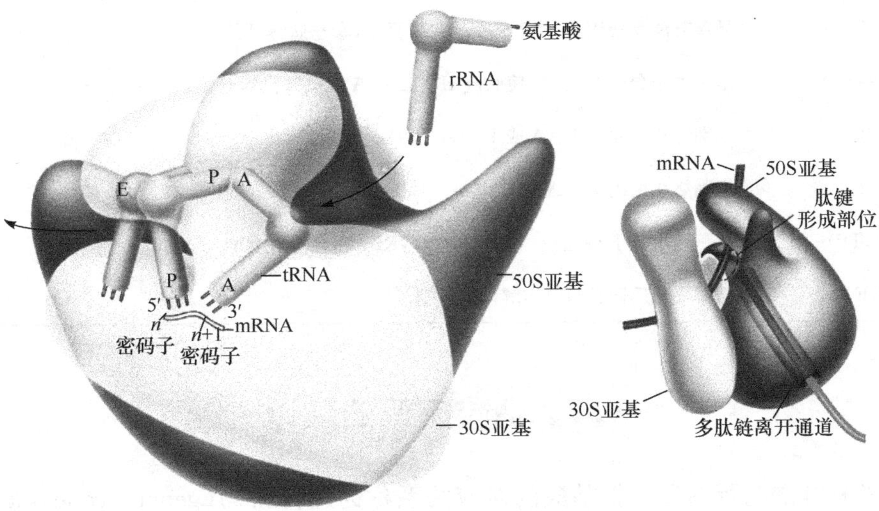

图 9-3　核糖体的功能部位

核糖体的三维结构在各种生物体内是高度保守的，其小亚基一般负责对 mRNA 的特异性识别和结合，如起始部位的识别、密码子和反密码子的相互作用等。大亚基负责 AA-tRNA、肽基-tRNA 的结合和肽键的形成等，A 位、P 位、转肽酶中心主要在大亚基上。通过核糖体移动，一个 tRNA 分子可从 A 位到 P 位，再到 E 位，新生的肽链则通过离开通道离开核糖体（见电子教程科学史话 9-3　核糖体结构的研究，电子教程知识扩展 9-1　核糖体的结构和功能部位）。

核糖体的 rRNA 和蛋白质先自组装成大小两个亚基，再由两个亚基结合成一个完整的核糖体。核糖体在体内及体外都可解离为亚基或结合成 70S/80S 的颗粒。在翻译起始阶段，亚基结合成 70S/80S 颗粒，翻译完成后解离为两个亚基。

9.1.4　参与蛋白质合成的各种辅因子

在原核生物中参与翻译的蛋白质因子，主要有起始因子（initiation factors，IF），包括 IF1、IF2 和 IF3；延伸因子（elongation factor，EF），包括 EF-Tu、EF-Ts 和 EF-G；释放因子（release factor，RF），包括 RF1、RF2 和 RF3；还有促进核糖体循环的核糖体循环因子（ribosome recycling factor，RRF）。其中的某些蛋白质因子属于能够与鸟苷酸结合的小分子 G 蛋白（表 9-1）。

真核生物的起始因子(eukaryote initiation factor,eIF)有12种左右,有些有亚基结构。延伸因子为EF1、EF2和EF3,释放因子有eRF1和eRF3。这些蛋白质因子在蛋白质合成过程中的作用,将在介绍翻译过程时解读。

表9-1 原核生物参与翻译的起始因子、延伸因子和终止因子

辅因子	功能
IF1	无专门功能,辅助IF-2和IF3的作用
IF2(GTP)	是一种小分子G蛋白,与GTP结合,促进fMet-tRNA^{fMet}与核糖体30S小亚基结合
IF3	促进核糖体亚基解离和mRNA的结合
EF-Tu(GTP)	是一种小分子G蛋白,与GTP结合的形式促进氨酰-tRNA进入A位点
EF-Ts	是鸟苷酸交换因子,使EF-Tu、GTP再生,参与肽链延伸
EF-G(GTP)	是一种小分子G蛋白,使肽链-tRNA从A位点转移到P位点
RF1	识别终止密码子UAA或UAG
RF2	识别终止密码子UAA或UGA
RF3(GTP)	是一种小分子G蛋白,与GTP结合,RF1和RF2的活性
RRF	翻译终止后促进核糖体解体的作用

9.2 遗传密码的破译

DNA的核苷酸与蛋白质中氨基酸的对应关系称为遗传密码(genetic code),遗传密码的破译是20世纪生物学最辉煌的成就之一,是奇妙想象和严密论证的伟大结晶(见电子教程科学史话9-4 遗传密码的破译)。

9.2.1 遗传密码是三联体

mRNA只有4种核苷酸,而蛋白质有20种常见氨基酸,如果每一个核苷酸为一个氨基酸编码,只能决定4种氨基酸,如果每两个核苷酸为一个氨基酸编码,可决定16种氨基酸($4^2=16$),这两种编码方式显然不能满足需要。如果3个核苷酸为一个氨基酸编码,可构成64种密码($4^3=64$)。可见,3个核苷酸决定1种氨基酸,构成三联体密码(triplet codon),既可满足为20种氨基酸的编码,又符合在亿万年进化过程中形成的遵循简单的原则,是可能性最大的编码方式。

Crick等用可以诱导核苷酸插入或缺失的吖啶类试剂处理T4噬菌体γⅡ位点上的两个基因,发现在上述位点插入或缺失1~2个核苷酸是严重缺陷型,不能感染大肠杆菌。从一个缺失型突变体或一个插入型突变体重组得到的重组体,却能够恢复感染活性。如果在非常靠近的位置缺失或插入3个核苷酸,其突变体也表现出正常的功能,若缺失或插入4个核苷酸,即使彼此非常靠近,突变体也是严重缺陷的。说明遗传密码是连续的,非重叠的三联体。如果在编码序列上的任意位置插入或者删除一个核苷酸都会改变其阅读框,从而发生移码突变而使基因失活。但如果插入或者删除3个核苷酸,或者插入一个核苷酸又删除另一个核苷酸,在变异位点之后仍然可以恢复正常的阅读框，开放阅读框的变化较小，这是基因与蛋白质共线性（colinearity）关系的最早证据（图 9-4）。

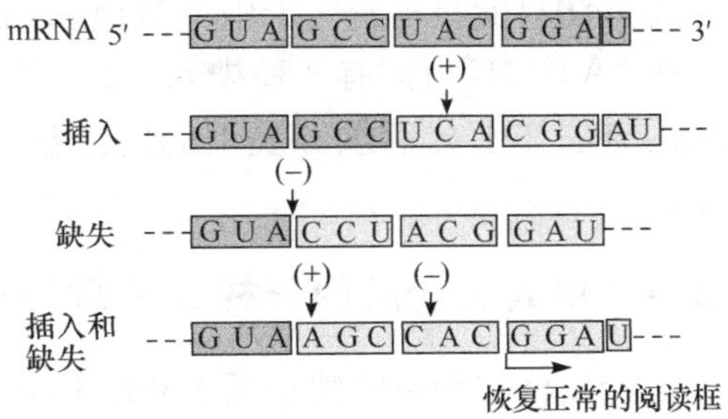

图 9-4　插入或缺失对阅读框的影响

此外，比对蛋白质的氨基酸数目和相应 mRNA 的核苷酸数目，也可证明遗传密码是三联体（triplet）。烟草坏死卫星病毒外壳蛋白亚基由 400 个氨基酸组成，相应的 mRNA 片段约 1200 nt，与三联子密码体系正好相吻合。但是需要提到的是，这种方法在很多情况下并不准确，因为许多蛋白质在翻译以后经过复杂的加工，会丢掉一些氨基酸序列。

在 Crick 等提出遗传信息在核酸分子上以非重叠、无标点、三联体的方式编码之后，最富挑战性的工作就是搞清楚三联体密码与氨基酸之间的对应关系。

9.2.2　用人工合成的多聚核苷酸破译遗传密码

1961～1966 年，遗传密码的破译差不多用了 6 年的时间。Ochoa 和 Khorana 发明了人工合成多聚核苷酸的技术，Nirenberg 等建立了无细胞翻译系统（cell-free translation system），为使用人工合成的 RNA 模板进行翻译提供了基本的实验条件。

Ochoa 发现 NDP 在多核苷酸磷酸化酶的作用下，在体外可以聚合成多聚核苷酸。通过控制 NDP 的种类和比例，可得到同聚物与异聚物两类多聚核苷酸。同聚物仅由一种核苷酸组成，只有一种密码子，如 polyU（密码子是 UUU）、polyA（密码子是 AAA）。异聚物核苷酸由两种以上的核苷酸组成，含有多种密码子。如，以 A 和 C 原料合成的 polyAC 可能有 8 种密码子：CCC、CCA、CAA、AAA、AAC、ACC、ACA 和 CAC。各种密码子占的比例由 A 和 C 的比例决定，如当 C 和 A 的比例为 5∶1 时，CCC 出现的概率最高为 $(5/6)^3=57.9\%$，CCA、CAC、ACC 出现的比例为 $(1/6)\times(5/6)^2=11.6\%$，CAA、ACA、AAC 出现的概率为 $(1/6)^2\times(5/6)=2.3\%$，AAA 出现的概率为 $(1/6)^3=0.4\%$

Khorana 利用有机合成得到一系列有序的多聚核苷酸，如 UCUCUCUC，以及仅由 3 个核苷酸组成的三聚核苷酸，如 CUG。

Marshall W. Nirenberg 等建立了 *E. coli* 无细胞翻译系统，也就是保留翻译能力的活细胞提取物，一般是由翻译活性高、分裂旺盛的活细胞制备而成。Nirenberg 利用该系统研究了病毒蛋白质的合成。他们应用烟草花叶病毒的基因组 RNA 为实验模板，利用 polyU 作对照模板。但令人意想不到地发现了，polyU 作为对照模板，指导了一种氨基酸的掺入，得到了多聚苯丙氨酸。也就是说，三联体遗传密码 UUU 被破译了，它编码 Phe。从此，遗传密码的破译工作展开了。利用同样的方法他们又破译了 AAA 编码 Lys，CCC 编码 Pro。

使用一些有序的多聚核苷酸作为模板，能破译一些遗传密码。例如，多聚二核苷酸 5′…UGU GUG UGU GUG UGU GUG…3′，不管读码从 U 开始还是从 G 开始，都只能有 UGU（Cys）及 GUG（Val）两种密码子。以其作模板可合成由 2 个氨基酸组成的多肽。

AC 共聚物作模板翻译出的肽链由 Asp、His、Thr、Pro、Glu 和 Lys 6 种氨基酸组成，其中 Pro 和 Lys 的密码子早先已证明分别是 CCC 和 AAA。根据共聚物中不同三联体碱基组成的比例和翻译产物中氨基酸比例的对应关系，确定了 Asp、Glu 和 Thr 的密码子含 2A 和 lC；His 的密码子含 1A 和 2C；Thr 的密码子也可以含 1A 和 2C；Pro 为 3C 或 1A 和 2C；Lys 为 3A。

但上述方法只能显示密码子中碱基组成，而不能确定 A 和 C 的排列次序。例如，Asp、Glu 和 Thr 的 2A 和 1C 可能有 3 种排列方式，即 AAC、ACA、CAA。此外，通过反复改变共聚物成分比例的方法亦十分麻烦和费时，用上述方法在破译更为复杂的密码子如 ACG 时，就很困难了。

9.2.3 用人工合成的三核苷酸破译遗传密码

尼伦伯格实验室的博士后 Philip Leder 发现人工合成的三核苷酸具有 mRNA 的作用，随后，Leder 和 Nirenberg 发明了核糖体结合技术，极大地加快了遗传密码的破译。核糖体结合技术的要点是：以人工合成的三核苷酸如 UUU、UCU、UGU 等为模板，在含核糖体、AA-tRNA 的反应液中保温后，用硝酸纤维素膜过滤，游离的 AA-tRNA 因分子质量小而通过滤膜，而核糖体或与核糖体结合的 AA-tRNA 则留在滤膜上。当体系中带有多聚核苷酸模板时，从大肠杆菌中提取的核糖体能够与特异性氨酰-tRNA 相结合。通过鉴定结合在硝酸纤维素滤膜上的氨酰-tRNA 的氨基酸，就可以确定该三聚核苷酸决定哪一种氨基酸。使用这项技术，最终破译了 20 种氨基酸所对应的 61 个三联体密码。另外 3 个为终止密码，是用遗传学和生物化学结合的方法破译的（电子教程知识扩展 9-2 核糖体结合技术的图解）。

表 9-2 是通用的遗传密码表。由于 Nirenberg 和 Khorana 在遗传密码破译方面所做出的贡献，他们与测出酵母 $tRNA^{Ala}$一级结构的 Holley 分享了 1968 年的诺贝尔生理学或医学奖。

表 9-2 标准遗传密码表

第 1 位碱基(5′)	第 2 位碱基				第 3 位碱基(3′)
	U	C	A	G	
U	Phe	Ser	Tyr	Cys	U
	Phe	Ser	Tyr	Cys	C
	Leu	Ser	终止	终止	A
	Leu	Ser	终止	Trp	G
C	Leu	Pro	His	Arg	U
	Leu	Pro	His	Arg	C
	Leu	Pro	Gln	Arg	A
	Leu	Pro	Gln	Arg	G
A	Ile	Thr	Asn	Ser	U
	Ile	Thr	Asn	Ser	C
	Ile	Thr	Lys	Arg	A
	Met	Thr	Lys	Arg	G
G	Val	Ala	Asp	Gly	U
	Val	Ala	Asp	Gly	C
	Val	Ala	Glu	Gly	A
	Val	Ala	Glu	Gly	G

9.3 遗传密码的特性

9.3.1 遗传密码是连续排列的三联体

mRNA 中的每个三联体密码子决定一种氨基酸，两种密码子之间无任何核苷酸或其他成分隔离，即遗传密码是按照 5′→3′方向编码的不重叠、无标点的三联体，mRNA 从 5′→3′的核苷酸排列顺序决定多肽链中从 N 端→C 端的氨基酸排列顺序。即使在重叠基因中，各自的开放阅读框仍按三联体方式连续读码。要正确阅读密码，必须从起始密码子开始，按照一定开放阅读框连续读下去，直到遇到终止密码子。如插入或者删除一个核苷酸，就会使得以后的读码发生错位，造成**移码突变**(frame-shift mutation)。

9.3.2 起始密码与终止密码

AUG 是大多数生物的起始密码子，同时也是 Met 的密码子，因此新生肽链的第一个氨基酸都是 Met(或 fMet)。在原核细胞中，fMet-tRNAi^{fMet}(tRNAi 表示起始 tRNA，即 initiator tRNA)和 IF-2 解读起始部位的 AUG，与核糖体小亚基作用形成 30S 复合物。Met-tRNA^{Met}与延长因子 EF-Tu 作用，解读 mRNA 内部的 AUG。

少数细菌用 GUG 做起始密码(在起始位点编码 fMet，在密码表中编码 Val)。在 *E. coli* 中 GUG 起始频率为 AUG 的 1/30。真核生物偶尔用 CUG 做起始 Met 的起始密码子，UUG、AUU 有时也具有起始密码子作用，但使用频率更低。

UAA、UAG、UGA 是终止密码，不代表任何氨基酸，也称无意义密码子。UAA 为褐石型密码子(ochre codon)，UAG 为琥珀型密码子(amber codon)，UGA 为蛋白石型密码子(opal codon)。其中，UAA 终止效率最高，UGA 次之，UAG 最低。密码子由释放因子识别，在原核细胞中，RF1 识别 UAA 和 UAG，RF2 识别 UAA 和 UGA。UAG 容易被读通，有的基因有时连用 2 个，甚至 3 个终止密码子以强化终止，保证翻译到此终止，不致产生超长蛋白质。

9.3.3 遗传密码的简并性

从遗传密码表可以看出，许多氨基酸不止一个密码子，称遗传密码的**简并性**(degeneracy)，对应于同一种氨基酸的不同密码子称为**同义密码子**(synonymous codon)。Trp 和 Met 只有 1 个密码子，Phe、Tyr、His、Gln、Glu、Asn、Asp、Lys、Cys 各有 2 个密码子，Ile 有 3 个密码子，Val、Pro、Thr、Ala、Gly 各有 4 个密码子，Leu、Arg、Ser 各有 6 个密码子。氨基酸的密码子越多，该氨基酸残基在蛋白质中存在的频率越高。

简并性使得不少突变不引起肽链中氨基酸的变化，可以减少有害突变。此外，如果每种氨基酸只有一个密码子，剩余的密码子无氨基酸对应，翻译时会使肽链合成终止，由基因突变而引起肽链合成终止的概率也会大大提高。密码的简并性使 DNA 碱基组成有较大余地的变动，如不同 G+C 含量的细菌却可以编码出相同的多肽链。所以，简并性在物种的稳定性上起着重要的作用。

9.3.4 遗传密码的变偶性

遗传密码的专一性主要取决于前两位的碱基，由于 tRNA 三维结构的影响，反密码子的

5′端碱基与密码子 3′端碱基配对不严格，称遗传密码的变偶性(wobble)或摆动性。

虽然第 3 碱基的配对可以有一定灵活性，但不是任意组合。反密码子的第 1 位(以 5′→3′方向，与密码子的第 3 个碱基配对)是 C 或 A 时，只能和 G 或 U 配对。反密码子第 1 位的 U 可和 A 或 G 配对，G 可和 C 或 U 配对。反密码子第 1 位的 I 可和 A、U 或 C 配对(表 9-3)。

表 9-3　密码子、反密码子配对的变偶性

tRNA 反密码子的第 1 位碱基	I	U	G	A	C
mRNA 密码子的第 3 位碱基	U、C、A	A、G	U、C	U	G

从已知结构的 tRNA 中发现其反密码子第 1 位碱基为 C、G、U、I，没有 A，显然 I 由 A 转变而来。变偶性的意义在于，当第 3 位碱基发生突变时，仍然能翻译出正确的氨基酸，使合成的多肽具有生物学活性(图 9-5)。

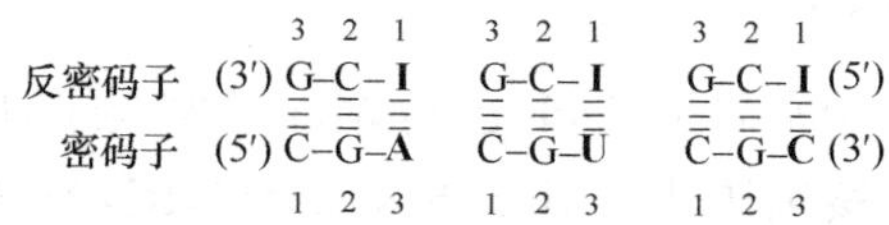

图 9-5　遗传密码的变偶性

变偶性还可减少所需 tRNA 的种类，若反密码子的第 1 位是 I，则 1 个 tRNA 可解读 3 个密码子。

9.3.5　遗传密码的通用性

密码子的通用性指各种低等和高等生物，包括病毒、细菌及真核生物，基本共用一套遗传密码。这可以通过交叉试验证明。例如，由兔网织红细胞的核糖体与大肠杆菌的氨酰-tRNA 及其他蛋白质合成因子构成的反应系统，可合成兔血红蛋白，说明大肠杆菌 tRNA 上的反密码子可以正确地阅读兔血红蛋白 mRNA 的编码序列。再如，在大肠杆菌的无细胞体系中，可以烟草花叶病毒的 RNA 为模板，合成其外壳蛋白。随着基因和蛋白质测序技术的发展，充分证明了生物界有一套共同的遗传密码。

但是线粒体 DNA(mtDNA)的编码方式与通用遗传密码有所不同，其特殊的变偶规则使得 22 种 tRNA 就能识别全部氨基酸密码子，而正常情况下至少需要 32 种 tRNA。在线粒体的遗传密码中，有 4 组密码子其氨基酸特异性只决定于三联体的前两位碱基，它们由 1 种 tRNA 即可识别，该 tRNA 反密码子第 1 位为 U。其余的 tRNA 或者识别第 3 位为 A、C 的密码子，或者识别第 3 位为 U、C 的密码子。说明所有的 tRNA 或识别 2 个密码子，或识别 4 个密码子。

在标准遗传密码中，甲硫氨酸和色氨酸分别只有一个密码子。在线粒体中，它们各有两个密码子。除了 Met 的正常密码子 AUG 以外，在线粒体中 AUA 也编码 Met，这是从异亮氨酸密码子转变过来的。正常的色氨酸密码子是 UGC，在线粒体中 UGA 也编码色氨酸，这是由终止密码子转变来的。Met 和 Trp 各自的两个密码子各由单个 tRNA 识别。

除了线粒体以外，某些生物也有少量特殊密码子，如通常意义的终止密码子 UGA 在支原体中编码 Trp(见知识扩展 9-3　线粒体和某些生物的特殊密码子)。

9.3.6　遗传密码的防错系统

一般认为遗传密码的进化方式可使突变的影响最小化，如最常见的突变是转换，很少见颠换。遗传密码第3位的转换通常不改变其编码的氨基酸，但会引起甲硫氨酸(AUG)与异亮氨酸(AUU、AUC、AUA)，或者色氨酸(UGG)与终止密码子(UGA)间的互换。颠换如果发生在第3位，有一半不改变其编码的氨基酸，另一半将导致相似氨基酸的互换，如天冬氨酸(GAU、GAC)或谷氨酸(GAA、GAG)间的互换。如果第2位发生转换，会导致同类型氨基酸间的转变，但如果颠换的话，就会改变氨基酸的类型。

从遗传密码表中可以看出，密码子的第2位决定氨基酸的极性。第2位为U时，常编码非极性、疏水和支链氨基酸。第2位为A或G时，其编码的氨基酸具有亲水性。若第1位碱基为C或A，第2位碱基为A或G，所决定的氨基酸具有可解离的亲水性侧链并具有碱性。带有酸性亲水侧链的氨基酸密码子前两位为AG，第3位为任意碱基。密码子第1位的突变往往引起同类氨基酸的替换，如Ser和Thr理化性质接近，其密码子分别是UCN和ACN。若Ser的第1位U突变成A，就变成Thr，对蛋白质的结构和功能影响不大。若Ser的第3个核苷酸突变成其他核苷酸，则仍编码Ser。

由此可见，即使密码子的一个碱基被置换，多数情况下仍编码相同的氨基酸，或者性质接近的氨基酸。这种机制能降低突变可能造成的危害，即编码具有防错功能。

9.3.7　开放阅读框

开放阅读框(ORF)指从起始密码子到终止密码子的一段连续的密码子区域，或者在DNA测序时，由计算机辨认出的可能的编码区域。如果没有已知的蛋白质产物，称开放阅读框，如果能够编码已知的蛋白质就被称为编码区。所以，开放阅读框就是潜在的编码区。

在重叠基因中一个基因的部分或者全部编码区与另一个基因的编码区重叠，某些较小病毒的基因组利用这种方式来增加基因组的编码能力。但这也引出一个问题，核糖体为了翻译重叠基因，必须能够发现第二个起始密码子，这一步可在不解离模板的状态下完成。真核生物则通过RNA的可变剪接，从一个基因合成不同的蛋白质。

9.4　氨酰-tRNA的合成

9.4.1　合成氨酰-tRNA的反应

氨基酸在用于合成多肽链之前必须先经过活化，并与其特异的tRNA结合，这个过程由氨酰-tRNA合成酶(aminoacyl-tRNA synthetase，aaRS)催化。反应消耗ATP生成AMP和焦磷酸，焦磷酸很快被分解，推动氨酰tRNA的生成(图9-6a)。

如图9-6b所示，合成氨酰-tRNA的反应分为两步。第一步由ATP供能，氨酰-tRNA合成酶与氨酰-AMP形成复合物。第二步该复合物与特异的tRNA作用，形成氨酰-tRNA。

如图9-6c所示，氨酰tRNA合成酶分为两类。Ⅰ型氨酰-tRNA合成酶将氨基酸连接到tRNA末端核糖的2′-羟基上，随后通过酯交换将氨基酸转移到3′-羟基。Ⅱ型氨酰-tRNA合成酶将氨基酸直接加到tRNA末端核糖的3′-羟基上。

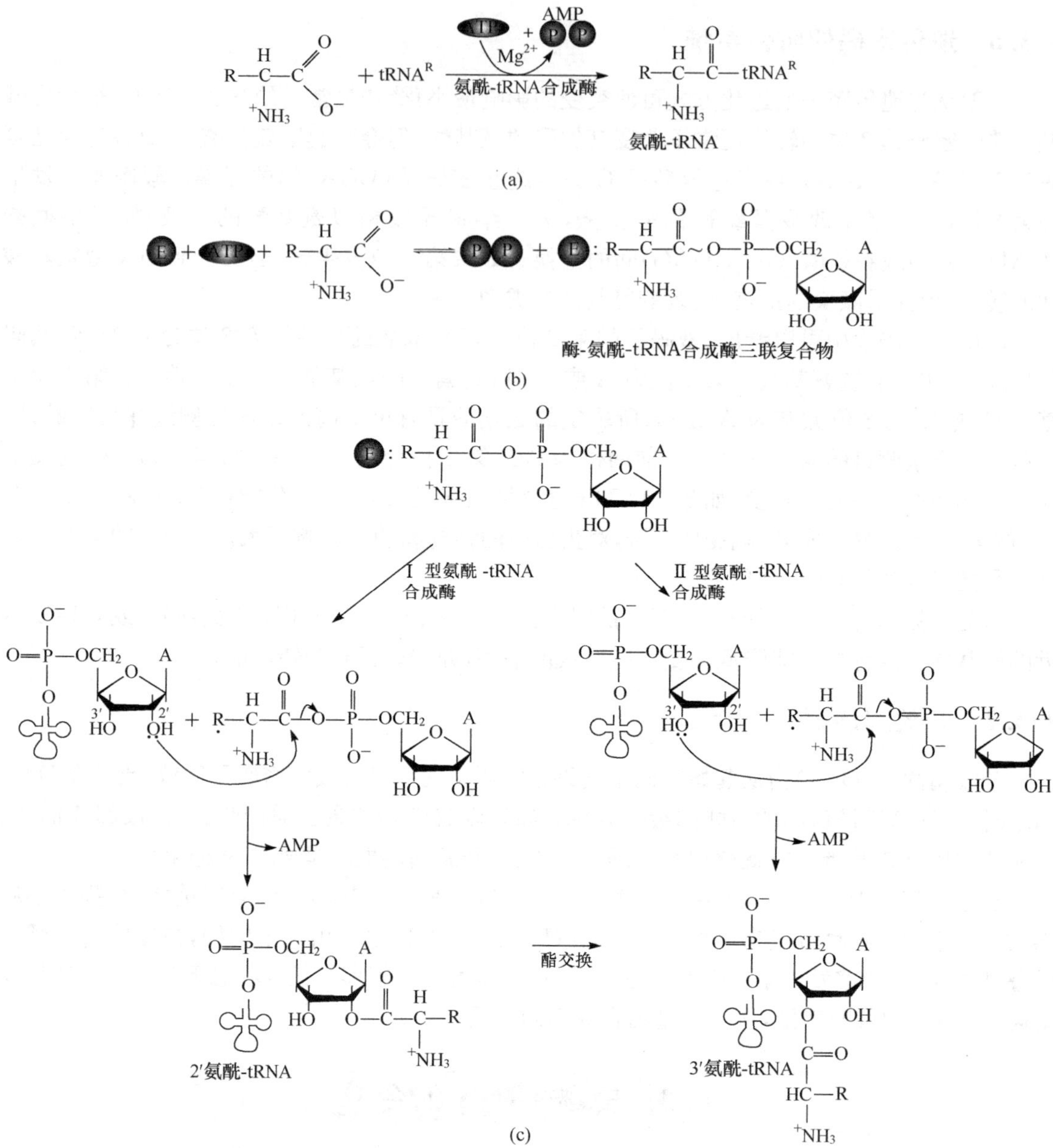

图 9-6　氨酰-tRNA 的合成

Ⅰ型酶是单体酶，像 tRNA 的摇篮，抓住反密码子环(在 tRNA 分子底部)，并与反密码子臂和氨基酸臂的小沟一侧结合，将氨基酸臂置于酶的活性部位。Ⅱ型酶一般是同源二聚体，与 tRNA 分子反密码子臂和氨基酸臂的大沟一侧结合(图 9-7)。

Ⅰ型酶负责 Arg、Cys、Gln、Glu、Ile、Leu、Met、Trp、Tyr 和 Val 的氨酰化，Ⅱ型酶负责 Ala、Asn、Asp、Gly、His、Lys、Phe、Pro、Ser 和 Thr 的氨酰化。

细菌的 Met-tRNA^{fMet} 还要被特异的甲酰化酶甲酰化，甲酰基的供体是 N^{10}-甲酰四氢叶酸。

$$N^{10}\text{-甲酰四氢叶酸}+\text{Met-tRNAi}^{fMet}\longrightarrow\text{四氢叶酸}+\text{fMet-tRNAi}^{fMet}$$

合成氨酰-tRNA 的反应具有很重要的意义，首先氨基酸被活化，有利于生成肽键的耗能反应。其次，tRNA 可识别 mRNA 的遗传密码，使氨基酸掺入到肽键的合适位置。

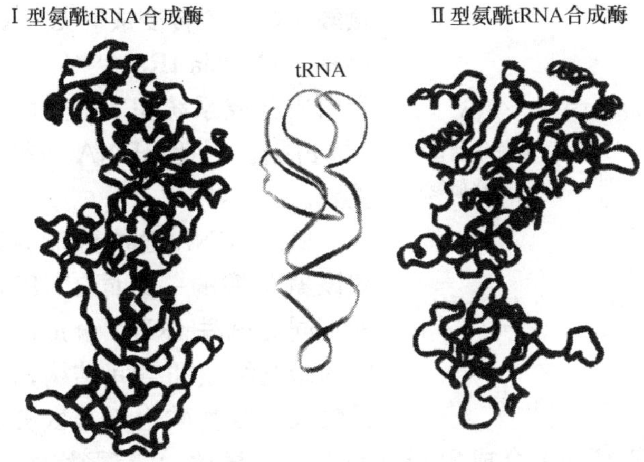

图 9-7 两类氨酰 tRNA 合成酶分别作用于 tRNA 的两侧

原核细胞的 tRNAi 分子结构与其他 tRNA 有所不同，如受体茎上第一个碱基不配对，而其他 tRNA 这一碱基都是配对的。如果将 tRNAi 受体茎上第一个碱基突变为配对的碱基，则突变后的起始 tRNA 可参与肽链合成的延伸。此外 tRNAi 的反密码子茎上连续出现 3 个 GC 碱基对，若这 3 个 GC 碱基对发生突变以后，tRNAi 不能再进入核糖体的 P 部位。Met-tRNAi 可以被特殊的甲酰化酶催化，形成 fMet- $tRNA^{fMet}$。fMet- $tRNA^{fMet}$ 只能在 IF-2 协助下进入核糖体的 P 位，确保它不去解码内部的 Met 密码子。

9.4.2 氨酰-tRNA 合成酶的特异性

原核生物的氨酰-tRNA 合成酶存在于细胞质，按亚基结构分为单体(α_1)、二聚体(α_2)、同型四聚体(α_4)或异型四聚体($\alpha_2\beta_2$)，其多肽链的长度为 344～1000 个氨基酸。真核生物的氨酰-tRNA 合成酶可形成 11 条肽链组成的特殊聚集体，M_r 为 10×10^5。

氨酰-tRNA 合成酶能够区分细胞中的 40 多种形状相似的 tRNA 分子，主要原因是该酶能识别 tRNA 分子的鉴别元件。鉴别元件是 tRNA 分子上几个核苷酸甚至单个核苷酸组成的正、负元件，正元件决定 tRNA 能接受哪一种氨基酸，负元件则决定 tRNA 不能接受何种氨基酸。鉴别元件还可称为是 RNA 的个性(identity)，也有人称之为第二套遗传密码。鉴别元件经常出现在氨基酸受体臂和反密码子环上，如大肠杆菌 $tRNA^{Ala}$ 受体臂中的 G3∶U70 碱基对。如果将含有 G3∶C70 碱基对的 $tRNA^{Lys}$、$tRNA^{Cys}$ 和 $tRNA^{Phe}$ 突变为 G3∶U70，这些 tRNA 转而携带 Ala。反之，如果将 $tRNA^{Ala}$ 的 G3∶U70 碱基对突变为 G∶C、A∶U 或者 U∶G，会使其不能携带 Ala。有些 tRNA 的鉴别元件为反密码子，如 $tRNAi^{Met}$(图 9-8)。

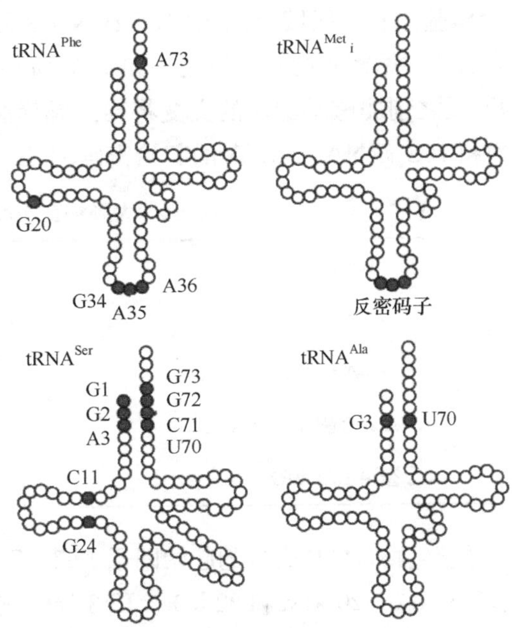

图 9-8 几种 tRNA 的鉴别元件

mRNA 只能识别特异的 tRNA，不能识别其所携带的氨基酸。如用镍催化将[^{14}C]-半胱

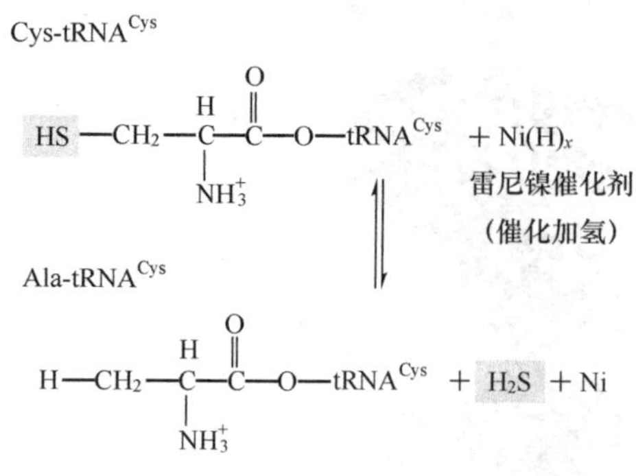

图 9-9 Ala-tRNA^{Cys}的生成

氨酸-tRNA^{Cys}转变成[^{14}C]-Ala -tRNA^{Cys}(图 9-9),再将[^{14}C]-Ala-tRNA^{Cys}加到含血红蛋白 mRNA 的蛋白质合成系统里,发现血红蛋白 Cys 的位置被 Ala 占据。因此,tRNA 与氨基酸的正确连接至关重要。

氨酰 tRNA 合成酶能够识别特定氨基酸和运载该氨基酸的一组同工 tRNA,故多数细胞有 20 种不同的氨酰-tRNA 合成酶。不同的 tRNA 有不同的碱基组成和空间结构,容易被酶识别,结构差异较大的氨基酸也不难区分。识别结构相似的氨基酸比较困难。但氨酰-tRNA 合成酶既有高度的特异性,又有严格的校对(editing)功能,可准确识别不同的氨基酸。例如,Ile 的氨酰 tRNA 合成酶有一个能识别 Ile 的小洞,这个洞太小,使 Met 和 Phe 这样的大分子不能进入。并且,这个洞是疏水的,带有极性侧链的氨基酸也不能进入。但是比 Ile 稍小的 Val,有可能能进入这个口袋。Val 代替 Ile 的概率为 1/150,这个错误率太高了。好在 Ile 的氨酰 tRNA 合成酶能够识别错误连接的 Val,并用其水解酶活性切除 Val,tRNA 重新连接正确的 Ile,这个校正步骤可以将错误率降低至 1/10 000。

9.5 原核生物的蛋白质合成

9.5.1 原核生物肽链合成的起始

在肽链合成的起始阶段,首先在 mRNA 上选择合适位置的起始密码 AUG,使核糖体小亚基与 mRNA 结合。Shine 和 Dalgarno 发现,在细菌的 mRNA 上通常含有一段富含嘌呤的碱基序列,后来被称为 SD 序列(5′-UAAGGAGGU-3′)。该序列一般位于起始 AUG 序列上游 10 个碱基左右的区域,与细菌 16S rRNA 3′端的 7 bp 序列互补,这种特异识别是细菌蛋白质合成识别起始密码的主要机制。如果在 SD 序列上发生增强碱基配对的突变,能够促进翻译起始,反之削弱碱基配对的突变将导致翻译起始效率下降。表 9-4 列出了一些 mRNA 的 SD 序列和 16S rRNA,mRNA 的起始密码和 SD 序列的一致序列已用下划线标出。

表 9-4 大肠杆菌 16S rRNA 与 SD 序列的识别

16S rRNA	3′…HO AUUCCUCCACUA …5′
lacZ mRNA	5′…ACAC AGGAAACAGCU AUG…3′
trpA mRNA	5′…AG GAGGGGAAAUCUG AUG…3′
RNA 聚合酶 β mRNA	5′…GAGCU GAGGAACCCU AUG…3′
γ 蛋白 L10 mRNA	5′…C C AGGAGCAA AGCUA AUG…3′

原核生物蛋白质合成的起始因子 IF-1、IF-2、IF-3 在数目上均是核糖体的 1/10,其分子质量分别为 9 kDa、120 kDa 和 22 kDa。IF-3 促使核糖体的 30S 亚基和 50S 亚基分离,IF-1 促进 IF-3

与小亚基的结合，加速大小亚基的解离。IF-2 是一种小分子 G 蛋白，与 GTP 结合，促进 fMet-tRNAi^{fMet}与核糖体 30S 小亚基结合。如图 9-10 所示，翻译起始可看作 3 个步骤。

(1) 形成 mRNA-30S 复合物　原核生物 mRNA 的每个编码区的 5′端都有起始密码子和 SD 序列，只要与核糖体小亚基的 16S rRNA 的反 SD 序列之间有 3 个以上的碱基配对，就可形成 IF-3-30S-mRNA 复合物。但 SD 序列附近的二级结构对核糖体的结合和翻译效率有一定影响。游离的 30S 亚基首先与 IF-1 和 IF-3 结合，以阻止 30S 亚基在结合 mRNA 之前与大亚基的结合，防止无活性核糖体的形成。

(2) 30S 起始复合物与 fMet-tRNAi^{fMet}结合　IF-2 是促进 fMet-tRNAi^{fMet}结合到 30S 复合物的主要因子，但在缺乏 GTP 及其他因子时，IF-2 不能结合到 30S 亚基上。要先形成 fMet-tRNAi^{fMet}-GTP-IF-2，才能与 30S-mRNA 复合物结合。完整的 30S 起始复合物包括 30S 亚基、mRNA、fMet-tRNAi^{fMet}、GTP、IF-1、IF-2、IF-3，mRNA 的起始密码子 AUG 处于 P 位点。只有 fMet- tRNAi^{fMet}进入核糖体受 IF-2 的控制，结合于 30S 亚基的 P 位，解读起始密码子 AUG。其他氨酰-tRNA，包括 Met-tRNAi^{Met}，不受 IF-2 控制，只能进入 A 位，阅读mRNA内部的密码子。

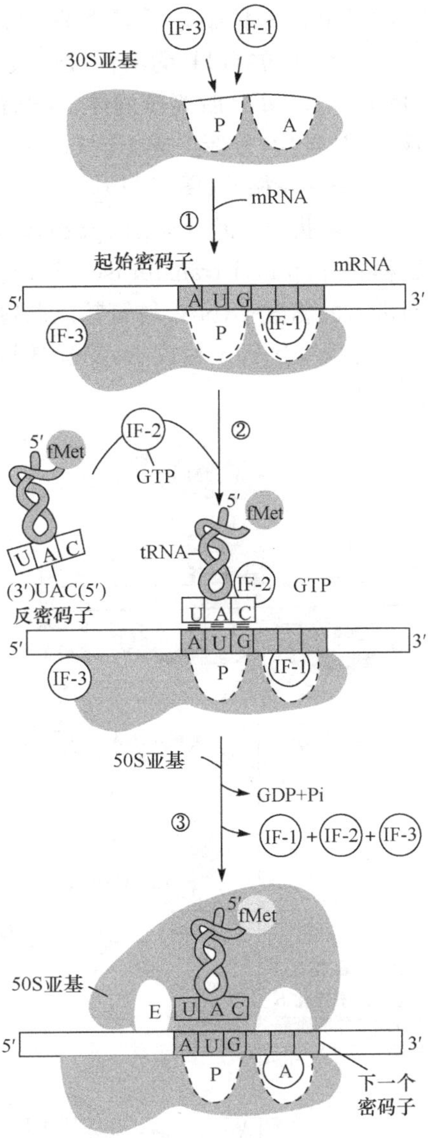

图 9-10　原核生物起始复合物的形成

(3) 形成 70S 起始复合物　在 30S 复合物与 50S 大亚基结合之前，IF-1 和 IF-3 相继从复合物脱落，随后 GTP 水解成 GDP，IF-2 离开复合物，fMet-tRNAi^{fMet}则留在 P 位点。IF-2 具有核糖体依赖性 GTPase 活性(ribosome-dependent GTPase activity)，能和完整核糖体一起构成 GTPase，IF-2 本身不是 GTPase，但可以激活某种核糖体蛋白。IF-2 解离使核糖体构象改变，形成 70S 起始复合物。在起始复合物中，核糖体 P 位被 fMet-tRNAi^{fMet}占据，而 A 位空着，有待与 mRNA 上第二个密码的对应的氨酰-tRNA 进入，使肽链合成进入延长阶段。

9.5.2　原核生物肽链的延伸

肽链的延伸(elongation of polypeptide chain)指第二个及其后的氨酰-tRNA 进入核糖体，形成肽键的过程。延长过程所需的蛋白质因子称延伸因子(elongation factor，EF)，包括热稳定性的 EF-Ts、热不稳定性的 EF-Tu 和促使核糖体移位的 EF-G，肽链的延伸分进位、转肽和移位 3 个步骤。

(1) 进位　**进位**(entrance)指氨酰-tRNA 的反密码子与 mRNA 的密码子在核糖体识别，使氨酰-tRNA 进入核糖体的 A 位。起始复合物形成后，后续的氨酰-tRNA 生成 AA-tRNA・EF-Tu・GTP 复合物，使氨酰-tRNA 进入核糖体的 A 位，解读 A 位的密码子。

EF-Tu 是一种小分子 G 蛋白，与 GTP 结合促进氨酰-tRNA 进入 A 位。若正确的氨酰-tRNA 进入 A 位，GTP 酶活性很快被激活，将 GTP 水解为 GDP 和 Pi，引起 EF-Tu 的构象变化，使 EF-Tu-GDP 脱离核糖体。随后，EF-Tu-GDP 中的 GDP 被 EF-Ts 替代，然后 EF-Ts 又可被 GTP 替代，重新生成 EF-Tu-GTP。这样，延伸因子又可催化另一个氨酰-tRNA 进入 A 位，进入新一轮循环(图 9-11)。

(2) 转肽　**转肽**(transpeptidation)包括转位和肽键的形成，催化这一过程的酶称为肽酰基转移酶(peptidyl transferase)，P 位上 tRNA 携带的甲酰甲硫氨酰(或肽酰)基转移到 A 位上新进入的氨酰-tRNA，与氨基以肽键结合。反应过程是氨酰-tRNA 上氨基酸的氨基对肽酰-tRNA 的羧基进行亲核攻击，使羧基与氨基共价结合形成肽键，肽键生成后，P 位为空载tRNA(图 9-12)。

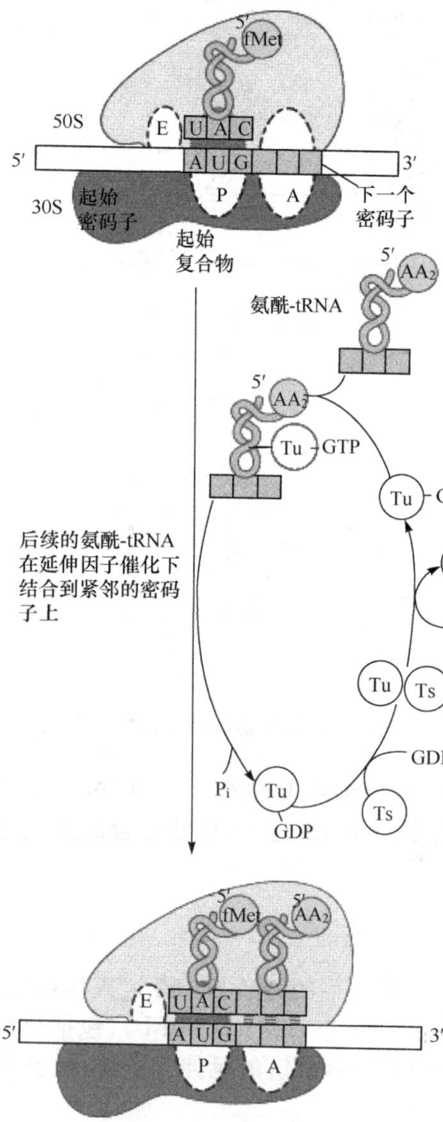

图 9-11　原核生物肽链的延伸

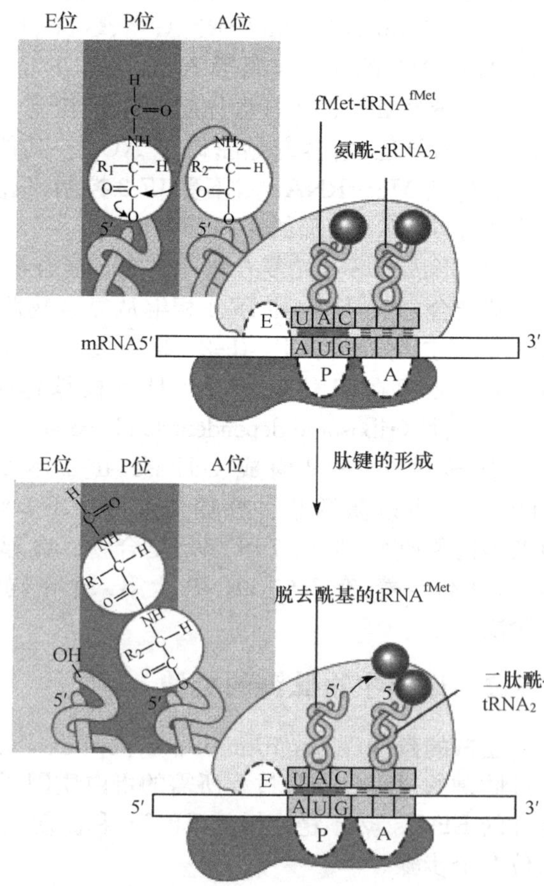

图 9-12　肽链合成中的转肽反应

将标记的氨酰-tRNA和嘌呤霉素加入反应体系，可以释放氨基酰-嘌呤霉素，或者肽酰-嘌呤霉素，说明它们已经在两个位点发生了移位并形成了肽键。进一步实验证明，无需30S亚基和可溶性因子的协助，就能完成肽基转移酶的反应。用氯霉素和其他抑制肽基转移酶的抗生素处理，能抑制产物的生成，表明50S亚基中完成的反应与正常肽基转移酶有相同的过程。用苯酚、SDS或蛋白酶K等处理50S亚基，去除所有蛋白质。分离嗜热细菌50S亚基的23S rRNA，发现23S rRNA可以完成转肽反应。因此认为23S rRNA在肽基转移酶活性中起主要作用，后来的突变试验进一步验证了这个结果。

(3) 移位　**移位**(translocation)指肽酰-tRNA和mRNA相对于核糖体的移动，这一过程需要移位因子EF-G，并需要GTP水解供能。移位时核糖体沿mRNA的5′→3′方向移动一个密码子，结果肽酰-tRNA从A位进入P位，mRNA上一个新的密码子则进入A位。放射性同位素标记实验证明，空载的tRNA并不立即从核糖体上解离下来，而是移到核糖体一个凹槽，称为E位。直到新的氨酰-tRNA结合到A位时，E位空载的tRNA才解离下来(图9-13)。

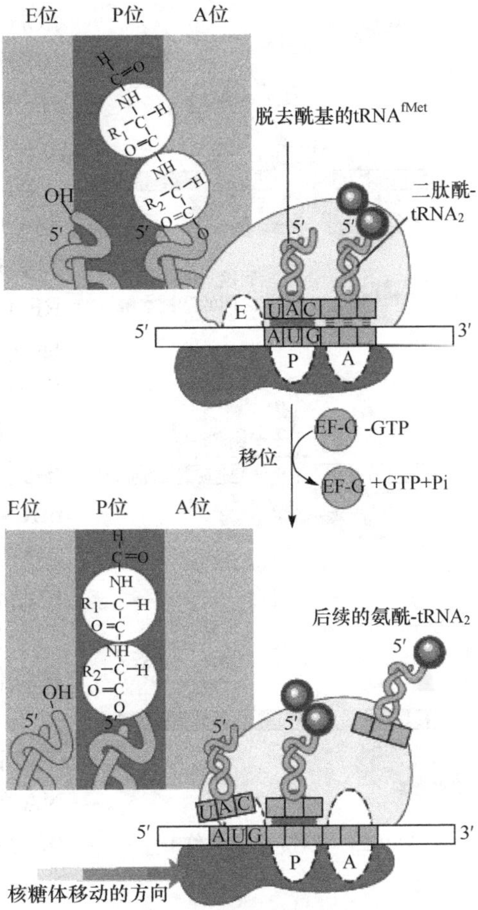

图9-13　肽链合成中的移位

移位的机制可以用核糖体的构象变化来解释，核糖体有两种构象状态，移位前A位和P位对氨酰-tRNA和肽酰-tRNA有较高的亲和性，E位亲和性较低。移位后，新的氨酰-tRNA进入A位并完成转肽，E位与tRNA的亲和性增强，使空载的tRNA结合在E位点。通过构象变化，延伸反应的3个步骤得以不断循环。

蛋白质合成时，mRNA从5′→3′翻译，肽链从N端向C端合成。生成一个肽键需消耗4个高能磷酸键，其中氨酰-tRNA的生成消耗2个ATP、进位和移位各消耗1个GTP。

EF-Tu和EF-G与GTP及GDP的结合与否，在肽链延伸中有关键的调控作用，这可以通过GTP的类似物GMPPCP说明。GMPPCP在β和γ磷酸基团之间不含氧，而是一个亚甲基，因此难以发生类似GTP水解成GDP的反应。在延伸反应中，若用GMPPCP取代GTP，延长反应减慢。这是因为没有GDP生成，延伸因子很难与核糖体解离。与GTP发生反应的翻译因子属于G蛋白家族，所有的G蛋白都能结合并水解GTP。当G蛋白与GTP结合后，这些蛋白质被激活，当结合的GTP水解为GDP后，又变成无活性的构象。

肽链延长过程中，进位、转肽和移位3个步骤不断重复，称核糖体循环(ribosomal cycle)。循环一次，肽链延长一个氨基酸，直至肽链合成终止。

9.5.3　原核生物肽链合成的终止

当终止密码子UAG、UAA或UGA出现在核糖体A位时，氨酰-tRNA不能与终止密码子结合，进入A位的是**肽链释放因子**(release factor，RF)。RF在GTP的存在下识别终止密码子，使肽基转移酶的水解酶活性被激活，催化P位点tRNA与肽链之间的酯键水解，新生肽链和

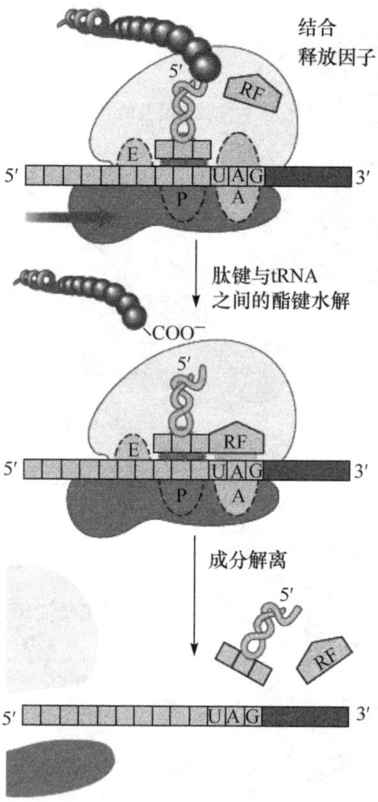

图 9-14　肽链合成的终止

最后一个空载的 tRNA 从核糖体 P 位点上释放，70S 核糖体解离成 50S 亚基和 30S 亚基，再进入新一轮的多肽合成(图 9-14)。

原核生物有 3 种释放因子，当终止密码子进入核糖体上的 A 位点后，RF-1 识别 UAA 和 UAG，RF-2 识别 UAA 和 UGA。RF-3 是一种依赖于核糖体的 GTPase，其结构具有类似于 EF-Tu-tRNA-GTP 三元复合物的蛋白质部分，RF-1 和 RF-2 的结构和大小类似于tRNA。所以，RF-3 可促进 RF-1 和 RF-2 与 tRNA 竞争结合核糖体，像 tRNA 一样识别密码子。

原核细胞的一条 mRNA 可结合多个核糖体，甚至可多到几百个。蛋白质开始合成时，第一个核糖体在 mRNA 的起始部位结合，伴随肽链合成向 mRNA 的 3′端移动一定距离后，第二个核糖体又在 mRNA 的起始部位结合，向 3′端移动一定的距离后，在起始部位又结合第三个核糖体。两个核糖体之间有一定长度的间隔，每个核糖体都独立完成一条多肽链的合成。多核糖体可以在一条 mRNA 链上同时合成多条相同的多肽链，大大提高了翻译的效率。多聚核糖体的核糖体数量，与模板 mRNA 的长度有关。例如，血红蛋白的多肽链 mRNA 编码区为 450 nt，可串联 5～6 个核糖体；而肌球蛋白的 mRNA 为 5400 nt，可结合 50～60 个核糖体(图 9-15)。

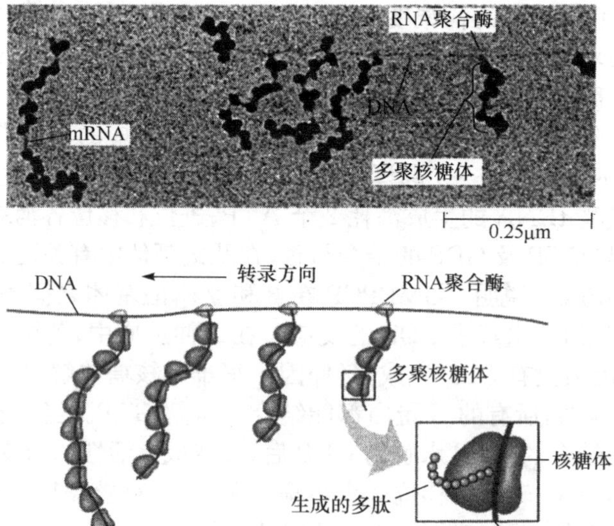

图 9-15　多聚核糖体的电镜照片和示意图

9.6 真核生物的蛋白质合成

9.6.1 真核生物肽链合成的起始

真核生物蛋白质生物合成的起始与原核生物基本相同，但是也存在一些差异：① 蛋白质合成起始于 Met，而不是原核的 fMet；② 真核生物 mRNA 没有 SD 序列，但 5′端的帽子结构可与核糖体的 40S 亚基结合，通过滑动扫描寻找 AUG 起始密码子；③ 真核细胞的核糖体为 80S；④ 真核细胞蛋白质合成的起始因子种类多，起始过程十分复杂；⑤ 真核生物核糖体的 40S 亚基在与 mRNA 结合前，先与 Met-tRNAi^{Met}结合，形成 43S 前起始复合物；⑥ 形成起始复合物需要依赖于 RNA 的 ATP 酶和解链酶消除 mRNA 的二级结构，即起始过程不仅需要 GTP，而且需要 ATP。

真核生物蛋白质合成的起始，需要在 mRNA 5′端的多个 AUG 中寻找正确的起始密码子。核糖体对 AUG 的识别，依赖于 AUG 上下游序列的一个共同序列(consensus sequence) 5′-CCRCC <u>AUG</u>C-3′(R 代表 A 或 G)和多种蛋白质因子(表 9-5)。

表 9-5 参与真核生物翻译的起始因子、延伸因子和终止因子

辅因子	活性
eIF1	与 mRNA 结合形成 40S 前起始复合物
eIF1A	稳定 Met-tRNAi 与 40S 核糖体的结合
eIF2	为小分子 G 蛋白，依赖于 GTP 促进 Met-tRNAi^{Met}结合到 40S 上
eIF2B	促进 eIF2 · GDP 与细胞质中 GTP 的交换
eIF3	促进 80S 核糖体的解离及 Met-tRNAi 和 mRNA 与 40S 亚基的结合
eIF4A	用依赖于 RNA 的 ATP 酶和解链酶的活性破坏 mRNA 的二级结构，促进 mRNA 结合到 43S 复合物
eIF4B	与 mRNA 结合，促进 RNA 解链酶活性和 mRNA 与 40S 亚基的结合
eIF4E	帽子结合蛋白，为 eIF4F 复合物的一部分
eIF4G	为 eIF4F(旧称 CBPⅡ)复合物的一部分，可同时与 eIF4E 和 PABP 结合
eIF5	促进其他起始因子与 40S 亚基解离，促进 eIF2 的 GTP 酶活性，使 40S 和 60S 亚基形成 80S 起始复合物
eEF1	一种小分子 G 蛋白，可结合氨酰 tRNA，促进其进入核糖体的 A 位
eEF2	一种小分子 G 蛋白，促进移位
eEF3	只存在于真菌，提高翻译的忠实性
eRF1/eRF3	两者形成二聚体，eRF1 识别 3 个终止密码子，eRF3 是一种小分子 G 蛋白
PABP	结合多聚 polyA 尾巴，与 eIF4G 相互作用

真核生物蛋白质合成的起始因子称为**真核起始因子**(eukaryote initiation factor，eIF)，其种类比原核生物多(表 9-5)。按其功能可大致分为 4 类：① 与核糖体亚基结合，如 eIF1 和 eIF3 可与 40S 亚基结合；② 识别 5′-帽子结构，与 mRNA 结合，并解开其二级结构的因子，如 eIF4E 是帽子结合蛋白，eIF4A 有解旋酶活性；③ 参与 tRNA 转运，如 eIF2 和 eIF2B 等；④ 与其他起始因子相互作用，如 eIF4G 是能够提供多种起始因子结合的接头，eIF5 能水解 GTP，

促使其他起始因子脱离复合物。

真核细胞的 mRNA 要经历复杂的转录后加工，所以翻译系统首先需要对 mRNA 进行检查，以确保只有加工好的 mRNA 才能用作模板。参与这一步反应的起始因子是 eIF4 系列，其中 eIF4E 为帽子结合蛋白，eIF4G 是一种接头分子，既能与 eIF4E，又能与结合在 3′端尾巴上的 PABP(polyA binding protein)结合，还能结合 eIF3，使 mRNA 的 5′端和 3′端相互靠近成环。mRNA 的环化使完成翻译新释放的核糖体亚基所处的位置恰到好处，容易在同一个 mRNA 分子上重新启动翻译。eIF4G 与 PABP 的结合不仅保证了只有成熟的完整 mRNA 才能被翻译，而且还可招募其他起始因子，如 eIF4A 和 eIF4B。eIF4A 是一种依赖于 ATP 的 RNA 解链酶，负责破坏 mRNA 5′端的二级结构，暴露起始密码子，以利于核糖体的结合。而 eIF4B 是一种 RNA 结合蛋白，可刺激 eIF4A 的解链酶活性。eIF4F 实际上是帽子结合蛋白 eIF4E、eIF4A 和 eIF4G 的复合物，这 3 种蛋白之间的相互作用加强了 eIF4E 与 mRNA 帽子结构的结合(图 9-16)。

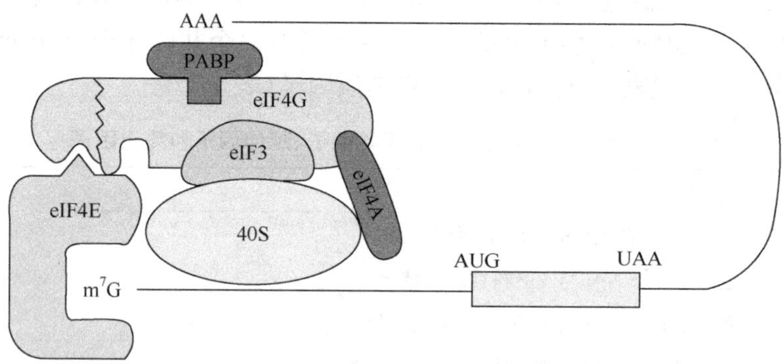

图 9-16　eIF4 与 mRNA 的环化

如图 9-17 所示，真核生物蛋白质合成起始复合物的组装可以看成 7 个步骤。①eIF3 与 40S 亚基结合，促使 40S 亚基与 60S 亚基分离，eIF1 进入 A 位。②eIF2-GTP 和 eIF5B-GTP 促使 40S 亚基与 Met-tRNAi^{Met}结合，形成 43S 前起始复合物。③eIF4F(eIF4A、eIF4G、eIF4E 三者的合称)与 mRNA 的 5′-非编码区结合，其中 eIF4E 与帽子结构结合，eIF4A 有解旋酶活性，eIF4G 是多功能接头，可连接 eIF4A 和 eIF4E，还可与 polyA 结合蛋白(PABP)结合，使 mRNA 环化(图 9-16，见电子教程知识扩展 9-4mRNA 环化的图解)。④eIF4B 与 eIF4F 结合，激活 eIF4A 的解旋酶活性，并利用 ATP 去除 mRNA 的二级结构，使 43S 前起始复合物与 mRNA 结合。⑤43S 复合物在 mRNA 链上滑动扫描寻找 AUG 起始密码子。⑥eIF2 水解 GTP，促使 eIF2 和 eIF3 离开复合物，40S 亚基与 60S 亚基结合。eIF2 的 α 亚基可被磷酸化，调控蛋白质合成的速率。例如，病毒感染及随后干扰素的产生等反应均能促进 eIF2 的磷酸化，从而抑制蛋白质的合成。⑦ eIF5B 水解 GTP，促使其他起始因子脱离复合物，形成完整的 80S 起始复合物。步骤⑥和⑦释放的各种蛋白质因子，可进入下一轮起始循环。

有些真核生物 mRNA 的起始密码子 AUG 位于 5′端的 40 nt 范围内，核糖体的结合可以覆盖 5′-帽子结构和起始密码子。但多数 mRNA 的起始密码子 AUG 离 5′-帽子较远，滑动扫描模型(scanning model)认为 40S 亚基首先识别 5′-帽子，然后沿 mRNA 移动进行扫描。当 40S 亚基扫描先导序列时，可以解开稳定性小于 126 kJ 的二级结构，当 40S 亚基遇到位置合适的起始密码子 AUG 时即停止移动。一般来说，若在 AUG 前的第 3 个碱基为 A(或 G)，从

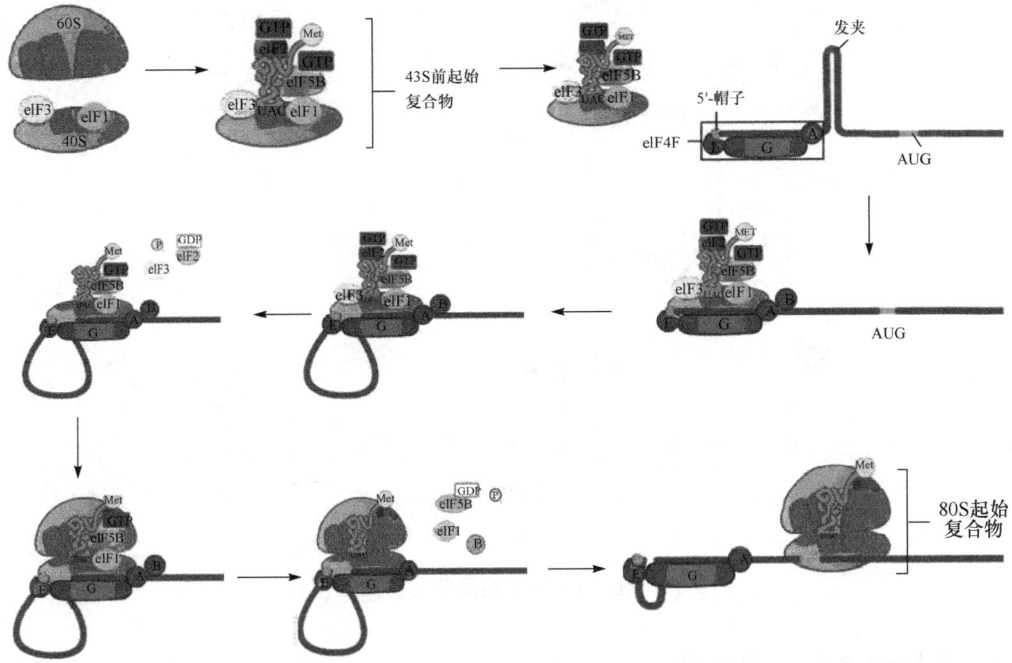

图 9-17　真核生物蛋白质合成起始复合物的组装

A 算起的第 4 个碱基为 G，翻译效率可提高 10 倍，有人称其为－3A，＋4G 规律。当 40S 亚基定位于 AUG 上，即停止扫描，60S 亚基加入，形成完整的 80S 起始复合物（见电子教程知识扩展 9-5　滑动扫描模型的图解）。

若前导序列很长，第一个 40 S 亚基还未离开起始位点，5′端又会被新的 40S 亚基识别，从而在前导序列和起始位点之间形成多个核糖体亚基。

多数真核 mRNA 的翻译是从离 5′端最近的 AUG 开始的，但如果第一个 AUG 所在的位置不好，40 S 亚基会跳过第一个 AUG，继续搜索下游位置更好的 AUG，这样的模式被称为**遗漏扫描**（the leaky scanning）。如－3 或＋4 位的是嘧啶碱基，40S 亚基一般会漏过这个 AUG，继续扫描。一种地中海贫血症的病因就是 α-珠蛋白基因的前导序列由 ACC AUGG 变成了 CCC AUGG，使翻译效率大大降低。遗漏扫描并不都是有害的，在病毒中这种模式被用来更加经济地利用其编码空间。例如，HIV-1 病毒的包膜蛋白 ENV（*env* 基因编码），是 HIV 免疫学诊断的主要检测抗原。该蛋白 mRNA 的第一个 AUG 位置不好，是病毒辅助蛋白 Vpu 的起始密码子。其后一个位置更好的 AUG 是 ENV 的起始密码子。由于 ENV 的起始密码子位置更好，遗漏扫描的机会就会更多，翻译出需求量大的包膜蛋白 ENV，而需求量不多的 Vpu 蛋白则因为起始密码子被识别的效率低而产量较少。

若 40S 亚基遇到强二级结构，就会跳过一大段包括 AUG 在内的序列，在下游继续扫描，寻找合适的起始密码子，这种模式称跳跃扫描。若 mRNA 上有两个 ORF，第一个 ORF 翻译完后，40S 亚基并不离开 mRNA，而是继续恢复扫描，寻找第二个 ORF 的起始密码子，这便是重启扫描（图 9-18）。

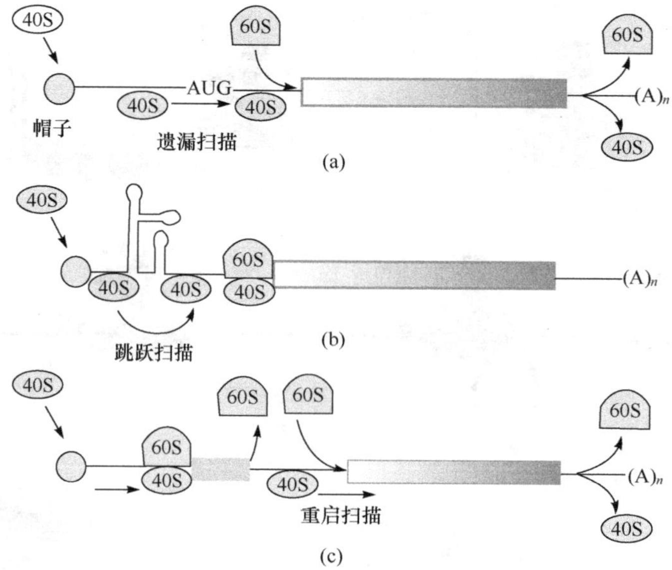

图 9-18 真核 mRNA 翻译的几种扫描模式

9.6.2 真核生物肽链的延伸

真核生物肽链的延伸也经历进位、转肽和移位的不断循环，只是由 eEF-1α 和 eEF-1βγ 代替了原核系统中的 EF-Tu 和 EF-Ts，eEF-2 代替了 EF-G，转肽酶的活性可能由核糖体的 28S RNA 和蛋白质提供。真菌还需要第三种延伸因子 eEF-3，该延伸因子的作用是维持翻译的忠实性。真核生物肽链延伸的速度低于原核生物，大概是每秒钟掺入 2 个氨基酸。

9.6.3 真核生物肽链合成的终止

真核生物的肽链终止只需 2 种释放因子，eRF1 可识别 3 种终止密码子，eRF3 是 G 蛋白，结构和功能与 RF-3 相似。

根据晶体结构和计算机辅助分析，原核和真核生物的释放因子可分为两类：第Ⅰ类是 RF-1、RF-2 和 eRF-1，其结构与 tRNA 相似，称 tRNA 样翻译因子（tRNA-like translation factor）或 tRNA 模拟物（tRNA-mimicry）。第Ⅰ类释放因子能结合在核糖体的 A 位点，识别终止密码子，促进肽酰-tRNA 的酯键水解。第Ⅱ类释放因子是 RF-3 和 eRF-3，具有 GTPase 活性，能增强第Ⅰ类释放因子的活性。这两类释放因子协同作用，共同完成翻译的终止。

9.7 蛋白质生物合成的抑制剂

蛋白质合成的抑制剂，绝大多数作用位点是核糖体，也有的作用于起始因子或延伸因子。

9.7.1 原核生物肽链合成的抑制剂

原核生物肽链合成的抑制剂主要是一些抗生素，如链霉素、青霉素、四环素、红霉素、氯霉素、嘌呤霉素等，这些抑制剂不仅对于研究蛋白质的合成机制十分重要，也是临床上治疗细菌感染的重要药物。但是，这些抑制肽链合成的抗生素作用机制并不相同。

四环素(tetracyclines)能阻断氨酰-tRNA 进入 A 位点而抑制肽链延长，氯霉素(chloramphenicol)能阻止 mRNA 与核糖体的结合，链霉素(streptomycin)等氨基糖类抗生素干扰密码子和反密码子的配对，能导致核糖体误读 mRNA，也能抑制肽链合成的起始。对链霉素有抗性的菌株有的是核糖体蛋白 S12 发生了突变，有的是 16S rRNA 的 C912 碱基发生了变化。红霉素(erythromycin)作用于 50S 亚基上的多肽离开通道，阻断肽链离开核糖体。这些抗生素只与原核细胞核糖体发生作用，阻遏原核生物蛋白质的合成，抑制细菌生长。

9.7.2 真核生物肽链合成的抑制剂

有一些抑制剂对真核细胞肽链合成是特异的。例如，7-甲基鸟苷酸(m^7Gp)在体外抑制真核细胞的翻译起始，机制是 m^7Gp 与帽子结合蛋白竞争性地与 mRNA 的 5′端帽子结合。

还有一些抑制剂是多肽类。例如，蓖麻蛋白(ricin)由 A 链和 B 链组成，二者由 1 个二硫键连接，B 链可附着于动物细胞的质膜，二硫键随即被还原，并使 A 链进入细胞，与 60S 亚基结合，水解 28S rRNA，阻断 eEF-2 的作用，从而中止延长步骤。天花粉蛋白(trichosanthin)、肥皂草毒蛋白(saporin)和苦瓜素(nomorcharin)只有 B 链的类似物，难于进入细胞，只对巨噬细胞有毒性，可用于治疗某些疾病。

另外，由白喉杆菌(Corynebacterium diptheriae)产生的致死性毒素是一种 65 kDa 的蛋白质，由一种寄生于白喉杆菌体内的溶源性噬菌体 β 编码。该毒素只是经白喉杆菌转运分泌出来，然后进入组织细胞内。进入真核细胞内的白喉毒素催化 EF2 中组氨酸残基的 ADP-核糖化，ADP-核糖由 NAD^+ 提供。在体外，这一反应容易通过加入烟酰胺而逆转。EF2 一旦被 ADP-核糖化就完全失活，由于白喉毒素是起催化作用，只需微量就能有效地抑制细胞的整个蛋白质合成，导致细胞死亡。EF2 中修饰的组氨酸残基亦称为白喉酰胺(diphthamide)，若 EF2 中不存在白喉酰胺，白喉毒素就不会杀死哺乳动物细胞。

在真核生物的翻译调控中，比较重要的机制是起始因子的磷酸化(将在本书第 12 章介绍)。干扰素(interferon)是被病毒感染的细胞合成和分泌的一种小分子蛋白质，从白细胞中得到的为 α-干扰素，从成纤维细胞中得到的为 β-干扰素，在免疫细胞中得到的为 γ-干扰素。干扰素结合到未感染病毒的细胞膜上，诱导这些细胞产生寡核苷酸合成酶、内切核酸酶和蛋白激酶。一旦细胞被病毒感染，有干扰素或双链 RNA 存在时，这些酶被激活，并以两种方式阻断病毒蛋白质的合成。①干扰素和 dsRNA 激活蛋白激酶，蛋白激酶使 eIF2 磷酸化失活。②干扰素和 dsRNA 激活 2′,5′-腺嘌呤寡核苷酸合成酶，促使细胞合成 2′,5′-腺嘌呤寡核苷酸，后者激活内切核酸酶水解 mRNA。

由于干扰素具有很强的抗病毒作用，因此常用于治疗病毒感染，亦可用来增强机体的免疫力，辅助治疗肿瘤。但组织中的干扰素含量很少，难以用生物材料分离干扰素。用基因工程可工业化制备干扰素，以满足研究与临床应用的需要。

9.7.3 作用于原核生物和真核生物的肽链合成抑制剂

有一些抑制剂如嘌呤霉素(puromycin)等，既可抑制原核生物又可抑制真核生物肽链合成。嘌呤霉素的结构与氨酰-tRNA 相似，能作为转肽反应中氨酰-tRNA 的类似物，竞争性地进入核糖体 A 位。肽酰转移酶促使肽链与嘌呤霉素结合，形成的肽酰-嘌呤霉素很容易从核糖体上脱落下来，从而使蛋白质的合成中断，在此截短的肽链羧基端连有一分子嘌呤霉素。这类物质既能与原核细胞核糖体结合，又能与真核生物核糖体结合，妨碍细胞内蛋白质的合成，影响细胞生长（图 9-19）。

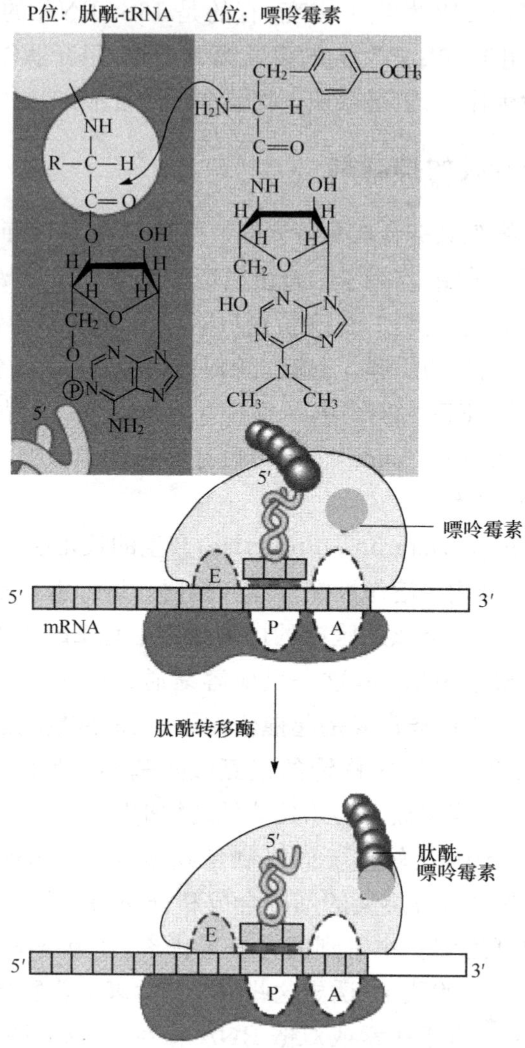

图 9-19　嘌呤霉素抑制肽链合成的机制

提要

蛋白质合成是由核糖体、RNA 和多种蛋白质因子参与的复杂过程。mRNA 核苷酸序列决定蛋白质分子中的氨基酸排列顺序，每 3 个碱基组成一个三联体密码子，遗传密码共有 64 个，UAA、UAG、UGA 为终止密码子，AUG 不仅为起始密码子，还编码甲硫氨酸。tRNA 携带特异的氨基酸，同时它的反密码子可识别 mRNA 上的密码子，核糖体上 A 位的氨基酸和 P 位的肽链在转肽酶的作用下形成肽键，经过核糖体循环使肽链逐渐延长。

用于蛋白质合成的氨基酸首先要在特异的氨酰-tRNA 合成酶的作用下，与特异的 tRNA 结合，形成氨酰-tRNA。原核生物肽链合成的起始阶段，首先要形成由起始因子、GTP、mRNA和核糖体大、小亚基构成的 70S 起始复合物，肽链延长时进位、转肽、脱落和移位 4 个步骤每循环一次，肽链加长一个氨基酸。终止时，在终止因子参与下，转肽酶的水解酶活性将合成的肽链从 tRNA 水解，使其离开核糖体，核糖体也从 mRNA 脱落，重新进入又一个循环。蛋白质合成时，在一条 mRNA 链上，可结合多个核糖体，同时合成相同的多条肽链。

真核生物肽链合成的起始因子多，起始过程复杂。首先，40S 亚基与 eIF2、GTP、起始 tRNA 结合形成 43S 核糖体复合物，再与 mRNA 结合成 46S 复合物，然后才与 60S 亚基结合形成完整的 80S 起始复合物。真核生物肽链合成的延伸和终止阶段与原核生物类似。

蛋白质合成的抑制剂很多，作用部位各不相同，有些抑制剂可作为药物使用，还有一些抑制剂可用于科学研究。

思考题

1. mRNA 在蛋白质生物合成中的作用是什么？
2. 遗传密码是如何破译的？有哪些重要的特性？
3. 概述核糖体的主要组成及工作原理。
4. 简述氨酰 tRNA 合成酶的特点。
5. 简述原核生物肽链合成的过程。
6. 简述真核生物肽链合成时起始复合物的形成过程。
7. 真核生物与原核生物蛋白质合成的主要异同是什么？
8. 蛋白质合成的抑制剂有哪几类？其作用机制是什么？
9. 试列出 tRNA 分子上与多肽合成有关的位点。

10 第十章 肽链的加工和输送

在核糖体上合成的新生肽链通常没有生物活性，需要在合成的同时或合成后，经历多种多样的加工，才能成为具有特定结构和功能的成熟蛋白质。蛋白质的成熟需要经历肽链的剪切、新生肽链的折叠、二硫键的形成、蛋白质氨基酸残基的糖基化作用、羟基化作用、磷酸化作用等多种化学修饰，以及蛋白质被输送到细胞内或细胞外的特定部位等，这些事件统称为肽链合成后的加工与输送，其中加工影响的是蛋白质的结构，输送影响的是蛋白质的分布，二者均为蛋白质执行正常的生理功能所必需。

10.1 肽链的加工

肽链的加工指肽链在核糖体上合成后，经过细胞内各种修饰处理，成为成熟蛋白质的过程。对新生肽链的加工方式包括肽链的剪接、氨基酸残基的修饰和蛋白质高级结构的形成。

10.1.1 肽链的剪接

肽链的剪接是在特定蛋白水解酶的作用下，切除肽链末端或中间的若干氨基酸残基，改变蛋白质一级结构，进而形成一个或数个成熟蛋白质的翻译后加工过程。常见的肽链剪接方式有以下几种。

(1) N端fMet或Met的切除　肽链刚刚被合成时，都以fMet(formyl Met，见于原核生物)或Met(见于真核生物)开始，肽链合成后，其N端的fMet或Met残基通常在氨肽酶的催化作用下被切除，部分原核生物的蛋白质保留Met，但需要在脱甲酰化酶的作用下去除甲酰基。

(2) 信号序列的切除　需要被运输到各细胞器及细胞外的蛋白质N端一般有一段信号序列，用于指导蛋白质的输送(详见下一节)，这一信号序列通常在完成任务后被相应的蛋白水解酶切除。

(3) 多肽前体的剪切　胰岛素、甲状旁腺素、生长激素等激素最初合成的是无活性的前体，需经蛋白水解酶切去部分肽段而成熟。例如，新合成的前胰岛素原(preproinsulin)在内质网中被切除信号序列，成为胰岛素原(proinsulin)，它是由A链(含21个氨基酸残基)、C链(含33个氨基酸残基)和B链(含31个氨基酸残基)3个连续片段构成的单链多肽。胰岛素原被转运到胰岛细胞的囊胞中，C链被切除，剩余的A链、B链通过3个二硫键连接为成熟的胰岛素(图10-1，见电子教程知识扩展　10-1 前胰岛素原的剪切和加工)。

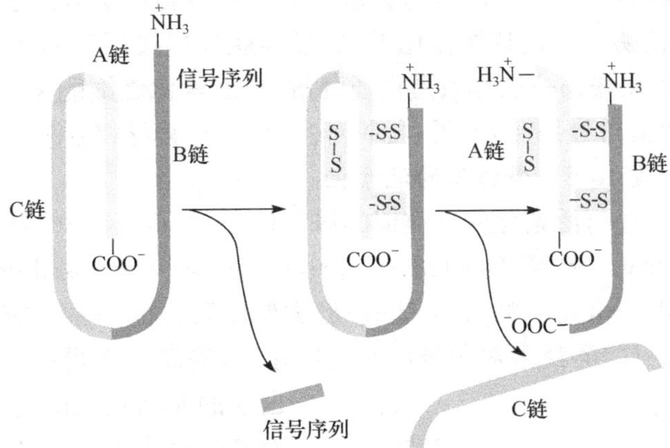

图 10-1　前胰岛素原的剪切

多种消化酶(如胃蛋白酶、胰蛋白酶、胰凝乳蛋白酶等)及与血液凝固相关的凝血因子在合成后,以无活性的酶原形式存在,需要切除部分多肽片段(通常被称为前导肽),才能成为有活性的酶,这一过程称酶原激活。血纤维蛋白原需要切去部分肽段,才能成为血纤维蛋白。由中枢性(如下丘脑、丘脑等)神经元产生的促阿黑皮素原(proopiomelanocortin,p-OMC)是一条大肽链,通过剪切可以产生促黑激素(MSH)、促肾上腺皮质激素(ACTH)、β-内啡肽等多种成熟产物(见电子教程知识扩展 10-2　促阿黑皮素原的剪切)。

HIV 病毒基因组的表达产物 gag-pol 为一条多肽链,需要经 HIV 病毒携带进入宿主的蛋白酶水解,成为数种病毒生长和繁殖所需的成熟蛋白质。脊髓灰质炎病毒的基因组表达产物为无活性的长肽链,经蛋白酶水解后,得到若干有功能的蛋白质(见电子教程知识扩展 10-3　gag-pol 融合蛋白的剪切)。

(4) 蛋白质剪接　指前体蛋白中间的肽段被切除,两侧肽链通过新的肽键连接为成熟蛋白质的加工过程。两侧的肽链称外显肽(extein),被切除的中间肽段为内含肽(intein)。内含肽两端含有保守性的特殊序列,可催化内含肽的切除及外显肽的连接,即具有自我催化功能。其自我催化反应包括分子内中间产物的形成、Asn 环化、肽键断裂和形成等步骤,其中肽键断裂和形成是蛋白质剪接的关键反应。蛋白质剪接不同于 RNA 剪接(前者发生在蛋白质水平,后者发生在 mRNA 水平),也不同于胰岛素原的剪切(胰岛素的 A 链和 B 链在剪切后不以肽键相连,而是通过二硫键连在一起)。蛋白质剪接多见于细菌与真菌蛋白质,如酵母液泡 H^+-ATP 酶亚基、*T. litoralis* DNA 多聚酶、红海束毛藻的核黄素受体蛋白(RIR)、集胞藻 DNA 聚合酶、结核杆菌 *rec A* 基因产物 α 亚基等的加工过程,也见于伴刀豆球蛋白 A 等高等生物蛋白质的加工过程中[见电子教程知识扩展 10-4　红海束毛藻核黄素受体蛋白(RIR)的剪接,电子教程知识扩展 10-5　集胞藻 DNA 聚合酶的反式拼接]。

10.1.2　氨基酸残基的修饰

细胞内对蛋白质氨基酸残基的修饰途径有几十种,均在相关酶的催化作用下完成,常见的有以下几种。

(1) 泛素化　泛素由 76 个氨基酸组成,高度保守,普遍存在于真核细胞内,故名泛素。蛋白质共价结合泛素后,能被特定的蛋白酶体(proteasome)识别并降解,这是细胞内短寿命蛋白和一些异常蛋白降解的普遍途径。泛素与靶蛋白的结合需要在泛素激活酶(E_1)、泛素结合酶(E_2)和泛素蛋白质连接酶(E_3)的连续作用下，通过异肽键连接泛素的羧基末端与靶蛋白 Lys 残基的ε-氨基。多泛素化修饰一般导致蛋白质降解，单泛素化修饰能参与蛋白质的定位、代谢与功能调控，对细胞增殖与分化、细胞凋亡、基因表达、信号转导、免疫等生命活动也有重要意义(见电子教程知识扩展 10-6　蛋白质的泛素化)。

生物体内还存在一些与泛素化修饰类似的修饰作用，如小泛素样修饰(small ubiquitin-like modifier，SUMO)和 NEDD8(neural precursor cell-expressed developmentally down regulated 8)修饰等。SUMO(含 98 个氨基酸)经类似泛素化的一系列酶促反应，共价结合于靶蛋白的赖氨酸残基，可阻碍泛素对靶蛋白的共价修饰，提高底物蛋白的稳定性，还可影响蛋白质的亚细胞定位，参与蛋白质相互作用，对基因表达调控、信号转导、核质转运等都有一定作用。NEDD8 含有 81 个氨基酸，经类似泛素化的一系列酶促反应共价结合到靶蛋白上，参与细胞增殖分化、细胞凋亡、信号转导等生理过程，但不引起蛋白质的降解。

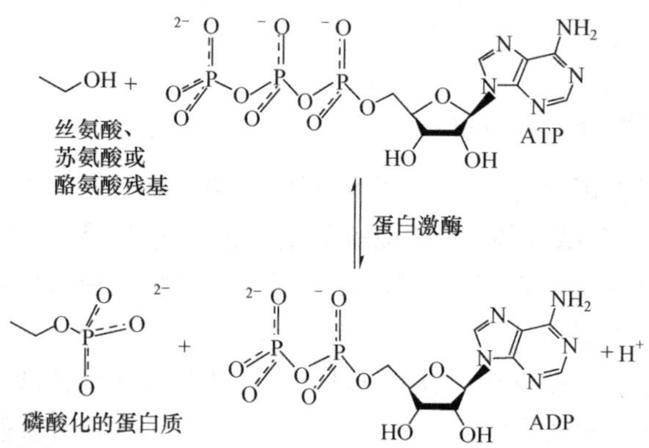

图 10-2　蛋白质的磷酸化修饰

(2) 磷酸化　磷酸化是由蛋白激酶催化，将 ATP 的γ-磷酸基转移到蛋白质 Ser、Thr、Tyr 残基侧链羟基的过程(图 10-2)。

磷酸化的逆过程为水解去除磷酸基，由磷酸水解酶催化。蛋白质的磷酸化与去磷酸化过程几乎涉及所有的生理及病理过程，如酶活性调控、信号转导、肿瘤发生、神经活动、肌肉收缩，以及细胞的增殖、发育和分化等。例如，在胰岛素相关的信号转导过程中，胰岛素受体本身是一种蛋白激酶，结合胰岛素后对自身多个酪氨酸残基进行自磷酸化修饰，打开其活性位点，再进一步对其他靶蛋白的酪氨酸残基进行磷酸化。其中的一个靶蛋白是胰岛素受体底物-1(IRS-1)，当它被磷酸化之后，可通过蛋白质 Grb2 与 Sos 将 Ras 激活，激活的 Ras 结合并且激活蛋白激酶 Raf-1，导致磷酸化级联反应：Raf-1 磷酸化并激活 MEK，进而磷酸化并激活 ERK，被磷酸化的 ERK 进入细胞核，对 Elk1 等蛋白质进行磷酸化，磷酸化的 Elk1 与 SRF 结合，上调多种胰岛素调节相关基因的表达。

(3) 糖基化　蛋白质的糖基化是在一系列糖基转移酶的催化作用下，蛋白质特定的氨基酸残基共价连接寡糖链的过程，氨基酸与糖的连接方式主要有 O 型连接与 N 型连接两种(图 10-3)。

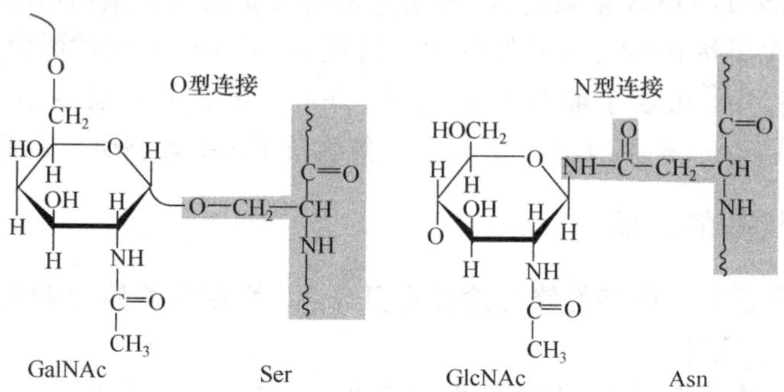

图 10-3　蛋白质的糖基化

N 型连接的核心寡糖在脂质载体多萜醇磷酸(dolichol phosphate)合成，再整体转移到蛋白质 Asn-Xaa-Ser/Thr(Xaa 为除脯氨酸外的所有氨基酸残基)序列的 Asn 上，其过程如图 10-4所示。① 2 分子 UDP-*N*-乙酰葡萄糖胺(UDP-GlcNAc)连续加到结合于内质网膜的多萜醇磷酸上。② 5 分子 GDP-甘露糖(GDP-Man)加到多萜醇焦磷酸寡糖末端，并形成分支。③ 含有 7 个糖残基的多萜醇磷酸寡糖在膜上移位，翻转到内质网腔内。④ 4 个甘露糖残基与 3 个葡萄糖残基由多萜醇磷酸载体上转移到正在增长的寡糖核心分子上，该载体同样由细胞质侧移位而来。⑤、⑥、⑦ 在多亚基复合体寡糖基转移酶的催化下，含 14 个糖基的核心寡糖转移到进入内质网的多肽链 Asn 侧链上。在 ppt 彩图中，黄褐色阴影标记的 5 个残基将存在于成熟的 N 型连接的糖蛋白中。⑧、⑨ 释放出的多萜醇焦磷酸分子移位，转移到内质网膜的细胞质侧，并失去一个磷酸基团形成多萜醇磷酸，参与下一轮核心寡糖链的合成。N 型连接的核心寡糖链在内质网与高尔基体中会进一步修饰，切除部分糖基，添加若干新糖基。

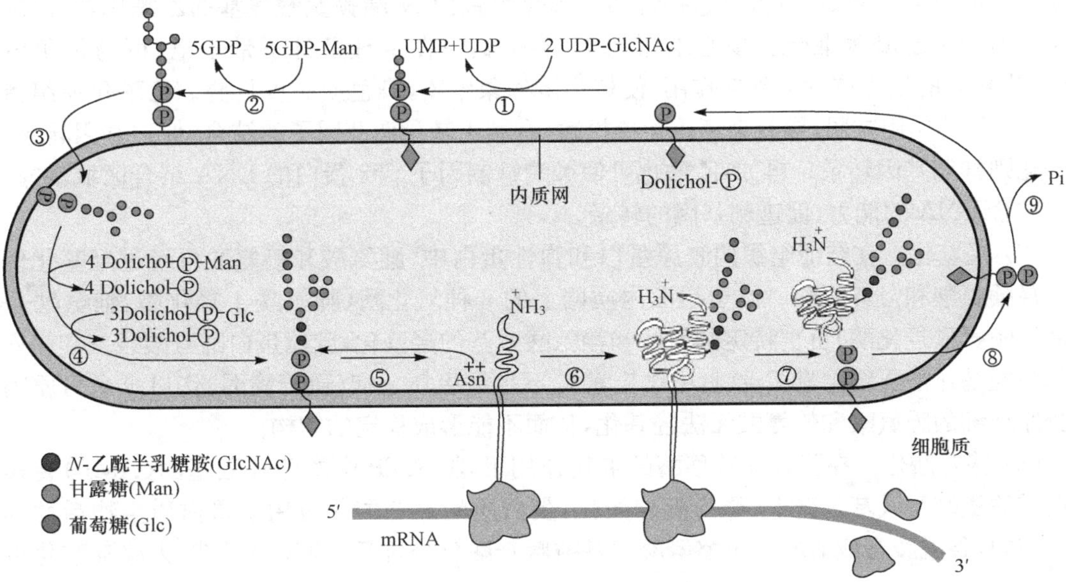

图 10-4　N 型连接寡糖的合成

O 型连接多发生于临近脯氨酸的 Ser/Thr 残基上，以逐步加接单糖的形式形成寡糖链。O 型连接反应发生于两个部位，一个是高尔基体，另一个是细胞核或细胞质。高尔基体中的糖基化始于在 Ser/Thr 侧链羟基上连接 *N*-乙酰半乳糖胺、*N*-乙酰葡萄糖胺、甘露糖、海藻糖等的还原端。其中分泌蛋白和膜结合蛋白的 O 型糖基化发生于 N 型糖基化及蛋白折叠之后，在高尔基体顺面完成。细胞核和细胞质中的 O 型糖基化，起始反应是在 Ser/Thr 残基上连接 *N*-乙酰葡萄糖胺。

许多蛋白质准确转运前必须糖基化，糖链还可以使蛋白质的溶解性增加，或保护蛋白质不受胞外蛋白酶的降解。一些证据显示糖基化可调节蛋白质的功能，如滤泡刺激激素的糖基化修饰被改变后，其活性也会改变。糖基化的蛋白质及其上的糖链，在许多生命活动中起着重要作用，如免疫保护、细胞生长、细胞之间的黏附、炎症的产生等。

(4) 脂酰基化　蛋白质的脂酰基化是脂肪酸长链通过 O 原子或 S 原子与蛋白质共价结合，形成脂蛋白复合物的过程。例如，蛋白质分子中半胱氨酸残基的侧链巯基可被棕榈酰化，甘氨酸残基可被豆蔻酰化，通过脂肪酸链与生物膜良好的相溶性，可使蛋白质固定在细胞膜上，并进一步协助该蛋白质发挥生物功能。

（5）甲基化　蛋白质的甲基化修饰是在甲基转移酶催化下，将S-腺苷甲硫氨酸的甲基转移到赖氨酸或精氨酸侧链上，或对天冬氨酸或谷氨酸侧链羧基进行甲基化，形成甲酯。甲基化对蛋白质的功能有重要的调节作用。例如，组蛋白的甲基化与转录调节和异染色体的形成有关，不仅在真核细胞染色质的表观遗传中占有中心地位，对细胞分化、发育、基因表达、基因组稳定性及癌症的产生等均有一定影响。组蛋白的各种甲基化修饰功能不尽相同，如H3K9me3（组蛋白H3第9位三甲基化赖氨酸）修饰通常与异染色质化有关，H3K27me3（组蛋白H3第27位三甲基化赖氨酸）与基因表达的抑制有关，H3K4me3（组蛋白H3第4位三甲基化赖氨酸）与转录活化有关。蛋白质甲基化的异常或甲基转移酶的突变常会导致疾病的发生（见电子教程知识扩展10-7　常见甲基化氨基酸的结构式）。

（6）乙酰化　蛋白质的某些氨基酸残基可在乙酰转移酶的催化作用下被乙酰化，导致蛋白质的功能变化。例如，组蛋白乙酰转移酶催化组蛋白N端赖氨酸残基的乙酰化，去乙酰化则由组蛋白去乙酰酶催化。核心组蛋白N端赖氨酸在生理条件下带正电，可与带负电的DNA或相邻的核小体发生静电作用，使核小体构象紧凑，染色质高度折叠。乙酰化使组蛋白与DNA间的作用减弱，导致染色质构象松散，有利于转录调节因子的结合，促进基因转录，去乙酰化则抑制基因转录。再如，乙酰化可使肿瘤抑制因子p53蛋白的DNA结合区域暴露，增强其结合DNA的能力，促进靶基因的转录。

（7）羟基化　在结缔组织的胶原蛋白和弹性蛋白中，脯氨酸和赖氨酸可经过羟基化修饰成为羟脯氨酸和羟赖氨酸。位于粗面内质网上的3种氧化酶（脯氨酰-4-羟化酶、脯氨酰-3-羟化酶和赖氨酰羟化酶）负责特定脯氨酸和赖氨酸残基的羟基化，胶原蛋白脯氨酸残基和赖氨酸残基的羟基化需要维生素C，饮食中维生素C不足易患坏血症（血管脆弱、伤口难愈），原因就是胶原纤维的脯氨酸和赖氨酸无法羟基化，从而不能形成稳定的结构。

（8）腺苷酸化　在腺苷酰转移酶的催化作用下，将ATP中的腺苷酸基团（AMP）转移到蛋白质的氨基酸残基侧链上，称为腺苷酸化，蛋白质的腺苷酸化可用于蛋白质生物活性的调节。例如，谷酰胺合成酶的一个酪氨酸残基被腺苷酸化修饰后，酶失去活性，去腺苷酸化可使酶活化。

此外，有些蛋白质的Glu可以被羧基化，如凝血酶原N端多个羧基化的Glu，与凝血酶原的激活有关。有些寡肽激素C端的Gly残基被酰胺化，使其半寿期得以延长。

10.1.3　多肽链的折叠

肽链的折叠指肽链经过疏水塌缩、空间盘曲、侧链叠集等过程形成蛋白质天然构象，获得生物活性的过程。新生肽链在核糖体上生成后，需要正确折叠，才能形成有特定构象和生物学功能的成熟蛋白质。

1961年Anfinsen根据核糖核酸酶的体外变性和复性试验，提出蛋白质一级结构决定高级结构的著名假说，此后许多研究证实这一观点具有普遍意义。根据Anfinsen的假说，氨基酸顺序不仅决定蛋白质的最终构象，还指导蛋白质分子的折叠过程。肽链的正确折叠，依赖于氨基酸序列所包含的信息，以及诸细胞因子对这些信息的识别和调控（见电子教程科学史话10-1　Anfinsen关于核糖核酸酶折叠的实验）。

Anfinsen假说揭示了氨基酸序列决定蛋白质三维结构的热力学规律，但没有说明包含许多动力学问题在内的蛋白质折叠的具体机制。后来通过对蛋白质体外折叠的研究，发现蛋白质的体内折叠必须遵从一些基本准则:①蛋白质能在一个很短的时间范围内折叠,一定会沿着某些特定的途径进行,不会随机尝试所有可能的构象;②多数具有复杂结构的蛋白质折叠要经历中间状态,且中间态应被保护,以防止降解作用或其他与折叠相互竞争的作用;③从热力学角度看,蛋白质折叠过程是一个自由能和构象熵均逐渐减少的过程,成熟蛋白质的构象通常是单一的;④许多蛋白质的折叠是随着新生肽链的延伸过程同步进行的,但在整个肽链合成完毕之前,新生肽链的不成熟折叠或分子间的相互作用会被抑制;⑤需要穿过膜进行输送的蛋白质,通常在通过生物膜之后进行折叠;⑥寡聚蛋白各亚基的折叠要相互调节,以形成正确的寡聚体。

体内蛋白质的折叠需要同错误折叠及蛋白质的聚沉相竞争(图 10-5)。在活体细胞内,生物分子的浓度非常高,称大分子拥挤。这使蛋白质有聚沉倾向,增加了蛋白质折叠的困难度,生物的进化必然会创造一种机制克服这些问题。研究发现,多数新生肽链的折叠需要折叠酶和分子伴侣等其他细胞因子(主要是蛋白质)参与。

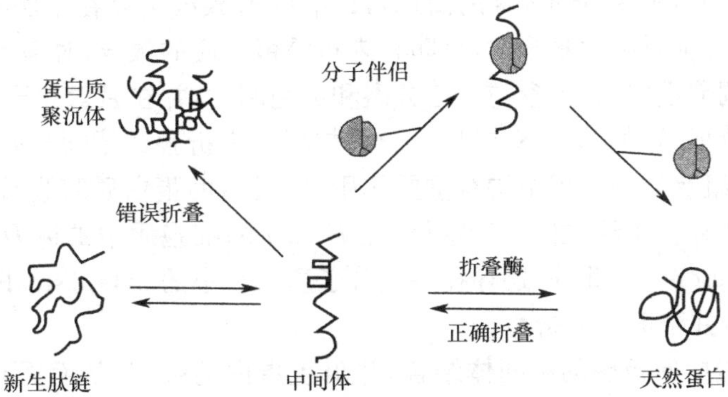

图 10-5　新生肽链折叠的途径

许多蛋白质特别是分泌蛋白含有二硫键,同一肽链或不同肽链的两个半胱氨酸残基侧链之间正确二硫键的形成,对蛋白质的结构及功能至关重要。二硫键异构酶(protein disulfide isomerase,PDI)主要存在于内质网中,在内质网的氧化环境中,PDI 催化新生肽链二硫键的形成,以及通过异构化消除不正确的二硫键,它能加速蛋白质折叠,但不影响蛋白折叠途径。

对于一些蛋白质来说,Xaa-Pro 肽键(Xaa 指任一种非 Pro 残基)的异构化是其折叠的限速步骤。1984 年 G. Fischer 首次从猪肾中纯化一种新的蛋白质,能够有效加速短程的脯氨酰肽键顺反异构化,故命名为肽酰脯氨酰顺反异构酶(peptidyl-prolyl *cis-trans* isomerase,PPI),它可以催化脯氨酰之前 C-N 肽键的 180°反转,但不涉及新共价键的形成和断裂。所以 PPI 是一种高效折叠酶,能加速蛋白质的折叠,但不影响蛋白质折叠途径。

分子伴侣(molecular chaperon)是一类帮助新生肽链折叠和组装的蛋白质,通过与其底物蛋白的结合与释放,参与其在体内正确加工与输送的过程,如折叠、寡聚体的装配、输送、在活性/非活性构象之间进行可控转换等。分子伴侣不含蛋白质正确折叠的空间信息,不能加快蛋白质折叠的速度,但能阻止蛋白质分子内或分子间的错误相互作用(如蛋白质分子的聚沉),从而增加蛋白质正确折叠的概率。分子伴侣能选择性地结合非天然态的蛋白质,形成相对稳定的复合物,使其与拥挤的细胞环境隔离,为蛋白质折叠提供内环境。分子伴侣可利用水解 ATP 产生的能量使自身与靶蛋白解离,释放折叠好的靶蛋白。

分子伴侣还能对蛋白质进行监控,促进错误折叠的蛋白质被蛋白水解酶清除。例如,内质网中的特定分子伴侣可使错误折叠的蛋白质运回细胞质，进行泛素化修饰，进而被蛋白酶体降解。此外，分子伴侣还可协助蛋白质跨膜转运到线粒体等细胞器。可通过影响蛋白质的寡聚状态，来调节转录因子和DNA结合蛋白质的活性。通过调节一些激酶、受体等的活性，对信号转导进行调控。

分子伴侣能够扮演两个与蛋白质折叠有关的角色：①通过控制蛋白质表面的可及性（accessibility）防止形成错误折叠，促进形成正确构象；②当蛋白质变性时，新的区域被暴露，会被分子伴侣标记为错误折叠，帮助其复性，或介导其降解。

分子伴侣对蛋白质折叠状态的控制，是蛋白质跨膜运输的重要一环。由于成熟的蛋白质对于跨膜通道来说太大，分子伴侣可以帮助跨膜之前的蛋白质保持未折叠的柔性结构，穿过生物膜的肽链需要另一种分子伴侣，协助其形成成熟的构象。

分子伴侣广泛存在于各类细胞和亚细胞结构，已发现数量众多的蛋白质及非蛋白质分子（如糖、脂、RNA）具有分子伴侣活性。常见的分子伴侣包括 Hsp90、Hsp70 和 Hsp60 家族（Hsp 是热激蛋白 heat shock proteins 的简称），Hsp90 家族成员存在于所有的原核与真核细胞中，在真核细胞的细胞质中含量丰富，可防止未折叠蛋白质的聚合，对细胞的生存是必需的。还可和许多重要的调节蛋白结合，参与细胞分裂和细胞凋亡，并在激素介导的信号传递中起重要作用。Hsp70 家族成员（如 Dna K 与 Dna J）可与高度去折叠或错误折叠的多肽结合，阻止其聚沉，在蛋白质重组及降解过程中均有重要作用，还可帮助蛋白质跨膜转运到特定细胞器。Hsp60 家族成员主要存在于线粒体与叶绿体，在 *E. coli* 的细胞质中被称为 GroEL，GroES 为其辅助蛋白（co-chaperone）。此外，还存在一些分子质量较小的 sHsp（small Hsps），可以与非天然态的蛋白质结合并帮助它们折叠。

GroEL 可以同蛋白质折叠的中间体结合，并阻止蛋白的聚沉，从而提高蛋白质正确折叠的概率。GroEL 具有复杂的四级结构：14 个亚基形成两个共轴的环状体，每个环状体由 7 个 Hsp60 亚基组成。其空间结构为一圆柱体，直径 14.5 nm，高 16 nm，内含一直径 6 nm 的空洞，GroES 七聚体如同一个帽子覆于 GroEL 圆柱体的一端，形成一个稳定的复合体（图 10-6）。GroEL 具有微弱的 K^+ 依赖性 ATP 水解酶活力，它的每个亚基有一个 ATP 结合位点，GroES 对 GroEL 与底物蛋白及 ATP 的结合具有调节作用。Mg-ATP 是 GroEL 帮助蛋白质折叠所必需的，它通过水解 ATP 为蛋白质折叠提供能量。

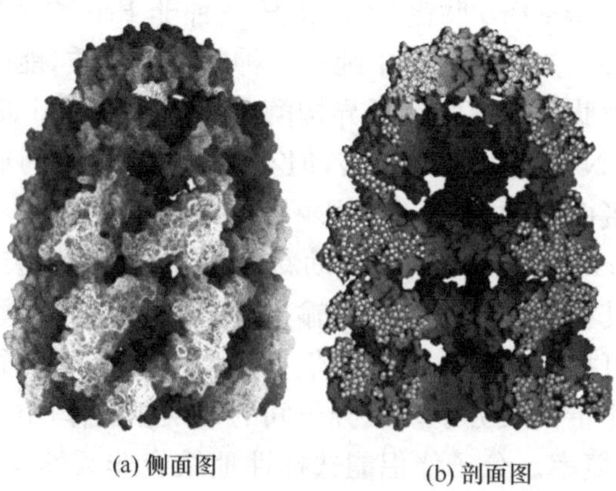

(a) 侧面图　　(b) 剖面图

图 10-6　分子伴侣 GroEL-GroES 的结构

GroEL 体系帮助蛋白质折叠的过程如图 10-7 所示。

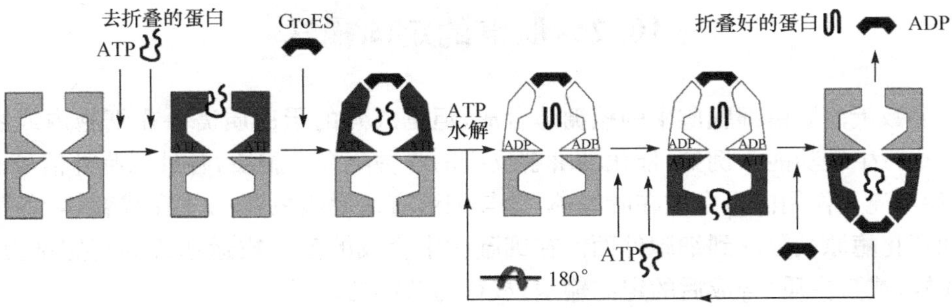

图 10-7　GroEL-GroES 帮助蛋白质折叠的模型

1) ATP 结合于 GroEL 的一个环状体，去折叠或部分折叠的蛋白质进入环状体，成蛋白质・GroEL・ATP 聚合体。

2) GroES 的结合促进了 GroEL 的构象调整，使其与底物蛋白的结合状态由紧密结合变为松弛结合。

3) 伴随 ATP 的水解，蛋白质在一个相对密闭的环境中进一步折叠，可防止与其他蛋白质之间的聚合。

4) ATP 与新的去折叠蛋白质结合于 GroEL 的另一个环状体。

5) GroES 与该环状体的结合导致另一端的折叠好的蛋白质、ADP 与 GroES 的脱离。

6) 新的成蛋白质・GroEL・ATP・GroES 聚合体进入下一轮循环。

真核生物的分子伴侣蛋白是由 8 个或 9 个 55 kDa 亚基构成的双环结构，称 TCP-1 环复合物(TCP-1 ring complex，TPiC)或 CCT(cytosolic chaperonin containing YCP-1)，没有 GroES 的对应物。

自从 Ellis 提出分子伴侣的概念后，分子伴侣的范围一直在扩展。分子伴侣不再局限于蛋白质，核糖体、RNA 与一些磷脂等陆续被发现具有伴侣功能。甘油等一些有机小分子由于具有稳定蛋白质的作用，被称为化学分子伴侣。分子伴侣的作用对象也不局限于蛋白质，有些分子伴侣可帮助 DNA 或 RNA 的折叠，被称为“DNA 分子伴侣”或“RNA 分子伴侣”。许多含前导肽的蛋白质，如枯草杆菌蛋白酶和 α-裂解蛋白酶，其折叠与成熟必须要有前导肽的存在才能完成，这类前导肽被称为分子内分子伴侣。

若生物体的蛋白质折叠机制出现故障，错误折叠蛋白质形成的速率超过分子伴侣修复和泛素-蛋白酶体降解的速率，则错误折叠的蛋白质会丧失功能，并且相互聚集，导致蛋白质构象病(或称折叠病)，如亨廷顿舞蹈病、阿尔茨海默病、帕金森病、疯牛病等。在这些疾病中，错误折叠的蛋白质构象常以 β 折叠片为主。这些 β 折叠片积聚并形成纤维状结构，造成细胞(特别是神经细胞)的损伤。对蛋白质折叠机制及分子伴侣功能的研究，有助于这些折叠病的预防与治疗(见电子教程知识扩展 10-8　分子伴侣家族及相关疾病)。

10.2 肽链的定向输送

绝大多数蛋白质由细胞质中的核糖体合成，但是成熟的蛋白质需要在细胞内或细胞外的不同部位执行生理功能。例如，催化糖酵解反应的各种酶在细胞质，各种细胞外信号的受体在细胞膜，参与光合作用的蛋白质在叶绿体，参与细胞有氧呼吸的蛋白质在线粒体，各种蛋白质类激素和消化酶原被分泌到细胞外面。在细胞质中合成的蛋白质运达细胞特定部位的过程，被称为肽链（或蛋白质）合成后的定向输送，或称为肽链的转运。

根据定位的不同，可以将蛋白质分为胞质蛋白和跨膜运输蛋白两大类。G. Blobel 等发现，跨膜运输蛋白质均含有一段或几段称为**信号序列**（signal sequence）或**信号肽**（signal peptide）的特殊氨基酸序列，用于引导蛋白质进入细胞的特定部位，因此提出**信号学说**（signal hypothesis）。随后发现，不同的信号肽引导蛋白质到达细胞的不同部位，表 10-1 列举了一些较为典型的信号序列（见电子教程科学史话 10-2　Blobel 和信号肽学说）。

表 10-1　某些代表性蛋白质上的信号序列

蛋白质名称	蛋白质定位	信号序列	信号序列的位置
人胰岛素原	细胞外	MALWMRLLPLLALLALWGP-DPAAA	N 端
蛋白质二硫键异构酶	内质网腔	KDEL	C 端
细胞色素 c 氧化酶亚基Ⅳ	线粒体	MLSLRQSIRFFKPATRTLCSSRYLL	N 端
细胞色素 c1	线粒体	MFSNLSKRWAQRTLSKSFYSTATGAASKSGKLTEKLVTAGVAAAGITASTLLYADSLTAEA	N 端
SV40 VP1	细胞核	APTKRKGS	中间
过氧化氢酶	过氧化物酶体	SKL	C 端

注：K、R为碱性氨基酸；L、V为疏水氨基酸

肽链的定向输送除了需要信号序列之外，还需要一系列识别和利用信号序列的生物分子。根据信号序列与其识别分子相互作用机制的不同，可以将肽链定向输送的途径分为两条。一条为共翻译途径，即定向输送在蛋白质翻译过程中就已经启动。通过这条途径输送的蛋白质定位于内质网、高尔基体、细胞膜和溶酶体，或分泌到细胞外。另一条为翻译后途径，即定向输送在翻译结束后进行，通过这条途径输送的蛋白质定位于细胞核、线粒体、叶绿体和过氧化物酶体（图 10-8）。

10.2.1　共翻译途径

参与共翻译途径的蛋白质是在结合于内质网上的核糖体中合成的，这种内质网称粗面内质网。在粗面内质网上合成的蛋白质在翻译开始不久即穿过内质网膜上的通道进入内质网

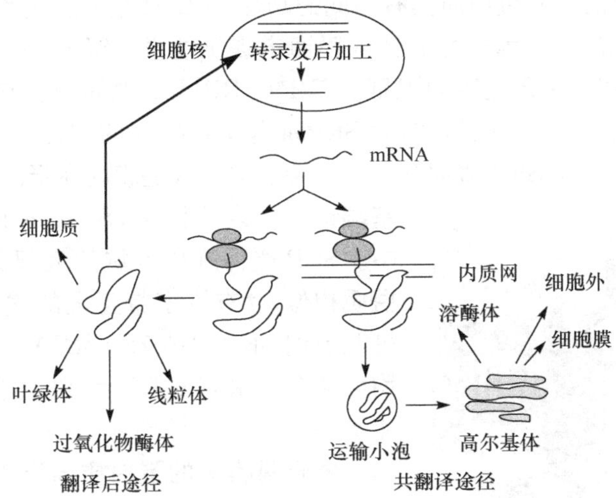

图 10-8 肽链定向输送的途径

腔，随后边翻译，边穿越。此后定位于内质网，或进入高尔基体，然后被引导入溶酶体、分泌小泡或细胞膜等部位。

在粗面内质网上合成的蛋白质，其 N 端通常包含由 15～30 个氨基酸组成的信号肽，其中有 10～15 个疏水性氨基酸残基组成疏水核心。疏水核心前端常有一个或数个带正电荷的碱性氨基酸，后端靠近蛋白酶切割位点处一般有几个极性氨基酸残基，离切割位点最近的残基常带有小侧链基团(如 Ala、Gly 等)。信号肽后有蛋白水解酶切割位点，使信号肽能够在进入内质网后被切除。

信号肽可导致细胞质中的多肽链进入内质网，若将信号肽连在珠蛋白的 N 端，可使该蛋白质进入内质网，而不是留在细胞质。进一步的研究表明，完整的信号肽是保证蛋白质转运的必要条件，将信号肽中的疏水氨基酸突变为亲水氨基酸，可阻止蛋白质的转运，使其停留于细胞质中。对于某些蛋白质来说，仅有信号肽并不能保证蛋白质的正常转运。例如，大肠杆菌的β-半乳糖苷酶通常定位于细胞质，麦芽糖转运蛋白定位于外膜内腔。如果将麦芽糖转运蛋白的信号肽加到β-半乳糖苷酶上，可发现其仍然留在细胞质内，表明指导此蛋白质转运的不只是该信号肽。还有一些蛋白质，不切除信号肽也可完成转运。例如，将大肠杆菌外膜脂蛋白信号肽中的 Gly 突变为 Asp，能抑制该蛋白信号肽的切除，但不抑制其跨膜转运。

蛋白质通过内质网膜的转运需要特定生物分子的帮助，其中最重要的是**信号肽识别颗粒**(signal recognition particle，SRP)和 **SRP 受体**(SRP receptor)。SRP 首先识别并结合新生肽链 N 端的信号肽，然后与内质网膜上的 SRP 受体结合，使核糖体通过与膜上特定受体的相互作用结合到膜上。

SRP 与信号肽的结合会使蛋白质的翻译暂停，此时肽链的长度约为 70 个氨基酸残基。SRP 与其受体结合后释放信号肽，翻译随即继续进行。当核糖体被转运到内质网膜上之后，SRP 和 SRP 受体就完成了其功能，离开正在合成的多肽，去介导另一个新生多肽及核糖体与内质网膜的结合。SRP 在核糖体转运到内质网膜的过程中暂停翻译，对防止蛋白质释放到细胞质的水溶性环境中有重要意义。

SRP 是一种 RNP 复合体，含有 6 个大小不等的蛋白(SRP54、SRP19、SRP68、SRP72、SRP14、SRP9)和 1 个 7S LRNA。7S LRNA 是形成复合体的结构骨架，缺少它蛋白质不能组装成 SRP。组成 SRP 的不同蛋白质具有不同的功能,SRP54 能识别并结合信号肽,它还是一种 GTP 水解酶,可水解 GTP 为信号肽插入膜通道提供能量。SRP68-SRP72 二聚体与 RNA 的中心区域结合,参与对 SRP 受体的识别。SRP9-SRP14 二聚体结合在分子的另一端,负责使翻译停止。SRP19 参与 SRP 的组装,对 SRP54 与 7S RNA 的结合是不可少的。

SRP 受体是由 SR-α 与 SR-β 亚基组成异二聚体,SR-β 是膜内在蛋白质,用于将 SR-α 的氨基端锚定在内质网上,SR-α 的其余部分伸入细胞质中。SRP 受体胞质区域的大部分序列与核酸结合蛋白质相似,含有许多带正电的残基,说明 SRP 受体有可能识别 SRP 中的 7S LRNA。SRP 受体的两个亚基均可结合并水解 GTP,为 SRP 从受体上的释放提供能量。

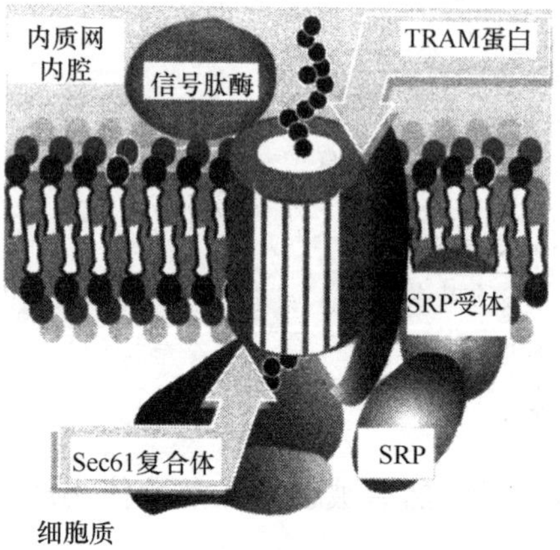

图 10-9　内质网膜上的蛋白质通道

内质网膜上的蛋白质通道称易位子(translocon),由多种跨膜蛋白质组成(图 10-9),包括 Sec61 复合体(由 α、β、γ三种蛋白质组成)和易位子相关蛋白(translocon-associated protein,TRAP)。Sec61 复合体是构成水相通道的主体部分,TRAM 可以促进所有蛋白质跨内质网膜的转运,部分蛋白质的转运必须有 TRAM 参与。

信号肽进入内质网后,即被内质网膜内腔的**信号肽酶**(signal peptidase)切除。另外,新生肽链以去折叠的状态通过易位子进入内质网,随后肽链在内质网腔内进行糖基化、羟基化、脂酰基化及二硫键的形成等初步加工,还要进行正确的折叠与装配。错误折叠的蛋白质可被识别并转运回细胞质降解,参与共翻译途径的蛋白质输送入内质网的流程见图 10-10。

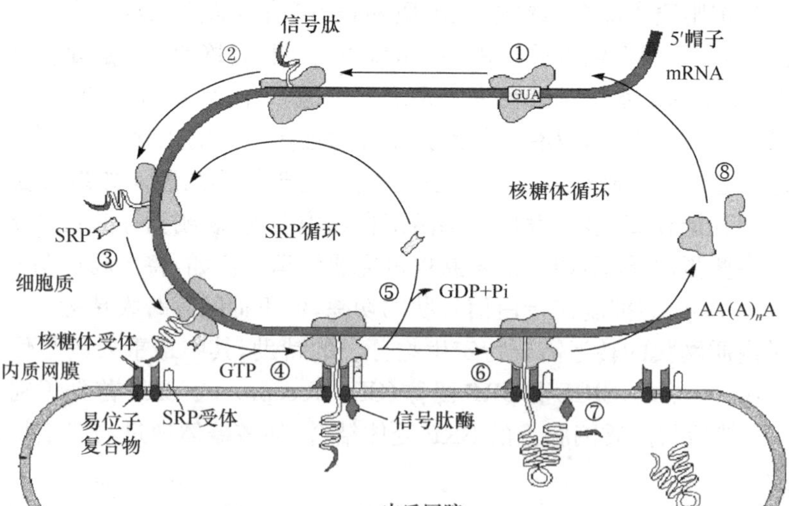

图 10-10　蛋白质输送入内质网的机制

以上过程主要适用于跨膜蛋白,定位于各种生物膜的膜蛋白转运过程的起始阶段与跨膜蛋白相同,依靠信号肽进入膜通道。但在转运的后期,膜蛋白由于具有停止转运序列(stop-transfer sequence)而停留在膜中。停止转运序列具有一串疏水氨基酸残基,可以使蛋白质锚定在膜上，并且阻止蛋白质完全穿过膜。停止转运序列两翼是一些带电的氨基酸残基，可与膜表面的极性基团结合。前述引导肽链跨膜的信号肽可视为**开始转运序列**（start-transfer sequence），含有一个开始转运序列与一个停止转运序列的蛋白质属于单次跨膜蛋白。某些单次跨膜蛋白的开始转运序列为**内含信号序列**（internal signal sequence），能引导蛋白质的转运，并使其锚定在膜上。内含信号序列不在蛋白质 N 端，不被蛋白酶切除。含有一个内含信号序列与一个停止转运序列的多肽可成为二次跨膜蛋白质，含有多个开始转运序列（包括内含信号序列）和停止转运序列的多肽将成为多次跨膜的蛋白质。

滞留内质网中的蛋白质 C 端含有四肽滞留信号，在许多脊椎动物中为 Lys-Asp-Glu-Leu（简称 KDEL），酵母中是 HDEL 或 DDEL。若删除这些序列或者在其后加入其他氨基酸，则蛋白质可能会被分泌到细胞外。相反，如果该四肽序列被加到溶菌酶的 C 端，则溶菌酶不再被分泌，而是留在内质网腔。另一个位于 C 端的信号序列是 KKXX（X 指任一种氨基酸）序列，负责将蛋白质定位于内质网膜，其特征是带有两个赖氨酸残基。

除了滞留内质网的蛋白质外，其他进入内质网的蛋白质均在内质网出芽形成运输小泡，被运输到高尔基体，与高尔基体形成面，即顺面（靠近细胞核的一侧）的扁囊膜融合，小泡中的蛋白质即转入高尔基体。

运输到高尔基体的蛋白质，经过一系列的修饰与加工（糖基化、脂酰基化或磷酸化等），并经浓缩和分类包装形成分泌小泡。其中质膜蛋白嵌在分泌小泡的膜上，当分泌小泡与质膜融合后，该分泌小泡膜与其上的质膜蛋白就成了质膜的一部分。分泌小泡内的分泌蛋白经胞吐作用排出细胞，滞留高尔基体的蛋白质也具有特定的信号序列，如 C 端的 YQRL 序列。

需要进入溶酶体的蛋白质（主要是各种水解酶）一般在内质网开始进行 N 型糖基化修饰，形成高甘露糖型寡糖。在进入高尔基体顺面的扁囊后，在扁囊中的 *N*-乙酰葡萄糖胺磷酸转移酶和葡萄糖胺酶的作用下，寡糖基上的甘露糖残基被磷酸化，*N*-乙酰葡萄糖胺被水解，形成甘露糖 6-磷酸（M6P）末端。这种特异的反应只发生在溶酶体的酶上，估计溶酶体酶本身含有某种信号，可被高尔基体中负责修饰的酶识别。

在高尔基体成熟面（反面）扁囊上存在 M6P 的受体，可以专一地与 M6P 结合，使溶酶体酶与其他蛋白质分离，并有局部浓缩的作用。M6P-M6P 受体复合物由衣被蛋白包被形成转运小泡，即早期内吞体，再转化为后期内吞体。在内吞体内的低 pH 条件下，磷酸化的溶酶体酶与 M6P 受体分离，受体可被转运回高尔基体膜反复使用。后期内吞体被分裂为小的转运体，将溶酶体酶输送入溶酶体中。溶酶体酶脱去甘露糖上的磷酸基，成为溶酶体内的成熟蛋白质。

溶酶体中的大多数酶依赖于 M6P 受体运输，但 β-葡萄糖脑苷脂酶（β-glucocerebrosidase）等少数蛋白质的转运依赖于溶酶体整合膜蛋白 2，该蛋白质分布于内质网上，可以直接将内质网上合成的特定蛋白质运输到溶酶体。

10.2.2　翻译后途径

经翻译后途径运输的蛋白质在游离核糖体合成，然后被定向输送到各种细胞器。

10.2.2.1　蛋白质向线粒体的输送

线粒体虽然具有少量编码蛋白质的基因，但多数线粒体蛋白质由核基因编码，先在细胞质合成其前体，再通过特定的方式输送到线粒体。

进入线粒体的蛋白质 N 端的信号序列称为**导肽**（leader peptide），由相互间隔的疏水氨基酸与碱性氨基酸组成，不含酸性氨基酸，可形成两亲性 α 螺旋。导肽含有使线粒体蛋白质定位的全部信息，若将一个线粒体蛋白质(如细胞色素 c 氧化酶Ⅳ亚基)的导肽与一个胞质蛋白质(如二氢叶酸还原酶)连接，该胞质蛋白质被输送到线粒体中。乙醇脱氢酶同工酶Ⅰ与Ⅱ分布在细胞质，同工酶Ⅲ由于 N 端含有 27 个氨基酸残基组成的导肽，定位于线粒体基质。如果利用基因融合技术将同工酶Ⅲ的导肽与同工酶Ⅱ结合，则同工酶Ⅱ会进入线粒体基质。

含导肽的前体蛋白可被线粒体表面的受体识别，进入膜通道。该前体蛋白在跨膜运送之前需要由线粒体外的 Hsp70 家族成员去折叠为松散结构以利于运送，线粒体内的 Hsp70 促进蛋白质穿过通道。通过线粒体膜之后，导肽即被线粒体中的导肽水解酶水解，剩余部分在 Hsp60 家族成员帮助下重新折叠为成熟的蛋白质分子。线粒体蛋白质前体的跨膜运送需要水解 ATP 提供能量，内膜两侧的质子电化学电势也具有驱动作用。

线粒体蛋白质的转运涉及多种蛋白质复合体，称为**转运体**(translocator)的蛋白质复合体含有识别蛋白和通道蛋白，主要包括：①TOM(translocase of the outer membrane)复合体，由核心亚基 Tom40、Tom22、Tom5、Tom6、Tom7 和外周亚基 Tom20、Tom70 组成，负责使蛋白质通过外膜进入膜间隙；②TIM(translocase of the inner membrane)复合体包括由 Tim17、Tim21、Tim23、Tim44 与 Tim50 等组成的 TIM23 复合体，以及由 Tim18、Tim22 和 Tim54 等组成的 TIM22 复合体，负责使蛋白质通过内膜进入基质；③其他复合体，如 TOB 复合体(topogenesis of mitochondrial outer membrane β-barrel)与 Oxa1(细胞色素 c 氧化酶组合蛋白 1)复合体。通过 TOM 复合体的蛋白质，通常并不被释放到膜间隙中，而是直接转运到 TIM 复合体，使蛋白质连续跨过两层膜。TOM 与 TIM 复合体之间没有直接的相互作用，它们通过被转运的蛋白质结合，协同作用完成蛋白质向线粒体内的运输。

线粒体具有 4 个区域，即外膜、内膜、膜间隙和基质，进入不同部位的蛋白质具有不同的转运途径。

定位于基质的蛋白质带有基质导向序列，指导其通过 TOM 与 TIM 复合体通道进入基质，其转运过程见图 10-11。

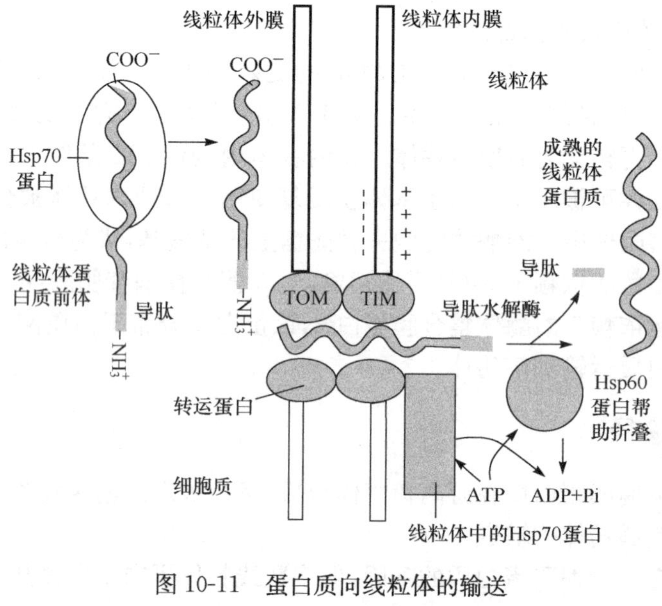

图 10-11　蛋白质向线粒体的输送

定位于内膜的蛋白质通常含有两部分导向序列，有多种转运途径。① 蛋白质前体的基质导向序列后有疏水性的停止转运序列。基质导向序列引导蛋白质进入膜通道，停止转运序列锚定 Tim23/17，阻止蛋白质的 C 端穿过内膜。此后基质导向序列被切除，蛋白质离开膜通道嵌入内膜的脂双层中。② 蛋白质前体除基质导向序列外，还含有数段可被 Oxa1 识别的序列。基质导向序列引导蛋白质进入基质，随即被切除。在 Oxa1 及其他蛋白质的作用下，蛋白质被嵌入内膜。③ 蛋白质前体不含基质导向序列，但含有多个内部导向序列。这些序列可被外膜上的 Tom70/22 受体识别，使蛋白质前体通过 TOM 通道被转运至 TIM22 复合体，在其作用下嵌入内膜（见电子教程知识扩展 10-9　蛋白质向线粒体的转运）。

10.2.2.2　蛋白质向叶绿体的输送

与线粒体相似，多数叶绿体蛋白质由核基因编码，在细胞质合成，再通过特定的方式输送到叶绿体。有实验将体外合成的豌豆 1,5 - 二磷酸核酮糖羧化/加氧酶（rubisco）小亚基前体与纯化后的完整叶绿体混合，发现小亚基前体进入叶绿体基质，并降解为成熟小亚基，与大亚基结合形成全酶。如果将该小亚基前体与分离的叶绿体膜温育，可发现其能与叶绿体膜结合。进一步研究发现，叶绿体膜上有识别叶绿体蛋白质的特异性受体，以确保叶绿体蛋白质只能被输送到叶绿体。

叶绿体蛋白质的输送与线粒体蛋白质有许多相似之处。例如，细胞质中合成的叶绿体前体蛋白在 N 端有称为**转运肽**（transit peptides）的信号序列，引导叶绿体蛋白质的输送，分子伴侣在蛋白质的输送过程中同样起了重要的辅助作用。叶绿体膜上具有相应的转位因子复合体，外膜的转运蛋白称 OEP（outer envelope membrane protein）或 TOC（translocon of the outer membrane of chloroplasts），内膜的转运蛋白称 IEP（inner envelope membrane protein）或 TIC（translocon of the inner membrane of chloroplasts），TOC 与 TIC 协同作用完成蛋白质向基质的运输。

前体蛋白穿膜运输进入叶绿体分为 3 个步骤：① 前体蛋白 N 端的转运肽与叶绿体外表面转位因子复合体中的受体结合，这一过程需要水解少量 ATP 提供能量，此外，前体蛋白还可能与外膜上特定区域的脂质发生相互作用；②在 GTP 或低浓度的 ATP 存在下，前体蛋白与转位因子复合体紧密结合；③当存在足量的 ATP 时，前体蛋白穿膜转运进入叶绿体基质，在基质中的蛋白水解酶等作用下，加工为成熟蛋白质。

由于叶绿体具有类囊体，比线粒体多了类囊体膜与类囊体腔，因此蛋白质输送的过程更复杂。输送到叶绿体基质中的前体蛋白只含定向基质的序列；输送到类囊体腔中的前体蛋白 N 端含有定向叶绿体基质的序列，C 端有引导蛋白质向类囊体腔输送的序列。这类蛋白质前体穿过叶绿体外膜与内膜进入基质后，定向基质的序列被切除，余下的信号序列指导蛋白质穿过类囊体膜进入类囊体腔（见电子教程知识扩展 10-10　蛋白质向叶绿体的转运）。

输送到叶绿体内膜和类囊体膜上的前体蛋白通常也含有两个靶信号，一个是位于 N 端的转运肽信号，指导蛋白质进入叶绿体基质。另一个在成熟蛋白序列的内部或 C 端，指导蛋白质在膜上定位。部分蛋白质的转运中止在前体蛋白穿过 TIC 的过程中，因而插入内膜。部分蛋白质先转运到叶绿体基质中，再进行内膜定位。输送到叶绿体外膜的蛋白质和膜间隙的蛋白质同样凭借不同的信号序列定位。

由核基因编码的线粒体和叶绿体蛋白质，多数具有高度的细胞器特异性。还有一些蛋白质，如涉及复制、修复、转录和翻译细胞器基因组的蛋白质，以及细胞色素 c_1 等，则可转运到这两个细胞器中的任意一个，称“双定位”。双定位蛋白质含有孪生前导序列或模糊的前导序列，其转运机制需进一步的研究。

10.2.2.3 蛋白质向细胞核的输送

被输送到细胞核的蛋白质包括组蛋白、DNA 聚合酶、RNA 聚合酶、转录因子、核糖体蛋白等，统称为核蛋白。核蛋白进入细胞核的机制，与线粒体蛋白质和叶绿体蛋白质有很大区别。首先核蛋白在细胞质中进行折叠，保持折叠好的状态被输送。其次蛋白质上的信号序列可位于肽链的 C 端或肽链中间，在核蛋白的输送完成后不被切除，还可被反复利用，有利于细胞分裂后核蛋白重新进入细胞核。

核蛋白的信号序列称**细胞核定位序列**(nuclear localization sequence，NLS)，通常由一簇或几簇短的碱性氨基酸残基组成，暴露于折叠后的核蛋白表面。该序列发生突变可阻止核蛋白进入细胞核，而将该类序列连接到非核蛋白上，可使其进入细胞核。NLS 序列被确定的第一个蛋白质是 SV40 的 T 抗原，其序列为 PKKKRKV，该序列中单个氨基酸的突变，能阻止 T 抗原进入细胞核。

核蛋白通过**核孔复合物**(nuclear pore complex，NPC)进出细胞核，NPC 是一个多蛋白复合体，由胞质环、核质环、转运体、轮辐组合成为一个外径 120 nm 的篮网状结构，其中心亲水通道的直径约为 9 nm。NPC 具有分子筛功能，允许分子质量小于 40～50 kDa 的小分子物质(如离子、有机小分子和小分子蛋白)以自由扩散的方式通过。分子质量超过此范围，或直径大于 6 nm 的生物大分子(如各种核蛋白)，则必须在细胞质内特定转运蛋白(称输入蛋白，importin)的介导下，以主动运输的方式进入细胞核。

核蛋白输入过程依赖于输入蛋白 α/β 二聚体，其具体过程为：① 待输送的核蛋白与输入蛋白 α/β 二聚体结合，输入蛋白 α 负责识别和结合核蛋白表面的 NLS；② 核蛋白与输入蛋白的复合体与 NPC 胞质环上的纤维结合，输入蛋白 β 负责与 NPC 相互作用；③ 在 NPC 蛋白和各种辅助蛋白的帮助下，复合体通过 NPC 进入细胞核；④ 复合体与核内的 Ran-GTP 结合，复合体分解并释放出核蛋白；⑤ 与 Ran-GTP 结合的输入蛋白 β 被运回细胞质，在细胞质中 Ran 所结合的 GTP 水解，Ran-GDP 返回细胞核重新转换为 Ran-GTP；⑥ 输入蛋白 α 在核内输出素帮助下运回细胞质，与输入蛋白 β 装配为异二聚体，参加下一轮输送过程。

Ran 是一种单体 GTP/GDP 结合蛋白，对核蛋白的输送起重要的调节作用。一般来说，Ran-GTP 存在于核内，Ran-GDP 存在于细胞质中，Ran-GDP 可使核蛋白与输入蛋白 α/β 稳定结合，而 Ran-GTP 则使核蛋白-输入蛋白复合物解离，使被输送的靶蛋白在细胞核内的释放。

某些核蛋白(如 hnRNP)入核不需要输入蛋白 α，而是由输入蛋白 β 或其同系物直接识别靶蛋白，介导其入核。在这一机制中，靶蛋白也具有可被输入蛋白 β 识别并结合的 NLS，但是这些 NLS 的氨基酸序列无明显规律。还有一些核蛋白(如 CaMKIV)的入核仅依赖于输入蛋白 α，而不需要输入蛋白 β。还有部分核蛋白(如 β-catenin)的入核，不依赖输入蛋白 α/β 体系。

由细胞核进入细胞质的蛋白质通常具有**出核信号**(nuclear export signal，NES)，能被相应的**输出蛋白**(exportin)识别。NES 序列含有较多疏水性氨基酸(如 Leu 和 Ile 等)，多具有 CRM1(chromosome region maintenance 1)依赖性，能被输出蛋白 CRM1/Xpo1 识别并结合，使含 NES 的蛋白质出核。某些蛋白质既有 NLS 又有 NES，可在核质间往返，称穿梭蛋白。

图 10-12 为在输入蛋白或输出蛋白的帮助下，蛋白质出入细胞核的简图(见电子教程知识扩展 10-11　蛋白质向细胞核的转运)。

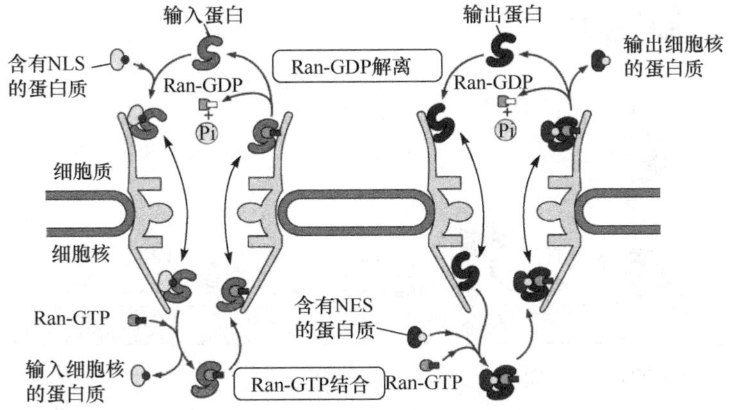

图 10-12　蛋白质输入或输出细胞核的机制

10.2.2.4　蛋白质向过氧化物酶体的输送

过氧化物酶体(peroxisome)是由单层膜围绕的细胞器,含一种或几种依赖黄素的氧化酶和过氧化氢酶。过氧化物酶体中所有的酶都由核基因编码,在细胞质合成并完成折叠,然后在**过氧化物酶体定向序列**(peroxisome targeting sequences,PTS)引导下进入过氧化物酶体。PTS 主要分两类,PTS1 通常为 Ser-Lys-Leu,位于蛋白质的 C 端。PTS2 为九肽(Arg/Lys-Leu/Ile-XXXXX-His/Gln-Leu),位于蛋白的 N 端或内部。被输送的蛋白质如过氧化氢酶,在细胞质合成,并完成折叠后,与 PTS 受体(PTSR)形成复合体,穿过过氧化物酶体膜上的通道蛋白,在过氧化物酶体腔释放被输送的蛋白质,PTSR 则返回细胞质循环使用(图 10-13)。

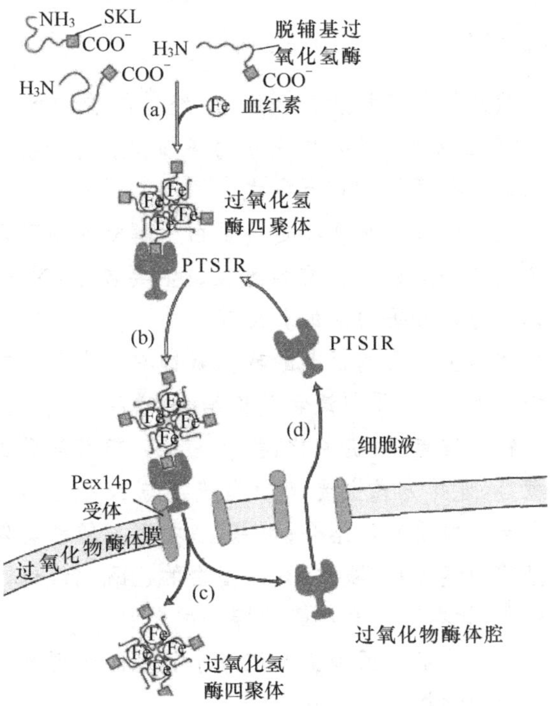

图 10-13　蛋白质向过氧化物酶体的输送

原核生物也需要通过特定机制,将新合成的蛋白质转运到内膜、外膜、双层膜之间或细胞外。以分泌蛋白为例,细菌新生成的分泌蛋白前体分子 N 端含有信号肽,它们可与细胞质中的 SecB 蛋白结合,被运送到细胞膜转运复合物 SecA-SecYEG 上。在 SecYEG 通道的胞质侧,SecA 与被转运蛋白及 ATP 结合,SecA 具有 ATP 酶活性,可水解 ATP 并嵌入细胞膜中,导致与 SecA 结合的肽段(约 20 个氨基酸残基)通过膜转运复合物到达胞外。SecA 再与另一个 ATP 结合,变构嵌入膜内的同时,另一个肽段运出胞外,如此反复,完成蛋白质的转运(图 10-14)。

利用已经鉴定的或潜在的信号序列,对蛋白质进行定向改造,使其高效定位至特定的亚细胞部位,或使其被分泌到细胞外,对生物工程及相关产品研发有重要意义。

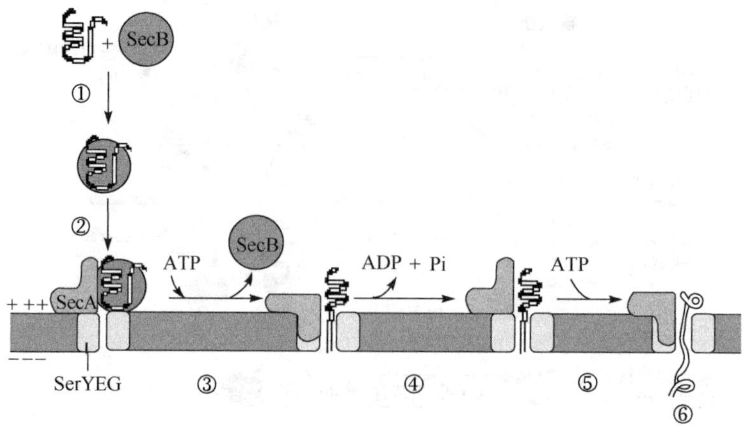

图 10-14 细菌的蛋白质转运

提要

肽链的加工指肽链合成后，经过细胞内各种修饰处理，成为成熟蛋白质的过程。主要包括：肽链的剪接、氨基酸残基的修饰和肽链的折叠。蛋白质修饰是对蛋白质进行定位，对代谢与功能进行调控的重要方式。

肽链的剪接是在特定的蛋白水解酶作用下，切除肽链末端或中间的若干氨基酸残基，形成一个或数个成熟蛋白质的过程。主要包括：N 端 fMet 或 Met 的切除、信号序列的切除、多肽前体的剪切和蛋白质的剪接等。

体内蛋白质的氨基酸残基修饰有几十种，均由相关的酶催化。常见的有：泛素化，在 3 种酶作用下，蛋白质与泛素共价结合；磷酸化，在蛋白激酶的催化下，将 ATP 的γ-磷酸基转移到蛋白特定位点上；糖基化，指在一系列糖基转移酶的催化下，蛋白质特定氨基酸残基共价连接寡糖链，连接方式主要有 O 型连接与 N 型连接两种；脂酰基化，指长脂肪酸链通过 O 原子或 S 原子与蛋白质共价结合；甲基化，在甲基转移酶催化下，将 *S*-腺苷甲硫氨酸的甲基转移到特定氨基酸侧链上；乙酰化，如组蛋白的乙酰化修饰；羟基化，如脯氨酸和赖氨酸的羟基化修饰；腺苷酸化，如谷酰胺合成酶的腺苷酸化等。

新生肽链的正确折叠依赖于氨基酸序列本身所包含的信息，以及诸细胞因子对这些信息的识别和调控。

折叠酶能加速蛋白质的折叠，主要有二硫键异构酶和肽酰脯氨酰顺反异构酶。

分子伴侣可帮助新生肽链的折叠和组装，能够与非天然态的蛋白质结合形成相对稳定的复合物，为蛋白质提供折叠的内环境，如 GroEL/ES 体系对蛋白质折叠的促进作用。分子伴侣还具有协助蛋白质转运、对蛋白质进行监控、促进错误折叠蛋白质被水解清除等功能。蛋白质的错误折叠可导致多种折叠病，对蛋白质折叠机制及分子伴侣功能的研究，将有助于对这些折叠病进行预防与治疗。

有些蛋白质需要被输送到细胞内或细胞外的特定部位，才能执行正常生理功能。这类蛋白质均含有一段或几段信号序列，根据信号序列与其识别分子相互作用机制的不同，可将肽链定向输送的途径分为共翻译途径与翻译后途径。

参与共翻译途径的蛋白质由粗面内质网上的核糖体合成，其 N 端含有信号肽，可与细胞质中的SRP结合，引导核糖体-新生肽链-mRNA-SRP复合物与内质网膜结合，新生肽链通过内质网上的通道蛋白进入内质网腔，信号肽被信号肽酶切除，肽链在内质网腔进行初步加工、折叠和装配。

滞留内质网中的蛋白质含有滞留信号，如脊椎动物蛋白质的C端四肽KDEL。其他蛋白质从内质网进入高尔基体，经修饰与加工后，被引导入溶酶体、分泌小泡或细胞膜等部位。许多膜蛋白转运过程的起始阶段与分泌蛋白相同，在转运的后期利用其含有的停止转移序列停留在膜中。有些膜蛋白有多个开始转运序列（包括内含信号序列）和停止转运序列的多肽，成为多次跨膜的蛋白质。

参与翻译后途径的蛋白质由游离核糖体合成，然后被定向输送到线粒体、叶绿体、过氧化物酶体及细胞核中。

进入线粒体的蛋白质N端具有导肽，使去折叠的蛋白质前体经线粒体外膜的TOM复合体和内膜的TIM复合体转运到线粒体的基质，分子伴侣参与跨膜前去折叠和跨膜后再折叠。定位在其他部位的蛋白质，除导肽外还需要额外的信号序列，使其能够被输送到线粒体的特定部位。

转运到叶绿体的蛋白质N端含有转运肽，叶绿体内外膜上具有转位因子复合体，蛋白质以去折叠的方式通过膜。由于叶绿体具有类囊体，其蛋白质输送的过程更复杂，有不同的信号序列，引导蛋白质到达不同的部位。

核蛋白以折叠好的状态被输送，其细胞核定位序列位于肽链的C端或中间，包括入核信号和出核信号。在特定转运蛋白介导下，核蛋白以能量依赖的方式（主动运输），通过核孔复合物进出细胞核。

过氧化物酶体中所有的酶都由核基因编码，在细胞质合成并完成折叠后，在过氧化物酶体定向序列的引导下进入过氧化物酶体。

原核生物可通过特定机制将新合成的蛋白质转运到内膜、外膜、双层膜之间或细胞外。例如，细菌新生成的分泌蛋白前体分子N端含有信号肽，可在SecB蛋白、细胞膜转运复合物SecA-SecYEG等作用下，被转运到细胞外。

思考题

1. 蛋白质合成后的加工修饰包括哪些内容？
2. 简述蛋白质氨基酸残基糖基化修饰的类型及其生理意义。
3. 试举例证明蛋白质的一级结构决定高级结构。
4. 什么是分子伴侣？分子伴侣具有哪些生理功能？
5. 什么是信号序列？试总结不同类型蛋白质信号序列的特点。
6. 简述蛋白质进入内质网的过程。
7. 概述在内质网和高尔基体中，蛋白质的加工与修饰过程，这些修饰对蛋白质的结构与功能有什么影响？
8. 比较蛋白质进入线粒体、叶绿体与细胞核过程的异同。

11 第十一章 原核生物基因表达的调控

原核生物能够根据环境的变化，开启或关闭某些基因，以便迅速合成它所需要的蛋白质，停止合成它不需要的蛋白质。研究原核生物基因表达的调控，不仅对于掌握其生命活动的规律有重要意义，而且有助于在生产领域更有效地应用有关的原核生物，在医疗领域更好地预防和治疗疾病，还有助于更好地利用原核生物表达目的基因。

11.1 原核生物基因表达调控的概述

原核生物是单细胞生物，细胞结构相对比较简单，与其周围环境直接接触。周围的营养状况和环境因素可能随时发生变化，原核生物能够适应环境的改变，其重要途径就是改变其基因的表达。

原核生物的转录与翻译是同时发生的，大多数原核生物的 mRNA 在几分钟内就被水解酶降解，因此环境变化后，可快速停止不必要蛋白质的合成。

原核生物的染色体分子质量较小。以 *E. coli* 为例，长度约为 46 000 kb，可编码 4288 个基因。但在正常条件下，一个细胞仅合成 600～800 种蛋白质，可见多数基因是暂时或者永久关闭的，只有在合适的时期才表达。

细菌的染色体为环状单分子 DNA，约 95%的 DNA 为编码区，只有约 5%为基因间 DNA (intergenic DNA)。有一部分基因间 DNA 有重要的功能，如复制原点、转录和翻译的调控区，以及 DNA 包装蛋白的结合区。根据基因表达调控的区别，可把基因分为两类：①**调节型基因**(regulated genes)的表达受细胞生长环境的影响，在不同的条件下有不同的表达水平；②**组成型基因**(constitutive genes)也叫**管家基因**(housekeeping genes)，其特点是，不论环境条件如何，这些基因总是持续表达，其表达活性与细胞正常状况相关。不论是调节型基因还是管家基因，表达都受到调控，只是调控方式不同。

原核生物 mRNA 的半衰期非常短，多数只有几分钟。因此，mRNA 必须持续转录才能维持蛋白质的合成。虽然原核生物基因表达调控包括 DNA 水平、转录水平、转录后水平和翻译水平等多个层次，但是转录水平的调控可避免合成不需要的 mRNA，是最有效、最经济、最主要的调节方式。原核生物基因表达的调控多以操纵子为单位进行，将功能相关的基因组织在一起，同时开启或关闭基因的表达，既经济有效，又能保证其生命活动的需要。

基因表达调控的模式可以分为两大类：若在没有调节蛋白存在时，基因是关闭的，加入调节蛋白后，基因活性被开启，即为**正调控**(positive control)，调节蛋白称诱导蛋白或者**激活蛋白**(activator)。若在没有调节蛋白存在时，基因是表达的，加入调节蛋白后基因表达被关闭，即为**负调控**(negative control)，其调节蛋白称**阻遏蛋白**(repressor)。

原核生物染色质没有核小体结构，DNA 没有组蛋白的遮蔽，RNA 聚合酶很容易发现启动子，多数基因的表达是通过阻遏蛋白来封闭的。这样的负调控提供了一个非常保险的机制，如果调节系统失灵，蛋白质可以被合成，只是有点浪费而已，不会因细胞缺乏必需蛋白质而造成致命的后果。

噬菌体寄生在细菌中，必须依赖于宿主菌才能生存。所以它们必须以一种谨慎的方式来完成自己特有的繁殖周期，形成噬菌体基因组表达的时序控制。

11.2　DNA 水平的调控

11.2.1　细菌 DNA 重排对基因表达的影响

在某些细菌中，特定基因的表达与基因组 DNA 重排有关。例如，鼠伤寒沙门氏菌具有两种运动鞭毛，其鞭毛蛋白为 FljB 或 FljC。若 *FljC* 基因表达产生 FljC 型鞭毛蛋白，细菌就处于Ⅰ相(phase Ⅰ)。若 *FljB* 基因表达产生 FljB 鞭毛蛋白，细菌便处于Ⅱ相(phase Ⅱ)。这两种蛋白质从来不会在同一个细胞中同时表达，但Ⅰ相细菌生长时，会以 1/1000 次分裂的频率自发转变为Ⅱ相细菌，Ⅱ相细菌也以相同的频率转变为Ⅰ相细菌，这一过程称为相变(phase variation)。

研究发现，*FljB* 和 *FljC* 表达的相变与 DNA 重组有关。如图 11-1 所示，*FljB* 基因与 *FljA* 基因紧密连锁，并协同表达。若 *FljB* 和 *FljA* 表达，由于 FljA 阻遏物阻止了 *FljC* 基因的表达，只合成 FljB 鞭毛蛋白。若 *FljB* 基因和 *FljA* 基因表达被关闭，*FljC* 基因便表达，合成 FljC 鞭毛蛋白。*FljB* 和 *FljA* 基因的上游 DNA 长 995 bp，两边各有一段 14 bp 的不完全反向重复(imperfect inverted repeats)，即 IRL 和 IRR。*FljB* 基因的转录起始位点位于 *hix* 下游第 17 bp 处，*hix* 和 *FljB* 启动子之间的序列含有 *hin* 基因，它的产物是 Hin 重组酶，可催化这段 995 bp 序列发生倒位。多数细胞不发生倒位，*FljB* 和 *FljA* 基因表达，细胞处于Ⅱ相。少数细胞发生倒位后，*FljB* 和 *FljA* 失去启动子，不能合成 FljA 阻遏蛋白，因而 *FljC* 基因表达，细胞转变成Ⅰ相。一旦这段 DNA 倒位恢复原状，细胞又将转变为Ⅱ相。这一过程中没有任何遗传信息的丢失，仅仅是特异的 DNA 序列发生了重组，造成 *FljB* 或 *FljC* 基因选择性表达的结果。

11.2.2　σ 因子对原核生物转录起始的调控

原核细胞仅有一种 RNA 聚合酶，核心酶催化转录延长，σ 因子特异性识别启动序列，控制转录起始，不同的 σ 因子决定不同基因的转录。

离体实验表明，若用缺少 σ 亚基的核心酶进行转录，转录过程对模板链和起始点的选择都有很大的随意性，而且同一段 DNA 的两条链都被转录。由此可见，σ 亚基对识别 DNA 链上

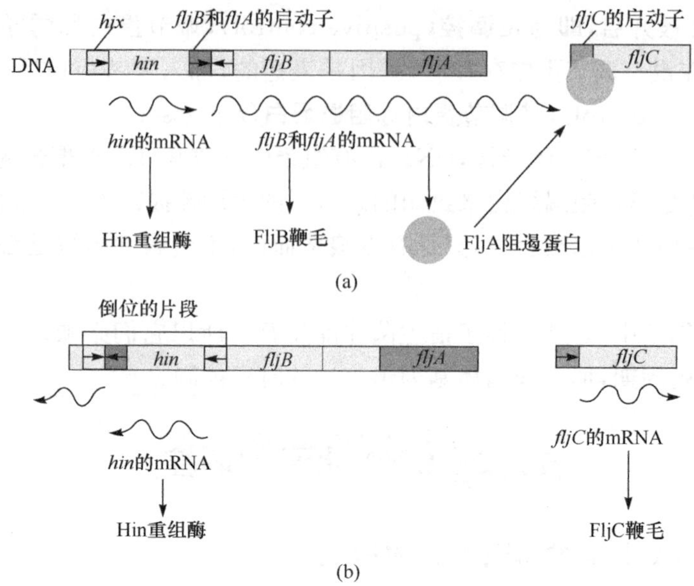

图 11-1　鼠伤寒沙门氏菌鞭毛蛋白的相变

的转录信号是不可缺少的，在细胞发育和对环境的应答中起重要作用。

在 *E. coli* 中，σ^{70} 为主要的 σ 因子，可与核心酶一同被纯化。但另外一些 σ 因子能够识别一些特殊的启动子。

热激反应是生物体对高温作出的保护性反应，*E. coli* 转到热休克状态，重要反应是启动基因 ***htp R***（heat shock regulatory gene R）的表达，合成 32 kDa 的热休克蛋白 HSP。它就是一种变异的 σ 因子，称为 σ^{32}，能引导核心酶在热休克基因的启动子处起始转录。正常状态下 *E. coli* 细胞中仅有少量 σ^{60}，但当介质中氨缺乏时，σ^{60} 含量大增，开启可利用其他氮源的基因。

在枯草杆菌（*B. subtilis*）中，至少发现有 7 种不同的 σ 因子，其正常 σ 因子为 σ^{43}，相当于 *E. coli* 中的 σ^{70}。在噬菌体 SPO1 感染 *B. subtilis* 时，会出现新的 σ 因子。感染初期，由含 σ^{70} 的宿主菌全酶转录早期基因。4～5min 后，早期基因转录停止，由含 σ^{28} 的宿主菌全酶开始转录中期基因。8～12min 后，由含 σ^{34} 的宿主菌全酶开始转录晚期基因（见电子教程知识扩展 11-1　σ 因子对感染枯草芽孢杆菌 SPO1 噬菌体转录的时序调控）。

B. subtilis 在其芽孢形成时也产生新的 σ 因子，在芽孢形成初期 σ^{43} 即被 σ^{37} 取代，RNA 聚合酶转录第一组芽孢形成基因。这种替代并不完全，大约 10% 的核心酶仍和 σ^{43} 结合，仍可合成某些营养型酶。在营养型细胞中也存在不到 1% 的 σ^{32}，可在芽孢形成早期，指导某些启动子起始转录。在芽孢形成开始后 4h，σ^{29} 开始出现，指导另一组新基因的转录。σ^{29} 在营养型细胞中不存在，故可能是芽孢形成基因在 σ^{37} 参与下的表达产物。在营养型细胞中还有少量 σ^{28}，在芽孢形成开始时即失活。在某些芽孢形成缺陷的突变株中，σ^{28} 无活性。σ^{28} 的活化可能是营养耗竭，并起始芽孢形成反应系统的一个信号。

11.3 操纵子对基因表达的调控

原核生物的大多数基因按功能相关性成簇地密集串联，共同组成一个转录单位，即**操纵子**(operon)。一个操纵子(元)含一个启动序列和数个可转录的编码基因(通常为 2～6 个，有的多达 20 个以上)。在同一启动序列控制下，操纵子(元)转录出多顺反子 mRNA。原核基因的协调表达就是通过调控单个启动基因的活性完成的。

1962 年法国科学家 Francois Jacob 和 Jacques Monod 最早提出乳糖操纵子模型(见电子教程科学史话 11-1 乳糖操纵子的发现)。这个模型很快被生物化学技术证明是正确的，并发现操纵子的调控模型在原核生物普遍存在，他们两人也因此获得 1965 年的诺贝尔生理学或医学奖。

11.3.1 操纵子的基本结构

操纵子通常由 2 个以上结构序列、启动序列、操纵序列，以及其他调节序列在基因组中成簇串联组成的一个转录单位(图 11-2)。

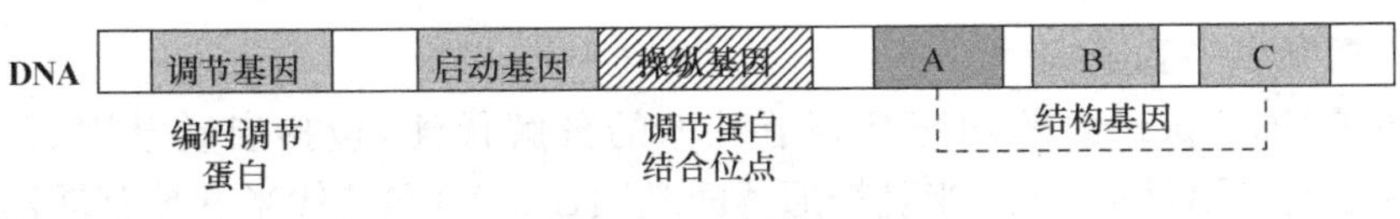

图 11-2 操纵子的基本结构

11.3.1.1 启动子

启动子(promoter)是连接在基因 5′端上游的 DNA 序列，其长度为 100～200 bp，是转录起始时 RNA 聚合酶识别、结合的特定部位。启动子与 RNA 聚合酶有较高的亲和力，使转录可以从特定的位点起始。

11.3.1.2 结构基因

操纵子中编码蛋白质的基因称**结构基因**(structural gene)，一个操纵子常含有两个以上结构基因，首尾相连构成一个基因簇，并转录成含有多个开放阅读框的 mRNA。翻译时，核糖体在合成第一个结构基因编码的多肽链后，不脱离 mRNA，继续合成下一个基因编码的多肽链，直至完成对多个结构基因的翻译。

11.3.1.3 操纵基因

操纵基因(operator gene)指能被调控蛋白质特异性结合的一段 DNA 序列，位于启动子和结构基因之间，常与启动子邻近或部分重叠。调控蛋白与操纵基因的结合，会影响其下游基因的转录。当操纵基因“启动”时，其控制的结构基因开始转录和翻译。若操纵基因“关闭”，结构基因不能转录与翻译。操纵基因中常含有二重对称的回文结构，适合其与二聚体调节蛋白结合。

11.3.1.4 调节基因

调节基因(regulatory gene)通过转录和翻译产生调节蛋白，该蛋白与操纵基因相互作用，控制下游基因的转录。若调节蛋白和操纵基因结合后，抑制其所调控的基因转录，称**阻遏物**(repressor)，其介导的方式为负调控。如果激活或者增强其所调控的基因转录，则称**诱导物**(inducer)，其介导的方式为正调控。调节蛋白上有两个位点：一个与操纵基因结合，一个与称为效应物(effector)的小分子结合。若效应物促进转录的进行,即被称为**辅诱导物**(coinducer)。若效应物抑制转录的进行,则被称为**辅阻遏物**(corepressor)。

原核生物基因表达的调控蛋白主要为阻遏蛋白,阻遏蛋白参与的调控属于负调控。在负调控的诱导系统中,阻遏蛋白可直接和操纵基因结合,使RNA聚合酶不能通过操纵基因,其下游的基因不能转录。若辅诱导物(通常是分解代谢的起始物)和阻遏蛋白结合,使其不能和操纵基因结合,则其下游的基因可以被转录和翻译。在负调控的阻遏系统中,只有辅阻遏物(通常是合成代谢的终产物)与阻遏蛋白结合后,才可与操纵基因结合,阻止下游结构基因的转录。若合成代谢的终产物不足,脱离辅阻遏物的阻遏蛋白不能与操纵基因结合,则其下游基因可以进行转录和翻译。

在正调控的诱导系统中,诱导物必须与辅诱导物结合后,才能与操纵基因结合,促进相关基因的转录。在正调控的阻遏系统中,诱导物可直接和操纵基因结合,促进相关基因的转录。若辅阻遏物与诱导物结合,诱导物会脱离操纵基因,使相关基因的转录活性降低(见电子教程知识扩展11-2　操纵子的4种主要调控类型)。

11.3.2　乳糖操纵子

11.3.2.1　乳糖操纵子的结构

乳糖操纵子(lac operon)的功能是调节乳糖的分解代谢,包括启动基因(*P*)、操纵基因(*O*)、β-半乳糖苷酶基因(*lac Z*)、β-半乳糖通透酶基因(*lac Y*)和硫代半乳糖苷转乙酰基酶基因(*lac A*),以及调节基因(*I*),是可诱导的调控系统。*Lac Z* 基因长3510 bp,编码β-半乳糖苷酶,此酶由500 kDa的四聚体构成,可以切断乳糖的半乳糖苷键,产生半乳糖和葡萄糖。*Lac Y* 基因长780 bp,编码260个氨基酸的β-半乳糖苷透性酶,这种酶是一种膜结合蛋白,负责将半乳糖苷运入细胞中。*Lac A* 基因长825 bp,编码275个氨基酸的β-半乳糖苷乙酰转移酶,其功能是将乙酰-CoA上的乙酰基转移到β-半乳糖苷上。*I* 基因位于启动子附近,有自身的启动子和终止子,编码四聚体阻遏蛋白,其中的每个亚基由360个氨基酸组成。阻遏蛋白与操纵基因结合,阻止RNA聚合酶与启动子结合,使转录不能进行,属于负调控因子。操纵基因(*O*)是阻遏蛋白的结合部位,与调节基因共同调控相关酶的表达。启动基因处于操纵基因上游,与操纵基因部分重叠,含有RNA聚合酶识别序列、结合序列和激活序列(见电子教程知识扩展11-3　乳糖操纵子的基因及其表达产物的结构)。

11.3.2.2　乳糖操纵子的负调控

细菌必须随时改变其基因的表达,以应对随时都可能变化的营养供给。例如,在缺乏某种营养物时,就不必合成大量分解该营养物的酶类。一旦有该营养物出现,又可立即合成这些酶类。这种类型的调控广泛存在于细菌中,*E. coli* 的乳糖操纵子是这种调控机制的典型范例。在较低等的真核生物(如酵母)也有类似的调节机制。

当 *E. coli* 在缺乏乳糖的条件下生长时,不需要β-半乳糖苷酶,因此,该酶在每个细胞的含量不高于5个分子。加入乳糖后,细菌在2～3min内迅速地合成这种酶,快速增长到5000个分子/细胞。相反,如果在培养基中除去乳糖,酶的合成也就迅速停止,恢复到原来的状态。

当环境中没有乳糖时,*lac I* 基因在自身的启动子控制下,合成阻遏蛋白,阻遏蛋白以四聚体的形式和 *lac O* 特异性紧密结合,阻碍RNA聚合酶Ⅱ与P序列结合,抑制 *lac Z*、*lac Y*、 *lac A*三个结构基因的转录（图 11-3a）。

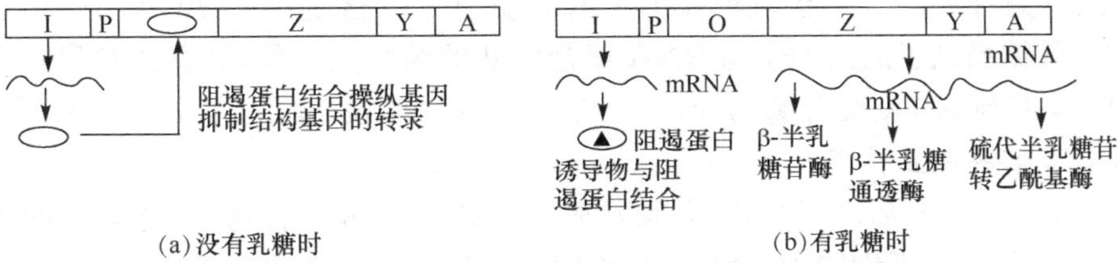

图 11-3　乳糖操纵子的负调控

当培养基中只有乳糖时，由乳糖经 β-半乳糖苷酶催化而成的辅诱导物别乳糖结合在阻遏蛋白的变构位点上，使其构象发生改变，不能与操纵基因结合。于是 RNA 聚合酶结合于启动子，并顺利地通过操纵基因，进行结构基因的转录，产生大量分解乳糖的酶，大肠杆菌利用培养基中的乳糖作为碳源。β-半乳糖苷酶、β-半乳糖通透酶和硫代半乳糖苷转乙酰基酶共用一个 mRNA 模板，从 5′端依次开始翻译，这 3 种结构基因作为一个整体受协同调控而表达（图 11-3b）。

异丙基-β-D-硫代半乳糖苷（isopropylthiogalactoside，IPTG）与自然的 β-半乳糖苷相似，但其半乳糖苷键中用硫代替了氧，不能被细胞内的酶水解，能够稳定存在，是 *lac* 基因簇十分有效的辅诱导物，称为**安慰诱导物**（gratuitous inducer），被广泛用于实验室诱导相关基因的表达。

可诱导的操纵子一般编码糖和氨基酸分解代谢的酶，这些能源物质在自然界存在较少，细菌总是优先利用最容易利用的能源物质葡萄糖，所以这些操纵子常常是关闭的。当生存条件改变，必须利用这些物质作为能源时，这些基因则被诱导开放。可见，原核生物的代谢活动是十分经济有效的。

11.3.2.3　乳糖操纵子的正调控

当 *E. coli* 以乳糖为唯一碳源时，*lac* 操纵子被诱导表达。在培养基中同时加入葡萄糖时，细菌则优先利用葡萄糖。只有当葡萄糖耗尽时，乳糖才能诱导基因的表达，这种现象称为**分解物阻遏**（catabolite repression）。

1965 年 Sutherland 等发现 cAMP 是细胞信号转导的第二信使（见电子教程科学史话 2-4　cAMP 的发现），随后，Magasonik 等发现在大肠杆菌中也含有 cAMP，其含量常随细胞的生理状态而变化。若细胞处于碳源饥饿条件，cAMP 水平显著提高。反之，当培养基中含有大量葡萄糖时，cAMP 水平明显降低。以乳糖和葡萄糖为碳源时，如果加入 cAMP，β-半乳糖苷酶的合成速率也会大大提高，可达到只以乳糖为碳源时的水平。这说明，菌株内 cAMP 的浓度影响 β-半乳糖苷酶的合成速率。

进一步分析发现，在含乳糖的培养基中加入葡萄糖，有**降解物活化蛋白**（catabolite activator protein，CAP）在发挥作用。CAP 是同二聚体蛋白质，每个亚基含 209 个氨基酸残基，其分子内有 DNA 结合区和 cAMP 结合位点，具有转录因子的作用。它可以和 cAMP 结合形成 CAP-cAMP 复合物，然后再结合到启动基因的 CAP 结合部位，提高相邻操纵子的转录速度。CAP 可与 cAMP 结合，故又称 cAMP 受体蛋白（cAMP receptor protein，CRP）。CAP 结合位点位于启动子附近，呈对称结构。若 CAP-cAMP 复合物在这一位点特异性结合，能促进 RNA 聚合酶与启动子结合，使转录活性增强约 50 倍。由于 CAP 的结合能促进转录，这种调控方式为乳糖操纵子的正调控。

乳糖操纵子的启动子和启动子的一致序列略有不同。启动子一致序列的－35 区是 TTGACA，－10 区是 TATAAT，但乳糖操纵子的启动子－35 区是 TTTACA，－10 区是 TATGTT。因此，乳糖操纵子的启动子与 RNA 聚合酶Ⅱ的结合比较弱，只有在 CAP-cAMP 复合物的促进下，才能与 RNA 聚合酶结合(见电子教程知识扩展 11-4　CAP-cAMP 复合物与 RNA 聚合酶的相互作用)。

游离的 CAP 不能与启动子结合，必须首先与 cAMP 形成复合物，才能与启动子相结合。葡萄糖的降解产物能降低细胞内 cAMP 的浓度，使 CAP 不能和启动子结合。此时即使有乳糖存在，虽已解除了对操纵基因的阻遏，RNA 聚合酶仍不能与启动子结合，也不能进行转录，所以仍不能利用乳糖。在没有葡萄糖而只有乳糖的条件下，阻遏蛋白与 O 序列解聚，CAP-cAMP 与乳糖操纵子的 CRP 位点结合，才能有效激活转录，使细菌能够利用乳糖作为能源物质(图 11-4)。

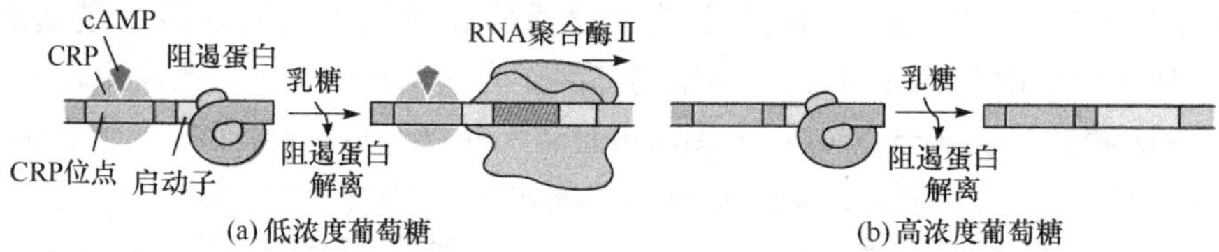

图 11-4　乳糖操纵子的正调控

11.3.3　阿拉伯糖操纵子

若环境中存在阿拉伯糖(arabinose，Ara)且葡萄糖缺乏时，细菌通过阿拉伯糖操纵子的调控，能利用阿拉伯糖作为能源。阿拉伯糖操纵子含有 *araA*、*araB* 和 *araD* 三个结构基因，分别编码阿拉伯糖异构酶、核酮糖激酶和 5-磷酸核酮糖差向异构酶。这 3 个酶将阿拉伯糖转变为磷酸戊糖代谢的中间产物 5-磷酸-木酮糖。阿拉伯糖操纵子还包括调节基因 *araC*、操纵基因 *araO1* 、*araO2* 以及启动子 *araP*。*araC* 基因在操纵子附近，使用自己的启动子 Pc(靠近 *araO1*)，以相反于结构基因的方向进行转录，合成 C 蛋白，Pc 启动子和 *araO1* 有重叠。*ara* 操纵子的转录也受到 CAP-cAMP 调节，CAP 蛋白的结合位点紧挨着 *ara* 操纵子的启动子(图 11-5a)。

C 蛋白与阿拉伯糖结合时为诱导物 C_{ind}(induction)，可结合于 *araI*(－40～－78)，使 RNA pol 结合于 P 位点(＋140)，促进 B、A、D 三个基因的转录。未与阿拉伯糖结合时为阻遏物 C_{rep}(repression)，结合于 *araO1* 和 *araO2* ，阻遏 B、A、D 三个基因和其自身的表达。

ara 操纵子的 C 蛋白还可以调节分散的基因 *araE* 和 *araF*，因此，此转录单位也称**调节子**(modulator)。基因 *araE* 和 *araF* 离 *ara* 操纵子比较远，它们分别编码一个膜蛋白和一个阿拉伯糖结合蛋白，这两个蛋白质负责将阿拉伯糖运入细胞。调节子的另一个例子是精氨酸合成相关酶编码的基因分散在多个操纵子上，但所有的基因都受同一种阻遏蛋白 ArgR 的调节。

阿拉伯糖操纵子是相对复杂的调节系统，其调节作用可归纳成 3 种情况。

1) 若葡萄糖很丰富且没有阿拉伯糖，C 蛋白可以结合在 *araO1* 上，阻碍 RNA 聚合酶在此区域结合，从而关闭操纵子。或者结合于 *araO2* ，同结合于 *araI* 的两个 AraC 蛋白结合，形成约 210 bp 的环状结构，*araBAD* 的启动子被封闭，基因 *araB*、*araA*、*araD* 不能转录(图 11-5b)。

2）若有阿拉伯糖，而没有葡萄糖，CAP-cAMP 结合于 *araI* 附近，此时 Ara 和少量的 C 蛋白结合成为正调控因子 C_{ind}，结合于 *araI*，在 CAP-cAMP 的帮助下，C 蛋白脱离 *araO2* 部位，此时 DNA 环被打开，结合于 *araI* 位点的 C_{ind} 和 CAP-cAMP 协同，诱导 *araBAD* 基因的转录，产生了 3 种酶，促使 Ara 分解（图 11-5c）。

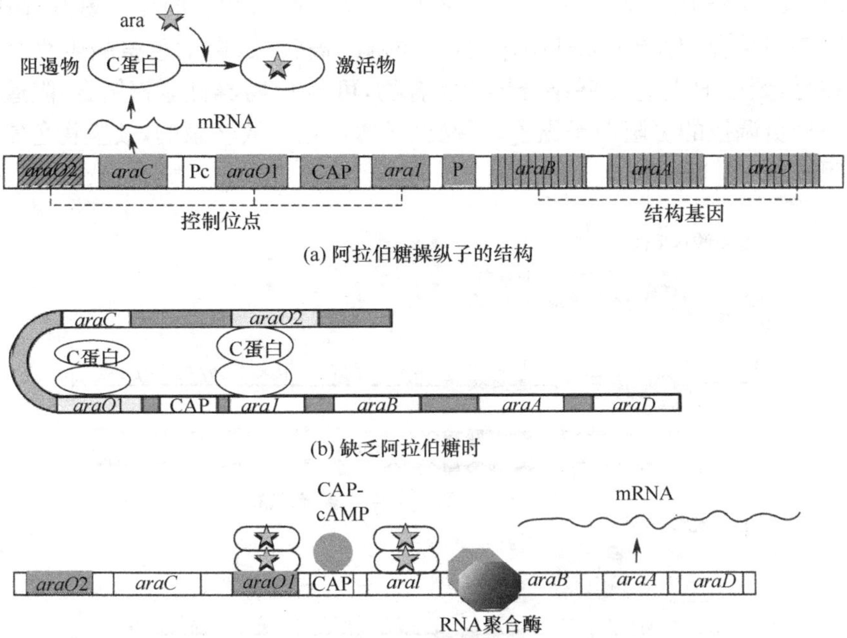

(a) 阿拉伯糖操纵子的结构

(b) 缺乏阿拉伯糖时

(c) 存在阿拉伯糖并缺乏葡萄时

图 11-5 阿拉伯糖操纵子的调控机制

3）当葡萄糖和阿拉伯糖都存在时，由于缺少 CAP-cAMP，*araBAD* 基因的转录受阻，细菌优先利用葡萄糖。这一状态下本底表达的 C 蛋白结合于 *araO*1，由于 Pc 启动子和 *araO*1 重叠，RNA 聚合酶不能结合 *araPc*，使 *araC* 的转录受到阻遏，这是 C 基因的自我调节。

11.3.4 色氨酸操纵子

大肠杆菌的**色氨酸操纵子**（trp operon）由启动子和操纵基因控制一个多顺反子 mRNA 的转录，编码色氨酸生物合成需要的邻氨基苯甲酸合成酶（*trpE*）、邻氨基苯甲酸焦磷酸转移酶（*trpD*）、邻氨基苯甲酸异构酶（*trpC*）、色氨酸合成酶（*trpB*）和吲哚甘油-3-磷酶合成酶（*trpA*）。另外，前导区和衰减区分别定名为 *trpL* 和 *trpa*（不是 *trpA*）。trp 操纵子中产生阻遏物的基因是 *trpR*，该基因距 *trp* 基因簇较远。此外，色氨酸 tRNA 合成酶（*trpS*），以及携带有 trp 的 $tRNA^{Trp}$ 也参与 *trp* 操纵子的调控作用（图 11-6）。

当培养基中有足够的色氨酸时，该操纵子关闭，缺乏色氨酸时，操纵子开启。由于 trp 体系参与生物合成而不是降解，它不受 CAP-cAMP 的调控。

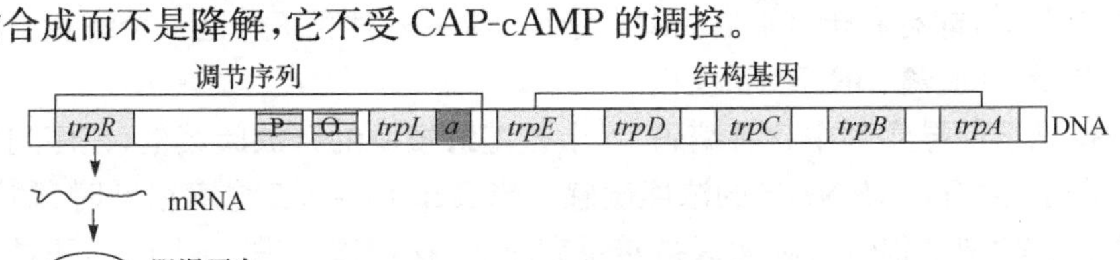

图 11-6 色氨酸操纵子的结构

Trp 操纵子的调控模式包括阻遏机制和衰减机制，阻遏蛋白对结构基因转录的负调控起粗调的作用，而衰减子起细调的作用。

11.3.4.1 阻遏机制

调控基因 *trpR* 远离 P-O-结构基因群，在其自身的启动子作用下，以组成性方式低水平表达调控蛋白 R。R 的分子质量为 47 kDa，没有与 O 结合的活性。即无色氨酸存在时，阻遏蛋白不能与操纵基因结合，对转录无抑制作用，结构基因被转录，启动色氨酸生物合成途径。有无色氨酸存在时，蛋白 R 与色氨酸结合形成复合物，可与 O 特异性紧密结合，阻遏结构基因的转录。这是一种负调控的可阻遏操纵子，即操纵子通常是开放转录的，效应物色氨酸作为辅阻遏物时则关闭转录(图 11-7)。

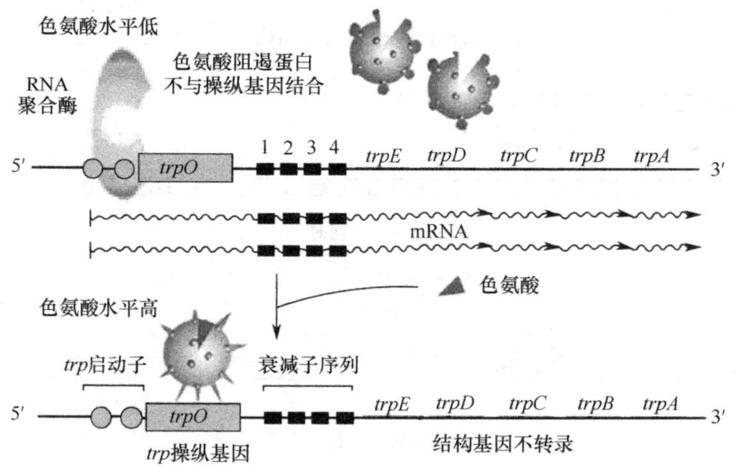

图 11-7 色氨酸操纵子的阻遏机制

11.3.4.2 衰减机制

研究发现，若色氨酸达到一定浓度，但还没有高到能够活化蛋白 R 的程度，色氨酸合成酶类的量已经明显降低，而且程度与色氨酸浓度呈负相关，这种转录调控机制称**衰减作用**(attenuation)。当 mRNA 开始合成后，除非培养基中完全不含色氨酸，否则转录总是提前终止，产生仅有约 140 nt 的 RNA 分子。这个区域被称为**衰减子**(attenuator)或弱化子(科学史话 11-2 衰减子的发现)。

在 *trp* 操纵子 mRNA 5′端 *Ptrp-O* 与第一个结构基因 *trpE* 的起始密码之间有一个 162 bp 的 DNA 序列称为前导序列(leading sequence，L)，其中第 123～150 位核苷酸如果缺失，*trp* 基因的表达水平可提高 6 倍。

如图 11-8 所示，*trp* 操纵子的前导区有分别以 1、2、3 和 4 表示的 4 个片段，能以两种不同的方式进行碱基配对，有时 1-2 和 3-4 配对，有时只以 2-3 方式互补配对。这是由于片段 2 分别与两侧的序列互补，如果形成 2-3 配对，则 1-2 和 3-4 都不能再形成发夹结构。若形成 1-2 配对，2-3 就不能配对，却有利于 3-4 生成发夹结构。3-4 配对区正好是一个终止子，可使 RNA 聚合酶即停止转录，并脱离 mRNA 和模板。

在色氨酸操纵子前导序列中含有编码 14 个氨基酸短肽的开放阅读框，该序列中有 2 个相邻的色氨酸密码子，对 $Trp\text{-}tRNA^{Trp}$ 的浓度敏感。当 $Trp\text{-}tRNA^{Trp}$ 浓度很低时，翻译通过两个相邻色氨酸密码子的速度很慢。在 4 区被转录完成时，核糖体才进行到 1 区，不能形成 1-2 发夹结构，使 2-3 配对，不能形成 3-4 配对的终止子，所以转录可继续进行，使 *trp* 操纵子中的结构基因全部转录。

当 Trp-tRNA^{Trp}浓度较高时，核糖体可顺利通过两个相邻的色氨酸密码子，在 4 区被转录之前，核糖体就到达 2 区，使 2-3 不能配对，3-4 区可以形成茎-环状终止子结构，转录停止。

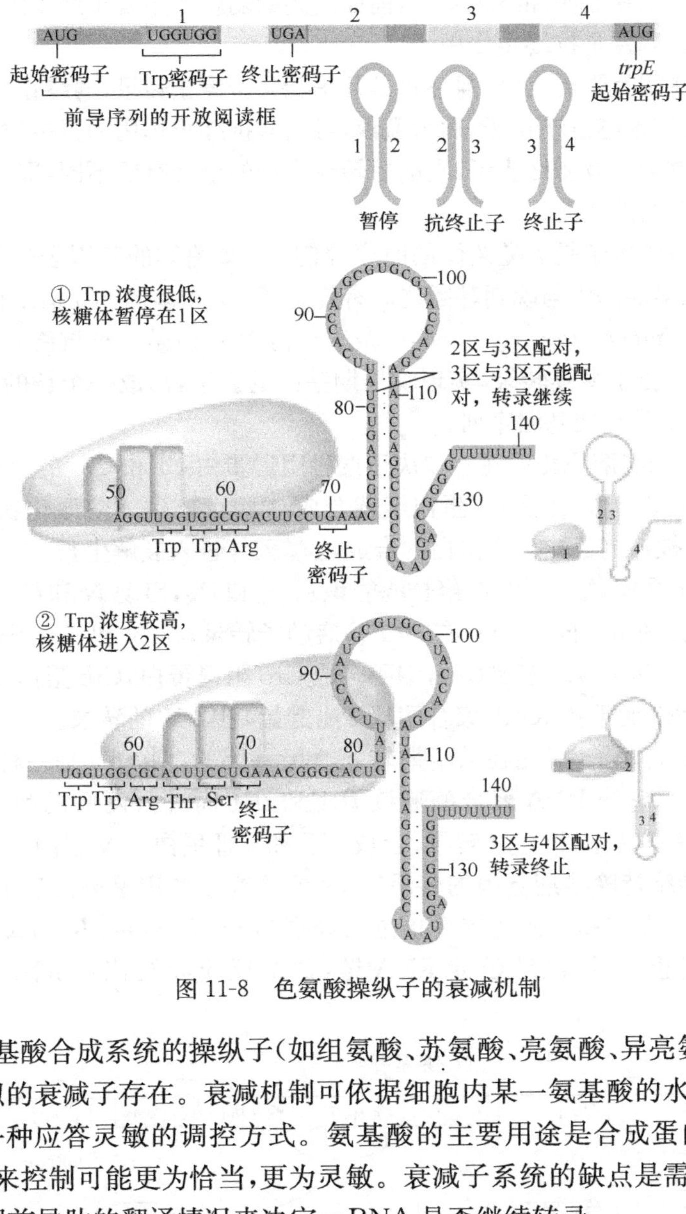

图 11-8　色氨酸操纵子的衰减机制

细菌其他氨基酸合成系统的操纵子(如组氨酸、苏氨酸、亮氨酸、异亮氨酸、苯丙氨酸等操纵子)中也有类似的衰减子存在。衰减机制可依据细胞内某一氨基酸的水平高低来调控相应基因的表达，是一种应答灵敏的调控方式。氨基酸的主要用途是合成蛋白质，因而以 tRNA 荷载情况为标准来控制可能更为恰当，更为灵敏。衰减子系统的缺点是需要先转录出前导肽 mRNA，然后根据前导肽的翻译情况来决定 mRNA 是否继续转录。

当氨基酸含量丰富时，可通过阻遏蛋白直接关闭 mRNA 的转录活性。只有氨基酸含量低于某一水平时，才需要衰减子进行精细调节。阻遏作用与衰减机制一起协同控制其基因表达，显然比单一的阻遏负调控系统更为有效。

一般来说，可诱导的操纵子基因编码不常见能源物质分解代谢有关的酶，这些操纵子常常是关闭的。只有生存条件发生变化，葡萄糖缺乏而必须利用另一种能源物质时，才开启这些基因的表达。阻遏操纵子恰好相反，其基因编码的酶合成细胞的必需物质，其基因的表达一般处于开启状态，只有相应物质在细菌生活环境中含量较高时，才关闭这些基因。

11.4 转录终止阶段的调控

转录调控主要发生在起始和终止阶段，前面所述的弱化作用属于终止阶段的调控，另一种常见的转录终止阶段调控是抗终止作用。

不同终止子的作用有强弱之分，强终止子几乎能完全停止转录，弱终止子的作用可被特异的调控因子阻止，使转录越过终止子，称为**通读**，可引起抗终止作用的蛋白质称为**抗终止因子**。如果一串结构基因群中间有弱终止子，则前后转录产物的量会有所不同，即终止子可调节基因群中不同基因表达产物的比例。

抗终止作用的典型例子是λ噬菌体的时序控制。λ噬菌体的基因表达分前早期、晚早期和晚期3个阶段，其早期基因与晚期基因之间有终止子。λ噬菌体首先借助宿主的RNA聚合酶转录前早期基因(immediate early genes)，表达产物N蛋白是一种抗终止因子，使RNA聚合酶越过左右两个终止子继续转录，实现晚早期基因的表达，形成一个长的RNA链，其5′端是早期基因序列，3′端是晚期基因序列。

λ噬菌体裂解生长与溶原化的建立取决于两种阻遏蛋白CI和Cro的合成。当CI蛋白的合成占优势时，P_{RM}启动子被激活，CI蛋白继续合成，λ噬菌体进入溶原化状态。若Cro蛋白合成占优势，则P_{RM}被抑制，没有CI蛋白的合成，λ噬菌体进入裂解生长。

在λ噬菌体感染早期，宿主RNA聚合酶能识别P_L和P_R，启动*N*和*Cro*两个前早期基因的转录。*N*和*Cro*分别由左向(P_L)和右向(P_R)启动子转录，在*N*和*Cro*基因的末端*TLI*和*TRI*位点终止。P_R启动子转录基因*Cro*，编码合成Cro阻遏蛋白，Cro蛋白是一种DNA结合蛋白，通过结合于*OR*3而干扰RNA聚合酶从P_{RM}起始基因*CI*的转录。

*N*基因依赖P_L启动子，只能在前早期转录。*N*基因的产物pN是一种**抗终止蛋白**(antitermination protein)，它使RNA聚合酶通读*tL*1和*tR*1而进入两侧的晚早期基因区。pN的抗终止作用促进基因*CⅡ*和*CⅢ*转录，合成CⅡ和CⅢ蛋白。*N*基因必须在晚早期基因之前持续表达，才能维持晚早期基因的转录。pN的抗终止作用是高度特异的，其识别位点称*nut*(N-utilization)，左向和右向的抗终止位点分别是*nut L*和*nut R*。*nut*与pN的结合使RNA聚合酶跨越终止信号，继续延伸RNA链，这个反应涉及依赖ρ因子的抗终止作用(图11-9)。

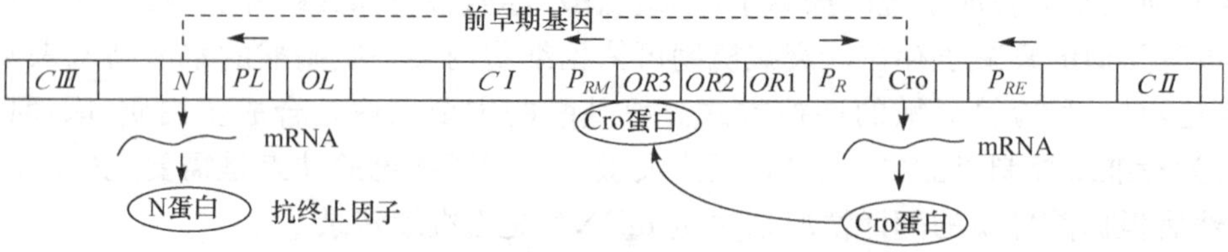

图11-9 N蛋白和Cro蛋白的抗终止作用

在CⅡ和CⅢ蛋白的共同作用下，RNA聚合酶转而识别启动子P_{RE}。P_{RE}左向启动转录，其转录方向与基因*Cro*依赖P_R启动子的转录方向正好相反，而且转录作用经过基因*Cro*一直延伸到基因*cI*，产生*cⅠ* mRNA和Cro mRNA，分别合成蛋白质CⅠ和Cro。CⅠ是一种λDNA阻遏物，它同Cro一样能与操纵基因*OL*和*OR*结合，阻止*OL*和*OR*的转录。λ噬菌体有3个*OR*位点，*OR1*、*OR3*分别与P_R和P_{RM}相邻，Cro大多与*OR3*结合，CⅠ主要结合于

OR1 和 *OR2* 。由于 *C Ⅰ* 与 *OL* 和 *OR* 结合，阻止了从 *OL* 和 *OR* 的转录起始，导致左向基因 *cⅢ* 和右向基因 *cⅡ* 以及 *Cro* 的转录被 C Ⅰ 阻遏。使基因 *cⅡ* 和 *cⅢ* 不能产生启动子 P_{RE} 的正调控蛋白，基因 *cⅠ* 依赖于 P_{RE} 启动子的转录也随之被阻遏。但 CI 结合 *OR1* 和 *OR2* ，抑制了 *Cro* 基因转录和蛋白合成，使噬菌体进入溶原化状态。

就像其他噬菌体一样，λ 噬菌体晚期基因（编码噬菌体颗粒成分）的表达还需要一些额外的调控。作为晚早期基因之一的 *Q* 基因编码另一种抗终止蛋白 pQ，它可以特异地起始晚期启动子 PR′的转录，通读它和晚期基因之间的终止子。pN 和 pQ 的不同特异性，构成基因表达的级联调控。

11.5　翻译水平的调控

转录生成 mRNA 以后，在翻译或翻译后水平进行微调，是对转录调控的有效补充。例如，λ 噬菌体的后期基因长达 26 kb，转录成一个多顺反子 mRNA。然而不同基因编码的蛋白质用量相差可达千倍，需要通过翻译进行再调节。mRNA 的寿命和 mRNA 自身的二级结构都可调控翻译的水平。此外，有些基因的产物可通过与其 mRNA 的结合，控制这种蛋白质的继续合成。在不良营养条件下，由于氨基酸的缺乏，细胞内蛋白质的合成受到抑制，则出现严谨反应。

11.5.1　mRNA 结构对基因表达的调控

在抑制多肽链伸长的条件下，核糖体与 mRNA 形成稳定的复合体，加入核酸酶使未与核糖体结合的 mRNA 区段降解，而核糖体结合区则受到保护，称核糖体结合保护降解法。用此法研究发现，细菌的核糖体保护区约 35～40 nt，包含起始密码子 AUG。其中，在起始密码子上游 4～7 nt 之前的 SD 序列与 16S rRNA 序列互补的程度，从起始密码子到 SD 序列的距离等因素，强烈地影响翻译起始的效率。不同基因的 mRNA 有不同的 SD 序列，它们与 16S rRNA 的结合能力也不同，从而控制着翻译的速度。SD 序列的微小变化，会导致翻译效率上百倍甚至上千倍的差异。

mRNA 分子可自身回折产生许多双链结构，经估算，原核生物的 mRNA 约 66％的核苷酸为双链结构。mRNA 的二级结构是翻译起始调控的重要因素。翻译的起始依赖于核糖体 30S 亚基与 mRNA 的结合，所以要求 mRNA 的 SD 序列要有一定的空间结构。

E. coli 的 RNA 噬菌体 MS2、R17、f2 和 Qβ 基因组都非常小，只编码 4 个蛋白质：*A* 基因编码附着蛋白，*CP* 基因编码衣壳蛋白，*rep* 基因编码复制酶，*Lys* 基因编码裂解蛋白。它们进入宿主细胞后，核糖体附着在 *CP* 基因上的核糖体结合位点上，而不是附着在 A 基因或者 *rep* 基因，主要原因是 *A* 基因或者 *rep* 基因的核糖体结合位点被封闭在二级结构中。当核糖体阅读到 *CP* 位点时，二级结构的氢键断裂，核糖体才能与下游的 *rep* 位点结合，合成复制酶。当衣壳蛋白量很多时，它可以与 *rep* 基因的核糖体结合位点结合，封闭 *rep* 基因的表达，避免合成过多的复制酶造成的浪费。新合成的复制酶和宿主细胞合成的 Tu、Ts、S1 蛋白结合组成复制复合体，以噬菌体的 RNA 为模板，合成新的负链，再以负链为模板合成正链。以负链为模板复制时，新合成的正链尚未形成二级结构之前，核糖体可结合到 A 位点上，翻译合成 A 蛋白。

抗红霉素基因的 mRNA 前导序列中有 4 段反向重复序列，可以配对形成二级结构。若环境中没有红霉素，1-2 和 3-4 配对，而编码甲基化酶基因的 SD 序列正好处于 3-4 之间，被隐蔽起来，核糖体无法识别，翻译了前导肽后便脱离下来，因此不能产生甲基化酶(图 11-10)。

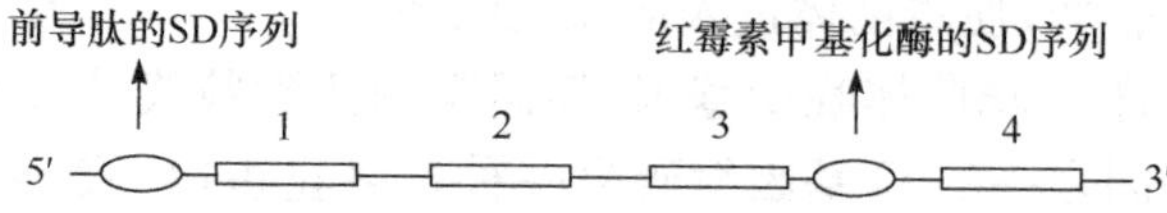

图 11-10　抗红霉素基因调控区的结构

单核细胞增生性李斯特菌是一种能够导致食物中毒的人类病原菌，其毒性基因只有在菌体进入宿主内，合成激活蛋白 PrfA，才能激活与毒性有关的基因表达。有趣的是在 30℃或者更低的温度下，PrfA mRNA 上的 SD 序列与其他区域配对形成链内双链，致使核糖体结合位点被掩盖，翻译因此受到抑制。在 37℃下，配对区域解链，SD 序列暴露，核糖体可以结合，才可合成 PrfA(见电子教程知识扩展 11-5　温度对李斯特菌 PrfA 蛋白的表达调控)。

11.5.2　mRNA 稳定性对翻译的调节

原核生物通过快速繁殖来适应生存，这决定了其 mRNA 稳定性通常远远低于真核基因 mRNA，半衰期仅 0.5～50 min，其 mRNA 分子的稳定性受多种因素的影响。

原核生物 mRNA 的 5′端有一段非翻译区(5′-untranslated region，5′-UTR)，称前导序列，3′端也有一段非翻译区(3′-untranslated region，3′-UTR)，中间是蛋白质的编码区，一般编码几种蛋白质。5′-UTR 和 3′-UTR 的茎环结构影响 mRNA 的稳定性，它一方面可以通过阻碍核酸外切酶而保护 mRNA，另一方面又可作为 RNase Ⅰ和 RNaseE 的识别位点。

尽管已从 *E. coli* 中鉴定出多种不同的核酸酶，但只有少数参与 mRNA 的降解，包括内切核酸酶 RNaseE、RNaseK、RNaseⅡ及 3′→5′ 外切核酸酶 RNaseⅠ。RNaseE 和 RNaseK 是 *E. coli* 内许多 mRNA 降解的限速酶，但有关它们的特异性切割位点所知尚少，只知道它们可优先切割 RNA 内二级(或三级)结构之间很短的富含 AU 单链序列，且两种酶活均受一种跨膜蛋白 HMPl(high molecular-weight protein)的影响，并受细菌生长速度的调节。RNaseⅡ的切割位点在 RNA 的双链区，但由于 RNaseⅡ的主要作用是加工 RNA，对 mRNA 的降解作用相当有限。RNaseⅠ和 RNPase 作为外切酶从 mRNA 的 3′端开始降解，其作用可能被茎环结构阻碍。

与真核系统不同的是，原核细胞中极少证据支持核糖体与 mRNA 的偶联促进 mRNA 降解。相反，原核细胞中的核糖体常起保护 mRNA 的作用。例如，无论是阻止翻译起始的春日霉素，还是促使核糖体提前从 mRNA 释放的嘌呤霉素，都会导致 mRNA 稳定性下降。而导致核糖体滞留，使肽链延伸受阻的氯霉素或四环素，则增强 mRNA 的稳定性。其原因之一可能是核糖体屏蔽了内切酶的靶位点。当然，也应考虑到这些翻译抑制因子可能引起转录提早终止，而提早终止的转录本是极不稳定的，这或许是因为其 3′端不具备茎环结构的保护作用。

大肠杆菌中存在由 *pcnB* 基因编码的 poly(A)聚合酶，催化生成 mRNA 的 poly(A)，会加速 mRNA 的降解，推测 poly(A)可能有助于 RNPase 等一种或数种核酸酶靠近转录本 3′端。

在 *E. coli* 中，一种高度保守的反向重复序列(IR)有 500～1000 个拷贝，主要位于 3′-UTR 区域，其主要功能是帮助 mRNA 形成茎环结构，防止核酸酶的降解，从而延长 mRNA 的半衰期。例如，在 *E. coli* 麦芽糖操纵子中的结构基因 *malE* 和 *malF* 之间有两个 IR 序列。二者虽然紧密连锁，但前者的翻译产物是后者的20～40倍，主要原因就是*maeE*的3′-UTR有两个IR，增加了mRNA的寿命，而*malF*区域没有IR结构，其mRNA的稳定性差。

5′-UTR的茎环还可通过干扰核糖体和mRNA的结合而影响翻译起始，进而调控RNA稳定性。

11.5.3　反义RNA对翻译的调控

基因表达的调控主要是通过蛋白质与核酸的相互作用，阻遏或者激活结构基因的表达。但有些独立合成的RNA片段，可以通过碱基间的氢键和对应的RNA互补形成双链复合物，影响RNA的正常修饰和翻译等过程，从而起到调控作用，这些RNA小分子就是**反义RNA**，又称干扰mRNA的互补RNA（mRNA-interfering complementary RNA，micRNA）。反义RNA与特定mRNA的结合位点通常是SD序列、起始密码子或部分N端的密码子。

反义RNA主要通过以下3种方式调控基因的表达：①在翻译水平，反义RNA与目标基因的5′-UTR或SD序列互补结合，使mRNA不能与核糖体结合，阻止翻译的起始；②在复制水平，反义RNA与引物RNA互补结合，抑制DNA复制，从而控制DNA（如质粒ColE1）复制的频率；③在转录水平，反义RNA可以与mRNA 5′端互补结合，形成双螺旋结构，阻止完整的mRNA转录，并且形成的双螺旋结构成为内切酶的特异底物，导致mRNA的降解。

1984年Mizuno和Iwoue在研究*E. coli*外膜蛋白时首次发现了反义RNA。*E. coli*有两种外膜蛋白ompC和ompF，分别由*ompC*和*ompF*基因编码。当渗透压增加时，ompC含量增加，ompF含量减少。当渗透压下降时，ompC含量减少，ompF含量增加。*EnvZ*基因编码渗透压感受器的受体蛋白，负责感受环境中渗透压的变化。当渗透压增加时，EnvZ激活*ompR*表达一种正调控蛋白，进而激活*ompF*和调节基因*micF*的转录。*MicF* RNA是一种长174 nt的micRNA，和*ompF* RNA的5′端有70%的序列互补，通过互补结合阻止*ompF*的翻译（图11-11）。

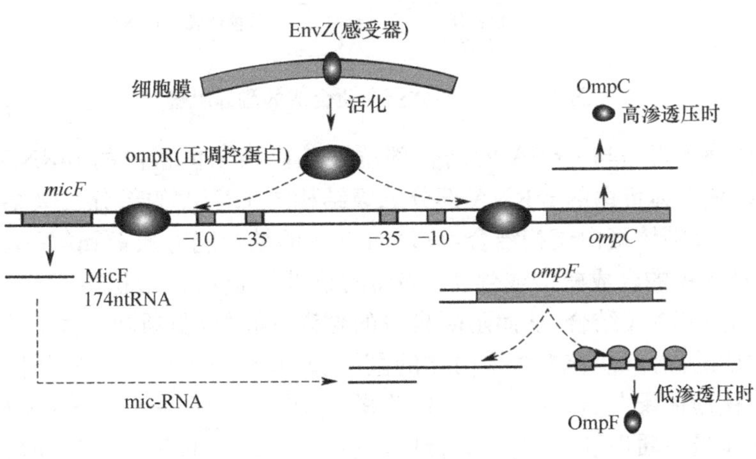

图11-11　反义RNA对*E. coli*外膜蛋白表达的调控

反义核酸技术是通过人工合成或生物合成获得15～30 nt的寡核苷酸片段，包括反义RNA、反义DNA及核酶，基于碱基互补原理，干扰基因的解旋、复制、转录、mRNA的剪接加工，以及输出和翻译等各个环节，从而调节细胞的生长和分化。通过反义RNA使原癌基因失活，有望成为基因治疗癌症的有效方法之一。另外，反义核酸作为基因治疗药物之一，与传统药物相比具有特异性高等诸多优点。反义核酸药物通过特异的碱基互补配对，犹如“生物导弹”靶向作用于目标 RNA 或 DNA。

反义核酸的碱基排列顺序可千变万化，特异性阻止疾病基因的转录和翻译，是药物设计的一个重要途径。尽管反义核酸在体内的存留时间有长有短，但最终都将被降解消除，可避免基因疗法将外源基因整合到宿主染色体的危险性，目前尚未发现反义核酸有显著毒性。

11.5.4 蛋白质合成的自体调控

翻译水平的自体调控指一个基因的表达产物蛋白质或者 RNA 反过来控制自身基因的表达。自体调控的特点是专一性，调控蛋白只作用于自身 mRNA。表 11-1 列举的是与mRNA 起始区结合、抑制翻译的自体调控蛋白。

表 11-1 自体调控蛋白的作用靶点

阻遏蛋白	靶基因	作用位点
R17 外壳蛋白	R17 复制酶	核糖体结合位点的发夹结合
T4 RegA	T4 早期 mRNA	含有起始密码子的各种序列
T4 DNA 聚合酶	T4 DNA 聚合酶	SD 序列
T4 p32	基因 32	单链 5′前导序列

组成核糖体的蛋白质有 50 多种，它们的合成需要严格保持与 rRNA 相适应的水平。当有过量游离的核糖体蛋白质存在时，即引起它自身以及相关蛋白质合成的翻译阻遏(图 11-12)。

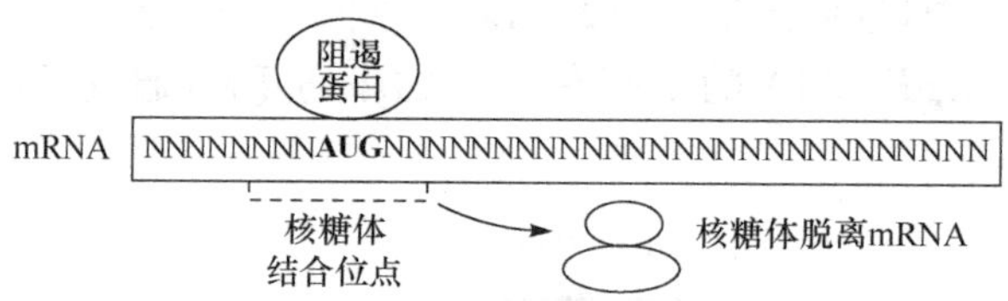

图 11-12 核糖体蛋白质合成的翻译阻遏

研究发现，核糖体蛋白与 rRNA 的结合部位同编码核糖体蛋白的 mRNA 的结合部位有同源性，而且某些核糖体蛋白的 mRNA 部分二级结构与 rRNA 的部分二级结构相似，二者都能与起调控作用的核糖体蛋白质相结合，只是 rRNA 的结合能力强于 mRNA。

然而，一旦 rRNA 的合成减少或停止，游离的核糖体蛋白开始积累。这些多余的核糖体蛋白就会与本身的 mRNA 结合，从而阻断自身的翻译，同时也阻断同一多顺反子 mRNA 下游其他核糖体蛋白质的翻译，使核糖体蛋白质的翻译和 rRNA 的转录几乎同时停止。大肠杆菌有 7 个操纵子与核糖体蛋白质合成有关。这些操纵子转录的每一种 mRNA 都能被同一操纵子内编码的核糖体蛋白质识别与结合，结合位点包括 mRNA 的 5′- UTR 和启动子区域的 SD 序列。

由于自体调控物 r-蛋白与 rRNA 结合的程度比其与 mRNA 的程度强，所以当存在游离 rRNA 时，最新合成的 r-蛋白与 rRNA 结合装配核糖体。此时没有游离的 r-蛋白与 mRNA 结合，mRNA 的翻译继续。一旦 rRNA 合成减慢或停止，游离 r-蛋白富集，就能与它们的 mRNA 结合，阻止其继续翻译。这一反馈抑制保证了每一个操纵子中 r-蛋白和 rRNA 在同一水平。只要相对于 rRNA 有多余的 r-蛋白，r-蛋白的合成就会被阻止(图 11-13)。

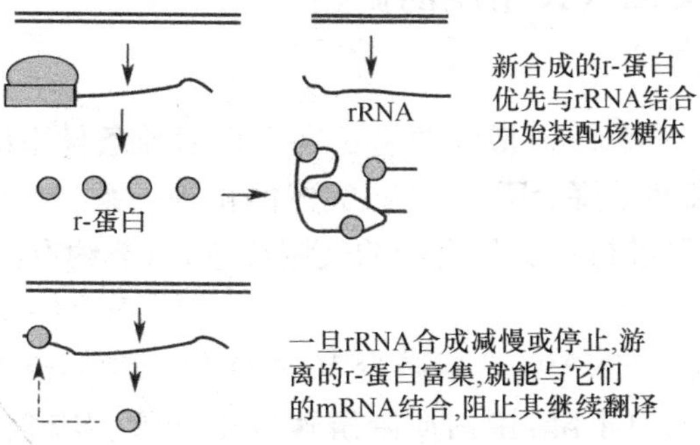

图 11-13　核糖体蛋白质合成的自体调控

T4 噬菌体基因 32 的表达产物 p32 在遗传重组、DNA 修复和 DNA 复制等过程中与单链 DNA 结合,发挥重要作用。当噬菌体感染的细胞存在单链 DNA 时,单链 DNA 与 p32 结合。当缺乏单链 DNA 或有多余的 p32 时,p32 与自身 mRNA 富含 A-T 的区域结合,阻止自身 mRNA 的翻译(图 11-14)。

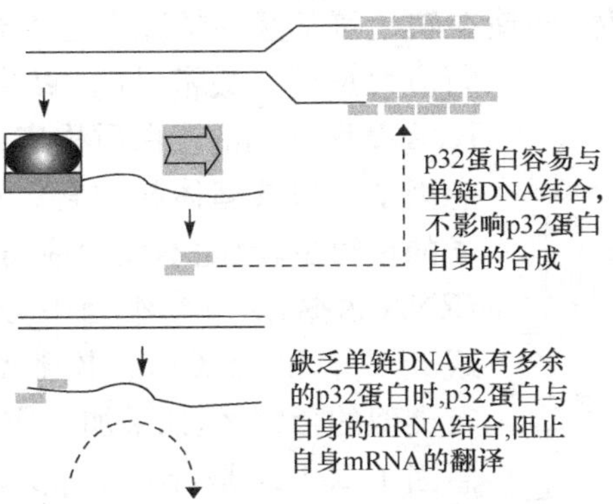

图 11-14　p32 蛋白质合成的自体调控

p32 与自身 mRNA 结合的亲和力较低,与单链 DNA 的亲和力较高。当 p32 浓度低于 10^{-6} mol/L 时,与单链 DNA 结合。当浓度高于 10^{-6} mol/L 时,它与基因 32 的 mRNA 结合。浓度更高时,与其他有一定亲和力的 mRNA 结合。与自身 mRNA 结合能防止 p32 蛋白的水平超过 10^{-6} mol/L,也就是每个细菌内约 2000 个分子,这与实际测到的每细胞有 1000～2000 个分子 p32 蛋白的水平相当。

自体调控具有专一性,即调控蛋白仅作用于负责指导自身合成的 mRNA。但有些调控蛋白可影响其他基因的表达,如 T4 噬菌体基因 *ragA* 编码的 RegA 蛋白与 30S 亚基竞争mRNA 上的起始位点,阻止自身 mRNA 的翻译,进而阻遏感染早期多个基因的表达,相当于结合多种操纵子的阻遏蛋白。

自体调控是大分子装配蛋白合成的常见调控类型。装配好的颗粒本身由于体积大,数量多,且有严格的空间定位,不适合作为直接调控物。但是如果由于某种原因阻断装配途径,则游离成分积累,通过自体调控关闭其组成成分的合成,即可实现大分子组装的自体调控。

11.5.5 严谨反应与 CRISPR 系统的调控

11.5.5.1 严谨反应

严谨反应(stringent response)指细菌生长在不良营养条件下时,缺乏足够的氨基酸等因素所导致的蛋白质合成突然下降、tRNA 合成突然停止等一系列反应。严谨反应情况下,细菌将关闭大量的代谢过程,仅进行很少且有限的代谢反应,以节约有限的资源,抵御不良条件,维持其基本生存。

细菌饥饿时,rRNA 和 tRNA 的合成减少 10～20 倍,某些 mRNA 的合成下降大约 3 倍,核苷酸、糖和脂类等的合成也下降,蛋白质降解速度则加快。应急反应时,ppGpp 和 pppGpp 两种异常核苷酸含量增加,在层析谱上检出这两种化合物的斑点称为魔斑,ppGpp 称魔斑Ⅰ,pppGpp 称魔斑Ⅱ。魔斑的主要功能是抑制 rRNA 基因启动子与 RNA 聚合酶的结合,抑制大多数基因转录的延伸。

应急反应的触发器是位于核糖体 A 位点上的未装载氨基酸的空载 tRNA,缺乏相应的氨酰-tRNA 时,空载 tRNA 占据 A 位,蛋白质合成被阻断,引发空转反应(idling reaction),产生 ppGpp。细胞缺乏任何一种氨基酸,或任何一种氨酰-tRNA 合成酶失活都能导致应急反应。

松弛型突变体(*rel* 突变体)即使在缺乏氨基酸的情况下也不合成(p)ppGpp,因此不能进行应急反应。最常见的 *rel* 突变位点位于 *relA* 基因上,*relA* 基因编码的蛋白质称**应急因子**(stringent factor),应急因子可与核糖体相结合。正常情况下,细胞内应急因子的量很少,因此不发生应急反应。如果 A 位点被空载 tRNA 占据,从应急细菌中分离出的核糖体在体外能合成 ppGpp 和 pppGpp。松弛型突变体的核糖体则不能进行类似的合成,但如果加入应急因子,则能进行合成。应急因子 Rel A 是(p)ppGpp 合成酶,由 ATP 在 GTP 或 GDP 的 3′-位添加-pp。RelA 更多地利用 GTP 为底物进行合成反应,因此 RelA 的主要产物是 pppGpp。pppGpp 能经几种酶转化为 ppGpp,通常,ppGpp 是应急反应的效应物(图 11-15)。

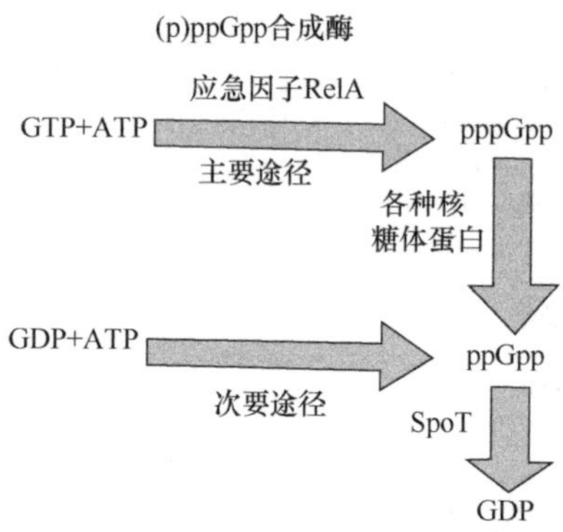

图 11-15 (p)ppGpp 的合成

实际上,relA 本身没有酶活性,其活性由核糖体的状态控制。这种控制机制与另一个位点的松弛性突变 *relC* 有关,*relC* 是编码 50S 亚基 L11 蛋白的 *rpl K* 基因。L11 蛋白构象的变化能激活 relA。

ppGpp 一方面特异性抑制 rRNA 的转录起始,另一方面抑制多数基因转录的延伸。细胞增殖需要提高蛋白质合成的水平,而蛋白质的合成需要核糖体。因此,细胞需要一些生长速度的指示器来控制核糖体的合成。这个指示器可能是 NTP,目标物是 rRNA。例如,在饥饿条件下,ppGpp 产生并抑制 rRNA 的转录起始。若 NTP 水平增高,则增加 rRNA 的转录起始速度。在大肠杆菌中,*rrn* 的启动子和 RNA 聚合酶形成一个不规则的开放型复合物,这种开放型复合物不稳定,其半衰期是控制转录起始速度的主要因素。增加 NTP 可以使开放复合物稳定,加快 rRNA 和核糖体的合成。

当细菌的生存条件恢复正常时,*spoT* 基因编码降解 ppGpp 的酶。它能以约 20s 的半衰期快速将 ppGpp 降解,同时,EF-Tu 将氨酰-tRNA 转运到 A 点,则应急反应停止。*SpoT* 突变株 ppGpp 的水平较高，结果使细菌生长缓慢。

11.5.5.2　CRISPR 系统

成簇有规律间隔短回文重复序列（clustered regularly interspaced short palindromic repeats，CRISPR）由许多不同的病毒序列和相同的重复序列交替排列组成，可清除含有相同和相似序列的病毒。CRISPR 相关蛋白（CAS 蛋白）由位于 CRISPR 序列上游的基因编码，主要功能是利用存储的序列信息识别并摧毁入侵的病毒基因组。CRISPR 系统广泛存在于细菌和古细菌中，是细菌抵抗外源 DNA 入侵（病毒等）的获得性免疫系统。

病毒首次入侵细菌时，其一段核酸序列被捕获并插入细菌基因组的 CRISPR 区。当病毒再次入侵，CRISPR 重复序列转录成 Pre-crRNA（precursor crRNA），然后加工形成含有一个单元同向重复序列和间隔序列的成熟 crRNA。随后，成熟 crRNA 结合 CAS 蛋白形成复合体，该复合体通过 RNA 与入侵病毒 DNA 或 RNA 互补配对而识别并作用于同源的外源序列。复合体中的 crRNA 形成 R-环（R-loop），侵入靶序列，指导 CAS 核酸酶降解外源序列，从而抵御外源 DNA（噬菌体或质粒）的入侵。

根据参与 CRISPR 免疫系统相关蛋白质的差异，CRISPR 系统可分成Ⅰ、Ⅱ和Ⅲ三种类型。这 3 种类型都包括 2 个共同基因 *cas*1 和 *cas*2，同时Ⅰ、Ⅱ和Ⅲ分别以 *cas*3、*cas*9 和 *cas*10 作为标记基因，而且，这些类型没有原核种属的特异性，同一细菌种属可能含有不同类型的 CRISPR 系统（图 11-16）。

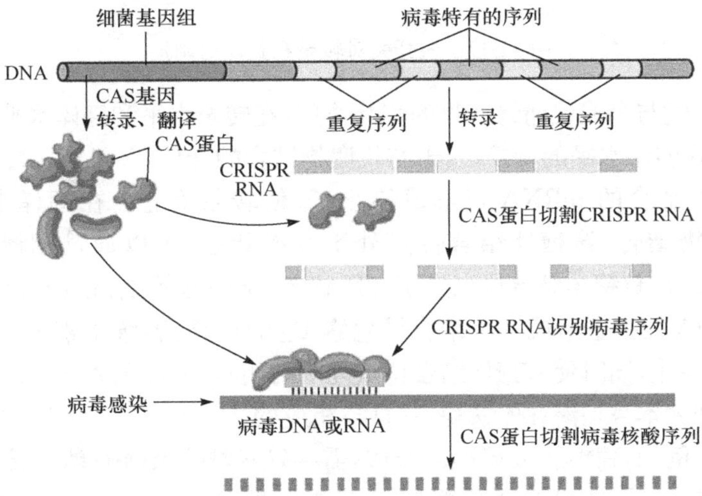

图 11-16　原核生物的 CRISPR 系统

CRISPR 系统广泛分布在古菌和细菌之中，大约 90%基因组已知的古菌和 70% 基因组已测的细菌都含有这个系统。作为细菌的主动免疫系统，CRISPR 系统直接将入侵病毒的基因组降解，不仅防御了病毒的感染，同时避免了病毒基因组转录和翻译产生的材料和能量消耗。

11.6　核开关和群体感应

核开关和群体感应在细菌中广泛存在，在植物和真菌中也有发现。

11.6.1 核开关

核开关(riboswitch)是由 mRNA 形成的调控基因表达的特有结构,一般有一个茎、一个多环中心和几个发夹结构。核开关可以同小分子效应物结合,通过改变自身的结构,打开或关闭基因的表达。核开关一般调控合成代谢相关酶的表达,如核黄素、硫胺素、钴胺素等维生素生物合成的相关酶,Met 和 Leu 等氨基酸合成的相关酶,以及嘌呤生物合成的相关酶。

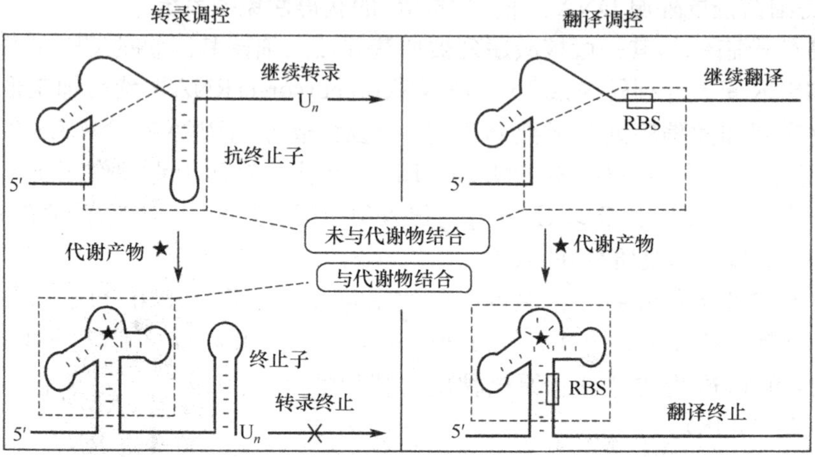

图 11-17 核开关对转录和翻译的调控

核开关主要通过与合成代谢终产物的相互作用,在转录水平和翻译水平调控基因的表达。如图 11-17 所示,在转录水平的调控中,未与代谢物结合的 mRNA 可形成抗终止子,使转录得以完成。与代谢物结合的 mRNA 可形成终止子,使转录终止。在翻译水平的调控中,若 mRNA未与代谢物结合,核糖体结合位点处于开放状态,可以通过翻译合成蛋白质。若 mRNA与代谢物结合,核糖体结合位点处于封闭状态,不能起始蛋白质的合成。例如,维生素 B_{12}合成酶的 mRNA 能折叠形成一个结合维生素 B_{12}的口袋,若维生素 B_{12}进入口袋,mRNA 结构改变,使转录终止,同时使核糖体结合位点处于封闭状态,使翻译终止。

还有一些核开关本身是潜在的核酶,一旦与相应的代谢物结合,就会进行自我剪切,从而控制基因的表达。例如,葡糖胺-6-磷酸的合成,需要谷氨酰胺果糖-6-磷酸转氨酶,细胞内的葡糖胺-6-磷酸浓度较高时,即可与谷氨酰胺果糖-6-磷酸转氨酶的 mRNA 结合,诱导其自我剪切。

核开关的调控不需要合成调控蛋白,且可以同时控制转录和翻译,是非常快捷和经济的调控方式,枯草芽孢杆菌大约 2%的基因受核开关的调控。

11.6.2 群体感应

群体感应(quorum sensing,QS)指单细胞生物合成并释放被称作自体诱导物(autoinducer, AI)的信号分子,改变群体生理活性的现象。

费氏发光弧菌在鱿鱼的发光器官中高密度存在时,能合成荧光素酶,发出与月光强度相同的荧光,消除鱿鱼的黑影,使其不被捕食者发现。若费氏发光弧菌不在鱿鱼的发光器官中,则不合成荧光素酶。

研究发现，费氏发光弧菌的荧光素酶由 *lux CDABE* 基因编码，蛋白质 luxI 为 AI 合成酶，luxR 与信号分子 AI 结合后，可激活 *lux CDABE* 基因的表达。在细菌密度较低时，AI 的浓度较低，*lux CDABE* 基因只有本底水平的表达。细菌密度足够大时，AI 才能达到一定的浓度，使荧光素酶的合成指数倍增长，这就是费氏发光弧菌在鱿鱼的发光器官中高密度存在时，才能发出荧光的原因。

不同的菌体可合成不同的 AI，启动不同基因的表达，调控菌体的生物行为，如产生毒素、形成生物膜、产生抗生素、生成孢子、产生荧光等，以适应环境的变化。群体感应使单细胞生物具有多细胞生物的某些特性，可见这一领域的研究有重要的理论意义。一些病原菌、植物的根瘤菌和根癌农杆菌均存在群体感应，因此，群体感应的研究有助于解决医学和农学领域的某些实际问题。

提要

原核生物是单细胞生物，与其周围环境直接接触，营养状况和环境因素会随时发生变化。原核生物通过开启或关闭某些基因，来调整与环境之间的关系。其基因表达的调控包括 DNA 水平、转录水平、转录后水平和翻译水平等多个层次，但转录水平的调节是最有效、最经济、最主要的调节方式。

在某些细菌中，DNA 重组可以改变特异核苷酸序列的方向，成为调控原核生物基因表达的一种方式，σ 因子与启动子的特异性结合是原核生物转录起始调控的一种重要方式。

原核生物多数基因表达调控是通过操纵子机制实现的。操纵子通常由 2 个以上的结构基因与启动子、操纵基因及调节基因成簇串联组成一个转录单位。

lac 操纵子属于可诱导的负调控系统。当环境中没有乳糖时，*lac* 操纵子处于阻遏状态。*lacI* 基因在自身启动子控制下合成的阻遏蛋白，以四聚体的形式和 *lacO* 特异性结合，阻碍 RNA 聚合酶Ⅱ与 P 序列结合，抑制 *lacZ*、*lacY*、*lacA* 三个结构基因的转录。当在培养基中只有乳糖时，别乳糖作为诱导物结合在阻遏蛋白的变构位点上，使其构象发生改变，不能与操纵基因结合，RNA 聚合酶可顺利地通过操纵基因，进行结构基因的转录。

CAP-cAMP 复合物能促进 RNA 聚合酶与启动子结合，使 RNA 转录活性提高约 50 倍，这种调控方式称为乳糖操纵子的正调控。当环境中有葡萄糖时，cAMP 水平下降，不能形成 CAP-cAMP 复合物，不能有效合成分解乳糖的酶，在葡萄糖耗尽，cAMP 水平升高后，才可利用乳糖。

trp 操纵子属于可阻遏的负调控系统，包括阻遏机制和衰减机制。在无色氨酸存在时，阻遏蛋白不能与操纵基因结合，对转录无抑制作用。在色氨酸浓度足够高时，色氨酸与阻遏蛋白结合，抑制转录。若色氨酸浓度还没有高到能够活化阻遏作用的程度，操纵子的衰减作用可使色氨酸合成酶类的表达量明显降低。衰减作用是通过可导致转录提前终止的一段核苷酸序列进行调控的。

转录终止阶段的调控主要包括衰减作用和抗终止作用。有些终止子作用可被特异的抗终止因子阻止，使转录越过终止子，称抗终止作用，如控制噬菌体从前早期基因转换为晚早期基因的表达需要抗终止因子 N 蛋白。

原核生物的翻译或翻译后水平调控，是对转录水平调控的补充，主要包括 mRNA 结构、mRNA 稳定性、反义 RNA 和蛋白质合成的自体调控 4 种方式。

严谨反应是在不良营养条件下，关闭大量的代谢过程，抵御不良条件的一种机制。ppGpp可抑制转录，是调控严谨反应的效应物。CRISPR系统广泛存在于细菌和古细菌中，是细菌抵抗外源DNA入侵的获得性免疫系统。

核开关可以与小分子效应物结合，通过改变自身的结构，打开或关闭基因的表达。核开关的调控不需要合成调控蛋白，且同时调控多个基因的转录和翻译，是非常快捷和经济的调控方式。群体感应指单细胞生物合成并释放自体诱导物，改变群体生理活性的现象。一些病原菌、植物的根瘤菌和根癌农杆菌均存在群体感应，因此，群体感应的研究有助于解决医学和农学领域的某些实际问题。

思考题

1. 解释下列名词：结构基因、调节基因、操纵子、阻遏蛋白、辅阻遏物、小分子效应物、衰减子、严谨反应、核开关、群体感应
2. 什么是基因表达调控？基因表达调控有什么意义？
3. 原核生物基因表达调控有何特点？
4. 什么是乳糖操纵子？论述其基因表达负调控的作用机制。
5. 概述CAP-cAMP复合物在乳糖操纵子表达中的作用。
6. 简述色氨酸操纵子的阻遏系统和弱化系统。
7. 举例说明什么是正调控系统和负调控系统？
8. 区别可诱导和可阻抑的基因调控。
9. 解释(p)ppGpp在细菌的应急反应中的产生机制。
10. 什么是抗终止作用？抗终止作用有何意义？
11. 当 $lacZ^-$ 或 $lacY^-$ 突变体生长在含乳糖的培养基上时，*lac* 操纵子中剩余的基因没有被诱导，请解释是何原因。

12 第十二章 真核生物基因表达的调控

多细胞真核生物的每一个体细胞中都有相同的遗传物质，但在特定时间和空间，只有部分遗传信息在不同细胞中得以表达，使不同细胞在寿命、形态、结构和功能等方面表现出千差万别的特性。真核生物能够对不同基因的表达进行不同水平的复杂调控，包括染色质的活化、基因的转录、转录产物的剪切与加工、蛋白质的合成及其产物的修饰等。

掌握真核生物基因表达的调控，不仅对理解真核生物生命活动的内在规律具有重要意义，在指导作物的生长发育调控、人类重大疾病防控等方面，同样具有重要的现实意义。

12.1 真核生物基因表达调控的特点

真核生物比原核生物具有更复杂的细胞形态，特别是多细胞真核生物还有不同组织器官的分化与发育，其基因表达调控的机制更加复杂和精妙，主要体现在：

1) 原核生物基因组无染色体和核膜结构，基因转录与翻译互相偶联，其基因表达的调控主要在转录水平。真核生物的染色质结构对基因的表达活性有显著影响，核膜将基因的转录与翻译分隔在细胞核和细胞质，转录和翻译的产物还需经过复杂的加工与转运，使真核细胞的基因表达调控可以出现在染色质水平、转录水平、翻译水平、转录后水平和翻译后水平(图 12-1)。

此外，DNA 修饰也是基因表达调控的重要方式，染色质结构及 DNA 修饰对基因表达的调控，称转录前水平调控。

2) 原核生物基因表达以负调控为主，而真核生物以正调控更为主。可能是由于真核生物有染色质结构，常态下基因处于封闭状态。只有在各种激活蛋白和转录因子的帮助下，RNA 聚合酶才能接近启动子序列，启动基因的表达。

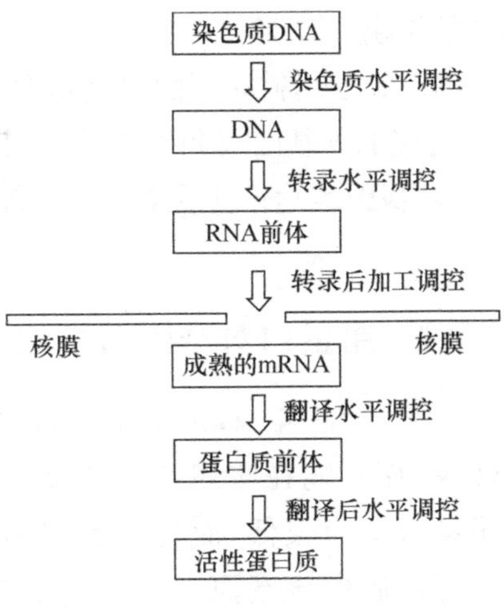

图 12-1 真核细胞基因表达调控的层次

3) 真核生物的基因数目比原核生物多，且大多数基因都有内含子，还存在大量的重复序列。例如，人类基因组总 DNA 约 3.3×10^9 bp，是大肠杆菌总 DNA 的 700 倍左右，而外显子序列仅占人类基因组的约 1%。真核生物的一个基因产生一个单顺反子 mRNA(秀丽隐杆线虫是目前发现的唯一例外)，而原核生物可由一组基因产生一个多顺反子 mRNA。

4）通过选择性剪接调控机制，典型的哺乳动物细胞可以利用 2.0 万～2.5 万个编码蛋白质的基因合成 5 万～6 万种蛋白质。原核生物蛋白质的长度较小，如大肠杆菌蛋白质的平均长度是 317 个氨基酸，由 500 个以上氨基酸残基构成的蛋白质极少，而真核细胞中约 1/3 蛋白质具有 500 个以上氨基酸残基。

5）真核生物基因表达调控不仅受细胞内外环境的影响，还要随发育的不同阶段表达不同的基因，前者属于短期调控或称可逆调控，后者决定真核生物细胞生长分化的发育进程，属于长期调控或称不可逆调控。

12.2 染色体水平的调控

染色质结构的变化，染色质中蛋白质与其他调节因子之间的动态相互作用，以及基因丢失、基因扩增和染色体重排等都会影响基因表达的活性。

12.2.1 异染色质化对基因活性的影响

真核细胞的染色体在有丝分裂完成后多数会转变成间期的松散状态，构成常染色质，具有转录活性。但在整个间期仍然有约 10%的染色质保持压缩状态，称异染色质，无转录活性。其中的**组成性异染色质**(constitutive heterochromatin)含有大量卫星 DNA，在各类细胞的整个细胞周期内都处于凝集状态，多定位于着丝粒区、端粒区。**兼性异染色质**(facultative heterochromatin)只在一定细胞类型或在生物一定发育阶段凝集，如雌性哺乳动物含一对 X 染色体，但其中一条在胚胎发育的第 16～18 天变成为异染色质。只有一条 X 染色体具有转录活性，使雌、雄动物在 X 染色体数量不同的情况下，能够维持 X 染色体上基因产物剂量的平衡。

雌性的三色猫腹部的皮毛是白色的，背部和头部的皮毛由橘黄色和黑色斑组成。这种雌猫 X-连锁的 *b* 基因控制橙色毛皮，其等位基因 *B* 控制黑色毛皮。若带有 *b* 基因的 X 染色体失活，*B* 基因表达产生黑色毛斑，若带有 *B* 基因的 X 染色体失活，*b* 基因表达则产生橙黄色毛斑。

12.2.2 组蛋白对基因活性的影响

早在 1984 年，Donald Brown 等就发现爪蟾卵母细胞 5S rRNA 基因可以在卵母细胞中转录，而不能在体细胞中转录。实验证实，卵母细胞 5S rRNA 基因在体细胞中与转录因子结合能力较低，而与组蛋白结合力强，从而形成稳定的核小体结构，抑制基因转录。在卵母细胞中该基因与转录因子结合能力强，不能形成核小体结构，则基因有转录活性。进一步实验发现，在无活性的染色质中，含有组蛋白 H1 和 4 种核心组蛋白(H2A、H2B、H3、H4)，而在有活性的染色质中没有 H1，说明在爪蟾卵母细胞中 H1 在转录调控中起主要作用。

后来发现，有染色质重塑和组蛋白修饰两种机制调控染色质的转录活性。

12.2.2.1 染色质重塑

转录因子替换核小体，建立活性启动子结构的过程称**染色质重塑**（chromatin remodeling）。参与染色质重塑的活化蛋白大多是 ATP 依赖性**染色质重塑因子**（chromatin remodeling factors），染色体重塑是一个耗能的过程。

转录和非转录染色质经核酸酶处理后，其凝胶电泳图谱都出现 200 bp 间隔的 DNA 带，说明转录的和非转录的基因都具有核小体结构。转录的起始过程中需要核小体暂时脱离，待 RNA 聚合酶作用后再重新组装。染色质重建实验发现，Sp1 和 Gal4 等转录活化因子可以逆转 H1 对基因转录的抑制。与裸露的 DNA 相比，纯化的 DNA 加入核心组蛋白温育后重建的染色质转录能力下降了 75%，若再加入组蛋白 H1，转录能力可进一步下降 25～100 倍。如果在加入 H1 前先加入 Sp1 和 Gal 4 等活化蛋白，组蛋白结合所造成的转录抑制效应即可被阻止。另外，果蝇的 GAGA 序列结合因子可以结合其热休克蛋白 Hsp70 启动子中富含 CT 的位点，瓦解核小体的结构。说明转录因子可以和组蛋白竞争基因的调控区，若组蛋白结合到调控区，基因的转录活性被抑制，若转录因子结合到调控区，则基因有转录活性（图 12-2）。

关于转录活化因子调节基因表达的机制有两种假说：①转录因子先与核小体 DNA 结合，随后再结合重塑因子，导致附近核小体的结构改变，介导其他转录因子的结合；②重塑因子首先与核小体结合，使其发生滑动，介导转录因子的结合。两种假说均认为转录因子与组蛋白对基因启动区的结合处于动态的竞争平衡之中，核小体中的组蛋白被转录因子替换，导致染色质进行结构重塑，以促进基因的转录。

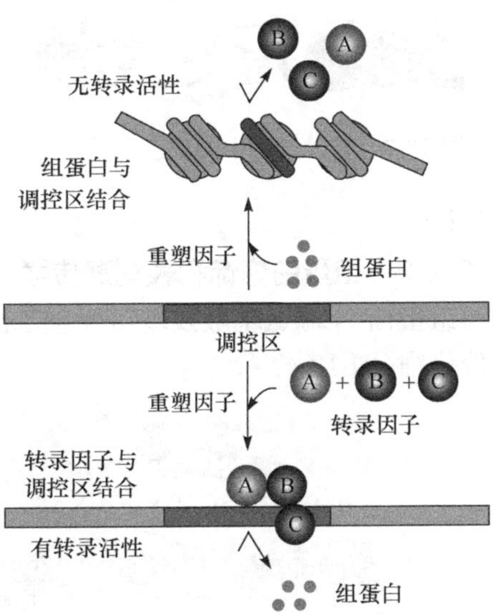

图 12-2 染色质重塑对基因表达的调控

真核基因转录过程中，转录泡的不断移动，需要进行连续的染色质重塑。由重塑因子复合物识别转录泡前方的核小体并与之结合，使 H2A-H2B 和 H3-H4 逐步释放，并允许 RNA 聚合酶沿模板前移。RNA 聚合酶通过裸 DNA 区域后，再由染色质重塑复合物协助组蛋白与裸 DNA 重新结合，组装成核小体结构。参与重塑过程的组蛋白可以是全保留的，也可以是新合成的或半保留的（图 12-3）。

ATP 依赖性染色质重塑复合物主要有四个亚家族：酵母交配型转换/蔗糖不发酵复合物（yeast mating type switch/sucrose non fermenting，SWI/SNF）、ISWI（imitation SWI）、CHD（chromodomain-helicase DNA binding）和 INO 80。20 世纪 90 年代初在酿酒酵母中发现的 SWI/SNF 是 ATP 依赖性染色质重塑复合物的典型代表，在各类生物中存在广泛，结构大同小异。SWI/SNF 由约 11 个亚基组成，分子质量约 2×10^3 kDa，与 RNA 聚合酶Ⅱ转录相关，参与细胞周期和发育的调控。且复合物因组成不同，而具有转录激活或转录抑制的双重作用，在整合多种信号，并传导到细胞核的信号通路中有重要作用。

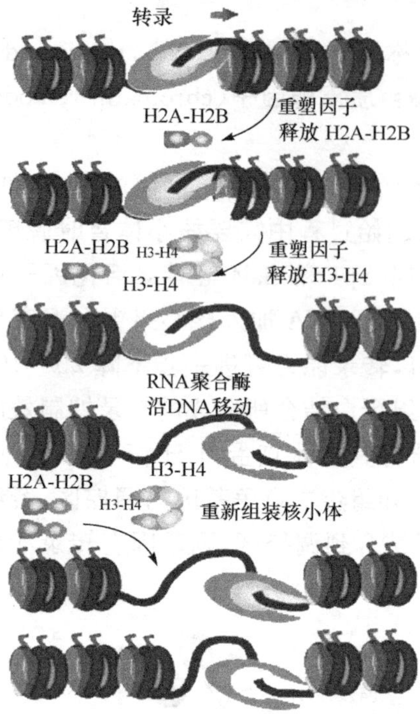

图 12-3　转录过程中的染色质重塑

ISWI 复合物家族是 RNA 聚合酶Ⅰ转录相关的核仁重塑复合物，以 ATP 和 H4 依赖性方式移动核小体。ISWI 相关复合物的作用机制与 SWI/SNF 复合物有很大差别。ISWI 复合物只识别核小体，而 SWI/SNF 和裸 DNA 亲和力高，通过与 DNA 作用，促进组蛋白脱离。染色质重塑过程中，核小体滑动不改变核小体结构，但改变核小体与 DNA 的结合位置，可能是染色质重塑的一种重要机制。

转录因子和染色质重塑因子与启动子结合后，可引起特定核小体位置的滑移，或核小体三维结构的微细变化，改变染色质对核酸酶的敏感性。测定某基因所在染色质区域被 DNase Ⅰ处理后的降解情况，发现具有转录活性的基因优先被降解。典型的例子是用 DNase Ⅰ分别处理从小鸡红细胞提取的 β-球蛋白基因和卵清蛋白基因，结果 β-球蛋白基因很快被降解，卵清蛋白基因却很少被降解。若用 DNase Ⅰ处理从小鸡输卵管细胞提取的这两种基因，首先被降解的是卵清蛋白基因。可见，基因活化时对 DNase Ⅰ的敏感性提高。因此，DNase Ⅰ敏感性已经成为衡量基因转录活性的一个重要指标。

12.2.2.2　组蛋白修饰和表观遗传学

组蛋白 N 端氨基酸残基可发生乙酰化、甲基化、磷酸化、泛素化、多聚 ADP 糖基化等多种共价修饰(图 12-4)。

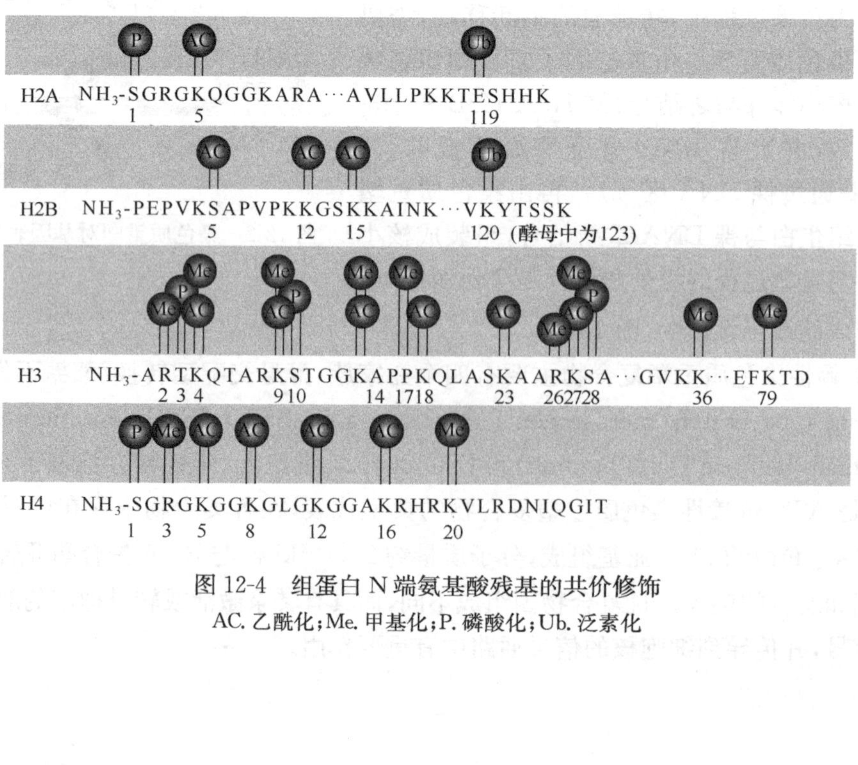

图 12-4　组蛋白 N 端氨基酸残基的共价修饰

AC. 乙酰化；Me. 甲基化；P. 磷酸化；Ub. 泛素化

真核细胞通过组蛋白修饰实现对染色质结构和功能的精确调控，进而调控转录、DNA 复制、DNA 损伤修复和基因组的稳定性，在真核生物基因表达调控中发挥着重要作用，是表观遗传学研究领域的重要内容。**表观遗传学**(epigenetics)是研究基因的核苷酸序列不发生改变的情况下，基因表达的可遗传的变化的一门遗传学分支学科。组蛋白修饰可通过影响组蛋白与 DNA 双链的亲和性而改变染色质的结构，或通过影响其他转录因子与启动子的亲和性来调控基因转录。单一组蛋白的修饰往往不能发挥明显作用，一种修饰可以促进或抑制同一组蛋白上的另一种修饰，形成一个共价修饰反应链。组蛋白上的修饰基团可看做是一种标志或语言，被称为**“组蛋白密码”**(histone code)，在蛋白质与核酸分子之间传递精细的调控信息，以影响基因表达的活性(*见电子教程知识扩展 12-1　表观遗传学的提出和发展*)。

早在 1964 年，Vincent Allfrey 就发现了组蛋白赖氨酸 ε-氨基存在乙酰化和非乙酰化形式，开启了组蛋白修饰的研究工作。现已明晰，组蛋白乙酰化可以激活转录，其机制可能是：乙酰辅酶 A 将乙酰基转移到 Lys 的 $\varepsilon\text{-}NH_3^+$，消除其正电荷，减弱 DNA 与组蛋白间的相互作用，使染色质结构相对松散，促进转录因子和 RNA 聚合酶与 DNA 结合，从而激活转录。研究发现，8 聚体核心组蛋白拥有 32 个潜在的乙酰化位点，H3 和 H4 乙酰化的程度大于 H2A 和 H2B。果蝇活性染色质的 H4 还可在 Lys-5、Lys-16 和 Lys-78 乙酰化，表明组蛋白的乙酰化有位点特异性。

组蛋白乙酰化酶(histone acetylase，HAT)通过对组蛋白赖氨酸残基的乙酰化，激活基因转录。而**组蛋白去乙酰化酶**(histone deacetylase，HDAC)使组蛋白去乙酰化，抑制基因转录。Kleff 等发现，在温度敏感型酵母突变株细胞提取物中至少有两种 HAT，可使 H4 第 1～28个氨基酸残基中的 Lys 乙酰化。随后发现，转录共激活因子 CBP、P300、Gcn5P、TAF Ⅱ-250 和 PCAF 实质上都是组蛋白乙酰基转移酶。真核细胞的 HAT 分为两种类型：A 型主要存在于胞核，与染色质结合，乙酰化染色质组蛋白；B 型主要存在于胞浆中，乙酰化游离的组蛋白。

HDAC 最早是在鸡红细胞的核基质中发现的，组蛋白去乙酰化常伴随基因沉默。生化测定发现，在基因抑制的区域有低乙酰化的组蛋白积聚，HDAC 抑制剂能够诱导某些基因的转录。根据与酵母 HDACs 的同源性，去乙酰化酶被分为 3 类：第一类与酵母的 Rpd3 相似，主要在细胞核内与转录辅助因子结合；第二类与酵母的 Had1 相似，分子质量较大，存在胞核与胞浆，第一与第二类 HDACs 均对抑制剂曲古抑菌素 A(atrichostatin，ATSA)敏感；第三类与酵母的 Sir2 相似，需要辅酶 NAD^+，但对 ATSA 不敏感。

HAT 和 HDAC 之间的动态平衡控制着染色质的结构和基因表达。肿瘤细胞的组蛋白大部分呈低乙酰化状态，组蛋白去乙酰化酶抑制剂处理则可以增强组蛋白乙酰化。而且，去乙酰化酶抑制剂作用靶点是整个基因组而不是单个基因，抑制范围广，作用效果好，在肿瘤靶向治疗中具有较好的应用前景。

组蛋白甲基化由组蛋白甲基转移酶催化，主要与异染色质形成、基因印记、X 染色体失活和转录调控等有关。H3 的 K4、K9、K27、K36、K79 和 H4 的 K20 均可被甲基化，赖氨酸可以分别被单甲基化、二甲基化、三甲基化，精氨酸只能被单甲基化、二甲基化。自从在果蝇中发现第一个组蛋白赖氨酸甲基转移酶 Su(var)3-9 蛋白(即 Suv39 蛋白)以来，已发现了数十种赖氨酸甲基转移酶和两大类组蛋白精氨酸甲基转移酶(protein arginine methyltransferase，PRMT)。

H3K4 的甲基化主要聚集在活跃转录的启动子区域，H3K9、H3K27、H3K79、H4K20 位点的甲基化具有转录抑制作用。Suv39 可使 H3K9 甲基化，其催化结构域位于一个高度保守的 SET 结构域，该结构域名称来源于果蝇参与表型遗传的 3 个基因 *Su*(*var*)3-9、*E*(*z*)和 *Trithorax*。H3K9 甲基化后可募集 HP1 蛋白并与之结合，二者形成的复合体 Suv39/HP1 可被 RB 蛋白募集，共同参与细胞周期蛋白 E 启动子的转录抑制。如果缺失 RB 蛋白，H3K9 不能发生甲基化。值得注意的是，RB 蛋白调控的赖氨酸甲基化都发生在该位点去乙酰化后，尚不清楚 RB 蛋白募集组蛋白去乙酰化酶和甲基转移酶是否有顺序性。从酵母和人等多个物种中已分离到十几个组蛋白 H3 赖氨酸甲基转移酶，其共同特点是除 H3K79 甲基转移酶 Dot1 外，其他都含有 SET 结构域，可以特异性地催化组蛋白不同位点的甲基化。

组蛋白甲基化曾被认为是不可逆过程，但后来发现，肽基精氨酸脱亚胺酶 4(peptidyl arginine deiminase 4，PADI4)可以作用于 H3 和 H4 的多个精氨酸位点，将甲基化的精氨酸转变为瓜氨酸同时释放甲胺，解除组蛋白精氨酸的甲基化。PADI4 将甲基化的精氨酸转变为瓜氨酸，改变了一个氨基酸残基，并不是严格意义上的去甲基化反应。赖氨酸特异性去甲基化酶 1 (lysine specific demethylase 1，LSD1)是能够特异性作用于赖氨酸的去甲基化酶，具有转录阻遏功能。在 FAD 的参与下，LSD1 在体外可以特异性去除 H3K4 的二甲基和单甲基修饰，在体内则可以去除 H3K9 的二甲基和单甲基化修饰。但 LSD1 的去甲基化反应需要质子化的氮，限制了它对三甲基化组蛋白的去甲基化能力。含 JmjC 结构域的组蛋白去甲基化酶 1 (JmjC domain-containing histone demethylase 1，JHDM1)在二价铁离子和酮戊二酸盐的存在下，特异性地使甲基化的 H3K36 去甲基化，并产生甲醛和琥珀酸盐。JHDM1 过表达可以降低二甲基化 H3K36 的水平，并可以去除赖氨酸的三甲基化修饰。JHDM1 拥有一个庞大的家族，能够抑制不同组蛋白的甲基化，而 LSD1 蛋白家族中只有一小部分与去甲基化相关。

多种癌细胞存在 DNA 的异常甲基化，癌症相关基因启动子区及其附近 CpG 岛异常的高甲基化，是癌症发生发展的重要因素。高甲基化可导致肿瘤众多基因的沉默，包括 DNA 修复基因(MGMT、hMLH1、hMLH2、BRCA1 等)，细胞周期调控相关基因(cyclinDl、cyclinD2、Rb、p16、p53、p73 等)，信号转导相关基因(RASSFl、LKB1/STKll 等)、凋亡相关基因(DAPK，CASP 8)等。肿瘤细胞的组蛋白大多呈现低乙酰化和高甲基化状态，研发 DNA 甲基化抑制剂和组蛋白去乙酰化抑制剂，为肿瘤防治提供了新的思路。已开发出很多结构不同的 HDAC 抑制剂，主要有环状四肽类、脂肪酸衍生物、苯甲酰胺类衍生物、氨基甲酸酯类衍生物等。用于诊治几种类型的白血病和实体瘤，效果好，且不良反应小。尽管将其用于肿瘤的早期诊断还为时过早，但是这些表观遗传学基础研究有一定的应用前景。

表观遗传调控在心血管疾病、自身免疫性疾病、肝纤维化、糖尿病、代谢综合征等领域也取得很多进展，为相关疾病的诊断与防治提供了很多具有指导意义的研究成果。表观遗传与人类生物学行为密切关联，很多相关机制需要深入研究，以便为相关疾病的监测、诊断、防治提供依据。

12.2.3 非组蛋白对基因活性的影响

非组蛋白指细胞核染色体中除组蛋白以外的所有蛋白质，具有分子质量小、富含带电荷氨基酸等特点，包括 **HMG 蛋白**、以 DNA 作为底物的酶(如 RNA 聚合酶)，以及作用于组蛋白的一些酶(如组蛋白甲基化酶)。非组蛋白在间期细胞核中与 DNA 特定序列的结合，不仅能解除组蛋白对 DNA 转录的抑制，促进 DNA 转录，还能决定转录产物的种类。

将小鼠骨髓细胞的组蛋白、DNA和胸腺细胞的组蛋白、DNA混合，如果加入骨髓细胞的非组蛋白，则重建染色质能转录出与骨髓细胞相同的RNA，若加入胸腺细胞的非组蛋白，则只能转录出与胸腺细胞相同的RNA。说明非组蛋白不仅参与基因表达的调控，而且具有组织特异性(图12-5)。

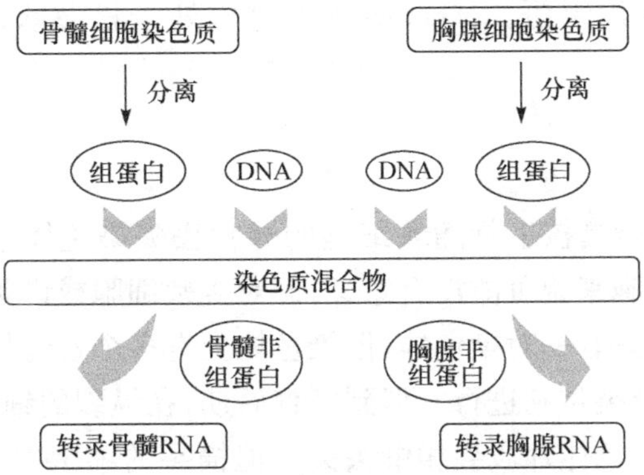

图12-5　小鼠染色质重建实验

结合在DNA某一特定位置上的非组蛋白可在cAMP依赖性蛋白质激酶催化下发生磷酸化，磷酸基的负电荷使之与荷负电的DNA相斥，并与带正电荷的组蛋白结合。组蛋白与非组蛋白复合体脱离DNA，使DNA容易与转录因子结合，并开始转录。若非组蛋白去磷酸化，即与组蛋白分离，组蛋白重新结合DNA，使转录停止。

非组蛋白HMG共有3个家族，即HMG 1/2、HMG14/17和HMGI(y)。HMGI(y)可以结合到DNA小沟中富含AT的结构，借助其羧基端酸性氨基酸结构域和转录因子相互作用，参与病毒诱导的人β-干扰素基因的表达调控。

HMG羧基端的酸性氨基酸可以结合核心组蛋白的碱性氨基酸，通过组蛋白和非组蛋白的相互作用，竞争性地取代核小体上的H1，使染色质结构松散，转录活性增加，并对DNaseⅠ敏感。用DNaseⅠ处理鸡红细胞染色质时，最先释放出的非组蛋白是HMG14和HMG17。缺乏HMG14和HMG17时，染色质丧失对DNaseⅠ的优先敏感性。若将HMG14和HMG17添加到到缺乏HMG的染色质中，敏感性又可以恢复。亲和层析分析表明，HMG14和HMG17选择性地与转录活跃区域的核小体结合，一分子HMG可使染色质的10～20个核小体对DNaseⅠ具有敏感性。在爪蟾卵提取物体系中HMG17可促进RNA聚合酶Ⅲ的基因转录，而HMG4则可直接参与RNA聚合酶Ⅱ对染色质中基因的转录。

12.2.4　核基质对基因活性的影响

核基质(nuclear matrix)亦称核骨架，是细胞核内除去核膜、核纤层、染色质、核仁以外的由纤维蛋白构成的一个网架体系。网状核基质纤维充满核空间，与核纤层和核孔复合体相连，核仁即结合在核基质纤维的网架中。核基质纤维的直径为3～30 nm，主要成分是纤维蛋白，其中相当部分是含硫蛋白，并含有少量RNA。核基质具有广泛的生物学效应，参与染色体DNA的有序包装和构建，对间期核内DNA有规律的空间构象具有维系和支架作用。核基质需要多种核基质结合蛋白的参与，才能实现复杂的生物学功能。例如，细胞信号识别和细胞周期的调控因子，以及病毒特异的调控蛋白等可通过与核骨架紧密结合来发挥作用。

核基质结合区(matrix attachment region,MAR)是一段在体外能与核基质结合的富含AT的DNA序列,能使染色质形成环状结构。将MAR构建到目的基因两侧并导入细胞,发现它能增强基因转录水平及表达稳定性,在一定程度上降低转基因细胞系之间转基因表达水平的差异,这很可能是降低了基因沉默所致。当HMGI(y)大量存在时,MAR可以和染色质中的HMG相互作用而取代组蛋白H1,促使染色质处于松散状态,从而提高基因的表达水平。

12.2.5 基因丢失

基因丢失(gene loss)指真核生物随着细胞的分化丢失染色体中部分DNA片段的现象。丢失的染色体片段对体细胞来说可能没有意义,但对生殖细胞或许是不可缺少的。

马蛔虫受精卵细胞内只有一对染色体,但染色体上有多个着丝粒。在发育的早期,只有一个着丝粒起作用,使有丝分裂顺利进行。但到发育后期,在纵裂的细胞中染色体分成很多的小片段,其中不含着丝粒的染色体片段会相继丢失。但横裂的细胞中染色体并不丢失。第一次有丝分裂是横裂,产生上下两个子细胞。上面的子细胞在第二次卵裂时发生纵裂,丢失部分染色体,而下面的子细胞仍然发生横裂,最终发育成生殖细胞。

基因丢失可能还参与肿瘤的发生,某些肿瘤细胞的*Rb*和*p*53等抑癌基因的基因缺失,致使其丧失部分或全部功能,导致肿瘤发生。

12.2.6 基因扩增

基因扩增(gene amplification)指基因组中某些基因的拷贝数大量增加,使细胞在短期内产生大量的基因产物来满足生长发育的需要。爪蟾卵母细胞染色体上有约450拷贝的RNA基因,它们以滚环复制的方式进行基因拷贝数扩增,使rDNA的拷贝数由约500急剧增加到约200万,以适应胚胎发育对核糖体的需求。

基因扩增也可诱导产生,用氨甲蝶呤处理培养细胞,经过几轮筛选后,氨甲蝶呤抗性基因的拷贝数可扩增上千倍。进一步研究发现,氨甲蝶呤抗性细胞中含有许多染色体外的DNA成分,即微小染色体,可能是通过氨甲蝶呤抗性基因拷贝之间或者等位基因之间的非同源重组而产生的。

此外,癌细胞中也可查出癌基因的扩增。例如,在胃癌、肠癌和白血病患者中,原癌基因*c-myc*拷贝数都增加了数十倍。

12.3 染色体重排

染色体重排(chromosomal rearrangement)指染色体发生断裂并与别的染色体相连,或者通过基因转座、DNA断裂错接而使正常基因顺序发生改变。

染色体重排是广泛存在于原核和真核生物中的基因表达调节机制,酵母交配型转换的机制见本书6.1.4.2,免疫球蛋白基因重排的机制见本书6.2.4,转座引起的基因重排见本书6.3。

12.4 DNA 水平的调控

12.4.1 DNA 甲基化

DNA 甲基化通常指胞嘧啶 5-位碳原子的甲基化(m^5C),能引起染色质结构、DNA 构象、DNA 稳定性及 DNA 与蛋白质相互作用方式的改变,从而控制基因表达。

在甲基转移酶的催化下,DNA 的某些核苷酸被选择性甲基化,形成 m^5C 和少量的 N^6-甲基嘌呤(N^6mA)及 7-甲基鸟嘌呤(m^7G)。发生甲基化的 DNA 序列主要集中在 CpG 岛上,CpG 岛存在于所有管家基因和少量组织特异性基因的 5′端调控区,甲基化位点是胞嘧啶 C_5。如果只有一条 DNA 链被甲基化,则称为**半甲基化**,如果两条链都发生甲基化,则称为**完全甲基化**。人类 DNA 中约 3%的 m^5C,大部分存在于约 45 000 个 CpG 岛上。所有持续表达的管家基因均含有 CpG 岛,占基因组中 CpG 岛总数的一半。因为 DNA 复制后,甲基化酶可对新合成链未甲基化的位点进行甲基化,甲基化位点可随 DNA 的复制而遗传。

DNA 甲基化可引起相应区域染色质的高度凝缩,使其失去转录活性,限制性内切核酸酶的切割位点,及对 DNase Ⅰ 的敏感性。因此,可以用特定的限制性内切核酸酶鉴定甲基化位点。例如,限制酶 *Hpa* Ⅱ 识别并切割甲基化的 CCGG 序列,但对甲基化的 CG 则不起作用,而 *Msp* Ⅰ 能切割所有的 CCGG 序列。

DNA 甲基转移酶有两种:①持续性 DNA 甲基转移酶(maintainance DNA methyltransferase,DNMT1),作用于仅有一条链甲基化的 DNA 双链,使其完全甲基化,并能直接与 HDAC 联合作用阻断转录;②从头甲基转移酶 (*de novo* methylase,DNM T3a,DNM T3b),可甲基化 CpG,使其半甲基化,继而全甲基化。从头甲基转移酶可能参与细胞生长分化调控,其中 DNM T3b 在肿瘤基因甲基化中起重要作用。

DNA 去甲基化有两种方式:①被动途径,由于核因子 NF 黏附甲基化的 DNA,使黏附点附近的 DNA 不能被完全甲基化,从而阻断 DNM T1 的作用;②主动途径,由去甲基酶移去甲基。

研究发现,多数真核生物(从酵母、植物、昆虫到哺乳动物)的 mRNA 都存在 m^6A,腺苷甲基化是由一个巨大的 m^6A 甲基转移酶复合体(Writer)催化,该复合物中的 METTL3 亚基负责与甲基供体 *S*-腺苷甲硫氨酸(SAM)结合。在体外,Writer 优先使含有 GGACU 序列的 RNA 甲基化。腺嘌呤 N^6 甲基化是动态可逆的,去甲基化由 m^6A 去甲基化的酶(m^6A demethylase,eraser)催化。在人类和小鼠,m^6A 主要位于 mRNA 上开放阅读框的下游 1/3 部位和 3′-UTR 之间,一般看家基因 mRNA 没有 m^6A,而快速周转的功能蛋白基因的 mRNA 有含量不等的 m^6A,其甲基化程度与 mRNA 的半衰期呈负相关。此外,腺嘌呤 N_6 甲基化还影响 RNA 的选择性拼接模式。总之,mRNA 的动态 m^6A 修饰能够影响 mRNA 的翻译状态和寿命。

12.4.2 DNA 甲基化对转录活性的影响

12.4.2.1 DNA 的甲基化可引起基因失活

一般情况下,转录状态的基因启动子甲基化程度较低,封闭的基因启动区的甲基化程度较高。例如,卵黄蛋白是在成熟的雌性动物肝中先合成卵黄蛋白原(vetellogenin),再经血液运送到卵巢，由卵母细胞加工成卵黄蛋白。雄性动物同样拥有卵黄蛋白原基因，但因缺乏雌激素，卵黄蛋白原基因处于高度甲基化状态，没有转录活性。在鸡的卵黄蛋白原基因5′-调节区有4个CpG位点，其中C位点(−611处)和D位点(−620处)是雌二酮受体蛋白复合物的结合部位。正常肝细胞DNA的正链4个位点的C全部甲基化，而互补的负链只有50%甲基化。但经雌二酮处理后数小时内，正链中4个位点全部去甲基化，从而启动基因的转录。

甲基化酶对CpG位点的化学修饰具有选择性。例如，小鼠β-珠蛋白基因5′-侧翼有5个CpG位点，其中4个较集中。用纯化的DNA甲基转移酶在体外处理这段序列，结果各位点的甲基化程度各不相同，有的不发生甲基化，有的稍有甲基化，有的大量甲基化。而且，无论是在诱导的还是未诱导的细胞，无论是用纯化酶，还是粗制酶，所得实验结果都一样，表明还有其他的选择因素存在。

DNA甲基化可能主要通过3种机制阻遏基因的表达：①DNA的转录因子结合位点被甲基化，使其转录因子(如E2F、CREB、AP2、NF2KB、Cmyb、Ets等)结合的能力降低，从而阻断转录；②甲基化促进转录抑制因子(transcriptional repressor)与DNA结合，从而抑制转录；③通过甲基化CpG岛与黏附蛋白(MeCP2、MBD2)的结合，使甲基化非敏感转录因子(SP1、CTF、YY1)失活，从而阻断转录。

12.4.2.2 基因印记

来自双亲的同源染色体或等位基因被选择性修饰，引起等位基因不对称表达的现象称**基因组印记**(genomic imprinting)或**遗传印记**(genetic imprinting)，产生印记效应的基因称为印记基因(imprinting genes)。若父源等位基因表达，称为父源印记，若母源等位基因表达，则称为母源印记。

基因组印记的途径主要为DNA甲基化修饰，也包括组蛋白乙酰化或甲基化等修饰，以及DNA与蛋白质的相互作用。在生殖细胞形成早期，来自父方和母方的印记将全部被消除，父方等位基因在形成精子时产生新的甲基化模式，在受精时甲基化模式还将发生改变。母方等位基因甲基化模式在卵子发生时形成，因此在受精前来自父方和母方的等位基因具有不同的甲基化模式，不同的基因分别表现为父源印记或母源印记。印记基因大约80%成簇，并被位于同一条链上的印记中心(imprinting center，IC)调控。亲代通过印记基因来影响其下一代，争取本方基因的遗传优势。

印记基因对胚胎和幼儿的生长发育有重要的调节作用，对行为和大脑的功能也有很大的影响。印记基因的异常表达引发多种人类疾病，许多印记基因的异常可诱发癌症。

12.5 真核生物转录水平的调控

像原核细胞一样，真核生物基因表达调控最关键的环节在转录水平，通过顺式作用元件和反式作用因子的相互作用控制基因的转录。

12.5.1 顺式作用元件

顺式作用元件是真核细胞中与被调控基因位于同一DNA分子中，具有转录调节功能的特异DNA序列，主要指上游调控区中能与转录因子结合并影响基因转录活性的特异性DNA序列，包括启动子、增强子及沉默子等。

12.5.1.1　启动子

启动子是RNA聚合酶识别并结合的一段特异性DNA序列，是准确和有效的起始转录所必需的结构。RNA聚合酶Ⅱ的启动子由近端核心启动子和上游启动子元件(upstream promoter element，UPE)两个部分构成。

核心启动子包括转录的**起始位点**(initiator，Inr)和－30～－25 bp处的TATA盒。起始位点的共有序列是Py_2CAPy_5，即mRNA的第一个碱基通常为A，左右有数个嘧啶。TATA盒(TATAA)是基本转录因子TFⅡD的结合位点，控制转录起始的准确性及频率。由TATA盒及转录起始点即可构成最简单的启动子，TATA盒内单个碱基缺失或突变，会大大降低转录水平。常见的上游启动子元件GC盒(GGGCGG)和CAAT盒(GCCAAT)通常位于－110～－30bp区域，CAAT盒是转录因子CTF/NF1的结合位点，GC盒是转录因子Sp1等的结合位点。二者可提高转录的效率，但不参与起始位点的确定(图12-6)。

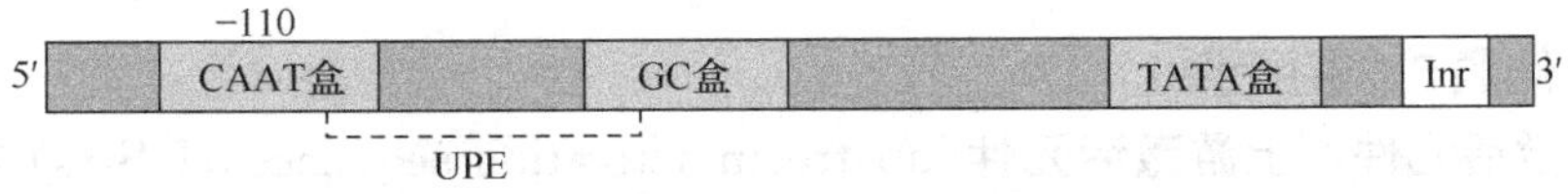

图12-6　RNA聚合酶Ⅱ启动子的结构

概括地讲，Inr和TATA盒主要决定转录起始点和方向，引发低水平的转录，而UPE通过和各种调控因子相结合，促进转录起始复合物的组装，提高转录起始的效率。

12.5.1.2　增强子

增强子(enhancer)距离转录起始点1～30 kb，可增加基因转录的频率。增强子可以位于基因的5′端或3′端，有的还可位于基因的内含子中。增强子一般能使基因转录频率增加10～200倍，有的甚至可以高达上千倍。例如，在巨细胞病毒(cytomegalovirus，CMV)增强子作用下，人珠蛋白基因的表达水平可提高600～1000倍。增强子由若干可与转录因子结合的元件组成，有些元件既可在增强子出现，也可在启动子中出现。有时，对结构密切联系而无法区分的启动子、增强子样结构统称启动子(图12-7)。

图12-7　增强子的作用

1981年Benerji在SV40早期基因约－200bp处发现一个140 bp的序列，由两个正向重复序列组成，每个长72 bp。该序列能大大提高SV40和兔β-血红蛋白融合基因的表达水平，是第一个被发现的增强子。随后发现的增强子多为重复序列，一般长50 bp，通常有一个8～12 bp组成的“核心”序列，如SV40增强子的核心序列是5′GGTGTGGAAAG-3′。

增强子的功能具有累加效应，SV40增强子中，72 bp重复序列单独作为增强子时功能很弱，但2个72 bp序列组合在一起，即使其中间插入其他序列，仍然是一个有效的增强子。因此，要使一个增强子失活必须在多个位点上造成突变。对SV40增强子的任何单个突变，均不会使其活力降低10倍。如果将β珠蛋白基因重组到含有72 bp重复序列的DNA分子中，在活体内其转录活性增高200倍以上，将此72 bp序列置于转录起点上游1400 bp或下游3000 bp

时仍有作用。

一个增强子可促进其附近的任一启动子转录，增强子可能为转录因子与启动子的结合提供帮助，也可能改变染色质的构象，使 B-DNA 转变为 A-DNA。所有增强子中均有一段由嘧啶-嘌呤残基交替出现的 A-DNA 区段，该区段极易形成 Z-DNA，形成一小段 Z-DNA 可能为增强子行使功能所必需。

有些增强子的效应有组织特异性(tissue specificity)，如免疫球蛋白基因的增强子只有在 B 淋巴细胞内活性才最高，胰岛素基因和胰凝乳蛋白酶基因的增强子也有很强的组织特异性。

还有一些增强子受外部信号的调控，如小鼠乳腺肿瘤病毒(MMTV)DNA 的转录可受糖皮质激素的刺激，其效应元件位于约－100 bp 处，可能和激素及其蛋白受体组成的复合物相结合。将此序列元件克隆至某基因启动子的上游或下游的不同距离处，都能刺激该基因的转录。类固醇激素、锌、镉和生长因子可以提高金属硫蛋白基因在多种细胞中的转录，也属于这种调控机制。

12.5.1.3 其他顺式作用元件

(1) 上游激活元件　**上游激活元件**(upstream activation sequences，USAs)是位于核心启动子上游的特异序列，控制转录起始的速率，是特异性转录激活因子的结合位点，与增强子的主要区别是位于 TATA 盒下游时就没有功能。

(2) 沉默子　**沉默子**(silencers)是某些基因的一种负性调节元件，其 DNA 序列可被调控蛋白识别并结合，阻断转录起始复合物的形成和活化，关闭基因表达。酵母细胞的 *MAT*、*HMR* 和 *HML* 基因的启动子都存在于具有相同序列的 Y 区，但 *MAT* 基因可以转录，而 *HMR* 和 *HML* 基因却不能转录。缺失分析发现，在 *HMR* 和 *HML* 基因上游 1 kb 的位置存在沉默子，阻止了这两个基因的转录。

(3) 基因座控制区　**基因座控制区**(locus control region，LCR)含有多种反式作用因子的结合序列，参与蛋白质因子的协同作用，使启动子区域脱离组蛋白，增强相关基因的表达。同一 LCR 可以调控在不同染色体上的基因群表达，其原理尚不十分清楚。

(4) 绝缘子　**绝缘子**(insulator)能阻止正调控或者负调控信号在染色体上的传递，将染色质活性的调控限制在一定的区域，还可以阻断异染色质的扩散。如果绝缘子位于增强子和启动子之间，会阻断增强子对相关基因启动子的作用，防止增强子毫无选择地作用于多种启动子。相反，如果绝缘子位于活性基因和抑制因子之间，则可以阻断抑制因子的作用(见电子教程知识扩展 12-2　绝缘子的作用机制)。

(5) 应答元件　**应答元件**(response elements)可与某种因子诱导生成的调控蛋白结合，调控一组基因的表达活性。主要有热休克应答元件(heat shock response element，HSE)、糖皮质激素应答元件(glucocorticoid response element，GRE)、金属应答元件(metal response element，MRE)、肿瘤诱导剂应答元件(tumorgenic agent response element，TRE)和血清应答元件(serum response element，SRE)等。应答元件含有短的保守顺序，一般位于转录起始点的上游，距离不固定，通常小于 200 bp，有的也可以位于启动子或增强子中。

12.5.2 反式作用因子

反式作用因子是可与顺式作用元件相互作用，调控其表达活性的蛋白质。反式作用因子被合成后，可以扩散至 DNA 的靶位点，调控有关基因的表达。反式作用因子在细胞中种类较多，每一种的数量却较少，每个哺乳类细胞大约有 10^4 个反式作用因子，与 DNA 特异性结合后，可以促进或抑制相应基因的转录。

根据靶位点的特征，反式作用因子可以分为 3 类：

(1) 通用反式作用因子　**通用转录因子**是 RNA 聚合酶结合启动子时所必需的一组转录因子，在一般细胞中普遍存在，在所有 RNA 转录起始时通用，如识别启动子 TATA 框的 TBP，识别 CAAT 框的 CTF/NF-1，识别 GC 框的 SP1，识别八聚体核苷酸的 Oct-1 等。

(2) 上游元件结合蛋白　**上游元件结合蛋白**又称结合 DNA 的转录因子，可与上游元件结合，调控相关基因的表达，如甾类激素-受体复合物。

(3) 辅助因子和介导因子　**辅助因子**不与 DNA 结合，但是对于招募转录因子和转录起始复合物的组装必不可少。不少转录因子不与结合在核心启动子的通用转录因子直接相互作用，而是通过辅助因子影响核心启动子的活性。**辅助激活因子**(coactivators)促进转录，而**辅助抑制因子**(corepressors)则介导反式作用因子的负性调控(图 12-8)。

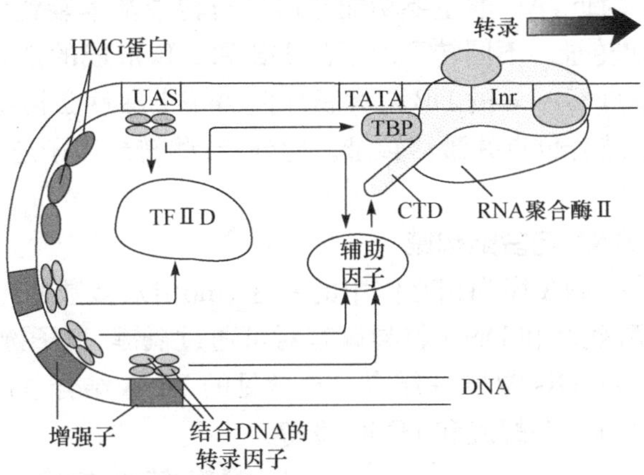

图 12-8　顺式作用元件与反式作用因子的相互作用

1990 年代 Roger Kornberg 等发现一种酵母蛋白，可以通过介导转录因子与 RNA 聚合酶Ⅱ的相互作用来增强基因的转录，并称之为介导因子。介导因子不能直接结合 DNA，但可以和 RNA 聚合酶Ⅱ未磷酸化的 CTD 结合，形成完整 RNA 聚合酶Ⅱ复合物，一旦转录开始，CTD 磷酸化使介导因子与 RNA 聚合酶Ⅱ解离，RNA 聚合酶Ⅱ沿 DNA 延伸，而介导因子则参与新一轮的转录起始。

酵母介导因子由 21 个亚基组成，包括 SRB 蛋白(suppressors of mutations in RNA polymerase B)和 MED(mediator)蛋白等。TRAP(thyroid hormone receptor-associated protein)是人类细胞中发现的第一个介导因子复合物，具有很强的共激活因子活性。哺乳动物中可能存在 30 种以上不同的 MED 亚基。比较分析发现，酵母与其他物种的介导因子存在广泛的序列相似性，表明在真核细胞进化早期存在一种通用的介导因子复合物，也说明介导因子有重要意义。

酵母与人类介导因子复合物的大分子电镜结构学研究表明，复杂的构象变化是介导因子传递正性和负性转录调控信号的基础。由数十个亚基组成的介导因子复合物按一定顺序结合成较为致密的椭圆形结构，分为头部、中间段、尾部及 CDK 段。当与 RNA 聚合酶Ⅱ或 CTD 结合时，介导因子复合物伸展开来，最具保守同源性的头部主要与 RNA 聚合酶Ⅱ相互作用。变异较大的尾部与特异性转录因子结合。CDK 段则招募有关转录因子，导致 CTD 磷酸化和 PIC 解体。有些蛋白质过去定义为介导因子，后来被归于辅助激活因子。

cAMP 可以一种间接的方式参与真核生物基因转录的活化。cAMP 浓度增加，可激活蛋白激酶 A(PKA)，活化的 PKA 进入细胞核内，使 cAMP 应答元件结合蛋白(cAMP response element-binding protein，CREB)磷酸化，磷酸化的 CREB 结合在 cAMP 应答元件上，激活相关基因的转录。有一种 CREB 结合蛋白(CREB binding protein，CBP)，可与磷酸化的 CREB 结合，随即招募转录因子组装成转录起始复合物。因此，CBP 被定义为一种"介导因子"。CBP 还参与促分裂原活化蛋白激酶(mitogen-activated protein kinase，MAPK)的磷酸化和活化。活化的 MAPK 进入细胞核，磷酸化 AP1 中的 c-Jun 使其活化，随后 CBP 结合活化的转录因子 AP1，介导靶基因的表达。另外，CBP 还具有组蛋白乙酰化酶活性，可以催化组蛋白乙酰化，使 DNA 处于松弛状态，解除组蛋白对转录的抑制。

转录因子一般由两个或两个以上相互独立的结构域构成，包括 DNA 结合结构域(DNA binding domain，DB)和转录激活结构域(activation domain，AD)。DB 的功能是通过结合 DNA 将 AD 带到启动子附近，AD 的主要功能是通过与转录基本装置(basal transcription apparatus)相互作用而激活转录。不同转录因子的 DB 和 AD 形成的杂合蛋白仍然具有激活转录的正常功能。例如，酵母 GAL4 的 DB 与大肠杆菌的一个酸性激活结构域 B42 融合的杂合蛋白仍然可结合到 Gal4 结合位点并激活转录。此外，有些转录因子还有与其他蛋白质结合的结构域。

12.5.2.1　转录因子的 DNA 结合结构域

转录因子的 DB 有与 DNA 序列相互作用的基序(motif)，多数基序可插入 DNA 的大沟，识别其碱基序列。氨基酸残基和 DNA 特异碱基对可通过氢键、离子键和疏水作用等结合，如 Asp 可以与 A 结合，Arg 和 His 能与 G 结合。最常见的 DNA 结合基序包括螺旋-转角-螺旋、锌指结构、亮氨酸拉链、螺旋-环-螺旋和 HMG 盒等。

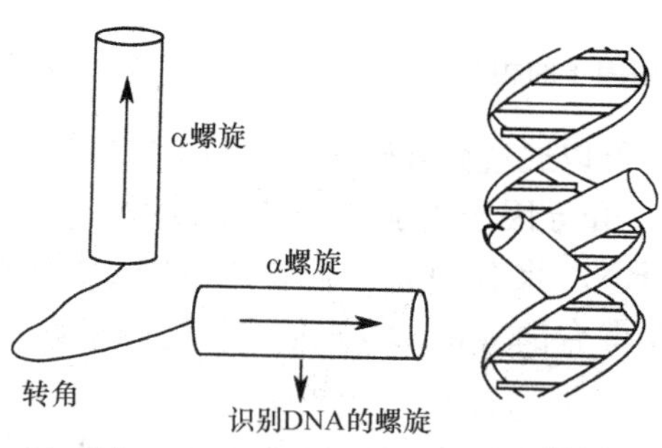

图 12-9　螺旋-转角-螺旋

(1) 螺旋-转角-螺旋　**螺旋-转角-螺旋**(helix-turn-helix)是最先在原核生物中发现的一种 DNA 结合基序，其长度约 20 个氨基酸残基，形成两个 α 螺旋，两段螺旋之间由 10 个氨基酸残基的 β 转角相连(图 12-9a)。一个 α 螺旋被称为识别螺旋，可深入 DNA 大沟，与特异性 DNA 序列结合。另一个螺旋没有碱基特异性，与 DNA 磷酸戊糖链骨架结合。在与 DNA 特异结合时，以二聚体形式发挥作用(图 12-9b)。λ 噬菌体的 cI 蛋白和 Cro 蛋白，酵母中与交配型决定相关的 a1 和 a2 蛋白，高等真核细胞中的 Oct-1 和 Oct-2 具有此类 DNA 结合功能域。

(2) 锌指　**锌指**(zinc finger)是由大约 23 个氨基酸残基构成的环，和 4 个 Cys 残基或 2 个 Cys 残基和 2 个 His 残基配位的锌构成，形成的结构像手指状，因此而得名。

根据锌原子的配位结构，可把锌指分为 2Cys/2His(Ⅰ型)和 2Cys/2Cys 型(Ⅱ型)。Ⅰ型锌指的保守序列是 Cys-X_{2-4}-Cys-X_3-Phe-X_5-Leu-X_2-His-X_2-His，"指"与"指"之间通常由 7～8 个氨基酸残基连接，如 TFⅢA 和 SpⅠ。Ⅱ型锌指的保守序列是 Cys-X_2-Cys-X_{13}-Cys-X_2-Cys，典型代表是酵母的转录因子 GAL 4 和哺乳动物的固醇类激素受体。最早发现的锌指蛋白是转录因子 TFⅢA，含有 9 个锌指，可结合 45 个碱基对，与 5S RNA 基因的启动子长度接近。糖皮质激素和雌激素受体含有两个锌指，每个锌指有一个 α 螺旋，其芳香族氨基酸和可与相邻的β折叠构成一个疏水中心。第一锌指含 DNA 识别螺旋,第二锌指提供二聚化的疏水表面。两个糖皮质激素受体形成二聚体与 DNA 结合,每个受体和连续的大沟接触。由于这一特性,固醇类激素受体的结合位点常常较短,并具有高度保守的回文结构。

图 12-10a 中两个半胱氨酸残基位于锌指一侧的反向平行β折叠中,而两个组氨酸残基位于锌指另一侧的α螺旋中。在转录因子 SpI 中有 3 个锌指(图 12-10b),形成的 3 个α螺旋恰好位于大沟,可与 DNA 特异性结合(见电子教程知识扩展 12-3　锌指结构的发现与研究进展)。

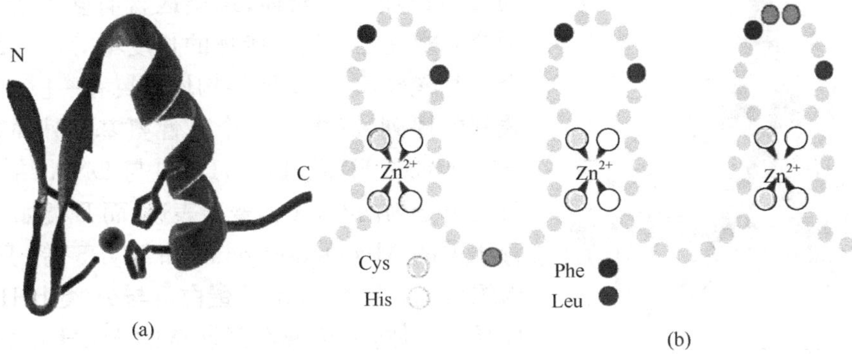

图 12-10　锌指

(3) 亮氨酸拉链　**亮氨酸拉链**(leucine zipper)包含 30～40 个氨基酸残基构成的亲脂性α螺旋,每隔 7 个残基出现一个亮氨酸。由于α螺旋每 3.5 个氨基酸旋转一周,所有的亮氨酸残基朝一个方向,使α螺旋在其一侧表面带有疏水基团(包括亮氨酸),另一侧表面带电荷(图 12-11a)。两个α螺旋的亮氨酸相互靠近,通过疏水界面上的亮氨酸形成二聚体(图 12-11b)。

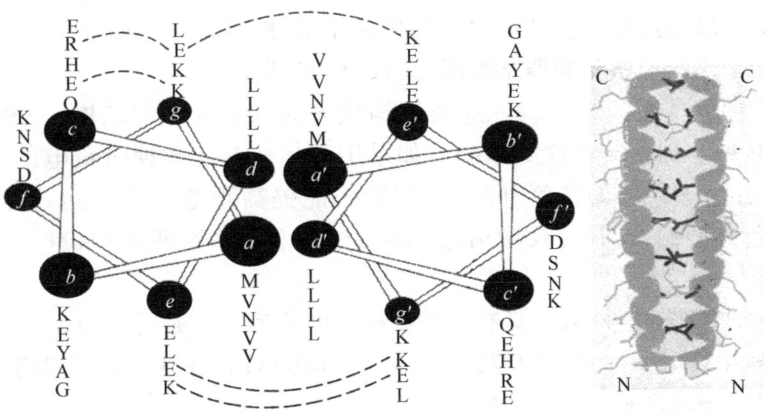

图 12-11　亮氨酸拉链

二聚体的形成有重要意义,如 AP1 蛋白由 c-jun 和 c-fos 两个亚基组成,经亮氨酸拉链形成异二聚体,才能促进有关基因的转录。若两个基因中任何一个发生突变,不能形成二聚体,就不能结合 DNA 和促进转录。C/EBP 具有 4 个亮氨酸拉链重复结构,可结合 CAAT box 和 SV40 核心增强子序列。过去认为二聚体之间亮氨酸与亮氨酸是交错聚集,像"拉链"一样,而现在认为亮氨酸与亮氨酸是相对聚集的。

亮氨酸拉链的侧翼是DNA结合功能域，含有很多荷正电的赖氨酸和精氨酸，可与荷负电的DNA结合。

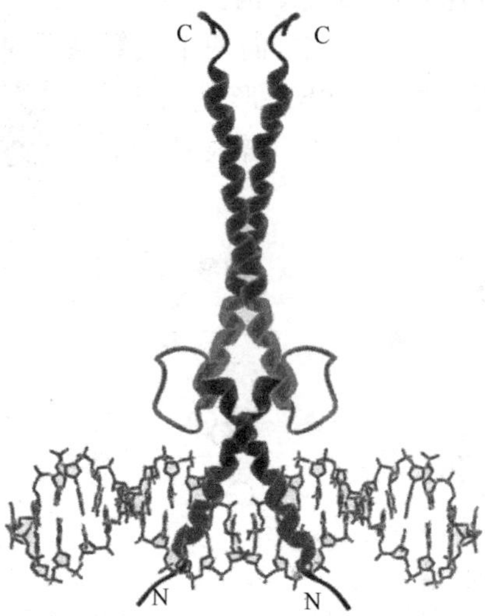

图 12-12　螺旋-环-螺旋

(4) 螺旋-环-螺旋　**螺旋-环-螺旋**(helix-loop-helix，HLH)长度为40～50个氨基酸残基，两段由15～16个氨基酸组成的双亲性的α螺旋通过一段环状的结构相连接(图12-12)。HLH两个双亲性α螺旋的一侧有Leu和Phe等疏水氨基酸残基，可相互作用形成同二聚体或异二聚体，螺旋区含有多种保守的残基。两个α螺旋之间的连接环的长度不等，一般为12～28个氨基酸残基。HLH结构域侧翼有一段15个氨基酸残基的序列，其中含6个碱性氨基酸残基，称为碱性HLH(basic HLH，bHLH)，可与DNA结合。bHLH蛋白可分为两类，A类普遍表达，而B类如与骨骼肌发育相关的MyoD、myogenin和Myf-5等，只在特异性组织表达。B类bHLH蛋白可与A类bHLH蛋白形成异二聚体，缺乏碱性区肽链的HLH蛋白可以与碱性bHLH形成异二聚体，从而阻止bHLH与DNA结合，这样就大大增加了调控作用的多样性。

(5) 同源异形结构域　**同源异形结构域**(homeodomain，HD)由60个左右氨基酸残基组成，含3个α螺旋，其中碱性和疏水性氨基酸残基是比较保守的。HD的N端插入DNA双螺旋的小沟，由17个氨基酸残基组成的第三α螺旋则进入DNA双螺旋的大沟，其中为数不多的氨基酸残基决定HD与DNA结合的特异性。

12.5.2.2　转录因子的激活结构域

转录激活结构域通过蛋白质和蛋白质的相互作用，控制转录起始复合物的形成并调控其活性。一般由20～100个氨基酸残基组成，大致分为三类：

(1) 富含酸性氨基酸的结构域　这类结构域多为双亲α螺旋结构，一侧富含酸性氨基酸，为亲水性的，另一侧含疏水性氨基酸。如果用其他氨基酸替换带负电的氨基酸，转录水平明显降低。反之，如果增加带负电荷的氨基酸，能提高靶基因的表达。酵母转录激活因子GAL4是一个典型例子，其转录激活结构域的49个氨基酸残基中，有11个酸性氨基酸残基。

(2) 富含谷氨酰胺的结构域　具有这类结构域的典型代表是可与启动子上游GC盒结合的SP1，SP1有两个转录激活结构域，其中一个结构域的Gln占整个氨基酸构成的25%，另一个结构域的143个氨基酸残基中有39个Gln。

(3) 富含脯氨酸的结构域　具有该类结构域的典型代表是CTF家族的转录因子，CTF主要识别CCAAT盒，构成其转录激活结构域的84个氨基酸残基中有19个Pro，占氨基酸构成的20%～30%。

上述分类方法并不是绝对的，有些转录因子起始转录活性的能力很强，但并不属于上述的3种类型。

12.5.3　转录调控的作用机制

反式作用因子通过以下不同的途经发挥调控作用：蛋白质和 DNA 相互作用、蛋白质和配基结合、蛋白质之间的相互作用及蛋白质的修饰。

RNA 聚合酶Ⅱ一般需要 3 种转录因子，通用转录因子是 RNA 聚合酶起始任何基因的转录都需要的，DNA 结合的转录因子主要与增强子或者 UASs 结合，辅助转录因子不直接与 DNA 接触，负责转录因子和转录起始复合物的组装。通用转录因子已在第 7 章详细介绍，本节主要介绍 DNA 结合的转录因子和辅助转录因子。

12.5.3.1　转录因子之间的相互作用

能直接结合 DNA 序列的转录因子相对较少，多数转录因子是通过蛋白质-蛋白质相互作用影响转录效率的，此过程涉及核酸与蛋白质的构象变化。

酵母半乳糖代谢相关基因的正调节不仅需要半乳糖作为诱导物，还需要 GAL4 作为转录因子与基因上游元件 UAS 结合。起负调节作用的 GAL80 不直接和 DNA 结合，而是通过和 GAL4 结合，屏蔽其转录激活结构域以阻遏转录。

GAL4 蛋白既有 DNA 结合功能域，又有转录激活功能域，以二聚体的形式结合于 UAS_G (upstream activator sequence-galactose，VAS_G)。UAS_G 由 4 个相同的 17 bp 序列构成，每个序列都呈两侧对称，若 GAL4 和一个二聚体结合，转录是低水平的。若 4 个序列都和 GAL4 结合，则基因表达可达最高水平。GAL4 的 768～881 氨基酸为转录激活功能区，可以和转录因子相结合，其中的 851～881 区域可特异地和 GAL80 相结合。若半乳糖缺乏，GAL80 就在此区域和 GAL4 结合，遮蔽其转录激活功能区，虽然 GAL 仍可和 UAS_G 结合，但失去了转录激活能力，因此 *gal* 基因不转录。若半乳糖存在，使 GAL3 和 GAL80 结合，GAL80 构象改变，与 GAL4 脱离，使 GAL4 能够和转录因子相结合，启动基因的转录(图 12-13)。

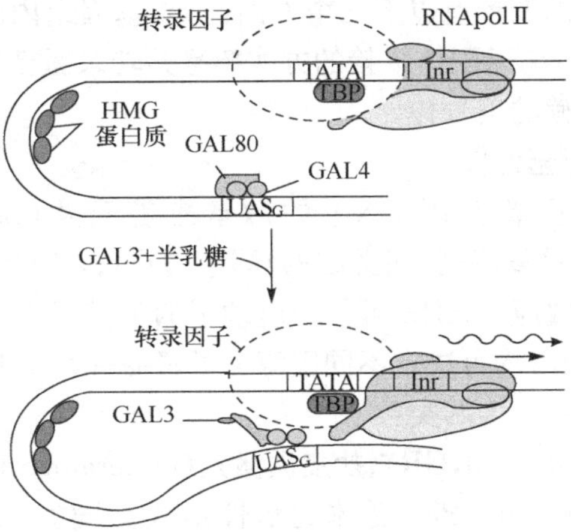

图 12-13　GAL 对基因表达的调控

真核生物的增强子或 USAs 即使距离它所调控的基因的启动子很远，仍可通过 DNA 环化与结合在启动子上的转录因子及 RNA pol Ⅱ 相互作用。图 12-14 中的辅助转录因子 GCN5-ADA2-ADA3 一端与结合在 USAs 上的转录因子相互作用，另一端和结合在启动子上的通用转录因子和 RNA 聚合酶相互作用，协助转录起始复合物的组装，启动 *gal* 基因的转

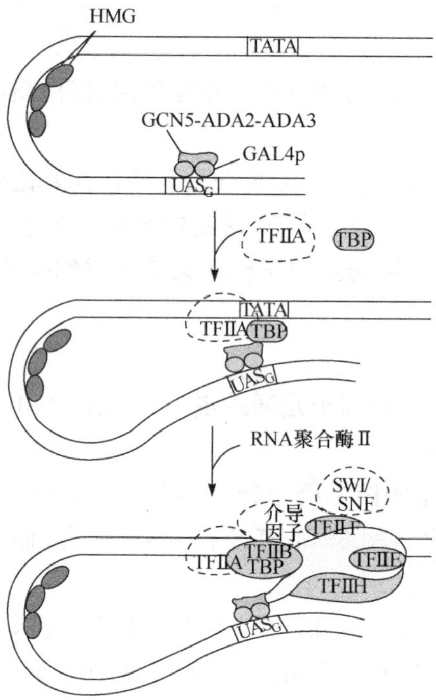

图 12-14　辅助转录因子与 DNA 的环化

录。此外，介导因子、乙酰化转移酶 HAT 和染色体重塑复合物 SWI/SNF 及其他调节因子也参与 DNA 的环化。

12.5.3.2　真核生物的转录阻遏

一般说来，真核生物在转录水平的调控主要是正调控，负调控主要通过 DNA 甲基化和组蛋白修饰来实现。然而，已经发现一些阻遏蛋白可在转录水平阻遏基因的表达。

阻遏蛋白的作用机制有以下几种：①与特异性启动子元件结合，封堵激活蛋白的作用位点，阻止转录前起始复合物的组装；②作为转录因子或者辅助激活因子的抑制蛋白，拮抗它们的转录激活功能；③结合在启动子下游，阻止 RNA 聚合酶的转录进程。

有的转录因子具有双重功能，如糖皮质激素受体与特异的 DNA 序列结合后，可以激活类固醇激素相关基因的转录，但也能与另一个相关基因的 DNA 特异位点相结合，抑制它的转录。

12.5.4　固醇类激素对基因转录的调控

固醇类激素受体通过对基因转录的调控影响细胞生长、增殖和分化等生命活动，主要包括雌激素受体、雄激素受体、视黄酸受体、糖皮质和盐皮质激素受体、甲状腺激素受体、维生素 D 受体等。部分固醇类激素受体是**核受体**(nuclear receptor，NR)超家族的重要成员。NR 是配体依赖性转录因子，对转录的调控有以下几个方面：①与基因组内的特异性调节位点相结合，调节 RNA 聚合酶Ⅱ的活性；②以配体依赖的方式招募共转录激活因子，修饰染色质及其相关蛋白；③终止或削弱 NR 依赖的信号传导。

12.5.4.1　固醇类激素的应答元件

固醇类激素受体可识别靶基因 DNA 的**激素应答元件**(hormone response element，HRE)，HRE 由两个很短的重复序列(回文结构)即半位点(half site)组成。HRE 可以具有多个拷贝，拷贝之间具有协同效应。HRE 可位于启动子的上游或下游数千 kb 处，无方向性，其半位点排列的方向以及间距等均可决定不同固醇类激素受体与 HRE 结合的特异性。根据这些特性，固醇类激素受体大致分为两类：

1) 糖皮质激素(glucocorticoid，GR)、盐皮质激素(mineralocorticoid，MR)、雄激素(androgen，AR)和孕激素(progesterone，PR)受体的活性形式为同源二聚体，与这些受体结合的 HRE 半位点均含有同源保守序列 TGTTCT，并以回文结构排列，称为 GRE 类结合位点。雌激素(estrogen，ER)受体的作用方式与此类相似，只是半位点保守序列为 TGACCT。

2) 9-顺式-视黄酸(9-*cis*-retinoid acid，RXR)受体的活性形式可以是同源二聚体，也可以是与甲状腺激素受体(T3R)、维生素 D 受体(VDR)等其他 15 种受体形成的异源二聚体。其结合位点称为 TRE 类，异二聚体识别的半位点序列为 TGACCT，以同向重复结构排列。不同二聚体对 TRE 类位点的识别依赖于两个半位点之间的距离，如 RXR 同源二聚体半位点间距为 1 bp,RXR-VDR 为 3 bp,RXR-T3R 为 4 bp,RXR-RAR 为 5 bp。

由于同类 HRE 中序列的相似性,在体外可能与多种受体蛋白有不同程度的交叉反应。而在体内,反应的特异性及其对靶基因的活化,会受到 HRE 拷贝数、HRE 邻近区域的染色质修饰状态、辅助激活因子的参与等不同层次多种因素的影响。

12.5.4.2　固醇类激素受体的结构

典型的核受体分子从 N 端至 C 端可细分为 A～F 多个功能区,A/B 区(激活转录域)的可变性最大,不同受体此区的相似性小于 15%。其中非配体依赖性转录激活基序称激活功能元件-1(activation function-1,AF-1),其特定位置的酪氨酸和丝/苏氨酸残基可接受不同信号转导通路相关激酶作用而磷酸化,从而影响受体与配体的亲和力和转录活性。

中段 C 区为 DNA 结合区,不同受体之间相似性可达 42%～94%。DNA 结合域由 66～68 个氨基酸残基构成两个Ⅱ型的锌指结构,第一锌指主要特异性识别结合位点的 DNA 序列,第二锌指则负责衡量 DNA 结合序列中两个半位点之间的距离。若将雌激素受体中的第一锌指剪除,并由糖皮质激素受体中的第一锌指替代,新形成的受体蛋白只能识别糖皮质激素受体应答元件(glucocorticoid receptor response element,GRE),而不能识别雌激素受体应答元件(estrogen receptor response element,ERE)。

D 区具有铰链连接功能,使核受体蛋白分子具有一定的柔性,使其容易形成二聚体活性形式,便于同 DNA 序列的回文结构结合。E 区为多功能区,包括配体结合域(ligand-binding domain,LBD)、激活功能元件-2(activation function-2,AF-2)和核定位信号,还可介导与热休克蛋白的相互作用。一些核受体还有 F 区,其功能尚不明了(图 12-15)。

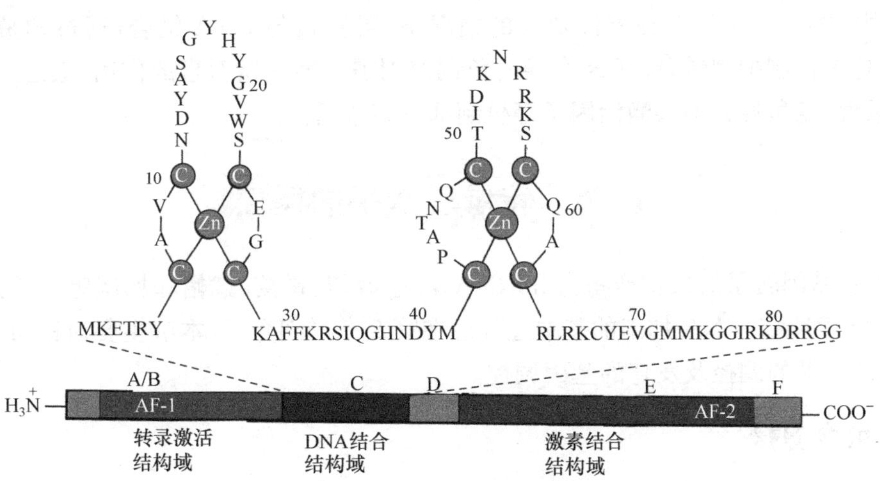

图 12-15　核受体的结构

晶体结构分析发现固醇类激素受体的 LDB 结构具有高度保守性,由 10～12 个 α 螺旋折叠而形成一个疏水的配体结合空腔。LBD 的第 12 号 α 螺旋在不同配体(激活剂或拮抗剂)作用下产生不同构象变化,是激活剂或拮抗剂结合的受体招募辅助激活因子或辅助抑制因子的分子基础。

12.5.4.3　固醇类激素受体对基因转录的调控

部分固醇类激素可以自由扩散透过细胞膜,与细胞质中的受体特异性结合,使受体蛋白发生结构变化而被激活,并进入核内,与特异的 DNA 序列相结合,启动靶基因的转录,靶基因的

HRE 起增强子的作用(图 12-16)。

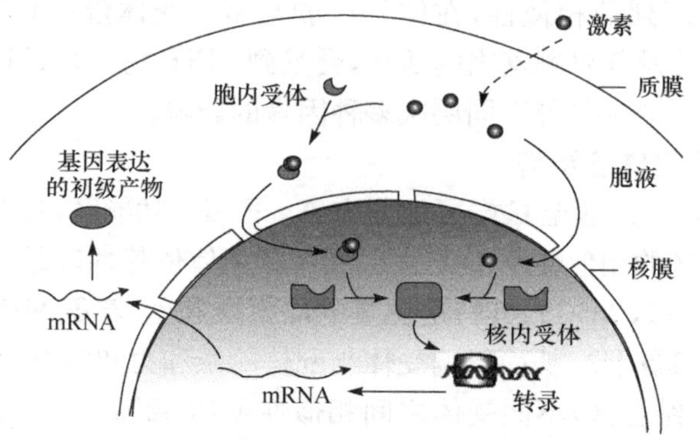

图 12-16 固醇类激素对基因转录的调控

接受核受体调控的基因,其启动子区域除有 HRE 和 TATA 盒外,还有多个其他转录因子的结合位点。例如,在 MMTV-LTR 的启动子序列中,HRE 和 TATA 盒之间还有 NF1 的结合位点及两个相邻的 OTF-1 结合位点。这些位点发生突变,或在转录体系中缺失 NF1 或 OTF-1,将显著降低基因转录水平。

激素-受体与 HRE 结合促使染色质结构发生改变,在启动子部位出现 DNase Ⅰ 高敏区,其关键步骤可能是组蛋白乙酰化而导致的核小体解聚。染色质结构松散,允许 NF1 等和 TFⅡD 转录因子结合到 DNA 上,促进基因的转录。

一些固醇类受体如 TR,在配体缺失的情况下,可直接与 DNA 结合,通过招募负调控因子、去乙酰化等机制抑制转录。GR 介导的负调控则需要糖皮质激素的作用,通过对抗其他转录因子的活性,竞争性耗竭共激活因子等机制抑制转录活性。

12.6 转录后水平的调控

真核细胞基因转录的最初产物为 hnRNA,经过剪切、拼接、戴帽和加尾等加工过程,才能形成成熟的 mRNA。RNA 加工的基本过程已在第 8 章详细介绍,本节主要讨论可变剪接、反式剪接、翻译水平的调控及发育的基因调控。

12.6.1 可变剪接

大多数真核基因转录产生的 mRNA 前体会经顺序剪接产生一种成熟 mRNA,进而指导一种蛋白质的合成。但有些 hnRNA 可按不同的方式剪接,产生两种或两种以上的成熟 mRNA,称**可变剪接**或者**选择性剪接**(alternative splicing)。已发现数百种进行可变剪接的基因,推测在高级真核细胞生物约 5%的基因有可变剪接。

选择性剪接主要有 4 种类型:①外显子跨越(exon skipped)或外显子缺失,即在剪接时将某个外显子剔除;②外显子延长(exon extended),即某些内含子的一部分序列被保留下来,使外显子的长度增加;③内含子保留(interon retained),即在拼接时保留某个内含子序列;④外显子交替(alternative exons),即不同的剪接产物选择了不同的外显子(图 12-17)。

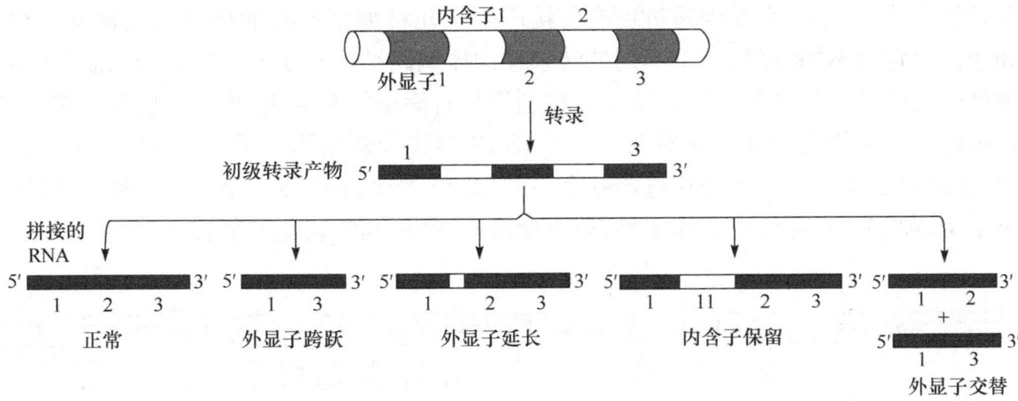

图 12-17　选择性剪接的 4 种类型

大鼠 IgM 的膜型和分泌型，主要区别是膜型的羧基端是疏水性的，可以结合在膜上，而分泌型的羧基端是亲水性的，不能结合在膜上。David Baltimore 等发现，这两种蛋白是由同一个 mRNA 前体分子通过可变剪接产生的。大鼠 IgM 基因有两个转录终止信号和两个终止密码子，终止密码子Ⅰ上游编码亲水性的肽段，终止密码子Ⅱ上游编码疏水性肽段的区域。通过可变剪接，可以产生两种成熟的 mRNA，分别编码两种蛋白质。若在终止密码子Ⅰ处终止转录和翻译，产生分泌型抗体。若在终止密码子Ⅱ处终止转录和翻译，则产生膜型的抗体。

果蝇性别决定至少有 *Sex-lethal*（*Sxl*）、*transformer*（*tra*）和 *Doublesex*（*dsx*）3 个基因的初始转录本经历可变剪接级联反应，最终决定了果蝇性别特征基因的表达。*Sxl* 基因有 8 个外显子，*tra* 基因有 4 个外显子，*dsx* 基因有 6 个外显子。雌性果蝇 *Sxl* 基因剪接产物为外显子 1-2-4-5-6-7-8，可产生有活性的 Sxl 蛋白。有活性的 Sxl 蛋白又导致基因 *tra* 以雌性方式进行剪接，剪接产物为外显子 1-3-4，可产生有活性的 Tra-2 蛋白。Tra-2 蛋白使 *dsx* 基因的剪接产物为外显子 1-2-3-4，形成雌性特异的 Dsx 蛋白。Dsx 蛋白抑制雄性基因的表达，促进雌性性状的发育。雄性果蝇 *Sxl* 基因剪接产物为 8 个外显子的 mRNA，外显子 3 中有一个终止密码子，所以产生较短的没有活性的 Sxl 蛋白。由于 Sxl 蛋白没有活性，*tra* 基因剪接产物为 4 个外显子的 mRNA，外显子 2 中有一个终止密码子，所以产生较短的没有活性的 Tra 蛋白。由于缺乏 Sxl 和 Tra，雄性果蝇的 *dsx* 基因产生外显子 1-2-3-5-6 的剪接产物，合成雄性特异的 Dsx 蛋白，导致产生雄性的性状（图 12-18）。

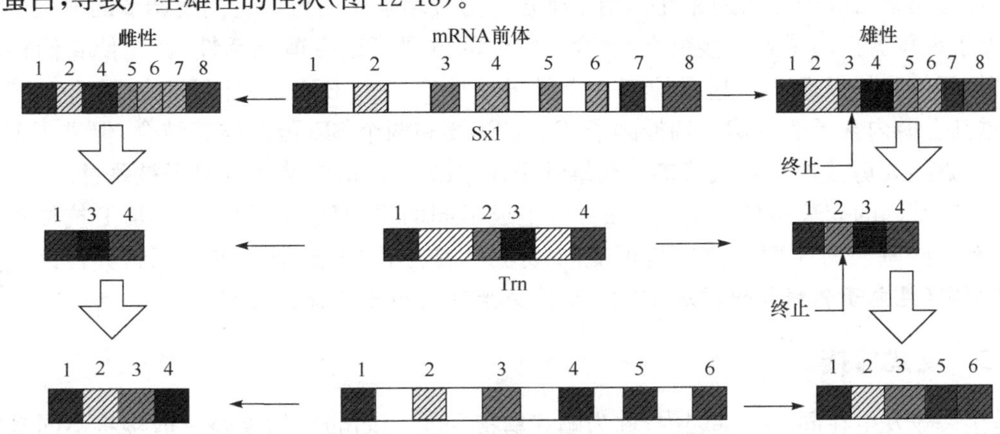

图 12-18　果蝇的性别决定系统

在真核生物中，由一个基因通过可变剪接产生十几种剪接产物的现象比较常见。在细胞分化和个体发育的不同阶段，各个不同的转录异构体编码结构和功能不同的蛋白质，在不同的组织类型中行使各自特异的功能。这是一种利用相对简单的基因组，提高蛋白质组多样性，以适应多细胞真核生物复杂性的重要机制。图 12-19 为快骨骼肌肌钙蛋白 T 的基因排列，剪接加工时，在外显子 4～8 中，可任意选择 0 个、1 个、2 个、3 个、4 个或 5 个，有 32 种可能的组合。在外显子 16 和 17 中，可任意选择 1 种，故可形成 64 种不同的表达产物。

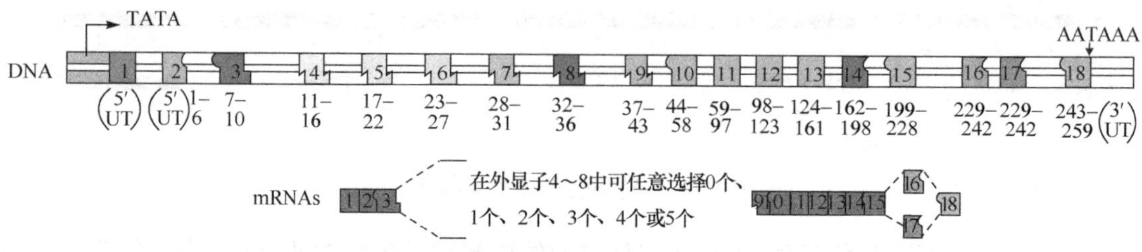

图 12-19　快骨骼肌肌钙蛋白 T 基因的可变剪接

参与可变剪接调节的 RNA 元件包括外显子剪接增强子(exon splicing enhancer，ESE)、内含子剪接增强子(intron splicing enhancer，ISE)、外显子剪接沉默子(exon splicing silencer，ESS)和内含子剪接沉默子(intron splicing silencer，ISS)。剪接因子包括富含丝氨酸和精氨酸蛋白(serine/arginine-rich　protien，SR)和 hnRNP 家族蛋白等多种因子。SR 和外显子剪接增强子结合，可招募拼接因子(splicing factor，SF)，使剪接可以依次进行，很少将某个外显子跨过去。SR 蛋白存在与否或活性高低，可决定是否发生可变剪接(图 12-20)。

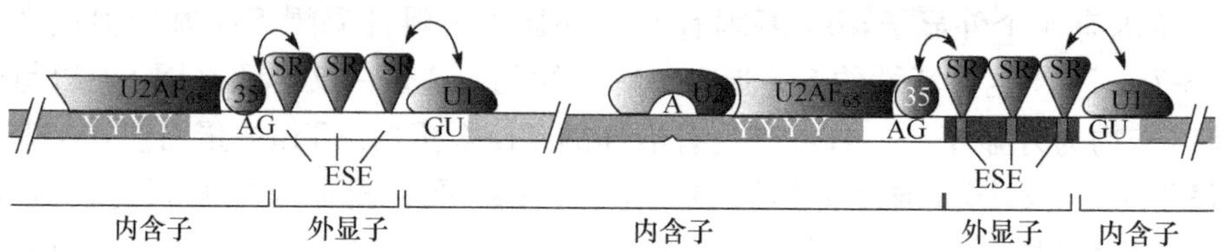

图 12-20　RNA 剪接顺序的调控

SR 蛋白 N 端有 1～2 个 RNA 识别结构域，C 端有富含丝氨酸(S)和精氨酸(R)的结构域，可以识别 ESE 等序列，富含嘌呤核苷酸的 ESE 是最常见的剪接增强子。剪接位点通过基本剪接信号与蛋白因子之间的相互作用来确定。剪接增强子多位于它们所调节的剪接位点附近，有助于募集剪接因子到剪接位点上，变更它们的位置可改变剪接活性，甚至使它们转变成为负调控元件。如果蝇 *dsx* 基因的第 4 个外显子中有一个 ESE，可作用于较弱的 3′剪接位点，促进其上游内含子的剪切。调控因子 Tra 、Tra2 和两个 SR 蛋白与其结合，促进了 U2AF 结合到上游的 3′剪接位点完成剪接。在雄性个体中缺乏 Tra，使第 4 外显子被跳过。

有一些基因的 5′剪接位点是可变的，可生成不同的蛋白质，如 SV40 病毒 T 抗原和 t 抗原。还有一些基因的 3′剪接位点是可变的，亦可生成不同的蛋白质，如组织特异性的原肌球蛋白(见电子教程知识扩展 12-4　5′选择性剪接和 3′选择性剪接)。

12.6.2　反式剪接

剪接一般发生在同一个基因内，称为**顺式剪接**(cis-splicing)，如果经过剪接将不同基因的外显子相互连接，则称为**反式剪接**(trans-splicing)。

反式剪接较少见，典型的例子是锥虫表面糖蛋白(variable surface glycoprotein，VSG)基因、线虫的肌动蛋白(actin)基因和衣藻(*chlamydomonas*)叶绿体的 *psa* 基因。

Von der Ploeg 等发现锥虫(*Trypanosome*)的许多 mRNA 5′端都有共同的 35 nt 前导序列，但在每个转录单位上游未发现这个前导序列。Murphy 和 Sutto 证实这种前导序列来源于基因组其他位点的重复序列转录产生的小片段 RNA，其前面 35 nt 为外显子，后面 100 nt 为内含子，其间为典型的 5′端剪接位点。35 nt 序列可通过转酯反应加到 VSG mRNA 的 5′端，其反应机制与核 mRNA 内含子的剪接相似。VSG mRNA 的内含子上有分枝位点，可以和前导序列的内含子相连接。35 nt 的前导序列的 3′端可以再进行第二次转酯反应，与 VSG mRNA 的外显子连接。因为这两段序列是反式结构，所以形成 Y 型中间体而不是套环结构，用去分枝酶处理就可以切开两个内含子(图 12-21)。

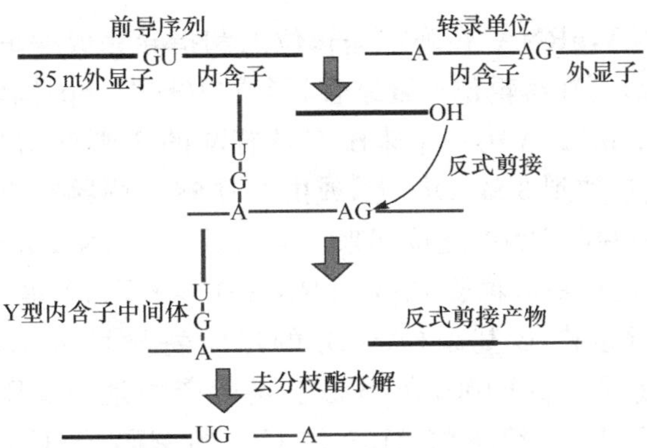

图 12-21　RNA 的反式剪接

线虫 3 种肌动蛋白的 mRNA(和某些其他的 RNAs)在 5′端有相同的 22 nt 前导序列，来源于另一个 100 nt 的 RNA 分子。其 5′端外显子称为剪接引导 RNA(spliced leader RNA，SL RNA)，存在于几种锥虫和线虫中，可折叠成相同的二级结构，有 3 个茎环和 1 个单链区，此单链区类似于 U1 的 Sm 蛋白结合位点。因此 SL RNAs 的结构与 snRNPs 相似，可能作为 snRNP 中的一种。锥虫具有 U2、U4 和 U6 snRNAs，但没有 U1 和 U5 snRNA。SL RNA 和 U1 snRNA 结构类似，可能替代 U1 参与剪接。

衣藻叶绿体的 *psa* 基因有 3 个外显子，外显子 1 离外显子 2 为 50 kb，离外显子 3 为 90 kb，很多别的基因位于这 3 个外显子之间。由于外显子 1 的转录方向和外显子 2 相反，即模板链不同，所以不能形成一个共同的转录本，即 2 个外显子形成 2 个转录本，通过反式剪接形成 1 个 mRNA。

人体有 4 个细胞色素 P450 3A 基因：*CYP 3A4*、*CYP 3A5*、*CYP 3A7* 和 *CYP 3A43*，均由 13 个外显子组成，具有很高的序列相似性，并有保守的外显子-内含子边界。Finta 和 Zaphiropoulos 发现 *CYP 3A* 的 mRNA 是个嵌合体，是由 *CYP 3A43* 的第一外显子连接到 *CYP 3A4* 或 *CYP 3A5* 外显子上形成的。由于其外显子是头对头排列的，可能的机制是反式剪接将 2 个 RNA 的外显子连接成为一个分子，而且这一过程并不影响多聚腺苷酸的形成，这或许又是一种 mRNA 的选择性剪接机制。

12.6.3 RNA 编辑

由于核苷酸的缺失、插入或置换(修饰),使 mRNA 的序列与基因序列不完全互补,翻译生成的蛋白质氨基酸不同于基因序列的编码信息,这种现象称为 **RNA 编辑**(RNA editing)。

在真核生物的 tRNA、rRNA 和 mRNA 中都发现了 RNA 编辑,常见的 RNA 编辑有 U→C、C→U、U 的插入或缺失、G 或 C 的插入等,其结果是丰富了基因表达的产物,使生物更好地适应生存环境。

Benne 等发现原生动物锥虫线粒体细胞色素 c 氧化酶的第二个亚基(cox Ⅱ)转录后插入了 4 个 U,并将其称为 RNA 编辑。在锥虫线粒体和叶绿体某些成熟的 mRNA 序列中,甚至一半以上的核苷酸产生于 RNA 编辑过程(见电子教程科学史话 12-1 RNA 编辑的发现和研究进展)。

引导 RNA(guide RNA,gRNA)在确定编辑位点和指导完成编辑方面起关键作用。线粒体的 gRNA 长 55～70 nt,可在编辑位点处结合,形成(10～15 bp)锚定双螺旋。随后,编辑复合体中的特异性内切酶在 mRNA 第一个未配对核苷酸的 3′端处切开,接着末端尿嘧啶转移酶(TUTase)将尿嘧啶残基加到 3′端-OH 上,或由 3′尿嘧啶特异外切酶从 3′端切除尿嘧啶残基。最后,RNA 连接酶将两段 RNA 连接起来。编辑后的 mRNA 分子,在翻译时有可能发生移码突变(见电子教程知识扩展 12-5 gRNA 介导 mRNA 编辑的机制)。

哺乳动物载脂蛋白 B 基因(ApoB)的组织特异性表达,受 RNA 编辑的调控。ApoB 在肝脏中表达产物是 ApoB100,在小肠中表达产物是 ApoB48。在小肠中 ApoB100 mRNA 第 6666 位由 C→U 的编辑将 2153 位 Glu 的密码子(CAA)变成了终止密码子(UAA),从而产生了 ApoB48(见电子教程知识扩展 12-6 载脂蛋白 B 的 mRNA 编辑)。ApoB mRNA 的编辑过程受多种蛋白质组成的编辑复合物介导,其中有催化活性的亚基称 ApoB mRNA 编辑蛋白催化亚基 21(ApoB mRNA editing catalytic subnit 1,APOBEC21)。

在人类基因组中,有 3 种腺苷脱氨基酶(ADAR),ADAR1 和 ADAR2 是广泛表达的,ADAR3只在脑组织中少量表达。ADAR2 是 ADAR1 在 mRNA 编辑中,特异地将 A 转变成为 I 生成的。ADAR2 有两个不同的选择性剪接 产物,其中 1 种剪接选择了近处的受体位点,在 ADAR2 编码区中插入 47 个核苷酸,改变了原来的编码框。核酸序列分析表明,其近处和远处的受体位点分别是 AA 和 AG,通过 ADAR2 的编辑将 AA 转变成 AI,才能进行剪接,证明 RNA 编辑也可参与选择性剪接。

12.6.4 RNA 的转运

真核生物的 mRNA 必须从细胞核运输到细胞质中,才能指导蛋白质的合成。加工后的 mRNA 以 RNP 的形式被转运,所需蛋白质因子主要是外显子连接复合物。snRNA 在 hnRNA的剪接,转运过程中起关键作用。剪接完成后,转运复合物结合在外显子连接处,并同参与 mRNA 转运的蛋白质结合,实现 mRNA 的转运。

mRNA 转运出核需要有 5′端的帽子结构和 3′端的 polyA 尾巴结构,还必须与所有的剪接体成分完全脱离。在**剪接体滞留模型**(spliceosome retention model)中,剪接体未能脱离 RNA,RNA 因此而滞留在核中。被转运出核的 mRNA 与核糖体结合后,有的结合到内质网,有的停留在细胞质,指导蛋白质的合成。

12.7　翻译水平的调控

翻译水平的调控是真核生物基因表达调控的重要环节，主要包括 mRNA 的稳定性、mRNA翻译起始的效率和选择性翻译。

12.7.1　mRNA 稳定性对基因活性的影响

与原核细胞相比，真核细胞的 mRNA 比较稳定。mRNA 的稳定性（半衰期）受内外因素的影响，而 mRNA 半衰期的微弱变化有可能使 mRNA 的浓度水平在很短的时间内发生上1000 倍甚至更大幅度的改变。mRNA 浓度水平的调节比其他调节机制快捷、经济，是翻译水平调节基因表达的重要机制。

真核 mRNA 的 5′端帽子结构可以保护 5′端免受磷酸化酶和核酸酶的作用，使 mRNA 分子稳定，还可提高 mRNA 的翻译活性。如果细胞内的脱帽酶被 mRNA 中的序列元件激活，导致帽子结构被去除，则 mRNA 会被降解。

细胞内有两种**帽子结合蛋白**（CBP）：一种存在于胞质中，即 eIF4E；另一种是细胞核内的蛋白质复合体，称 5′端帽子结合蛋白复合体（CBP complex，CBC）。eIF4E 有一个由 8 个弯曲的 β 片层和 3 个 α 螺旋构成的凹陷臂，其基底面为凹面，包含一个长而窄的帽结合槽。槽中有两个色氨酸侧链可以识别 m^7G，并将其夹在中间。鸟嘌呤通过 3 个氢键与槽中一个谷氨酸的主链和侧链结合，还可以与另一个色氨酸以范德华力结合。eIF4E 与 mRNA 的 5′端帽子结合后，可以抑制 Dcp1 对帽子结构的降解。

mRNA 的 poly(A)尾部可防止外切核酸酶对 mRNA 编码区的降解，细胞质中 poly(A)的长度随着 mRNA 的滞留时间而逐渐缩短，一些半衰期很短的 mRNA 如 C-fos，其 poly(A)的缩短异常快。有人曾将一种很稳定的 mRNA 去除 poly(A)，结果其半衰期从原来的约 60 h，下降到只有 4～8 h。poly(A)不足 10 个 A 时，无法与 poly(A)结合蛋白结合，poly(A)和mRNA会迅速降解。

在某些真核细胞中，mRNA 进入细胞质以后并不立即进行蛋白质合成，而是与一些蛋白质结合形成 RNP，使 mRNA 半衰期大幅度延长。mRNA 的寿命越长，以它为模板进行翻译的次数越多。家蚕的丝心蛋白基因是单拷贝的，其 mRNA 和蛋白质结合成为 RNP 延长了其寿命，真核细胞中 mRNA 的平均寿命约为 3 h，而丝心蛋白的 mRNA 平均寿命长达 4 d，使一个细胞可合成多达 10^{10} 个丝心蛋白分子。

在不同发育时期和不同的生存状态下，mRNA 寿命和翻译活性也不同，一个例子是转铁蛋白受体 mRNA 稳定性的变化。铁离子是所有真核生物细胞必需的矿物质，但高浓度的铁离子对细胞有害。若细胞内铁离子浓度过高，就会以铁蛋白的形式储存起来。当细胞需要铁离子时，会增加转铁蛋白受体的表达，使更多的铁离子进入细胞。同时降低铁蛋白的合成量，增加游离铁离子的数量。如果细胞内铁离子浓度过高，则降低转铁蛋白受体的表达，提高铁蛋白的表达，从而降低细胞内铁离子的含量。当细胞中有高浓度铁离子时，转铁蛋白受体 mRNA 的半衰期大约是 1.5 h，而当铁离子浓度较低时，转铁蛋白受体 mRNA 的半衰期延长至 30 h，增加了 20 倍。转铁蛋白受体 mRNA 的 3′-UTR 中铁离子应答元件介导了铁离子对转铁蛋白受体 mRNA 稳定性的调节（图 12-22）。

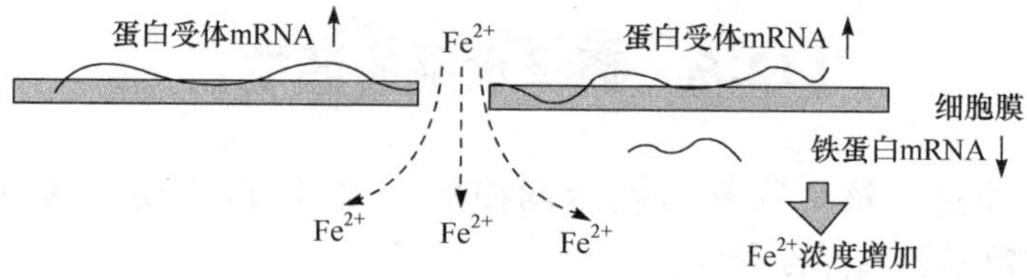

图 12-22 铁离子对相关基因表达的调控

某些 mRNA 的稳定性还受细胞外信号(如类固醇激素)的影响。例如,乳腺组织受到催乳激素的刺激后,酪蛋白 mRNA 的含量增加约 20 倍,但其合成量仅增加 2～3 倍,而半衰期可延长 17～25 倍,可见,mRNA 稳定性的增加起主要作用。

有些 mRNA 的 3′-UTR 含有相当长的一段富含 A 和 U 的核苷酸序列,含有 AU 区域的 mRNA 不稳定。如果将 AU 区域置于一个稳定的 mRNA 的 3′-UTR,则重组 mRNA 会下降。AU 区域启动 mRNA 降解的机制大致是:先激活某一特异内切核酸酶切割转录本,使转录本脱去 polyA 尾,激活降解过程。例如,蚕蛹羽化成蛾后,需大量蛋白水解酶溶解蚕丝蛋白,蚕羽化前蚕丝蛋白 mRNA 半衰期达 100 h,而其他时期仅为 2.5 h,这可能与 3′-UTR 的作用有关。

12.7.2 翻译起始阶段的调控

蛋白质生物合成过程分为肽链的起始、延伸和终止 3 个过程,翻译的限速步骤通常是起始阶段,包括多种调控方式。

12.7.2.1 隐蔽 mRNA

mRNA 的寿命通常很短,但有一种 RNA 的寿命却相对很长,这就是**隐蔽 mRNA**(masked mRNA)。隐蔽 mRNA 一般存在于卵细胞中,与专一性蛋白结合而不被核糖体识别,通常只在受精后才开始翻译。隐蔽 mRNA 在受精前贮存,受精后活化,快速合成蛋白质,满足快速卵裂之需。有人认为隐蔽 mRNA 被贮藏在由蛋白质外壳组成的细胞质颗粒中,可免遭酶的攻击而长期保存。当有某种诱导因子时除掉外壳,可瞬间释放大量 mRNA,用于蛋白质的快速合成。

12.7.2.2 翻译阻遏蛋白的调控

翻译阻遏蛋白调控的一个典型例子是铁蛋白 mRNA 翻译起始的调控。当细胞没有铁离子时,铁调控蛋白(iron regulatory proteins,IRP)与铁蛋白 mRNA 启动子区铁效应元件(iron response element,IRE)的 5′-UTR 结合,阻止翻译进行。当有铁存在时,IRP 被修饰不再与 IRE 结合,从 mRNA 上解离,翻译得以启动。另外,转铁蛋白受体 mRNA 稳定性的调节也在发挥重要作用。

12.7.2.3 翻译起始因子的调控

在这一阶段存在多种调控方式,最主要的是起始因子的磷酸化,包括 eIF1、eIF2、eIF2A、eIF2B、eIF3、eIF4A-F 和 eIF5,其中了解比较清楚的是 eIF2 和 eIF4F。

(1) eIF2 的磷酸化 蛋白质翻译起始于 eIF2(一种异三聚体)的去磷酸化,这一过程需要活化的 eIF2B 参与。eIF2B 是一种由异五聚体构成的鸟嘌呤核苷酸交换因子(guanine nucleotide exchange factor,GEF),eIF2 通过 GTP 与 GDP 之间的转换,使 eIF2-GTP 与甲硫氨酰-tRNA 结合,形成三元复合体。在 eIF3 和 eIF4 的帮助下,三元复合体与 40S 核糖体亚基结合形成 43S 复合体,随后通过“扫描”找到起始位点的 AUG。AUG 的识别引发 eIF5 水解 GTP,肽链合成起始于 GTP 水解和 eIF2-GDP 及 eIF4F 的释放,被释放的起始因子可参加下一轮的反应。

若细胞受到病毒感染、营养匮乏或者热激,会激活某种激酶,磷酸化起始因子 eIF2。磷酸化的 eIF2 抑制 eIF2B,使 eIF2-GDP 不能转换为 eIF2-GTP,抑制 eIF2 的重新利用,从而阻断翻译的起始。例如,兔的网织红细胞成熟时,若缺少血红素或者铁离子,血红素控制的抑制因子(heme-controlled repressor,HCR)会被活化,使 eIF2 磷酸化,磷酸化的 eIF2 与 eIF2B 紧密结合,使其不能将 eIF2 上的 GDP 转换成 GTP,翻译起始被抑制(见电子教程知识扩展 12-7　血红素对 eIF2 的 α 亚基磷酸化和蛋白质合成的调控)。

不过,eIF2 磷酸化并不总是抑制翻译的起始,对某些基因的 mRNA 翻译反而有促进作用。例如,在缺乏氨基酸的培养基中,酵母 eIF2 磷酸化可以增强氨基酸合成相关基因 mRNA 的翻译起始效率,同时降低其他蛋白质 mRNA 模板的翻译效率,使维持自身生存所必需的蛋白质优先合成,以适应环境的变化。

(2) eIF4 及其结合蛋白的磷酸化 eIF4F 是一种依赖 RNA 的 ATP 酶,由两个核心亚基 eIF4E 和 eIF4G 组成,促进 mRNA 与前起始复合物结合。eIF4E 为帽子结合蛋白,而 eIF4G 的 C 端与 eIF3(协助形成前起始复合物)及核糖体结合,其 N 端则通过 eIF4E 与 mRNA 的 5′端结合,结果使核糖体结合于 mRNA 的 5′端帽子结构上。磷酸化的 eIF4E 与帽子的亲和力是非磷酸化形式的 4 倍,因此 eIF4E 的磷酸化可以促进翻译起始。

4E 结合蛋白(4E-binding proteins,4E-BPs)是一种抑制性蛋白,与 eIF4G 的 N 端有相同的氨基酸序列,可竞争性地抑制 eIF4G 和 eIF4E 的相互作用。许多生长因子可诱导 4E-BP1 磷酸化,使 4E-BP1 失去与 eIF4E 的结合能力,导致翻译起始的激活。相反,病毒感染可使 4E-BPs去磷酸化,抑制翻译起始。eIF4E 结合蛋白可在胰岛素、分裂素的调节下被磷酸化,释放与之相连结的 eIF4E,使 eIF4E 与 eIF4G 相连,促进翻译。

12.7.2.4　mRNA 非编码区对翻译的影响

mRNA 的 5′-UTR 序列一般位于帽子结构之后,5′-UTR 及 AUG 附近的结构与翻译起始调控密切相关。5′-UTR 可形成分子内或分子间的茎环二级结构,阻止核糖体前起始复合物沿 mRNA 的移动,干扰前起始复合物的扫描进程,抑制翻译。作用的强弱则取决于发夹结构的稳定性及其在 5′-UTR 中的位置,高含量的 G-C 可增加发夹结构的稳定性,和对翻译的抑制作用。铁离子应答元件(iron responsive elements,IREs)的近帽子区域有 28 nt 的茎环状顺式元件,在铁离子缺乏时,与反式作用因子铁阻遏蛋白(IRP)结合,抑制其 mRNA 的翻译。而铁离子浓度较高时,IRP 则释放 IRE,促进翻译。帽子近端序列与起始密码子间的距离也影响翻译效率,在哺乳动物细胞中,IRE 距 5′-帽子结构 40 nt 调控效率最高。若距离加大,则对翻译的调节会被削弱。近帽子区域内的茎环结构调控作用较强,可能与其扫描所需要的能量较少相关。

5′-UTR 的长度也影响翻译起始的效率和精确性,其长度为 17～80 nt 时,体外翻译效率与其长度成正比。起始密码子 AUG 的位置和其侧翼的序列可通过改变 mRNA 与调控蛋白、核糖体、RNA 等的亲和性影响翻译的效率,如 AUG 的－3 位为 A,＋4 位为 G 才能进行有效翻译,这一规律在动物和植物普遍存在。真核生物 mRNA 上通常有多个 AUG,核糖体小亚基必须正确识别，一旦识别错误，将干扰翻译的启动，使翻译维持在较低水平。例如，肿瘤生长因子 TGFβ 的 mRNA 的 5′-UTR 有 11 个 AUG，核糖体与这些上游 AUG 结合，对 TGFβ 的翻译起负调控的作用。

若茎环结构位于 AUG 的近下游（最佳距离为 14 nt），将会使移动的 40S 亚基停靠在 AUG 位点，增强起始效率。真核翻译起始因子可使 5′-UTR 的二级结构解链，使翻译复合体顺利通过，继续其肽链的延伸。

Pelletier 和 Sonenberg 发现，在一个人工的双顺反子 mRNA 两个编码区域中插入脊髓灰质炎病毒（poliovirus，Pv）的 5′-UTR 序列，能促进第二个顺反子的翻译。这种不依赖帽子结构的蛋白质合成起始，被称为内部起始模型。在此机制中，与核糖体结合的 5′-UTR 序列被称为内部核糖体进入位点（internal ribosome entry site，IREs）。内部起始模型是对多顺反子 mRNA 蛋白合成中，核糖体扫描模型的重要补充。

mRNA 3′端的 poly(A)不仅和 mRNA 穿越核膜的能力有关，而且可以增强 mRNA 的稳定性和翻译效率。随着翻译次数的增加，poly(A)会逐步缩短。因此，有人将 poly(A)比作翻译的计数器。poly(A)对翻译的促进作用需要 poly(A)结合蛋白（PABP）的存在，PAPB 结合 poly(A)的最短长度为 12 nt。当 poly(A)无 PAPB 结合时，mRNA 的 3′端容易被降解。帽子结构和 poly(A)都能通过与 eIF4G 相互作用，而使 40S 小亚基富集于 mRNA。

此外，不少 mRNA 的 3′-UTR 含有由数个 UUAUUUAU 八核苷酸核心序列组成的 AU 序列，若 PAPB 迁移到 AU 序列，会导致 poly(A)暴露，促进 mRNA 的降解。AU 序列对翻译的抑制程度取决于 AU 序列的拷贝数，与距离终止密码子的远近无关。一些短效细胞因子的 mRNA 都含有 AU 序列，以确保在合成一定量的多肽后，能够降解 mRNA，以免过量表达细胞因子。

12.7.3 mRNA 的选择性翻译

真核生物没有操纵子，但可以用选择性翻译的方式调控特定蛋白质的浓度。珠蛋白由两条 α 链和两条 β 链组成，但在二倍体细胞中有 4 个 α-珠蛋白基因、2 个 β-珠蛋白基因。如果它们的转录和翻译效率相同，其浓度比应是 α∶β＝2∶1，而实际上是 1∶1。有人在无细胞系统中加入等量的 α-mRNA 和 β-mRNA 及少量的起始因子，结果合成的 α-珠蛋白仅占 3%，说明 β-mRNA 和起始因子的亲和性远大于 α-mRNA。当加入过量的起始因子时，α-蛋白和 β-珠蛋白之比为 1.4∶1，接近 1∶1，表明 α-mRNA 和 β-mRNA 因二级结构有差异，与翻译起始因子的亲和力不同，因而有不同的翻译效率。

12.7.4 RNA 干扰导致的基因沉默

RNA 干扰（RNAi）指由双链 RNA 诱发的基因沉默现象。mRNA 的编码链被称作正义链，与之互补的 RNA 链则被称作反义链。Fire 和 Mello 给秀丽隐杆线虫分别注射编码一种肌肉蛋白质 mRNA 分子的正义或反义链后，线虫的行为均未受到明显影响，而同时注射正义和反义 mRNA 时，线虫出现了奇特的颤搐运动，这种运动与完全缺乏肌肉蛋白基因的线虫相同。Fire 和 Mello 推论，正义 RNA 和反义 RNA 形成的双链 RNA 分子可导致基因沉默，他们将这种现象命名为 RNAi。RNAi 能使特定的基因沉默，且这种作用可在细胞间传播，甚至被遗传(见电子教程科学史话 12-2　asRNA 和 RNA 干扰的发现)。

RNAi 主要包括小干扰 RNA(siRNA)、微 RNA(microRNA，miRNA)和 **piRNA**(piwi-interacting RNA)3 类。siRNA 为 21～23 bp 的双链 RNA，有 2 nt 的黏性末端，细胞内的siRNA可由双链 RNA 内切酶处理产生，具有扩增效应。siRNA 可作为引物，以靶标 mRNA 为模板，在 RNA 依赖性 RNA 聚合酶的作用下，产生后代“次级”siRNA，并启动 RNA 诱导的连锁反应。miRNA 是由核糖核酸酶Ⅲ(Drosha)作用于约 70 nt 发夹状前体的 1 条链生成的，所以 miRNA 以单链形式存在，通过与靶标 RNA 3′-UTR 不完全互补配对结合，调节内源基因的表达，影响蛋白质的合成水平，但它并不影响 mRNA 的稳定性。piRNA 是一种能与 piwi 蛋白相互作用的小分子 RNA，2006 年由 4 个独立的研究小组在小鼠实验中分离得到。piRNA 由 30 nt 组成，可能与动物精子发育和功能的维持相关。

RNAi 包括起始阶段和效应阶段。在起始阶段，外源性或内源性的双链 dsRNA 首先与核酸内切酶 Dicer 结合，随即被切割成 21～23 nt 的双链短链，即 siRNA，其 5′端有磷酸基，3′端有单链尾巴[多数是 poly (U)]。随后 siRNA 与 Dicer 形成引导沉默的复合体(RNA induced silencing complex，RISC)，其中的一条 RNA 链被清除，另一条仍与 RISC 复合体结合的 RNA 链即成为探测 mRNA 分子的探针，按照碱基互补原则与靶基因转录出的 mRNA 结合。随后进入 RNA 干扰的效应阶段，siRNA 与结合在复合体中的 mRNA 换位，并在距离 siRNA 3′端 12 nt 的位置开始，将 mRNA 切割成 21～23 nt 的片段。新产生的 RNA 片段可再次形成 RISC，继续降解 mRNA，从而产生级联放大效应。因此，每个细胞只需要几个分子就能引起强烈的 RNAi 效应(图 12-23)。

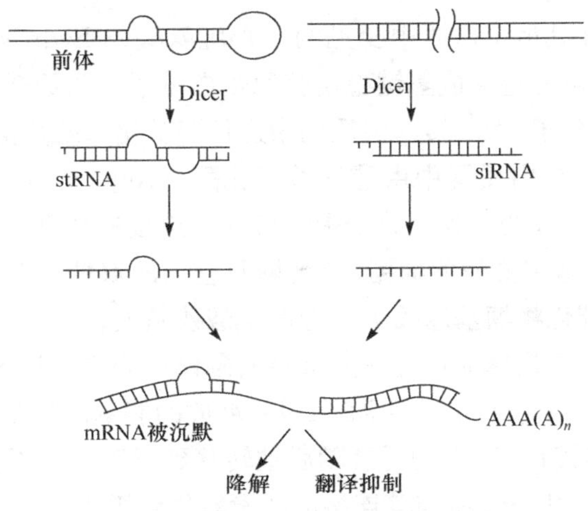

图 12-23　RNAi 的机制

miRNA 为 21～25 nt 的内源性非编码单链小分子 RNA，是由具有发夹结构的 70～90 nt 单链 RNA 前体，经 Dicer 加工后生成的，它通过与 3′-UTR 结合而导致靶标 mRNA 的沉默。人类基因组中有数百种基因编码 miRNA，miRNA 的序列中包含其他基因的编码片段，可形成双链结构，并通过激活 RNAi 来阻断特定蛋白质的合成。miRNA 介导的基因调控，在生物体发育和细胞功能调控过程中均发挥着重要的作用(见电子教程知识扩展 12-8　miRNA介导基因沉默的途径)。

12.8 翻译后调控

蛋白质合成后通常还需加工、修饰和正确折叠才能成为有功能、有活性的蛋白质。因此，真核生物的基因表达存在翻译后调控。

蛋白质中氨基酸的共价修饰多达20多种，主要包括磷酸化、甲基化、乙酰化、糖基化、羟基化、酰基化和泛素化等。蛋白质修饰几乎参与了所有的正常生命活动，并发挥十分重要的调控作用。翻译后修饰使蛋白质的功能更为多样，调节更为精细，作用更为专一，是蛋白质动态反应和相互作用的重要分子基础，也是细胞信号转导网络的重要环节。此外，蛋白质修饰还与许多疾病的发生和发展有关。以蛋白质修饰酶为靶标，开发新型药物已取得不少成就，如一系列去乙酰化酶的小分子抑制剂已经通过美国FDA批准，用于肿瘤的治疗。

蛋白质的磷酸化在信号转导过程中有重要作用，还可以通过级联反应逐级放大信号，调控众多的生命活动。蛋白质的磷酸化由蛋白激酶催化，去磷酸化由蛋白磷酸酶催化。蛋白激酶可以分为两大类：一类是丝氨酸/苏氨酸蛋白激酶，参与多种信号转导过程；另一类是酪氨酸蛋白激酶，在细胞生长、分化和转化中起重要作用。参与信号转导的**开关蛋白**(switch protein)可分两类：一类由蛋白激酶使之磷酸化而开启，由蛋白磷酸酯酶使之去磷酸化而关闭，在细胞内构成信号传递的磷酸化级联反应，如蛋白激酶A(PKA)级联放大系统分解糖原的过程；另一类为GTP结合蛋白，结合GTP而活化，结合GDP而失活(见电子教程科学史话12-3　蛋白质可逆磷酸化的发现，电子教程知识扩展12-9　蛋白质磷酸化的级联放大)。

胶原蛋白含有较多在其他蛋白质中少见的3-羟脯氨酸(3-hydroxyproline)和5-羟赖氨酸(5-hydroxylysine,Hyl)，可通过形成氢键稳定胶原蛋白分子。胶原蛋白是由成纤维细胞合成的，合成的前体是原胶原分子，而后转入内质网中进行羟基化和糖基化修饰。原胶原分子含有的羟脯氨酸和羟赖氨酸是在内质网中由脯氨酸羟化酶(prolyl hydroxylase)和赖氨酸羟化酶(lysyl hydroxylase)催化生成的。胶原分子中含有共价连接的糖基，根据组织不同，糖含量可达0.4%～12%。其中糖基主要为葡萄糖、半乳糖及它们的双糖。在内质网中由半乳糖基转移酶及葡萄糖基转移酶催化将糖基连接于5-羟赖氨酸残基上。

蛋白质泛素化和类泛素化修饰是另一类重要的翻译后修饰。泛素是由76个氨基酸组成的小分子蛋白质，泛素激活酶E1可利用水解ATP释放的能量以其Cys的巯基与泛素C端的Gly形成高能硫酯键。连接在E1上的泛素随后被转移到泛素结合蛋白E2上，同时靶蛋白质与泛素连接酶E3结合。然后E2将与其连接的泛素转移到靶蛋白上，E2被释放，泛素则在连接酶E3催化下以异肽键(isopeptide bond)连接到靶蛋白Lys的氨基上(图12-24a)。泛素化的蛋白质可以被26S蛋白酶体降解为若干肽段(图12-24b)。

通过泛素Lys48(K48)形成的多泛素化(polyubiquitination，多于4个泛素)蛋白被26S蛋白酶体迅速降解，进而调控细胞内目标蛋白的浓度。而单泛素化(monoubiquitination)或其他赖氨酸残基形成的多泛素化修饰一般不引起蛋白酶降解，但参与蛋白质活性调控。泛素化修饰也是一个可逆过程，去泛素化由去泛素化蛋白酶(deubiquitinating enzymes,DUB)家族介导。泛素化是真核细胞重要的蛋白质调控系统，参与调节细胞周期进程、细胞增殖与分化，以及信号传导等生理过程。

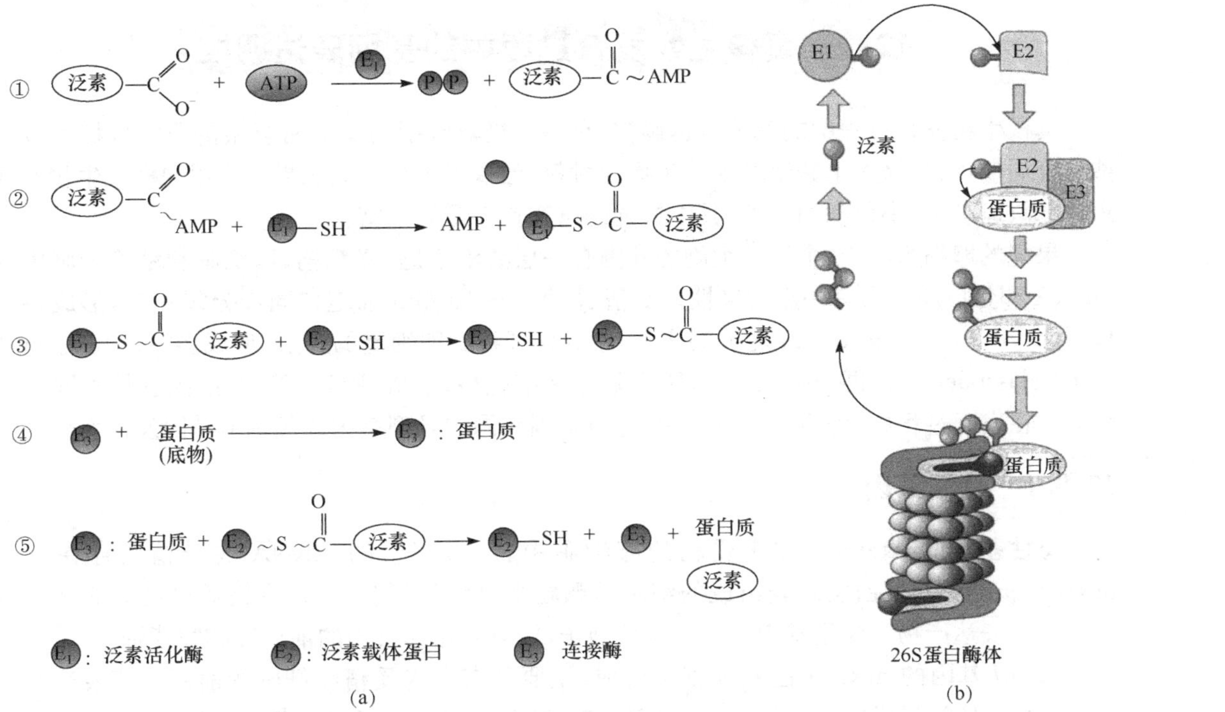

图 12-24 蛋白质的泛素化和降解

泛素化修饰非常普遍，酵母有高达 20%的蛋白质处在泛素化修饰状态。活细胞中有许多蛋白质同时存在，如何从中识别与挑选必须降解的靶蛋白是一件复杂的工作。蛋白酶体中降解的许多动物蛋白质有特征性的基序，如人类蛋白 Iκbα 和 β-catenin 及 HIV 病毒 Vpu 蛋白含有-Asp-Ser-Gly-X-X-Ser一顺序，细胞周期蛋白(cyclin)A、B1 和 B2 含有识别顺序-Arg-Leu-Gly-x-x-x-Ile-Gly-，该序列也是蛋白质磷酸化的位点。系统地鉴定泛素化修饰的靶蛋白，特别是通过高通量的技术手段发现全细胞泛素化修饰的靶蛋白分子，以及研究种类繁多的 E3 连接酶和 DUB，是分子生物学的一个重要领域(见电子教程科学史话 12-4 蛋白质泛素化修饰的发现)。

除泛素化修饰外，细胞内还存在十余种类泛素化(ubiquitin-like，UBLs)修饰，其中小泛素相关修饰物(small ubiquitin related modifier，SUMO)参与了许多重要生命活动的调节，引起了较多的关注。与 K48 多泛素修饰不同的是，UBLs 通常不介导靶蛋白降解，而是通过影响靶蛋白与其他蛋白的相互作用及细胞内定位来调控其功能。UBLs 修饰过程与泛素化相似，如 SUMO 修饰需要 SUMO 特有的 E1(SAE1/SAE2)、E2(UBC9)和 E3，也可由去 SUMO 蛋白酶 SENP 介导其可逆过程。所有蛋白质的 SUMO 修饰都共用一个 E1 和 E2，已发现的 E3 和 SENP 种类也不多。如何能够对众多靶蛋白进行特异性 SUMO 修饰，是一个富有挑战性的课题。

不同的翻译后修饰可以协同作用，共同控制蛋白质的稳定性和生物学活性，构成网络化调控系统。例如，泛素连接酶 E3 和靶蛋白质的磷酸化，与二者的相互识别及交联有关。

12.9 真核生物发育过程中的基因表达调控

真核生物发育过程中的基因表达调控，是一个极具吸引力又非常复杂的研究领域。以一些发育周期短、容易人工繁殖的模式生物为材料，已取得不少研究成果。常用的模式生物有线虫、果蝇、斑马鱼、小鼠和拟南芥，其中果蝇的研究资料最为丰富。

果蝇的卵细胞和15个滋养细胞的外围有一层滤泡细胞，受精前，卵细胞和滋养细胞中的mRNA和蛋白质分布有一定的极性。受精后，每6～10 min细胞核同步分裂一次，形成多核体(syncytium)。在第8～11轮分裂之间，细胞核迁移到卵细胞的外层，形成多核体胚盘(syncytial blastoderm)。再分裂几轮后，膜内陷包围细胞核，形成胚盘。随后，细胞进行不同步的分裂。在发育过程中，先后有母性基因、分节基因和同源异型基因3类调节基因发挥作用。

12.9.1 母性基因

母性基因(maternal)在未受精的卵细胞中转录，产生的mRNA在受精前存在于由mRNA、核糖体及蛋白质外壳组成的细胞质颗粒中，处于封闭状态。受精后可迅速表达。母性基因的表达产物主要是基因表达的调控因子，用以确定卵细胞的前后轴和腹背轴。

*bicoid*基因的mRNA由滋养细胞合成，主要分布在未受精卵细胞的前部。其表达产物Bicoid蛋白是前部形成素，可以激活许多分节基因的表达，也可以使某些mRNA失活。缺少Bicoid蛋白的卵细胞会发育成有两个腹部，而缺少头部和胸部的胚胎。

*nanos*基因的mRNA主要分布在卵母细胞的后部，其浓度从前向后逐渐增加，Nanos蛋白是一种翻译抑制因子。

其他母性基因的mRNA在卵细胞中均匀分布，其表达活性多数受Bicoid和Nanos的调控。但也有一些母性基因的mRNA，如*pumilio*的mRNA，不受Bicoid和Nanos的调控。Pumilio蛋白是一些基因翻译的抑制因子，在卵细胞中均匀分布。*hunchback*基因属于背部基因，其转录可以被Bicoid激活，但其翻译却被Nanos和Pumilio抑制，使Hunchback蛋白的浓度从前向后逐渐降低。Hunchback蛋白既可以由母性基因的mRNA翻译生成，又可以由发育的胚胎细胞表达生成，故*hunchback*基因既是母性基因，又是分节基因。Hunchback蛋白是许多基因的转录调节因子，可以对有些基因进行正调控，对另一些基因进行负调控，是果蝇前端发育的重要调控因子。*caudal*是尾部基因，在Bicoid和Nanos的调控下，其表达产物Caudal在胚盘的尾部浓度较高。Bicoid蛋白是能够激活后续发育阶段某些基因的激活因子，Hunchback蛋白和Bicoid蛋白在胚盘中的极性分布，确定了胚胎发育的极性。

12.9.2 分节基因

分节基因(segmentation)在受精后开始转录，表达产物可使胚胎形成体节。果蝇的分节基因有3类。*gap*基因负责将发育中的胚胎分成几个大区域，其表达受母性基因的调控，其表达产物gap类蛋白包括Hb、Kr、Kni等，可调控其他分节基因和同源异型基因的表达。*pair-rule*基因和*segment polarity*基因确定胚胎发育为14个体节，去除属于*pair-rule*类基因的*fushitarazu*(*ftz*)基因，则胚胎发育为7个体节，每个体节的宽度是正常体节的2倍。研究发现，分节基因的表达产物可调控同源异型基因的表达。

12.9.3 同源异型基因

同源异型基因(homeotic gene)负责在哪个体节形成何种器官或附肢,其表达产物属于高度保守的转录因子家族。果蝇有8个同源异形基因,组成2个基因簇,其中触角足基因复合体(antennapedia complex)包括labial(*lab*)、proboscipedia(*pb*)、Deormed(*Dfd*)、sex combs reduced(*Scr*)和Antennapedia(*Antp*)五个基因;双胸基因复合体(bithorax complex)包括3个依次排列的基因Ultrabithorax(*Ubx*)、abdominal-A(*Abd-A*)和abdominal-B(*Abd-B*)。在体节的特异化方面,触角足复合体中的*lab*和*Dfd*作用于头节,*Scr*主要作用于第一胸节,*Antp*主要作用于第二胸节,双胸复合体中的*Ubx*对第三胸节的发育是必需的,*abdA*和*abdB*基因决定腹部的分化。

小鼠的**同源异型框**(Homeobox,HOX)有38个,排列成4个分离的基因簇,称为HOXa、HOXb、HOXc和HOXd四簇。人类有39个HOX基因,分为HOXA、HOXB、HOXC和HOXD四簇,分别位于染色体7p14、17q21、12q13和2q31,每个基因簇含9～11个基因。每个基因簇中的多个基因序列相似、位置相邻。每簇1～13个基因位点沿DNA序列3′→5′依次排列,长约120 kb。在果蝇和脊椎动物中,大多数同源异型盒基因串联排列成簇,每一同源家族的成员在哺乳动物胚胎中以相似的模式表达(图12-25)。

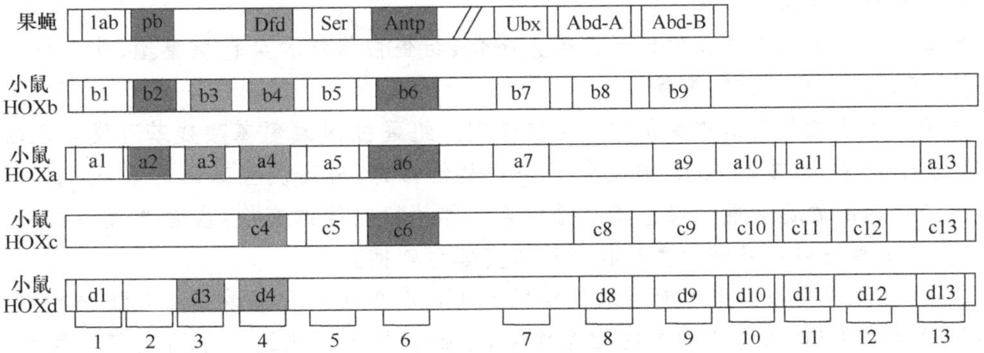

图12-25　果蝇和小鼠*HOX*基因的结构

HOX基因表达的同源结构域蛋白(homeodomain proteins)是一类转录调节因子。HOX基因编码区DNA片段长183 bp,编码由61个氨基酸残基组成的同源结构域。该蛋白质第42～50位氨基酸序列富含精氨酸和赖氨酸,呈螺旋-转角-螺旋结构,这9个氨基酸片段为DNA结合域,可见,*Hox*基因产物是可与DNA结合的转录调节因子。

HOX基因在的排列顺序与基因表达之间存在共线性(colinear)关系。①空间共线性,指HOX基因在染色体上的排列顺序,与其表达产物在靠近体轴的中胚层、神经管、后脑和附肢等处空间区域排列顺序之间存在共线性。②时间共线性,指HOX基因在染色体上的排列顺序,与在胚胎发育过程中HOX基因表达的先后次序之间存在共线性。③HOX基因对维甲酸敏感度的共线性,指在同一个基因簇中,从3′→5′方向,HOX基因表达的时间依次延迟,对维甲酸的敏感度也依次降低。维甲酸(retinoic acid,RA)包括全反式维甲酸(ATRA)、3,4-双脱氢维甲酸(ddRA)、9-顺式维甲酸,参与生物体的胚胎发育和器官形成,在生殖细胞形成和正常功能维持方面也有重要作用。在胚胎细胞内,每一个HOX基因都有维甲酸敏感的调节元件,但随着胚胎发育,对维甲酸的敏感度逐渐降低。简言之,维甲酸可诱导胚胎细胞内HOX基因的“时空”协同表达。

在胚胎发育期，HOX 基因 $3'\rightarrow 5'$端的 1～13 位点基因以时间先后，在特定的空间位置依次表达或静默。靠近 $3'$端的基因在胚胎发育早期表达，促进细胞增殖和迁移，主要控制体轴近端的发育。例如，小鼠位于 $3'$端的基因 *Hox a*1 和 *Hox b*1，在胚胎发育早期表达，最终形成后脑。$5'$端的基因在胚胎发育晚期表达，促进细胞分化和凋亡，主要控制体轴远端和神经外胚层末端的发育，如形成尾椎。HOX 基因的时空共线性由表观遗传调控，组蛋白甲基化酶 TrxG 和 PcG 通过组蛋白甲基化，控制 HOX 基因 1～13 位点 DNA 序列在不同的时间点和严格的空间位置依次激活或沉默，成为细胞发育的时间表。

同源异型基因的突变，会引起脊椎骨形态和脊椎发育顺序的改变，导致胚胎发育过程中某一器官的异位生长。例如，果蝇同源异型基因 *Antp*(触角基因)的突变，导致果蝇的一对触角被两只腿所取代。正常情况下，小鼠 *Hox*-8 基因在胸腔和腰椎形成之间表达，第一个腰椎没有肋骨，然而该基因被敲除的小鼠，第一个腰椎有一对发育不全的肋骨(见电子教程科学史话 12-5　早期胚胎发育基因控制的研究)。

提要

真核生物基因表达可在染色质水平、DNA 水平、转录水平、转录后水平、翻译水平和翻译后水平进行复杂的多层次调控。

染色体水平的基因表达调控包括异染色质化、组蛋白修饰和染色质重塑、非组蛋白调控、基因丢失、基因扩增和基因重排等。

与转录相关的染色质结构变化称染色质重塑。组蛋白 N 端氨基酸残基可发生乙酰化、甲基化、磷酸化、泛素化、多聚 ADP 糖基化等多种共价修饰，进而调控基因的表达，如组蛋白乙酰化可提高基因的表达活性。染色体重排指染色体片段之间的交换，或者通过转座基因顺序发生改变，如免疫球蛋白基因的重排和酵母的交配型转换。

DNA 甲基化通常指由胞嘧啶甲基化生成 m^5C，DNA 甲基化能改变染色质结构、DNA 构象、DNA 稳定性及 DNA 与蛋白质的相互作用，从而抑制基因表达。基因组印记是通过对双亲等位基因特异性的甲基化修饰，引起 2 个等位基因的不对称表达。

转录水平的调控是基因表达调控最关键的环节，顺式作用元件主要有启动子、增强子及沉默子。反式作用因子包括通用转录因子、上游激活元件、辅助激活因子和与应答元件结合的反式作用因子。转录因子至少有两种功能结构域：DNA 结合结构域和转录激活结构域。常见的 DNA 结合基序包括螺旋-转角-螺旋、锌指结构、亮氨酸拉链、螺旋-环-螺旋和 HMG 盒。转录激活结构域通过蛋白质和蛋白质相互作用引起构象变化影响转录的效率。固醇类激素-受体复合物进入核内，与特异的激素应答元件结合，启动靶基因的转录。

真核生物转录后水平的调控主要包括可变剪接、反式剪接、RNA 的编辑和 RNA 转运的调控。部分基因的 mRNA 前体可按不同的方式剪接，产生两种以上 mRNA 分子称可变剪接，不同基因的外显子相互连接称反式剪接。RNA 编辑指对 mRNA 进行核苷酸修饰、插入、缺失或替换而改变遗传信息的过程。

翻译水平的调节主要指控制 mRNA 的稳定性、翻译起始的调控、选择性翻译和 RNA 干扰。mRNA 隐蔽、阻遏蛋白的负调控、翻译起始因子的控制和 mRNA 非编码区的作用都属于翻译起始阶段的调控方式。RNA 干扰广泛用于基因功能的研究，在新药研发方面有应用前景。

蛋白质泛素化是重要的蛋白质质控系统，参与调节细胞周期、细胞增生与分化，以及信号传导等多种生理过程。多泛素化(多于4个泛素)的蛋白质被26S蛋白酶体降解，进而调控细胞内相关蛋白的浓度。单泛素化或其他赖氨酸残基形成的多泛素化修饰参与蛋白质活性调控。SUMO等类泛素化修饰通常通过影响靶蛋白质与其他蛋白质的相互作用和细胞内定位来调控其功能。

在胚胎发育过程中，母性基因在未受精的卵细胞中转录，受精后快速启动翻译，其表达产物为转录调控因子，可以确定卵细胞的前后轴和腹背轴。分节基因在受精后开始转录，表达产物可使胚胎形成体节。同源异形盒基因家族在胚胎发育中的表达水平对于组织和器官的形成具有重要的调控作用，它们的表达具有时间、空间和对维甲酸敏感度的共线性。HOX基因的突变，会导致胚胎发育过程中器官的异位生长。

思考题

1. 试述真核生物基因表达调控的特点。
2. 真核生物基因表达调控有哪些层次?
3. 组蛋白的乙酰化和去乙酰化有哪些生物功能?
4. 什么是染色质重塑? 在真核生物基因表达调控中有何意义?
5. 简述DNA甲基化对转录活性的影响。
6. 为什么说转录水平的基因表达调控是调控中最主要的环节? 真核生物基因表达在转录水平上是如何调控的?
7. 顺式作用元件和反式作用因子有哪些? 各有何特点?
8. 描述增强子对转录的正调控作用机制。
9. 反式作用因子的DNA结合结构域有哪几种?
10. 什么是辅助调节因子? 它的作用有何特点?
11. 简述固醇类激素对基因表达调控的作用机制。
12. 选择性剪接有哪些方式?
13. 蛋白质泛素化修饰在基因表达调控中有何作用?
14. 概述真核生物发育过程中的基因表达调控。
15. 一个基因如何产生多种不同的mRNA分子?

缩 略 词

ABF1	ARS-binding factor 1	ARS 结合因子-1	4-18
Ac-Ds	activator-dissociation system	激活-解离系统	6-20
ACSARS	consensus sequence	ARS 一致序列	4-18
AD	activation domain	转录激活结构域	3-47
AF-1	activation function-1	激活功能元件-1	12-36
AF-2	activation function-2	激活功能元件-2	12-36
AKP	alkaline phosphatase	碱性磷酸酶	6-46
AR	androgen	雄激素	12. 35
AP	apurinic 或 apyridimidic site	无嘌呤或无嘧啶位点	5-15
ARS	autonomously replication sequence	自主复制序列	4-18
asRNA	antisense RNA	反义 RNA	2-22
ATP	adenosine triphosphate	腺苷三磷酸	2-5
att	attachment site	特异重组称附着位点	6-13
BBP	branch point binding protein	分支点结合蛋白	8-16
BD	DNA binding domain	DNA 结合功能域	3-47
BER	base excision repair	碱基切除修复	5-15
BEVS	Baculovirus Expression Vector system	昆虫杆状病毒表达系统	6-54
BRE	TFIIB recognition element	TFIIB 识别元件	7-14
5-BU	5-bromouracil	5-溴尿嘧啶	5-5
CA	capsid protein	衣壳蛋白	4-27
cAMP	3′,5′-cyclic adenosine monophosphate	3′,5′-环状腺苷酸	2-5
CAP	catabolite activator protein	降解物活化蛋白	11-8
CBC	CBP complex	5′-端帽子结合蛋白复合体	12-47
CBP	Cap-Binding Protein	帽子结合蛋白	12-47
CBP	CREB binding protein	CREB 结合蛋白	12-34
cdc6	cell division cycle gene 6	细胞分裂周期基因 6	4-19
Cdk	cyclin-depending protein kinase	依赖于周期素的蛋白激酶	4-19
Cdt1	Cdc 10-dependent transcript 1	Cdc10 依赖性转录因子 1	4-19
cDNA	complementary DNA	互补 DNA	4-26
CFI/CFII	cleavage factor I/II	剪切因子 I 和 II	8-12
CPSF	cleavage and polyadenylation specificity factor	剪切/多聚腺苷酸化特异性因子	8-12
CREB	cAMP response element-binding protein	cAMP 应答元件结合蛋白	12-34
CRP	cAMP receptor protein	cAMP 受体蛋白	11-11
cRNA	catalytic RNA	催化 RNA	2-22

CS	cockayne syndrome	柯凯因氏综合征	5-18
CTD	carboxyl terminal domain	羧基端结构域	7-12
CstF	cleavage stimulation factor	剪切刺激因子	8-12
ctDNA	chloroplast DNA	叶绿体 DNA	3-34
CTF	CAAT-binding transcription factor	CAAT 结合转录因子	7-18
ddNTP	dideoxynucleotide triphosphate	双脱氧核苷三磷酸	2-36
DHFR	dihydrofolate reductase	二氢叶酸还原酶	12-14
DNA	deoxyribonucleic acid	脱氧核糖核酸	2-1
DNA-PK	DNA dependent protein kinase	DNA 依赖性蛋白激酶	6-16
DNase	deoxyribonuclease	脱氧核糖核酸酶	2-24
DPE	downstream promoter element	下游启动子元件	7-14
dRPase	DNA deoxyribophosphodiesterase	DNA 脱氧核糖磷酸二酯酶	5-15
DSB	the double-stranded break model	双链断裂模型	6-3
DSBR	double-strand break repair	双链断裂修复	5-23
DSE	distal sequence element	远端序列元件	7-20
dsRNA	double strand RNA	双链 RNA	2-22
DUB	deubiquitinating enzymes	去泛素化蛋白酶	12-57
4E-BPs	4E-binding proteins	4E 结合蛋白	12-51
EF	elongation factor	延伸因子	9-8
eIF	eukaryote initiation factor	真核生物的起始因子	9-8
env	envelope	被膜蛋白质	3-20
ELISA	enzyme linked immuno sorbent assay	酶联免疫吸附法	6-46
ER	estrogen	雌激素	12-35
ERE	Estrogen receptor response element	雌激素受体应答元件	12-36
ES	embryonic stem cells	胚胎干细胞	6-60
ESE	exonic splicing enhancer	外显子拼接增强子	8-15,12-41
ESS	exon splicing silencer	外显子剪接沉默子	12-41
ESTs	expressed sequence-tagged sites	表达序列标签位点	3-37
FEN-1	flanged endonuclease-1	翼式核酸内切酶-1	3-16
gag	group specific antigen	种群特异性抗原	3-20
GEF	guanine nucleotide exchange factor	鸟嘌呤核苷酸交换因子	12-50
GFP	green fluorescent protein	绿色荧光蛋白	3-47
GGR	global genome NER	全基因组 NER	5-17
GR	glucocorticoid	糖皮质激素	12-35
GRE	Glucocorticoid response element	糖皮质激素应答元件	12-26
gRNA	guide RNA	指导 RNA	2-22
GTFs	genera transcription factors	通用转录因子	7-15
HAT	Histone acetylases	组蛋白乙酰化酶	7-17,12-6
HCR	heme-controlled repressor	血红素控制的抑制因子	12-50
HD	homeodomain	同源异形结构域	12-29

HDAC	histone deacetylases	组蛋白去乙酰化酶	12-9
HIV	Human Immunodeficency Virus	人类免疫缺陷病毒	4-27
HLH	helix-loop-helix	螺旋-环-螺旋	12-29
HMG	high mobility group(蛋白)	高迁移率蛋白	12-12
HOX	Homeobox	同源异形框	12-60
HRP	horse radish peroxidase	辣根过氧化物酶	6-46
HSE	Heat shock response element	热休克应答元件	12-26
HSP	Heat Shock Proteins	热激蛋白	10-8
HSP	heavy-strand promoter	重链启动子	4-22
IBT	immunoblotting test	免疫印迹法	6-47
IDL	insertion/deletion loop	插入或缺失环	5-20
IEP	inner envelope membrane protein	内被膜蛋白	10-16
IF	initiation factors	起始因子	9-8
Ig	Immunoglobulin	免疫球蛋白	12-15
IGS	internal guide sequence	内部引导序列	8-19
IHF	integration host factor	整合宿主因子	4-10
IN	integrase	整合酶	4-27
Inr	initiator	起始子	7-14
INT	λ integrase	λ 整合酶	6-14
IPTG	isopropylthiogalactoside	异丙基-β-D-硫代半乳糖苷	11-9
IR	inverted repeats	反向重复序列	3-34
IRE	iron response element	铁应答元件	12-50
IREs	internal ribosome entry site	内部核糖体进入位点	12-52
IRP	iron regulatory proteins	铁调控蛋白	12-50
IS	insertion sequences	插入序列	6-17
ISE	intron splicing enhancer	内含子剪接增强子	12-41
ISS	intron splicing silencer	内含子剪接沉默子	12-41
LBD	ligand-binding domain	配体结合域	12-36
LCR	locus control region	基因座控制区	12-25
LINEs	long interspersed elements	长分散元件	3-28
LSC	long single sequence	长单拷贝区	3-34
LSP	light-strand promoter	轻链启动子	4-22
LTR	long terminal repeat	长末端重复序列	3-20
MA	matrix protein	基质蛋白	4-27
MAPK	mitogen-activated protein kinase	促分裂原活化蛋白激酶	12-34
MAR	matrix attachment region	核基质结合区	12-13
MCM	minichromosome maintenance protein	微染色体维持蛋白	4-19
MCS	multiple clone site	多克隆位点	6-53
MGE	mobile genetic elements	可移位的遗传元件	6-16
micRNA	mRNA-interfering complementary RNA	干扰 mRNA 的互补 RNA	11-24

MITEs	miniature inverted repeat transposable element	微小反向重复转座子	6-20
MMR	mismatch repair	错配修复	5-20
MR	mineralocorticoid	盐皮质激素	12-35
mRNA	messenger RNA	信使 RNA	2-21
MSI	microsatellite instability	微卫星不稳定性	5-21
mtDNA	mitochondrial DNA	线粒体 DNA	3-31
NC	nucleocapsid protein	核衣壳蛋白	4-27
NC	Nitrocellulose Blotting Membranes	硝酸纤维素膜	6-47
ncRNA	non-coding RNA	非编码 RNA	2-22
NCS	non-coding sequence	非编码序列	9-3
NER	nucleotide excision repair	核苷酸切除修复	5-17
NF1	nuclear factor 1	核因子	12-37
NHEJ	non-homologous end joining	非同源末端连接	5-23
NLS	nuclear localization sequence	细胞核定位序列	10-17
NPC	nuclear pore complex	核孔复合物	10-17
NTS	non-transcribed spacer	非转录区	8-6
OCT	octamer motif	八聚体基序	7-14
OEP	outer envelope membrane protein	外被膜蛋白	10-16
ORC	origin recognizing complex	起点识别复合物	4-18
ORF	pen reading frame	开放阅读框	9-3
NF1	nuclear factor 1	核因子 1	12-37
PABP	poly A binding protein	PolyA 结合蛋白	8-12
PAP	the poly A polymerase	Poly A 聚合酶	8-12
PCNA	proliferating cell nuclear antigen	增殖细胞核抗原	4-15
PCR	polymerase chain reaction	聚合酶链式反应	6-30
PDI	Protein Disulfide Isomerase	二硫键异构酶	10-7
PIC	pre-initiation complex	前起始复合物	7-15
Pol	polymerase	聚合酶	3-20
PPI	Peptidyl-prolyl *cis-trans* Isomerase	肽酰脯氨酰顺反异构酶	10-7
PPT	polypurine tract	多聚嘌呤区域	4-26
PR	progesterone	孕激素	12-35
Pre-RC	Pre-replication complex	前复制复合体	4-19
PRMT	protein arginine methyltransferase	精氨酸甲基转移酶	12-10
PSE	proximal sequence element	近端序列元件	7-20
PTS	peroxisome targeting sequences	过氧化物酶体定向序列	10-18
Pv	poliovirus	脊髓灰质炎病毒	12-51
PVDF	polyvinylidene-fluoride	聚偏二氟乙烯膜	6-47
RdRP	RNA-dependent RNA polymerase	依赖于 RNA 的 RNA pol	7-25
RF	release factor	释放因子	9-8

REL	restriction enzyme-like endonuclease	限制酶样的内切核酸酶	6-25
RFLP	restriction fragment length polymorphism	限制性片段长度多态性	3-38
RFC	replication factor	复制因子	4-18
RF-DNA	replicative-form DNA	复制型双链 DNA	4-21
RID	receptor interacting domain	受体作用结构域	12-38
RISC	RNA induced silencing complex	RNA 引导沉默的复合体	12-55
RNA	ribonucleic acid	核糖核酸	2-1
RNase	ribonuclease	核糖核酸酶	2-24
RNAi	RNA interference	RNA 干涉	2-22
RNP	ribonulleo protein	核糖核酸蛋白	2-21
RRF	ribosome recycling factor	核糖体循环因子	9-8
RSS	recombination signal sequences	重组信号序列	6-15
RSV	Rous sarcoma virus	劳氏肉瘤病毒	4-27
RPA	replication protein A	复制蛋白 A	4-17
RT	reverse transcrptase,	逆转录酶	4-26
RT-PCR	reverse transcription PCR	反转录 PCR	6-33
SAM	*S*-adenosyl methionine	*S*-腺苷甲硫氨酸	8-2
scRNA	small cytoplasmic RNA	细胞质小 RNA	2-23
SF	splicing factor	拼接因子	12-42
SINEs	short interspersed elements	短分散元件	2-28
siRNA	small interfering RNA	小干扰 RNA	2-23
SL1	selectivity factor 1	选择因子 1	7-19
SL RNA	spliced leader RNA	剪接引导 RNA	12-43
snRNA	small nuclear RAN	细胞核小分子 RNA	2-21
snoRNA	small nucleolar RAN	核仁小分子 RNA	2-22
SNP	single nucleotide polymorphism	单核苷酸多态性标记	3-39
Spm	suppressor-promoter-mutator	抑制-促进-增变系统	6-21
SR	serine/arginine-rich protein	富含丝氨酸和精氨酸蛋白	12-41
SRE	serum response element	血清应答元件	12-26
SRP	signal recognition particle	信号肽识别颗粒	10-11
SRS	simple repeat sequence	简单重复序列	3-27
SSB	single strand binding protein	单链结合蛋白	4-7
SSC	short single sequence	短单拷贝区	3-34
－sssDNA	minus-strand strong stop DNA	负链强终止 DNA	4-28
＋sssDNA	plus-strand strong stop DNA	正链强终止 DNA	4-29
STR	short tandem repeats	短串联重复	3-29
STS	sequence tagged site	序列标签位点	3-37
SU	surface glycoprotein	表面糖蛋白	4-26
TAFs	TBP-associated factors	TBP 相关因子	7-15

TF	transcription factor	转录因子	7-15
TBP	TATA binding protein	TATA 结合蛋白	7-15
TCR	transcription-coupled NER	转录偶联性 NER	5-17
TIC	translocon of the inner membrane of chloroplasts	叶绿体内膜易位子	10-16
TIF-1	transcription initiating factor-1	转录起始因子-1	7-20
TIM	translocase of the inner membrane	内膜易位酶	10-15
Tm	melting temperature	熔解温度	2-26
TM	transmembrane protein	跨膜蛋白	4-26
TMV	tobacco mosaic virus	烟草花叶病毒	6-58
TOC	translocon of the outer membrane of chloroplasts	叶绿体外膜易位子	10-16
TOM	translocase of the outer membrane	外膜易位酶	10-15
TP	target-primed	靶序列引物	6-24
TRCF	transcrip-tion repair coupled factor	转录修复偶联因子	5-18
TRE	tumorgenic agent response element	肿瘤诱导剂应答元件	12-26
TRS	tandem repetitive sequence	串联重复序列	2-27
TTD	trichothiodystrophy	毛发双硫键营养不良症	5-18
U2AF	U2 auxiliary factor	U2 辅助因子	8-16
U3	3′-end unique	3′-端特有序列	4-28
U5	5′-end unique,	5′-端特有序列	4-28
UBF	UCE binding factor	UCE 结合因子	7-19
UCE	upstream control element	上游控制元件	7-19
UIE	upstream inducible elements	上游诱导元件	7-14
UPE	upstream proximal elements	上游临近元件	7-14
USAs	upstream activation sequences	上游激活元件	12-26
UTR	untranslated region	非翻译区	9-3
UV	ultraviolet radiation	紫外线	5-4
VNTRs	variable number tandem repeat	可变数串联重复序列	3-29
VSP	very short patch	极短修补	5-23
XP	xeroderma pigmentosum	着色性干皮病	5-18
YAC	yeast artificial chromosome	酵母人工染色体	3-37
YACS	yeast artificial chromosome cloning system	酵母人工染色体克隆系统	6-42
YT	tyrosine transposase	酪氨酸转座酶	6-24

参 考 文 献

1. 朱玉贤,李毅,郑晓峰,等. 2013. 现代分子生物学. 4 版. 北京:高等教育出版社.
2. 郑用琏. 2012. 基础分子生物学. 2 版. 北京:高等教育出版社.
3. 杨荣武. 2012. 生物化学原理. 2 版. 北京:高等教育出版社.
4. Weaver R F. 2011. *Molecular Biology*. 5th ed. McGraw-Hill Companies.
5. Camphell M K, Farrell S O. 2011. Biochemistry. 7th ed. Brooks Cole.
6. Garrett R H, Grishaam C M. 2010. Biochemistry. 4th ed. Brooks Cole.
7. 陈启明,耿运琪. 2010. 分子生物学. 北京:高等教育出版社.
8. 杨荣武. 2007. 分子生物学. 南京:南京大学出版社.
9. 王曼莹. 2006. 分子生物学. 北京:科学出版社.
10. 赵亚华. 2006. 分子生物学教程. 2 版. 北京:科学出版社.
11. 杨岐生. 2004. 分子生物学. 杭州:浙江大学出版社.
12. Benjemin Lewin. 2008. *Genes* Ⅸ. Pearson Education, Inc.
13. 本杰明. 卢因. 2007. 基因Ⅷ. 赵寿元,译. 北京:科学出版社.
14. 沃森,等. 2005. 基因的分子生物学. 杨焕民,等译. 北京:科学出版社.
15. Robert F W. 2004. *Molecular Biology*. 3th ed. McGraw-Hill Companies.
16. 杨建雄. 2014. 生物化学与分子生物学实验技术教程. 3 版. 北京:科学出版社.
17. 萨姆布鲁克,等. 2002. 分子克隆实验指南. 3 版. 黄培堂译. 北京:科学出版社.
18. 奥斯伯,等. 2005. 精编分子生物学实验指南. 4 版. 马学军译. 北京:科学出版社.
19. 卢圣栋. 1999. 现代分子生物学实验技术. 2 版. 北京:中国协和医科大学出版社.
20. 赵永芳. 2002. 生物化学技术原理与应用. 3 版. 北京:科学出版社.
21. 杨荣武. 2010. 分子生物学学习指南与习题解析. 北京:高等教育出版社.
22. 王金发. 2000. 分子生物学与基因工程习题集. 北京:科学出版社.

《分子生物学》(第二版)教学课件索取表

凡是使用本书作为教材的院校教师,均可免费赠送由我社提供的配套教学课件一份。欢迎来函、来电联系。本课件知识产权属于本书作者,禁止用于其他商业用途。本活动解释权在科学出版社。

读者反馈表

姓名:	职称 / 职务:
大学:	院系:
电话:	传真:
电子邮件(重要):	
通讯地址及邮编:	
所授课程(一):	人数:
课程对象:□研究生 □本科(______年级) □其他______	授课专业:
使用教材名称 / 作者 / 出版社:	
所授课程(二):	人数:
课程对象:□研究生 □本科(______年级) □其他______	授课专业:
使用教材名称 / 作者 / 出版社:	
您对本书的评价及修改意见:	
贵校(学院)开设的与生命科学相关课程有哪些? 使用的教材名称/作者出版社?	
推荐国外优秀教材:作者 / 书名 / 出版社:	

表格回执地址:北京市东黄城根北街 16 号 科学出版社,邮编 100717

联系人:刘畅　　Tel:010-64030233　　E-mail:bio@mail. sciencep. com

本书有配套的分子生物学习题及详细解析，可供读者学习、巩固、提高之用，请扫描以下二维码访问：